Flask 기반의
파이썬
웹 프로그래밍

Flask 기반의 파이썬 웹 프로그래밍

초판 1쇄 발행 2016년 5월 24일 **4쇄 발행** 2020년 3월 25일

지은이 이지호
펴낸이 장성두
펴낸곳 주식회사 제이펍

출판신고 2009년 11월 10일 제406-2009-000087호
주소 경기도 파주시 회동길 159 3-B호
전화 070-8201-9010 / **팩스** 02-6280-0405
홈페이지 www.jpub.kr / **원고투고** jeipub@gmail.com
독자문의 readers.jpub@gmail.com / **교재문의** jeipubmarketer@gmail.com

편집부 이종무, 이민숙, 최병찬, 이주원 / **소통·기획팀** 민지환, 송찬수 / **회계팀** 김유미
본문디자인 성은경
용지 에스에이치페이퍼 / **인쇄** 한승인쇄 / **제본** 광우제책사

ISBN 979-11-85890-46-3 (93000)
값 33,000원

제이펍은 독자 여러분의 아이디어와 원고 투고를 기다리고 있습니다. 책으로 펴내고자 하는 아이디어나 원고가 있는
분께서는 책의 간단한 개요와 차례, 구성과 재(역)자 약력 등을 메일로 보내주세요. **jeipub@gmail.com**

Flask 기반의 파이썬 웹 프로그래밍

Python Web Programming with Flask

이지호 지음

Jpub 제이펍

차례

추천사

1990년대 GW-BASIC을 시작으로 C, Java 등등 약 30년 가까이 프로그래밍 언어를 접해본 저인데도 파이썬이라는 언어를 처음 접했을 때의 그 강렬한 느낌을 잊을 수가 없습니다. C와 버금가는 강력한 기능을 갖추면서도 C와는 차원이 다른 확장성, 편의성을 가지고 있고, 또 컴퓨터 교육용 언어로도 사용될 수 있을 만큼 간결하면서 쉬운 문법을 가진 언어라는 점이 믿기지 않았습니다.

당연히 파이썬이라는 언어를 처음 설계한 귀도 반 로섬(Guido van Rossum)의 능력에 감탄할 수밖에 없었습니다. 이러한 감탄은 비단 저만의 생각은 아닌 것 같습니다. ACM의 보고서에 따르면, 파이썬은 현재 미국 상위권 대학의 컴퓨터 관련 학과에서 1학년 학생에게 가르치는 언어 중 가장 인기 있는 언어이며, 라즈베리 파이, 휴머노이드 페퍼(소프트뱅크) 등 파이썬을 활용할 수 있는 기기들이 하루가 멀다 하고 등장하고 있습니다. 또한, 검색엔진, 해킹 등 거의 모든 컴퓨터 분야에서 파이썬은 속속 다른 언어를 대체하고 있을 정도로 많은 인기를 누리고 있습니다.

파이썬의 간결하면서도 강력한 매력은 단순히 프로그래밍 언어로서 그치지 않고 웹 환경으로까지 확장되고 있습니다. 현재의 웹 환경은 초창기의 웹 환경과는 완연히 다릅니다. 단순히 HTML에만 의존하지 않고 여러 동적인 상황과 한 단계 높은 정보 처리를 대처하기 위해 CGI, Java, 여러 스크립트 언어, XML, JSON 등 다양한 기술이 상호 연결되고 있습니다. 웹 환경에 대한 요구는 하루가 다르게 차원이 높아지고 있으며, 이에 대한 새로운 기술이 등장하고 있습니다. 이는 곧 새로운 웹 환경을 구축하기 위해 웹 프로그래머가 이해하고 적용해야 할 기술이 점점 많아지고 있다고 할 수 있습니다.

이러한 웹 프로그래머의 고민은 최근에 사용되기 시작한 개념인 웹 프레임워크를 통해 해결되고 있습니다. 지금 독자들이 이 책을 통해 탐구해보려는 대상은 매력적인 파이썬 본래의 강력한 기능에다 웹 프레임워크를 덧붙여 보다 수준 높은 웹 환경을 신속하고 정확하게 개발할 수 있도록 돕는 든든한 지원자라고 할 수 있습니다.

파이썬을 이용한 웹 프레임워크는 다양한 형태로 발전하고 있습니다. 우리 주변에서 흔히 사용되고 있는 파이썬 웹 프레임워크는 장고(Django), Pyramid, Bottle, Nimble, Flask, Turbogears 등등 다양하게 존재합니다. 이 중 장고는 관리자 인터페이스, 다양한 템플릿 등 개발자가 빠른 개발을 하려 할 때 필요한 강력한 기능을 제공하고 있어 현재까지 가장 많은 커뮤니티를 가지고 있는 웹 프레임워크라고 할 수 있습니다.

장고와 Flask 모두 처음엔 빠르게 시작할 수 있지만, 장고는 풀스택 프레임워크 특징상 핵심 모듈을 교체하기가 쉽지 않습니다. 그리고 라우팅 지정 방식도 정규표현식을 주로 사용해 정규표현식이 익숙하지 않은 개발자는 장고로 웹사이트를 개발하는 것이 어렵게 느껴질 수 있습니다. 또, 장고는 최초 개발 이후 장고가 업데이트되었을 때 업데이트 버전으로 애플리케이션을 변경하면 잘 동작하지 않을 것이라는 우려 또한 있습니다. 그래서 더욱 가벼운 프레임워크를 요구하는 개발자들이 장고 이외의 다른 웹 프레임워크를 찾고는 있지만, 사실 장고 이외의 커뮤니티를 찾아보기 어려워 적용하는 데 많은 어려움을 겪고 있는 게 현실입니다. 장고에 비해 Flask는 가볍고 빠르게 개발할 수 있다는 장점이 있지만, 다양한 정보 및 사례를 얻기 어려운 것이 가장 큰 단점이라고 할 수 있습니다.

본교의 정보과학과 학생이기도 한 저자는 다양한 프로젝트에 참여해 얻은 경험을 통해 Flask로 웹 프로그래밍을 시작하려는 독자들에게 어떻게 하면 쉽고 빠르게 독자들이 가진 문제를 해결할 수 있을지에 대한 멋진 방법들을 소개하고 있습니다. 이 책은 한 편의 여행에 대한 여정을 기록하는 형식으로 꾸며져 있습니다. HTTP와 인터넷의 동작 과정, Flask 웹 프레임워크의 역할, 설치 및 실행 과정을 시작으로 프로젝트 관리 및 배포까지 한 프로젝트를 시작부터 끝마칠 때까지의 과정에 도움이 될 수 있는 내용을 설명하고 있습니다.

초고를 검토하면서 독자에게 무엇이 필요한지를 잘 이해하고 있는 느낌을 받았습니다. 책에 포함된 다양한 예제는 독자들이 무엇을 어려워하는지 꿰뚫고 상세한 설명을 통해 독자 스스로 해결할 수 있도록 유도하고 있습니다. 그리고 여러분이 이 책의 마지막 장을 끝냈을 때, '이제는 나도 상용 웹사이트와 같은 수준급 웹사이트를 손쉽게 만들 수 있어!'라는 자신감을 얻게 될 것이라고 확신합니다.

한국방송통신대학교 컴퓨터과학과 교수

정재화

머리말

요즘은 누구나 스마트폰으로 정보를 탐색하고 수집하는 일이 일상화되어 있습니다. 그뿐만 아니라 웹으로 다양한 정보를 접하고, 그 정보를 가공하여 읽기 좋게 출판(publishing)하기도 합니다. 우리나라는 2000년을 전후해 인터넷 사용 인구가 갑자기 늘어났는데요. 그러면서 다양한 정보가 필터링을 거치지 않은 채 인터넷으로 쏟아져 나왔습니다. 이와 같은 상황에서 원하는 정보를 찾기란 쉬운 일이 아니었죠. 다행히 검색 엔진이 도입되어 정보를 찾는 일이 비교적 수월해지긴 했지만 말이죠.

인터넷을 많은 사람이 사용하게 되면서 누구는 지식을 나누기 위해, 누구는 이윤을 창출하기 위해 웹사이트와 웹 프로그램을 만들었습니다. 그중 ASP나 PHP, Java(JSP 포함) 등이 웹사이트와 웹 프로그램을 만드는 데 가장 많이 사용됐습니다. 이와 같은 프로그래밍 언어나 기술이 웹의 활성화에 영향을 끼친 것은 매우 긍정적이었으며, 웹의 발전을 위해 필요한 단계이기도 했습니다.

한편, 저는 파이썬으로 웹 프로그램을 만드는 일을 오랜 시간 지켜봐 왔습니다. 그러면서 Flask(플라스크)나 Django(장고)와 같은 프레임워크가 웹 프로그램을 만드는 데 매우 효과적이라는 사실을 깨달았습니다. 제가 Flask로 웹 프로그램을 만들기 시작한 것은 2013년에 자바 스프링 프레임워크 기반의 웹 프로그램을 유지보수하던 중 기능 개선에 어려움을 겪고 나서 해당 프로그램을 새롭게 다시 구현할 때였습니다. 이 책은 당시 Flask를 사용하면서 얻은 경험과 그 이후 꾸준히 프로그램을 개발해오면서 알게 된 지식을 체계적으로 정리한 것입니다.

사실, 이 책을 집필하게 된 계기는 필자가 지식을 전파하고자 했던 욕심이 있던 것은 아니고, 현재 사는 집(탄현동) 옆 동네(일산동)의 옆 동네(중산동)에 사는 이 책의 담당 기획자 때문이었습니다. 이 아저씨에게 시도 때도 없이 놀아달라고 했더니 책을 한 권 써주면 같이 놀아주겠다는 솔깃한 제안을 제게 했고, 저는 그 미끼를 덥석 물고야 말았습니다. 그 미끼를 문 죄로 그 뒤로부터 6개월의 시간을 온전히 집필하는 데에만 보내야 했고, 다시 그 뒤로 여러 우여곡절을 겪은 후에야 이 책이 세상의 빛을 보게 되었습니다.

책을 집필하고 출간을 준비하던 중 많은 일이 있었습니다. 한참 책을 집필하던 지난해 3월, 출근길에 뜻하지 않게 왼쪽 무릎의 슬개골이 골절되면서 보름을 병원에서 보내야 했고, 그리고 퇴원하고 한 달 반을 왼쪽 다리에 통 깁스를 한 채 집 근처 카페(TAN)에서 페인 모드로 집필해야만 했었습니다. 이때 집필한 분량이 아마 이 책의 절반 이상일 겁니다. 하지만 이 책을 쓴다는 소식을 여기저기 알리면서 많은 응원도 받았고, 병원 생활을 이유로 담당 기획자와 참 열심히 놀았고, 출판사의 배려도 분에 넘치게 받으면서 잘 견딜 수 있었습니다.

책을 쓰면서 겪었던 가장 큰 어려움은 책에 사용된 프로그램과 라이브러리의 버전 변화, 그리고 설명에 필요한 웹 프로그램의 화면 및 기능 변화에 대응하는 것이었습니다. 그런 어려움 속에서도 기존에 산만하게 알고 있던 지식을 체계적으로 정리하고 다시 학습하는 일이 무척이나 즐거웠습니다. 많은 저자가 집필의 고통을 맛본 후에 다시는 책을 쓰지 않겠다고 하면서도 또다시 펜을 들고 있는 자신을 보는 건 바로 이런 이유가 아닐까 싶습니다.

저는 여러분이 이 책으로 파이썬 기반의 웹 프레임워크인 Flask를 더 가까이, 더 많이, 더 쉽게 이용할 수 있었으면 좋겠습니다. 또한, 파이썬 외에 다른 서버 프로그래밍 언어를 배우지 않고도 웹 프로그램을 만들고, 배포하고, 진화시켜 나갈 수 있기를 바랍니다.

파이썬 기반의 웹 프레임워크는 Django와 Flask 외에도 많지만, 2016년 현재 Django와 Flask 모두 무서운 상승세로 사용률이 높아지고 있습니다. 구글 트렌드로 살펴보니 Flask는 러시아, 미국, 인도, 캐나다, 오스트레일리아, 영국, 독일 순으로, Django는 러시아, 중국, 대한민국, 우크라이나, 싱가포르, 인도, 폴란드 순으로 검색어의 편차가 존재합니다.

구글 트렌드의 결과로 추측해보건대, Flask의 검색률이 높은 국가는 실리를 더 중요하게 여기고, Django의 검색률이 높은 국가는 체계화된 프레임워크를 선호하는 것이 아니겠느냐는 생각을 해봅니다. Django와 달리 Flask가 아직은 상용 솔루션에서 많이 쓰이지는 않는 것 같습니다만, 관리 프로그램이나 웹사이트에서 많이 쓰이게 될 날이 곧 오지 않을까요?

감사의 글

이 책을 쓰면서 많은 분으로부터 격려를 받았습니다. 그분들 모두를 적고자 했으나 혹시 자신의 이름을 찾지 못한 분이 있더라도 부디 용서해주시기를⋯

책을 쓰지 않으면 놀아주지 않겠다고 선언한 현지환 기획자님. 끝없이 늘어지는 기간을 기다려주시고 원고를 다듬어주신 장성두 실장님. 방송대 컴퓨터과학과 회장 시절을 같이 견뎌준 방영호 회장님, 이초연 부회장님, 김재홍 동문님. 대학원 입학 때 자신도 파이썬을 쓴다며 지지해준 캐논코리아의 황현천 원우님. 제가 아는 분들 중 데이터베이스에 가장 해박하시면서 이 책의 추천사도 써주신 정재화 지도교수님. 언제든지 밥을 사주시는 데이터원의 김홍규 사장님. 출간 전에 자신들의 금쪽같은 시간을 투자하여 이 책을 리뷰해주신 서지혜 님, 최해성 님, 양민지 님, 윤병국 님, 장병진 님, 김민선 님, 신민항 님과 출판사의 베타리더 분들. 이 분들이 아니었다면 미흡한 문장이나 내용을 보완하기 힘들었을 거예요. 저에게 첫 번역서를 제안해주셨던 유형목 님. 오랫동안 적을 두고 있는 데이터베이스 사랑넷의 식구들(정재익 님, 김상기 님, 신기배 님, 이창민 님, 백록화 님 등)에게도 감사합니다. 책을 쓰고 있다고 알렸을 때 기대된다고 하시고 책을 사서 봐주시겠다고 말씀해주신 캐나다 오타와 대학교의 김우재 교수님, 고려대학교 윤태웅 교수님, 전주 사단훈련소에서 만난 동생 조현진 님에게도 감사합니다. 그리고 저의 오랜 지인인 H출판사의 이중민 과장님, 송관 차장님, 세하 누님. 그리고 저의 친가와 외가 식구들 모두에게 감사드립니다. 방송대 인천지역대학 28대 회장단과 방송대학교 정보과학과 13기 이상윤 님, 김용광 원우님과 미처 적지 못한 다른 원우들께도 감사의 말을 전합니다. 필자의 세례 대부님인 친구 김상훈 님과 견진 대부인 한철운 님도 고맙습니다. 여기에 더 적지 못한 분들이 많겠지만, 그분들에게도 지면을 빌려 고맙다는 인사말을 전합니다. 마지막으로, 제가 이 책을 마무리 짓는 동안 웃는 모습이 아름다워 제 가슴을 설레게 하는 워터아이(실명은 밝히지 않을게요) 님. 저의 하나뿐인 여동생 태임, 고향 집 앞 아파트에 살고 계신 셋째 이모님, 저를 태어나게 해주신 아버지에게 고맙습니다. 그리고 아직 출가를 못 한 자녀 둘을 둔 채 예순넷이란 이른 연세에 2016년 3월 15일 말기암(비인두암)으로 세상을 떠나신 어머니에게 특히 고맙습니다. 어머니를 생각하면 가슴이 찢어지고 눈물부터 나옵니다. 서른다섯 살이 넘어가는 지금도 아직 철없고 철없는 남자 사람(그것도 노.총각)이지만, 살아오는 동안 부모님의 넘치는 사랑을 받았음을 이제서야 깨닫습니다. 하늘에 계신 어머니께서 예수님과 함께 평화로운 세상에서 사셨으면 좋겠습니다.

모두 고맙습니다. 앞으로도 독자의 가슴을 요동치게 할 수 있는 정직한 저자가 되도록 노력하겠습니다.

Well always have a great time.

2016년 4월 28일
탄현동 카페 TAN에서
저자(서치, 대건안드레아) 올림

이 책은 11개 장과 7개의 부록으로 구성되어 있습니다. 1장부터 7장까지는 Flask 프로그램을 개발하는 데 필요한 기초 지식부터 웹 애플리케이션 배포까지를 다룹니다. 8장부터 11장은 웹 프로그램 개발 후에 사용할 수 있는 다양한 내용을 다룹니다. 특히, 8장은 웹 프로그램만이 아닌 다양한 소프트웨어 환경에서 사용할 수 있는 범용적인 내용을 담고 있으므로 여러모로 유용하게 사용할 수 있을 것입니다. 8장~11장은 장별로 따로 살펴봐도 됩니다.

장별 주요 내용

1장, 웹 프로그래밍이란 무엇인가?

웹 프로그램이 어떤 구조로 동작하고 웹 서버와 웹 브라우저 간에 어떤 일이 일어나는지 살펴보고, 파이썬에서 웹 프로그래밍의 개발 흐름이 어떻게 변화해왔는지 살펴봅니다. 여러분은 이 장을 통해 웹 프로그램 뒤에서 어떤 일이 벌어지는지 알 수 있으며, 파이썬 웹 프로그래밍의 기초를 다질 수 있습니다.

2장, Flask 시작하기

2장에서는 Flask를 사용한 웹 프로그래밍의 첫 번째 발걸음으로, 간단한 Flask 프로그램을 만들어보는 것을 시작으로 Flask에서 웹 브라우저의 요청을 처리하고 응답을 반환하는 방법, URL 라우팅, 맞춤형 웹 프로그램 개발을 위한 쿠키와 세션, 웹 프로그램 개발 과정에서 발생하는 에러를 처리하는 방법, 개발 서버의 기동 방법 등에 대해 살펴봅니다. 여러분은 이 장에서 Flask로 웹 프로그램을 개발하기 위한 기본 지식부터 고급 기술을 익히기 위한 기반 지식을 다집니다.

3장, 템플릿 다루기

웹 프로그램에서 빠질 수 없는 요소 중 하나는 사용자가 보는 웹 페이지의 개발입니다. 3장에서는 Flask가 기본적으로 채택하고 있는 템플릿 프레임워크인 Jinja를 사용해 템플릿을 작성하는 방법을 살펴봅니다. 이 장의 내용은 웹 퍼블리셔 역할을 하는 분과 함께 보면 좋으며, 3장을 통해 유지보수하기 쉬운 템플릿 작성 방법의 기초 지식을 습득할 수 있습니다.

4장, Flask 기본 확장

4장에서는 프로그램에서 생산하는 데이터의 축적과 사용을 위한 데이터베이스 연동(SQLAlchemy, MongoKit), 비동기 통신을 위한 Ajax, 보다 안전한 프로그램 개발을 위한 폼 유효성 검사, HTTP 오류를 핸들링하는 방법과 뷰 함수를 위한 다양한 데코레이터 등에 관해서 살펴봅니다. 4장을 통해 여러분의 웹 애플리케이션이 한층 더 진화할 수 있을 것입니다.

5장, Flask 고급 확장

5장에서는 여러분의 프로그램이 조금 더 큰 날개를 가지도록 하기 위해 블루프린트와 웹 프로그램에서 많이 쓰이는 파일 업로드, 데이터 캐싱과 확장 웹 프로그램 개발을 위한 사용자 HTTP 메서드 구현에 대해 알아봅니다. 여러분은 5장을 통해 Flask로 다양한 프로그램을 개발할 수 있게 될 것입니다.

6장, Flask 애플리케이션 테스트

프로그램을 개발하고 난 다음에는 언제나 그렇듯이 여러분의 프로그램이 잘 동작하고 있는지 확인해봐야 합니다. 6장에서는 여러분이 작성한 프로그램을 테스트하기 위한 방법을 설명합니다. 여러분은 6장을 통해 Flask 프로그램을 테스트하면서 개발할 수 있는 토대를 마련하게 될 것입니다.

7장, 웹 애플리케이션 배포

프로그램을 개발하고 난 다음에는 프로그램을 배포하는 일을 해야 합니다. 7장에서는 대중적인 웹 서버와 uwgsi, mod_wsgi와의 연동과 독립적인 파이썬 WSGI 컨테이너 2종(Tornado, Gunicorn)을 사용해 프로그램 배포 방법을 익힐 수 있습니다. 7장에서 제시된 내용은 대부분의 환경에서 응용할 수 있을 것입니다.

8장, 지속 가능한 개발 환경 구성

8장에서는 웹 프로그램을 개발하고 난 이후 진화하는 시스템을 만들기 위한 기반 환경을 조성하는 방법에 관해서 살펴봅니다. 소스 코드의 버전 관리와 퍼블릭/프라이빗 저장소의 사용 방법을 알아봅니다. 마지막으로, 회귀 테스트를 하기 위한 방법에 관해서 알아봅니다. 여러분은 8장을 통해 소프트웨어 진화를 위한 발판에 올라설 수 있습니다.

9장. Google App Engine에 Flask 애플리케이션 배포하기

여러분이 구현한 프로그램을 안정적으로 잘 동작하는 환경에서 동작시켜야 한다면 GAE(Google App Engine)를 사용하는 것이 하나의 좋은 방법일 수 있습니다. 9장에서는 '당첨자 프로그램'을 GAE 기반에서 동작시키기 위한 방법에 대해 살펴보고, GAE의 데이터베이스 조작 API인 NDB를 살펴봅니다. 9장을 통해 프로그램을 PaaS(Platform as a Service) 환경에 어떻게 배포하는지 그 초석을 다질 수 있을 것입니다.

10장. Apache Solr 연동

여러분의 웹 프로그램에 데이터가 많이 축적되기 시작하면 웹 프로그램을 이용하는 사용자들은 원하는 데이터를 쉽게 찾기 어렵습니다. 일반적으로 데이터베이스를 사용한 검색보다 검색 엔진을 사용하는 것이 훨씬 더 좋은 성능을 보여줍니다. 10장에서는 아파치(Aapache)에서 배포하는 솔라(Solr)에 대해 알아보고 파이썬에서 사용하는 방법을 알아봅니다. 10장의 지식을 익히고 나면 여러분의 프로그램에서 검색 엔진을 쉽게 얹을 수 있을 것입니다.

11장. Celery 기반 백그라운드 작업 구성

11장은 시간이 오래 걸릴 수 있는 처리(예: 엑셀 파일 생성)나 웹 프로그램 내부적으로 실행할 작업이 있을 때 사용할 수 있는 백그라운드 작업 구성 방법을 살펴봅니다. 이 장에서는 파이썬 커뮤니티에서 인기 있는 백그라운드 스케줄러 프로그램인 Celery를 설치하고 사용해봅니다. 11장은 여러분의 프로그램이 대량의 작업을 빠르게 할 수 있도록 도와줄 겁니다.

부록

부록에서는 Flask 기반 프로그램을 만드는 데 필요하거나 유용하게 사용할 수 있는 라이브러리나 프로그램의 설치를 다룹니다. 부록은 여러분이 파이썬으로 웹 프로그램을 개발하기 위한 기반 환경을 조성하는 데 중요한 내용을 담고 있으므로 이 책을 보기 전에 먼저 보길 바랍니다.

이 책의 구성 요소

이 책에서는 독자의 이해를 돕기 위해서 다양한 구성 요소를 채용했습니다.

- **코드:** 설명을 위해 예제로 작성한 코드와 부분 코드를 담고 있습니다.

코드 1-3   브라우저에 Hello World를 출력하는 스크립트 $HOME/cgi-server/cgi-bin/helloworld.py

```
01: #!/usr/bin/env python
02: print("Content-Type: text/html;\n\n")
03: print("Hello World")
```

- **그림:** 코드의 실행 결과를 표시하거나 웹사이트 등을 보여줍니다.

그림 4-1   404 에러 페이지

- **표:** 주로 API의 메서드나 함수 등에서 사용하는 인자를 표시하기 위해 사용했습니다.

표 4-1   Mongokit 연결에 사용되는 인자와 기본값

인자명	설명
MONGODB_DATABASE	MongoKit 확장이 사용할 MongoDB 데이터베이스명으로, 기본값은 flask
MONGODB_HOST	접속할 MongoDB가 구동 중인 호스트 주소로, 기본값은 localhost
MONGODB_PORT	접속할 MongoDB가 구동 중인 포트 번호로, 기본값은 27017
MONGODB_USERNAME	MongoDB에 로그인할 사용자명으로, 기본값은 None
MONGODB_PASSWORD	MongoDB에 로그인할 비밀번호로, 기본값은 None

- **결과:** 코드의 실행 결과 또는 셸에서 실행한 명령의 결과를 나타냅니다.

결과 2-1   브라우저에서 /cookie_set URL을 호출했을 때 받는 HTTP 응답 헤더

```
Content-Length: 25
Content-Type: text/html; charset=utf-8
Date: Tue, 03 Mar 2015 14:17:10 GMT
Server: Werkzeug/0.10.1 Python/3.4.1
Set-Cookie: ID="JPUB Flask Programming"; Path=/
```

- **셀:** 터미널 셸과 파이썬 셸에서 실행하는 개별 명령을 담고 있으며, 파이썬 셸의 내용은 파이썬 코드로도 사용할 수 있습니다.

셀 2-1   helloworld 프로그램 실행하기

```
$ python app_start.py
* Running on http://0.0.0.0:5000/
```

- **용법:** API의 사용 방법을 명시한 것이며, 어떤 형태로 API를 사용할 수 있는지를 나타냅니다.

용법 3-7   call 블록을 사용해 매크로 호출하기

```
{% call macro_call %}
매크로가 호출했을 때 포함할 내용 기술
{% endcall %}
```

- **디렉터리 구조:** 프로그램 구현 과정 중에 특정한 디렉터리 구조가 필요할 때를 위해 트리 형태로 디렉터리 구조를 설명했습니다.

디렉터리 구조 4-1   Flask 애플리케이션 뼈대

```
/flask_sqlalchemy_exam1
└──── /flask_sqlalchemy_direct
       └──── /flask_sqlalchemy_direct.py
```

- **Q&A:** 주의사항이나 궁금증을 Q&A 형태로 표시했습니다.

공백이 문자에요?

네, 공백은 문자입니다. 사람이 시각으로 인지하는 공백은 빈 영역을 가리키는 말이지만, 그런 공백이 컴퓨터 입장에서는 문자라고 하니 다소 의아해할지도 모르겠습니다. 그러나 컴퓨터의 텍스트 파일은 공백은 컴퓨터가 인식 가능해야 합니다. 이러한 공백 문자 중에 탭이나 개행 문자의 경우도 사람이 시각적으로 인지할 수 없습니다.

- **마치며:** 각 절을 끝내면서 어떤 내용을 다루었고 무엇을 더 공부하면 좋을지 안내하는 내용을 담고 있습니다.

> **마치며** 지금까지 Flask에서 많이 사용되는 라우팅 방법과 라우팅 옵션을 살펴봤습니다. Flask는 우리가 생각하는 것보다 훨씬 더 자유롭게 사용할 수 있으면서 유지보수하기 쉬운 구조를 지향합니다. 여러분들도 이 절을 통해 웹 애플리케이션의 라우팅을 자유자재로 다룰 수 있기를 바랍니다.

예제 코드 다운로드 및 독자 A/S

이 책에서 제시된 예제 코드는 http://www.flask.moe에서 내려받을 수 있으며, 여기에서 이 책의 A/S도 함께 합니다. 부디 이 책을 보는 여러분이 파이썬으로 웹 프로그램을 더 많이 만들고 보람을 느낄 수 있으면 좋겠습니다.

베타리더 후기

김민선(직장인 P사)

Django와 달리 Flask와 관련된 파이썬 웹 프로그래밍 서적이 거의 없었는데, 이 책을 통해 사용자들이 Flask를 좀 더 수월하게 배울 수 있을 것 같습니다. 책 전반적으로 수동적 표현이나 번역 투의 문장이 꽤 있었는데, 베타리딩 후에 많이 수정되었으면 좋겠습니다. 그리고 버전 관리에 대한 설명은 본문보다는 부록으로 옮기는 게 책의 구성상 더 낫지 않았을까 합니다.

김종욱(KAIST)

이번 책을 읽으면서 독자에게 정말로 친절한 책이라는 생각이 들었습니다. 독자를 위해 코드를 라인 단위로 설명하고 있으며, 나아가 코드 각 부분의 기능을 매우 자세히 설명하고 있기 때문입니다. 그리고 문장의 구성과 해석, 그리고 표현이 매우 적절히 이루어진 책이었습니다. 책을 읽으며 수정할 부분이 거의 없었으며, 문맥적으로도 거의 완벽해서 읽는 데 불편함이 없었기 때문입니다. 또한, 책의 독자를 초심자라 설정하고 초심자의 입장에서 최대한 접근하려 한 저자의 마음이 간절히 느껴지는 훌륭한 책이었습니다. 이 책을 통해 Flask를 배운다면 파이썬 웹 프로그래밍의 진가를 얻어갈 것이라 장담합니다.

김용균(이상한모임)

Django와 함께 파이썬 웹 프레임워크의 쌍두마차라고 할 수 있는 Flask를 하나하나 설명합니다. 코드 한 줄 한 줄마다 해설이 달려 있어서 코드의 어느 한 곳도 빠짐없이 살펴보게 됩니다. 웹 프레임워크에 대한 단순한 설명으로 끝나지 않고, 개발자라면 꼭 알아야 할 교양과 함께 이후 학습에 대한 방향도 제시하고 있어 좋았습니다. 반면, 다루는 내용에 비해 전반부는 난이도가 어느 정도 있었습니다.

🦋 서지혜

특정 분야를 오랫동안 경험한 사람이 그간 체득한 것들을 글로 옮기겠다고 결심하는 건 그리 어렵지 않을 겁니다. 그러나 실제 실행으로 옮기고 한 권의 책이 만들어지기까지는 엄청난 노력과 고통이 동반되리라 생각합니다. 체화된 지식을 글로 옮기는 동안 생각이 정갈해졌을 것이고, 지난 글들을 몇 번이고 고쳐 썼을 것입니다. 이것이 힘든 작업임을 알기에 조금이나마 더 좋은 책이 될 수 있도록 최선을 다해 베타리딩하였습니다. 부디 도움이 되었기를 바랍니다.

🦋 신민항(kt ds)

Flask를 처음 경험한 분들이 걸음마를 뗄 수 있을 때까지 적잖은 도움을 받을 수 있는 책입니다. 일단, 전반적으로 책 내용이 좋았습니다. 정리도 잘 되어 있고, 필요한 정보들이 충분히 담겨 있었던 것 같습니다. 다만, 저자의 말투가 어색한 부분이 있었는데, 베타리더의 의견이 반영되어 좀 더 부드럽게 다듬어지길 바랍니다. 그리고 'Flask로 블로그 만들기'와 같은 간단한 예제가 추가되었더라면 좀 더 좋은 책이 되지 않았겠냐는 생각도 듭니다.

🦋 양민지(비트패킹컴퍼니)

3년 전 파이썬 스터디에서 저자와 만난 인연으로 베타리딩을 하게 되었습니다. 첫 베타리딩이라 설렜습니다. 현재 Flask를 사용하고 있어서 가벼운 마음으로 생각했는데, 생각보다 깊이 파고든 부분도 많아 놀랐습니다. 무엇을 개발하느냐에 따라 다르겠지만, Flask를 제대로 공부해보고 싶은 분들께 추천합니다.

🦋 윤병국(온오프믹스)

스타트업 회사들이 빠른 서비스 개발을 위해 가장 많이 사용하고 있는 Python + Flask의 조합을 가장 쉽게 풀어낸 책이라고 생각합니다. 파이썬을 처음 접하는 개발자들이 설치부터 개발과 서비스 운용 전반에 걸쳐 겪게 되는 대부분의 이슈를 잘 다루고 있고, 하나씩 따라 해볼 수 있는 형태로 구성되어 바로 서비스에 적용할 수 있을 것으로 보입니다.

🦋 이재빈(Ahnlab)

요즘 인기가 매우 높은 파이썬과 Flask를 동시에 알아볼 수 있는 보기 드문 국내 서적인 것 같습니다. 파이썬으로 웹 프로그래밍을 하고 싶은 분이 처음 접하기에 괜찮지 않나 하는 생각이 들었습니다. 더불어, 기초적인 설명 외에도 실무에서 사용될 법한 내용을 담고 있어서 실전에서도 꽤 유용할 것 같습니다.

🦋 이철민(카카오)

파이썬을 사용한 웹 프레임워크라면 Django와 Flask가 떠오릅니다만, Django에 비해 Flask는 살펴볼 문서의 양이 적은 편이고, 특히 우리말로 된 볼 만한 자료는 거의 없는 것으로 알고 있습니다. 하지만 이제는 이 책으로 어렵지 않게 Flask에 대해 공부할 수 있을 것 같습니다. 전체적으로 책 내용은 좋았습니다. 개인적으로 아쉬웠던 점을 하나 말하자면, 하나의 큰 프로젝트를 잡고 간단한 기능부터 시작해서 조금 더 복잡한 기능을 붙여나가는 식으로 책이 진행되었더라면 플라스크의 특징에도 부합하고 좀 더 흥미 있게 볼 수 있지 않았나 합니다.

🦋 장병진(Gaia3D, OSGeo)

파이썬을 이용해 웹 서비스를 구성하기 위한 실용적인 지식을 가득 담고 있는 책이었습니다. 기초적인 서비스 구성에서 상업적인 서비스를 위한 환경 구성과 협업을 통한 대규모 서비스 개발까지 다양한 단계에서 이 책의 내용이 많은 도움을 줄 것 같습니다. 때로는 상세한 인자 설명이 장황해 보일 수도 있지만, 이는 전체 인자 중 실용적인 인자들을 저자의 경험에서 추려 설명하고 있는 것이니 눈여겨볼 만합니다.

🦋 최해성(티켓몬스터)

이 책은 Flask 프레임워크에 대한 소개 그 이상의 책입니다. 웹 프레임워크를 설명하기 위해 웹 프로그램을 예시로 든 책이 아닌, 웹 프로그래밍의 여러 이슈를 Flask를 통해 다뤄보는 콘셉트가 포인트입니다. 책을 가이드 삼아 웹 개발이라는 큰 주제를 다루기에는 충분한 내용이라고 생각합니다. Werkzeug(파이썬 WSGI 라이브러리)에 대한 내용도 좋았습니다.

제이펍은 책에 대한 애정과 기술에 대한 열정이 뜨거운 베타리더들로 하여금
출간되는 모든 서적에 사전 검증을 시행하고 있습니다.

웹 프로그램이란 무엇인가?

웹 프로그램이 무엇인지 먼저 살펴보기 전에 인터넷과 웹에 대해서 알아보겠습니다. 인터넷은 세계적 냉전 분위기였던 1950년대 미국 국방성의 고등 산하연구국에서 재난이나 전쟁 상황 등에서도 통신을 하기 위한 연구가 시초이며, 그 결과물로 아르파넷(Arpanet)이 만들어졌습니다. 한국은 서울대학교에서 1992년에 미국에 있는 컴퓨터와 통신 연결에 성공한 것이 한국에서의 최초의 인터넷 접속이었습니다.

한국에서의 인터넷 서비스는 1993년에 처음 상용화되었으며, 1998년 한국통신에서 출시한 ADSL이 국내에서 선풍적인 인기를 끌면서 일반 대중이 인터넷에 쉽게 접속할 수 있는 계기가 마련되었습니다. 한편, 웹 프로그램이 동작하는 웹은 CERN에서 일하고 있던 팀 버너스 리 (Tim Berners Lee)가 연구소 내의 문서를 효율적으로 공유하기 위해 하이퍼텍스트 개념을 차용해 1989년에 기획하고 개발을 시작한 플랫폼입니다.

웹은 인터넷과 같은 의미의 대명사로 사용되지만, 웹은 인터넷을 구성하는 요소 중 하나입니다. 인터넷은 웹, FTP, MAIL, DNS 등의 서비스로 구성되어 있습니다. 유즈넷(Usenet)은 지금은 사용자를 찾기 어렵지만, 인터넷 사용자가 올린 글을 저장하기 위해 사용되었으며 웹에서 게시판의 형태로 계승되었습니다.

웹은 출시 이후 양적으로나 질직으로 눈부신 발전을 해왔으며, 웹 프로그램은 초기 CGI 관련 기술을 바탕으로 C, C++, Perl 등의 언어를 사용해 주로 개발되었습니다. 2000년대를 전후해서는 웹 프로그램 개발 기술로 ASP(Active Server Pages), PHP(PHP: Hypertext Preprocessor),

JSP(Java Server Pages)가 널리 쓰였습니다. 요즘은 자바 스프링 프레임워크(Spring Framework)가 기업 환경에서 널리 사용되고 있습니다.

웹 프로그램은 웹 브라우저[1]로 접속해 사용하거나 HTTP 메시지를 보내 원격에서 사용하는 프로그램을 말합니다. 우리가 쉽게 볼 수 있는 웹 프로그램으로는 게시판, 쇼핑몰, 웹 메일, 블로그, 커뮤니티 사이트, 카페 등이 있습니다. 이외에도 많은 사람과 협업을 하거나 다수의 사람에게 정보를 제공하기 위한 것이 목적이라면 웹 프로그램으로 구현할 수 있습니다. 예로 언급한 웹 프로그램은 독립적으로 사용되기보다는 다른 웹 프로그램에 포함되어 사용되는 경우가 일반적입니다.

한편, 웹은 2000년 이후 닷컴 버블[2]이 급격하게 꺼지면서 웹 프로그램 개발 방향도 그 이전과 다른 양식으로 전개되었습니다. 닷컴 버블 이전의 웹사이트나 웹 프로그램이 주로 서비스 제공자가 선택적으로 정보를 제공해왔다면, 닷컴 버블 이후는 사용자가 콘텐츠를 만드는 형태로 변해왔습니다.

웹 프로그래밍 기술도 기업용 웹 프로그램에서는 HTML만을 사용한 화면 설계보다 RIA(Rich Internet Application)에 적합한 ActiveX 등을 사용하는 쪽으로 변해왔고, 2010년을 전후로 자바 스크립트가 웹 프로그램 개발의 한 축을 담당하게 되었습니다.

웹 프로그램은 종종 웹 애플리케이션, 웹사이트, 웹 서버와 혼용하여 사용되기에 글의 문맥을 살펴 모두 웹 프로그램으로 이해하면 됩니다. 참고로, 이 책에서 사용된 프로그램이나 라이브러리는 파이썬 3.4 버전을 기준으로 하고 있으며, 파이썬, Flask, 파이썬 가상 환경의 설치 방법에 대해서는 부록에서 다룹니다. 파이썬 Flask 애플리케이션 구성 환경 개발을 위해서는 부록을 먼저 보시기 바랍니다.

1.1 웹 프로그램의 통신 구조

모든 웹 프로그램은 사용자가 웹 브라우저를 사용해 웹 프로그램이 가지고 있는 자원(예를 들면, 제품 목록)을 요청하면 웹 브라우저가 이해할 수 있는 형태로 재가공하거나, 그렇게 이미 작

---

[1] 기술적으로는 HTTP 메시지를 주고받을 수 있는 모든 프로그램을 웹 브라우저로 봅니다.

[2] 인터넷 관련 분야가 성장하면서 산업 국가의 주식 시장의 지분 가격이 급격한 성장을 보인 1995년부터 2000년까지의 거품 경제 현상으로, 한국은 2002년까지 지속되었습니다.

성되어 있는 자원(예를 들면, 정적 HTML 파일이나 이미지 파일)을 웹 브라우저에 반환합니다. 단순 HTML, 이미지 파일 등과 같은 정적 파일로만 구성된 웹사이트는 웹 서버가 자원의 위치를 확인해 반환하면 됩니다. 그러나 복잡한 기능을 가진 웹 프로그램은 클라이언트가 보낸 요청을 처리하고 응답하는 일이 약간 달라집니다.

위의 설명을 조금 더 명확하게 하기 위해 그림 1-1과 그림 1-2로 나타내었습니다.

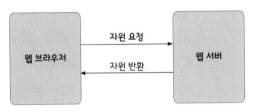

📷 그림 1-1 웹 프로그램이 없는 웹사이트의 요청/처리 구조

📷 그림 1-2 웹 프로그램이 있는 웹사이트의 요청/처리 구조

웹 프로그램이 있는 웹사이트에서는 웹 서버가 웹 브라우저에 바로 응답하지 않고 웹 프로그램에 데이터 처리를 요청하고, 웹 프로그램이 데이터 처리 결과를 반환하면 웹 브라우저에 데이터 처리 결과를 반환합니다. 그러나 웹 서버가 웹 프로그램에 데이터 처리를 요청하지 않는 경우가 있는데, 웹 브라우저가 정적 자원(단순 HTML 파일, 이미지 파일 등)을 요청할 경우가 그렇습니다.

웹 서버와 웹 브라우저 간에 발생하는 자원 반환 단계에서는 웹 서버가 콘텐츠 협상(content negotiation)이라는 단계를 거쳐 웹 브라우저에 결과를 반환하는데, 이 단계는 웹 브라우저가 무엇을 처리할 수 있는지 웹 서버와 협상하는 단계입니다. HTTP 1.1에서 콘텐츠 협상은 서버 기반 협상, 에이전트 기반 협상, 투명한 협상(서버와 에이전트 기반 협상 혼합)으로 나뉘어 있습니다.

콘텐츠 협상이 웹 서버와 웹 브라우저 간에 명확하게 이루어지지 않으면 웹 브라우저는 사용자가 이해할 수 없는 형태의 데이터를 보여주거나 데이터 처리 에러로 웹 브라우저가 비정상적으로 종료할 수도 있습니다. 서버 기반 협상은 웹 서버가 웹 브라우저에 반환할 데이터의 형태를 직접 결정하는 것이며, 웹 브라우저가 어떤 데이터 형태를 처리할 수 있는지 알 수 없는 채로 자원의 형태를 결정해 응답합니다.

HTTP 1.1에서는 웹 서버의 데이터 형태 결정 기능을 향상시키기 위해 웹 브라우저가 처리할 수 있는 형태를 지정한 문자열을 HTTP 메시지의 헤더에 추가로 지정해서 전달해야 합니다. 문자열은 콤마로 구분되어 있으며, 좌측에 가까울수록 브라우저가 웹 프로그램으로부터 응답받기를 선호하는 처리 형태입니다.

에이전트 기반 협상은 웹 서버가 응답할 데이터 처리 형태를 결정하기 위해 첫 수신을 처리한 에이전트(대개는 캐시 서버일 수 있습니다)에 의해 웹 서버의 데이터 처리 형태를 결정하는 협상 방법입니다. 최적의 데이터 형태를 결정하기 위해 두 번째 요청이 필요한 경우도 있습니다.

마지막으로, 투명한 협상이 있습니다. 투명한 협상은 서버 기반 협상과 에이전트 기반 협상을 혼합한 것으로서 서버 기반 협상과 에이전트 기반 협상의 장점만을 취한 형태입니다. HTTP 콘텐츠 협상은 웹 프로그래밍에서 잘 언급되지 않는 개념이지만, REST API 서버는 웹 브라우저가 보낸 HTTP 메시지의 헤더(Accept, Accept-Language, Accept-Encoding)를 보고 웹 프로그램은 이에 적절한 데이터 형태를 결정해 응답할 의무가 있습니다. 표 1-1은 콘텐츠 협상에 사용되는 HTTP 메시지 헤더를 보여줍니다.

⊞ 표 1-1 콘텐츠 협상에 사용되는 HTTP 메시지 헤더

HTTP 헤더	설명
Accept	브라우저가 수용할 수 있는 데이터 처리 형태와 선호도. 예) Accept: text/html; q=1.0, text/*; q=0.8
Accept-Language	브라우저가 수용할 수 있는 응답 결과의 언어와 선호도. 예) Accept-Language: fr; q=1.0, en; q=0.5
Accept-Encoding	브라우저가 수용할 수 있는 응답 인코딩 형태와 선호도. 예) Accept-Encoding: gzip; q=1.0, deflate; q=0.5

웹 프로그램은 웹 서버가 정적 자원 처리를 전담하게 하는 것이 효율적이지만, 자바나 파이썬 등으로 작성된 웹 프로그램은 정적 자원을 처리하기 위해 웹 서버 기능(정적 파일을 서비스하는 기능)을 포함한 경우가 많아 실제로 웹 브라우저와 웹 프로그램 간에 웹 서버는 경유지(프록시) 역할로만 사용되는 경우도 적지 않습니다.

HTTP는 TCP/IP 기반의 프로토콜로서 웹 프로그램과 웹 브라우저가 반드시 준수해야 하며, 웹 브라우저와 웹 서버 간에는 자원을 요청하고 반환받기 위해서 HTTP 메시지로 통신합니다. HTTP 메시지는 헤더와 바디로 구성되어 있습니다. 헤더와 바디 사이에 빈 줄 하나가 들어가서 헤더와 바디를 구분하며, 헤더는 HTTP 메시지가 웹 서버 또는 웹 브라우저가 정확히 처리할 수 있도록 키와 값으로 구성되어 있으며, 추가로 원하는 처리를 할 수 있도록 힌트[3]가 포함되어 있습니다. HTTP는 Plain Text(평문)로 구성되어 있으며, HTTP 요청과 응답에 사용되는 헤더의 모양새는 조금 다릅니다.

☑ **결과 1-1 HTTP 요청 메시지의 예**

```
01: GET / HTTP/1.1
02: Host: jpub.kr
03: Connection: keep-alive
04: Accept: text/html,application/xhtml+xml,application/xml;q=0.9,image/webp,*/*;q=0.8
05: User-Agent: Mozilla/5.0 (Macintosh; Intel Mac OS X 10_10_3) AppleWebKit/537.36
(KHTML, like Gecko) Chrome/43.0.2357.130 Safari/537.36
06: Accept-Encoding: gzip, deflate, sdch
07: Accept-Language: ko-KR,ko;q=0.8,en-US;q=0.6,en;q=0.4
08:
09: ...
```

HTTP 요청 메시지는 첫 줄에 HTTP 메서드 이름과 요청 자원의 주소, 그리고 HTTP와 어떤 버전을 사용하는지를 명시합니다. 결과 1-1은 'GET' 메서드로 / URL에 'HTTP 1.1' 버전을 사용하겠다고 명시한 것입니다. 나머지 헤더에는 어떤 호스트에 요청하고, 웹 브라우저가 무엇이고, 어떤 자원 형태와 언어를 받아들일 수 있는지 등의 정보를 기록합니다. HTTP 헤더에 관한 자세한 정보는 RFC 2616[4]을 참고하기 바랍니다.

웹 서버 또는 웹 프로그램은 HTTP 요청 메시지를 받아 처리하고서 웹 브라우저에 결과를 반환합니다.

☑ **결과 1-2 HTTP 응답 메시지의 예**

```
01: HTTP/1.1 200 OK
02: Date: Sun, 05 Jul 2015 15:17:29 GMT
03: Server: Apache/1.3.37 (Unix) mod_throttle/3.1.2 PHP/4.4.4 mod_ssl/2.8.28
OpenSSL/0.9.8d
04: X-Powered-By: PHP/4.4.4
05: P3P: CP="NOI CURa ADMa DEVa TAIa OUR DELa BUS IND PHY ONL UNI COM NAV INT
DEM PRE"
06: Connection: close
```

---

3 모든 컴퓨터 프로그램은 인간이 행동을 지정해줘야 하는데, 이는 곧 컴퓨터는 무엇이 있을 때 어떤 방법으로 처리하고 응답 해야 하는지를 지정해야 한다는 것을 의미합니다. HTTP 메시지의 헤더가 이런 정보를 기록하기에 가장 좋은 영역입니다.

4 http://www.rfc-base.org/rfc-2616.html

```
07: Transfer-Encoding: chunked
08: Content-Type: text/html
09:
10: ...
```

HTTP 응답 메시지는 첫 행에 HTTP 버전, HTTP 상태 코드, 그리고 상태 코드 문자열이 표시되고, 두 번째 행부터는 HTTP 메시지 헤더 정보를 순서 없이 기술합니다. HTTP 요청/응답 메시지에는 사용자 정의 헤더가 포함될 수 있는데, 웹 프로그램과 웹 브라우저가 사용자 정의 헤더를 해석할 수 있을 때만 의미를 가지며 헤더 명은 'X-'로 시작합니다. 바디에는 HTTP 클라이언트가 HTTP 메시지에 담아 서버로 보내고자 하는 일반 문자열 또는 MIME 메시지가 기록됩니다.

마치며 이 절에서 웹 프로그램과 웹 서버 간에 어떤 프로토콜을 사용하는지와 어떤 형태의 메시지를 주고받는지를 살펴봤습니다. 물론, 여러분이 웹 프로그래밍을 하면서 앞에서 보았던 HTTP 메시지를 작성할 일이 드물겠지만, 간접적으로 HTTP 헤더에 따라 웹 프로그램의 처리 방법을 다르게 할 수도 있으므로 HTTP 메시지에 대해 알고 있는 것은 여러분만의 강점이 될 것입니다.

1.2 파이썬을 위한 웹 프로그램 통신 규약

웹 프로그램은 단순히 웹 브라우저가 보낸 HTTP 요청 메시지를 처리하고 결과를 반환하는 일을 수행합니다. 1.1절 '웹 프로그램의 통신 구조'에서 이 내용을 충분히 살펴봤으므로 이제부터는 파이썬을 이용한 웹 프로그램 개발 방법에 대해 알아보겠습니다.

웹 프로그램은 사용자가 보낸 요청과 응답 메시지를 웹 서버를 경유하여 주고받습니다. 이때 웹 서버와 웹 프로그램 간에 메시지를 주고받을 약속이 필요합니다. 이 약속을 정의한 것이 CGI(Common Gateway Interface) 규약입니다. CGI는 프로그래밍 언어에서 환경 변수나 표준 입출력을 다룰 수 있는 언어라면 모두 사용할 수 있지만, 실행 속도나 처리와 개발 편의성 면에서 2000년대 초까지는 펄(Perl) 언어를 사용하는 것이 일반적이었습니다.

소스 코드 보안성을 위해 C, C++, 델파이와 같은 언어로 웹 프로그램을 작성하는 경우도 있지만, 웹 프로그래밍에 특화되어 있지는 않아 웹 프로그램의 작성과 유지보수가 쉽다고 할 수는 없습니다. CGI에 대해서는 비교적 많은 서적과 문헌에서 기술로 분류하고 있거나 펄(Perl) 언어로 대변되는 구세대 규약으로 분류하지만, 이는 잘못된 분류입니다. 웹 서버와 웹 프로그램 표준 통신 규약은 1993년에 처음 정의되었고, 2004년에 RFC 3875[5]로 재개정되었습니다.

파이썬도 cgi 모듈을 통해 CGI 환경 변수와 CGI 표준 입출력에 직접 접근해서 웹 프로그램을 작성할 수 있습니다. 한편, 웹 프로그램은 웹 서버와 독립적으로 구현할 필요가 있었는데, 파이썬 Web-SIG에서 논의된 결과를 바탕으로 2003년 12월 7일에 Python Web Server Gateway Interface(이하 WSGI)가 처음 제정되었습니다. 이후 WSGI는 여러 차례 개정을 통해 2010년 9월 26일에 PEP 3333[6]으로 최종 개정되었으며, 현재 파이썬으로 작성된 많은 웹 프로그램이 WSGI 기반에서 동작할 수 있도록 만들어져 있습니다. WSGI 기반으로 작성된 웹 프로그램의 좋은 점은, WSGI 표준을 지키는 미들웨어라면 미들웨어 종류를 가리지 않고 동작이 가능하다는 것입니다. WSGI 미들웨어는 또 다른 WSGI 미들웨어에 포함해 사용할 수 있으며, 이 책에서 다루게 될 Flask(플라스크)는 Werkzeug[7] 미들웨어 기반으로 작성되어 있습니다.

</> 코드 1-1   간단한 WSGI 프로그램

```
01: from wsgiref.simple_server import make_server
02:
03: def application(environ, start_response):
04:     response_body = ['%s: %s' % (key, value)
05:                     for key, value in sorted(environ.items())]
06:     response_body = '\n'.join(response_body)
07:
08:     status = '200 OK'
09:     response_headers = [('Content-Type', 'text/plain'),
10:                         ('Content-Length', str(len(response_body)))]
11:     start_response(status, response_headers)
12:
13:     return [response_body.encode("utf8")]
14:
15: httpd = make_server(
16:     'localhost',
17:     8051,
18:     application
19:     )
20:
21: httpd.handle_request()
```

WSGI 프로그램은 호출 가능한 객체로 파이썬 함수나 파이썬 클래스의 __iter__ 메서드를 재

---

5 https://tools.ietf.org/html/rfc3875

6 https://www.python.org/dev/peps/pep-3333

7 독일어로 벡자이그라고 합니다. 웱적이라 읽는 분들도 있습니다.

정의한 객체를 사용할 수 있습니다. 이때 호출 가능한 객체는 환경 변수 객체(파이썬 사전)와 응답을 시작하는 함수인 start_response 객체(함수 객체)를 인자로 전달받습니다.

코드 1-1은 앞의 설명을 함수형으로 작성한 WSGI 프로그램입니다. 이 프로그램은 모든 CGI 환경 변수의 이름과 변수가 가지고 있는 값을 결과로 반환합니다.

01: wsgiref.simple_server 모듈로부터 make_server 함수를 가지고 옵니다.

03: wsgi 함수 헤더를 작성합니다. wsgi 함수는 CGI 환경 변수를 담고 있는 environ 인자와 웹 브라우저에 응답을 반환하는 start_response 함수를 인자로 받습니다.

04~05: '키: 값'의 문자열 형태로 CGI 환경 변수의 키와 값을 반복하여 파이썬 리스트로 만들어 response_body에 저장합니다.

06: 04~05행에서 만들어진 파이썬 리스트를 개행 문자(\n)로 이어줍니다.

08: 웹 브라우저에 응답할 상태 문자열을 저장합니다.

09~10: 웹 브라우저에 응답할 HTTP 메시지 헤더를 구성합니다. 메시지 헤더는 파이썬 리스트 타입으로 지정하며, (헤더 키, 헤더 값) 형태의 튜플을 요솟값으로 가집니다.

11: start_response 함수에 상태 문자열과 09~10행에서 구성한 헤더 값을 인자로 전달합니다.

13: application 함수를 호출한 WSGI 서버에게 웹 브라우저에게 응답할 문자열을 요솟값으로 가지는 파이썬 리스트 타입을 반환합니다.

15~19: make_server 함수에 WSGI 서버가 응답할 호스트, 포트 번호, WSGI 함수명을 전달해 WSGI 서버 객체를 만듭니다.

21: WSGI 서버를 기동합니다.

이 프로그램의 실행 결과를 보려면 파일을 실행하고 웹 브라우저의 주소란에 http://localhost:8051을 입력합니다. 이 URL은 http 프로토콜로서 localhost 서버의 8051포트에 접속하라는 의미입니다. 코드 1-1에서 살펴봤던 WSGI 프로그램은 Flask 애플리케이션에서 응답을 사용자 정의할 때 사용되기도 하므로 프로그램 기본형을 알아두면 많은 도움이 될 것입니다.

마치며 이 절에서는 파이썬으로 웹 프로그램을 작성하기 위한 통신 규약과 웹 서버와 웹 프로그램 간의 통신을 어떻게 해야 하는지를 정의한 CGI에 대해 살펴봤습니다. 다음 절에서는 파이썬으로 간단한 웹 서버 구축과 CGI 서버 구축, 그리고 CGI 스크립트를 작성하고 WSGI 프로그램에 대해 조금 더 살펴보겠습니다.

1.3 파이썬 웹 프로그래밍 맛보기

파이썬을 사용해 웹 프로그래밍을 한다거나 웹 서비스[8]를 한다고 말하는 것은 무엇을 뜻할까요? 자바를 사용한 웹 프로그래밍(Java Servlet, JSP)도 있고, PHP와 같은 언어로 웹 프로그래밍을 할 수도 있는데, 굳이 파이썬을 사용해 웹 프로그래밍을 해야 하는가에 대한 물음이 여러분의 머릿속에 먼저 떠오를지도 모르겠습니다. 그러나 저는 파이썬으로 웹 프로그래밍할 것을 권장합니다. 파이썬을 알고 있다면 다른 언어로 서버 프로그래밍을 할 이유가 없습니다. 게다가 웹 서버 구축이나 데이터베이스 설치 등에 신경 쓰지 않고 웹 프로그래밍 자체에만 집중할 수 있습니다.

먼저, 웹 서버를 띄워보겠습니다. 사용하고 있는 운영체제에 따라 터미널 프로그램(윈도우는 cmd 또는 파워셸)을 실행하고 cd 명령으로 Desktop이나 바탕화면 디렉터리에 이동한 다음, python 명령으로 웹 서버를 실행해보겠습니다.

◆ 셸 1-1 **python 명령으로 현재 위치한 디렉터리(또는 폴더)를 웹 루트로 삼아 웹 서버 실행하기**

```
$ cd ~/Desktop
$ python -m http.server 8080
Serving HTTP on 0.0.0.0 port 8080 ...
```

웹 서버를 실행했습니다. 웹 브라우저로 http://localhost:8080에 접속해보세요. 그림 1-3과 같은 유사한 화면을 볼 수 있다면 성공적으로 파이썬 내장 웹 서버를 실행한 것입니다.

Directory listing for /

- code1-1.py
- formatting_text.py
- result1-1.txt
- result1-2.txt

📷 그림 1-3 **파이썬 내장 웹 서버 실행**

---

8 SOA, Restful과 같은 의미로 사용되었다기보다는 단순히 파일을 서비스하기 위한 웹 서버의 의미로 사용했습니다.

셀 1-1의 명령으로 실행된 웹 서버는 정적 자원인 HTML, 이미지, 텍스트 파일 등만을 서비스 할 수 있으며, HTTP 콘텐츠 협상 기능이 포함된 상태입니다. 요즘은 자바스크립트를 사용한 개발이 활성화되어 있는데, Ajax 기술을 사용할 때 반드시 웹 서버가 필요한 경우가 있습니다. 이때 파이썬을 사용하면 웹 서버 프로그램을 따로 설치하지 않아도 웹 서버 기능을 사용할 수 있습니다. 그리고 파이썬이 제공하는 웹 서버 기능을 사용하다 필요없어지면 파이썬 실행 창 을 그냥 닫으면 됩니다.

파이썬 내장 웹 서버는 셀 1-1과 같이 쉽게 사용할 수 있지만, 이 명령을 파이썬 파일로 작성할 경우 다음과 같이 작성합니다.

📟 **코드 1-2 파이썬 내장 웹 서버 실행 스크립트**

```
01: import http.server
02: import socketserver
03:
04: PORT = 8080
05:
06: Handler = http.server.SimpleHTTPRequestHandler
07:
08: httpd = socketserver.TCPServer(("", PORT), Handler)
09:
10: print("serving at port", PORT)
11: httpd.serve_forever()
```

코드 1-2는 셀 1-1의 실행을 파이썬 스크립트로 작성한 것입니다. 스크립트로 작성할 때는 socketserver 모듈의 TCPServer 클래스를 인스턴스화하고, PORT로 들어오는 요청을 http. server 모듈의 SimpleHTTPRequestHandler가 처리할 것임을 알려줍니다. 이 코드의 11행에서 소켓 서버를 실행하는데, 소켓 서버가 PORT로 들어오는 연결을 계속해서 감시하도록 하는 데 사용합니다.

파이썬 내장 웹 서버는 앞에서 본 정적인 파일만을 서비스하는 웹 서버만 있지 않고, CGI 스크립트를 지원하도록 하는 내장 웹 서버(이하 CGI 서버)를 실행할 수도 있습니다. CGI 서버의 실행은 정적인 웹 서버와 달리 CGI 스크립트가 있는 디렉터리를 생성해야 합니다. 이를 위해 $HOME/cgi-server[9] 디렉터리를 생성해서 CGI 서버를 실행하겠습니다.

◈ 셸 1-2 **CGI 서버 실행**

```
$ mkdir -p $HOME/cgi-server/{cgi-bin,htbin}
$ cd $HOME/cgi-server
$ python -m http.server --cgi 8080
```

셸 1-2를 실행하고 웹 브라우저로 http://localhost:8080에 접속해서 그림 1-4와 같은 화면이 보이면 정상입니다.

Directory listing for /

- cgi-bin/
- htbin/

📷 그림 1-4 **CGI 서버 실행 후 웹 브라우저로 접속한 화면**

CGI 서버는 보안상의 이유로 CGI 스크립트를 cgi-bin이나 htbin 디렉터리에 모아두는 것이 관례이며, 이 관례는 NCSA HTTPD Server로부터 시작했다고 보는 것이 일반적입니다.

Q A   **지금은 cgi-bin 디렉터리를 사용하지 않습니다**

이 책에서는 파이썬을 사용해 과거에 사용되었던 방식의 프로그래밍도 가능하다는 것을 설명하기 위해 CGI 서버를 예제로 설명하지만, 현대의 웹 프로그래밍에서 CGI 스크립트 직접 실행은 보안 문제로 권장되지 않으며, 아파치 웹 서버 등의 배포본에서도 기본 설정에서 CGI 직접 실행은 막혀 있습니다.

---

9 리눅스와 맥 OS X 기준의 설명입니다. 윈도우 유저는 %HOMEPATH%입니다.

이제 파이썬으로 CGI 스크립트 파일을 하나 작성해보겠습니다.

📰 코드 1-3   **브라우저에 Hello World를 출력하는 스크립트** $HOME/cgi-server/cgi-bin/helloworld.py

```
01: #!/usr/bin/env python
02: print("Content-Type: text/html;\n\n")
03: print("Hello World")
```

코드 1-3으로 CGI 스크립트를 작성했으면 셸 1-3 명령으로 CGI 스크립트에 실행 권한을 주고 웹 브라우저로 스크립트 파일에 직접 접근합니다.

◈ 셸 1-3   **CGI 스크립트에 실행 권한 부여**

```
$ chmod +x $HOME/cgi-server/cgi-bin/helloworld.py
```

웹 브라우저로 http://localhost:8080/cgi-bin/helloworld.py에 접속합니다. 그림 1-5와 같은 화면이 나오면 잘 실행된 것입니다.

📷 그림 1-5   **CGI 스크립트가 실행된 모습**

CGI 스크립트 파일은 웹 서버에서 동작하는 방식 때문에 작성이나 저장 시에 주의해야 합니다. CGI 스크립트는 CGI 서버가 웹 브라우저의 요청을 받아 CGI 스크립트 파일을 셸로 실행한 결과를 웹 브라우저에 반환하는 방식입니다. 그래서 CGI 스크립트를 작성할 때는 첫 줄에 프로그래밍 언어의 실행 파일 경로를 적어주고 웹 브라우저에 보낼 HTTP 응답 메시지를 직접 기록합니다. 코드 1-3은 HTTP 응답 메시지를 직접 작성한 예제입니다.

코드 첫 행에서 #!/usr/bin/env python[10]이라고 기술했는데, 이 문장은 셸의 PATH에서 실행 가능한 파이썬 경로를 찾아 실행하라는 의미입니다. 첫 행을 작성하고 나면 2행부터는 웹 브라우저에 보낼 HTTP 헤더를 원하는 수만큼 기록하고 헤더가 끝나면 헤더 뒤에 줄바꿈(개행문자)을 두 번 넣고 웹 브라우저에 표시될 문자열이나 데이터를 print 함수로 보내면 끝입니다.

코드 1-3에서는 헤더가 한 개이므로 2행에서 헤더 정의 후 개행 문자를 두 개 넣고[11] 3행에서 Hello World를 출력하도록 했습니다. 마지막으로, 셸 파일로 실행될 수 있도록 chmod[12] 명령으로 파일에 실행 권한을 주었습니다. 여기에 사용된 명령어는 셸 1-3에 있습니다. 그리고 CGI 입출력을 위해 파이썬은 cgi 모듈을 제공하므로 필요한 경우 CGI 스크립트로 웹 프로그램을 작성할 수 있습니다.

CGI 스크립트는 꼭 파이썬으로 작성해야 하나요?

아닙니다. CGI 스크립트는 앞에서 기술한 것과 같이 환경 변수와 표준 입출력을 제공하기만 하면 어떤 언어든 사용할 수 있으며, 파이썬 CGI 서버로 펄(Perl)로 작성된 기존의 CGI 스크립트도 실행할 수 있습니다.

셸 1-2에서는 CGI 서버를 파이썬 모듈을 직접 실행하는 방식으로 구동했지만, 파이썬 스크립트로 CGI 서버를 구동할 수도 있습니다.

코드 1-4 파이썬 스크립트로 CGI 서버 실행하기

```
01: import http.server
02: import socketserver
03:
04: PORT = 8080
05:
06: Handler = http.server.CGIHTTPRequestHandler
07:
08: httpd = socketserver.TCPServer(("", PORT), Handler)
09: httpd.server_name = "localhost"
10: httpd.server_port = PORT
```

---

10 리눅스/맥의 경우는 본문에 언급된 것과 같지만, 윈도우는 파이썬 실행 파일이 있는 드라이브명\디렉터리와 파일명을 기술하면 됩니다.

11 처음 개행 문자는 현재 줄을 마치겠다는 의미에서 사용하고, 다음 개행 문자는 빈 줄을 추가하기 위해 사용합니다.

12 윈도우는 이 명령을 사용하지 않아도 됩니다.

```
11:
12: print("serving at port", PORT)
13: httpd.serve_forever()
```

코드 1-4는 CGI 서버를 실행하는 파이썬 스크립트로, 코드 1-2와 달리 CGIHTTPReqeust Handler를 쓰고 9~10행에 걸쳐 CGI 스크립트가 동작하는 서버와 포트 번호를 소켓 서버 객체에 추가한 것만 다릅니다. 나머지 내용은 SimpleHTTPRequestHandler 때와 같습니다.

마지막으로, 파이썬 PEP 333에서 시작한 PEP 3333의 Python Web Server Gateway Interface(이하 WSGI) 기반의 웹 프로그램 샘플을 살펴볼 차례입니다. WSGI 기반으로 작성된 파이썬 웹 프로그램은 앞 절에서 기술한 것과 같이 파이썬의 Web-SIG에서 논의된 결과로 마련된 파이썬 웹 프로그램을 개발하기 위한 표준 인터페이스이며, 현재 많은 종류의 WSGI 미들웨어와 이들 미들웨어에 기반한 웹 프레임워크가 개발되어 있습니다.

앞 절에서 살펴본 코드 1-1은 WSGI 프로그램으로 개발 가능한 짧은 코드 예제로서 다음과 같은 모습을 가지고 있었습니다.

코드 1-1 WSGI 애플리케이션(함수형)

```
01: from wsgiref.simple_server import make_server
02:
03: def application(environ, start_response):
04:     response_body = ['%s: %s' % (key, value)
05:                       for key, value in sorted(environ.items())]
06:     response_body = '\n'.join(response_body)
07:
08:     status = '200 OK'
09:     response_headers = [('Content-Type', 'text/plain'),
10:                         ('Content-Length', str(len(response_body)))]
11:     start_response(status, response_headers)
12:
13:     return [response_body.encode("utf8")]
14:
15: httpd = make_server(
16:     'localhost',
17:     8051,
18:     application
19:     )
20:
21: httpd.handle_request()
```

코드 1-1에서 WSGI 서버를 실행하기 위해서 wsgiref.simple_server 모듈의 make_server 클

래스를 가져왔습니다. make_server 클래스는 WSGI 서버가 동작할 호스트 주소, 포트, PEP 3333을 준수한 애플리케이션 객체를 인자로 받습니다. 21행은 WSGI 서버를 가동해 웹 브라우저의 요청을 기다리겠다는 메서드를 호출합니다. 이 메서드가 실행되고 웹 브라우저의 요청을 받으면 명령을 수행하고 웹 서버를 바로 종료합니다.

파이썬은 WSGI 애플리케이션을 개발하기 위해 wsgiref.util, wsgiref.headers, wsgiref.simple_server, wsgiref.validate, wsgiref.handlers 모듈을 제공하는데, 이들 모듈은 로우-레벨(low-level)로 구현할 때 유용하며, 잘 알려진 웹 프레임워크(장고나 Flask와 같은)를 사용할 때 이 모듈들을 사용하는 일은 드뭅니다. 앞에서 WSGI 애플리케이션은 클래스로 만들 수 있다고 했는데, 코드 1-5는 코드 1-1을 클래스 형태로 재작성한 것입니다.

코드 1-5 클래스로 작성한 WSGI 애플리케이션

```
01: from wsgiref.simple_server import make_server
02:
03: class Application(object):
04:     def __init__(self, environ, start_response):
05:         self.environ = environ
06:         self.start_response = start_response
07:
08:     def __iter__(self):
09:         response_body = ['%s: %s' % (key, value)
10:                     for key, value in sorted(self.environ.items())]
11:         response_body = '\n'.join(response_body)
12:
13:         status = "200 OK"
14:         response_headers = [('Content-Type', 'text/plain'),
15:                             ('Content-Length', str(len(response_body)))]
16:         self.start_response(status, response_headers)
17:         yield response_body.encode("utf-8")
18:
19: httpd = make_server(
20:     'localhost',
21:     8051,
22:     Application
23: )
24:
25: httpd.serve_forever()
```

클래스 형태로 작성한 WSGI 애플리케이션도 함수형과 크게 다르지 않으며, environ과 start_response 인자를 클래스 생성자로 선달받아 객체 변수로 가지고 있다가 __iter__ 메서드 안에서 결괏값을 반환할 때 사용합니다. 이것으로 파이썬으로 웹 프로그래밍을 하는 방법을 간략히 살펴봤으며, 파이썬으로 웹 프로그램을 만드는 것은 CGI 스크립트를 사용하는 방법과 WSGI 기반으로 작성하는 방법이 있다는 것을 이해하셨을 것입니다.

> **마치며** 이 절에서 설명한 내용은 파이썬으로 웹 프로그램을 작성하는 기술이 CGI 스크립트에서 WSGI 기반으로 발전되어 왔음을 보여줍니다. 자, 이제 Flask로 파이썬 웹 프로그래밍을 배워 볼 시간입니다.

Flask 시작하기

Flask는 파이썬에서 웹 프로그래밍을 좀 더 쉽게 하기 위한 프레임워크 중의 하나입니다. 파이썬에서 웹 프로그래밍 용도의 프레임워크는 이 책에서 다루는 Flask뿐만 아니라 Django(장고), Web2py(웹투파이), Turbogears(터보기어) 같은 Full Stack(이하 풀스택) 프레임워크 같은 것들도 있습니다. Flask는 앞서 언급한 프레임워크와 달리 마이크로(micro) 프레임워크입니다.

풀스택 프레임워크는 보통 웹 프로그래밍을 할 때 필요로 하는 모든 것들이 종합적으로 갖추어진 프레임워크를 의미하는데, 장고 프레임워크의 경우는 인증과 권한, ORM, 템플릿 라이브러리, 로깅, 국제화와 지역화, 관리자, 보안 기능에 이르기까지 다양한 요소가 제공됩니다.

이와 같은 풀스택 프레임워크는 파이썬의 배터리 포함 전략(필요한 모든 것을 함께 제공하는 전략)과 비슷한 모양새를 가지고 있으며, 풀스택 프레임워크로 프로그래밍할 때는 프레임워크에서 제공하는 모듈이나 사용 방법만 익히면 됩니다. 따라서 별도로 다른 라이브러리 사용 방법을 익히기 위해 고생하거나 적합한 라이브러리를 찾는 수고를 덜 수 있습니다.

반면, 마이크로 프레임워크는 파이썬 웹 프로그래밍에서 가장 핵심적인 요소만 포함하고 있습니다. Flask의 경우는 WSGI 코어와 URL 라우팅을 지원하기 위해 werkzeug(벡자이그)와 템플릿 출력을 위해 Jinja2 라이브러리를 함께 배포합니다. 마이크로 프레임워크의 이와 같은 특징 덕분에 프로그래머는 데이터베이스 통합, 폼 유효성 검사, 업로드 처리, 다양한 개방형 인증 기술(OAuth, OpenID 등)을 프로그래머와 환경에 맞게 추가하거나 직접 개발해서 사용할 수 있습니다. 또한, Flask 내부에 Hook를 걸어 Flask의 동작을 쉽게 제어할 수 있습니다.

Flask는 웹 프로그램의 개발 과정에서 설정해야 하는 환경 설정 값(템플릿 경로, 정적인 파일이 있는 경로의 설정 등)을 가지고 있습니다.

프로그램 소스 트리 내(Flask 애플리케이션 디렉터리)에 static, templates 디렉터리를 기본적으로 갖춰야 합니다. 물론, Flask 설정을 통해 디렉터리 구성을 변경할 수 있습니다.

Flask 코어팀은 확장을 검토하는 과정을 거쳐 향후 릴리스에서 여러분이 작성한 확장이 지속적으로 동작할 수 있다는 점을 보장합니다. 또한, 프로그램의 코드 베이스가 성장함에 따라 Flask는 여러분의 프로그램에서 적절한 설계 결정을 쉽게 할 수 있도록 도와줄 것입니다.

이제 Flask 프레임워크로 웹 프로그래밍을 즐길 시간입니다.

2.1 Flask와 함께 떠나는 웹 여행

Flask 세계에 오신 여러분을 환영합니다. Flask 애플리케이션을 만들기 위해서는 단일 파일 구성을 통해 가볍게 프로그램을 만드는 방법도 있지만, 프로그램 소스 트리를 만들고 구성하는 것이 일반적입니다. 소스 트리는 여러 방법으로 구성할 수 있지만, 일반적으로 다음과 같은 구성을 즐겨 사용합니다.

```
app_name
   |_____ /app_name
             |_____ /static
             |_____ /templates
             |_____ __init__.py
   |_____ app_start.py
```

$HOME/flask_app/helloworld[13]로 생성합니다. 디렉터리 이름인 helloworld는 위의 폴더 구성 형태에서 app_name에 해당합니다. 이제 Flask 프로그램을 helloworld/helloworld/__init__.py 파일에 추가합니다.

코드 2-1 **Flask Skeleton Program**   __init__.py

```
01: from flask import Flask
02:
```

---

13 윈도우 사용자는 %HOMEPATH%\flask_app\helloworld

```
03: app = Flask(__name__)
04:
05:
06: @app.route("/")
07: def helloworld():
08:     return "Hello World"
```

코드 2-1은 flask 프로그램 개발을 위한 기본 뼈대이자 하나의 완성된 프로그램입니다. 이제 코드 2-1에 대해 자세히 알아보겠습니다.

01: flask 모듈로부터 Flask 클래스를 가져옵니다.

03: flask 객체를 생성합니다. flask 객체는 웹 브라우저로 오는 모든 요청과 템플릿과의 연계 등 웹 애플리케이션 전반에 대해서 영향을 끼치는 메인 객체입니다. Flask 클래스는 하나의 인자를 받는데, 모듈의 이름을 인자로 넘기며 코드 2-1에서는 실행 중인 모듈의 이름을 가리키는 __name__ 변수의 값을 전달하지만, 프로그래머가 임의로 제공할 때는 임의 문자열도 전달할 수 있습니다.

06~08: URL /의 GET 요청에 대해 뷰 함수를 등록합니다. 뷰 함수의 등록은 뷰 함수로 이용되는 함수의 선언 위에 Flask 인스턴스인 app 객체 변수의 route 데코레이터를 사용합니다. route 데코레이터는 첫 번째 인자를 반드시 필요로 하며, 나머지 인자는 옵션으로 제공합니다. route 데코레이터는 뒤에서 더 자세히 설명하겠습니다. 뷰 함수는 처리가 끝나면 반드시 클라이언트에 응답을 반환하기 위해 return 문을 사용해야 합니다.

이렇게 생성된 프로그램의 실행을 위해서 (테스트) 서버를 기동해주는 스크립트를 작성해야 합니다.

코드 2-2 프로그램 기동 스크립트   app_start.py

```
01: from helloworld import app
02:
03: if __name__ == "__main__":
04:     app.run(host="0.0.0.0")
```

코드 2-2는 코드 2-1에서 작성한 프로그램을 Flask 프레임워크에 포함되어 있는 내장 앱 서버를 이용해 기동시키는 프로그램입니다. 코드 2-2에 대해 알아보겠습니다.

01: helloworld 모듈로부터 app 이름을 가져옵니다. 이때 참조되는 이름은 파이썬이 가진 이름

을 찾는 순서에 따라 자동으로 가져오며, 실행 중인 파이썬 프로그램의 모든 네임스페이스에서 이름을 찾지 못할 경우 NameError 예외가 발생하게 됩니다.

03~04: app_start.py이 실행되는 네임스페이스 이름이 __main__인 경우 테스트 서버를 실행합니다. 보통은 파이썬 모듈의 네임스페이스 이름이 __main__이 되는 경우는 콘솔 창(윈도우는 명령 프롬프트, 리눅스 등은 터미널이라 지칭)에서 python 명령어를 사용해 파이썬 모듈 파일을 인자로 제공할 때뿐입니다. 테스트 서버를 실행하려면 콘솔 창을 실행해서 프로그램 소스 트리의 첫 번째 helloworld 디렉터리로 이동한 다음, app_start.py 파일을 파이썬 인터프리터로 실행합니다.

◈ 셀 2-1 helloworld 프로그램 실행하기

```
$ python app_start.py
* Running on http://0.0.0.0:5000/
```

코드 2-2의 실행 결과는 그림 2-1과 같습니다.

📷 그림 2-1 코드 2-2의 실행 결과

이것으로 잘 동작하는 하나의 Flask 애플리케이션을 만들었습니다. 여기까지 따라오기가 어렵지 않으셨나요? 모든 프로그램은 이렇게 작은 범위에서 프로그램을 시작합니다.

Flask 클래스는 웹 프로그램의 모든 기본 토대가 되므로 조금 더 자세히 살펴볼 필요가 있습니다. Flask 클래스를 인스턴스화하기 위해서는 코드 2-1에서 살펴본 것 외에도 여러 인자를 주어 Flask 애플리케이션 개발에서 실행 환경의 일부 옵션을 쉽게 변경할 수 있습니다. 여기서는 모든 인자를 살펴보지는 않고 자주 쓰는 인자만 살펴보겠습니다.

표 2-1 **Flask 클래스 인스턴스화에 자주 사용되는 인자들**

인자명	설명
import_name	애플리케이션 패키지의 이름을 지정하는 인자이며, 문자열 값으로 정의합니다. 보통은 __name__ 변수를 넘겨서 애플리케이션 이름을 생성합니다. Flask 클래스로부터 인스턴스를 생성할 때 꼭 필요한 인자입니다.
static_url_path	정적 파일(CSS, 이미지 등)을 서비스하는 static_folder 폴더를 웹에서 접근할 때 어떤 경로를 사용할 것인지 지정합니다. 이 인자는 문자열 값으로 정의하며, / 문자로 시작할 수 없습니다. 정의하지 않으면 기본값으로 static을 사용합니다.
static_folder	프로그램 소스 트리에서 정적 파일(CSS, 이미지 등)을 서비스하는 폴더명을 지정합니다. 이 인자는 문자열 값으로 정의합니다. 정의하지 않으면 기본값으로 static을 사용합니다.
template_folder	프로그램 소스 트리에서 뷰 함수가 사용할 HTML 파일이 위치하는 폴더명을 지정합니다. 이 인자는 문자열 값으로 정의합니다. 정의하지 않으면 기본값으로 templates를 사용합니다.

Flask 클래스로부터 객체 생성이 완료되면, app 변수는 Flask 인스턴스를 담고 있는 객체 변수(인스턴스)로 취급됩니다. Flask는 객체 변수로부터 다음 작업을 할 수 있습니다.

- 글로벌 객체
- 사용자 응답 객체 생성
- HTTP 요청 전후에 대한 핸들러 관리
- 사용자 정의 URL 처리 함수 관리
- 미들웨어 등록을 위한 순수 WSGI 객체 접근
- 디버그 모드 설정
- 뷰 함수 등록(2.2절)
- 로거 사용(2.5절)
- 테스트 서버 실행(2.6절)
- 템플릿 필터 등록(3.7절)
- HTTP 에러 핸들러 관리(4.4절)
- Blueprint 사용(5.1절)
- 테스트 클라이언트 생성(6.1절)

앞에서 살펴본 것처럼 Flask 인스턴스 변수는 웹 애플리케이션의 중심 객체로, Flask 객체의 서브셋인 Blueprint(5장)에서 제공하지 않는 주요 기능들을 제공합니다. 이 절에서는 일부를 먼저 설명하겠습니다.

■ 글로벌 객체

애플리케이션을 작성하다 보면 종종 전역적으로 데이터를 보관하거나 사용할 일이 있습니다. 파이썬은 언어 특성상 전역 영역은 애플리케이션 전체에 걸친 영역이 아닌 모듈 단위의 영역으로 한정합니다. Flask는 프로그래머가 전역적으로 데이터를 보관하고 사용할 수 있도록 글로벌 객체를 제공합니다.

Flask의 글로벌 객체는 flask 모듈에서 g 객체를 가져와서 사용합니다. g 객체는 Flask 인스턴스 객체의 app_ctx_globals_class 클래스의 인스턴스 변수입니다.

코드 2-3 flask 객체로부터 글로벌 객체 가져오기

```
01: from flask import g
```

일반적으로 Flask에서 제공하는 글로벌 객체는 웹 애플리케이션이 동작하는 동안 유지되어야 하는 값을 저장합니다. 대표적인 예를 들어 보자면, 데이터베이스 연결 객체를 저장하기 위한 경우입니다. 코드 2-4는 Flask 글로벌 객체를 사용하는 예제 중 하나입니다.

코드 2-4 글로벌 객체 사용

```
01: def connect_db():
02:     return sqlite3.connect(app.config['DATABASE'])
03:
04: @app.before_request
05: def before_request():
06:     g.db = connect_db()
07:
08: @app.teardown_request
09: def teardown_request(exception):
10:     db = getattr(g, 'db', None)
11:     if db is not None:
12:         db.close()
```

코드 2-4는 개별 HTTP 요청을 웹 애플리케이션이 받아 처리하기 전에 Flask 글로벌 객체에 데이터베이스 연결을 담아두고, 요청이 모두 처리되어 응답할 때 데이터베이스 연결을 종료하는 코드의 일부분입니다. 코드 2-4를 자세히 살펴보겠습니다.

01~02: DB 연결 함수 선언을 시작하고, sqlite3 모듈의 connect 함수를 이용해 데이터베이스에 연결을 시도하고, 생성된 DB 연결 객체를 반환합니다. 데이터베이스 연결에 시도하는 설정값은 Flask 인스턴스 변수의 환경 설정 객체(config 객체)에 DATABASE 키 값으로 저장되어 있습니다.

04~06: 웹 브라우저로부터 HTTP 요청이 들어올 때마다 데이터베이스 연결 객체를 글로벌 객체에 저장합니다. 이때 선언되는 함수는 before_request 데코레이터를 사용해 선언하며, 이 함수는 HTTP 요청이 올 때마다 실행됩니다. before_request 데코레이터를 이용한 함수는 Flask 애플리케이션 내에서 여러 개를 선언할 수 있습니다.

08~12: Flask 애플리케이션에서 HTTP 요청의 처리가 완료될 때 호출되는 함수를 선언합니다. 이 함수는 teardown_request 데코레이터를 사용합니다. teardown_request 데코레이터는 HTTP 요청이 처리되는 시점인 HTTP 응답이 이뤄질 때 호출되어 처리됩니다. 코드 2-4에서는 데이터베이스 연결 객체를 getattr 함수를 이용해 Flask 글로벌 객체에서 db 속성(이름)을 가져오며, 찾지 못하면 None을 반환하도록 합니다. 11행에서는 db 속성값이 None이 아닌 경우, db 속성(데이터베이스 연결 객체)의 close 메서드를 호출해 데이터베이스 연결을 닫습니다.

우리는 코드 2-4를 통해 Flask의 글로벌 객체 사용 방법을 간략히 살펴봤습니다. 글로벌 객체는 애플리케이션 전반에서 공유해야 할 데이터를 저장해두고 사용하는 데 효율적이지만, 글로벌 객체에 저장한 속성에 다수의 동시접근이 이뤄지면 애플리케이션 운용에 문제가 발생할 수 있습니다.

■ 사용자 응답 객체 생성

웹 애플리케이션 프로그램을 작성하다 보면 종종 HTTP 응답 헤더 요소를 추가한다거나 HTTP 응답 메시지의 형태를 변경해서 응답할 필요가 발생합니다. 웹 클라이언트에 응답하는 데이터가 단순히 응답 헤더를 추가하는 일이라도 이 일이 다수의 응답에 모두 적용되어야 한다면, 이것은 사용자 응답 객체를 정의하여 사용하는 것이 효율적일 것입니다.

사용자 응답 객체를 반환하기 위해서는 flask 모듈의 make_response 함수를 이용합니다. 이 함수는 5가지의 사용자 응답 객체를 지원합니다. 표 2-2에서 사용자 응답 객체를 살펴볼 수 있습니다.

⊞ 표 2-2 Flask가 지원하는 5가지 사용자 응답 객체

객체 종류	설명
response_class	Response 클래스(또는 자식 클래스)로부터 생성한 인스턴스 객체
str	유니코드가 아닌 일반 문자열
unicode	유니코드 문자열[14]
WSGI 함수	프로그래머가 정의한 WSGI 함수는 호출되면 버퍼링된 응답 객체로 반환됩니다.

---

14 unicode 데이터 타입은 파이썬 2 버전에만 있습니다.

표 2-2   Flask가 지원하는 5가지 사용자 응답 객체(계속)

객체 종류	설명
튜플(tuple)	(response, status, headers) 형식을 갖춘 튜플을 인자로 제공받습니다. response는 response_class, str, unicode, WSGI 함수 중 하나만 올 수 있습니다. status는 HTTP 상태 응답 코드[15]나 HTTP 상태 오류 메시지, headers는 HTTP 헤더를 파이썬 사전 형식으로 제공합니다.

이 책의 5.2절 '파일 업로드 다루기'에서 response_class 사용법을 확인할 수 있습니다. 다음 코드는 사용자 응답 객체를 사용하는 방법입니다.

코드 2-5   response_class 응답 객체 생성(app 변수 및 동작 확인은 코드 2-1 참고)

```
01: from flask import Response, make_response
02:
03: @app.route("/")
04: def response_test():
05:     custom_response = Response("Custom Response", 200, {
06:         "Program": "Flask Web Application"
07:     })
08:
09:     return make_response(custom_response)
```

코드 2-5는 Flask의 기본 응답 객체로 사용되는 Response 클래스로부터 인스턴스 객체를 생성하고 브라우저에 응답하는 코드입니다. Response 클래스[16]는 6개의 인자를 초기화 인자로 받습니다. 이 코드는 웹 브라우저에 Custom Response라는 문자열을 돌려주고, HTTP 응답 메시지 헤더에 Program 키와 키 값에 Flask Web Application을 설정합니다. HTTP 상태 코드 값은 200으로 설정해서 브라우저의 요청이 성공적으로 처리되었음을 알립니다. Response 클래스는 Flask가 기본으로 사용하는 응답 클래스입니다.

코드 2-5를 조금 더 자세히 살펴보겠습니다.

01: flask 모듈로부터 Response 클래스와 HTTP 응답을 생성하기 위한 make_response 함수를 가져옵니다.

05~07: 브라우저에 응답할 문자열, 상태 코드, HTTP 헤더에 추가할 파이썬 사전 객체(키/값으로 구성된 객체)를 Response 클래스를 초기화할 때 인자로 전달합니다.

---

15 http://www.w3.org/Protocols/rfc2616/rfc2616-sec10.html

16 http://flask.pocoo.org/docs/0.10/api/#flask.Response

09: make_response 함수에 프로그래머가 생성한 응답 객체를 넘겨주어 브라우저에 응답하도록 합니다.

```
01: from flask import make_response
02:
03: @app.route("/")
04: def response_test():
05:     return make_response("Custom Response")
```

코드 2-6은 Custom Response라는 문자열을 받는 단순한 응답입니다. 문자열을 응답 객체로 사용하는 경우는 HTTP 응답 헤더 조정이나 HTTP 응답 상태 코드 수정 등의 일을 수행할 수 없습니다. 코드 2-6에서 사용된 기법은 실제 개발 환경에서 사용 빈도가 적으며, make_response 함수를 사용하지 않고 응답을 반환하는 경우가 더 많습니다.

```
01: from flask import make_response
02:
03: @app.route("/")
04: def response_test():
05:     return make_response(u"Custom Response")
```

코드 2-7은 유니코드 문자열을 사용하여 웹 브라우저에 응답하는 방법입니다. 파이썬 3 이상에서는 모든 문자열을 유니코드로 취급하기 때문에 코드 2-6과 같이 일반 문자열을 사용해도 유니코드 문자열을 반환합니다. 하지만 파이썬 2.x 버전을 사용하는 경우는 유니코드 문자열을 바로 응답할 때는 반드시 코드 2-7과 같이 유니코드임을 표시해줘야 합니다. 유니코드 표시는 파이썬 2에서 문자열 인용 기호(" 또는 ') 앞에 u를 붙여주거나 문자열을 unicode 함수로 감싸야 합니다.

```
01: from flask import make_response
02:
03: @app.route("/")
04: def custom_response():
```

---

17 파이썬 2.x 버전에 한정한 코드입니다.

```
05:
06:     def application(environ, start_response):
07:         response_body = 'The request method was %s' % environ['REQUEST_METHOD']
08:
09:         status = '200 OK'
10:         response_headers = [('Content-Type', 'text/plain'),
11:                             ('Content-Length', str(len(response_body)))]
12:
13:         start_response(status, response_headers)
14:
15:         return [response_body]
16:
17:     return make_response(application)
```

코드 2-8은 WSGI 함수를 응답 객체로 사용하는 코드입니다. WSGI는 함수로 선언하여 사용하는 것이 일반적이지만, 클래스로 정의하여 사용[18]하는 경우도 있습니다. 앞의 코드들과 달리 코드 2-8은 조금 복잡합니다. 코드 2-8을 자세히 살펴보겠습니다.

06: WSGI 함수 정의를 시작합니다. WSGI 함수는 두 개의 인자를 받는데, 웹 서버 환경 설정값을 가지고 있는 environ 사전(dictionary, 딕셔너리)과 웹 브라우저에 응답을 반환하기 위한 start_response 함수 객체가 여기에 해당합니다.

07: 웹 브라우저에 응답할 문자열을 생성합니다. 응답할 문자열 뒤에 environ 사전으로부터 참조하는 REQUEST_METHOD는 웹 브라우저가 URL을 어떤 메서드로 호출했는지가 저장됩니다. 코드 2-8의 경우 / URL은 GET 메서드로만 호출이 가능하므로 "The request method was GET" 문자열을 응답하게 됩니다.

09: HTTP 응답의 상태 값을 상태 코드와 메시지로 먼저 저장해둡니다.

10~11: HTTP 응답 메시지의 헤더를 구성합니다. 응답 메시지의 헤더 구성은 리스트([])로 구성하며, 아이템의 요소는 헤더 키와 값으로 구성된 튜플 객체들을 가집니다. 코드 2-8에서는 두 개의 헤더를 설정합니다. Content-Type은 응답하는 문자열이 Plain Text(평문) 문자열임을 알리고, 콘텐츠의 길이(Content-Length)를 문자열 타입으로 지정합니다.

13: start_response 함수 객체에 HTTP 응답 상태 코드와 HTTP 응답 헤더를 전달해서 웹 브라우저에 응답을 시작합니다.

15: 마지막으로, 웹 브라우저에 응답할 문자열을 리스트([])로 감싸 반환하면 WSGI 함수의 일은 모두 끝납니다.

---

18 1.3 절에서 확인할 수 있습니다.

WSGI 함수를 사용하여 응답하면, 프로그래머가 보다 정교하게 HTTP 응답을 제어할 수 있어서 고급 응용 프로그램에서는 자주 이용되는 기법 중 하나입니다. 하지만 대부분의 경우는 WSGI 함수를 이용하여 웹 브라우저에 응답하기보다는 앞서 설명된 방법들을 주로 이용하게 됩니다.

코드 2-9 튜플 사용(app 변수 및 동작 확인은 코드 2-1 참고)

```
01: from flask import make_response
02:
03: @app.route("/")
04: def custom_response():
05:     return make_response(('Tuple Custom Response', 'OK', {
06:             'response_method': 'Tuple Response'
07:     }))
```

마지막으로, 코드 2-9는 튜플 형태로 구성된 응답입니다. 튜플로 구성된 객체는 응답 객체(response_class, 일반 또는 유니코드 문자열, wsgi 함수)를 첫 번째 인자로 주고, 두 번째 인자는 HTTP 상태 코드 값(예: 200) 또는 상태 코드 문자열(예: OK)을 두 번째 인자로 주고, 마지막으로 응답 헤더를 사전({}) 타입으로 해서 세 번째 인자로 제공합니다.

튜플로 웹 브라우저에 응답할 내용을 make_response 함수에 인자로 전달하는 것은 응답 상태 코드나 헤더의 내용을 조정하기에 편리합니다. 그러나 Response 클래스 또는 WSGI 함수를 사용해 응답을 만들면 응답 상태 코드나 헤더를 제어하는 것이 매우 까다롭습니다.

■ HTTP 요청 전후에 대한 핸들러 관리

웹 프로그램은 HTTP 요청을 받아 응답 결과를 반환하는 것이 주 임무입니다. 종종 HTTP 요청을 실행하기 이전에 어떤 추가 작업을 실행하고자 한다면, 뷰 함수 안에 추가적으로 실행해야 할 로직을 기술하는 것이 일반적일 것입니다. 그러나 이와 같은 처리가 한 개의 뷰 함수에 해당하지 않고 여러 개에서 수십, 수백 개에 이른다면 사용하기 어렵습니다. 자바는 이런 상황을 AOP를 사용해 해결하지만, Flask는 HTTP 요청 전후에 사용할 수 있는 데코레이터를 제공합니다.

- before_first_request: 웹 애플리케이션 기동 이후 가장 처음에 들어오는 HTTP 요청에서만 실행됩니다.
- before_request: 매 HTTP 요청이 들어올 때마다 실행됩니다.
- after_request: 매 HTTP 요청이 끝나 브라우저에 응답하기 전에 실행됩니다.

- teardown_request: HTTP 요청의 결과가 브라우저에 응답한 다음 실행됩니다.
- teardown_appcontext: HTTP 요청이 완전히 완료되면 실행되며, 애플리케이션 컨텍스트 내에서 실행됩니다.

코드 2-10은 HTTP 요청 전후에 호출되는 데코레이터를 이용해 함수를 선언한 것입니다.

코드 2-10 **HTTP 요청 전후에 호출되는 데코레이터**

```
01: from flask import Flask
02:
03: app = Flask(__name__)
04:
05: @app.route("/")
06: def http_prepost_response():
07:     return "/"
08:
09: @app.before_first_request
10: def before_first_request():
11:     print("앱이 기동되고 나서 첫 번째 HTTP 요청에만 응답합니다.")
12:
13: @app.before_request
14: def before_request():
15:     print("매 HTTP 요청이 처리되기 전에 실행됩니다.")
16:
17: @app.after_request
18: def after_request(response):
19:     print("매 HTTP 요청이 처리되고 나서 실행됩니다.")
20:     return response
21:
22: @app.teardown_request
23: def teardown_request(exception):
24:     print("매 HTTP 요청의 결과가 브라우저에 응답하고 나서 호출됩니다.")
25:
26: @app.teardown_appcontext
27: def teardown_appcontext(exception):
28:     print("HTTP 요청의 애플리케이션 컨텍스트가 종료될 때 실행됩니다.")
29:
30: if __name__ == "__main__":
31:     app.run(host="0.0.0.0")
```

코드 2-10은 HTTP 요청 전후에 호출되는 모든 데코레이터를 사용한 코드입니다. 앞의 코드 설명과 달리 사용한 데코레이터들에 대해 자세히 살펴보겠습니다.

Flask에서 HTTP 데코레이터는 HTTP 요청 전과 요청 후에 따라 나눠집니다. HTTP 요청 전에 실행되는 데코레이터는 before_first_request, before_request가 있고, HTTP 요청 후에 실행되는 데코레이터는 after_request, teardown_request, teardown_appcontext가 있습니다.

이들 데코레이터를 사용하는 함수들은 여러 개를 선언할 수 있으며, HTTP 요청 전후에 호출되는 함수를 선언하지 않아도 됩니다. Flask에서 HTTP 요청 전에 실행되는 함수는 before_first_request와 before_request 데코레이터를 사용해 추가할 수 있으며, 이 함수는 어떠한 인자도 전달할 수 없습니다. before_request는 웹 프로그램으로 들어오는 모든 HTTP 요청마다 실행됩니다. 이에 반해 before_first_request는 Flask 애플리케이션이 시작되고 나서 가장 처음으로 들어오는 HTTP 요청에서만 실행됩니다.

코드 2-10에서 before_first_request와 before_request 데코레이터를 사용한 함수는 Flask 인스턴스 객체 내에서 before_first_request_funcs, before_request_funcs 리스트 타입 변수에 요소로 추가되어 저장됩니다.

HTTP 요청 이후 실행되는 함수는 크게 3단계로 나뉘어 실행되도록 구분되어 있습니다. after_request는 HTTP 요청이 처리되고 나서 브라우저에 응답하기 직전에 호출됩니다. 이에 따라 이 데코레이터를 사용하는 함수는 response 객체 인자를 받고 response 객체를 브라우저에 반환하기 직전까지 해야 할 어떤 일을 수행하면 됩니다. response 객체는 flask.wrapper.Response 클래스의 인스턴스입니다. 만약 프로그래머가 함수에서 response 객체를 return문을 사용해 반드시 반환해야 합니다. 그렇지 않으면, 웹 애플리케이션은 우리가 원래 의도했던 응답 대신 HTTP 500 에러 코드를 브라우저에 응답합니다. 이 데코레이터를 사용한 함수는 Flask 인스턴스 객체 내에서 after_request_funcs 리스트 타입 변수에 요소로 추가됩니다.

teardown_request는 실행 순서상 after_request 데코레이터를 사용하는 함수가 Flask에 의해 호출된 다음에 호출되는 데코레이터입니다. 2.1절의 '글로벌 객체' 절에서 간략히 언급했지만, teardown_request 데코레이터를 사용한 함수는 개별 HTTP 요청이 끝난 다음 반드시 실행되어야 하는 로직을 포함해야 합니다. teardown_request와 teardown_appcontext 데코레이터를 사용한 함수는 예외 정보가 들어 있는 exception 인자를 반드시 전달받아야 합니다. 이 데코레이터를 사용한 함수는 Flask 인스턴스 객체 내에서 teardown_request_funcs 리스트 타입 변수에 요소로 추가됩니다.

teardown_appcontext는 teardown_request 다음에 호출되는 데코레이터입니다. teardown_appcontext 데코레이터를 사용한 함수는 개별 HTTP 요청의 처리가 완전히 끝나고 Flask 애플리케이션 컨텍스트가 끝날 때마다 실행되는데, 애플리케이션 코드에서는 with app.app_context() 블록 안에서 사용된 객체를 제거해야 할 때 등 제한적인 용도로 사용하게 됩니다. 이 데코레이터를 사용한 함수는 Flask 인스턴스 객체 내에서 teardown_appcontext_funcs 리스트 타입 변수에 요소로 추가됩니다.

■ 사용자 정의 URL 처리 함수 관리

웹 브라우저를 통해 웹사이트를 이용하다 보면 URL이 한눈에 보이지 않을 정도로 길게 표시되는 경우가 적지 않습니다. 또, 많은 사람이 인터넷 익스플로러(IE)가 실행되면 첫 화면으로 네이버(Naver)나 다음(Daum)을 설정해서 사용해왔기 때문에 URL이 무엇인지 잘 몰랐을지도 모르겠습니다. 인터넷에서 자원이 있는 위치를 URI라고 하는데, URL은 URI의 한 종류입니다. URL의 구성은 일반적으로 다음과 같은 모습을 가지고 있습니다.

```
/board_view.jsp?id=35&page=2&key=title&value=
```

위의 URL 형태는 아직도 많이 사용되고 있는 대표적인 형태인데, 2005년 이후로 사용자 친화적인 형태의 URL이 조금씩 나오기 시작했고 요즘은 다음과 같은 형태의 URL이 일반적입니다.

```
/board/35?page=2&key=title&value=
```

위의 URL은 게시판에서 35번 게시물을 가져와서 보여달란 의미인데, 사이트 방문자가 기억하기 쉬운 형태로 구성되어 있는 것을 알 수 있습니다. 이때 Flask는 URL(사용자가 요청하는 자원의 주소)의 한 부분으로 취급되는 35라는 값을 뷰 함수에 인자로 전달함으로써 뷰 함수에서 쉽게 참조할 수 있습니다.

위의 URL을 기준으로 프로그램 구조를 예상해본다면, 35라는 값을 데이터베이스 board 테이블에 id 값을 35로 하여 검색한 다음, 쿼리 객체를 얻어오는 코드 작성이 필요할 것입니다. 그런데 이런 종류의 로직이 여러 번 발생되면 중복된 코드가 작성되는 것은 물론이고, 얻어온 쿼리 객체에 공통 처리가 필요하다면 유지보수성은 급격히 저하될 것이 자명합니다.

그렇다면 board 테이블에서 id 값으로 35를 가지는 DB 레코드 얻어와서 프로그래머가 사용할 수 있다면 어떨까요? 조금 더 편하지 않을까요? Flask에서는 URL의 일부로 다뤄지는 파라미터(여기서는 35)를 프로그래머가 뷰 함수 내에서 객체 또는 특정한 결과로 반환받을 수 있는 방법을 제공하고 있습니다. 이 코드는 동작의 예제를 보여주는 것만으로, 실제 동작을 위해서는 몇 개의 코드를 더 작성해야 합니다. 코드 2-11은 조금 전의 설명을 코드로 표현한 것입니다.

📟 코드 2-11 URL의 일부로 다뤄지는 인자 값을 객체로 반환하기(일부 코드는 생략되어 있습니다)

```
01: from werkzeug.routing import BaseConverter
```

```
02: from models import Board
03: from database import db_session
04: from flask import Flask, url_for
05:
06: class BoardView(BaseConverter):
07:     def to_python(self, value):
08:         record = db_session.query(Board).filter(Board.id == value).first()
09:         return record
10:     def to_url(self, record):
11:         return record.id
12:
13: app = Flask(__name__)
14: app.url_map.converters['board'] = BoardView
15:
16: @app.route("/board/<board:record>", endpoint="view")
17: def board_view_route(record):
18:     return url_for("view", record=record)
19:
20: if __name__ == "__main__":
21:     app.run(host="0.0.0.0")
```

코드 2-11에서는 URL의 일부를 사용자 정의 컨버터(custom converter)를 이용해 객체로 변환해서 처리하는 모습을 볼 수 있습니다. 코드 2-11에 대해서 자세히 살펴보겠습니다.

01: 컨버터 클래스를 선언하기 위해 기본이 되는 BaseConverter 클래스를 werkzeug.routing 모듈로부터 가져옵니다.

06: 컨버터 클래스 선언을 시작합니다.

07~09: URL의 일부로 넘어온 인자 값은 to_python 메서드에 value 인자로 전달되고, 전달된 인자를 DB에 질의해서 첫 번째로 검색된 레코드를 가져와서 뷰 함수에 인자로 전달합니다.

10~11: Flask의 url_for 함수를 호출할 경우, 파라미터의 값을 웹 브라우저가 표현할 수 있는 형태로 재구성해서 재구성된 파라미터 값을 반환합니다.

14: 프로그래머가 생성한 URL 컨버터를 Flask 인스턴스 객체의 url_map.converters 사전에 board 이름으로 참조할 수 있도록 BoardView 클래스를 저장합니다.

16: 웹 브라우저가 접근하는 URL 매핑을 route 데코레이터를 이용해 선언합니다. 코드 2-11에서는 게시물 번호 부분을 산형 괄호(<, >) 문자로 감싸고, 안의 내용은 콜론(:) 문자로 구분해서 앞은 URL 컨버터명을, 뒤는 뷰 함수에 전달할 변수명을 정의합니다. 여기서는 record라는 이름으로 받도록 지정하고, url_for 함수에서 해당 URL을 쉽게 참조할 수 있도록 endpoint를 지정합니다.

17~18: 뷰 함수를 선언합니다. 뷰 함수는 16행에서 정의한 것처럼 /board/35라는 URL이 호출

되면 실행되는데, 35라고 쓰여진 부분은 URL 컨버터에 의해서 35라는 값이 BoardView 클래스의 to_python 메서드에 전달되고, 임의의 파이썬 객체(여기서는 SQLAlchemy Model)를 반환하면 해당 객체를 뷰 함수에 인자로 전달합니다. 이때 뷰 함수에 전달되는 인자의 이름은 16행에 정의한 이름(콜론으로 나뉜 뒷부분)이 사용되어야 합니다. 18행에서는 url_for 함수의 첫 번째 인자로 접근할 뷰 함수의 endpoint 이름을 지정하고, 두 번째 인자부터 접근할 뷰 함수에 인자를 가변 인자를 키워드 인자로 전달합니다.

코드 2-11은 설명을 간략하게 하기 위해 게시물 조회 함수의 endpoint를 view로 하고, 뷰 파일의 가변 인자로 record에 Board 모델 객체를 전달합니다.

코드에서는 board_view_route 함수가 전달받는 record 변수가 이미 Board 모델 객체이기 때문에 record 인자에 전달받은 record 변수를 그대로 사용했습니다. 예를 들어, board_edit_route URL이 /board/<board:article>/edit이고 endpoint가 board_edit라면, url_for 함수는 url_for("board_edit", article=article) 같은 형태로 사용하게 되는 구조입니다. 이렇게 하면 url_for 함수가 웹 브라우저에 전달할 URL 생성 과정 중 특정 URL 인자 형식을 처리하는 URL 컨버터의 to_url 메서드를 사용해 URL에 표현할 수 있는 문자, 숫자로 변환해서 그 결과를 반환합니다.

URL 변수의 데이터 타입 변환 방법은 URL 컨버터 지정에 파이썬 기본 타입을 사용하는 방법과 앞의 URL 컨버터를 사용하는 방법이 있으며, URL 컨버터를 사용하면 적은 양의 코드로 파이썬 객체를 뷰 함수에서 이용할 수 있으므로 생산성 향상 및 중복 코드 관리에 좋습니다.

■ 미들웨어 등록을 위한 순수 WSGI 객체 접근

웹 서버와 웹 프로그램 간의 통신 과정은, 웹 브라우저가 웹 서버에 요청하면 웹 서버가 요청에 따른 적절한 응답을 생성해 웹 브라우저에 응답을 반환하고 통신을 끊습니다. 이런 과정에서 세션 처리나 쿠키 처리 등 HTTP 요청 전후에서 반드시 이루어져야 하는 일을 직접 작성해서 처리해야 한다면 정말 어려운 일이 될 겁니다.

이러한 HTTP 통신 과정에서의 요청과 응답으로 구성된 하나의 처리는 하나의 독립된 응용 애플리케이션으로 볼 수 있습니다. 파이썬의 웹 서버 인터페이스 규격인 WSGI(PEP 3333)에서는 이런 일들을 수행하는 계층을 미들웨어(Middleware)라고 부릅니다. 미들웨어는 여러 개를 추가할 수 있습니다. 그리고 추가한 순서에 따라 순차적으로 적용되며, 미들웨어는 미들웨어 스택[19]으로 관리됩니다.

---

[19] 미들웨어 스택은 파이썬 리스트 타입으로 관리됩니다.

미들웨어는 HTTP 통신 과정에서 다양한 일을 처리할 수 있으며, 처리 가능한 일은 다음과 같습니다.

- 타깃 URL에 따른 애플리케이션 기동에 필요한 HTTP 환경(Environ) 재설정과 Request Path 재설정
- 다수의 애플리케이션 또는 다른 프레임워크의 프로그램을 같은 프로세스에서 동작시키기
- 네트워크의 대역폭 분산 처리를 위해 로드 밸런싱과 원격 처리
- 콘텐츠의 전처리(예를 들면, XSL Stylesheet 적용 등)

뒤에서 다룰 5.4절 'HTTP 메서드 덮어쓰기'는 미들웨어를 등록하여 사용한 예제 중 하나입니다. 우리는 여기에서 환경 변수의 일부 값을 참조하여 로그 기록을 남기는 예제에 대해서 간략하게 알아보고 Flask 애플리케이션에서 미들웨어 등록 방법을 살펴보겠습니다.

코드 2-12 **로깅 미들웨어 선언(전체 코드는 http://www.flask.moe/source 참고)**

```
01: class LogMiddleware(object):
02:     """WSGI middleware for collecting site usage"""
03:
04:     def __init__(self, app):
05:         self.app = app
06:
07:     def __call__(self, environ, start_response):
08:         url = environ.get("PATH_INFO", "")
09:
10:         query = unquote_plus(environ.get("QUERY_STRING", ""))
11:
12:         item = logging.LogRecord(
13:             name="Logging",
14:             level=logging.INFO,
15:             pathname=url,
16:             lineno="",
17:             msg=query,
18:             args=None,
19:             exc_info=None
20:         )
21:
22:         metrics_logger.handle(item)
23:
24:         return self.app(environ, start_response)
```

코드 2-12는 로깅 미들웨어를 선언한 것입니다. 이 미들웨어는 웹 브라우저가 접근하는 URL에 대해서 URL 전체와 쿼리를 분리해 로거에 전달하고, wsgi 객체를 반환하여 다음 미들웨어

가 추가될 수 있도록 해야 합니다. 사용자 미들웨어는 생성자 메서드와 호출 메서드를 반드시 포함해야 합니다. 생성자 메서드와 호출 메서드는 정해진 인자를 받도록 선언하며, 생성자 메서드는 wsgi app 객체를 인자로 받아야 하고, 호출 메서드는 HTTP 환경 객체와 응답 시작 객체를 받아야 합니다. 미들웨어를 구성하는 클래스 선언 방법에 대해서 알아봤으니 이제 코드 2-12에 대해서 자세히 살펴보겠습니다.

01: 미들웨어 클래스 선언을 시작합니다. 미들웨어 클래스의 이름은 관례적으로 Middleware 를 덧붙여서 정하게 되는데, 여기서는 로그와 관련된 미들웨어임을 명확하게 나타내기 위해 LogMiddleware라는 클래스 이름을 사용합니다. 파이썬의 모든 클래스는 상속 클래스를 명시적으로 지정하지 않는 경우는 object 클래스를 상속받게 되며, 여기서는 object 클래스를 상속 받는다고 명시적으로 지정했습니다.

04~05: 미들웨어의 생성자를 선언합니다. 앞에서 설명한 것처럼 미들웨어 생성자는 Flask의 wsgi 인스턴스 객체를 인자로 받아야 합니다. 이렇게 받은 인자는 미들웨어 클래스의 인스턴스 객체에 저장됩니다.

07: 미들웨어 클래스에 호출 메서드의 선언을 시작합니다. 호출 메서드는 인스턴스화된 객체를 함수처럼 사용하기 위해 정의하는 클래스 특별 메서드입니다. 호출 메서드 이름은 반드시 __call__을 사용해야 하며, 이 메서드는 두 개의 인자를 받습니다. 인자는 HTTP 환경 객체와 응답 시작 객체를 차례로 받으며, 인자의 이름은 environ과 start_response를 관례적으로 따릅니다.

08: HTTP 환경 객체로부터 PATH_INFO를 가져옵니다. PATH_INFO는 웹 브라우저가 접근 중인 URL 정보(스키마 + 호스트 + 포트 + 자원 주소)를 모두 포함하고 있습니다.

10: HTTP 환경 객체로부터 QUERY_STRING을 가져옵니다. QUERY_STRING은 URL 뒤에 ?(물음표)로 시작하는 문자열들을 의미하며, 이 문자열은 키=값의 형태로 연관지어 &(앰퍼샌드) 문자로 연결되어 있습니다. 이 정보는 일반적으로 웹 브라우저가 웹 애플리케이션의 자원에 요청할 때 응답을 생성하기 위해 웹 애플리케이션이 참조할 정보입니다. QUERY_STRING을 넘기지 않으면 웹 애플리케이션은 웹 브라우저에 기본 상태로 데이터를 가공하여 응답합니다.

12~20: 로깅 모듈의 LogRecord 클래스로부터 인스턴스 객체를 생성합니다. LogRecord는 프로그래머가 전달한 로그 내용을 수정하는 데 사용합니다.

22: metrics_logger 객체의 handle 메서드에 12~20행에 걸쳐 생성한 LogRecord 인스턴스 객체를 전달합니다. handle 메서드는 LogHandler가 하나의 로그 레코드를 어떻게 구성할지에 대한 정보입니다.

24: 다음으로 실행될 미들웨어를 위해 wsgi 객체를 반환해야 합니다. wsgi 객체를 반환할 때는 반드시 wsgi 객체에 environ 인자와 start_response를 인자로 전달한 값을 반환해야 합니다.

이제 이렇게 작성된 미들웨어는 Flask로 작성된 웹 애플리케이션에 등록해야 합니다. 등록이 완료되면 미들웨어는 HTTP 요청 전후에 호출되어 처리되는데, 미들웨어 등록은 코드 2-13처럼 하게 됩니다.

[</>] 코드 2-13 미들웨어 등록

```
01: app = Flask(__name__)
02: app.wsgi_app = LogMiddleware(app.wsgi_app)
```

미들웨어 등록은 Flask 인스턴스 객체의 속성인 wsgi_app를 미들웨어 클래스의 생성자에 전달하고, 미들웨어 클래스의 호출 메서드가 반환한 wsgi 객체를 Flask 인스턴스 객체의 wsgi_app에 재할당하는 것으로 등록 절차를 마칩니다.

미들웨어가 하는 일은 사실 앞에서 설명했던 before_request, after_request 데코레이터 역할과 같습니다. 다만, 미들웨어는 웹 서버와 웹 애플리케이션 사이에서 동작하는 것이 가장 큰 차이점이라고 볼 수 있습니다.

■ 디버그 모드 설정

웹 애플리케이션을 개발하거나 사용하다 보면 종종 에러가 발생해서 프로그램이 멈추는 경우가 있습니다. 보통, 프로그램에서 발생하는 에러는 크게 런타임 에러와 컴파일 에러로 구분됩니다. 컴파일 에러는 프로그램 실행이 되지 않은 경우인데, 웹 애플리케이션 개발 도중에 발생할 수 있지만 사용 중에는 발생하지 않습니다. 반면에 런타임 에러는 프로그램 사용 중에 발생하는데, 파이썬에서는 런타임 에러의 일부를 '예외'라는 체계로 두고 예외가 발생한 경우 프로그래머가 특정 목적에 맞게 애플리케이션에 처리 결과를 응답해줄 수 있습니다. 그러나 예외로 분류되지 않는 에러는 웹 애플리케이션의 운용 상태를 강제로 끝내게 만들 수도 있는데, 웹 애플리케이션 개발 과정에서 이러한 오류를 모두 잡아줘야 합니다.

Flask에서는 웹 애플리케이션에서 오류가 발생했을 때 오류가 발생한 환경(런타임 컨텍스트)과 함께 어떤 상황에서 오류가 발생했는지 디버깅할 수 있는 디버깅 콘솔을 지원합니다. 웹 애플리케이션의 개발 과정에서 이 기능을 활용하려면, Flask 객체의 debug 속성값을 True로 넘겨주면 디버깅 기능이 활성화됩니다. 다음은 웹 애플리케이션에 디버깅 모드를 활성화시키는 코드입니다.

```
01: app = Flask(__name__)
02: app.debug = True
03:
04: app.config.update(
05:     DEBUG=True
06: )
```

코드 2-14는 디버깅 모드를 활성화하는 두 가지 방법을 모두 기술한 것인데, 2행에 있는 방법을 사용하거나 4~6행에 있는 방법을 사용해도 결과는 동일합니다. 프로그래머 취향에 맞게 사용할 것을 권합니다.

프로그램의 디버깅이 모두 끝나면 웹 애플리케이션에서 디버깅 모드를 끄는 것이 좋습니다. 그 이유는 디버깅 콘솔에 출력되는 정보를 이용할 경우 외부 공격자에게 웹 애플리케이션의 취약점을 노출할 수 있기 때문입니다. 디버깅 모드를 끄면 웹 애플리케이션에서 발생하는 모든 에러는 웹 브라우저에는 출력되지 않고 웹 서버의 로그로 출력되게 됩니다.

디버깅 콘솔은 아쉽게도 Ajax 애플리케이션이나 REST API 애플리케이션 개발 시에는 사용할 수 없습니다. 그래도 화면 전환이 명시적으로 이뤄지는 웹 애플리케이션에서는 웹 페이지로 출력되는 디버깅 콘솔을 이용해 프로그램 소스 코드를 수정하지 않고 오류를 확인해볼 수 있어서 개발 생산성의 향상을 기대할 수 있습니다.

> **표마치며**
>
> 이 절에서는 Flask 애플리케이션 개발을 빨리 시작하는 방법, Flask app 객체를 사용해 수행할 수 있는 다수의 기법과 API에 대해서 알아봤습니다. 여기에서 다룬 글로벌 객체, 사용자 응답 객체, HTTP 요청 전/후에 대한 핸들러, 사용자 정의 URL 처리 함수 관리, 미들웨어 등록을 위한 순수 WSGI 객체 접근과 디버그 모드 설정은 Flask 기반 애플리케이션 개발에 있어서 자주 사용되고 있으며, 여러분의 소프트웨어 개발을 도와줄 것입니다. 이 절에서 미처 다루지 못한 부분이 아직 많습니다. 아직 다루지 못한 부분은 독자 여러분이 앞으로 Flask와 함께 웹으로의 여행을 위해 가이드로 남겨둡니다. Flask와 함께 웹의 즐거운 여행이 시작되길 바랍니다.

2.2 라우팅

Flask에서 URL을 처리하는 방법을 다른 말로 URL 디스패치(Dispatch)라고 합니다. URL 디스패치를 Flask가 담당하고 있으므로 우리도 웹 프로그램이 수행해야 할 내용을 Flask 애플리케이전에 등록해야 합니다. 다음의 코드는 Flask로 Hello World!를 반환하는 프로그램입니다.

코드 2-15 **"Hello World!" 출력 프로그램**

```
01: from flask import Flask
02: app = Flask(__name__)
03:
04: @app.route('/')
05: def hello():
06:     return "Hello World!"
07:
08: if __name__ == "__main__":
09:     app.run()
```

코드 2-15는 / URL로 접근했을 때 웹 브라우저에 "Hello World!"라는 문자열을 응답하는 프로그램입니다. 이 코드는 2.1절에서 살펴봤으므로 자세한 설명은 생략하고 이후 내용을 설명하는 데 있어 기본 코드로만 사용하겠습니다.

우리는 코드 2-15를 통해 URL 디스패치의 기본 개념을 습득할 수 있습니다. 먼저, 코드 2-15의 4~6행의 내용을 자세히 살펴봐야 합니다. 5~6행에 있는 함수는 "Hello World!" 문자열을 단순히 반환합니다. 그리고 4행에 선언한 데코레이터는 웹 브라우저에서 웹사이트의 /를 호출하면 hello 함수가 실행되어야 한다고 알립니다. 예를 들어, 사용자가 웹 브라우저에서 /board를 호출하면 게시글 목록이 나오게 할 경우, board_list 함수를 정의하고 board_list 함수 선언 위에 route 데코레이터를 추가해 뷰 함수로 만드는 형식입니다.

코드 2-16 **/board URL에 대한 뷰 함수 정의(app 변수는 코드 2-1 참고)**

```
01: @app.route('/board')
02: def board_list():
03:     board_list = models.board.query.all()
```

코드 2-16은 앞에서 설명한 내용을 코드로 표현했습니다. route 데코레이터는 route 함수가 처리할 HTTP 메서드 타입을 한 개 이상 지정할 수 있습니다. 우리는 이후 route 데코레이터가 추가된 함수를 뷰 함수로 부르기로 하겠습니다.

HTTP 메서드 타입은 브라우저가 HTTP 서버에 URI을 호출하는 세부적인 방법입니다. 예를 들어, 우리가 출입문을 연다고 할 때 출입문은 URL이 되고 출입문에 붙어 있는 잠금장치들은 메서드 타입으로 볼 수 있습니다. 우리가 웹 프로그램을 만들 때 가장 많이 쓰는 타입은 GET과

POST인데, 모던 웹 브라우저(예: 인터넷 익스플로러, 크롬, 파이어폭스 등)들이 명확하게 지원합니다.

이외에도 사용 가능한 HTTP 메서드 타입은 PUT, DELETE, HEAD, OPTIONS가 있는데, 이 타입들에 대한 설명은 REST API 개발 시에도 볼 수 있으며, 관련 책[20]에도 자세히 설명되어 있습니다.

HTTP 메서드 중 GET과 POST는 웹 프로그램에 자원을 요청하는 대표적 방법으로, GET은 자원의 위치(URI)와 함께 쿼리 스트링(URL 뒤에 ?로 시작하는 모든 문자열)을 함께 전달합니다. 그리고 웹 브라우저의 주소 줄에 노출되기 때문에 중요한 정보의 전달과 함께 웹 프로그램의 데이터를 변경하는 목적으로 사용하지 않습니다. POST는 HTTP 메시지의 바디에 데이터를 포함해 전달하기 때문에 많은 양의 데이터를 전달할 수 있으며, 웹 서버가 HTTPS(Hypertext Transfer Protocol over Secure Socket Layer)를 운영 중이면 웹 브라우저가 보내는 모든 요청은 암호화되기 때문에 중요 정보를 전달하고 웹 프로그램의 데이터를 변경하는 목적으로 사용됩니다.

FORM 태그를 이용해 HTTP 요청을 할 때는 HTTP 메서드(GET, POST에 한정)를 직접 지정할 수 있지만, 웹 브라우저의 주소 줄에 입력해 데이터를 전송할 때는 항상 GET 요청만을 받습니다.

기본적으로 하나의 URL 주소는 모든 HTTP 메서드에 대응하지만, 뷰 함수로 정의할 경우 처리할 HTTP 메서드를 한정할 수 있습니다. 다음의 예는 그와 같은 처리 형태를 코드로 표현한 것입니다.

코드 2-17 **HTTP 메서드 타입에 따른 뷰 함수 분리(app 변수는 코드 2-1 참고)**

```
01: @app.route('/board', methods=['GET'])
02: def board_list_get():
03:     return ""
04:
05: @app.route('/board', methods=['POST'])
06: def board_list_post():
07:     return ""
```

코드 2-17은 두 개의 뷰 함수를 구현했고, 각각의 뷰 함수는 동일한 URL에 HTTP 메서드 타입에 따라 서로 다른 뷰 함수가 호출되어 웹 브라우저에 응답합니다. 하나의 뷰 함수는 동일한

---

20 《일관성 있는 웹 서비스 인터페이스 설계를 위한 REST API 디자인 규칙》(마크 메세 지음 / 권원상, 김관래 옮김 / 한빛미디어)

URL에 다수의 HTTP 메서드를 동시에 처리할 수 있도록 route 데코레이터에 methods 인자 값을 조정하는 방법도 있습니다. 그러나 HTTP 규약에서는 하나의 URL은 하나의 HTTP 메서드 타입을 처리해야 한다고 설명되어 있습니다.

하나의 URL이 하나의 메서드 타입을 처리하게 할 경우, 개발자는 메서드 타입에 따라 URL을 호출했을 때 어떤 일을 처리할지 세부적으로 결정한 후에 개발할 수 있습니다. 이런 구조는 자바 서블릿을 작성해 웹 프로그램의 요청을 처리하는 것과 매우 유사합니다.

다음의 코드 2-18은 앞에서 언급한 것처럼 하나의 뷰 함수가 여러 메서드 타입을 동시에 처리할 수 있도록 작성한 코드입니다. 이때 뷰 함수는 여러 메서드 타입에 대응해야 하므로 뷰 함수의 실행 코드에 오류가 발생하지 않도록 신중하게 작성해야 합니다.

코드 2-18 하나의 뷰 함수가 여러 HTTP 메서드 타입을 처리하는 코드(app 변수는 코드 2-1 참고)

```
01: @app.route('/board', methods=['GET', 'POST'])
02: def board_list():
03:     return ""
```

코드 2-18은 board_list 뷰 함수가 /board URL에 GET 요청 또는 POST 요청이 올 때 응답하게 됩니다. 특정 함수가 뷰 함수로 기능하게 하기 위해서는 앞에서 말한 것처럼 Flask 애플리케이션 객체의 route 데코레이터를 함수 위에 선언해줘야 하는데, route 데코레이터는 첫 번째 인자로 처리할 URL 주소를 받습니다. 데코레이터를 선언해줄 때 methods 인자가 없으면 뷰 함수는 GET 요청만을 처리하게 됩니다.

route 데코레이터는 선언 시 필수 인자로 처리할 url이 필요하고, 옵션 인자로 처리할 HTTP 메서드 타입과 뷰 함수의 별칭 등을 지정할 수 있습니다. 뷰 함수의 별칭은 특별히 지정하지 않으면 뷰 함수의 이름이 암시적으로 사용되며, url_for 함수에서 뷰 함수를 식별하기 위한 이름으로 사용합니다.

종종 뷰 함수의 이름이 길거나 적절하지 않은 이름을 사용하고 있다면 별칭을 지정하는 편이 좋습니다. 별칭의 지정은 route 데코레이터 또는 add_url_rule 함수에 endpoint 인자로 전달하면 됩니다.

뷰 함수에 별칭 지정하기(app 변수는 코드 2-1 참고)

```
01: @app.route("/board", endpoint="board")
02: def board():
03:     return ""
```

코드 2-19는 route 데코레이터에 endpoint 인자를 지정해 데코레이팅한 모습입니다. route 데코레이터에 넘기는 인자는 첫 번째 인자인 처리할 URL 주소를 제외하고 인자 전달 순서에 상관없이 키워드 인자의 형태로 지정하면 됩니다.

Flask 애플리케이션에서 슬래시(/)에 대한 URL 뷰 함수만 구현되어 있는 상황에서 /guestbook URL을 호출하게 되면, 웹 애플리케이션은 웹 브라우저에 404 상태 코드로 응답하게 됩니다. 예를 들어, Flask 애플리케이션에 /board URL에 대한 뷰 함수가 GET 요청만 응답하도록(methods 인자 값이 GET만 있거나 methods 옵션이 없으면) 되어 있고, /board URL을 POST 메서드로 호출하면 웹 애플리케이션은 POST 메서드 처리가 가능한 /board URL에 대한 뷰 함수를 찾습니다.

뷰 함수를 찾게 되면 뷰 함수가 웹 브라우저에 바로 응답하게 되지만, 만약 GET 메서드만을 처리하는 뷰 함수만을 발견했을 때 Flask는 405 Method Not Allowed라는 메시지와 상태 코드를 브라우저에 응답하게 됩니다.

route 데코레이터를 이용해 처리 가능한 URL에는 쿼리 스트링만 변하는 고정 URL, 쿼리 스트링과 URL의 일부분이 바뀌는 동적 URL이 있습니다. 게시판을 예로 들어 설명하면 다음과 같습니다.

1. /board
2. /board/1
3. /board/2

1번부터 3번 URL까지 모두 생긴 모양은 비슷하지만, 이 URL에 대한 뷰 함수는 두 개만 선언하면 됩니다.

동적으로 변경되는 URL의 뷰 함수 선언하기(app 변수는 코드 2-1 참고)

```
01: @app.route('/board')
02: def board():
03:     return ""
04:
05: @app.route('/board/<article_idx>')
```

```
06: def board_view(article_idx):
07:     return ""
```

코드 2-20은 두 개의 뷰 함수가 선언되어 있는 것을 볼 수 있습니다. 이 코드에서 눈여겨봐야 할 것은 두 번째로 선언된 뷰 함수인데, 이 함수는 지금까지 살펴봤던 뷰 함수들과는 약간 다른 점이 있습니다. 바로 동적으로 변경되는 URL에 대한 처리 부분인데, Flask에서 사용자가 요청하는 URL에서 동적으로 바뀌는 부분은 URL에 포함된 변수로 취급할 수 있습니다.

URL 주소에 변수를 추가하려면 코드 2-20의 5행처럼 변할 수 있는 주소의 한 부분을 산형 괄호(<>)로 감싸면 됩니다. 코드 2-20에서 /board URL 뒤에 나오는 변수를 게시물 번호로 가정해서 살펴보면, /board/2가 브라우저에서 호출될 때 게시물 번호는 route 데코레이터가 article_idx 변수에 설정해주고, board_view 뷰 함수는 article_idx 인자로 게시물 번호인 2를 전달받습니다.

URL이 동적으로 바뀌는 뷰 함수를 선언할 때 함수의 인자명은 route 데코레이터에 전달한 URL에서 변동되는 부분의 이름이 같아야 합니다. URL의 일부분을 동적으로 받는 경우가 많으면 그 수만큼 URL 뷰 함수가 받게되는 인자가 늘어나게 됩니다.

route 데코레이터에 기록한 URL 변수는 컨버터 이름이 지정되지 않은 경우 값의 타입은 string으로 취급됩니다. route 데코레이터에 동적 URL을 전달할 때 URL 변수는 산형 괄호(<, >)로 둘러싸서 지정합니다. URL 변수명 앞에 컨버터 이름을 지정하면 Flask가 컨버터를 찾아 URL 변숫값을 먼저 받아 후처리를 하고 나서 후처리된 값을 뷰 함수에 전달합니다.

Flask에서 기본으로 제공하는 route 데코레이터에 사용 가능한 컨버터는 int, float, path, string이 있습니다. int는 정숫값으로 URL 변숫값을 변환하게 되고, float은 실숫값으로 URL 변숫값을 변환하고, path 컨버터는 슬래시를 포함한 주소로 URL 변숫값의 내용을 후처리된 값으로 변환하고 뷰 함수의 인자로 전달합니다. URL 컨버터의 작성 방법은 앞 절(2.1 '사용자 정의 URL 처리 함수 관리')을 참고하기 바랍니다.

route 데코레이터에 URL 변수를 포함한 URL을 전달하면, 웹 브라우저는 URL 변수를 포함해 URL을 호출해야만 오류가 발생하지 않습니다. URL 변수는 기본값을 할당할 수 있으며, 기본 값이 할당된 URL은 웹 브라우저가 URI을 호출하면 URL 변수에 기본값을 제공합니다. 코드 2-21의 route는 지금 설명한 것을 표현하는 코드입니다.

```
01: @app.route('/board', defaults={'page': 'index'})
02: @app.route('/board/<page>')
```

코드 2-21은 /board/<page> URL을 가지며, 브라우저가 /board/를 호출한 경우 route 데코레이터는 1행에서 지정한 것처럼 defaults 인자로 page 변수에 index를 넣도록 지시합니다. 그 결과, 웹 애플리케이션은 최종적으로 /board/index 형태의 주소를 호출하는 것과 같은 효과를 지니게 됩니다.

Flask에서 하나의 뷰 함수는 하나의 HTTP 메서드 타입만을 처리하도록 작성하는 것이 기본 형태라고 앞에서 설명했습니다. 이때 개발자는 405 오류 코드의 해결을 위해 이미 추가되어 있는 뷰 함수의 route 데코레이터에 methods 인자에 POST를 추가하는 것으로 405 문제를 해결할 수도 있지만, HTTP 메서드 타입에 따라 다른 처리를 할 수도 있으므로 POST 요청을 처리하는 뷰 함수를 하나 더 작성하는 것이 좋을 수도 있습니다.

이렇게 URL 요청은 Flask에 의해 URL 디스패처(dispatcher)로 옮겨지고 적합한 뷰 함수를 찾아서 실행하게 됩니다. 하지만 웹사이트에서 변하지 않는 정적 콘텐츠(예를 들면, 이미지, 자바스크립트, CSS 등이 대표적) 서비스를 위해서 Flask는 /static으로 접근하는 콘텐츠는 파일을 읽어서 브라우저에 서비스합니다. 이와 같은 정적 콘텐츠 서비스를 위해서 Flask 애플리케이션 폴더 구조는 다음과 같습니다.

```
flask_static
    └── app_start.py
    └── /static
            └── /img
            └── /script
```

위의 폴더 구성 형태는 필자가 자주 사용하는 애플리케이션의 구성 형태 중 하나인데, 많은 웹사이트가 이와 비슷한 구조를 가지고 있습니다.

Flask는 /static으로 접근하는 모든 URL 주소에 있는 자원을 프로그램 코드로 인식하지 않고 웹 브라우저에 자원(예: 이미지, CSS 파일, 스크립트 파일 등)을 바로 반환하므로 보안 공격에 비교적 안전하다고 볼 수 있습니다.

이제 라우팅에 대해 조금 더 자세히 살펴보겠습니다. Flask에서 웹 애플리케이션의 라우팅 지정 방법은 여러 가지가 있는데, 그중 route 데코레이터와 add_url_rule 메서드 사용 방법을 알아보겠습니다.

뷰 함수로 등록하고자 하는 함수를 route 데코레이터로 데코레이팅하는 것으로 끝낼 수 있습니다. route 데코레이터를 사용해서 뷰 함수가 처리할 URL과 처리할 HTTP 메서드 타입을 지정하는 것은, 간결하고 라우팅 지정을 빠르게 할 수 있다는 점에서 프로그래머에게 매력적인 방법입니다.

📟 코드 2-22　route 데코레이터를 사용해서 뷰 함수 등록하기(app 변수는 코드 2-1 참고)

```
01: @app.route("/flask")
02: def index():
03:     return ""
```

route 데코레이터에 두 번째 인자를 전달할 때 인자 이름을 포함해 전달하지 않으면, route 데코레이터는 자연적으로 두 번째 인자를 endpoint 인자로 인식하게 됩니다.

add_url_rule 메서드는 뷰 함수를 미리 만들어놓고 라우팅 지정을 하려 할 때 사용합니다. add_url_rule 메서드는 인자 이름과 값을 함께 지정하지 않으면 인자를 넘긴 순서대로 처리할 URL, 뷰 함수의 별칭(alias), 뷰 함수 객체로 인식합니다. 그리고 route 데코레이터와 같은 방식으로 추가 인자를 키워드 방식으로 지정합니다.

📟 코드 2-23　add_url_rule 메서드를 사용해 라우팅 지정하기(app 변수는 코드 2-1 참고)

```
01: def index():
02:     return ""
03:
04: app.add_url_rule("/", "index", index)
```

add_url_rule 메서드는 대규모 애플리케이션 제작 시에 특정 라우팅을 빼고 싶을 때 유용하게 사용할 수 있습니다. route 데코레이터와 add_url_rule 메서드는 기능의 차이라기보다는 관리의 차이라 할 수 있습니다.

route 데코레이터와 add_url_rule 메서드는 기본으로 받는 옵션 이외에 넘겨받은 키워드 인자를 지정할 수 있습니다. 이런 인자 중에서는 앞에서 살펴봤던 인자도 있습니다.

표 2-3　route 데코레이터와 add_url_rule 메서드가 받는 인자

인자명	설명
defaults	사용자 URL 변수에 기본값을 지정하는 옵션이며, 사전 타입으로 전달합니다.
methods	뷰 함수가 처리할 HTTP 메서드를 지정하는 옵션이며, 문자열을 요솟값으로 가지는 리스트를 전달합니다.
host	라우팅 요청이 어떤 호스트에 응답할지 지정합니다. 문자열을 전달합니다.
subdomain	뷰 함수가 특정 서브 도메인에만 응답하도록 지정하는 옵션이며, 문자열 타입으로 전달합니다.
redirect_to	라우팅 요청을 받았을 경우 뷰 함수가 처리하지 않고 다른 곳으로 요청을 전달합니다. 이 옵션은 문자열 값 또는 리다이렉션 함수를 인자로 받으며, 리다이렉션 함수는 변숫값을 처리할 어댑터와 변숫값을 인자로 가집니다.
alias	endpoint 옵션과 같은 역할을 하는 옵션입니다.

Flask는 애플리케이션 하나만 실행해놓고 여러 가상 호스트와 서브 도메인 등에 응답할 수 있는 구조를 가지고 있습니다. 따라서 뷰 함수의 기능을 적절하게 분배하면 유지보수하기 쉬운 구조로 만들 수 있습니다. 이제 라우팅 옵션들을 자세히 살펴보겠습니다.

코드 2-24　라우팅 옵션에 defaults 인자 지정하기

```
01: from flask import Flask
02:
03: app = Flask(__name__)
04:
05: @app.route("/board/<article_id>")
06: @app.route("/board", defaults={ "article_id": 10 })
07: def board(article_id):
08:     return "{}번 게시물을 보고 계십니다.".format(article_id)
09:
10: if __name__ == "__main__":
11:     app.run()
```

코드 2-24는 defaults 인자를 넘겨서 전달한 예제입니다. 이 코드로 생성하는 라우팅은 브라우저에서 다음과 같이 호출하여 확인할 수 있습니다.

1. http://localhost:5000/board
2. http://localhost:5000/board/20

첫 번째 방법으로 호출하면 Flask는 여섯 번째 데코레이터에 정의되어 있는 defaults 인자에 의해서 10이라는 숫자를 article_id 변수에 전달합니다. 따라서 http://localhost:5000/board/10을 호출하는 것과 같은 효과를 가집니다. 두 번째 방법으로 호출하면 뷰 함수 board의 defaults 인자 효과는 자연스럽게 사라지며, article_id에 문자열 20이 전달됩니다.

defaults 인자를 포함한 라우팅 데코레이터는 URL 변수가 선언된 route 데코레이터 앞이나 뒤에 나와도 무방합니다. 다시 말해, 5행과 6행의 위치가 바뀌어도 됩니다.

methods 옵션 인자는 뷰 함수가 처리할 HTTP 메서드를 리스트 타입으로 전달하게 되는데, 가능한 옵션 인자는 HTTP 메서드는 GET, POST, HEAD, PUT, TRACE, CONNECT, DELETE, OPTIONS가 있으며, 5.4절에서 설명하게 될 HTTP 메서드 지정도 가능합니다.

코드 2-25 methods 인자 지정을 통해 뷰 함수에서 처리할 HTTP 메서드 지정하기(코드 2-1 추가 참고)

```
01: @app.route("/board", methods=["GET", "POST"])
02: def board():
03:     return ""
```

코드 2-25는 /board 라우팅이 처리할 HTTP 메서드 옵션을 전달한 모습입니다. 다만, HTTP 메서드별로 HTTP 규약에서 정의된 목적이 있으므로 목적에 맞게 써야 하며, 필요한 경우 5.4절 'HTTP 메서드 덮어쓰기'에서 설명하는 것처럼 사용자 정의 HTTP 메서드를 만들어 사용할 수도 있습니다.

host 옵션 인자는 라우팅 뷰 함수가 응답할 서버 도메인(이하 도메인)을 지정합니다. 이 옵션은 문자열 타입의 인자를 전달해야 합니다. 이 옵션을 사용하기 전에 Flask 인스턴스 객체인 app의 url_map.host_matching 속성값을 True로 설정해야 합니다.

코드 2-26 라우팅 옵션으로 host를 지정해 특정 도메인 요청만 처리하기(app 변수는 코드 2-1 참고)

```
01: @app.route("/board", host="example.com")
02: def board():
03:     return "/board URL을 호출하셨습니다"
```

코드 2-26은 라우팅이 처리할 도메인을 하나만 지정한 코드입니다. 1행의 라우팅 설정은 host 옵션에 문자열을 전달한 경우, 다음과 같이 2행에 도메인을 지정합니다. 한 개 이상의 호스트 요청에 응답하려면 코드 2-27과 같이 합니다.

코드 2-27 host 옵션을 두 줄에 나누어 쓰기(app 변수는 코드 2-1 참고)

```
01: @app.route("/board", host="example.com")
02: @app.route("/board", host="example2.com")
03: def board():
04:     return "/board URL을 호출하셨습니다"
```

코드 2-27은 한 개 이상의 호스트에 응답하도록 한 코드입니다. 만약 가상 호스트 5개가 하나의 Flask 애플리케이션을 가리키고 host 옵션이 지정되지 않으면, 뷰 함수는 모든 가상 호스트에 응답합니다.

subdomain 옵션은 기본 도메인이 같으면서 서브 도메인이 있으면 어떤 서브 도메인에 응답할지 지정하는 데 사용됩니다.

코드 2-28 subdomain 옵션을 지정하여 서브 도메인별로 라우팅 지정하기(app 변수는 코드 2-1 참고)

```
01: app.config['SERVER_NAME'] = 'example.com:5000'
02:
03: @app.route("/board", subdomain="test")
04: def board_domain_test():
05:     return "Test 도메인의 /board URL을 호출하셨습니다"
06:
07: @app.route("/board", subdomain="answer")
08: def board_domain_answer():
09:     return "Answer 도메인의 /board URL을 호출하셨습니다"
```

코드 2-28은 라우팅 옵션으로 subdomain 옵션을 지정한 코드입니다. subdomain 옵션은 이전의 다른 설정과 달리, Flask 인스턴스 변수의 설정 사전(config)에 애플리케이션이 동작해야 할 도메인을 서버 포트 번호와 함께 기술해서 SERVER_NAME 키에 문자열 타입으로 반드시 설정해야 합니다.

그리고 코드 2-28에서 보듯이, 개별 라우팅에서 subdomain은 도메인 주소를 제외하고 서브 도메인 이름만 지정하는 것으로 서브 도메인별로 응답할 뷰 함수가 달라지게 됩니다. 만약 특정 뷰 함수가 다수의 서브 도메인에 응답하게 할 경우에는 코드 2-29처럼 작성합니다.

코드 2-29 특정 뷰 함수가 다수의 서브 도메인에 응답하도록 하기(app 변수는 코드 2-1 참고)

```
01: app.config['SERVER_NAME'] = 'example.com:5000'
02:
03: @app.route("/board", subdomain="test")
04: @app.route("/board", subdomain="answer")
```

```
05: def board_domain_testandanswer():
06:     return "Test, Answer 도메인의 /board URL을 호출하셨습니다"
```

서브 도메인의 처리는 코드 2-28과 코드 2-29처럼 쓰는 게 일반적이지만, 서브 도메인 종류에 상관없이 특정 뷰 함수가 응답하게 하려면 코드 2-30처럼 사용합니다.

📟 코드 2-30 **모든 서브 도메인에 응답하는 뷰 함수 정의(app 변수는 코드 2-1 참고)**

```
01: app.config['SERVER_NAME'] = 'example.com:5000'
02:
03: @app.route("/board", subdomain="<user_domain>")
04: def board_domain_testandanswer(user_domain):
05:     return "{} 도메인의 /board URL을 호출하셨습니다".format(user_domain)
```

코드 2-30은 서브 도메인의 이름을 동적으로 전달받기 위해 user_domain이라는 변수로 정의하여 사용한 예제입니다.

redirect_to 옵션은 특정 URL로 접근했을 때 다른 URL로 처리를 넘길 때 사용합니다. 이와 같은 이유로 redirect_to 옵션이 지정된 URL은 이전의 예제와 달리 웹 브라우저에 HTTP 메시지의 헤더만 전달됩니다.

📟 코드 2-31 **redirect_to 옵션을 라우팅에 사용하여 원래의 뷰 함수에게 처리를 맡기지 않고 다른 URL로 처리 넘기기(app 변수는 코드 2-1 참고)**

```
01: @app.route("/board", redirect_to="/new_board")
02: def board():
03:     return "/board URL을 호출하셨는데 실행이 안 될겁니다"
04:
05: @app.route("/new_board")
06: def new_board():
07:     return "/new_board URL이 호출되었습니다."
```

코드 2-31은 redirect_to 옵션을 사용한 예제로서, 웹 브라우저에서 /board URL로 접근하면 강제적으로 /new_board URL이 접근되면서 웹 브라우저는 7행에 있는 문자열을 화면에 보여줍니다.

redirect_to 옵션은 문자열 값을 전달하는 것이 일반적이나 함수를 전달하는 방법도 사용됩니다. 다음 코드는 함수를 전달하여 사용하는 예제입니다.

```
01: def redirect_new_board(adapter, id, id2):
02:     return "/new_board/{0}/{1}".format(id, id2)
03:
04: @app.route("/board/<id>/<id2>", redirect_to=redirect_new_board)
05: def board(id, id2):
06:     return "호출되지 않을 것입니다"
07:
08: @app.route("/new_board/<id>/<id2>")
09: def new_board(id, id2):
10:     return "{0}, {1} 변수와 함께 new_board URL이 호출되었습니다".format(id, id2)
```

코드 2-32는 redirect_to 옵션에 함수를 전달하여 사용하는 예제입니다. redirect_to 옵션에 함수를 전달할 경우 함수는 미리 선언되어 있어야 하며, 이 함수는 필수 인자로 URL 어댑터(adpater)를 받아야 합니다. 그리고 특정 URL이 URL 변수를 받을 경우 URL 변수만큼의 이름이 동일한 인자들을 받아야 합니다.

redirect_to 옵션을 사용하여 라우팅을 지정할 때의 좋은 점은 웹사이트가 개편되었을 때 이전 방문자의 링크를 안정적으로 유지할 수 있으며, 또 다른 뷰 함수와 before_request 데코레이터 등을 사용하지 않아도 구현할 수 있다는 장점이 있습니다.

alias 옵션은 endpoint 옵션의 다른 옵션명으로 동작하는데, 일반적으로 alias 옵션을 따로 지정하지 않고 endpoint 속성으로 사용합니다.

마치며

지금까지 Flask에서 많이 사용되는 라우팅 방법과 라우팅 옵션을 살펴봤습니다. Flask는 우리가 생각하는 것보다 훨씬 더 자유롭게 사용할 수 있으면서 유지보수하기 쉬운 구조를 지향합니다. 여러분들도 이 절을 통해 웹 애플리케이션의 라우팅을 자유자재로 다룰 수 있기를 바랍니다.

2.3 요청과 응답 다루기

HTTP 메시지는 앞에서 잠깐 언급했듯이 요청과 응답으로 나누어집니다. 요청과 응답은 웹 브라우저와 웹 서버 간에 이뤄지는 것이 일반적이지만, 종종 웹 서버들끼리 이뤄지기도 합니다. HTTP 메시지는 Plain Text(평문)의 형태로 주고받으며, 논리적인 구분으로 헤더와 바디로 구성됩니다. 메시지 내에서 헤더와 바디의 구분은 헤더와 바디 사이에 있는 빈 줄로 구분합니다.

Flask에서는 HTTP 요청과 응답을 처리하기 위해 Request 객체와 Response 객체를 제공합니다. HTTP 요청은 flask 모듈에서 proxy화된 request 클래스를 가져와서 사용하는 것이 일반적입니다.

📄 코드 2-33 **GET 방식에서 넘어온 쿼리 스트링에서 question 변숫값 가져오기**(실행은 코드 2-1 참고)

```
01: from flask import Flask, request
02:
03: @app.route("/board")
04: def board_list():
05:     return "쿼리 스트링 question 변수의 값은 {}입니다.".format(request.args.get('question'))
```

코드 2-33은 GET 방식의 URL에서 쿼리 스트링 변수 중에서 question 변숫값을 가져와서 화면에 출력하는 예제입니다. 이 코드를 웹 브라우저에서 확인해보려면 다음과 같은 URL을 호출합니다. (지면을 줄이기 위해 Flask 인스턴스를 생성하고 실행하는 코드는 빠져 있습니다.)

• http://localhost:5000/board?question=answer

request 클래스는 HTTP 메시지를 다양한 방법으로 해석하고 프로그래머가 사용하기 쉬운 형태로 반환해주는 여러 헬퍼 메서드와 속성을 제공합니다. 첫 번째로 살펴볼 것은 웹 브라우저가 보낸 데이터(쿼리 스트링, HTTP 메시지 바디, 첨부 파일 등)에 효율적으로 접근하는 방법입니다.

일반적으로 웹 브라우저는 웹 애플리케이션에 HTTP 메서드 중 GET, POST를 사용해 데이터를 전송합니다. 이렇게 전송된 데이터는 Flask에서 werkzeug.datastructures.MultiDict 데이터 타입으로 저장되는데, GET 방식으로 전달된 데이터는 request 클래스의 args 속성을 통해 웹 브라우저가 전송한 데이터를 가져올 수 있습니다. 단, GET 방식으로 전달된 데이터만 args 속성으로 접근할 수 있습니다.

📄 코드 2-34 **GET 방식의 쿼리 스트링에 접근하기**(실행은 코드 2-1 참고)

```
01: from flask import request
02:
03: @app.route("/board")
04: def board():
05:     article_id = request.args.get("article", "1", int)
06:     return str(article_id)
```

코드 2-34는 쿼리 스트링에서 article 키의 값을 가져오는 예제입니다. 이 코드에서 주의해서 살펴볼 부분은 get 메서드를 사용한 5행입니다.

코드 2-33을 주의해서 보았다면 눈치챘겠지만, get 메서드의 첫 번째 인자는 가져올 쿼리 변수명을 지정합니다. MultiDict 객체의 get 메서드를 통해 특정 값을 얻어오려면 첫 번째 인자는 필수적으로 지정해야 하지만, 두 번째와 세 번째 인자는 생략이 가능합니다. 두 번째와 세 번째 인자에 대한 설명은 궁금하겠지만 뒤에서 더 이야기하기로 하고, 여기서는 POST 메서드로 데이터가 전달됐을 경우에 사용자가 보낸 폼(form) 데이터를 읽는 방법을 알아보겠습니다.

HTTP 메서드 방식 중 POST 방식으로 넘어온 데이터는 request 객체에서 form 속성을 통해 읽어올 수 있습니다. form 속성을 통해 웹 브라우저가 보내온 데이터를 읽기 위해서는 웹 브라우저가 HTTP 메시지 헤더인 Content-Type의 헤더 값으로 데이터를 인코딩해서 보내는 방식으로 application/x-www-form-urlencoded가 지정되어 있어야 합니다.

form 속성을 통해 데이터를 읽어오는 방식은 코드 2-34와 상당 부분 같습니다.

📟 **코드 2-35** **form 속성을 통해 데이터 읽어오기(실행은 코드 2-1 참고)**

```
01: from flask import request
02:
03: @app.route("/board", methods=["POST"])
04: def board():
05:     article_id = request.form.get("article", "1", int)
06:     return str(article_id)
```

코드 2-35는 HTTP 메서드 방식이 POST로 넘어온 데이터 중 article 변수로 넘어온 값을 가져오는 코드입니다. 만약 GET 방식으로 넘어온 쿼리 스트링이 있다면 쿼리 스트링으로 전달된 변숫값은 form 속성을 통해서는 접근할 수 없습니다. POST 방식의 데이터를 읽어오기 위해서는 웹 애플리케이션과 HTTP 헤더에 설정해야 할 두 가지 주의할 점이 있습니다.

1. 라우팅 옵션인 methods에 POST 값 추가(ex.methods=["POST"])
2. HTTP 메시지에 HTTP 헤더인 Content-Type에 application/x-www-form-urlencoded 값 지정하기

request 객체의 values 속성은 웹 브라우저가 GET 또는 POST 메서드로 데이터를 보냈을 때 HTTP 메서드 타입에 상관없이 보낸 데이터를 읽어올 수 있습니다. 단, values 속성에서 데이터를 읽어올 때 주의할 점이 있습니다. GET과 POST가 동일한 변수명을 가진 데이터를 보내게 되면 values 속성에서 읽어오는 데이터는 GET 메서드로 보낸 데이터가 우선순위가 됩니다.

values 속성은 CombinedMultiDict 데이터 타입이며, MultiDict 데이터 타입들이 합쳐진 형태입니다. 이 타입은 MultiDict 타입들의 Wrapper로서만 동작하므로 실제로 데이터에 접근하는 메서드는 MultiDict 타입의 메서드로 대신 제공합니다.

📄 코드 2-36 **values 속성에서 데이터 읽어오기(실행은 코드 2-1 참고)**

```
01: from flask import request
02:
03: @app.route("/board", methods=["GET", "POST"])
04: def board():
05:     return request.values.get("question")
```

앞서 설명한 것처럼, 코드 2-36에서와 같이 하나의 뷰 함수가 두 개의 HTTP 메서드를 처리할 수 있는 경우 values 속성은 GET의 쿼리 스트링 데이터를 우선시하게 됩니다.

MultiDict는 앞에서 데이터 타입이라고만 하고 설명을 제대로 하지 않았습니다. MultiDict 데이터 타입은 GET과 POST 메서드로 넘어온 데이터가 (키, 값)으로 된 튜플을 요소로 가지는 리스트 타입입니다. 그러나 이 데이터 타입의 이름에서 유추해볼 수 있는 것처럼, 리스트 타입에서 일반적으로 제공하는 메서드가 아니라 사전 타입에서 제공하는 메서드를 프로그래머에게 제공합니다.

MultiDict 데이터 타입에서 제공하는 메서드 중에서 일반적으로 많이 사용하는 것을 간추려 살펴보겠습니다.

- get
- getlist
- add
- setlist
- setdefault
- setlistdefault
- clear
- copy
- deepcopy
- pop
- poplist
- update

get 메서드는 웹 브라우저가 보낸 데이터를 단순히 읽어오는 데 사용합니다. 이 메서드를 사용하는 방법은 앞에서 간략하게 살펴봤었는데, 이 메서드에는 데이터를 읽어올 때 사용할 수 있는 특별한 인자 두 개가 있습니다. 일반적으로 특정 변숫값을 가져오려면 변수명만 첫 번째 인자로 전달하면 됩니다.

그런데 이와 같은 사용 방법은 데이터를 보내는 웹 브라우저가 반드시 특정 변숫값을 보낸다고 가정하는 것입니다. 만약 웹 애플리케이션에서는 question과 question2란 변수를 받아 어떤 일을 수행하는 코드가 있고 웹 브라우저가 question 변수는 보내지 않고 question2 변수만 보내면 프로그램은 어떻게 동작하게 될까요?

물론, 프로그램은 동작하지 않고 사용자가 보내온 데이터에 question 변수가 없다고 보고해올 것입니다. 우리가 학습과 테스트용으로 만드는 프로그램이라면 이런 에러쯤이야 별문제가 아닐 수도 있습니다. 그러나 고객에게 납품해야 하는 웹 애플리케이션에서 이런 오류는 프로그램의 신뢰성을 의심하게 됩니다.

그렇다면 웹 브라우저로부터 특정 변수가 전달되지 않았을 때만 특정 값을 이 변수의 기본값으로 설정할 수 있다면 프로그래밍이 한결 더 편할 것입니다. 여러분은 이런 면에서 매우 특별한 대접을 받을 텐데, 다른 언어의 다른 웹 프레임워크에서는 이런 상황에 대비하기 위해서 우리가 한 줄이면 작성할 코드를 최소 두 줄에서 세 줄씩 작성하기도 합니다. 다른 언어들을 좀 아는 독자라면 C 언어나 PHP, 자바에 있는 삼항 연산자(?:)를 떠올릴지도 모르겠습니다. 그런데 삼항 연산자를 사용해도 데이터를 읽어오는 코드가 중복되기는 합니다.

코드 2-37은 특정 변수가 웹 브라우저로부터 전달되지 않을 때 기본값으로 가져올 데이터를 지정합니다.

코드 2-37 **웹 브라우저로부터 특정 변수가 넘어오지 않았을 때 기본값 반환하기(실행은 코드 2-1 참고)**

```
01: from flask import request
02:
03: @app.route("/board", methods=["GET", "POST"])
04: def board():
05:     return request.values.get("question", "질문을 입력하십시오")
```

코드 2-37은 question 변수가 브라우저로부터 전달되지 않았을 경우 question 변수를 MultiDict에서 가져오더라도 오류가 발생하지 않고 "질문을 입력하십시오"라는 값을 반환하게 됩니다. 기본값으로 가져올 값은 get 메서드를 사용할 때 default 인자명을 생략하면 두 번째 위치에 넣어주게 되지만, 인자명을 사용해 전달할 경우 default 인자명과 함께 기본값을 전달하면 됩니다.

이렇게 가져온 인자는 프로그램 처리 과정에서 데이터 타입을 변환하거나 특정 데이터 타입으로 변환하는 작업을 진행하게 되는데, 다른 언어의 프레임워크 같았다면 특정 변수에 기본값을 할당하는 등 최소 두 줄에서 평균 다섯 줄에 이르는 값의 타입 변경 작업을 수행해야 합니다. 쉬운 예로, 특정 변수를 항상 숫자 타입으로 처리해야 할 때 프로그램의 기본 처리 로직은 다음과 같은 순서를 가지게 됩니다.

1. 웹 브라우저가 보낸 데이터를 특정 변수에 저장한다.
2. 특정 변수를 숫자 타입으로 변환한 다음, 특정 변수에 덮어쓴다.

Flask에서는 이런 이유로 get 메서드의 세 번째 옵션으로 type 인자를 제공합니다. HTTP 메시지는 웹 브라우저와 웹 서버 간에 문자열 타입으로만 데이터를 주고받습니다. 따라서 데스크톱 프로그램을 작성한다면 객체 자체를 메모리에서 주고받을 수도 있지만, 웹 프로그램에서는 반드시 문자열에서 특정 데이터 타입으로 변환해야 합니다. type 인자를 사용하면 특정 변숫값을 특정 데이터 타입으로 만들어서 프로그래머가 쉽게 사용할 수 있습니다.

특정 변숫값을 숫자 타입으로 반환해야 한다면 Flask에서는 코드 2-38과 같이 사용할 수 있습니다.

📟 코드 2-38 **get 메서드에 type 인자에 변환 타입 제공하기(실행은 코드 2-1 참고)**

```
01: from flask import request
02:
03: @app.route("/board", methods=["GET", "POST"])
04: def board():
05:     return str(request.values.get("answer", 1, type=int))
```

코드 2-38은 answer라는 변숫값을 얻어올 때 int 객체로 반환하라는 의미를 담고 있습니다. type 옵션의 값으로 사용 가능한 값은 파이썬에서 기본으로 제공하는 데이터 타입의 사용이 가능하지만, 실제로는 기본 데이터 타입보다는 사용자 데이터 타입일 경우 더 유의미하게 사용할 수 있습니다. 사용자 데이터 타입은 함수 또는 호출 가능한 클래스의 인스턴스를 넘겨줌으로써 사용합니다. 예를 들어, 특정 날짜 형식으로 넘어온 문자열을 파이썬의 데이터 형태로 반환받는 사용자 타입을 함수와 클래스로 나누어 구현해보겠습니다.

코드 2-39 Y-m-d 타입으로 넘어온 데이터를 datetime 형태로 반환하는 사용자 데이터 타입(함수형)

```
01: from flask import Flask, request
02: from datetime import datetime
03:
04: def dateKoreanType(date_format):
05:     def translate(date_str):
06:         return datetime.strptime(date_str, date_format)
07:     return translate
08:
09: @app.route("/board", methods=["GET", "POST"])
10: def board():
11:     print(request.values.get("date", "2015-02-09", type=dateKoreanType("%Y-%m-%d")))
12:     return "날짜는 콘솔을 확인해보세요"
```

코드 2-39는 연-월-일 형태의 데이터가 입력된 경우, 이를 datetime.datetime 형태로 반환받을 수 있는 dateKoreanType 함수를 4~7행에 걸쳐 정의했습니다.

특정 함수를 사용자 데이터 타입 변환에 사용하려면 함수는 타입을 변환할 데이터 하나만 인자로 받아야 합니다. 그런데 데이터 해석에 필요한 함수가 해석할 날짜 타입과 같은 옵션 인자를 받아야 하는 경우가 있습니다. 이때 데이터 해석에 필요한 함수는 실제 데이터 해석을 하는 함수를 반환해야 합니다. 이렇게 작성되는 함수를 중첩 함수 또는 함수가 다른 함수 안에 포함되어 있다는 의미로 내포 함수로 부르기도 합니다.

변환 함수가 날짜를 해석하는 별도의 옵션을 받지 않아도 되면, 변환할 날짜 문자열만을 받는 함수를 정의하고 11행 type 인자에는 함수 호출 부분인 ("%Y-%m-%d") 부분을 제외하면 됩니다.

함수를 사용자 데이터 타입 변환에 쓰는 것은 훌륭한 방법이지만, 하나의 완전한 사용자 자료형을 제공하지 않고 대체 자료형으로 돌려주는 데는 한계가 있을 수밖에 없습니다.

만약 프로그래머가 임의의 목적으로 쓰기 위해 정의한 사용자 정의 타입이 클래스로 구현되어 있으면, MultiDict의 get 메서드에서 사용하기 위해 호출 메서드인 __call__ 메서드를 정의하기만 하면 됩니다.

코드 2-40 Y-m-d 타입으로 넘어온 데이터를 datetime 형태로 반환하는 사용자 데이터 타입(클래스형)

```
01: from flask import Flask, request
02: from datetime import datetime
03:
04: class dateKoreanType:
```

```
05:     def __init__(self, format):
06:         self.format = format
07:
08:     def __call__(self, *args, **kwargs):
09:         return datetime.strptime(args[0], self.format)
10:
11:
12: @app.route("/board", methods=["GET", "POST"])
13: def board():
14:     print(request.values.get("date", "2015-02-09", type=dateKoreanType("%Y-%m-%d")))
15:     return "날짜는 콘솔을 확인해보세요"
```

코드 2-40은 함수 대신에 클래스를 정의하여 type 옵션에서 사용한 모습입니다. 14행의 내용은 앞의 코드와 내용이 동일하지만, 다른 부분은 4~9행까지 정의된 사용자 데이터 타입 클래스입니다. 여기서는 datetime 자료형을 감싼 자료형을 가정하고 dateKoreanType이란 이름을 사용했습니다.

type 인자에 건네지는 클래스의 __call__ 메서드는 self 인자 외에 가변 인자, 키워드 가변 인자를 인자로 선언해야 합니다. Flask가 변환하라고 전달하는 날짜는 가변 인자의 첫 번째 값으로 전달받습니다.

getlist 메서드는 get 메서드와 비슷한 일을 하지만, 다른 점은 getlist는 같은 이름으로 넘어오면서 변숫값이 다른 것을 리스트 타입으로 반환합니다. 이런 예는 일반적으로 관심 분야의 선택처럼 중복 체크를 하는 곳에서 쉽게 찾아볼 수 있습니다.

코드 2-41 **getlist 메서드를 사용해서 같은 이름을 가진 데이터를 리스트 타입으로 가져오기**

```
01: from flask import Flask, request
02: from datetime import datetime
03:
04: class dateKoreanType:
05:     def __init__(self, format):
06:         self.format = format
07:
08:     def __call__(self, *args, **kwargs):
09:         return datetime.strptime(args[0], self.format)
10:
11:
12: @app.route("/board", methods=["GET", "POST"])
13: def board():
14:     print(request.values.getlist("dates", type=dateKoreanType("%Y-%m-%d")))
15:     return "날짜들은 콘솔을 확인해보세요"
```

코드 2-41은 get 메서드 대신 getlist 메서드를 사용해 같은 이름을 가진 변숫값들을 리스트로 돌려받는 예제입니다. 코드 2-41에서는 같은 이름으로 넘어오는 변숫값이 모두 날짜형임을 예상하고 type 인자를 지정함으로써 반환되는 리스트의 요소가 datetime 타입이라고 예상합니다. get 메서드와 달리 getlist 메서드는 defaults 인자를 받지 않는데, 그 이유는 변숫값이 넘어오지 않은 경우 기본값으로 빈 리스트를 반환하기 때문입니다.

이 코드의 결과는 Flask가 실행되고 있는 콘솔에서 다음과 같은 모습으로 출력됩니다 (dates=2015-01-28&dates=2015-02-28을 쿼리 스트링 혹은 HTTP 바디로 제공한 경우).

```
[datetime.datetime(2015, 1, 28, 0, 0), datetime.datetime(2015, 2, 28, 0, 0)]
```

add 메서드는 MultiDict에 키와 값을 추가하는 메서드입니다. 일반적으로 사용되는 메서드는 아니지만, 웹 브라우저가 보내온 데이터를 기준으로 MultiDict에 키와 값을 추가할 수 있습니다. add 메서드를 사용하지 않고 파이썬 표준 사전에 데이터를 추가하는 방법처럼 사용할 수도 있습니다만, 명확하게 하기 위해서 add 메서드를 사용하는 것이 좋습니다.

▣ 코드 2-42 add 메서드를 사용해 MultiDict 데이터 타입에 키와 값 추가하기

```
01: from werkzeug.datastructures import MultiDict
02:
03: post = MultiDict()
04: post.add("question", "answer")
```

코드 2-42는 post 변수(MultiDict 데이터 타입)에 question을 키 이름으로, answer를 키 값으로 추가합니다. add 메서드는 키와 값이 일대일로 매치되어 있는 경우 유용하게 사용할 수 있습니다.

setlist 메서드는 같은 이름을 가진 키 이름으로 서로 다른 값을 여러 번 전달하려고 할 때 사용합니다. 앞에서 getlist 메서드에 대해 언급했는데, getlist와 반대되는 메서드가 setlist 메서드입니다.

▣ 코드 2-43 setlist 메서드를 사용해 MultiDict 데이터 타입에 키와 값 추가하기

```
1: from werkzeug.datastructures import MultiDict
2:
3: post = MultiDict()
4: post.setlist("question", ["answer1", "answer2"])
```

코드 2-43은 setlist 메서드를 사용해서 question 변수가 두 개 있고 서로 다른 값을 가지는 변수를 MultiDict에 정의합니다.

setdefault 메서드는 add 메서드와 하는 일은 같지만 다른 점이 있습니다. 설정하고자 하는 변수가 없을 때에만 default 값으로 데이터를 추가하고, 설정하고자 하는 변수가 있으면 변숫값을 반환합니다.

[</>] 코드 2-44 기본값으로 변수 설정하기(단, 기존의 변수가 선언되어 있지 않은 경우)

```
1: from werkzeug.datastructures import MultiDict
2:
3: post = MultiDict()
4: post.add("foo", "ham")
5: post.setdefault("foo", "ham2")
6: post.setdefault("lorem", "answer")
```

코드 2-44는 setdefault 메서드를 사용해 변수를 선언하는 것을 나타낸 예제입니다.

setlistdefault 메서드는 setdefault 메서드와 유사하지만, 같은 이름으로 여러 변수를 설정하고자 하는 경우에 사용합니다.

[</>] 코드 2-45 기본값으로 변숫값 목록 설정하기(단, 기존의 변수가 선언되어 있지 않은 경우)

```
1: from werkzeug.datastructures import MultiDict
2:
3: post = MultiDict()
4: post.setlist("foo", ["ham", "ham2"])
5: post.setlistdefault("foo", ["answer", "answer2"])
```

코드 2-45의 결과는 직접 작성해서 post 변수의 값을 출력해보면 동작 변화를 파악해볼 수 있을 것입니다.

clear 메서드는 MultiDict 타입에 생성된 모든 값을 제거합니다. 코드 2-46은 MultiDict 타입의 post 변수에 있는 모든 값을 삭제합니다.

[</>] 코드 2-46 clear 메서드로 모든 변수들 제거하기

```
1: from werkzeug.datastructures import MultiDict
2:
3: post = MultiDict()
4: post.setlist("foo", ["ham", "ham2"])
```

```
5: post.setlistdefault("foo2", ["answer", "answer2"])
6: post.clear()
```

copy 메서드와 deepcopy 메서드는 MultiDict 데이터 타입 변수에 저장된 모든 값을 복사합니다. 그러나 copy 메서드와 deepcopy 메서드는 기능상에서 미묘한 차이점이 있습니다. copy 메서드는 MultiDict 데이터 타입의 복사에 있어 변숫값으로 리스트 타입이 있는 경우 해당 리스트 타입의 메모리 주소를 복사해오지만(얕은 복사), deepcopy 메서드는 리스트 타입의 메모리 주소가 아니라 그 데이터를 복사합니다(깊은 복사). 코드 2-47은 copy 메서드와 deepcopy 메서드를 사용한 예제입니다.

</> 코드 2-47   copy 메서드와 deepcopy 메서드를 사용해서 MultiDict 데이터 타입 복사하기

```
01: from werkzeug.datastructures import MultiDict
02:
03: post = MultiDict()
04: post.add("foo", ["ham", "ham2"])
05:
06: post_copy = post.copy()
07: post_deepcopy = post.deepcopy()
08:
09: post_copy["foo"].extend(["ham3"])
10: post_deepcopy["foo"].extend(["ham4"])
```

코드 2-47을 실행해서 확인해보면 우리의 상식과 직관으로는 post_copy 변수에 데이터를 수정했으니 post 변수의 내용은 변하지 않아야 하지만, 앞에서 설명한 것처럼 얕은 복사를 하기 때문에 post 변수의 foo 변숫값이 변경된 것을 확인할 수 있습니다. 반면, deepcopy 메서드는 깊은 복사를 하기 때문에 post에 저장된 foo 변수에 영향을 받지 않게 됩니다. copy 메서드와 deepcopy 메서드가 동작하는 방법은 파이썬 copy 모듈에서 더 자세하게 알아볼 수 있습니다.

pop 메서드는 get 메서드와 유사한 일을 하지만 기능상의 차이가 있습니다. get 메서드는 MultiDict 데이터 변수에서 특정 변수 키의 키 값을 메모리에서 복사해서 프로그램에 반환하지만, pop 메서드는 변수 키의 키 값을 메모리에서 복사하는 것이 아니라 아예 MultiDict 데이터 변수에서 변수 키를 제거하고 그 값을 반환합니다.

예를 들어, 대형마트에서 물건을 사가지고 올 때 우리는 카트에 있는 물품을 꺼내 판매원에게 지불 가격을 확인하고 물품을 카트에 다시 넣어줍니다. 이 과정은 get 메서드의 역할과 비슷하다고 보면 됩니다. 반면, pop 메서드는 우리가 음식을 사와서 조리하거나 먹으면 재구매 전까지

는 그 음식을 먹을 수 없는 것과 같습니다.

코드 2-48 pop 메서드의 사용

```
1: from werkzeug.datastructures import MultiDict
2:
3: post = MultiDict()
4: post.add("foo", "foobar")
5:
6: foo_value = post.pop("foo")
7: if 'foo' not in post:
8:     print('post 변수에 더 이상 foo 변수 키가 없습니다.')
```

pop 메서드는 두 번째 인자를 가질 수 있는데, 두 번째 인자는 꺼내오고자 하는 변수 키가 없는 경우에 대한 기본값을 지정합니다. 두 번째 인자의 이름은 default입니다.

poplist 메서드는 pop 메서드와 같은 일을 하지만 같은 이름의 변수 키로 여러 값이 들어올 때 이를 꺼내오기 위해 사용합니다. getlist 메서드와 유사한 동작을 하지만, 꺼내온 뒤에는 MultiDict 변수에서 해당 변수 키를 찾아볼 수 없습니다.

코드 2-49 poplist 메서드의 사용

```
1: from werkzeug.datastructures import MultiDict
2:
3: post = MultiDict()
4: post.setlist("foo", ["ham", "ham2"])
5:
6: foo_values = post.poplist("foo")
7: if 'foo' not in post:
8:     print('post 변수에 더 이상 foo 변수가 없습니다.')
```

코드 2-49는 poplist 메서드를 사용해서 foo 변수 키를 빼내옵니다.

update 메서드는 기존의 MultiDict 타입 변수에 다른 MultiDict 타입 변수의 내용을 삽입하는 데 사용합니다. 파이썬 사전에서의 update와 같은 일을 합니다. 다음 코드 2-50은 update 메서드를 사용하는 방법입니다.

코드 2-50 MultiDict 객체의 update 메서드를 사용해서 데이터 병합하기

```
1: from werkzeug.datastructures import MultiDict
2:
3: post = MultiDict()
```

```
4: post.add("foo", "ham")
5:
6: get = MultiDict()
7: get.add("lorem", "issue")
8:
9: post.update(get)
```

코드 2-50에서 post 변수의 내용은 get 변수의 내용이 합쳐지게 되는데, 이렇게 병합된 다음에 get 변수에 있는 내용은 제거되지 않습니다.

MultiDict 데이터 타입에서 사용 가능한 메서드는 설명된 것 외에도 많은 것이 있지만, 비교적 자주 사용될 만한 내용들에 대해 다루었습니다. 그런데 Flask에서 우리가 request 모듈을 가져와서 사용하게 되는 args, form, values 객체에 저장되어 있는 MultiDict 데이터 타입은 ImmutableMultiDict 타입입니다. 따라서 이 데이터 타입은 객체의 내용을 수정하지 않는 get, getlist 메서드 등만 사용이 가능하고, add, pop 메서드 등을 사용할 경우 예외를 발생시키게 됩니다. 그러므로 Proxy 객체로 동작하는 flask.request 클래스에서 제공받는 args, form, values 객체에 영향을 주는 메서드 사용을 하지 않도록 주의해야 합니다.

MultiDict 데이터 타입에 대한 설명은 이것으로 마치겠습니다.

cookies 속성은 클라이언트 식별을 위한 쿠키가 저장되어 있습니다. 이 속성의 데이터 타입은 파이썬 사전이며, 2.4절 '쿠키와 세션 다루기'에서 자세히 다루겠습니다.

코드 2-51 쿠키에 들어 있는 값 보기

```
01: from flask import Flask, request, redirect, make_response
02:
03: app = Flask(__name__)
04:
05: @app.route("/example/cookie")
06: def example_cookie():
07:     print(request.cookies)
08:     return ""
09:
10: @app.route("/example/cookie_set")
11: def example_cookie_set():
12:     redirect_to_cookie = redirect("/example/cookie")
13:     response = make_response(redirect_to_cookie)
14:     response.set_cookie('Cookie Register', value='Example Cookie')
15:     return response
16:
17: app.run()
```

코드 2-51은 /example/cookie_set을 호출해 웹 브라우저에 쿠키를 설정하라는 명령을 내리고 설정된 쿠키를 확인합니다. 쿠키를 설정하는 부분은 14행의 set_cookie 메서드가 실행하며, 쿠키를 확인하는 일은 7행에서 서버를 실행한 셸에서 확인해봅니다.

stream 속성은 웹 브라우저가 보내온 폼 데이터가 특정 MIME Type[21]에 의해 인코딩되지 않고 수정되지 않은 상태로 폼 데이터를 단 한 번만 반환합니다. 이 때문에 여러 번 데이터를 참조해야 하는 경우 data 속성을 사용하는 것이 좋습니다. 이 속성의 데이터 타입은 일반적으로 '파일 유사 객체'이며, 이 속성에 대한 예제는 5.2절 '파일 업로드 다루기'에서 볼 수 있습니다.

data 속성은 웹 브라우저가 보내온 데이터가 해석되지 않은 채로 저장되어 있습니다. Flask는 웹 브라우저가 보낸 HTTP 메시지 바디의 MIME Type(application/x-www-form-urlencoded, application/json)을 인식해 MultiDict 타입으로 프로그래머가 쉽게 참조할 수 있도록 합니다. 하지만 MultiDict 타입으로 해석되기 전의 데이터와 Flask가 처리 불가능한 MIME Type의 데이터는 프로그래머가 임의적인 처리를 위해서 해석되지 않은 데이터를 참조하려고 할 때 data 속성이 사용됩니다. 그러나 이 속성을 직접적으로 이용하기보다 get_data 메서드를 사용할 것을 권장합니다.

files 속성은 웹 브라우저가 보내온 첨부 파일을 프로그래머가 쉽게 사용할 수 있도록 첨부 파일을 보내온 폼 컨트롤명을 키로 해서 서버에 업로드된 파일 객체를 담고 있습니다.

environ 속성은 HTTP 통신에서 사용되는 환경 변수를 담고 있는 사전입니다. 이 사전에서 참조할 수 있는 환경 변수는 표준 환경 변수와 wsgi 전용 환경 변수가 제공됩니다. environ 사전에서 제공되는 표준 환경 변수부터 알아보겠습니다.

⊞ 표 2-4 environ 사전에서 제공되는 표준 환경 변수

변수명	변수 설명
REQUEST_METHOD	웹 브라우저가 보낸 요청의 처리 방식에 대한 문자열이 포함되어 있습니다. 일반적으로 GET과 POST 메서드 타입을 동시에 처리하는 메서드에서 처리를 분기하려고 할 때 사용합니다.
SCRIPT_NAME	애플리케이션에 처리를 요청한 URL의 첫 번째 부분으로, PHP 등의 스크립트 언어에서 이 변숫값은 스크립트 파일명이 됩니다. Flask에서 이 값은 빈 값으로 출력되는 경우가 많습니다.

---

21 MIME Type은 전자우편을 위한 표준 포맷인 MIME에 정의된 content types을 가리키는 말입니다. 인터넷 미디어 타입(Internet Media Types)으로 불리기도 합니다. IANA(Internet Assigned Numbers Authority)에서 관리하며, 전체 목록은 http://www.iana.org/assignments/media-types/media-types.xhtml에서 확인할 수 있습니다

표 2-4 environ 사전에서 제공되는 표준 환경 변수(계속)

변수명	변수 설명
PATH_INFO	웹 브라우저가 처리를 요청한 URL에서 자원이 위치한 경로(PATH) 부분이 저장되어 있습니다. 예를 들어, 웹 브라우저가 호출한 URL이 http://example.com/board/list이면 PATH_INFO는 경로에 해당하는 /board/list를 값으로 가지게 됩니다.
QUERY_STRING	URL 맨 끝에 ?(물음표) 문자 뒤에 오는 문자열을 쿼리 스트링이라고 하는데, 보통 쿼리 스트링은 키=값의 형태로 한 개 이상을 지정해서 호출하게 됩니다. 이때 키=값이 한 개 이상 지정할 때는 키 사이를 &(앰퍼샌드) 문자로 구분합니다. 쿼리 스트링을 URL에 추가하지 않고 URL을 호출하면 이 변숫값의 내용은 비어 있습니다.
CONTENT_TYPE	웹 브라우저가 보낸 HTTP 요청 메시지의 바디에 포함되는 콘텐츠 형태가 저장되어 있습니다. HTTP 메시지 헤더에 있는 Content-Type 헤더의 값을 확인할 수 있으며, GET 메서드 타입으로 보낸 HTTP 메시지에 바디가 없는 경우 이 값은 비어 있을 수 있습니다.
CONTENT_LENGTH	웹 브라우저가 보낸 HTTP 요청 메시지의 바디에 기록되어 있는 콘텐츠의 길이가 저장되어 있습니다. 이 값은 숫자 타입이며, 인코딩 타입에 상관없이 글자 한 개를 한 개 길이로 계산합니다. GET과 같이 HTTP 메시지에 바디가 없는 경우 이 값은 비어 있을 수 있습니다.
SERVER_NAME	웹 애플리케이션이 동작 중인 서버의 도메인 주소(또는 IP)가 저장됩니다. URL이 http://example.com:5000/environ과 같은 경우 SERVER_NAME은 example.com이 저장되어 있습니다.
SERVER_PORT	웹 애플리케이션이 동작 중인 서버의 포트 번호가 저장됩니다. URL에 포트 번호가 명시되어 있는 경우 해당 포트 번호가 저장되지만, 도메인 주소에 포트 번호가 없으면 웹 서버가 응답할 것으로 기대되는 포트 번호인 80이 저장되어 있습니다.
SERVER_PROTOCOL	웹 애플리케이션이 동작하는 서버 프로토콜 버전이 표시됩니다. HTTP 프로토콜은 1.0 버전과 1.1 버전이 있는데, 요즘은 1.1 버전을 서비스하는 웹 서버가 많습니다. 이 변숫값은 보통 HTTP/1.0 또는 HTTP/1.1이 저장됩니다.
HTTP_ Variables	이 속성은 특별히 정해진 값이 있는 속성이 아닙니다. HTTP 메시지에 반드시 필요한 헤더를 제외하고 웹 브라우저가 전송한 모든 헤더의 값을 이 환경 변수로 확인할 수 있습니다. 예를 들어, 웹 브라우저가 User-Agent라는 헤더를 HTTP 요청 메시지에 보내오면 이 헤더는 환경 변수에서 HTTP_USER_AGENT라는 속성값으로 확인할 수 있습니다. HTTP 메시지 헤더와 환경 변수 이름 간의 매칭 방법은 HTTP 헤더 이름 앞에 HTTP_헤더 이름과 같은 형태로 사용합니다. 이때 표준 환경 변수에서 헤더 이름은 모두 대문자로 바꿔야 하며, -(하이픈) 문자는 _(언더바) 문자로 변경되어야 합니다.
wsgi.version	WSGI 버전을 튜플 타입으로 반환합니다. 이 글을 작성하는 시점의 wsgi 버전은 1.0입니다. 이 변숫값은 (1, 0)과 같은 튜플 타입입니다.
wsgi.url_scheme	이 속성에는 URL의 스키마 종류가 저장되어 있습니다. 웹 서버인 경우 항상 http를 반환합니다.
wsgi.input	HTTP 요청 메시지의 바디를 '파일 객체'로 읽을 수 있도록 파일 유사 객체가 저장되어 있습니다.
wsgi.errors	HTTP 요청에서 오류가 발생했을 경우 오류 내용을 '파일 유사 객체'로 읽을 수 있도록 파일 유사 객체가 저장되어 있습니다.
wsgi.multithread	현재 요청이 멀티스레드에서 동작할 수 있는지를 부울값으로 반환합니다.

표 2-4　environ 사전에서 제공되는 표준 환경 변수(계속)

변수명	변수 설명
wsgi.multiprocess	현재 요청이 멀티프로세스에서 동작할 수 있는지를 부울값으로 반환합니다.
wsgi.run_once	현재 요청이 한 번만 실행되는지를 부울값으로 반환합니다.

다음의 코드 2-52는 WSGI에서 제공하는 표준 환경 변수와 wsgi 객체의 내용을 확인할 수 있는 예제입니다.

코드 2-52　WSGI에서 제공하는 표준 환경 변수 및 WSGI 환경 변숫값 확인

```
01: from flask import Flask, request
02:
03: app = Flask(__name__)
04:
05: @app.route("/example/environ", methods=["GET", "POST"])
06: def example_environ():
07:     ret_str = ("REQUEST_METHOD: %(REQUEST_METHOD)s<br>"
08:                "SCRIPT_NAME: %(SCRIPT_NAME)s<br>"
09:                "PATH_INFO: %(PATH_INFO)s<br>"
10:                "QUERY_STRING: %(QUERY_STRING)s<br>"
11:                "CONTENT_TYPE: %(CONTENT_TYPE)s<br>"
12:                "SERVER_NAME: %(SERVER_NAME)s<br>"
13:                "SERVER_PORT: %(SERVER_PORT)s<br>"
14:                "SERVER_PROTOCOL: %(SERVER_PROTOCOL)s<br>"
15:                "wsgi.version: %(wsgi.version)s<br>"
16:                "wsgi.url_scheme: %(wsgi.url_scheme)s<br>"
17:                "wsgi.input: %(wsgi.input)s<br>"
18:                "wsgi.errors: %(wsgi.errors)s<br>"
19:                "wsgi.multithread: %(wsgi.multithread)s<br>"
20:                "wsgi.multiprocess: %(wsgi.multiprocess)s<br>"
21:                "wsgi.run_once: %(wsgi.run_once)s") % request.environ
22:     return ret_str
23:
24: app.run()
```

method 속성은 웹 브라우저가 어떤 HTTP 메서드로 URL을 호출했는지에 대한 정보가 저장되어 있습니다. 그리고 이 속성은 앞에서 살펴봤던 HTTP 환경 변수의 REQUEST_METHOD 키를 통해서도 확인 가능합니다.

코드 2-53　request.method 속성값 알아보기

```
01: from flask import Flask, request
02:
```

```
03: app = Flask(__name__)
04:
05: @app.route("/example/environ", methods=["GET", "POST"])
06: def example_environ():
07:     return request.method
08:
09: app.run()
```

request 속성 중에는 웹 브라우저가 처리를 요청한 라우팅 주소(URL)에 대해 여러 표현 방법으로 반환하는 속성들이 있습니다. 해당 속성은 path, script_root, url, base_url, url_root입니다. 예를 들어, http://www.example.com/myapplication?x=y라는 URL을 호출했을 때 다음과 같은 결괏값을 얻게 됩니다.

⊞ 표 2-5 **request 속성에서 현재 URL 정보를 참조하기 위해 사용하는 여러 속성**

속성	속성값
path	/myappliation
script_root	없음
base_url	http://www.example.com/myapplication
url	http://www.example.com/myapplication?x=y
url_root	http://www.example.com/

표 2-5의 속성은 템플릿에서 유용하게 사용할 수 있습니다. 따라서 어떤 속성이 어떤 표현의 값을 반환하는지 알고 있으면 프로그래밍할 때 도움을 많이 받을 수 있습니다.

▣ 코드 2-54 **요청 경로를 반환하는 5가지 표현 방법**

```
01: from flask import Flask, request
02:
03: app = Flask(__name__)
04:
05: @app.route("/example/environ", methods=["GET", "POST"])
06: def example_environ():
07:     return ("path: %s<br>"
08:             "script_root: %s<br>"
09:             "url: %s<br>"
10:             "base_url: %s<br>"
11:             "url_root: %s<br>") % (request.path, request.script_root,
12:                                    request.url, request.base_url, request.url_
root)
13:
14: app.run()
```

is_xhr 속성은 웹 브라우저가 Ajax 요청을 보냈는지 확인하기 위해 사용하는 속성입니다. HTTP 메시지 헤더에 X-Requested-With가 선언되어 있을 때에만 정상적으로 동작합니다. 대표적으로 jQuery, Mochikit, Prototype 등의 라이브러리가 Ajax 요청을 할 때 X-Requested-With 헤더 값을 보내는데, 이 헤더에 XMLHttpRequest 값을 설정해서 웹 애플리케이션에 보내옵니다. 그리고 웹 애플리케이션에 이 헤더의 값은 True로 설정되어 웹 브라우저에서 확인이 가능합니다.

📟 **코드 2-55 is_xhr 속성을 통해 해당 요청이 Ajax 요청인지를 확인하기**

```
01: from flask import Flask, request
02:
03: app = Flask(__name__)
04:
05: @app.route("/example/environ", methods=["GET", "POST"])
06: def example_environ():
07:     print(request.is_xhr)
08:     return ""
09:
10: app.run()
```

blueprint 속성은 특정 URL이 어떤 Blueprint에 속해 있는지 알고 싶을 때 사용합니다. 특정 URL이 어떠한 Blueprint에도 속하지 않을 경우의 속성값은 None입니다.

📟 **코드 2-56 Blueprint 이름 얻어오기**

```
01: from flask import Flask, request, Blueprint
02:
03: app = Flask(__name__)
04:
05: bp = Blueprint('bp', __name__)
06:
07: @bp.route("/example/blueprint", methods=["GET", "POST"])
08: def example_environ():
09:     print(request.blueprint)
10:     return ""
11:
12: app.register_blueprint(bp)
13: app.run()
```

endpoint 속성은 웹 브라우저가 처리를 요청한 뷰 함수의 별칭을 확인할 수 있습니다. endpoint 이름은 별도로 지정하지 않으면 뷰 함수의 이름이 되며, 만약 Blueprint의 이름이 flask이고 endpoint가 hello이면 flask.hello와 같은 형태의 이름이 저장됩니다. 코드 2-57은

endpoint 속성을 확인하는 예제입니다.

코드 2-57 **endpoint 속성값 확인하기**

```
01: from flask import Flask, request
02:
03: app = Flask(__name__)
04:
05: @app.route("/example/environ", methods=["GET", "POST"])
06: def example_environ():
07:     return request.endpoint
08:
09: app.run()
```

url_rule 속성은 현재 처리 중인 뷰 함수의 라우팅 URL Rule을 확인해볼 수 있는 속성입니다. 코드 2-58은 url_rule 속성의 결과를 확인하는 예제 코드입니다.

코드 2-58 **url_rule 속성값 확인**

```
01: from flask import Flask, request
02:
03: app = Flask(__name__)
04:
05: @app.route("/example/rule", methods=["GET", "POST"])
06: def example_rule():
07:     return request.url_rule
08:
09: app.run()
```

URL /example/rule을 브라우저에서 호출하면 코드 2-58의 7행의 반환 결과는 5행의 route 데 코레이터에 넘겨준 첫 번째 인자와 같은 내용이 반환되는 것을 확인할 수 있습니다.

view_args 속성은 URL 변수를 확인해볼 수 있는 속성입니다. 이 속성의 데이터 타입은 사전 이며, URL 변수를 웹 브라우저로부터 넘겨받을 경우 URL Rule에 지정된 URL 변수명을 키로 가지고 변수로 받기로 한 위치에 전달된 값을 변숫값으로 가집니다. 코드 2-59는 view_args 속 성값을 확인해볼 수 있는 예제 코드입니다.

```
01: from flask import Flask, request
02:
03: app = Flask(__name__)
04:
05: @app.route("/example/rule/<name>", methods=["GET", "POST"])
06: def example_environ(name):
07:     print(request.view_args)
08:     return ""
09:
10: app.run()
```

get_json 메서드는 웹 브라우저가 보내온 데이터(request.data 속성)를 JSON 형식으로 받아들이고 파이썬의 데이터 타입으로 반환해서 돌려주는 메서드입니다. 이 메서드는 인자 없이 호출하거나 개별적으로 인자를 주어 호출할 수 있는데, 인자 정의 순서는 강제 해석 여부, 에러를 보이지 않게 해석할 것인지에 대한 여부, 요청 메시지에 해석 결과를 캐싱할 것인지에 대한 여부 등을 지정합니다.

표 2-6 **get_json 메서드를 호출할 때 사용할 수 있는 인자 값**

인자 값	설명	기본값
force	강제 해석 여부를 지정합니다.	False
silent	해석 중 에러가 발생해도 에러를 표시할 것인지를 지정합니다.	False
cache	요청 메시지에 JSON 해석 결과를 캐싱할 것인지를 지정합니다.	True

코드 2-60 **get_json 메서드 사용을 통해 JSON 문자열을 파이썬 데이터 타입으로 반환받기**

```
01: from flask import Flask, request
02:
03: app = Flask(__name__)
04:
05: @app.route("/example/json", methods=["POST"])
06: def example_json():
07:     print(request.get_json())
08:     return ""
09:
10: app.run()
```

get_json 메서드와 json 속성(바로 이어지는 문상에서 설명합니다)으로 넘어온 데이터는 Flask가 해석하기 위해 유효한 형식을 갖추고 있어야 합니다. 가장 대표적인 특성으로, 웹 브라우저는 데이터를 보낼 때 Content-Type 헤더에 application/json 값을 설정해야 합니다. 만약 웹 브라우저가 코드 2-60에 정의된 /example/json URL을 호출할 때 Content-Type을 application/json을 설정하지 않거나 전혀 다른 Content-Type 헤더를 설정하게 되면, get_json 메서드의 호출 결과는 오류가 발생하거나 값을 해석할 수 없게 됩니다. 물론, get_json 메서드를 호출할 때 force 인자를 주어 호출하게 되면 Flask가 강제로 해석하게 되므로 어떤 식으로든 데이터를 쓸 수 있겠지만 권장하는 사용 방법은 아닙니다.

Flask가 받아들일 수 있는 유효한 JSON 데이터 형식은 주로 문자열 지정 방법과 사전의 키 이름에 대한 제약이 존재합니다. 예를 들어, 다음과 같은 JSON 문자열은 Flask가 '400 Bad Request'라는 메시지를 응답 결과로 돌려줍니다.

예제 데이터 2-1 유효하지 않는 JSON 데이터

```
01: {
02:     question: 'answer'
03: }
```

예제 데이터 2-1의 데이터는 Flask가 강제 해석하려고 하면 100% 문제가 발생합니다. 앞에서 언급했다시피 유효한 JSON 문자열은 문자열을 의미하는 인용 기호가 반드시 포함되어야 합니다. 예제 데이터 2-2는 예제 데이터 2-1을 보강한 것입니다.

예제 데이터 2-2 유효하지 않는 JSON 데이터 두 번째

```
01: {
02:     'question': 'answer'
03: }
```

예제 데이터 2-2는 예제 데이터 2-1에서 JSON 사전의 키명에 문자열 인용 기호를 추가한 것입니다. 이렇게 작성된 데이터를 코드 2-60의 /example/json에 보내면 이번엔 문자열 인용 기호는 싱글 쿼테이션(')이 아닌 더블 쿼테이션(")으로 감싸야 한다고 친절하게 응답 메시지를 브라우저에 반환합니다.

예제 데이터 2-3 완전히 유효한 JSON 데이터

```
01: {
02:     "question": "answer"
03: }
```

이제 예제 데이터 2-3의 데이터를 웹 애플리케이션에 보내서 get_json 메서드를 호출해 파이썬 데이터 타입으로 성공적으로 변환되는 모습을 볼 수 있습니다.

json 속성은 사용자가 보낸 데이터가 JSON 해석되어 있는 저장되어 있는 속성입니다. 그러나 Flask 쪽에서는 이 속성을 직접적으로 읽기보다는 get_json 메서드 사용을 권장합니다.

이제 웹 브라우저와 웹 애플리케이션 간의 통신은 HTTP 프로토콜을 통해 HTTP 메시지를 주고받는다는 것을 명확하게 이해하셨을 것입니다. 그런데 이와 같은 메시지 전달은 여러 가지 이유로 주고받는 데이터의 크기를 제한할 필요가 있습니다. 이런 제한을 두게 되는 큰 이유 중 하나는 네트워크 대역폭과도 관련이 있습니다.

웹 애플리케이션이 서비스받는 호스트에 허용된 대역폭이 요청 하나당 2MB만 허용할 경우를 가정해보겠습니다. 이때 웹 브라우저가 웹 애플리케이션에 한 번에 2MB 이상의 데이터를 보내게 되면 그 데이터는 웹 애플리케이션에서 받기도 전에 네트워크 대역폭이 초과되었다는 내용으로 웹 애플리케이션 관리자에게 메일이 발송될 것입니다. 그래서 이럴 때는 고용량의 데이터를 보내기 위해 웹 애플리케이션에서 데이터 영역을 분할해서 보내야 합니다. 실례는 5.2절 '파일 업로드 다루기'의 실시간 업로드에서 볼 수 있습니다.

Flask에서는 request 클래스의 max_content_length 속성을 통해 웹 애플리케이션이 받아들일 수 있는 콘텐츠의 길이를 확인할 수 있습니다. 프로그래머들에겐 매우 다행스럽게도 이 값의 초깃값은 무한대(None)입니다. 그러나 앞서 설명했던 것과 같이 웹 애플리케이션이 받아들일 수 있는 용량을 설정한다면 코드 2-62에서와 같이 설정하여 사용할 수 있습니다.

📟 **코드 2-61** 웹 애플리케이션이 받아들일 수 있는 최대 허용치 확인

```
01: from flask import Flask, request
02:
03: app = Flask(__name__)
04:
05: @app.route("/example/max_content_len", methods=["GET"])
06: def example_content_length():
07:     print(request.max_content_length)
08:     return ""
09:
10: app.run()
```

코드 2-61의 결과를 콘솔에서 확인해보면 None이 출력되는 것을 확인할 수 있습니다.

코드 2-62 웹 애플리케이션이 받아들일 수 있는 최대 허용치 설정

```python
01: from flask import Flask, request
02:
03: app = Flask(__name__)
04: app.config.update(MAX_CONTENT_LENGTH=1024*1024*10)
05:
06: @app.route("/example/max_content_len", methods=["GET"])
07: def example_content_length():
08:     print(request.max_content_length)
09:     return ""
10:
11: app.run()
```

코드 2-62는 웹 애플리케이션이 받아들일 수 있는 콘텐츠 크기를 정의하는 예제입니다. 콘텐츠 크기의 정의는 Flask 인스턴스의 환경 설정 객체에 MAX_CONTENT_LENGTH 키에 값을 할당해서 설정할 수 있습니다. 받아들일 수 있는 콘텐츠 크기는 반드시 바이트(byte) 단위로 지정해야 합니다. 코드 2-62에서는 웹 애플리케이션이 받아들일 수 있는 콘텐츠 크기를 10MB로 제한했습니다(보통 이 용량이면 대용량 첨부 파일을 업로드하지 않는 이상 충분한 허용치입니다).

지금까지 많이 사용되는 Request 클래스의 멤버 속성과 메서드를 소개했습니다. 다음은 응답(Response) 클래스에 대해 살펴보겠습니다.

웹 애플리케이션이 해야 할 가장 중요한 일 중 하나는 웹 브라우저(클라이언트)에게 응답하는 일입니다. Flask에서는 웹 브라우저에 응답해주기 위해서 뷰 함수에서 문자열을 응답하면, Flask 내부적으로 Response 클래스를 사용해 객체를 생성하고 난 후 그 객체를 이용해 웹 브라우저에 응답합니다.

2.1절 'Flask와 함께 떠나는 웹 여행'의 사용자 정의 응답 생성하기에서 Response 클래스를 사용하는 방법에 대해 일부 내용을 다뤘었습니다. 여기서는 그보다 조금 더 자세히 살펴보겠습니다. Response 클래스는 웹 브라우저에 응답하기 위해 필요한 요소를 가지고 있습니다. 앞에서 잠깐 설명한 것처럼 Flask에서 웹 브라우저에 응답하는 모든 데이터는 Response 클래스의 인스턴스입니다.

Response 클래스를 사용해 웹 브라우저에 응답하는 일은 단순히 웹 브라우저에 데이터를 반환하는 일 외에도 사용자 정보를 지속하기 위한 쿠키를 설정한다거나 웹 브라우저에 응답할 상태 코드 변경, 응답 헤더 변경 등의 일이 있습니다.

Response 클래스는 flask 모듈에서 바로 가져올 수 있습니다.

〈/〉 코드 2-63 response 클래스 가져오기

```
01: from flask import Response
```

Response 클래스의 생성자에서 받는 인자는 6개가 있는데, 기본적으로 6개 인자 모두 생략해도 Response 클래스의 인스턴스를 만들 수 있습니다. 다만, 이렇게 되면 웹 브라우저에는 HTTP 메시지 바디가 없는 채로 응답하게 됩니다. Response 클래스의 생성자가 받는 인자는 차례대로 표 2-7과 같습니다.

▦ 표 2-7 Response 클래스 생성자가 받는 인자

인자명	설명
response	웹 브라우저에 응답할 데이터를 넘겨줍니다. 여기에 들어올 수 있는 값은 문자열, 다른 응답 클래스, WSGI Function, 튜플 등입니다.
status	HTTP 상태 코드 값을 숫자로 전달하거나 HTTP 상태 코드와 상태 응답 문자열을 함께 전달합니다. 예: "200 OK"
headers	웹 브라우저에 응답할 헤더를 파이썬 사전으로 구성해 전달하면 Response 클래스에서 파이썬 사전을 werkzeug.datastructures.Headers[22] 타입으로 자동 변환합니다. 물론, 프로그래머가 werkzeug.datastructures.Headers 타입 객체를 만들고 헤더를 설정해서 넘겨주어도 무방합니다.
mimetype	웹 애플리케이션이 응답하는 HTTP 메시지의 바디가 어떤 MIME Type 데이터인지를 지정합니다. 일반적으로 HTML 문서를 반환하는 경우 text/html이 설정됩니다. 만약 jpg 이미지 데이터를 응답한다면 image/jpeg과 같은 형태의 MIME Type을 지정하면 됩니다.

---

22 http://werkzeug.pocoo.org/docs/0.10/datastructures/#werkzeug.datastructures.Headers

표 2-7 **표 2-7　Response 클래스 생성자가 받는 인자(계속)**

인자명	설명
content_type	웹 브라우저에 응답하는 콘텐츠 타입을 지정합니다. 일반적으로 MIME Type 인자와 같은 역할을 하게 되므로 mimetype과 content_type 둘 중 하나만 지정합니다.
direct_passthrough	True로 설정하면 응답하는 내용이 werkzeug의 wsgi.file_wrapper 반복자로 감싸기 전에는 웹 브라우저에 응답하지 않습니다. 데이터를 감싸기에 성공하면 웹 브라우저에 응답하는 내용은 '파일 유사 객체'를 이용해 데이터를 전달하는 순서대로 응답하게 됩니다.

보통, Response 클래스의 인스턴스화는 모든 인자를 지정할 필요는 없으므로 프로그램 필요성에 따라 제한적으로 인자를 전달하여 생성합니다. 이렇게 생성된 Response 객체는 웹 브라우저에 응답할 특성들을 다섯 개의 속성과 세 개의 메서드를 사용해 응답 결과에 영향을 미치는 요소를 수정할 수 있습니다.

표 2-8　Response 클래스의 속성

속성명	설명
headers	웹 브라우저에 응답할 헤더의 데이터가 들어 있습니다. 이 속성의 데이터 타입은 Headers 타입이므로 이 타입의 메서드를 사용해서 응답할 헤더를 변경할 수 있습니다.
status	웹 브라우저가 받을 HTTP 상태 코드 값과 상태 메시지 값을 합친 형태입니다. 일반적으로 '200 OK'와 같은 문자열이 사용되는데, 웹 브라우저에 응답하기 전에 변경할 수 있습니다.
status_code	웹 브라우저가 받을 HTTP 상태 코드 값을 반환하는데, 정확한 상태 메시지를 모를 경우 상태 코드 값만 지정해도 Flask가 자동으로 상태 코드 문자열을 만들어줍니다.
data	웹 브라우저가 표시할 데이터가 포함되어 있는데, data 속성은 향후 제거될 예정에 있으므로 get_data, set_data 메서드를 통해 데이터를 변경하는 것이 좋습니다.
mimetype	HTTP 메시지의 바디에 들어 있는 콘텐츠의 타입을 지정합니다. 보통, 크롬과 같은 웹 브라우저에 응답할 때는 text/html을 설정합니다.

코드 2-64　Response 클래스를 사용해 웹 브라우저에 응답하기

```
01: from flask import Flask, Response
02:
03: app = Flask(__name__)
04:
05:
06: @app.route("/")
07: def custom_response():
08:     c_response = Response("사용자 응답 테스트")
09:
10:     c_response.headers.add('Program-Name', 'The Second Flask Book')
11:
12:     return c_response
```

```
13:
14: app.run()
```

코드 2-64는 웹 브라우저에 응답하기 전에 Program-Name이라는 헤더에 'The Second Flask Book'이라는 내용을 붙여서 웹 브라우저에 응답하는 예제입니다.

Response 클래스는 단순히 속성을 변경하는 일 이외에 응답할 콘텐츠를 변경한다거나 쿠키를 설정해야 하는 일 등을 처리할 때 활용할 수 있습니다. 특히, 쿠키를 설정하는 일은 반드시 response 객체에 있는 set_cookie 메서드를 사용해야 합니다. 이렇듯이 Response 클래스를 직접 수정할 때 오류 발생 가능성이 있는 데이터는 반드시 메서드를 사용하도록 권장하며, 사용 빈도가 높은 메서드는 다음과 같습니다.

표 2-9 웹 브라우저에 응답하는 HTTP 메시지 바디와 쿠키 설정에 사용되는 메서드

메서드명	설명
get_data	브라우저에 응답할 데이터를 반환합니다. 이 메서드는 앞에서 언급한 data 속성에 있는 값과 동일한 값을 반환합니다.
set_data	이 메서드는 웹 브라우저에 응답할 데이터를 변경하는 데 사용합니다.
set_cookie	이 메서드는 클라이언트 쿠키를 설정합니다.

코드 2-65 브라우저에 응답할 내용 변경하기

```
01: from flask import Flask, Response
02:
03: app = Flask(__name__)
04:
05:
06: @app.route("/")
07: def custom_response():
08:     c_response = Response("사용자 응답 테스트")
09:
10:     c_response.headers.add('Program-Name', 'The Second Flask Book')
11:     c_response.set_data("이 책은 Flask를 깊게 공부하고 싶은 이들을 위한 책입니다.")
12:
13:     return c_response
14:
15: app.run()
```

코드 2-65를 실행해 웹 브라우저에서 확인하면 응답 결과가 변경되어 있는 것을 볼 수 있는데, 응답 내용 변경 이전의 데이터를 보려면 11행을 주석으로 처리하고 보면 됩니다.

set_cookie 메서드는 웹 브라우저에 쿠키를 설정하거나 해제할 필요가 있을 때 사용됩니다. PHP를 사용해본 프로그래머라면 알겠지만, 웹 브라우저가 쿠키를 설정하려면 웹 브라우저에 어떤 값(문자 및 문자열)이라도 먼저 전송되어 있으면 쿠키 설정를 할 수 없는데, 쿠키는 HTTP 헤더의 일부로 처리되기 때문입니다.

쿠키 설정에 대해서는 다음 절에서 더 자세히 다루도록 하고, 여기에서는 간단한 쿠키 설정 예만 살펴보겠습니다.

📄 **코드 2-66 쿠키 설정하기**

```
01: from flask import Flask, Response
02:
03: app = Flask(__name__)
04:
05:
06: @app.route("/")
07: def custom_response():
08:     c_response = Response("이 책은 Flask를 깊게 공부하고 싶은 이들을 위한 책입니다.")
09:     c_response.set_cookie("AccessLevel", "독자")
10:
11:     return c_response
12:
13: app.run()
```

코드 2-66은 쿠키를 설정하는 간단한 예제입니다. 코드 2-66의 9행이 쿠키를 설정하는 부분인데, 설정하고자 하는 쿠키가 있을 때 한 번만 사용하면 됩니다. 예를 들어, 로그인 페이지와 장바구니 페이지가 있다면 로그인 페이지에서만 로그인 정보를 쿠키로 저장하고 장바구니 페이지에서는 로그인에 관한 쿠키를 저장할 필요가 없습니다.

마치며 여기까지 Flask에서의 요청과 응답에 대해 살펴봤습니다. Flask에서의 요청과 응답은 프로그래머가 생각하는 것 이상의 효과를 낼 수 있도록 잘 구성되어 있으므로 원하는 목적에 맞게 잘 활용할 수 있을 것입니다.

다음 절에서는 회원제 사이트와 쇼핑몰 사이트 등에서 빠짐없이 사용되는 쿠키와 세션에 관해 자세히 살펴보겠습니다.

2.4 쿠키와 세션 다루기

오늘날 많은 사이트는 Cookie(이하 쿠키)와 Session(이하 세션)이라는 기술을 이용해 웹사이트 이용자에게 맞춤형 서비스를 제공합니다. 우리 주변에서 볼 수 있는 것 중에서는 쇼핑몰의 장바구니, 회원 로그인 등의 구현이나 쇼핑몰에서 개인별 맞춤 타기팅을 할 수 있는 것도 쿠키와 세션 기술이 바탕에 깔려 있기 때문에 가능합니다. HTTP는 프로토콜 특성상 사용자가 접속한 웹 브라우저가 어떤 상태에 있는지를 웹 서버는 기억하지 않습니다. 그래서 HTTP 상태 유지 메커니즘의 일환으로 처음 고안된 것이 넷스케이프의 쿠키였습니다. 오늘날 쿠키는 널리 사용되는 HTTP 상태 유지 메커니즘이지만, 이후 쿠키가 지니는 보안 위험 및 저장 용량의 한계로 세션이 고안되었습니다.

쿠키와 세션 모두 웹사이트 사용자(로그인 여부에 상관없이)인 브라우저를 식별하기 위한 방법이지만, 동작에 있어서는 약간 다른 방법을 취합니다. 쿠키는 웹 프로그램이 클라이언트를 식별할 때 브라우저의 데이터를 읽는 방법이고, 세션은 브라우저를 식별할 때 서버에서 데이터를 읽어들입니다.

그럼, 여기서 다음과 질문을 해볼 수도 있을 것 같습니다. "쿠키와 세션은 저장할 수 있는 데이터 용량에도 차이가 있지 않을까요?" 그렇습니다. 쿠키와 세션은 저장할 수 있는 데이터 용량에도 차이가 있습니다. 쿠키는 RFC 2109 기준으로 4096bytes를 담을 수 있고, 세션은 서버 측에 데이터를 저장할 수 있으므로 저장할 수 있는 데이터의 길이 제한이 존재하지 않습니다.

"그럼, 세션은 쿠키를 이용하지 않나요?" 정답은 '아니오'입니다. 세션도 쿠키를 이용하지만, 세션이 쿠키를 이용하는 방법은 서버의 세션 키만 담아두는 방식으로 이용합니다. 세션이 쿠키를 이용하는 방법에 대해서는 RFC 2109, RFC 2965에 잘 정의되어 있습니다.

먼저, 쿠키에 대해서 알아보겠습니다. 쿠키는 기본적으로 쿠키 이름과 쿠키 값으로 구성되어 있는데, 브라우저에 저장될 때 몇 개의 속성을 추가적으로 부여하여 사용할 수 있도록 되어 있습니다. 이와 같은 특성은 다음과 같은 것이 있습니다.

- 쿠키 지속시간
- 쿠키 만료시간
- 쿠키 영향력이 미치는 웹사이드 경로
- 쿠키 영향력이 미치는 도메인 주소

Flask에서 쿠키를 이용하기 위해서는 뷰 함수에서 사용자 응답 객체를 생성합니다. 그리고 해당 객체의 set_cookie 메서드를 사용해 쿠키를 설정하고 그 객체를 브라우저에 응답하면 됩니다. 다음은 Flask에서 쿠키를 설정하는 간단한 코드입니다.

📟 코드 2-67 **쿠키 설정하기**

```
01: from flask import Flask, Response
02:
03: app = Flask(__name__)
04:
05: @app.route("/cookie_set")
06: def cookie_set():
07:     custom_resp = Response("Cookie를 설정합니다")
08:     custom_resp.set_cookie("ID", "JPUB Flask Programming")
09:
10:     return custom_resp
11:
12: app.run()
```

코드 2-67은 /cookie_set URL을 호출했을 때 쿠키를 설정합니다. 코드 2-67을 실행해보면 웹 브라우저는 웹 서버로부터 다음과 같은 HTTP 헤더 수신을 확인할 수 있습니다.

☑ 결과 2-1 **브라우저에서 /cookie_set URL을 호출했을 때 받는 HTTP 응답 헤더**

```
Content-Length: 25
Content-Type: text/html; charset=utf-8
Date: Tue, 03 Mar 2015 14:17:10 GMT
Server: Werkzeug/0.10.1 Python/3.4.1
Set-Cookie: ID="JPUB Flask Programming"; Path=/
```

웹 브라우저는 웹 서버로부터 받은 응답에 Set-Cookie 헤더가 포함되어 있으면 쿠키를 설정합니다. 브라우저에 설정된 쿠키는 웹 애플리케이션의 URL을 호출할 때 HTTP 요청 메시지에 Cookie 헤더에 쿠키명=값의 형태로 설정되어 전달됩니다. 이렇게 웹 애플리케이션으로 전달된 쿠키는 Flask request 클래스의 cookies 속성에서 쿠키 이름으로 참조할 수 있습니다.

결과 2-1을 자세히 보면 우리가 쿠키를 설정할 때 사용하지 않은 쿠키 속성인 Path가 추가로 지정되어 있는 것을 볼 수 있습니다. 쿠키를 설정할 때 Path 값을 설정하지 않으면 Flask는 도메인 뒤에 오는 모든 경로에서 쿠키가 유효하도록 기본값으로 /(슬래시) 문자를 설정합니다.

쿠키는 종종 쿠키 유지 시간을 설정하거나 특정 경로 아래에서만 유효하도록 하는 등의 설정이 필요하기도 합니다. 이런 설정은 set_cookie 메서드를 호출할 때 표 2-10에 있는 인자를 제공하여 설정할 수 있습니다. set_cookie 메서드는 프로그래머가 쉽게 사용할 수 있도록 key 인자를 제외하고 모든 인자를 선택적으로 제공합니다.

⊞ 표 2-10 **set_cookie 메서드가 받는 인자**

인자명	설명
key	쿠키 이름. 쿠키를 설정할 때 반드시 이름을 지정해야 합니다.
value	쿠키 값. 기본값은 빈 문자열입니다.
max_age	쿠키 지속시간. 기본값은 None이며, 브라우저가 닫히면 쿠키도 제거됩니다. 속성값은 초 단위 시간의 값을 전달합니다. 전달한 초 단위 시간이 지나면 브라우저가 해당 쿠키를 삭제합니다.
expires	쿠키 만료시간. 기본값은 None이며, 이 속성의 값이 None이면 max_age 속성에 의존하게 됩니다. 속성값은 UNIX 타임스탬프 형태의 시간을 전달합니다. 지정된 만료시간이 지나면 쿠키는 브라우저에 의해 삭제됩니다.
domain	쿠키 영향력이 미치는 도메인 주소. 기본값은 None이며, 애플리케이션이 동작 중인 도메인과 서브 도메인에 유효합니다. 웹 애플리케이션이 동작하는 도메인을 주어 제한할 경우 '.example.com'과 같은 형태로 제공하면 example.com 도메인의 모든 하위 도메인에 일치합니다.
path	쿠키 영향력이 미치는 웹사이트 경로. 기본값은 /이며, / URL로 시작되는 모든 하위 경로에서 쿠키가 유효합니다.

이 속성들을 set_cookie 메서드에 선택적으로 제공하면 됩니다.

Flask에서 생성된 쿠키를 더 이상 사용하지 않기 위해서는 뷰 함수에서 사용자 응답 객체를 생성하고, 해당 객체의 set_cookie 메서드를 사용해 쿠키를 설정할 때 key 속성과 expires 속성 값에 0을 전달하면 쿠키가 삭제됩니다. 코드 2-68은 생성된 쿠키를 삭제하는 예제입니다.

</> 코드 2-68 **쿠키 설정/확인/종료**

```
01: from flask import Flask, request, Response
02:
03: app = Flask(__name__)
04:
05: @app.route("/cookie_set")
06: def cookie_set():
07:     custom_resp = Response("Cookie를 설정합니다")
08:     custom_resp.set_cookie("ID", "JPUB Flask Programming")
09:
10:     return custom_resp
11:
12: @app.route("/cookie_out")
13: def cookie_out():
```

```
14:     custom_resp = Response("Cookie를 종료합니다")
15:     custom_resp.set_cookie("ID", expires=0)
16:
17:     return custom_resp
18:
19: @app.route("/cookie_status")
20: def cookie_status():
21:     return "ID 쿠키는 %s 값을 가지고 있습니다" % request.cookies.get('ID', '빈 문자열')
22:
23: app.run()
```

코드 2-68은 쿠키를 설정하고 종료하는 예제 코드로서 세 개의 URL이 존재합니다.

- /cookie_set – 쿠키 설정
- /cookie_out – 쿠키 종료
- /cookie_status – 쿠키 값 확인

쿠키는 웹 브라우저에서 제어되는 만큼 웹 브라우저가 쿠키를 저장하는 경로는 조금씩 다릅니다. 따라서 쿠키의 내용은 대부분 해당 브라우저를 통해서만 확인할 수 있습니다. 그리고 쿠키는 브라우저에 여러 개의 쿠키 설정이 가능합니다.

앞에서도 언급한 것처럼 쿠키는 웹 애플리케이션 공격자가 쿠키를 위조(스푸핑 등)할 수 있는 것과 같은 보안 우려가 있었으므로 이에 대한 대책이 필요해졌습니다. 따라서 웹 서버에 데이터를 저장하는 방식인 세션이 각광받게 되었습니다.

Flask에서 세션은 session 클래스를 flask 모듈로부터 가져와서 데이터를 파이썬 사전 형식으로 다룰 수 있습니다. 코드 2-69는 Flask에서 세션을 사용하는 일반적인 방법입니다.

코드 2-69 flask에서 session 사용하기

```
01: from flask import Flask, request, session
02:
03: app = Flask(__name__)
04: app.secret_key = 'F12Zr47j\3yX R~X@H!jmM]Lwf/,?KT'
05:
06: @app.route("/session_set")
07: def session_set():
08:     session['ID'] = 'JPUB Flask Session Setting'
09:     return "세션이 설정되었습니다"
10:
11: @app.route("/session_out")
12: def session_out():
```

```
13:    del session['ID']
14:    return "세션이 제거되었습니다."
15:
16: app.run()
```

Flask에서 세션을 사용하는 방법은 코드 2-69에서 보는 것처럼 매우 쉽습니다. Flask에서 세션을 정상적으로 사용하기 위해서는 Flask 인스턴스 객체의 secret_key 속성을 설정해야 하는데, 이 속성값은 임의의 랜덤 값을 제공하면 됩니다. 필자는 암호를 임의로 생성해주는 사이트에서 생성된 문자열을 이용하기도 하지만, 프로그래머가 임의적으로 대소문자 및 특수문자를 조합한 문자열을 제공해주는 것이 바람직한 설정 방법입니다.

Flask에서 세션은 Flask 인스턴스의 여러 속성값에 영향을 받으며, 프로그래머가 정의한 사용자 세션 인터페이스를 사용해서 세션 데이터의 저장 방법과 불러오는 방법을 변경할 수 있습니다.

Flask 인스턴스 객체의 환경 설정 객체에는 세션에 관련된 다음의 키들이 존재합니다.

⊞ 표 2-11 **Flask 인스턴스 객체의 환경 설정 객체의 세션 관련 키**

환경 설정 키 이름	키 설명
SECRET_KEY	문자열로 구성된 비밀키
SESSION_COOKIE_NAME	세션 쿠키의 이름. 설정하지 않을 경우의 기본값은 session
SESSION_COOKIE_DOMAIN	세션 쿠키가 동작할 도메인 주소. 설정하지 않을 경우는 HTTP 환경 변수 중 SERVER_NAME의 모든 서브 도메인에서 동작하도록 구성됩니다.
SESSION_COOKIE_PATH	세션 쿠키가 동작할 URL 경로. 설정하지 않을 경우는 HTTP 환경 변수 중 APPLICATION_ROOT 혹은 / 값이 사용됩니다.
SESSION_COOKIE_HTTPONLY	웹 애플리케이션이 HTTP 프로토콜로 동작할 때만 세션 쿠키를 웹 애플리케이션으로 전송합니다. 기본값은 True입니다.
SESSION_COOKIE_SECURE	웹 애플리케이션이 HTTPS 프로토콜로 동작할 때만 세션 쿠키를 웹 애플리케이션으로 전송합니다. 기본값은 False입니다.
PERMANENT_SESSION_LIFETIME	세션이 유효한 시간을 지정합니다. timedelta 클래스의 인스턴스를 속성값으로 전달합니다. Flask 0.8 버전부터 이 값은 초 단위 시간 숫자 값으로 표현됩니다. 기본값은 31일입니다.

이들 환경 설정 키 값은 코드 2-70과 같은 방법을 사용해서 웹 애플리케이션의 환경 설정을 수행합니다.

Flask 애플리케이션 기동 시 세션과 관련한 환경 변수 설정

```
01: from flask import Flask
02: from datetime import timedelta
03:
04: app = Flask(__name__)
05:
06: app.config.update(
07:     SECRET_KEY='F12Zr47j\3yX R~X@H!jmM]Lwf/,?KT',
08:     SESSION_COOKIE_NAME='jpub_flask_session'
09:     PERMANENT_SESSION_LIFETIME=timedelta(31)
10: )
```

우리는 앞에서 살펴본 것처럼 Flask 애플리케이션에서 세션은 proxy 클래스로 동작하는 session 클래스를 이용해 손쉽게 데이터를 저장하고 이용할 수 있었습니다. session 클래스는 다음의 세 가지 속성을 제공합니다.

- new — 세션이 신규로 생성된 것인지를 표현하는 속성이며, 기본 구현 값은 False입니다.
- modified — 세션이 수정되었음을 표현하는 속성이며, 기본 구현 값은 True입니다.
- permanent — 세션의 유효 시간을 지정하며, 기본 구현 값은 False입니다. True로 지정할 경우 세션의 유효기간은 31일입니다.

보통은 위의 세 속성은 잘 사용되지 않으나 사용자 정의 세션 인터페이스를 작성할 때는 일부 조정되어 사용될 수 있습니다.

앞에서 언급한 것처럼 Flask에서 HTTP 세션 데이터는 사용자 정의 세션 인터페이스를 이용해서 파일 시스템, 데이터베이스 등에 저장하고 읽을 수 있습니다. Flask에서 모든 세션 인터페이스는 SessionInterface 클래스를 상속받습니다. SessionInterface 클래스는 다음과 같은 메서드를 제공합니다.

- make_null_session
- is_null_session
- get_cookie_domain
- get_cookie_path
- get_cookie_httponly
- get_cookie_secure
- get_expiration_time

- should_set_cookie
- open_session
- save_session

사용자 세션 인터페이스는 SessionInterface 클래스를 상속받으면서 open_session 메서드와 save_session 메서드를 반드시 재정의해야 합니다. 나머지 메서드는 Flask에서 기본적으로 충분히 쓸 만한 구현이 제공되므로 필요한 경우만 재정의해도 됩니다. Flask에서 Session의 구현은 SecureCookieSession 클래스와 SecureCookieSessionInterface 클래스를 기본 구현체로 사용합니다.

우리는 HTTP 세션 데이터를 DB(SQLAlchemy, SQLite, pymongo)와 Redis로 관리하는 사용자 정의 세션 인터페이스의 구현에 대해 알아보고 사용 방법을 알아보겠습니다.

2.4.1 SQLAlchemy에 기반한 사용자 정의 세션 인터페이스

첫 번째로, SQLAlchemy를 이용한 사용자 정의 세션 인터페이스부터 알아보겠습니다. 오늘날 많은 웹사이트는 사용자가 입력한 데이터를 보존하고 처리하기 위해서 데이터베이스를 사용합니다. SQLAlchemy에 대해서는 4.1.1절에서 더 자세히 살펴볼 예정입니다.

코드 2-71 **SQLAlchemy를 이용해 Flask의 HTTP 세션 데이터 관리하기**

```
01: from flask import Flask, session
02: from uuid import uuid4
03: import pickle, os
04: from models import FlaskSession
05: from werkzeug.datastructures import CallbackDict
06: from flask.sessions import SessionInterface, SessionMixin
07: from database import db_session
08:
09:
10: class SQLAlchemySession(CallbackDict, SessionMixin):
11:
12:     def __init__(self, initial=None, sid=None, new=False):
13:         def on_update(self):
14:             self.modified = True
15:         CallbackDict.__init__(self, initial, on_update)
16:         self.sid = sid
17:         self.new = new
18:         self.modified = False
19:
20:
21: class SQLAlchemySessionInterface(SessionInterface):
```

```
22:        session_class = SQLAlchemySession
23:        serializer = pickle
24:
25:        def generate_sid(self):
26:            return str(uuid4())
27:
28:        def open_session(self, app, request):
29:            sid = request.cookies.get(app.session_cookie_name)
30:            if not sid:
31:                sid = self.generate_sid()
32:                return self.session_class(sid=sid, new=True)
33:            rec = db_session.query(FlaskSession) \
                             .filter(FlaskSession.sid == sid).first()
34:            if rec is not None:
35:                data = self.serializer.loads(rec.value)
36:                return self.session_class(data, sid=sid)
37:            return self.session_class(sid=sid, new=True)
38:
39:
40:        def save_session(self, app, session, response):
41:            domain = self.get_cookie_domain(app)
42:            if not session:
43:                rec = db_session.query(FlaskSession).filter(FlaskSession.sid ==
session.sid).first()
44:                db_session.delete(rec)
45:                db_session.commit()
46:                if session.modified:
47:                    response.delete_cookie(app.session_cookie_name,
48:                                           domain=domain)
49:                return
50:            val = self.serializer.dumps(dict(session))
51:            session_db = FlaskSession.change(session.sid, val)
52:            db_session.add(session_db)
53:            db_session.commit()
54:
55:            httponly = self.get_cookie_httponly(app)
56:            secure = self.get_cookie_secure(app)
57:            expires = self.get_expiration_time(app, session)
58:
59:            response.set_cookie(app.session_cookie_name, session.sid,
60:                                expires=expires, httponly=httponly,
61:                                domain=domain, secure=secure)
62:
63: app = Flask(__name__)
64: app.session_interface = SQLAlchemySessionInterface()
65: app.config.update(
66:     SECRET_KEY = os.urandom()
67:     SESSION_COOKIE_NAME='jpub_flask_session'
68: )
69:
70: @app.route("/session_in")
```

```
71: def session_signin():
72:     session['test'] = "abc"
73:
74:     return "Session Signin"
75:
76: @app.route("/session_out")
77: def session_signout():
78:     session.clear()
79:     return "Session Signout"
80:
81: @app.route("/session_stat")
82: def session_stat():
83:     print(session.get("test", "Empty Data"))
84:     return "Session Stat Print to Console"
85:
86: app.run()
```

코드 2-71은 SQLAlchemy를 이용해 데이터베이스에 세션 데이터를 기록하고 읽어오는 사용자 정의 세션 인터페이스입니다. 이 코드는 지금까지의 코드와 달리 몇 부분으로 나누어 설명을 진행하겠습니다. 첫 번째 부분은 사용자 정의 세션 인터페이스를 구현하기 위해 가져오는 클래스입니다.

코드 2-72 사용자 정의 세션 인터페이스를 위한 모듈 임포트(코드 2-71의 1~7행)

```
01: from flask import Flask, session
02: from uuid import uuid4
03: import pickle, os
04: from models import FlaskSession
05: from werkzeug.datastructures import CallbackDict
06: from flask.sessions import SessionInterface, SessionMixin
07: from database import db_session
```

사용자 세션 인터페이스는 웹 프로그래머가 세션의 접근과 관리를 하기 때문에 다음의 일을 처리할 수 있는 모듈을 임포트해야 합니다.

- 세션 아이디 생성
- 세션 데이터 직렬화
- 세션 데이터의 DB 모델
- 세션 데이터를 파이썬 사전 형식으로 래핑
- 세션 인터페이스 작성을 위한 인터페이스 클래스와 세션 클래스 작성을 위한 믹스인
- DB 세션

코드 2-72를 행 단위로 더 자세히 살펴보겠습니다.

02: 세션 아이디 생성은 uuid 모듈의 uuid4 함수를 임포트해서 사용합니다. uuid4는 무작위로 UUID를 생성하기 때문에 공격자가 추측하기 어렵습니다.

03: 세션 데이터 직렬화를 위해 파이썬의 pickle 모듈과 os 모듈을 임포트합니다. pickle 모듈은 파이썬 표준 모듈로서 파이썬 객체를 저장하기 위한 표준 직렬화(이하 피클링) 방법입니다. os 모듈은 flask에서 쿠키와 세션을 사용하기 위해 필요한 랜덤 키를 만드는 데 사용합니다.

04: 세션 데이터의 테이블 모델을 가져옵니다. 이 모델이 가지는 칼럼 속성은 세션 아이디와 세션 값으로 세션 값은 피클링(pickling, 파이썬 객체를 바이트 스트림(byte stream)으로 변환하는 것을 말하며, 이 과정을 '직렬화한다'고 표현)되어 저장됩니다.

05: 세션 데이터를 파이썬 사전 형식으로 다룰 수 있도록 하기 위해 werkzeug.datastructures 모듈로부터 CallbackDict 클래스를 임포트합니다.

06: 세션 인터페이스 클래스인 SessionInterface와 세션 클래스 작성을 위한 SessionMixin 클래스를 flask.sessions 모듈로부터 임포트합니다.

07: DB에 실제 작업을 수행하는 DB 세션 객체를 가져옵니다.

다음은 사용자 세션 인터페이스가 사용하는 세션 클래스 선언 부분을 살펴보겠습니다. 세션 클래스는 HTTP 세션 데이터를 담아두기 위해 사용자 세션 인터페이스의 open_session 메서드와 save_session 메서드를 재정의합니다.

[코드] 코드 2-73 **HTTP 세션 데이터를 담아두는 클래스(코드 2-71의 10~18행)**

```
10: class SQLAlchemySession(CallbackDict, SessionMixin):
11:
12:     def __init__(self, initial=None, sid=None, new=False):
13:         def on_update(self):
14:             self.modified = True
15:         CallbackDict.__init__(self, initial, on_update)
16:         self.sid = sid
17:         self.new = new
18:         self.modified = False
```

코드 2-73은 HTTP 세션 데이터를 담아두는 클래스 이름은 자유롭게 사용 가능하지만, 예제에서는 SQLAlchemy에 담아둔다는 의미로 SQLAlchemySession이란 이름을 사용했습니다.

코드 2-73을 자세히 살펴보기 전에 세션 데이터 클래스가 갖춰야 하는 구조에 대해 더 자세히 살펴보겠습니다. 세션 데이터 클래스는 코드 2-74와 같은 형태로 구성해야 합니다.

```
01: class Session(dict, SessionMixin):
02:     pass
```

코드 2-74에서는 세션 데이터 클래스가 상속받아야 하는 클래스와 믹스인을 볼 수 있습니다. 세션 데이터 클래스는 dict형 클래스와 SessionMixin 클래스를 상속받아야 합니다.

코드 2-73은 코드 2-74의 세션 데이터 클래스의 원형에 따라 dict형 클래스를 werkzeug 모듈에서 가져와서 상속받습니다. 세션 데이터 클래스의 생성자 메서드는 초깃값을 받도록 구성하지만, SQLAlchemySession 클래스는 초깃값과 세션 ID(sid)와 신규 생성 여부를 인자로 받습니다.

SQLAlchemySession 클래스의 생성자 메서드에서는 on_update 내포(중첩) 함수를 선언하고 CallbackDict 클래스 초기화 메서드에 세션 데이터 초깃값(initial)과 on_update 함수를 전달하고, 세션 데이터 객체 속성으로 세션 ID(sid 속성), 세션 신규 생성 여부(new 속성), 세션 수정 여부(modified 속성)를 저장합니다. 이 중 세션 수정 여부는 세션 데이터 객체에 키가 추가되거나 값이 수정될 때 on_update 함수가 수정해주므로 초깃값으로 False를 지정합니다.

뒤에서 살펴보겠지만, dict형 클래스는 werkzeug 모듈의 CallbackDict뿐 아니라 프로그래머가 만들어 쓰거나 파이썬 collections 모듈의 ABC(Abstract Base Classes for Containers) 클래스 중에서 dict를 구현하는 클래스 하나를 상속받아 구현해도 됩니다.

코드 2-75는 사용자 세션 인터페이스 클래스를 선언한 것입니다.

📲 코드 2-75　사용자 세션 인터페이스 클래스(코드 2-71의 21~61행)

```
21: class SQLAlchemySessionInterface(SessionInterface):
22:     session_class = SQLAlchemySession
23:     serializer = pickle
24:
25:     def generate_sid(self):
26:         return str(uuid4())
27:
28:     def open_session(self, app, request):
29:         sid = request.cookies.get(app.session_cookie_name)
30:         if not sid:
31:             sid = self.generate_sid()
32:             return self.session_class(sid=sid, new=True)
33:         rec = db_session.query(FlaskSession).filter(FlaskSession.sid == sid).
first()
34:         if rec is not None:
```

```
35:            data = self.serializer.loads(rec.value)
36:            return self.session_class(data, sid=sid)
37:        return self.session_class(sid=sid, new=True)
38:
39:
40:    def save_session(self, app, session, response):
41:        domain = self.get_cookie_domain(app)
42:        if not session:
43:            rec = db_session.query(FlaskSession).filter(FlaskSession.sid ==
session.sid).first()
44:            db_session.delete(rec)
45:            db_session.commit()
46:            if session.modified:
47:                response.delete_cookie(app.session_cookie_name,
48:                                       domain=domain)
49:            return
50:        val = self.serializer.dumps(dict(session))
51:        session_db = FlaskSession.change(session.sid, val)
52:        db_session.add(session_db)
53:        db_session.commit()
54:
55:        httponly = self.get_cookie_httponly(app)
56:        secure = self.get_cookie_secure(app)
57:        expires = self.get_expiration_time(app, session)
58:
59:        response.set_cookie(app.session_cookie_name, session.sid,
60:                            expires=expires, httponly=httponly,
61:                            domain=domain, secure=secure)
```

코드 2-75는 객체 속성 두 개(직렬화 참조 변수, 세션 데이터 클래스 참조 변수)와 generate_sid, open_session, save_session 메서드가 정의되어 있습니다. 코드 2-75에 대해 자세히 살펴보겠습니다.

21: 클래스명이 SQLAlchemySessionInterface인 사용자 세션 인터페이스 클래스를 선언합니다. 사용자 세션 인터페이스 클래스는 SessionInterface 클래스를 상속받도록 구성해야 합니다.

22~23: 직렬화를 위한 pickle 모듈을 serializer 객체 속성으로 참조할 수 있도록 하고, 세션 데이터를 담는 SQLAlchemySession 클래스를 session_class 객체 속성으로 참조할 수 있도록 합니다.

25~26: 세션 ID를 랜덤으로 생성하는 generate_sid 메서드를 선언합니다. 이 메서드에서는 uuid4 함수를 이용해 세션 ID를 생성합니다. uuid4 함수를 사용한 SID는 시스템에서 고유하고 프로그램 외부에서 추측하기도 어려워 세션 ID 등으로 사용하기에 적합합니다.

28~37: HTTP 세션을 열 때 호출되는 open_session 메서드를 선언합니다. 이 메서드는 Flask 애플리케이션 객체인 app 참조 변수와 request 참조 변수를 인자로 받으며, 세션 데이터 객체

를 반환하는 일을 합니다. 이 메서드는 브라우저 쿠키로부터 app.session_cookie_name에 저장되어 있는 쿠키(이하 세션 ID)를 가져옵니다. 세션 ID를 브라우저에서 찾지 못하면 새로운 세션 ID를 생성하고, 생성된 세션 ID와 세션 데이터 객체가 새로운 것임을 나타내는 True를 세션 데이터 클래스 객체를 초기화할 때 new 인자에 전달하고 해당 객체를 반환하도록 합니다. 세션 ID를 찾으면 데이터베이스에서 SID(세션 ID 칼럼)에 해당하는 세션 레코드를 가지고 옵니다. 세션 레코드에서 데이터를 가지고 오면 세션 데이터 객체에 세션 ID와 초깃값을 전달하고, Flask 애플리케이션이 세션 데이터를 사용할 수 있도록 하고 세션 데이터 객체를 반환합니다. 데이터베이스에 세션 레코드가 없는 경우는 세션 데이터 객체를 반환할 때 sid와 new 인자를 설정해 세션 객체를 반환합니다. 이 메서드는 Flask에 의해 여러 번 호출됩니다.

40~61: HTTP 세션을 저장할 때 호출되는 메서드를 선언합니다. 이 메서드는 Flask 애플리케이션 객체인 app 참조 변수와 open_session 메서드가 반환한 세션 데이터 객체 참조 변수, request 참조 변수를 인자로 받으며, 세션이 저장될 때 수행할 일을 선언합니다. 41행에서는 세션이 동작하는 도메인을 쿠키로부터 가져옵니다. 42~49행에서는 세션 데이터 객체 참조 변수(session 변수는 dict 타입이기 때문에 변수에 키와 값이 없는 경우 None을 반환합니다)가 None을 반환하면 DB에서 세션 ID에 해당하는 데이터 레코드를 가져와서 삭제합니다.

그리고 세션 데이터가 수정되었음을 알리는 modified 속성이 True인 경우는 세션 아이디가 저장된 브라우저 쿠키를 삭제합니다. 49행에서는 세션 데이터 수정 여부와 상관없이 False 값을 리턴합니다. 50~53행에서는 세션 데이터 객체를 직렬화하고 이 데이터를 데이터베이스에 저장합니다. save_session 메서드는 세션 데이터가 수정될 때마다 호출되므로 데이터베이스 모델인 FlaskSession 클래스에서는 change 메서드가 데이터베이스 레코드를 추가하고 수정하는 일을 대신 수행합니다. 이후 세션 쿠키를 저장하기 위해 app 참조 변수로부터 httponly, secure, expires 값을 추출해 저장하고 세션 쿠키를 브라우저에 저장합니다.

이제 SQLAlchemySessionInterface 클래스를 Flask 애플리케이션이 사용할 세션 인터페이스로 지정해야 합니다.

📄 코드 2-76 **Flask 애플리케이션이 SQLAlchemySessionInterface를 사용하도록 선언하기**

```
64: app.session_interface = SQLAlchemySessionInterface()
```

코드 2-76에서 볼 수 있는 것처럼 Flask가 사용할 세션 인터페이스의 지정은 Flask 객체 변수에 session_interface 속성에 사용자 세션 인터페이스 클래스의 인스턴스화한 객체를 지정하면 됩니다.

코드 2-77은 SQLAlchemy의 데이터 모델인 FlaskSession 클래스입니다.

코드 2-77 FlaskSession 클래스 선언

```
01: from sqlalchemy import Column, Integer, String, BLOB
02: from database import Base, db_session
03:
04: class FlaskSession(Base):
05:     __tablename__ = 'flask_session'
06:
07:     sid = Column(String, primary_key=True)
08:     value = Column(BLOB)
09:
10:     @classmethod
11:     def change(cls, sid, value):
12:         rec = db_session.query(cls).filter(cls.sid == sid).first()
13:         if not rec:
14:             rec = cls()
15:             rec.sid = sid
16:         rec.value = value
17:
18:         return rec
```

코드 2-71의 70~84행은 사용자 정의 세션 인터페이스가 제대로 동작하는지 확인하기 위해 라우팅 뷰 함수를 선언한 것입니다. 코드 2-71을 실행하고 브라우저로 /session_in, /session_stat, /session_out URL을 호출해보면 세션 데이터가 데이터베이스에 저장되는지 확인할 수 있습니다.

우리는 코드 2-71을 통해 사용자 세션 인터페이스에서 SQLAlchemy에 데이터를 저장하는 방법을 알아봤습니다.

마치며 SQLAlchemy는 파이썬 애플리케이션에서 인기 있는 ORM으로, 다양한 관계형 데이터베이스시스템의 세부 특징에 관여받지 않으므로 사용자 정의 세션 인터페이스를 다루는 데 매우 적합한 방법 중 하나입니다. 웹 프로그램에서 SQLAlchemy로 데이터베이스를 사용하고 있다면, SQLAlchemy에 기반한 사용자 정의 세션 인터페이스를 사용하는 것이 좋습니다.

2.4.2 SQLite에 기반한 사용자 정의 세션 인터페이스

다음으로 알아볼 사용자 정의 세션 인터페이스는 SQLite를 이용해 세션 데이터를 저장하는 방법입니다. 코드 2-78은 SQLite에 세션 데이터를 저장하는 사용자 세션 인터페이스입니다.

```
001: from flask import Flask, session
002: import os, errno, sqlite3
003: from uuid import uuid4
004: from pickle import dumps, loads
005: from collections import MutableMapping
006: from flask.sessions import SessionInterface, SessionMixin
007:
008:
009: class SqliteSession(MutableMapping, SessionMixin):
010:
011:     _create_sql = (
012:             'CREATE TABLE IF NOT EXISTS session '
013:             '('
014:             '  key TEXT PRIMARY KEY,'
015:             '  val BLOB'
016:             ')'
017:             )
018:     _get_sql = 'SELECT val FROM session WHERE key = ?'
019:     _set_sql = 'REPLACE INTO session (key, val) VALUES (?, ?)'
020:     _del_sql = 'DELETE FROM session WHERE key = ?'
021:     _ite_sql = 'SELECT key FROM session'
022:     _len_sql = 'SELECT COUNT(*) FROM session'
023:
024:     def __init__(self, directory, sid, *args, **kwargs):
025:         self.path = os.path.join(directory, sid)
026:         self.directory = directory
027:         self.sid = sid
028:         self.modified = False
029:         self.conn = None
030:         if not os.path.exists(self.path):
031:             with self._get_conn() as conn:
032:                 conn.execute(self._create_sql)
033:                 self.new = True
034:
035:     def __getitem__(self, key):
036:         key = dumps(key, 0)
037:         rv = None
038:         with self._get_conn() as conn:
039:             for row in conn.execute(self._get_sql, (key,)):
040:                 rv = loads(row[0])
041:                 break
042:         if rv is None:
043:             raise KeyError('Key not in this session')
044:         return rv
045:
046:     def __setitem__(self, key, value):
047:         key = dumps(key, 0)
048:         value = dumps(value, 2)
049:         with self._get_conn() as conn:
```

```
050:                conn.execute(self._set_sql, (key, value))
051:            self.modified = True
052:
053:        def __delitem__(self, key):
054:            key = dumps(key, 0)
055:            with self._get_conn() as conn:
056:                conn.execute(self._del_sql, (key,))
057:            self.modified = True
058:
059:        def __iter__(self):
060:            with self._get_conn() as conn:
061:                for row in conn.execute(self._ite_sql):
062:                    yield loads(row[0])
063:
064:        def __len__(self):
065:            with self._get_conn() as conn:
066:                for row in conn.execute(self._len_sql):
067:                    return row[0]
068:
069:        def _get_conn(self):
070:            if not self.conn:
071:                self.conn = sqlite3.Connection(self.path)
072:            return self.conn
073:
074:    # These proxy classes are needed in order
075:    # for this session implementation to work properly.
076:    # That is because sometimes flask will chain method calls
077:    # with session'setdefault' calls.
078:    # Eg: session.setdefault('_flashes', []).append(1)
079:    # With these proxies, the changes made by chained
080:    # method calls will be persisted back to the sqlite
081:    # database.
082:    class CallableAttributeProxy(object):
083:        def __init__(self, session, key, obj, attr):
084:            self.session = session
085:            self.key = key
086:            self.obj = obj
087:            self.attr = attr
088:        def __call__(self, *args, **kwargs):
089:            rv = self.attr(*args, **kwargs)
090:            self.session[self.key] = self.obj
091:            return rv
092:
093:    class PersistedObjectProxy(object):
094:        def __init__(self, session, key, obj):
095:            self.session = session
096:            self.key = key
097:            self.obj = obj
098:        def __getattr__(self, name):
099:            attr = getattr(self.obj, name)
100:            if callable(attr):
```

```
101:              return SqliteSession.CallableAttributeProxy(
102:              self.session, self.key, self.obj, attr)
103:          return attr
104:
105:     def setdefault(self, key, value):
106:         if key not in self:
107:             self[key] = value
108:             self.modified = True
109:         return SqliteSession.PersistedObjectProxy(
110:              self, key, self[key])
111:
112:
113: class SqliteSessionInterface(SessionInterface):
114:
115:     def __init__(self, directory):
116:         directory = os.path.abspath(directory)
117:         if not os.path.exists(directory):
118:             os.mkdir(directory)
119:         self.directory = directory
120:
121:     def open_session(self, app, request):
122:         sid = request.cookies.get(app.session_cookie_name)
123:         if not sid:
124:             sid = str(uuid4())
125:         rv = SqliteSession(self.directory, sid)
126:         return rv
127:
128:     def save_session(self, app, session, response):
129:         domain = self.get_cookie_domain(app)
130:         if not session:
131:             try:
132:                 os.unlink(session.path)
133:             except OSError as e:
134:                 if e.errno != errno.ENOENT:
135:                     raise
136:             if session.modified:
137:                 response.delete_cookie(app.session_cookie_name,
138:                        domain=domain)
139:             return
140:
141:         httponly = self.get_cookie_httponly(app)
142:         secure = self.get_cookie_secure(app)
143:         expires = self.get_expiration_time(app, session)
144:
145:         response.set_cookie(app.session_cookie_name, session.sid,
146:                      expires=expires, httponly=httponly,
147:                      domain=domain, secure=secure)
148:
149: app = Flask(__name__)
150: path = '/tmp/app_session'
151: if not os.path.exists(path):
```

```
152:        os.mkdir(path)
153:        os.chmod(path, int('700', 8))
154: app.session_interface = SqliteSessionInterface(path)
155: app.config.update(
156:        SECRET_KEY='F12Zr47j\3yX R~X@H!jmM]Lwf/,?KT',
157:        SESSION_COOKIE_NAME='jpub_flask_session'
158: )
159:
160: @app.route("/session_in")
161: def session_signin():
162:        session['test'] = "abc"
163:
164:        return "Session Signin"
165:
166: @app.route("/session_out")
167: def session_signout():
168:        session.clear()
169:        return "Session Signout"
170:
171: @app.route("/session_stat")
172: def session_stat():
173:        print(session.get("test", "Empty Data"))
174:        return "Session Stat Print to Console"
175:
176: app.run()
```

코드 2-78은 SQLite를 사용하는 사용자 세션 인터페이스입니다. 코드 2-71에서 달라진 부분들을 위주로 설명을 이어가겠습니다. 먼저, 모듈 임포트 부분입니다.

02: os 모듈과 errno 모듈, sqlite3 모듈을 가져옵니다. os 모듈은 세션 ID별 SQLite 파일을 만들고 세션 ID별 SQLite 파일을 삭제하기 위해서 사용합니다. errno 모듈은 세션 디렉터리 삭제 과정에서 발생하는 오류를 처리하는 데 사용됩니다. sqlite3 모듈은 SQLite 데이터베이스에 접속할 때 사용됩니다.

05: collections 모듈로부터 MutableMapping 클래스를 가져옵니다. MutableMapping 클래스를 상속받은 클래스는 몇 개의 특별한 메서드를 재정의해야 합니다. 이 클래스는 세션 데이터 객체 클래스를 선언할 때 사용합니다.

다음은 세션 데이터 객체 클래스입니다. 앞에서 다뤘던 SQLAlchemySession 클래스는 dict 형 클래스로 werkzeug에서 제공하는 CallbackDict를 상속받았지만, 코드 2-78의 9행에서는 MutableMapping 클래스를 상속받음으로써 해당 클래스가 사전처럼 동작할 수 있도록 선언했습니다.

11~22: SQLite에 접근하는 SQL 문을 언제든지 불러 쓸 수 있도록 객체 속성으로 저장해둡니다.

24~33: 세션 디렉터리 경로와 세션 ID를 받아 세션별 SQLite 디렉터리를 만듭니다. 세션별 SQLite 디렉터리가 있는 경우 객체 속성만 수정합니다.

35~44: 메서드명은 __getitem__로, key를 인자로 가집니다. 이 메서드는 시퀀스 타입의 변수에 슬라이싱([]) 방법으로 접근할 때 호출되며, SQLite 데이터베이스에 키 이름으로 질의해 데이터를 가지고 오면 이를 파이썬 객체로 반환합니다.

46~51: 메서드명은 __setitem__로, key, value를 인자로 가집니다. 세션에 데이터를 저장할 때 호출되며, 키 이름과 저장할 데이터를 보내어 저장합니다.

53~57: 메서드명은 __delitem__로, key를 인자로 가집니다. 세션에 저장한 키를 제거할 때 호출됩니다.

59~62: 메서드명은 __iter__로, 인자를 가지지 않습니다. 세션에 저장한 키 목록을 반환할 때 호출됩니다.

64~67: 메서드명은 __len__로, 인자를 가지지 않습니다. 세션에 저장한 키의 개수를 알려고 할 때 호출됩니다.

69~72: 세션별 SQLite 연결 객체를 반환합니다. SQLite 연결 객체가 없을 때 먼저 연결 객체를 생성 후 반환합니다.

82~110: 세션 데이터를 메서드 체인징 방식[23]으로 이용하고자 할 때 사용하게 되는 Proxy 클래스를 정의한 것입니다. 웹 애플리케이션에서 SqliteSession의 setdefault 메서드를 사용하지 않으면 정의하지 않아도 됩니다.

113: SqliteSessionInterface 클래스 정의를 시작합니다.

115~119: 세션별 SQLite 데이터가 저장될 디렉터리를 객체 속성으로 저장합니다. 인자로 받은 디렉터리가 없으면 디렉터리부터 생성합니다.

121~126: 세션 ID를 쿠키로부터 가져와서 세션 ID를 세션 데이터 객체 초기화 인자로 전달하고 세션 데이터 객체를 반환합니다. 쿠키로부터 가져온 세션 ID가 없으면 세션 ID를 먼저 생성합니다. 세션 ID는 uuid4 함수를 이용합니다.

128~147: 세션 데이터 객체에 저장된 데이터가 없으면 세션 SQLite 파일을 삭제합니다. 그 이후 세션 데이터 수정 플래그에 따라 세션 쿠키를 삭제하고 브라우저에 세션 쿠키를 설정합니다.

이제 SqliteSessionInterface를 Flask 애플리케이션이 사용하도록 설정해야 합니다.

---

23 메서드의 실행 결과로 스칼라 값(숫자나 문자 등)을 반환하는 게 아니라 메서드가 실행되는 객체를 반환하는 방식입니다. http://creator1022.tistory.com/154 참고.

150~154: 세션별 SQLite 파일이 저장될 디렉터리 이름을 세션 인터페이스 생성자에 전달합니다. 151~153은 세션별 SQLite 파일이 저장될 디텍터리가 존재하지 않으면 해당 디렉터리를 생성하고, Flask 애플리케이션만이 디렉터리 안의 내용을 수정할 수 있도록 파일 시스템 권한을 설정합니다.

이후 내용은 세션 인터페이스가 제대로 동작하는지 확인해보기 위한 라우팅 뷰 함수입니다.

우리는 코드 2-78을 통해 SQLite를 이용한 사용자 세션 인터페이스를 알아봤습니다. 코드 2-78은 코드 2-71과 다르게 세션 데이터 클래스가 상속받는 데이터 타입이 dict형 클래스입니다. CallbackDict는 모든 세션 데이터를 직렬화 방식으로 이용하지만, MutableMapping 클래스를 상속받은 코드 2-78의 경우는 세션에서 관리되는 키와 값을 세세하게 조작할 수 있으므로 데이터 감사(Audit)에 유용하게 사용될 수 있습니다.

> **마치며** SQLite는 파일 기반의 RDB로서 임베디드 시스템에서 비교적 널리 쓰이고 있습니다. iOS, Android와 같은 스마트폰 운영체제는 물론이고 다양한 임베디드 시스템에서 데이터를 소규모로 관리하기 위해 사용되고 있습니다. 또한, 파이썬에서 기본적으로 다룰 수 있으며, SQLite에 기반을 둔 사용자 정의 세션 인터페이스는 웹사이트의 활동량이 많아지면 서비스에 장애가 발생할 수 있습니다. 따라서 운영 환경에서는 권장하지 않고 소규모로 사용하고자 할 때 적합한 방법입니다.

2.4.3 pymongo에 기반한 사용자 정의 세션 인터페이스

다음으로 알아볼 세션 인터페이스는 pymongo를 이용한 사용자 세션 인터페이스입니다.

코드 2-79 **pymongo를 사용한 사용자 세션 인터페이스**

```
01: from flask import Flask, session
02: from uuid import uuid4
03: from datetime import datetime, timedelta
04: from flask.sessions import SessionInterface, SessionMixin
05: from werkzeug.datastructures import CallbackDict
06: from pymongo import MongoClient
07:
08:
09: class MongoSession(CallbackDict, SessionMixin):
10:
11:     def __init__(self, initial=None, sid=None):
12:         CallbackDict.__init__(self, initial)
13:         self.sid = sid
14:         self.modified = False
```

```
15:
16:
17: class MongoSessionInterface(SessionInterface):
18:
19:     def __init__(self, host='localhost', port=27017,
20:                  db='', collection='sessions'):
21:         client = MongoClient(host, port)
22:         self.store = client[db][collection]
23:
24:     def open_session(self, app, request):
25:         sid = request.cookies.get(app.session_cookie_name)
26:         if sid:
27:             stored_session = self.store.find_one({'sid': sid})
28:             if stored_session:
29:                 if stored_session.get('expiration') > datetime.utcnow():
30:                     return MongoSession(initial=stored_session['data'],
31:                                         sid=stored_session['sid'])
32:         sid = str(uuid4())
33:         return MongoSession(sid=sid)
34:
35:     def save_session(self, app, session, response):
36:         domain = self.get_cookie_domain(app)
37:         if not session:
38:             response.delete_cookie(app.session_cookie_name, domain=domain)
39:             return
40:         if self.get_expiration_time(app, session):
41:             expiration = self.get_expiration_time(app, session)
42:         else:
43:             expiration = datetime.utcnow() + timedelta(hours=1)
44:         self.store.update({'sid': session.sid},
45:                           {'sid': session.sid,
46:                            'data': session,
47:                            'expiration': expiration}, True)
48:         response.set_cookie(app.session_cookie_name, session.sid,
49:                             expires=self.get_expiration_time(app, session),
50:                             httponly=True, domain=domain)
51:
52: app = Flask(__name__)
53: app.session_interface = MongoSessionInterface(db='jpub')
54: app.config.update(
55:     SESSION_COOKIE_NAME='jpub_flask_session'
56: )
57:
58: @app.route("/session_in")
59: def session_signin():
60:     session['test'] = "abc"
61:
62:     return "Session Signin"
63:
64: @app.route("/session_out")
65: def session_signout():
```

```
66:     session.clear()
67:     return "Session Signout"
68:
69: @app.route("/session_stat")
70: def session_stat():
71:     print(session.get("test", "Empty Data"))
72:     return "Session Stat Print to Console"
73:
74: app.run()
```

코드 2-79는 pymongo를 이용한 사용자 세션 인터페이스입니다. 이와 유사한 클래스인 코드 2-71과 비교해 크게 다른 부분만 설명하겠습니다.

첫 번째로 살펴볼 부분은 모듈 임포트 부분입니다.

03: 세션 만료기간 설정을 위해 datetime 모듈로부터 datetime 클래스와 timedelta 클래스를 임포트합니다.

06: pymongo 모듈에서 MongoDB 접속을 위한 MongoClient 클래스를 임포트합니다.

두 번째로 살펴볼 부분은 세션 데이터 클래스 선언입니다. 코드 2-71의 SQLAlchemySession 클래스와 차이점은 MongoSession도 dict형 클래스로 CallbackDict를 사용하지만, on_update 함수를 별도로 제공하지 않으며 신규 생성 여부를 나타내는 new 인자를 받지 않는다는 것이 다릅니다.

세 번째로 살펴볼 부분은 사용자 세션 인터페이스 클래스입니다. 17행은 MongoSession Interface 클래스 선언을 시작합니다. 이 클래스는 앞에서 설명한 것과 같이 SessionInterface 클래스를 상속받으며, 생성자 메서드와 open_session, save_session 메서드를 가지고 있습니다.

19~22: 생성자 메서드는 MongoDB에 연결하기 위해 초기 정보로 MongoDB Host, Port, DB명, Collection명을 인자로 가지며, Flask 애플리케이션에 세션 인터페이스를 알려줄 때는 수정이 필요한 부분만 인자로 전달하면 됩니다.

24~33: open_session 메서드는 쿠키로부터 세션 쿠키를 가져와서 반환합니다. 세션 쿠키를 찾지 못했다면 세션 ID를 세션 데이터 클래스에 인자로 주어 그 결과를 반환합니다. 세션 쿠키를 찾으면 MongoDB의 컬렉션(예제에서는 sessions)에서 도큐먼트의 sid 속성이 세션 쿠키의 값과 동일한 도큐먼트를 찾습니다. 해당 도큐먼트를 찾으면 도큐먼트의 만료기간(expiration)의 값과 현재 시간의 utc 시간을 비교합니다. 도큐먼트의 만료시간이 남았다면 세션 데이터를 포함한 MongoSession을 반환합니다.

35~51: save_session 메서드는 세션 데이터를 저장할 때 호출됩니다. 넘겨받은 세션 참조 변수에 세션 데이터가 없으면 세션 쿠키를 삭제하고 False를 반환하고 종료합니다. 세션 데이터 객체에 자료가 있으면 세션 만료시간을 구하고, MongoDB에 세션 ID를 키로 해서 MongoDB 데이터 객체를 업데이트합니다. 49~51행은 세션 쿠키를 설정합니다.

이제 사용자 세션 인터페이스 선언은 완료되었습니다. 나머지는 앞에서 선언한 세션 인터페이스를 사용하고 테스트하기 위한 예제 코드입니다. 코드 2-79를 실행하려면 시스템에 MongoDB와 pymongo 모듈이 설치되어 있어야 합니다. 테스트할 때 잊지 말고 관련 프로그램을 꼭 설치하기 바랍니다.

여기까지 데이터베이스를 이용한 사용자 정의 세션 인터페이스를 작성해봤습니다.

> **짚고마치며**
>
> pymongo는 MongoDB에서 제공하는 파이썬용 MongoDB 접속 모듈입니다. MongoDB는 최근에 가장 인기 있는 비관계형 데이터베이스로, 수많은 요청을 빠른 시간 안에 처리하며 시스템의 수평적 확장을 가능하게 해줍니다. 여러분의 프로그램이 MongoDB를 사용한다면 pymongo에 기반한 사용자 정의 세션 인터페이스는 시의적절한 선택이 될 것입니다.

2.4.4 Redis에 기반한 사용자 정의 세션 인터페이스

이번에는 캐시로 많이 쓰이는 Redis를 이용해 작성된 사용자 정의 세션 인터페이스를 살펴보겠습니다.

코드 2-80 Redis로 작성된 사용자 세션 인터페이스

```
01: from flask import Flask, session
02: import pickle
03: from datetime import timedelta
04: from uuid import uuid4
05: from redis import Redis
06: from werkzeug.datastructures import CallbackDict
07: from flask.sessions import SessionInterface, SessionMixin
08:
09:
10: class RedisSession(CallbackDict, SessionMixin):
11:
12:     def __init__(self, initial=None, sid=None, new=False):
13:         def on_update(self):
14:             self.modified = True
```

```
15:            CallbackDict.__init__(self, initial, on_update)
16:            self.sid = sid
17:            self.new = new
18:            self.modified = False
19:
20:
21: class RedisSessionInterface(SessionInterface):
22:     serializer = pickle
23:     session_class = RedisSession
24:
25:     def __init__(self, redis=None, prefix='session:'):
26:         if redis is None:
27:             redis = Redis()
28:         self.redis = redis
29:         self.prefix = prefix
30:
31:     def generate_sid(self):
32:         return str(uuid4())
33:
34:     def get_redis_expiration_time(self, app, session):
35:         if session.permanent:
36:             return app.permanent_session_lifetime
37:         return timedelta(days=1)
38:
39:     def open_session(self, app, request):
40:         sid = request.cookies.get(app.session_cookie_name)
41:         if not sid:
42:             sid = self.generate_sid()
43:             return self.session_class(sid=sid, new=True)
44:         val = self.redis.get(self.prefix + sid)
45:         if val is not None:
46:             data = self.serializer.loads(val)
47:             return self.session_class(data, sid=sid)
48:         return self.session_class(sid=sid, new=True)
49:
50:     def save_session(self, app, session, response):
51:         domain = self.get_cookie_domain(app)
52:         if not session:
53:             self.redis.delete(self.prefix + session.sid)
54:             if session.modified:
55:                 response.delete_cookie(app.session_cookie_name,
56:                                        domain=domain)
57:             return
58:         redis_exp = self.get_redis_expiration_time(app, session)
59:
60:         val = self.serializer.dumps(dict(session))
61:         self.redis.setex(self.prefix + session.sid, val,
62:                          int(redis_exp.total_seconds()))
63:
64:         httponly = self.get_cookie_httponly(app)
65:         secure = self.get_cookie_secure(app)
```

```
66:            expires = self.get_expiration_time(app, session)
67:
68:         response.set_cookie(app.session_cookie_name, session.sid,
69:                             expires=expires, httponly=httponly,
70:                             domain=domain, secure=secure)
71:
72: app = Flask(__name__)
73: app.session_interface = RedisSessionInterface()
74: app.config.update(
75:     SESSION_COOKIE_NAME='jpub_flask_session'
76: )
77:
78: @app.route("/session_in")
79: def session_signin():
80:     session['test'] = "abc"
81:
82:     return "Session Signin"
83:
84: @app.route("/session_out")
85: def session_signout():
86:     session.clear()
87:     return "Session Signout"
88:
89: @app.route("/session_stat")
90: def session_stat():
91:     print(session.get("test", "Empty Data"))
92:     return "Session Stat Print to Console"
93:
94: app.run()
```

코드 2-80은 Redis를 사용한 세션 인터페이스 클래스입니다. 코드 2-80도 코드 2-71을 비교 대상으로 놓고 설명하겠습니다. 첫 번째 모듈 임포트 부분입니다.

03: datetime 모듈로부터 timedelta 클래스를 임포트합니다.

05: redis 모듈을 임포트합니다.

두 번째로 설명할 부분은 사용자 세션 데이터 클래스입니다. 클래스의 이름은 RedisSession이며, 이 클래스의 내용은 코드 2-71의 SQLAlchemySession 클래스와 완전히 같습니다.

세 번째로 설명할 부분은 사용자 세션 인터페이스 클래스입니다. RedisSessionInterface 클래스는 네 개의 객체 메서드와 한 개의 생성자 메서드, 두 개의 객체 속성을 정의했습니다. 두 개의 객체 속성은 코드 2-75에서 설명한 깃과 같이 직렬화 모듈과 세션 데이터 클래스의 참조 변수입니다.

생성자 메서드는 redis 객체와 키의 네임스페이스 문자열을 인자로 받으며, 기본값으로 None 과 "session:"을 받습니다. 사용자 세션 인터페이스 클래스를 인스턴스화할 때 redis 객체와 네임스페이스 문자열을 인자로 전달하지 않으면, 생성자 메서드는 로컬 호스트에 설치되어 있는 Redis에 연결을 시도합니다. 연결되면 객체 속성인 redis에 참조를 걸어둡니다. 네임스페이스 문자열은 네임스페이스 뒤에 콜론(:)을 포함한 형태로 전달하는데, 이 문자열을 전달하게 되면 Redis 서버가 많은 경우 빠르게 데이터를 찾을 수 있다는 이점이 있습니다.

RedisSessionInterface 클래스는 사용자 세션을 다루기 위해 반드시 open_session과 save_session 메서드 외에 이 메서드들에서 부가적으로 사용되는 두 개의 메서드를 추가적으로 정의하는데, 세션 ID 생성 메서드와 Redis 서버에서 키의 유지시간을 반환하는 메서드(get_redis_expiration_time)가 그것입니다.

세션 ID 생성 메서드는 uuid4 함수를 통해 반환합니다. 따라서 앞에서 설명했던 것처럼 공격자가 정확한 값을 유추하기 매우 어렵습니다. 키의 유지시간을 반환하는 메서드는 Redis에 키를 저장할 때 유지시간을 설정할 때 사용됩니다. 34~37행은 Redis에서 사용하게 될 유지시간을 timedelta 클래스형으로 반환합니다. get_redis_expiration_time 메서드는 세션의 영속성 플래그 부울값에 따라 True인 경우 영속 세션의 영속성 시간 값을 반환하며, False인 경우 timedelta 객체를 반환합니다. 예제에서는 1일을 설정해 반환합니다. 영속성 플래그와 영속성 시간 값의 설정은 앞에서 다룬 표 2-11의 'Flask 인스턴스 객체의 환경 설정 객체'의 세션 관련 키를 다시 보기 바랍니다.

open_session 메서드는 39~48행에 걸쳐 정의되어 있습니다. open_session 메서드에서 눈여겨봐야 할 부분은 44행입니다. 44행은 redis에서 prefix(Redis에서 데이터를 빨리 찾기 위한 네임스페이스 키)와 세션 ID를 조합한 키를 가져오는 부분입니다. 이외의 내용은 코드 2-71의 open_session 메서드와 동일하므로 해당 내용을 찾아보는 편이 낫습니다.

save_session 메서드는 50~70행에 걸쳐 정의되어 있습니다. 코드 2-71의 save_session 메서드와 매우 유사하지만, 다른 점은 Redis에서 키 삭제에 delete 메서드를 사용하고, 키의 유효시간 지정에 세션의 영속성 값을 사용하고, 키의 등록에 set 메서드가 아닌 setex 메서드를 사용한다는 것입니다. 코드 2-71의 SQLAlchemySessionInterface 클래스에서는 영속성에 관한 설정이 없다는 것을 감안하면, RedisSessionInterface에서는 키의 영속성 시간을 따로 설정할 수 있다는 점에서 세션 관리 포인트가 증가할 수 있습니다.

그 외 72~94행의 코드는 RedisSessionInterface 클래스의 실제 사용을 확인하기 위한 목적으로 사용되므로 여러분이 직접 실험해보기를 권합니다.

지금까지 우리는 Flask에서 쿠키와 세션을 직접 다루기 위한 방법들을 살펴보았고, 세션은 서로 다른 여러 백엔드(Backend) 서버를 사용해서 확장하는 방법을 살펴봤습니다. 그런데 우리가 세션이나 뒤에서 다룰 캐싱을 위해 관련 클래스나 라이브러리를 모두 개발해야 한다면, 그것은 프로그램 개발 시간에 나쁜 영향을 줄 가능성이 높습니다.

> **마치며** Redis는 키(key)-값(value)에 기반한 데이터베이스이며, 캐시입니다. Redis에 저장한 데이터는 메모리에 저장되며, 메모리로 데이터를 읽고 쓰는 만큼 신속한 세션 관리가 가능합니다. 하지만 Redis는 인메모리로 동작하는 만큼 충분한 메모리 용량을 확보해야 합니다. Redis는 여러분이 웹 프로그램에서 캐시 목적으로 사용하고 있을 때 사용자 정의 세션 인터페이스로 선택하기에 좋습니다.

2.4.5 Beaker 라이브러리에 기반한 사용자 정의 세션 인터페이스

파이썬 라이브러리 중에는 세션과 캐싱에서 사용하기 편리하도록 개발된 Beaker라는 라이브러리가 있습니다. Beaker는 WSGI에 기반한 웹 애플리케이션과 파이썬 기반의 애플리케이션에서 캐싱과 세션을 쉽게 쓰기 위해 개발되었으며, pylons 프레임워크와 turbogears 프레임워크에서 기본 라이브러리로 추가되어 있습니다. Beaker 역시 데이터를 저장하기 위해 백엔드 시스템(예를 들어, 데이터베이스나 메모리 등)을 저장소로 사용하며, 우리가 사용하려는 백엔드 시스템에 데이터를 저장하려고 할 때 Beaker가 지원하지 않으면 Beaker 확장 모듈을 개발해서 사용하는 것도 가능합니다. 또한, 쿠키에 기반한 세션을 사용하면서도 보안성이 뛰어나다는 점이 장점입니다.

코드 2-81은 Beaker를 이용해 Flask에 사용자 세션 인터페이스를 지정하는 예제입니다.

📄 **코드 2-81 Beaker를 이용해 Flask에 사용자 세션 인터페이스 지정**

```
01: from flask import Flask, session
02: from flask.sessions import SessionInterface
03: from beaker.middleware import SessionMiddleware
04:
05: session_opts = {
06:     'session.type': 'ext:memcached',
07:     'session.url': '127.0.0.1:11211',
08:     'session.data_dir': './cache',
```

```
09: }
10:
11: class BeakerSessionInterface(SessionInterface):
12:     def open_session(self, app, request):
13:         session = request.environ['beaker.session']
14:         return session
15:
16:     def save_session(self, app, session, response):
17:         session.save()
18:
19:
20: app = Flask(__name__)
21: app.wsgi_app = SessionMiddleware(app.wsgi_app, session_opts)
22: app.session_interface = BeakerSessionInterface()
23:
24:
25: @app.route("/session_in")
26: def session_signin():
27:     if not session.has_key('test'):
28:         session['test'] = 'abc'
29:
30:     return "Session Signin"
31:
32: @app.route("/session_out")
33: def session_signout():
34:     session.delete()
35:     return "Session Signout"
36:
37: @app.route("/session_stat")
38: def session_stat():
39:     print(session["test"])
40:     return "Session Stat Print to Console"
41:
42: app.run()
```

코드 2-81은 Beaker 라이브러리를 이용해 사용자 세션을 다룹니다. 코드 2-81의 임포트 부분 (1~3행)부터 자세히 살펴보겠습니다.

01: flask 모듈로부터 Flask 클래스와 Proxy 클래스인 session 클래스를 임포트합니다.

02: 사용자 세션 인터페이스 생성을 위해 flask.sessions 모듈로부터 SessionInterface 클래스를 임포트합니다.

03: Beaker를 Flask 미들웨어로 등록하기 위해 beaker.middleware 모듈로부터 Session Middleware 클래스를 임포트합니다.

다음으로 살펴볼 부분은 Beaker 환경 설정 부분입니다. Beaker는 앞에서 설명했던 것처럼 프로그래머나 웹 애플리케이션이 쉽게 캐싱이나 세션 기능을 사용할 수 있도록 API만 제공합니다. 따라서 Beaker를 사용하기 전에 외부 저장소 정보, 세션이나 쿠키 등에 대한 설정값을 사전으로 미리 구성해두어야 합니다. 5~9행은 Beaker에 전달할 환경 설정값입니다. Beaker에 전달할 환경 설정값은 조금씩 다르므로 Beaker 공식 홈페이지[24]를 확인해보는 편이 좋습니다.

코드 2-81에서는 세션을 관리할 저장소(session.type), 저장소에 접근할 URL(session.url), 세션 데이터가 저장될 디렉터리(session.data_dir)를 Beaker 환경 설정값으로 정의하고 memcached 서버를 이용하도록 했으므로 memcached 서버 프로그램을 설치해야 합니다.

다음으로 살펴볼 부분은 Flask 애플리케이션에 전달한 사용자 세션 인터페이스 클래스 선언입니다. 사용자 세션 인터페이스 클래스는 11~17행에 걸쳐 정의되어 있습니다. 이 클래스는 앞에서 계속 살펴봤던 것처럼 open_session 메서드와 save_session 메서드가 재정의되어 있습니다. open_session 메서드에서는 Beaker가 관리하는 세션 객체를 반환해야 합니다. 이를 위해 request 클래스의 환경 설정(environ) 객체에서 beaker.session 키를 찾아 반환하면 됩니다.

save_session 메서드에서는 프로그래머가 세션에 추가한 키와 값을 세션 객체에 저장하기 위해서 session 인자로 전달받은 Beaker 객체의 save 메서드를 호출합니다. 이것으로 사용자 세션 인터페이스 클래스 선언을 모두 마쳤습니다.

Flask 애플리케이션이 Beaker를 사용해 세션을 관리하게 하기 위해서는 두 가지 작업을 해야 합니다. 21행에서 Flask에 미들웨어 등록을 하고, 22행에서 BeakerSessionInterface 클래스의 인스턴스를 Flask 인스턴스에 등록합니다.

25~42행의 내용은 앞에서 설명했던 내용으로, 세션이 정상적으로 동작하는지 확인하기 위한 목적으로 사용한 코드입니다.

마치며 Beaker는 세션과 캐시로 사용 가능한 라이브러리며, 파이썬 WSGI 미들웨어로 동작합니다. Beaker는 Lazy-Loading, 높은 성능, 다양한 백엔드(파일, DBM, memcached, 메모리, 데이터베이스 등)를 지원합니다. 그리고 Beaker는 다양한 백엔드를 세션과 캐싱에 사용할 수 있습니다. 필요하다면 백엔드를 확장하는 것도 가능합니다. 웹 프로그램 전반에 일관된 세션과 캐시 관리가 필요할 때 Beaker는 적절한 선택이 될 것입니다.

---

24 https://beaker.readthedocs.io

2.5 에러와 로깅

우리가 프로그램을 개발해서 사용하는 이유는 컴퓨터를 통해 어떤 목적을 쉽게 달성하기 위해서입니다. 그런데 프로그램이 의도하지 않은 동작을 하거나 이상 현상을 보인다면, 프로그램 개발 과정까지 거슬러 올라가 원인을 찾아 디버깅해야 합니다.

디버깅(debugging)이란, 프로그램의 오류를 찾아 수정하는 일을 통틀어 말합니다. 프로그램의 오류는 크게 컴파일 에러(compile error), 런타임 에러(runtime error)로 나눌 수 있는데, 컴파일 에러는 큰 의미로 프로그램 실행이 되지 않는 것을 말하며, 런타임 에러는 프로그램 실행이 이루어지던 중 프로그램 실행이 중단되는 모든 오류를 통틀어 말합니다.

컴파일 에러는 프로그램 실행이 되지 않기에 대부분은 매우 위험하지만, 위험에 비해 에러를 잡는 것은 비교적 쉽습니다. 프로그램 운영에서 조심해야 할 것은 컴파일 에러가 아니라 런타임 에러입니다.

런타임 에러는 비교적 발생 빈도가 높고 개발자는 에러로 인식하지 않지만 사용자는 에러로 인식하는 것들도 있어서 해결책을 찾기가 까다로운 경우가 많습니다.

디버깅 작업은 보통 다음의 순서로 이뤄집니다.

1. 의도하지 않는 동작이 발생하는 부분을 프로그램에서 확인
2. 프로그램 코드에서 의도하지 않는 동작의 발생이 의심되는 부분을 찾아 프로그램의 흐름 상태를 출력해보거나 관련 변숫값을 확인
3. 의도한 동작이 이루어지도록 코드 수정

웹 프로그램에서 디버깅에 필요한 작업(위의 2번)을 하기 위해서는 실제 웹 프로그램을 동작시켜 보지 않으면 알 수 없을 때가 많습니다. 프로그램에서 실행해야 되는 문장의 수와 알고리즘이 단순하다면 실행 중인 프로그램을 종료하고, 웹 브라우저 또는 로그 파일에 실행 중인 변숫값을 출력하거나 특정 로직이 실행되는지 확인할 수 있도록 디버깅 메시지를 출력할 수 있습니다. 그러나 프로그램이 실행해야 하는 문장도 많고 한 개의 명령이 여러 단계에 걸쳐 수행되고 중간에 다른 명령을 실행해서 그 결괏값을 이용한다면, 이때의 디버깅 작업은 프로그래머에게 힘들고 고된 작업이 됩니다.

물론, 이런 디버깅 작업 외에도 프로그램은 발생할 수 있는 여러 상황에 대비책을 마련해둘 필요가 있습니다. 프로그램에 발생할 수 있는 상황으로는 다음과 같은 것들이 있습니다.

- 데이터를 보내던 클라이언트의 연결이 끊어져도 웹 프로그램이 클라이언트의 데이터 전송을 기다리면서 아무 일도 하지 않는 상황
- 데이터베이스 서버에 부하가 걸려서 추가 질의를 수행하지 못하는 상황
- 파일 시스템에 남은 디스크 용량이 없어서 발생하는 상황
- 하드디스크 드라이브 깨짐 현상
- 백엔드 서버에 부하가 걸려 클라이언트의 요청을 처리하지 못하는 상황
- 프로그래밍 에러 또는 라이브러리에서 발생하는 오류
- 네트워크 연결이 실패해서 프로그램이 응답하지 못하는 상황

앞에서 제시된 상황은 네트워크상에서 동작하는 모든 프로그램에 내재되어 있는 문제이기도 합니다. 그래서 에러는 그 원인을 살펴서 제거 가능한 것이라면 프로그래머의 의도대로 동작하도록 에러의 원인을 수정하고, 계속해서 발생 가능성이 있는 에러라면 그 빈도를 최대한 줄여나가거나 에러에 대처하는 대안을 세워 다시 발생하더라도 그 피해를 줄이는 노력을 해야 합니다. 무엇보다 에러의 발생률을 최소한으로 줄이는 것이 가장 중요합니다.

이처럼 에러를 발견하고 수정하는 행동을 디버깅으로 부를 수 있습니다. 그럼, 프로그래머가 디버깅에 필요한 데이터를 화면에 출력하지 않고 한꺼번에 모아볼 방법은 없을까요? 이런 고민을 해결하기 위해서 등장한 것이 로깅입니다.

■ 로깅

그렇다면 로깅(logging)은 무엇일까요? 로깅은 프로그램에서 일어나는 일을 파일이나 시스템 로그에 기록하는 식으로 프로그래머에게 알리는 방법입니다. 로깅을 사용하기 위해서는 우선 프로그램 언어에서 지원되는 로깅 방법이 있는지 살펴봐야 합니다. 파이썬은 로깅을 위해 logging 모듈을 기본으로 제공합니다.

로깅은 주로 프로그램에서 발생하는 오류를 추적하기 위해 사용하는 것이 일반적이지만, 감사(audit)를 위한 목적으로 로깅을 하기도 합니다. 이때의 로깅은 파일에 기록하기보다 데이터베이스에 기록하는 것이 나중에 감사 추적(audit trail)을 위해 좋습니다. 로깅은 앞에서도 언급했던 것처럼 하나의 수단일 뿐 실제 로깅되는 내용을 프로그래머가 확인할 수 있게 하려면 로그 핸들러(log handler)를 추가해줘야 합니다.

핸들러는 로거(로그를 기록하는 객체)가 특정 저장소(파일, DB, 메일 등)에 로그를 기록하도록 도와주는 객체인데, 파이썬 로깅 모듈에서 기본으로 지원되지 않는 저장소에 로그를 기록할 때

는 프로그래머가 핸들러를 따로 개발해서 사용할 수 있습니다.

Flask도 프로그래머가 로깅을 쉽게 할 수 있도록 자체 모듈이 아닌 파이썬 logging 모듈을 내장하고 있습니다. 코드 2-82는 Flask에서 로깅하는 간단한 예제입니다.

📄 **코드 2-82　Flask에서 로깅하는 예제**

```
01: app.logger.debug('A value for debugging')
02: app.logger.warning('A warning occurred (%d apples)', 42)
03: app.logger.error('An error occurred')
```

Flask에서 로깅하기 위해서는 코드 2-82에서 보는 것처럼 Flask 인스턴스 객체의 logger 속성에 있는 기록 메서드를 사용해야 합니다. 기록 메서드는 상황에 따라 다음과 같은 메서드로 분류할 수 있습니다.

⊞ **표 2-12　로거에서 제공하는 기본 로깅 메서드**

메서드	설명
logger.debug	디버그 메시지를 기록하려 할 때 사용하는 메서드
logger.info	정보 메시지를 기록하려 할 때 사용하는 메서드
logger.warning	경고 메시지를 기록하려 할 때 사용하는 메서드
logger.error	에러 메시지를 기록하려 할 때 사용하는 메서드
logger.critical	매우 위험한 상태를 기록하려 할 때 사용하는 메서드
logger.exception	예외 메시지를 기록하려 할 때 사용하는 메서드

이들 메서드는 상황에 맞게 사용하면 되는데, 로그는 프로그램의 실행이 정지될 순간까지는 기록되어야 하므로 상황에 따른 메시지도 기본적으로는 프로그램이 모든 예외상황에 대처한다는 것을 전제로 합니다.

로그 메서드는 용법 2-1과 같은 형태로 사용합니다.

📁🔍 **용법 2-1　로그 메서드의 사용 예**

```
01: logger.로그_메서드(로그 메시지)
```

로그 메서드는 앞에서 언급한 것들 외에도 logger.log 메서드가 있는데, 이 메서드는 앞에 언급한 메서드를 직접 호출하지 않고 레벨별로 로그를 출력하기 위해서 사용합니다. 코드 2-83과 같이 사용합니다.

📋 코드 2-83 **log 메서드에 로그 레벨을 지정해서 메시지를 출력하는 사용 예**

```
01: logger.log(로그 레벨, 로그 메시지)
```

코드 2-83에서 사용되는 로그 레벨은 logging 모듈에서 상수로 정의되어 참조할 수 있으며, 상수 대신 레벨에 해당하는 숫자를 전달할 수도 있습니다.

⊞ 표 2-13 **로그 레벨**

상수명	숫자 값	레벨 상수가 의미하는 상태
logging.CRTICAL	50	매우 위험한 상태를 알리기 위해서 사용
logging.ERROR	40	프로그램이 가동되기 어려운 상태를 알리기 위해서 사용
logging.WARNING	30	프로그램 실행 중에 특정 상태를 경고하기 위해서 사용
logging.INFO	20	프로그램 실행 중에 특정한 정보를 알리기 위해서 사용
logging.DEBUG	10	프로그램 수행이 디버깅 중임을 알리기 위해서 사용
logging.NOTSET	0	로그 레벨을 사용하지 않음

파이썬 로깅 모듈 내부적으로는 기본적으로 debug 메서드를 제외하고 모든 로그 기록 메서드는 debug 메서드에 인자를 주어 실행하게 되지만, 프로그래머의 편의를 위해서 존재하는 메서드를 사용하면 코드 가독성이 높아집니다. 따라서 가능한 한 코드 가독성을 높이는 메서드를 사용하는 것이 프로그램 디버깅에 도움을 줍니다.

코드 2-84는 Flask에서 디버깅 메시지를 출력하는 완전한 예제입니다.

📋 코드 2-84 **Flask에서 완전히 동작하는 로깅 코드**

```
01: from flask import Flask
02: import logging
03:
04: app = Flask(__name__)
05: app.config.update(DEBUG=True)
06:
07: @app.route("/log")
08: def logger():
09:     app.logger.debug("DEBUG 메시지를 출력합니다")
10:     return "콘솔을 확인하여 주시기 바랍니다."
11:
12: app.run()
```

Flask 인스턴스의 logger 속성을 사용해 로그를 출력하려 할 때는 반드시 애플리케이션이 디버 깅 모드로 설정되어 있어야 합니다. Flask 애플리케이션에 디버깅 모드를 설정하기 위해서는 Flask 인스턴스 객체의 환경 설정에 DEBUG 키의 값을 True로 설정해야 합니다.

Flask에서 출력되는 로그의 메시지 형태는 다음의 형태가 기본값으로 설정되어 있습니다.

```
----(생략)----\n%(levelname)s in %(module)s [%(pathname)s:%(lineno)d]:\n%(message)s\n-
---(생략)----
```

코드 2-84를 기준으로 로그 메시지는 애플리케이션을 실행한 콘솔에서 다음과 같이 출력됩 니다.

☑ 결과 2-2 **Flask의 logger를 이용한 기본 출력 모습**

```
-----------------------------------------------------------------------
DEBUG in code2-85 [code2-85.py:16]:
DEBUG 메시지를 출력합니다
-----------------------------------------------------------------------
```

물론, 출력되는 로그의 메시지 형태는 프로그래머가 지정한 로그 형태인데, Flask에 기본값으 로 설정되어 있는 것을 변경해서 사용하는 것이 가능합니다. 기본값의 변경은 Flask 인스턴스 의 debug_log_format 속성값을 변경하면 됩니다. 코드 2-85는 디버깅 상태에서 출력할 로그 형태를 변경하는 예제입니다.

▣ 코드 2-85 **디버깅 상태에서 출력할 로그의 기본 형태 변경**

```
01: from flask import Flask
02: import logging
03:
04: app = Flask(__name__)
05: app.config.update(DEBUG=True)
06: app.debug_log_format = "%(levelname)s in %(module)s [%(lineno)d]: %(message)s"
07:
08: @app.route("/log")
09: def logger():
10:     app.logger.debug("DEBUG 메시지를 출력했어요.")
11:     return "flask 인스턴스에서 출력되는 기본 로그 메시지 형태 변경"
12:
13: app.run()
```

Flask 프로그램의 디버깅 상태가 켜져 있는 있는 동안 출력되는 모든 레벨의 로그 메시지는 코드 2-85의 6행에 있는 메시지 포맷으로 로그 핸들러에 전달됩니다.

Flask 인스턴스의 로거는 앞에서 언급한 것과 같이 로그 메시지가 콘솔에 출력되는 핸들러가 기본값입니다. 로거는 핸들러를 0개 이상 추가할 수 있습니다. 코드 2-87은 Flask의 logger에 파일로 출력하는 핸들러를 추가한 예제입니다.

📟 **코드 2-86 flask 인스턴스의 로거에 파일 핸들러 추가하기**

```
01: from flask import Flask
02: import logging
03:
04: app = Flask(__name__)
05: app.config.update(DEBUG=True)
06:
07: file_log_format = logging.Formatter('%(levelname)-8s %(message)s')
08:
09: file_logger = logging.FileHandler("flask_instance.log")
10: file_logger.setFormatter(file_log_format)
11:
12: app.logger.addHandler(file_logger)
13:
14: @app.route("/log")
15: def logger():
16:     app.logger.debug("DEBUG 메시지를 출력합니다")
17:     return "콘솔을 확인하여 주시기 바랍니다."
18:
19: app.run()
```

코드 2-86은 프로그래머가 파일에 로그를 출력하는 핸들러를 추가한 예제입니다. 로거에 핸들러를 추가하는 방법은 다음과 같은 순서대로 이뤄집니다.

1. 로그 메시지 출력 형태를 담당하는 객체 생성
2. 로그 핸들러 객체 생성
3. 로그 핸들러가 사용할 로그 메시지 출력 포맷 객체 지정
4. 로거에 2번에서 생성한 로그 핸들러 객체 추가

로그 핸들러는 출력 형태를 따로 지정하지 않으면 로그 메시지를 출력합니다. 따라서 프로그래머가 따로 로그 메시지 출력 형태를 사용하지 않은 경우라면, 2번과 4번 절차만을 수행함으로써 간단히 핸들러를 로거에 추가할 수 있습니다.

코드 2-86에서는 앞의 순서에 따라 맞춰보면 다음과 같습니다.

1. 로그 메시지 출력 형태를 담당하는 객체 생성(7행)

2. 로그 핸들러 객체 생성(9행)

3. 로그 핸들러가 사용할 로그 메시지 출력 포맷 객체 지정(10행)

4. 로거에 2번에서 생성한 로그 핸들러 객체 추가(12행)

로거와 로그 핸들러는 특정 로그 레벨 단계 이상만 출력하도록 설정할 수 있습니다. 로그 레벨에 관해서는 표 2-1을 참고하면 도움이 될 것입니다. 로그 레벨은 코드 2-87과 같이 사용합니다.

코드 2-87 특정 로그 레벨 이상만 지정하기

```
01: app.logger.setLevel(logging.INFO)
02: handler.setLevel(logging.warning)
```

코드 2-87은 로그 레벨을 지정하는 예제 코드이므로 로거와 핸들러에서 적절하게 사용하면 됩니다.

로그 핸들러는 다양한 것이 있지만, 여기서는 SMTP, 파일, 순환되는 파일, 시스템 로그(유닉스나 리눅스 등의 POSIX 계열, 윈도우)에 로그를 출력하는 핸들러에 대해 살펴볼 것입니다. 첫 번째로 SMTP 로그 핸들러부터 살펴보겠습니다.

코드 2-88 SMTP 로그 핸들러

```
01: ADMINS = ['yourname@example.com']
02:
03: if app.debug:
04:     from logging.handlers import SMTPHandler
05:     mail_handler = SMTPHandler('127.0.0.1',
06:                               'server-error@example.com',
07:                               ADMINS, 'YourApplication Failed')
08:     app.logger.addHandler(mail_handler)
```

코드 2-88은 SMTP 로그 핸들러를 이용해 로그 메시지를 프로그래머가 지정한 ADMINS 메일 주소로 메일을 전송합니다. 또한, 예제에서는 로그를 메일로 전송할 때 사용되는 메일 서버가 웹 애플리케이션 서버와 같은 운영체제에 설치되어 있고 메일 서버의 기본 포트(25번)를 사용하고 있다고 가정했습니다.

그럼, 메일 서버가 메일을 보낼 때 사용자 인증을 요구하면 어떻게 해야 할까요? 코드 2-89는 핸들러에 사용자 인증을 포함하는 예제입니다.

SMTP 핸들러에 사용자 인증 추가하기

```
01: handler = logging.handlers.SMTPHandler(('smtp.gmail.com', 587), 'admin@host.com',
['receipt@host'], 'Mail Host', ('your_account_name', 'your_account_password'), [])
```

이 예제에서는 지메일을 사용해 사용자 인증 및 TLS로 메일을 보내는 핸들러입니다. 계정 정보는 여러분의 계정 정보로 대체해서 사용하면 됩니다. 코드 2-89에서는 코드 2-88에서 지정한 메일 핸들러 객체 생성 방법에서 보지 못했던 인자 및 메일 호스트의 인자 형태를 볼 수 있습니다.

메일 호스트의 인자 형태는 메일 호스트가 SMTP 기본 포트인 25번으로 동작하고 있다면 메일 호스트의 IP나 도메인 주소를 지정하는 것으로도 쉽게 가능하지만, SMTP 포트가 25번 이외의 포트로 동작 중이라면 메일 호스트의 인자 형태를 튜플로 제공해야 합니다. 튜플로 메일 호스트 정보를 제공할 때는 ('메일 호스트 주소', 포트 번호)와 같은 튜플 형태로 전달합니다.

메일 호스트가 사용자 인증을 요구할 때는 핸들러 생성 시 다섯 번째 인자로 계정 정보를 튜플로 전달합니다. 이때 전달되는 튜플은 사용자 ID, 사용자 패스워드의 형태로 지정해서 전달하게 됩니다.

종종 메일 호스트는 주고받은 메일의 보안을 위해 TLS라는 기술을 이용하는데, 지메일이 바로 그렇습니다. SMTP 핸들러에서 TLS를 지원하는 메일 서버를 사용할 때는 SMTPHandler 객체 생성 시 여섯 번째 인자로 빈 리스트를 제공하면 됩니다.

두 번째로 다룰 핸들러는 파일 기반의 핸들러입니다. 로그 핸들러 중에서 가장 많이 사용되는 핸들러이기도 합니다. 파일 기반의 핸들러는 로그 메시지를 한 개의 파일에 계속 기록하게 됩니다. 따라서 기록되는 로그의 양이 많다면 로그 파일의 크기를 주시해야 합니다. 필자가 기술 지원 중인 사이트 중에는 로그 파일의 크기가 무려 10GB까지 커져서 시스템 운영이 중단된 적이 있었을 만큼 로그 파일의 크기도 프로그램에서 무시할 수 없습니다.

파일 핸들러 생성 시 몇 개의 인자를 전달할 수 있는데, 이들 인자 중에는 첫 번째 인자인 로그가 기록될 파일명(경로 포함) 지정을 제외하고 나머지 인자는 모두 생략 가능합니다.

파일 핸들러 작성하기

```
01: import logging
02: handler = logging.FileHandler('flask_instance.log', mode='a', encoding='utf-8',
delay=False)
```

코드 2-90은 파일 핸들러를 생성한 것입니다. 코드 2-90에서 눈여겨봐야 할 인자는 두 번째 인자부터 마지막 인자까지입니다. 두 번째 인자는 파이썬에서 파일을 다룰 때 쓰는 옵션과 같은데, 두 번째 인자부터 전달하지 않을 경우 두 번째 인자의 값은 a가 되며, a는 파일이 존재할 경우 해당 파일에 이어서 쓰라는 의미입니다. 세 번째 인자는 파일의 인코딩 형태를 지정하는 것인데, utf-8로 지정하면 다양한 언어로 작성된 로그 메시지를 남길 수 있습니다. 네 번째 인자는 로그를 남길 때 지연 시간을 둘 것인지를 지정합니다. 기본값은 False입니다.

세 번째로 다룰 핸들러는 순환되는 로그 핸들러입니다. 파일 핸들러는 단일 파일에 로그를 계속 기록하기 때문에 로그의 관리 측면에서는 매우 비효율적인 핸들러입니다. 이를 보완하고자 나온 게 로그 파일이 순환되는 로그 핸들러입니다. 순환되는 로그 핸들러는 특정 조건에 의해 로그 파일을 자동으로 생성하므로 시스템 운영자 입장에서 매우 선호되는 로그 관리 방식이기도 합니다.

📟 코드 2-91 **순환되는 로그 핸들러 작성**

```
01: import logging.handlers
02: handler = logging.handlers.RotatingFileHandler(filename, mode='a',
maxBytes=10485760, backupCount=5, encoding='utf-8', delay=False)
```

코드 2-91은 순환되는 로그 핸들러를 작성한 예제입니다. 이 예제에서는 순환되는 로그 파일 기준을 파일의 용량으로 지정하였으며, 이를 위해 RotatingFileHandler 클래스를 이용했습니다. 이 클래스는 파일 핸들러의 확장판입니다. 코드 2-90에서 다룬 FileHandler에서 다룬 인자와 같은 인자(encoding, delay, mode)에 미리 설명했습니다. 여기에서는 maxBytes 인자와 backupCount 인자에 대해 추가로 설명하겠습니다.

기록 중인 로그 파일의 용량이 특정 용량에 도달하면 과거의 내용은 별도로 보관되어야 합니다. 이때 특정 용량은 maxBytes 인자에 전달하게 되는데, 바이트 단위의 용량으로 지정합니다. 예를 들어, 10MB의 로그만 담으려면 다음의 수식으로 10MB를 바이트 단위로 환산해야 합니다.

MB * 1024 * 1024

위에서 MB는 MB 단위의 숫자를 기입해서 계산하면 정확한 bytes 단위를 얻을 수 있습니다. 이렇게 로그에 담을 수 있는 파일 용량이 제한되고 로그 파일에 10MB 이상의 로그가 기록되면, 기존에 쓰인 10MB의 로그는 filename.1, filename.2와 같은 형태로 로그 파일이 만들어집니다.

그러나 이렇게 보관된 로그도 너무 많아지면 삭제해야 합니다. backupCount 인자는 특정 개수를 넘어서게 되면 오래된 로그부터 제거해서 5개의 로그 파일만 보관하도록 해줍니다. 지면 제약상 더 다루지 않지만, 순환 로그 핸들러는 RotatingFileHandler 외에도 TimeRotaing FileHandler가 있으므로 추가로 살펴보는 것도 도움이 될 것입니다.

네 번째로 다룰 핸들러는 시스템 핸들러 중의 하나인 윈도우 이벤트 핸들러입니다. Flask로 개발된 프로그램이 윈도우 서버에서 동작하고 있는 경우, 시스템 관리자는 로그를 윈도우 이벤트에서 보고 싶어할지도 모릅니다. 윈도우로 시스템 관리를 하는 사람 중에서는 윈도우 제어판의 관리 도구에서 찾아볼 수 있는 이벤트 뷰어를 사용하는 경우도 있습니다. 이벤트 뷰어는 윈도우의 모든 이벤트 로그를 찾아볼 수 있어서 파일 기반의 로그에 익숙해져 있는 사람들에게는 선호되는 방식은 아닙니다.

🔲 코드 2-92 **윈도우 이벤트 로그에 기록하는 핸들러 작성**

```
01: import os.path
02: import logging.handlers
03: dllname = os.path.join("C:", "Python34", "Lib", "site-packages", "win32",
"win32service.pyd")
04: handler = logging.handlers.NTEventLogHandler('Flask Instance', dllname=dllname,
logtype='Application')
```

코드 2-92는 윈도우 이벤트에 로그를 기록하는 핸들러입니다. 이 핸들러를 이용하기 위해서는 파이썬이 반드시 윈도우에 설치되어 있어야 하며, 마크 하몬드(Mark Hammond)가 배포하는 win32 라이브러리(http://sourceforge.net/projects/pywin32)도 설치되어 있어야 합니다. 여기서는 파이썬 버전이 3.4이며, pywin32의 빌드 버전이 219인 것을 다운로드하여 사용했습니다.

NTEventLogHandler 클래스는 인스턴스화할 때 appname, dllname, logtype을 인자로 받는데, 이 중 appname은 반드시 지정해야 합니다. dllname을 지정하지 않으면 win32service.pyd 파일을 사용하도록 되어 있는데, 정상적으로 동작하지 않을 때를 고려해 파일이 위치한 전체 경로를 dllname 변수에 담아 인자로 지정하였습니다. win32service.pyd는 pywin32가 정상적으로 설치되어 있다면 C:\Python34\Lib\site-packages\win32에서 확인할 수 있습니다. logtype은 윈도우 이벤트 로그 중 어떤 분류에 담길 것인지를 지정합니다. 기본값은 Application인데, System 혹은 Security로 지성할 수 있습니다.

다섯 번째로 다룰 핸들러는 POSIX 시스템(유닉스, 리눅스 등)의 시스템 로그에 로그를 기록하는 방법입니다. 시스템 로그에 애플리케이션 로그를 남기는 것은 로그가 시스템 차원에서 관리된다는 장점이 있지만, 반대로 시스템 로그에 개발자가 접근할 수 없다면 좋은 방법이라고 할 수 없습니다. 만약 이 방법을 고려 중이라면 애플리케이션의 정보를 남기는 차원에서 추천합니다.

코드 2-93 POSIX 시스템 로그에 기록하는 핸들러 작성

```
01: import logging
02: from logging.handlers import SysLogHandler
03:
04: logger = logging.getLogger('syslogger')
05:
06: handler = SysLogHandler(address='/dev/log')
07:
08: formatter = logging.Formatter('%(name)s: %(levelname)s %(message)s')
09: handler.setFormatter(formatter)
10:
11: logger.addHandler(handler)
```

코드 2-93은 Posix 시스템의 시스템 로그 파일(/var/log/syslog)에 프로그래머가 보낸 로그를 남깁니다. SysLogHandler는 시스템 로그 서버와 소켓 통신을 통해 프로그래머가 보낸 로그를 남기게 됩니다.

SysLogHandler 클래스를 인스턴스화할 때는 다음의 인자를 순서대로 받습니다.

표 2-14 SysgLogHandler 클래스 생성자가 받는 인자

인자 순서	인자명	설명
1	address	로그 서버의 주소로 문자열 또는 소켓 서버 주소와 포트를 튜플로 전달합니다. 기본값은 ('localhost', SYSLOG_UDP_PORT)입니다.
2	facility	로그를 분류하기 위해서 사용하는 값이며, 기본값은 LOG_USER입니다. 사용 가능한 facility 값은 파이썬 공식 문서[25]에서 확인할 수 있습니다.
3	socktype	소켓 타입을 지정합니다. 지정하지 않으면 로깅 작업 진행 중 socket.SOCK_DGRAM 값으로 설정됩니다. DGRAM은 UDP 통신을 의미합니다.

로거가 출력하는 로그 출력 형태는 대개 로그 메시지만 출력되는데, 이를 우리의 목적에 맞게 수정할 필요가 있습니다. 로그 출력 형태를 지정하려면 logging.Formatter 클래스를 이용해서

---

25 https://docs.python.org/3/library/logging.handlers.html#sysloghandler

포맷 문자열을 제공합니다. 여기에서 사용되는 로그 포맷 문자열[26]은 파이썬 홈페이지에서 확인할 수 있습니다. 사용 예는 앞에서 살펴봤으니 어렵지 않게 사용할 수 있을 것입니다.

> **또마치며** 우리는 지금까지 Flask 애플리케이션에서 에러와 프로그램 감사를 위해 에러를 로깅하는 방법과 로깅 전략을 알아봤습니다. 프로그램 분야를 막론하고 로깅은 프로그램 개발 및 운영에 전략적으로 이용되며, 로깅이 프로그램 언어나 라이브러리로도 지원되지 않으면 프로그래머는 디버깅에 어려움을 겪을 수밖에 없는 것도 사실입니다.
>
> 로그 핸들러는 여기서 설명된 것 외에도 다양한 로그 핸들러가 있으니 상황에 맞게 사용하기 바랍니다. 필요한 로그 핸들러가 없으면 직접 개발하는 방법도 있으며, 여기서 살펴본 로깅 전략은 여러분에게 날개를 달아줄 것입니다.

2.6 로컬 서버 실행하기

웹 애플리케이션의 개발 과정에서 빼놓을 수 없는 것들 중 하나는 프로그램이 동작할 개발 서버를 구축하는 일입니다. 특히, 자바 기반의 웹 프로그램을 구축해본 독자라면 벌써 머리가 지끈거릴지도 모르겠습니다. 보통은 다음의 순으로 개발 서버를 구축하고 가동합니다.

1. 자바 SDK 다운로드 후 설치
2. WAS 서버 프로그램(예: 톰캣, jboss, apache geronimo 등) 다운로드 후 설치
3. 개발한 프로그램을 WAS 서버가 인식할 수 있도록 설정
4. WAS 프로그램 가동
5. 개발한 프로그램 테스트

이와 같은 개발 환경을 실무에 조금 더 가깝게 만들어 보겠다고 검색 엔진을 뒤져 과거 문서를 찾는 경우가 종종 있습니다. 그렇지만 웹 서버와 WAS 서버를 연동하느라 애를 먹는 일은 개발과 운영 과정에서 항상 있는 일입니다.

한편, PHP는 가상 머신은 없지만 아파치 웹 서버에 직접 연동하거나 다른 연동 방법들 중 하나를 통해 서버를 구축하기도 합니다.

최근에는 개발 서버 구축에 어려움을 겪는 개발자가 많아서인지 전용 개발 IDE에서 개발 서버

---

26 https://docs.python.org/3/library/logging.html의 LogRecord attributes 부분

구축과 테스트를 조금 더 쉽게 하도록 도와주기는 하지만, 개발 서버 구축은 여전히 많은 개발자에게 쉬운 듯하면서도 복잡한 게 사실입니다.

Flask 기반으로 구축된 웹 프로그램은 개발 서버 구축을 매우 쉽게 할 수 있는데, 이는 파이썬이 채택하고 있는 WSGI 표준 때문입니다. WSGI는 웹 브라우저와 웹 프로그램 간의 통신 규격을 정의해둔 것인데, Flask는 WSGI 베이스 미들웨어로 사용 중인 **werkzeug**가 WSGI 서버를 쉽게 가동할 수 있도록 도와줍니다.

⟨/⟩ 코드 2-94　로컬 서버 실행하기

```
01: if __name__ == "__main__":
02:     app.run()
```

로컬 서버를 실행하는 방법은 다음과 같습니다. Flask 프로그램의 인스턴스 참조 변수인 app이 있는 파일의 마지막에서 코드 2-94의 내용을 파일 마지막에 추가하고 해당 파일을 python 명령으로 실행하면 됩니다.

만약 한 개 파일로 구성된 프로그램이라면 그 파일을 단순히 실행하는 것으로 프로그램에 대한 로컬 서버를 실행할 수 있지만, Flask 인스턴스 객체 참조 변수가 모듈 단위의 __init__.py 파일에 선언되어 있다거나 로컬 서버를 실행하는 파일이 모듈 단위 바깥에 존재할 경우는 해당 파일에서 인스턴스 객체 참조 변수(보통 app)를 임포트하고 코드 2-94의 내용을 추가하는 것으로 프로그램을 실행할 수 있습니다.

⟨/⟩ 코드 2-95　모듈 단위로 구성된 웹 프로그램에서 로컬 서버 실행하기

```
01: from jpub import app
02:
03: if __name__ == "__main__":
04:     app.run()
```

코드 2-95는 jpub이란 모듈 디렉터리의 __init__.py 파일에 Flask 인스턴스 객체가 지정되어 있다는 것을 전제로 합니다. 코드 2-95의 첫 번째 라인은 파이썬에 의해서 jpub.py 파일의 app 참조 변수를 임포트하거나 jpub/__init__.py 파일에 있는 app 참조 변수를 임포트하게 됩니다.

로컬 서버의 실행에는 몇 가지 인자를 주어 실행할 수 있는데, 다음과 같은 순서로 인자를 줍니다.

⊞ 표 2-15 run 메서드에 전달하는 인자

인자 순서	인자명	설명
1	host	웹 프로그램이 요청을 받아들일 호스트 주소. 지정하지 않으면 127.0.0.1이 주어지며, 로컬 웹 브라우저로부터의 접속만 허용합니다. 0.0.0.0으로 지정하면 모든 호스트로부터의 접속을 허용합니다.
2	port	웹 프로그램이 요청을 받아들일 호스트의 포트 번호. 지정하지 않으면 5000번이 주어지며, 1024번 이하의 포트 번호로 지정하게 되면 root 권한으로 실행해야 합니다.
3	debug	웹 프로그램의 디버그 모드를 지정. 지정하지 않으면 False가 주어지며, debug 인자를 True로 설정하면 use_debugger와 use_reloader 키워드 인자를 True로 지정한 것과 같습니다.
4	키워드 옵션 인자	로컬 서버 실행시에 몇 개의 키워드 인자를 지정할 수 있는데, 이 키워드 인자는 werkzeug로 전달되어 로컬 서버를 실행하게 됩니다.

로컬 서버 실행에서 키워드 인자는 로컬 서버를 실행하는데, 실행 환경 조정 시에 사용 빈도가 높은 키워드 인자로는 다음과 같은 것이 있습니다.

⊞ 표 2-16 run 메서드에 전달하는 키워드 인자

인자명	설명
use_debugger	프로그램에서 발생하는 모든 에러의 표시 여부를 지정합니다. 기본값은 False
use_reloader	프로그램 파일을 수정했을 때 Flask 인스턴스 재시작 여부를 지정합니다. 기본값은 False
use_evalex	브라우저에 에러 내용이 명확하게 표시됐을 때 예외 평가 여부를 지정합니다. 기본값은 False
ssl_context	로컬 서버가 HTTPS로 동작하도록 certificate_file, private_key_file을 튜플로 제공합니다.

키워드 인자로는 위에서 설명된 인자 외에도 여러 가지가 존재합니다. 그러나 우리가 로컬 개발 서버를 구축하고 이용하는 데에는 많은 옵션이 필요하지 않기에 위에 설명된 키워드 옵션만으로도 소기의 목적을 달성할 수 있을 것입니다.

도 마치며 이제 2장이 모두 끝났습니다. 여기까지 따라오느라 수고 많으셨습니다. 2장을 통해 우리는 Flask로 웹 프로그램을 만드는 데 필요한 기초지식을 어느 정도 터득했다고 봅니다만, 어떤 언어로 웹 프로그램을 만든다는 것은 생각보다 쉽지 않습니다. 특히, 프레임워크라는 것을 이용해 프로그램을 만든다는 것은 프레임워크를 활용하는 방법을 알지 못한다면 모래 위에 성을 쌓는 것과 별반 다르지 않습니다.

다음 장에서는 Flask 웹 프로그램에서 템플릿을 활용하는 방법에 대해 살펴보겠습니다.

템플릿 다루기

웹 프로그램은 기본적으로 웹 브라우저가 웹 서버에 자원을 요청하고 웹 서버는 웹 브라우저가 이해할 수 있는 형태로 데이터를 보냅니다. 웹 브라우저가 이해하고 처리할 수 있는[27] 데이터 타입은 텍스트 형식으로 된 HTML 형식과 GIF, JPG, PNG와 같은 이미지 형식이 있습니다.

웹 프로그램이 웹 브라우저에 반환한 데이터는 웹 브라우저 이용자에게는 웹 서버에 새로운 요청을 던질 수 있는 매개체가 될 수 있는데, 웹의 초창기에는 웹 브라우저에 보이는 문서를 일컬어 웹 문서라고 불렀습니다. 웹 문서에는 다른 문서로의 연결을 담고 있는 하이퍼링크(hyperlink)와 웹 프로그램이 어떤 일을 처리할 수 있는 HTML 폼(form)이 정적인 문서 형태 등으로 구성되어 있습니다.

웹 프로그램은 이용자가 웹 브라우저를 통해 보낸 데이터를 가지고 어떤 일(예를 들어, 상품을 장바구니에 담는다거나 구매하는 것과 같은 일)을 시스템 내부적으로 처리한 다음, 처리 결과를 웹 브라우저가 이해할 수 있는 웹 문서 형태로 반환해야 했습니다.

이와 같은 데이터 처리 형태는 지금도 같습니다. 쉽게 생각하면, 웹 브라우저에 반환해야 할 결과는 이미지나 텍스트만으로 구성된 결과를 반환해도 될 텐데 군이 웹 문서 형태로 반환하는 것은 웹의 특성에서 그 원인을 찾아볼 수 있습니다.

---

27 웹 브라우저가 처리할 수 있다는 것은 웹 프로그램으로부터 응답받은 결과를 화면에 보여준다거나 사용자에게 보여주지 않고 처리할 수 있는 방식을 말합니다.

윈도우 응용 애플리케이션 안의 다이얼로그 안에서 버튼을 누르면, 프로그램 내부적으로 요청이 서버에 전달되어 서버는 단순히 처리되었다는 응답 결과를 반환하는 것이 일반적입니다. 그러나 웹은 클라이언트가 웹 서버에 처리할 데이터를 보내고 나면 HTTP 연결을 종료합니다. 이 얘기를 조금만 깊게 생각하면 다음과 같은 순서로 이뤄진다는 것을 알 수 있습니다.

1. 웹 서버에 보낼 데이터를 웹 브라우저의 폼에 입력한다.
2. 폼에 입력한 데이터를 웹 서버로 보낸다.
3. HTTP 연결을 끊는다.

여기서 눈여겨봐야 할 것은 폼에 입력한 데이터를 웹 서버로 보내고 난 다음의 웹 브라우저의 모습입니다. 웹 브라우저는 웹 서버에 요청을 보냈으므로 웹 서버가 응답을 반환하기 전까지는 빈 화면으로 변경됩니다. 웹을 오랫동안 사용해온 사용자라면 종종 웹 브라우저의 화면이 하얀 상태에서 윈도우의 경고창에 "글쓰기가 완료되었습니다." 등의 메시지를 본 적이 있을 것입니다.

브라우저가 빈 화면으로 바뀌고 웹 서버가 우리의 요청에 따른 응답 결과를 반환하지 않으면 홈페이지를 이용할 수 없으므로 사용자는 불쾌한 기분까지 느끼게 됩니다. 이런 상황을 방지하기 위해서 웹 서버는 사용자가 웹사이트에서 어떤 일(예: 게시판 글읽기)을 할 수 있도록 하거나 어떤 일(예: 게시판에 글쓰기)이 정상적으로 처리되었음을 알려주어야 합니다. 어떤 일에 대한 응답의 결과로 단순 문자열, XML, JSON, 이미지 등이 있습니다.

이제 우리는 웹 프로그램이 사용자의 요청을 처리한 후 웹 브라우저에 웹 문서(HTML 형식)를 반환하는 것이 일반적인 형태라는 것을 알 수 있습니다. HTML 문서는 많은 분들이 아는 것처럼 다음과 같은 형태를 가집니다.

☑ 결과 3-1 웹 문서의 기본 구조

```
<!DOCTYPE html>
<html>
<head> head content ... </head>
<body> body content ... </body>
</html>
```

웹 프로그램에서 사용되는 HTML 문서는 몇 번을 요청하더라도 내용이 변하지 않는 문서와 사용자가 처리를 요청할 때마다 내용이 조금씩 변하는 문서로 나눌 수 있습니다. 웹 브라우저에 반환하는 웹 문서는 웹 프로그램의 처리 결과를 반영하기 위해 두 가지 방법을 사용합니다.

1. HTML 파일의 확장자를 특정 웹 프로그래밍 기술에서 사용하는 확장자로 변경하고 해당 파일에 프로그래밍 로직을 기술(ASP, PHP, JSP 등)

2. HTML 파일에 템플릿 언어로 프로그래밍 로직을 기술하고 웹 프로그램에서 해당 HTML 파일에 처리된 결과를 전송(템플릿 라이브러리를 사용한 PHP, JavaEE, Grails 등)

이 두 가지 방법은 의미가 모호해 보입니다만, HTML 파일의 디자인이 변경되었을 때 매우 중요한 차이점이 존재합니다. 첫 번째 방법은 하나의 HTML 파일이 모든 프로그래밍 로직(데이터베이스에 접속하고, 데이터를 질의하고, 데이터를 표현하고, 데이터베이스 연결을 끊는 등의 일)을 포함하는 것입니다. 이 방법은 기존의 웹 프로그램에서 흔하게 사용되었으며, 화면의 디자인이 바뀌게 되면 웹 프로그래머, 웹 퍼블리셔, 웹 디자이너(이하 삼자)가 협업해서 바뀐 화면 디자인에서도 기능이 정상적으로 동작하도록 협업해야 합니다. 그런데 단순히 화면 디자인 변경에서만 삼자가 협업해야 하는 것은 아닙니다. 웹 프로그래머가 기능을 추가하거나 수정하거나 할 때도 삼자 협업이 필요합니다.

이유는 여러분도 알다시피 서로의 전문 분야가 다르기 때문입니다. 물론, 웹 프로그래머가 기능을 추가하거나 수정할 때 HTML 문서 마크업을 알고 있다면 사소하다고 평가할 수 있는 부분의 수정은 어렵지 않습니다. 하지만 많은 경우 협업을 해야 하며, 세 분야의 사람이 프로젝트 진행 도중이라면 조금은 쉬울 수도 있습니다. 그러나 협업자에게 매번 도움을 요청하며 일할 수는 없을 것입니다.

그럼, 이와 같은 협업 횟수를 조금 줄이고 화면 디자인과 프로그램의 처리 로직을 분리할 수 있는 방법은 없을까요? 두 번째 방법이 이런 고민에서 출발한 것의 결과로 나온 템플릿 라이브러리입니다. 템플릿 라이브러리는 웹 프로그래밍 기술이나 언어별로 다양하게 제공되고 있으며, 이를 이용해 웹 프로그램의 처리 결과를 HTML 문서에 프로그램 처리 결과를 반영하고 HTML 문서를 웹 브라우저에 응답하면 웹 브라우저가 렌더링 작업을 수행하게 됩니다.

템플릿 라이브러리를 사용하면 화면에 표시할 데이터와 표시할 데이터를 만들어내는 처리 로직을 분리할 수 있습니다. Flask는 기본 템플릿 라이브러리로 Jinja[28]를 사용합니다. Jinja는 기존의 템플릿 라이브러리와 유사점과 차이점을 동시에 가지고 있습니다

Jinja는 화면에 표시할 데이터를 프로그래밍 로직에 따라 표시하기 위해 템플릿 언어를 사용

---

28 http://jinja.pocoo.org

합니다. 템플릿 언어는 파이썬에서 사용하는 문법과 매우 유사하지만, 사용하기 위해서는 반드시 파이썬을 배울 필요는 없습니다. 우리가 이번 장에서 다루게 될 Jinja의 템플릿 언어는 웹 프로그래머보다 웹 퍼블리셔 역할을 하는 이들이 알아야 합니다. 웹 퍼블리셔의 역할이 HTML 퍼블리싱에 집중되어 있다고 한다면, 이때 웹 퍼블리셔는 템플릿 언어의 문법이 어떤 모양인지, HTML 문서에 어떻게 추가되고 동작하는지를 이해하고 있어야 합니다.

Jinja는 템플릿을 개발하는 과정에서 웹사이트의 일관성 중 웹사이트의 특정 부분만 콘텐츠가 변하는 것을 구현하기 위해 두 가지 방법을 제공합니다. 첫 번째는 템플릿에서 다른 템플릿의 내용을 포함(include)하는 방법입니다. 두 번째는 화면 표시의 기반이 되는 템플릿 파일을 상속받아 변경이 필요한 부분만 블록을 재정의하는 방법이 있습니다. 일반적으로 후자를 자주 사용합니다.

코드 3-1 템플릿 상속을 받는 예제

```
01: {% extends "layout.html" %}
02: {% block body %}
03:     <ul>
04:     {% for user in users %}
05:         <li><a href="{{ user.url }}">{{ user.username }}</a></li>
06:     {% endfor %}
07:     </ul>
08: {% endblock %}
```

코드 3-1은 기반 템플릿 파일에 정의되어 있는 body 블록을 재정의하여 사용하는 코드의 일부분입니다. 템플릿을 상속받아 사용한다는 개념을 쉽게 이해하기 어려울지도 모릅니다. 그럼에도 템플릿 상속은 잃는 것보다 얻는 게 많아서 웹 프로그래밍 기술에서 점점 확산되고 있습니다.

그림 3-1은 콘텐츠가 표시되는 파일을 기준으로 다른 템플릿 파일을 포함하는 구조입니다. 그림 3-1과 같은 형태로 구성된 템플릿 구조는 템플릿 라이브러리가 처음 출시되었을 때만 해도 각광받는 구조였습니다. 그러나 포함되는 템플릿 파일이 재활용되면서 특정 HTML 요소 안에 템플릿 파일이 삽입되었을 때 화면 디자인이 어그러지는 현상이 발생하는 것은 물론, 템플릿 파일을 포함하지 않을 때 기본으로 표시될 콘텐츠를 구성하기도 어려웠습니다.

이 문제를 해결하기 위해 화면 레이아웃이 잘 갖추어진 베이스(기반) 파일을 콘텐츠 파일이 상속받고 덮어쓰고자 하는 템플릿 블록 영역을 재정의하는 방식이 논의되었습니다.

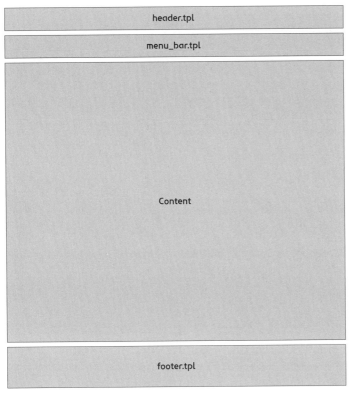

┌──────────────────────────────────┐
│   header.tpl   │
├──────────────────────────────────┤
│   menu_bar.tpl   │
├──────────────────────────────────┤
│   │
│   │
│   │
│   Content   │
│   │
│   │
├──────────────────────────────────┤
│   footer.tpl   │
└──────────────────────────────────┘

📷 그림 3-1 **콘텐츠를 나타내는 템플릿을 기준으로 다른 템플릿 파일을 포함하는 방법**

그림 3-2는 콘텐츠 파일이 상속받을 베이스 파일의 구조를 그린 것입니다. 콘텐츠 파일은 베이스 파일에서 덮어쓸 부분의 블록을 재정의하면 되는데, 가령 특정 콘텐츠 페이지에서만 헤더에 방문자 추적 코드를 넣거나 CSS를 추가해야 할 경우 템플릿 상속 방법은 head 부분만 재정의하면 되지만, 템플릿 파일을 포함하는 방법으로 하면 템플릿에서 제공하는 별도의 플러그인 기능을 활용하거나 수차례에 걸쳐 어쩌면 사용되지 않을 수도 있는 템플릿 파일 포함 코드를 콘텐츠 파일에 포함해야 합니다.

우리는 앞에서 두 가지 방법을 간략하게 살펴봤습니다. Jinja는 베이스 파일 레이아웃 구성 시에 템플릿 상속 방법을 권장하지만, 기존의 파일 포함 방법도 사용할 수 있습니다.

웹 프로그램에서 처리된 데이터는 템플릿에 전달하려면 render_template 함수를 사용합니다. 코드 3-2는 render_template 함수의 기본적인 사용 방법입니다.

block head
block menu_bar
block Content
block footer

📷 **그림 3-2** 웹 페이지 레이아웃이 잘 갖추어진 베이스 파일의 구조

📟 **코드 3-2** **render_template의 기본적인 사용 예**

```
render_template("template_file_path.html", **context_param)
```

render_template은 첫 번째 인자로 템플릿 파일의 경로를 지정합니다. 이때 템플릿 파일 경로를 찾게 되는 기반 경로는 Flask 프로그램이 실행되고 있는 디렉터리 안의 templates 디렉터리로 인식합니다. 따라서 templates/hello.html 파일을 템플릿 파일로 사용할 경우는 다음과 같이 지정합니다.

📟 **코드 3-3** **templates/hello.html 파일을 템플릿 파일로 사용하기**

```
render_template("hello.html")
```

템플릿 파일은 프로그램에서 전달된 데이터를 받아 출력하려면 템플릿 파일 내에 템플릿 변수를 출력하는 템플릿 블록을 작성합니다. 그런 다음, render_template 함수의 두 번째 인자부터 템플릿에서 사용하는 템플릿 변수명과 변숫값을 파이썬 함수의 키워드 방식으로 전달하면 됩니다. 템플릿 파일에 {{ name }}이 기술되어 있으면 render_template 함수는 코드 3-4와 같이 작성합니다.

🖵 코드 3-4 템플릿에 데이터 전달하기

```
render_template("hello.html", name="제이펍")
```

다수의 템플릿 변수를 전달하려고 할 경우에는 render_template 함수 호출 시에 ,(콤마) 문자를 분리자로 사용해 템플릿에 데이터를 전달하면 됩니다.

3.7절 '템플릿 필터 작성과 사용'에서 자세히 설명하겠지만, 템플릿 변수는 템플릿에 출력될 때 템플릿 필터를 적용할 수도 있습니다. 템플릿 필터의 적용은 코드 3-5와 같이 템플릿 변수 뒤에 버티컬 바(|) 문자를 추가하고 | 문자 뒤에 템플릿 필터 이름과 인자를 추가로 전달해서 실행할 수 있습니다.

🖵 코드 3-5 템플릿 변수에 인자를 받지 않는 템플릿 필터 적용

```
{{ name | striptags }}
```

🖵 코드 3-6 템플릿 변수에 인자를 받는 템플릿 필터 적용

```
{{ name | foobar(10) }}
```

🗨 마치며 지금까지 우리는 웹사이트의 응답에 웹 문서를 사용해야 하는 이유, 웹 브라우저에 반환할 문서를 구성할 때 템플릿 라이브러리의 필요성, 그리고 Flask가 채택하고 있는 Jinja 라이브러리에 관해 간략히 알아봤습니다.

3.1 주석

템플릿 파일에서 주석은 템플릿의 유지보수를 위해 매우 중요하게 다뤄지는 요소입니다. 많은 프로그래밍 언어에서도 주석은 실제 컴파일러에 의해 해석되지 않아도 프로그래밍 언어의 필수 요소로 포함되어 있습니다.

파이썬도 주석에 관한 한 유지보수를 위한 주석과 프로그램 개발 시에 참조 가능한 실행 주석(특정 함수나 모듈의 사용 방법 등을 담고 있으며, PyCharm 등의 IDE에서 개발할 때나 파이썬 셸에서 help 명령을 사용하여 확인)을 제공합니다.

템플릿 라이브러리에서 주석(comment)은 파이썬 언어에서의 주석과 하는 일은 다르지 않습니다. 템플릿에서의 주석은 템플릿 해석 과정에서의 주석과 HTML의 주석으로 나눌 수 있으며, 템플릿 주석은 템플릿 작성자의 의도를 나타내기보다 템플릿에 해석된 내용을 출력하지 않기 위한 목적으로 사용합니다. 이제 Jinja에서의 주석 사용 방법을 알아보겠습니다.

Jinja에서 주석은 다음의 문법을 사용합니다.

🔍 용법 3-1 템플릿 주석 사용 방법

```
{# 주석… #}
```

템플릿 주석은 템플릿 디버깅을 하려거나 다른 템플릿 디자이너에게 특정 부분의 이해를 도와주고자 사용되는 것이 일반적입니다. 템플릿 주석이 감쌀 수 있는 영역은 다음의 세 가지에 한합니다.

1. 템플릿 코드
2. 문자와 숫자와 같은 단순 문자열
3. HTML 문자열(태그 및 주석 포함)

</> 코드 3-7 템플릿 주석의 사용 예

```
01: {# note: commented-out template because we no longer use this
02:     {% for user in users %}
03:         ...
04:     {% endfor %}
05: #}
```

코드 3-7은 템플릿 파일에서 주석을 나타내는 예제입니다. 템플릿 파일은 템플릿 주석과

HTML의 주석 모두를 사용할 수 있습니다. 그러나 이 두 개의 주석은 서로 다른 목적을 가지고 사용됩니다. 템플릿 주석이 템플릿 로직 작성자가 언급하려고 하는 내용을 포함하는 반면, HTML 주석은 웹 퍼블리셔가 언급하려는 내용을 담고 있습니다.

이 두 개의 주석은 이러한 사용 의도의 차이뿐 아니라 주석이 처리되는 방법에서도 차이가 있습니다. 템플릿 주석은 템플릿 파일이 렌더링[29]되는 과정에서 제외되지만, HTML 주석은 템플릿에서 정상적인 HTML 요소로 보기 때문에 템플릿 파일에는 HTML 주석이 포함됩니다. HTML 주석은 웹 브라우저에서 화면에 렌더링할 때 템플릿 엔진이 해석하지 않는 것이 다릅니다.

주석의 사용은 코드 3-7에서처럼 (for, if와 같은) 템플릿 실행 요소를 감싸는 방법으로 개발 과정에서도 사용할 수 있습니다.

> **마치며** 앞에서 살펴본 것처럼 템플릿에서 주석은 작성자의 의도를 드러낸다는 의미에서 이후 유지보수를 위해서도 매우 유의미한 방법입니다. 템플릿을 봐야 하는 모든 사람에게 알릴 게 있다면 반드시 주석을 쓰는 습관을 들이시길 바랍니다.

3.2 공백 다루기

Jinja는 템플릿 명령문들 안에서 공백의 출력을 임의적으로 제어할 수 있습니다. 공백의 출력을 제어할 수 있는 이유는 템플릿 해석 과정에서 공백은 유효한 HTML 요소로 다뤄지기 때문입니다.

템플릿에서 공백으로 분류되는 문자는 다음과 같습니다.

- 스페이스 키로 입력하는 공백 문자
- 탭 문자(\t)
- 개행 문자(\r \n)

---

29 템플릿 파일을 화면에 보여줄 준비를 하는 과정으로, 템플릿 해석 과정으로 볼 수 있습니다.

공백 문자는 ASCII 코드 정의에서 모두 확인 가능합니다. ASCII 코드는 0~127까지의 숫자에 대응하는 문자 코드가 들어 있습니다. 컴퓨터에서 신호를 처리하기 위한 목적으로 개발된 문자 코드이며, 미국정보교환표준부호라고 불립니다. 공백 문자는 ASCII 코드에서 다음 표에서 살펴본 것과 같이 대응합니다.

⊞ 표 3-1 ASCII에서의 공백 문자 코드표

공백 분류 문자	아스키 코드 값
스페이스 키	32
탭 문자(\t)	9
개행 문자(\r)	13
개행 문자(\n)	10

공백 문자 중 개행 문자는 문자열들을 다른 라인으로 분리하기 위해 사용되는데, 운영체제별로 파일의 라인을 구분하는 개행 문자가 다릅니다(요즘은 윈도우와 리눅스/맥 등이 같습니다). 보통은 텍스트 편집기가 파일의 개행 문자를 직접 선택할 수 있도록 기능을 제공합니다. 따라서 템플릿 파일을 비롯한 텍스트 파일 편집에는 개행 문자를 선택할 수 있는 편집기 사용을 권장[30]합니다.

Jinja는 공백 문자 출력 제어에 대해 다음의 기본 정책을 가지고 있습니다.

- 출력되는 템플릿 코드 뒤에 오는 개행 문자 한 개 제거
- 템플릿 코드 실행 결과에 있는 공백(공백 문자, 탭, 개행 문자)는 기본 공백 처리에서 제외

Jinja에서 공백은 Jinja 환경 설정 객체의 trim_blocks와 lstrip_blocks 객체 속성에 따라 처리 결

---

[30] 필자는 PyCharm을 주로 사용하지만, Sublime, EditPlus 등도 개행 문자를 바꿀 수 있습니다.

과가 달라집니다. Flask에서 이 값의 설정은 Flask 인스턴스 객체의 jinja_env 객체 속성에 접근 해서 수정할 수 있습니다.

trim_blocks는 출력되는 템플릿 실행 결과의 앞뒤에 따라오는 줄 바꿈을 제어하는 객체 속성 입니다. 이 값은 False가 기본값이며, True로 설정하면 템플릿 실행 결과 앞뒤의 공백 문자가 제거된 채로 브라우저에 전달됩니다.

코드 3-8 trim_blocks 객체 속성 확인에 사용할 템플릿

```
01: <div>
02:     {% if True %}
03:         yay
04:     {% endif %}
05: </div>
```

코드 3-8은 trim_blocks 객체 속성의 설정 여부를 테스트하기 위한 템플릿 코드입니다.

trim_blocks 객체 속성을 False로 설정하고 코드 3-8의 템플릿을 확인해보면 템플릿 실행 결과 는 결과 3-2와 같이 나오는 것을 확인할 수 있습니다.

결과 3-2 trim_blocks 객체 속성이 False로 설정되었을 때의 결과

```
01: <div>
02:
03:         yay
04:
05: </div>
```

Flask 인스턴스는 이처럼 템플릿 코드 실행 결과의 앞뒤에 줄바꿈을 넣어주도록 설정되어 있 습니다. trim_blocks 객체 속성을 True로 설정하면 템플릿 코드 실행 결과의 앞뒤에 있는 개행 문자가 제거되어 출력됩니다.

결과 3-3 trim_blocks 객체 속성이 True로 설정되었을 때의 결과

```
01: <div>
02:         yay
03: </div>
```

결과 3-3은 trim_blocks 객체 속성을 True로 설정한 후 출력한 템플릿 출력 결과입니다. trim_ blocks 객체 속성을 사용해 공백을 제어하는 것은 시각적으로 예쁘게 출력해주기 위해서입니다.

lstrip_blocks 객체 속성은 출력되는 템플릿 코드의 실행 결과 좌측에 있는 공백을 삭제할 것인지를 지정하기 위해 사용합니다. 코드 3-9는 lstrip_blocks 객체 속성 확인을 위해 사용할 템플릿 코드입니다.

📟 코드 3-9 lstrip_blocks 객체 속성 확인에 사용할 템플릿

```
01: <div>
02:     {% if True %}yay{% endif %}
03: </div>
```

코드 3-9의 lstrip_blocks 객체 속성은 템플릿 실행 결과 좌측에 있는 공백의 출력 제어에 사용됩니다. 이 객체 속성은 Flask에서 False로 기본 설정되어 있으며, 코드 3-9를 테스트하면 다음과 같은 결과를 확인할 수 있습니다.

☑ 결과 3-4 lstrip_blocks 객체 속성을 False로 설정했을 때의 결과

```
01: <div>
02:     yay
03: </div>
```

결과 3-4에서 보듯이, Flask는 템플릿 해석 결과에서 좌측에 있는 공백 문자를 그대로 보존하면서 출력하게 됩니다. lstrip_blocks 객체 속성이 True로 설정되면 템플릿 출력 결과는 결과 3-5와 같은 모습을 보입니다.

☑ 결과 3-5 lstrip_blocks 객체 속성을 True로 설정했을 때의 결과

```
01: <div>
02: yay
03: </div>
```

lstrip_blocks 객체 속성이 True로 설정되어 있으면 결과 3-5에서처럼 템플릿 실행 결과의 좌측 공백 문자는 항상 제거되어 나타나게 됩니다. 템플릿 파일에서 좌측 공백을 유지하면서 템플릿 출력을 해야 할 수도 있습니다. 다음 코드 3-10은 템플릿 해석 결과에서 좌측 공백을 유지하게 하는 템플릿 코드입니다.

```
01: <div>
02:     {%+ if True %}yay{% endif %}
03: </div>
```

코드 3-10의 템플릿을 실행해 결과를 확인해보면 결과 3-3과 같은 결과를 볼 수 있는데, 코드 3-10에서 주의해서 봐야 할 것이 있습니다. lstrip_blocks 객체 속성이 True로 설정되어 기본적으로 좌측 공백 문자가 제거되도록 설정된 상태에서 템플릿 표현식의 시작 지점에 '+' 표시를 덧붙였다는 점입니다.

Flask 애플리케이션에서 trim_blocks 객체 속성과 lstrip_blocks 객체 속성을 조정하려면 코드 3-11을 Flask 인스턴스 생성 구문 아래에 추가합니다.

코드 3-11 Flask 인스턴스에 trim_blocks 객체 속성과 lstrip_blocks 객체 속성 설정하기

```
01: app = Flask(__name__)
02: app.jinja_env.trim_blocks = True
03: app.jinja_env.lstrip_blocks = True
```

공백의 출력 제어는 앞에서 살펴본 '+' 표시와 '-' 표시를 사용해서 출력을 제어할 수 있는데 '-' 표시는 템플릿 표현식(템플릿 코드)의 실행 결과를 템플릿 표현식을 감싸고 있는 요소(예를 들면 HTML)와 바로 맞닿도록 줄바꿈 및 다수의 공백 문자를 제거하는 데 사용합니다.

코드 3-12 '-' 표시를 이용해 공백 출력 제어를 하는 템플릿 예제

```
01: <div>
02: {% for item in seq -%}
03:     {{ item }}
04: {% endfor %}
05: </div>
```

코드 3-12는 '-' 표시를 for 문이 끝나는 지점에 표시한 예입니다. 이 예제에서 seq는 파이썬 프로그램에서 템플릿에 보낸 sequence 객체입니다. 이 객체는 0~9까지의 10개의 숫자 값을 가지고 있습니다. 이처럼 템플릿 표현식 시작 선언이 마무리되는 부분에 '-' 표시를 추가하게 되면, 그 이후 출력되는 템플릿 실행 결과는 루프에서 반복되고 있는 값의 출력 앞뒤에 줄바꿈이 제거되고 1행에 있는 div 요소와 템플릿 실행 결과 사이의 개행 문자가 제거됩니다.

```
01: <div>
02:     0
03:     1
04:     2
05:     3
06:     4
07:     5
08:     6
09:     7
10:     8
11:     9
12:
13: </div>
```

결과 3-6을 보면 '-' 표시가 템플릿 표현식에서 반복되는 출력 사이의 공백 출력을 제어한 것을 알 수 있습니다. 그럼, 이제 '-' 표시를 템플릿 표현식이 선언되는 시작 지점 앞에 넣어보겠습니다.

📟 코드 3-13 '-' 표시를 템플릿 표현식 선언의 시작 지점에 넣음

```
01: <div>
02: {%- for item in seq -%}
03:     {{ item }}
04: {% endfor %}
05: </div>
```

코드 3-13의 템플릿의 실행 결과를 보면 결과 3-6과 유사하지만, 루프의 첫 번째 실행 결과는 div 요소 다음에 출력되는 것을 확인할 수 있습니다. 이때 유의해서 볼 것은 템플릿 코드의 실행 결과 중 첫 번째 행만 영향을 받는다는 점입니다.

✓ 결과 3-7 코드 3-13의 실행 결과

```
01: <div>0
02:     1
03:     2
04:     3
05:     4
06:     5
07:     6
08:     7
09:     8
10:     9
11:
```

```
12: </div>
```

이제 '-' 표시를 사용하면 템플릿 코드 표현식의 실행 결과에서 공백 출력이 어떻게 제어되는지를 알 수 있을 것입니다. 여기서 더 다루지 않은 부분은 여러분이 '-' 표시를 템플릿 표현식 구문({{, }}, {%, %} 등)에 표시하여 확인해보기 바랍니다.

'-' 표시를 템플릿 표현식에 추가할 때 주의해서 기록해야 합니다. 용법 3-2는 '-' 표시의 올바른 표기와 잘못된 표기 예를 보여줍니다.

📷🔍 용법 3-2 '-' 표시의 올바른 표기와 잘못된 표기 예

```
valid:
{%- if foo -%}...{% endif %}

invalid:
{% - if foo - %}...{% endif %}
```

템플릿에서 공백은 매우 중요한 출력 요소로 다뤄집니다. Jinja는 기본적으로 텍스트 기반의 템플릿 결과를 만들어냅니다. Jinja로 변환 가능한 텍스트 결과로는 HTML, XHTML, XML, CSV, LaTex 등이 있는데, 이들 마크업 언어는 마크업 언어의 요구사항이나 템플릿 디자이너의 의도에 따라 공백의 출력 제어를 할 필요성이 있습니다.

🔊마치며 이 절에서는 Jinja에서 공백을 다루는 방법에 대해 알아봤습니다. Jinja는 공백을 무시하지 않고 출력 요소 중의 하나로 보기 때문에 템플릿 디자이너의 출력 의도를 최대한 만족시킬 수 있도록 구성을 도와줍니다. 그러나 템플릿에서 제어되는 공백 출력 제어는 어디까지나 템플릿 표현식의 실행 결과의 앞뒤에 있는 공백의 출력을 제어하기 위해 도움을 주는 수단이지, 템플릿 표현식의 실행 결과 안에 있는 모든 공백을 제어할 수 있지는 않습니다. 그럼에도 템플릿의 공백 출력 제어가 종종 사용되므로 Jinja에서의 공백 출력 제어 방법을 알아두시기 바랍니다.

3.3 이스케이프 처리

프로그래밍 언어와 템플릿 등에서는 어떤 특수문자를 화면에 입력한 대로 표현하기 위해 이스케이프를 사용합니다. 이스케이프(escape)는 사전적 의미로 '탈출하다, 도망치다'의 의미를 가지고 있습니다. 컴퓨터 프로그래밍 언어 대부분은 기본적으로 ASCII(American Standard Code for Information Interchange) 문자열 집합에 정의되어 있는 문자열만을 사용할 수 있습니다. 종종 특수문자(개행 문자 또는 프로그래밍 언어 또는 라이브러리에 예약된 예약문자 등)는 화면에 출력되기 전에 프로그래밍 언어가 예약 문자로 이해하고 처리하게 됩니다. 따라서 프로그래밍 언어(템플릿 포함)가 이해하는 문자를 화면에 그대로 표시하거나 데이터로 사용하기 위해서는 이들 문자를 이스케이프 처리해야 합니다. 이 작업을 일컬어 이스케이핑(escaping)이라고 합니다.

이런 이스케이프 문자로 공백 문자(3.2절 참고)나 인용 기호(', ")와 키보드로 입력 가능한 특수문자는 모두 이스케이프 처리를 할 수 있습니다. 파이썬 언어에서는 표현하고자 하는 문자 앞에 역슬래시 기호(\)를 추가함으로써 문자를 이스케이프 처리할 수 있지만, Jinja 템플릿에서의 이스케이프 대상은 템플릿 표현식의 시작 및 종료 기호와 템플릿 파일에서의 모든 템플릿 실행 표현식입니다.

템플릿 파일에서 템플릿 표현식의 기호는 다음의 표와 같습니다.

⊞ 표 3-2 Jinja에서의 템플릿 표현식의 시작/종료 기호와 필드 값

템플릿 표현 기호	기호 역할	Jinja 환경 설정 필드 값
{%	템플릿에서의 프로그래밍 영역을 넣기 위해 시작하는 기호	block_start_string
%}	프로그래밍 영역 기술을 끝내고 나서 프로그래밍 영역을 종료하기 위해 사용하는 기호	block_end_string
{{	변수를 출력하기 위해 시작하는 기호	variable_start_string
}}	변수 출력이 끝나고 나서 사용하는 기호	variable_end_string
{#	주석을 넣기 위해 시작하는 기호	comment_start_string
#}	주석을 넣고 종료하기 위해 사용하는 기호	comment_end_string

표 3-2에서 보이는 템플릿 표현식 기호를 템플릿이 텍스트 문서(여기서는 주로 HTML)로 변환할 때 템플릿 표현식 기호로 처리되지 않게 하려면 간단한 트릭을 사용해서 이들 기호를 표시해야 합니다. 표 3-2에 명시된 템플릿 기호를 포함하는 기호(예: {{{, }}} 등)를 포함하는 경우도 반드시 이스케이프 처리해야 결과 문서에 표시할 수 있습니다. 코드 3-14는 템플릿 표현식 기호를 화면에 표시하기 위한 예입니다.

```
01: {{ '{{' }}
```

코드 3-14와 같이 템플릿 기호를 템플릿 기호로 인식시키지 않으려면 템플릿 기호를 싱글 쿼테이션(') 문자로 감싸야 합니다. 코드 3-14에서 사용된 방법은 Jinja에서 사용을 권장하는 방법은 아니지만, 간단하게 사용할 때 유용합니다.

템플릿 코드를 그대로 화면에 표시하기 위해서는 별도의 템플릿 블록을 사용해야 합니다. 코드 3-15는 Jinja에서 템플릿 표현식 기호를 한꺼번에 이스케이프 처리하는 방식으로, Jinja에서 사용을 권장하는 방법입니다.

코드 3-15 **이스케이프 영역을 지정하여 문자열 이스케이프**

```
01: {% raw %}
02:    <ul>
03:    {% for item in seq %}
04:        <li>{{ item }}</li>
05:    {% endfor %}
06:    </ul>
07: {% endraw %}
```

코드 3-15는 템플릿 파일에서 특정 영역을 모두 이스케이프 처리하기 위해 raw 블록을 사용합니다. 이 명령의 수행 결과는 2~6행까지의 내용이 해석되지 않고 결과 텍스트 문서에 출력됩니다. raw 블록을 사용해 특정 영역을 모두 이스케이프 처리하기 위해서 코드 3-16과 같은 형태를 가집니다.

코드 3-16 **raw 블록 사용 방법**

```
01: {% raw %} 이스케이프 문자열 {% endraw %}
```

템플릿에서의 이스케이프 처리는 템플릿 코드가 만들어내는 결과에 대한 처리와 순수 HTML 코드의 이스케이프 처리로 나눠집니다. 템플릿 코드의 이스케이프 처리는 템플릿 엔진이 템플릿 코드를 해석하지 않도록 하며, HTML의 이스케이프 처리는 브라우저가 특정 문자(싱글 쿼테이션, 더블 쿼테이션, 앰퍼샌드 문자 등)를 문자가 가지고 있는 의미대로 사용하려 할 때를 의미하는 게 일반적입니다.

HTML을 템플릿 결과로 생성할 때 브라우저의 HTML 해석에 오류가 발생할 수 있는 문자에 대해 이스케이프 처리를 하지 않으면 사용자는 디자인이 깨진 웹 문서를 볼 수 있습니다. 또한, 악의적인 목적을 가진 사용자에 의해 저장된 자료가 유출되면 웹 문서의 변조와 사용자 컴퓨터에 악성코드가 배포될 수도 있습니다. Jinja에서는 HTML에 악영향을 미칠 수 있는 문자(&, <, >, ', ")의 출력을 막을 수 있는 두 가지 방법을 제공합니다.

1. 수동으로 이스케이프
2. 자동으로 이스케이프

Jinja는 HTML의 문자열을 출력할 때의 기본 설정은 문자열을 이스케이프 처리하고 나서 웹 브라우저에 반환하는 것입니다. 만약 DB에서 불러온다거나 사용자가 입력한 데이터를 신뢰할 수 있다면 HTML 문서로 변환할 때 안전하다고 명시하면 되는데, 웹 프로그램에서 출력되는 데이터가 전적으로 안전함을 알리려면 신뢰할 수 있는 프로그램(그룹웨어, 전자결재, 업무지원 시스템 등)에 한정해 사용하는 것이 좋습니다. 신뢰할 수 없는 웹 프로그램인 홈페이지, 게시판, 블로그 등은 사용자가 보내온 데이터는 대개 프로그램이 처리하기 안전하지 않다고 봅니다. 사용자가 보낸 데이터를 신뢰하지 못하는 것은 선의적 목적과 악의적 목적을 가진 사람들이 모두 존재하기 때문입니다.

📟 코드 3-17 HTML 마크업을 템플릿 결과로 출력하는 예제

```
01: {{ '<markup><fal/></markup>' }}
```

코드 3-17을 실행해보면 결과 3-8에서처럼 HTML 해석에 문제가 생길 수 있는 문자는 이스케이프되어 출력되는 것을 확인할 수 있습니다.

☑ 결과 3-8 Flask 인스턴스의 기본 설정에서 해석된 코드 3-17의 결과

```
01: &lt;markup&gt;&lt;fal/&gt;&lt;/markup&gt;
```

Flask 인스턴스의 템플릿 기본 환경 설정에서 HTML 코드의 이스케이프 처리를 하는 것이 기본값입니다. 따라서 HTML 코드의 이스케이프되지 않는 영역을 지정할 때는 다음과 같은 문법을 사용하게 됩니다.

📟 코드 3-18 자동 이스케이프되지 않는 영역 지정하기

```
01: {% autoescape false %} 이스케이프 처리하지 않을 템플릿 변수 출력 {% endautoescape %}
```

코드 3-18의 템플릿 블록이 템플릿 파일에 포함되면 블록 내에 쓰인 HTML 코드는 이스케이프 처리되지 않고 브라우저에 반환되기 때문에 출력되는 내용을 신뢰할 수 있을 때만 사용하는 것이 좋습니다. 코드 3-18을 템플릿 파일에 적용할 때는 autoescape 명령 사용 시에 뒤이어 나오는 부울값을 반드시 변경해야 합니다. false로 지정할 때만 자동 이스케이프 처리를 하지 않습니다. 코드 3-19는 자동 이스케이프 처리가 되지 않도록 지정한 템플릿 예입니다.

코드 3-19　자동 이스케이프 처리가 되지 않도록 작성한 템플릿 예

```
01: {% autoescape false %}
02:     {{ '<markup><fal/></markup>' }}
03: {% endautoescape %}
```

코드 3-19의 실행 결과는 브라우저에서 소스 보기를 실행해보면 2행에 적혀 있는 태그들을 브라우저가 실행할 수 있도록 이스케이프 처리가 해제되어 있는 모습을 볼 수 있습니다. 그러나 평소에는 이스케이프 처리를 하지 않도록 설정하고 필요할 때만 이스케이프 처리하려면 어떻게 해야 할까요? Jinja 환경 설정에서 autoescape 필드 값을 false로 설정하면 자동 이스케이프 설정이 해제됩니다.

코드 3-20　Flask 인스턴스의 Jinja 환경 설정 필드의 자동 이스케이프 설정 비활성화

```
01: app.jinja_env.autoescape = False
```

템플릿에서 이스케이프 처리를 비활성화로 변경하면 템플릿에서 변수로 출력되는 모든 HTML 문자열은 웹 브라우저가 유효한 HTML 요소로 인식합니다. 따라서 앞에서 언급한 것처럼 출력되는 변숫값을 신뢰할 수 있는 환경에서만 사용하는 것이 좋습니다.

결과 3-7에서 보는 것처럼 Jinja의 기본 설정값은 모든 변숫값을 이스케이프 처리해서 출력하지만, 이렇게 출력되는 값을 신뢰할 수 있다면 템플릿 변수를 출력할 때 safe 필터를 적용함으로써 템플릿 변숫값을 이스케이프에서 제외할 수 있습니다.

코드 3-21　이스케이프 처리된 변숫값을 신뢰할 수 있을 때 safe 필터 적용

```
01: {{ '<markup><fal/></markup>' | safe }}
```

코드 3-21과 반대로, 이스케이프 처리가 비활성화된 상태(예: 코드 3-14의 출력이나 코드 3-15의 설정 이후)에서 출력되는 템플릿 변수의 출력은 신뢰할 수 있지만, 특정 변숫값의 출력을 신뢰할 수 없는 상태로 이스케이프 처리해야 한다면 escape 필터를 적용합니다. escape 필터는 별칭으로 e를 사용하므로 escape 필터를 적용할 때는 e를 대신 사용해도 됩니다.

코드 3-22 신뢰할 수 있는 템플릿 변수 출력을 강제 이스케이프 처리하기 위해 escape 필터 적용

```
01: {{ '<markup><fal/></markup>' | escape }}
02: {{ '<markup><fal/></markup>' | e }}
```

템플릿 변수의 이스케이프 처리는 템플릿 파일에서 적용하는 것이 일반적입니다. 그러나 프로그램에서 템플릿에 전달할 값을 미리 이스케이프 처리하거나 신뢰할 수 있는 상태로 전달하면, 템플릿 파일에서는 이스케이프 처리를 하지 않아도 됩니다. 이때 사용할 수 있는 것이 Markup 클래스입니다.

코드 3-23 템플릿에 전달할 값에 대한 신뢰 여부를 판단해서 처리한 후에 템플릿에 전달하기

```
01: from jinja2 import Markup
02:
03: markup_value = Markup("<markup>이 값은 신뢰할 수 있는 HTML입니다.</markup>")
04: return render_template("markup_test.html", markup=markup_value)
```

코드 3-23에서는 Jinja에서 Markup 클래스를 가져와서 처리한 것입니다. Markup 클래스에 전달한 문자열은 Jinja가 신뢰할 수 있는 값으로 인식하기 때문에 자동 이스케이프 설정의 영향을 받지 않고 브라우저에 의해 렌더링(해석)됩니다. Markup 객체는 기본적으로 파이썬의 문자열 객체와 같은 메서드를 제공하므로 템플릿에 전달하기 전에 충분한 전처리 작업을 수행할 수 있습니다.

Markup 클래스를 이용해서 만들어진 HTML 문자열 변수를 템플릿에 전달할 때 어떤 이유로 인해 이스케이프를 적용/해제하거나 모든 HTML 태그를 제거하고 템플릿에 전달해야 할 수도 있습니다. 이때 사용할 수 있는 방법이 몇 가지가 있습니다. 첫 번째로 살펴볼 것은 이스케이프된 Markup 객체를 만드는 것입니다. 이스케이프된 Markup 객체를 생성하기 위해서 Jinja는 Markup 클래스의 클래스 메서드인 escape와 escape 함수를 제공합니다.

코드 3-24 이스케이프된 Markup 객체 생성

```
01: from jinja2 import Markup, escape
02:
03: markup_escape_method_using = Markup.escape("<b>Markup 클래스의 escape 클래스 메서드를 사용합니다.</b>")
```

```
04: escape_function_using = escape("<b>jinja 모듈의 escape 메서드를 사용합니다.</b>")
```

코드 3-24에서 3~4행의 수행 결과는 동일한 Markup 객체입니다. Markup 객체가 템플릿에 직접 전달되면 템플릿은 Markup 객체에 출력에 관해 출력되는 모습을 위임합니다. 따라서 템플릿에서는 Markup 객체 변수를 전달받더라도 어떠한 후처리 작업도 수행할 수 없습니다. 이스케이프 처리된 Markup 객체를 만드는 것은 코드 3-24에서 보인 메서드나 함수를 사용하는 것이 권장되지만, 프로그래머가 Markup 객체를 만들 때 문자열을 직접 이스케이프해서 전달하기도 합니다.

📟 코드 3-25 **Markup 객체를 생성할 때 이스케이프된 문자열을 인자로 전달**

```
01: from jinja2 import Markup
02:
03: escaped_markup_value = Markup("&lt;b&gt;이스케이프된 마크업을 전달합니다&lt;/b&gt;")
```

그러나 코드 3-25와 같은 방법을 사용하는 경우는 대개 데이터베이스에 이미 이스케이프 처리된 문자열을 보관하고 있을 때입니다.

Markup 객체가 가지는 HTML 마크업 문자열은 포맷 문자열을 포함할 수 있습니다. 이렇게 만들어진 Markup 객체에 포맷 문자열로 HTML을 전달하면, 처음 전달했던 HTML 문자열은 유효한 HTML로 인식하고 포맷 문자열은 이스케이프 처리되어 표시됩니다.

📟 코드 3-26 **포맷 문자열을 Markup 객체에 포함하기**

```
01: from jinja2 import Markup
02:
03: markup_value = Markup("<strong>%s</strong>")
04: strong_value = markup_value % "<em>이탤릭 태그는 이스케이프 처리될 것입니다.</em>"
```

코드 3-26에서 strong_value 변수가 최종적으로 가지는 값은 템플릿에서 결과 3-9와 같습니다.

☑️ 결과 3-9 **코드 3-26의 strong_value를 템플릿에 전달하여 확인한 결과**

```
01: <strong>&lt;em&gt;이탤릭 태그는 이스케이프 처리될 것입니다.&lt;/em&gt;</strong>
```

그럼, 앞에서 다룬 이스케이프 처리된 HTML 마크업을 신뢰할 수 있는 상태의 마크업으로 변환하려면 어떤 방법을 사용해야 할까요? Markup 객체는 unescape 메서드를 통해 이 기능을 지원합니다.

코드 3-27 Markup 객체의 unescape 메서드를 사용해 이스케이프 처리된 HTML 마크업 해제하기

```
01: from jinja2 import Markup
02:
03: escaped_markup_value = Markup.escape("<b>Markup 클래스의 escape 클래스 메서드를 사용합니다.
</b>")
04: unescape_markup_value = escaped_markup_value.unescape()
```

코드 3-27에서 unescape_markup_value를 템플릿에 전달해 확인하면 이스케이프 처리되어 있
던 문자열이 해제되어 있는 모습을 확인할 수 있습니다.

☑ 결과 3-10 이스케이프 처리가 해제되어 템플릿에 출력된 모습

```
01: <b>Markup 클래스의 escape 클래스 메서드를 사용합니다.</b>
```

Markup 객체는 인자로 받는 초깃값을 신뢰할 수 있는 값으로 인식합니다. 따라서 템플릿 해석이
끝난 후 브라우저에 인식될 때 오류를 내뱉을 수도 있습니다. 이런 이유로 Markup 객체에 있는
HTML 태그를 모두 제거하고 템플릿에 전달해야 할 때는 striptags 메서드를 사용하면 됩니다.

코드 3-28 striptags 메서드를 사용해 HTML 태그 빼내기

```
01: from jinja2 import Markup
02:
03: bold_markup_value = Markup.escape("<b>볼드 처리를 위한 태그를 제거합니다.</b>")
04: striptags_markup_value = bold_markup_value.striptags()
```

코드 3-28의 striptags_markup_value는 템플릿에서 결과 3-11과 같이 보이게 됩니다.

☑ 결과 3-11 태그가 제거된 결과

```
01: 볼드 처리를 위한 태그를 제거합니다.
```

그런데 Markup 객체의 striptags 메서드에는 한 가지 약점이 있습니다. 코드 3-28을 확장한 코드
3-29를 보면 포맷 문자열을 감싸고 있던 태그는 제거되었는데, 포맷 문자열로 삽입된 문자열은
이스케이프 문자가 해석되면서 Markup 객체가 아닌 파이썬 문자열이 반환된다는 것입니다.

코드 3-29 Markup 객체의 striptags 메서드의 약점 살펴보기

```
01: from jinja2 import Markup
02:
```

```
03: markup_value = Markup("<strong>%s</strong>")
04: strong_value = markup_value % "<em>이탤릭 태그는 이스케이프 처리될 것입니다.</em>"
05: striptags_value = strong_value.striptags()
```

코드 3-29에서 striptags_value가 템플릿에 전달되면 Jinja의 autoescape 설정값이 True일 때 Jinja가 자동으로 이스케이프 처리해서 보여주겠지만, 자동 이스케이프 기능을 비활성화한 템플릿 블록 안이나 템플릿 환경 설정에서 autoescape에 False 값이 설정되어 있으면 웹 브라우저 이용자가 보는 웹 페이지 화면이 틀어질 수도 있습니다. 이런 가정은 어디까지나 포맷 문자열에 전달하는 값이 오염된(위험 요소로 판별되는) 값인 경우에 한해서이지만, striptags 메서드가 HTML 엔티티(<, > 등)를 해석의 대상으로 보기 때문에 주의가 필요합니다.

☑ **결과 3-12** **코드 3-24의 striptags_value를 템플릿에 전달하여 렌더링한 결과**

```
01: '<em>이탤릭 태그는 이스케이프 처리될 것입니다.</em>'
```

Markup 객체의 striptags 메서드는 앞에서 살펴본 것처럼 프로그램에서 처리하고 결괏값을 템플릿에 전달하여 사용하는 방법도 있지만, Markup 객체가 아닌 HTML 태그가 포함된 파이썬 문자열을 템플릿에 직접 전달하고 striptags 필터를 사용하는 방법도 있습니다.

코드 3-30 **HTML 태그를 포함한 파이썬 문자열을 템플릿에 전달하고 striptags 필터 사용하기**

```
01: {{ '<b>Bold 태그를 제거합니다 </b>' | striptags }}
```

앞에서 Markup 클래스는 생성자에 전달할 인자로 문자열을 전달하여 Markup 객체를 만들었지만, Markup 객체는 __html__ 메서드가 정의되어 있는 클래스의 인스턴스를 받아서 생성할 수도 있습니다. 코드 3-31은 __html__ 메서드를 정의해서 사용하는 예입니다.

코드 3-31 **__html__ 메서드를 정의하여 Markup 객체를 생성하는 예**

```
01: from jinja2 import Markup
02:
03: class Foo:
04:     def __init__(self, foo_str):
05:         self.foo_str = foo_str
06:
07:     def __html__(self):
08:         return "<em>%s</em>" % self.foo_str
09:
10: foo_inst = Foo("이탤릭체로 Foo 객체를 생성합니다")
11: markup_value = Markup(foo_inst)
```

코드 3-31은 __html__ 메서드가 정의되어 있는 클래스의 인스턴스를 통해 Markup 객체를 생성하는 예제입니다. 코드 3-31은 코드 3-26에서 보인 예와 달리 __html__ 메서드 안에서 포맷 문자열을 사용해도 포맷 문자열은 내부적으로 이스케이프 처리되지 않습니다. 따라서 객체를 사용해 Markup 인스턴스를 생성할 때 오염된 값을 포함하지는 않는지 주의해야 합니다.

Markup 객체는 앞에서 언급한 것처럼 파이썬 문자열 특성을 가지므로 더하기 연산이 가능합니다. HTML 마크업을 포함한 Markup 객체 두 개를 더하려면 코드 3-32와 같이 단순히 더하기만 하면 됩니다.

코드 3-32 Markup 객체를 더해서 새로운 Markup 객체 생성하기

```
01: from jinja2 import Markup
02:
03: markup1 = Markup("<b>Bold</b>")
04: markup2 = Markup("<i>Italic</i>")
05:
06: new_markup = markup1 + markup2
```

코드 3-32의 new_markup은 템플릿에 전달되었을 때 결과 3-13처럼 출력되는 것을 확인할 수 있습니다.

결과 3-13 코드 3-27의 new_markup이 템플릿에 전달해 출력된 값

```
01: <b>Bold</b><i>Italic</i>
```

Jinja에서 자동 이스케이프 처리되지 않는 안전한 문자열은 매크로 이름, 상위 슈퍼 블록의 내용을 호출하는 super, 템플릿 블록의 이름이 있습니다. 이런 이름들은 Jinja에서 항상 안전한 것으로 평가받기 때문에 프로그래머가 따로 신경쓰지 않아도 됩니다.

마치며

지금까지 Jinja에서의 이스케이프 정책과 방법에 대해서 알아봤습니다. Flask 애플리케이션에서 Jinja 템플릿으로 데이터를 보낼 때는 웹 브라우저에 악의적인 데이터가 전송되지 않도록 프로그래머가 주의해야 하는데, 이때 유용하게 사용될 수 있는 것이 이스케이프 방법입니다. 여러분도 Jinja에서의 이스케이프 처리를 통해 사용자에게 안전한 콘텐츠를 서비스하는 방법을 익히셨기를 바랍니다.

3.4 제어와 반복 처리(if, for)

템플릿은 웹 브라우저에 직접 반환되지 않고 템플릿 엔진에 의해 한 번 해석된 뒤 그 결과가 웹 브라우저에 반환됩니다. 이 과정에서 템플릿 파일은 프로그램이 템플릿에 전달한 데이터를 받아 가공할 필요가 있습니다.

예를 들어, 템플릿의 결과로 게시판의 데이터를 표현해야 한다면 프로그램은 템플릿에 리스트 타입의 데이터나 튜플 타입의 시퀀스형 데이터를 전달하게 될 것입니다. 그럼, 시퀀스형 데이터를 화면에 출력하려면 데이터의 요소를 하나씩 반복하면서 출력할 필요가 있습니다. 이때 사용하는 템플릿 제어문이 for 문입니다.

for 문은 다음과 같은 용법을 가지고 있습니다.

📠 **용법 3-3 for 문 사용법**

```
{% for loop_item in loop_sequence %}
... loop_item 처리 ...
{% endfor %}
```

for 문은 반복될 루프 변수와 시퀀스 변수를 지정하는데, 루프 변수와 시퀀스 변수 사이에는 in을 넣어 구분합니다. 시퀀스 변수가 한 번 반복할 때는 시퀀스 요소의 값을 루프 변수에 매치해서 돌려줍니다. 대개 시퀀스 변수는 한 번 반복할 때 한 개의 스칼라 형태(문자 또는 숫자 등)의 루프 값을 반환하지만, 파이썬 사전 타입의 메서드인 **items**는 한 번 반복할 때 두 개의 요소를 가진 한 개의 튜플을 반환합니다. 이때 튜플 타입의 루프 변수에서 튜플 요소에 접근하려면 코드 3-33과 같이 사용합니다.

▣ **코드 3-33 루프 요소의 데이터 타입이 튜플일 때 루프 바디(몸체)에 접근하기**

```
01: {% for loop_item in zips.items() %}
02:   {{ loop_item[0] }} / {{ loop_item[1] }} <br>
03: {% endfor %}
```

코드 3-33에서 보듯이 튜플 타입의 루프 변수에 접근할 때 인덱스 형식으로 튜플 요소에 접근하면 됩니다. 그런데 파이썬에는 시퀀스형 데이터를 다룰 때 개별 시퀀스 요소에 접근하는 두 가지 방법이 있습니다.

1. 시퀀스 요소에 인덱스로 접근
2. 개별 변수에 시퀀스 요솟값 저장

보통은 한 번에 접근하고자 하는 요소의 수가 많으면 시퀀스 요소에 인덱스로 접근하는 방법이 많이 사용됩니다. 코드 3-33에서 loop_item 변수에 인덱스로 접근하는 것을 볼 수 있습니다. 시퀀스 요소는 0부터 시작하며, 마지막 인덱스는 n-1의 값을 가지고 있습니다. 그러나 한 번에 접근하고자 하는 요소의 수가 적으면 시퀀스 요소의 값을 개별 변수에 할당해서 사용하는 편이 간편할 수도 있습니다.

만약 시퀀스 변수(여기선 튜플로 한정)가 두 개이고 첫 번째가 제품명, 두 번째가 제품가격을 가지고 있다면, 인덱스로 접근하는 방법에서 프로그래머는 시퀀스 요소에 접근할 때 머릿속으로 첫 번째가 제품명, 두 번째가 제품가격임을 알고 있어야 합니다. 이런 방법은 프로그래밍 시에 어려움을 겪지는 않겠지만, 다른 사람들이 알 수 있도록 (실제 문서 작성 작업이 아닌 코드의 의미를 소스 코드에 기록해두는) 문서화 작업을 해야 합니다.

그러나 개별 변수에 시퀀스 요솟값을 저장해서 사용한다면, 개별 변수명이 저장하고자 하는 시퀀스 요솟값의 의미를 적절히 담고 있으면 프로그래머가 해당 값을 사용하려고 할 때 큰 노력을 기울이지 않고 쉽게 참조할 수도 있습니다. 이와 같은 작업은 코드 3-34와 같이 사용해 왔습니다.

코드 3-34 시퀀스 요솟값을 개별 변수에 저장하기

```
01: pytuple = ("Notebook", "1000")
02: product_name = pytuple[0]
03: product_money = pytuple[1]
```

코드 3-34는 시퀀스 요소의 값을 개별 변수에 저장하는 방법입니다. 그런데 이 방법은 프로그래머가 개별 변수에 시퀀스 요솟값을 저장하기 위해서 시퀀스 변수에 인덱스 접근 방법을 사용해서 값을 가져오게 되므로 프로그래밍 도중에 생략될 수도 있습니다. 그래서 이런 일을 보다 쉽게 할 수 있도록 파이썬은 언패킹(unpacking)을 지원합니다. 코드 3-35는 파이썬 언패킹을 통해 시퀀스 변수의 모든 요솟값을 개별 변수에 한 번에 저장하는 방법을 지원합니다.

코드 3-35 언패킹을 통해 시퀀스 변수의 모든 요소를 개별 변수에 한 번에 저장하기

```
01: pytuple = ("Notebook", "1000")
02: product_name, product_money = pytuple
```

코드 3-35와 같이 시퀀스 언패킹 방법을 사용하면 개별 변수에 쉽게 시퀀스 요솟값을 저장할 수 있습니다. 이와 같은 방법은 for 문에서 더 유용합니다.

코드 3-36 시퀀스 언패킹을 통해 파이썬 사전의 items 메서드 사용하기

```
01: {% for product_name, product_money in zips.items() %}
02:     {{ product_name }} / {{ product_money }} <br>
03: {% endfor %}
```

코드 3-36의 방법은 코드 3-33과 비교했을 때 이해하기 쉬울뿐더러 유지보수성을 높여줄 수도 있습니다.

이제 for 문 바디에서 루프가 반복되는 동안 화면에 출력될 템플릿 양식에 템플릿 블록을 지정해서 루프 변수를 필터링하거나 그대로 값을 출력한다거나 하는 일을 해야 합니다. for 문은 루프 선언과 루프 종료 부분 사이에서 루프 변수를 이용해 어떤 일을 하는 부분을 루프 바디(loop body)라고 합니다. 루프 바디에서 할 일은 반복될 HTML 요소를 프로그래밍하고 루프 요소를 참조해서 사용해야 하는데, 루프 요소의 사용은 템플릿에서 값을 출력하기 위해서 {{ … }} 용법을 사용해야 합니다.

루프가 반복되고 있는 동안에 Jinja는 루프 안에서만 사용할 수 있는 특별한 객체인 loop를 제공합니다. loop 객체는 루프와 관련된 속성과 메서드를 제공하는데, 속성은 모두 읽기 전용입니다. 표 3-3은 loop 객체가 제공하는 메서드와 속성을 나타낸 것입니다.

표 3-3 loop 객체가 제공하는 메서드와 속성

속성	설명
loop.index	반복 중인 루프 번호로 1부터 시작
loop.index0	반복 중인 루프 번호로 0부터 시작
loop.revindex	반복 중인 루프 번호로 뒤에서 번호 매김. 1부터 시작
loop.revindex0	반복 중인 루프 번호로 뒤에서 번호 매김. 0부터 시작
loop.first	현재 반복 중인 루프 아이템이 첫 번째인지를 검사
loop.last	현재 반복 중인 루프 아이템이 마지막인지를 검사
loop.length	현재 반복 중인 루프의 길이 반환
loop.cycle	특정 주기로 어떤 값을 설정해야 할 때 사용
loop.depth	루프의 깊이를 반환하며 1부터 시작
loop.depth0	루프의 깊이를 반환하며 0부터 시작

코드 3-37에서는 표 3-3에 설명된 loop 객체의 메서드와 속성의 사용법 일부를 살펴볼 수 있습니다.

코드 3-37 loop 객체의 cycle 메서드 사용

```
01: {% for row in rows %}
02:     <li class="{{ loop.cycle('odd', 'even') }}">{{ row }}</li>
03: {% endfor %}
```

코드 3-37은 loop 객체의 cycle 메서드를 사용한 예입니다. li 요소의 class 속성값을 번갈아가면서 odd와 even으로 지정합니다. 다른 언어에서 이와 유사한 기능을 사용하기 위해서는 현재 반복 중인 루프 요소의 번호를 알아내어 2로 나누어 떨어지면 짝수, 아니면 홀수로 지정합니다. Jinja에서는 cycle 메서드를 통해 이 기능을 쉽게 지원합니다. cycle 메서드는 최소 두 개이상의 인자를 전달받습니다. 홀수, 짝수일 때 HTML 태그의 class 속성에 특정 값을 설정하는, 예를 들면 첫 번째 전달한 인자가 홀수일 때 설정되고 두 번째 전달한 인자가 짝수일 때 반환됩니다. 인자를 추가로 전달하면 cycle 메서드는 loop가 한 번 반복될 때마다 전달한 인자의 값을 순차로 설정합니다. 예를 들어, cycle 메서드에 세 개의 인잣값인 bold, italic, underline을 전달하고, 6회 반복하면 최종 출력 결과는 class="bold", class="italic", class="underline", class="bold", class="italic", class="underline"과 같이 출력됩니다.

for 문은 기본적인 사용 방법 외에도 유용하게 사용할 수 있는 세 가지 방법이 있습니다. 첫 번째는 루프를 반복할 때 루프 요소의 속성이나 값을 필터링해서 필터링에 성공한 것만 루프를 진행하는 것입니다. 코드 3-38은 루프를 반복할 때 루프 요소에 대해 필터링을 진행하는 방법입니다.

코드 3-38 루프 요소에 필터링 지정하기

```
01: {% for user in users if not user.hidden %}
02:     <li>{{ user.username|e }}</li>
03: {% endfor %}
```

코드 3-38은 루프 요소인 user의 객체 속성 중 hidden 값이 False인 것만 출력하는 예제입니다. 루프 요소의 필터링 조건은 Boolean 연산으로 해석될 수만 있으면 <, >, ==와 같은 관계 연산자도 사용할 수 있습니다.

루프에 숨겨진 두 번째 기능은 재귀 기능입니다. 재귀를 설명할 때 드는 예 중에는 사이트맵이 있는데, 특정 사이트는 상위 메뉴가 있고 상위 메뉴는 하위 메뉴를 포함할 수 있습니다. 그렇다면 프로그래머는 상위 메뉴와 하위 메뉴의 특성을 조합해 메뉴라는 객체를 만들어낼 수 있을 것입니다. 물론, 메뉴에는 하위 메뉴를 담을 수 있는 객체 속성 또한 존재할 것입니다. 재귀는 사람이 볼 때는 매우 효율적인 구조로 표현하는 방법이지만, 컴퓨터에서 재귀 형태로 된 자료를 표현하기 위해서는 사람이 이해하는 것처럼 쉽지는 않습니다. 재귀에서는 중첩되는 수준을 레벨이라고 하는데, 보통 3레벨 이상의 재귀를 찾아보기 쉽습니다. 코드 3-39는 재귀를 표현하기 위한 템플릿입니다.

코드 3-39 재귀를 표현하기 위한 for 문 템플릿

```
01: <ul class="sitemap">
02: {%- for item in sitemap recursive %}
03:     <li><a href="{{ item.href|e }}">{{ item.title }}</a>
04:     {%- if item.children -%}
05:         <ul class="submenu">{{ loop(item.children) }}</ul>
06:     {%- endif %}</li>
07: {%- endfor %}
08: </ul>
```

코드 3-39에서 눈여겨봐야 할 부분은 두 행의 sitemap 다음에 있는 recursive입니다. recursive 키워드를 사용하면 시퀀스 변수에 있는 모든 요소를 순회합니다. 그리고서 5행에 있는 루프 객체인 loop에 시퀀스 요소(루프 변수의 속성으로 있는 자식 시퀀스 변수)를 생성자로 건네주면 자식 시퀀스 변수가 종료될 때까지 3행이 수행됩니다.

코드 3-40 코드 3-39를 실행해보기 위한 시퀀스 변수 구성

```
01: class SiteItem(object):
02:     def __init__(self, href="", title="", children=[]):
03:         self.href = href
04:         self.title = title
05:         self.children = children
06:
07: about = SiteItem("/about", "AboutUs")
08: contact_us = SiteItem("/contact", "ContactUs")
09:
10: main_page = SiteItem("/", "MainPage", [about, contact_us])
11: second_page = SiteItem("/second", "SecondPage")
12:
13: sitemap = [main_page, second_page]
```

코드 3-40에서 생성된 sitemap을 템플릿 변수로 전달하면 결과 3-14를 볼 수 있습니다.

```
01: <ul class="sitemap">
02:     <li><a href="/">MainPage</a>
03:     <ul class="submenu">
04:         <li><a href="/about">AboutUs</a></li>
05:         <li><a href="/contact">ContactUs</a></li>
06:     </ul>
07:     </li>
08:     <li><a href="/second">SecondPage</a></li>
09: </ul>
```

for 문에서 recursive 키워드와 순회 가능한 시퀀스 변수를 자식으로 가지고 있으면 별도의 추가 코딩을 하지 않아도 결과 3-14를 출력해낼 수 있으므로 잘 알아두는 것이 좋습니다.

세 번째, 루프에서 시퀀스 변수(데이터를 반복할 변수)의 값이 비어 있으면 루프를 실행하지 않고, 루프를 실행하지 않았을 때 화면에 출력할 부분을 정의하기 위한 기능을 설명합니다. 이 기능을 위해서 for 문은 if 문에서나 볼 수 있는 else 블록을 제공합니다.

</> 코드 3-41 **for 문에서 사용할 시퀀스 변수가 비어 있을 때 사용할 else 블록의 사용 예제**

```
01: <ul>
02: {% for user in users %}
03:     <li>{{ user.username|e }}</li>
04: {% else %}
05:     <li><em>no users found</em></li>
06: {% endfor %}
07: </ul>
```

코드 3-41과 같이 for 문에 else 블록을 사용하면 users 시퀀스 변수가 비어 있으면 3행 대신 5행이 추가됩니다. 다른 언어에서 이 기능과 같은 동작은 for 문이 끝난 후에 if 문을 사용하여 5행을 기술합니다.

템플릿에 기술하는 루프는 다른 시퀀스 변수를 사용하는 루프를 추가할 수 있는데, 이를 중첩 루프(nested loop)라고 합니다. 중첩 루프는 사용할 때 반드시 루프 요소명을 다르게 사용해야 합니다. 중첩 루프를 사용할 때 상위 루프는 하위 루프를 참조할 수 없지만 하위 루프는 상위 루프를 참조할 수 있는데, 이를 위해서 for 문에서 하위 루프로 들어가기 전에 반복 중인 루프(상위 루프가 됨)를 가리키는 별도의 변수를 생성하면 됩니다.

```
01: <ul>
02: {% for user in users %}
03:     <li>{{ user.username|e }}</li>
04:     {% set outer_loop = loop %}
05:     {% for certficate in certifates %}
06:                 {{ certificate }}: {{ outer_loop.index }}
07:     {% endfor %}
08: {% endfor %}
09: </ul>
```

코드 3-42는 하위 루프가 상위 루프를 outer_loop로 참조하는 방법을 기술한 코드입니다.

템플릿에서는 for 문과 더불어 프로그램의 논리 흐름을 관장하는 if 문이 있습니다. 일반적으로 게시판의 데이터를 한 줄씩 표현할 때 "새 글이 올라왔습니다" 등을 표현하거나, 템플릿에 전달된 특정 조건 값으로 결과 문서에 데이터 표시 여부 등을 결정하려면 어떤 방법을 사용할 수 있을까요? 쉽게 생각해볼 수 있는 방법은 템플릿에 데이터를 전달하기 전에 전처리 작업을 하는 것이지만, 템플릿 파일에서 if 제어문을 사용하면 이와 같은 일을 쉽게 처리할 수 있습니다.

if 문은 템플릿의 특정 변숫값에 대해 부울로 판단해서 템플릿 출력의 흐름을 변경하는 데 사용됩니다. if 문의 기본적인 사용법은 다음과 같습니다.

용법 3-4 if 문 사용법

```
{% if 조건 %}
... 조건에 따라 수행할 일 기술 ...
{% endif %}
```

Jinja 템플릿에서 허용하는 조건은 파이썬에서 거짓으로 판단하는 것과 완전히 같습니다. 코드 3-43은 템플릿에서 if 문을 사용한 예입니다.

코드 3-43 템플릿에서 if 문 사용하기

```
01: {% if users %}
02: <ul>
03: {% for user in users %}
04:     <li>{{ user.username|e }}</li>
05: {% endfor %}
06: </ul>
07: {% endif %}
```

코드 3-43에서는 users 템플릿 변수가 비어 있지 않을 경우 2~6행의 템플릿 명령을 수행합니다.

if 문은 어떤 특정 조건을 가지고 판별하기 때문에 모 아니면 도의 의미를 지닙니다. 이를 위해 if 문은 else 블록을 제공합니다. else 블록은 if 조건이 거짓일 때 수행됩니다.

코드 3-44　if 문에서 else 블록 사용하기

```
01: {% if editor == "lemonism" %}
02:     Editor Name: Lemonism Hyun
03: {% else %}
04:     Editor Name: Dracular
05: {% endif %}
```

if 문은 앞에서 언급한 것처럼 조건에 따라 모 아니면 도의 결과를 수행하지만, if 조건을 여러 개 추가해서 다수의 조건 검사를 수행할 수도 있습니다.

코드 3-45　다수의 if 문 수행하기

```
01: {% if kenny.sick %}
02:     Kenny is sick.
03: {% elif kenny.dead %}
04:     You killed Kenny!
05: {% else %}
06:     Kenny looks okay --- so far
07: {% endif %}
```

다수의 if 문은 코드 3-45에서 보는 것처럼 첫 번째 if 문 선언이 끝나고 다음 elif 블록을 추가하면 됩니다. elif 블록 사용 시 주의해야 할 것은 else 블록은 모든 elif 블록이 끝난 다음에 나와야 합니다.

요마치며

우리는 이번 절을 통해 템플릿에서 시퀀스 변수를 반복할 수 있는 for 문과 처리 흐름을 제어할 수 있는 if 문에 대해 알아봤습니다. for 문은 대부분의 사이트에서 활용 빈도가 높기 때문에 잘 알아두는 것이 좋으며, if 문은 루프를 비롯해 템플릿의 모든 영역에서 수행되며 템플릿 내용의 출력을 제어하는 데 사용되므로 반드시 사용 방법을 숙지해두는 게 좋습니다. 이번 절을 통해 템플릿의 내용을 잘 제어할 수 있기를 바랍니다.

3.5 템플릿 상속

템플릿 상속(template extends)은 Jinja가 가지고 있는 가장 강력한 부분이자 웹 페이지를 만들때 매우 인기 있는 방법입니다. 3장 시작 부분에서 언급했듯이, 과거에는 웹 페이지를 구성하기 위해 자주 include를 사용했었습니다. 이 방법은 요즘도 종종 사용하는 방법이기도 합니다. 요즘의 웹 페이지는 웹 접근성을 매우 강조합니다. 따라서 웹 페이지의 HTML 코딩은 신체적 장애가 있는 사람들이 쉽게 접근할 수 있도록 작성하고, 화면에 표현되는 부분은 CSS로 분리하게 되었습니다.

HTML만으로 웹 페이지를 구성하고 웹 브라우저에 보내던 때는 HTML 코딩 상태가 어떻든 웹 브라우저는 오류가 발생하지 않도록 HTML 렌더링을 도와줍니다. HTML 4 버전대의 DTD(Document Type Definition) 문서를 본 독자가 있다면, 대부분의 중소규모 쇼핑몰 사이트에서 소스보기를 통해 HTML 코드가 DTD에서 정해 놓은 규칙대로 구성되어 있지 않고 심지어 HTML 태그가 완전히 닫혀 있지 않다는 것을 볼 수 있습니다.

그럼, 이와 같은 상황을 보다 효율적으로 해결할 수 있는 방법은 없을까요? 템플릿 상속이 이와 같은 고민의 결과물입니다. 많은 템플릿 라이브러리에서 템플릿 상속을 제각각 다른 방식으로 구현하고 있으며, 파이썬의 경우도 Genshi Template, Cheetah Template 등은 Jinja와 다른 방법으로 템플릿 상속이 지원되는 것을 확인할 수 있습니다.

템플릿 상속을 사용해 웹 페이지를 구성하면 HTML DTD에 맞게 구성함은 물론이고, 웹 브라우저가 HTML을 해석하면서 발생할 수 있는 오류를 수정하는 비용을 아낄 수 있습니다. 그런데 이 비용이라는 게 웹 브라우저가 HTML에 있는 오류를 수정하기 위해 들이는 CPU 소비, 자원 소비 시간을 가리키는 것이고, 요즘처럼 컴퓨터의 성능이 좋은 경우는 우리가 느낄 수 없다는 점에서 HTML을 안정적으로 구성할 필요가 있냐는 말을 할지도 모르겠습니다. 그러나 HTML을 표준 DTD에 맞게 구성하면 웹 브라우저는 HTML 렌더링을 보다 확실하게 할 수 있어서 HTML을 올바르게 구성하는 일은 매우 중요한 일 중 하나입니다.

템플릿 상속을 사용하기 위해서는 먼저 필요한 것이 베이스(기초) 템플릿입니다. 베이스 템플릿은 잘 구성된 웹 페이지 레이아웃을 가지고 있으며, 자식 템플릿이 덮어쓸 템플릿 블록을 포함합니다.

```
01: <!DOCTYPE html>
02: <html>
03: <head>
04:     <meta charset="utf-8"/>
05:     {% block head %}
06:     <link rel="stylesheet" href="style.css" />
07:     <title>{% block title %}{% endblock %} - My Webpage</title>
08:     {% endblock %}
09: </head>
10: <body>
11:     <div id="content">{% block content %}{% endblock %}</div>
12:     <div id="footer">
13:         {% block footer %}
14:         &copy; Copyright 2008 by <a href="http://domain.invalid/">you</a>.
15:         {% endblock %}
16:     </div>
17: </body>
18: </html>
```

코드 3-46은 베이스 템플릿을 선언한 것이며, 자식 템플릿에서 재정의할 템플릿 블록 4개가 선언되어 있습니다.

- head
- title
- content
- footer

코드 3-46에 선언된 템플릿 블록에서 다른 템플릿 블록과 다른 구조를 가지고 있는 블록인 head를 볼 수 있는데, 이를 일컬어 중첩 템플릿 블록(nested template block)이라고 부릅니다. 자식 템플릿이 사용할 템플릿 블록은 다음과 같은 문법을 가지고 사용합니다.

용법 3-5 block 사용법

{% block block_name %} 템플릿 블록이 재정의되지 않았을 때 출력될 내용 {% endblock %}

모든 템플릿 블록은 블록 이름을 가집니다. 템플릿 블록 이름으로 구성 가능한 형태는 알파벳과 숫자로 혼합한 것이며, 한글은 사용할 수 없습니다. 템플릿 블록은 중첩하여 사용할 수 있으며, 한 번만 중첩하여 사용할 것을 권장합니다. 그 이유는 다중 중첩하여 작성하면 상속받은 템플릿을 구현하는 과정에서 의도되지 않은 처리 결과로 인해 에러의 원인을 찾는 것이 여간 어려운 것이 아닙니다. 1단계로 상속을 제한할 경우 역으로 템플릿 코드를 쉽게 이해할 수 있기 때문입니다.

이제 베이스 템플릿을 상속받아 사용할 자식 템플릿 파일을 작성합니다.

코드 3-47 베이스 템플릿을 상속받아 사용할 자식 템플릿

```
01: {% extends "base.html" %}
02: {% block title %}Index{% endblock %}
03: {% block head %}
04:     {{ super() }}
05:     <style type="text/css">
06:         .important { color: #336699; }
07:     </style>
08: {% endblock %}
09: {% block content %}
10:     <h1>Index</h1>
11:     <p class="important">
12:       Welcome to my awesome homepage.
13:     </p>
14: {% endblock %}
```

코드 3-47은 코드 3-46에서 정의한 템플릿을 상속받아 사용합니다. 자식 템플릿에서는 베이스 템플릿을 상속받기 위해서 extends 문을 사용합니다. extends 문은 자식 템플릿이 사용할 베이스 템플릿 파일의 경로를 지정하며, Jinja에서는 프로그래머가 템플릿을 불러올 로더를 별도로 지정하지 않으면 FileSystemLoader를 사용해서 템플릿 파일을 불러옵니다.

템플릿 파일을 상속받은 다음에는 덮어쓸 템플릿 블록을 재정의합니다. 코드 3-47에서는 세 개의 블록을 재정의합니다. 재정의되는 블록은 베이스 템플릿에서 보이는 템플릿 블록 선언과 같이 동일한 방식으로 선언하며, 베이스 템플릿을 상속받는 템플릿은 재정의할 템플릿 블록(템플릿 블록 안에 들어오는 HTML 요소 포함)만 기술할 수 있고, 템플릿 블록 영역 바깥에 포함될 수 있는 HTML 태그는 템플릿 엔진에 의해서 해석되지 않고 무시됩니다.

코드 3-47의 3~8행은 코드 3-46에서 정의한 head 블록을 재정의한 것인데, head 블록의 재정의는 다른 블록의 재정의에서 볼 수 없는 템플릿 명령 하나를 볼 수 있습니다. 4행의 super()가 바로 그것입니다. super()는 부모 템플릿에 있는 같은 이름의 블록을 호출해서 그 내용을 가져옵니다.

이제 템플릿 상속 결과를 살펴보겠습니다.

```
01: <!DOCTYPE html>
02: <html>
03: <head>
04:     <meta charset="utf-8"/>
05:     <link rel="stylesheet" href="style.css" />
06:     <title>Index - My Webpage</title>
07:     <style type="text/css">
08:         .important { color: #336699; }
09:     </style>
10: </head>
11: <body>
12:     <div id="content">
13:     <h1>Index</h1>
14:     <p class="important">
15:       Welcome to my awesome homepage.
16:     </p>
17: </div>
18:     <div id="footer">
19:         &copy; Copyright 2008 by <a href="http://domain.invalid/">you</a>.
20:     </div>
21: </body>
22: </html>
```

결과 3-15는 자식 템플릿을 상속받아 사용한 결과입니다. 여러분도 결과 3-15와 같은 모습의
결과를 예측하셨나요? 템플릿 상속은 코드 3-46과 코드 3-47에서 보듯이 부모 템플릿과 자식
템플릿으로 나뉘는데, 부모 템플릿은 베이스 템플릿이라 부르기도 합니다.

이와 같은 템플릿 구조는 1단계로 구성된 부모-자식 구조도 많이 사용되지만, 경우에 따라 2
단계의 조부모-부모-자식 구조로 구성할 수도 있습니다. 이때 자식이 상속받는 템플릿은 부모
이지만, 부모 역시 조부모 템플릿을 상속받고 부모는 자식을 위한 템플릿 블록을 추가로 구성
합니다.

웹사이트를 예로 들어 설명하겠습니다. 어떤 사이트가 다음과 같은 구성을 가진다고 생각해보
겠습니다.

- 모든 웹 페이지는 타이틀, 사이트 메뉴, 사이드 메뉴, 콘텐츠로 구성된다.
- 사이트 메뉴는 세 개로 구성되어 있으며, 각 메뉴별 사이드 메뉴는 5개로 구성된다.
- 사이트 메뉴별 사이드 메뉴의 배경색은 모두 다르다.

위의 구성을 갖춘 템플릿 상속 구조를 구성하기 위해서는 베이스 템플릿을 하나 만들고 베이스 템플릿을 상속받는 세 개의 자식 템플릿을 생성합니다. 그리고 사이드 메뉴 템플릿은 맨 처음 만든 베이스 템플릿이 아닌, 앞에서 생성한 세 개의 템플릿을 각각 상속받아 구성하면 됩니다.

이와 같은 템플릿을 구성할 때 유의해야 하는 것은 베이스 템플릿을 상속받는 세 개의 사이드 메뉴 템플릿은 베이스 템플릿의 블록을 재정의하고, 사이드 메뉴 템플릿이 재정의할 템플릿 블록을 베이스 템플릿 블록 안에 선언해두는 것입니다. 이와 같이 구성하지 않으면 사이드 메뉴 템플릿은 우리가 의도하지 않은 형태로 출력될 것입니다.

📰 코드 3-48　베이스 템플릿을 상속받는 사이드 메뉴 템플릿

```
01: {% extends "base.html" %}
02:
03: {% block content %}
04:     <h1>Index</h1>
05:     <p class="important">
06:       {% block inner_content %}{% endblock %}
07:     </p>
08: {% endblock %}
```

코드 3-48은 사이드 메뉴 템플릿의 예입니다. content block 안에서 inner_content 블록을 중첩 선언했습니다. inner_content 블록은 사이드 메뉴 템플릿이 재정의하게 됩니다.

📰 코드 3-49　사이드 메뉴 템플릿을 상속받는 사이드 메뉴 템플릿

```
01: {% extends "site_menu1.html" %}
02:
03: {% block inner_content %}
04:     Inner Content Area...
05: {% endblock %}
```

코드 3-49는 사이드 메뉴 템플릿을 상속받는 최종 템플릿입니다. 이 템플릿은 템플릿 엔진에 의해 두 번 상속을 받아 결과 HTML을 만들어냅니다.

앞에서 자식 템플릿이 재정의할 템플릿 블록 선언 방법을 알아봤습니다. 템플릿 블록 선언은 블록 선언 시작과 블록 선언 종료 부분으로 나누어 볼 수 있습니다. 블록 선언 종료 부분은 대개 endblock으로 쓰지만, endblock에 블록 이름을 주어 블록 선언을 좀 더 명확히게 할 수 있습니다. 단, 템플릿 블록의 중첩은 명확하게 지켜져야 합니다.

템플릿 블록 선언을 닫을 때 템플릿 블록 이름 명시해서 닫기

```
01: {% block sidebar %}
02:     {% block inner_sidebar %}
03:         ...
04:     {% endblock inner_sidebar %}
05: {% endblock sidebar %}
```

코드 3-50에서 보듯이, 템플릿 블록을 닫을 때는 'endblock block_name'처럼 endblock 명령 뒤에 닫고자 하는 블록의 이름을 명시하기만 하면 됩니다. 주의할 점은 가장 나중에 정의한 블록을 가장 먼저 닫아야 하는 것입니다. 코드 3-50을 예로 들면, 4행의 endblock이 sidebar 블록을 닫게 되면 템플릿 해석 과정에서 오류가 발생하게 됩니다.

템플릿 블록은 for 문이나 if 문의 바디에서도 선언할 수 있는데, 여기에 선언하는 블록은 상속을 목적으로 하기보다는 템플릿 변수의 실행 영역을 구분하기 위해서 사용하며, 템플릿 상속에서도 사용할 수 있습니다.

코드 3-51 **for 문 바디에 블록 선언하기**

```
01: {% for item in seq %}
02:     <li>{% block loop_item %}{{ item }}{% endblock %}</li>
03: {% endfor %}
```

코드 3-51은 for 문 바디에 block을 선언하고 블록 내에서 루프 요소를 출력하도록 한 예입니다. 이 코드는 템플릿 엔진에 의해 정상적으로 해석될까요? 아쉽게도 이 코드는 정상적으로 실행되지 않습니다. 그 이유는 템플릿 블록이 템플릿 내에서 별도의 실행 영역을 가지기 때문입니다. 코드 3-51을 예로 들어 설명하자면, loop_item 블록 내에서는 loop_item 블록 바깥에 있는 for 문의 루프 요소에 접근할 수 없습니다. 이처럼 하나의 템플릿 블록 영역은 scope라고 부르는데, Jinja는 내부 스코프 영역을 가지는 블록에서 외부 스코프에 있는 템플릿 변수에 접근할 수 없도록 기본 설정되어 있습니다.

이제 내부 스코프 내에서 외부 스코프에 접근해보겠습니다. 이를 위해 내부 스코프를 가진 블록에서 외부 스코프에 접근하기 위해서 템플릿 블록을 선언할 때 scoped 키워드를 사용하면 됩니다.

코드 3-52 **내부 스코프를 가지는 템플릿 블록에서 외부 스코프에 접근하기**

```
01: {% for item in seq %}
```

```
02:      <li>{% block loop_item scoped %}{{ item }}{% endblock %}</li>
03: {% endfor %}
```

코드 3-52는 템플릿 블록을 선언할 때 scoped 키워드를 추가하여 loop_item 블록에서 루프 요소인 item을 사용할 수 있습니다. 블록에서 스코프 문제는 종종 찾기 힘든 버그를 발생시킬 수도 있으므로 잘 알아두는 것이 좋습니다.

> **마치며** 우리는 이번 절을 통해 Jinja 템플릿에서 가장 강력하고 유용하게 사용되는 템플릿 상속 기능에 대해서 알아봤습니다. 웹 페이지 구성에 있어서 템플릿의 상속은 필요한 부분만을 재정의하기 때문에 템플릿 디자이너는 효율적인 작업을 할 수 있게 됩니다. 그러나 템플릿 상속 구조는 최종 결과물만이 웹 브라우저에 의해 해석됩니다. 따라서 드림위버나 위지윅 방식으로 작업하는 HTML 디자인 툴을 그대로 사용할 수 없다는 단점이 존재하지만, 템플릿 상속 기능은 자식 템플릿에서 재정의가 필요한 부분만 덮어쓸 수 있으므로 HTML 결과물은 안정적으로 생성된다는 장점이 있습니다. 여러분도 웹 페이지를 구성할 때 템플릿 상속 기능을 이용해 유지보수가 쉬운 구조를 작성하기 바랍니다.

3.6 재활용(macro, import, include)

템플릿을 작성하다 보면 어떤 부분을 반복적으로 작성해야 할 곳이 생깁니다. 인기 있는 프로그래밍 언어에서는 이처럼 반복되는 부분을 함수로 만들어 재사용할 것을 권장합니다. 물론, 재사용되는 부분을 반드시 함수로 작성해 사용할 필요는 없으며, 템플릿 라이브러리 등에 따라 다양한 방법으로 재활용할 수 있도록 지원하고 있습니다.

Jinja는 템플릿을 재활용할 수 있는 여러 방법을 제공합니다. 첫 번째로 알아볼 것은 매크로입니다. 매크로는 다음과 같은 용법을 가집니다.

용법 3-6   macro 사용법

```
{% macro macro_name(args ...) %}
... 매크로를 호출했을 때 삽입될 내용 ...
{% endmacro %}
```

Jinja에서 매크로 선언은 파이썬에서 함수나 클래스에 메서드를 선언하는 것과 동일한 규칙을 가집니다. 이에 따라 매크로는 인자를 받지 않을 수 있으며, 인자를 받지 않을 때라도 반드시 소괄호를 매크로 선언에 포함해야 합니다. 매크로 선언 시 주의해야 할 점은 매크로 이름이 언더바(_) 문자로 시작하면 다른 템플릿 파일에서 임포트해서 사용할 수 없도록 숨겨진 매크로로 처리된다는 것입니다.

코드 3-53 HTML input 요소를 돌려주는 매크로

```
01: {% macro form_input(name, value='', type='text', size=20) -%}
02:     <input type="{{ type }}" name="{{ name }}" value="{{ value|e }}" size="{{ size }}">
03: {%- endmacro %}
```

코드 3-53의 템플릿은 HTML의 input 요소를 매크로 호출의 결과로 반환합니다. form_input 매크로를 사용하기 위해서는 코드 3-54와 같이 써주기만 하면 됩니다.

코드 3-54 form_input 매크로 사용

```
01: <p>{{ form_input('username') }}</p>
02: <p>{{ form_input('password', type='password') }}</p>
```

코드 3-54는 form_input 매크로가 name 인자를 반드시 받고 나머지 인자는 기본값을 받는다는 점에 착안해 input 요소를 생성합니다. 이 매크로의 수행 결과는 결과 3-16과 같습니다.

결과 3-16 코드 3-54의 수행 결과

```
1: <input type="text" name="username" value="" size="20">
2: <input type="password" name="password" value="" size="20">
```

매크로에는 매크로 내부에서 사용할 수 있는 몇 개의 특별한 변수를 제공하는데, 이 때문에 매크로의 인자는 표 3-4에 있는 변수 이름을 사용할 수 없습니다. 매크로에서 제공하는 특별 변수는 표 3-4와 같습니다.

표 3-4 매크로에서 제공하는 특별 변수

변수명	역할
varargs	매크로가 추가로 받은 가변 인자를 참조할 때 사용하며, 리스트 형태의 인자
kwargs	매크로가 추가로 받은 키워드 인자를 참조할 때 사용하며, 사전 형태
caller	매크로를 호출한 call 블록을 호출하기 위해서 사용하며, 매크로가 call 블록에서 호출되었을 때만 사용 가능

표 3-4의 특별 변수가 어떻게 동작하는지 확인해보면 여러분이 특별 변수를 통해 보다 유연한 매크로를 만들 수 있을 것입니다.

코드 3-55 매크로의 특별 변수 사용하기

```
01: {% macro form_input() -%}
02:     <input type="{{ kwargs['type'] or 'text' }}" name="{{ varargs[0] }}"
value="{{ kwargs['value']|e or '' }}" size="{{ kwargs['size'] or 20 }}">
03: {%- endmacro %}
04:
05: <p>{{ form_input('username') }}</p>
06: <p>{{ form_input('password', type='password') }}</p>
```

코드 3-55의 매크로 선언부는 코드 3-53과 달리 어떠한 인자도 받지 않지만, 코드 3-55는 정상적으로 실행돼서 결과 3-16을 볼 수 있습니다. 이것이 가능한 이유는 매크로 바디에서 참조 가능한 특별 변수는 5~6행에서 넘긴 인자를 참조하기 때문입니다. 매크로 변수에서 제공하는 특별 변수 caller는 call 블록을 설명할 때 추가적으로 설명하겠습니다.

매크로는 특별 변수 말고도 매크로 객체를 제공합니다. 매크로 객체는 매크로 선언이 가지고 있는 메타 정보(매크로의 이름, 인자 등)를 제공합니다. 표 3-5에서는 매크로 객체가 제공하는 메타 정보입니다.

표 3-5 매크로 객체가 제공하는 메타 정보

객체 속성	설명
name	매크로 객체 이름
arguments	매크로 선언에 있는 인자 이름 목록을 튜플로 반환
defaults	매크로 인자가 받는 기본값 목록을 튜플로 반환
catch_kwargs	매크로 바디에서 키워드 인자를 참조하면 True를 반환하고, 참조하지 않으면 False 반환
catch_varargs	매크로 바디에서 가변 인자를 참조하면 True를 반환하고, 참조하지 않으면 False 반환
caller	매크로를 호출한 영역이 call 블록이면 True를 반환하고, 아니면 False 반환

매크로 바디에서 매크로 객체를 참조할 때는 매크로는 매크로 이름으로 매크로 객체를 제공합니다.

```
01: {% macro form_input(name, first='first args') -%}
02:     <input type="{{ kwargs['type'] or 'text' }}" name="{{ name }}" value="{{
kwargs['value']|e or '' }}" size="{{ kwargs['size'] or 20 }}" class="{{ varargs[0] }}">
03:     <ul>
04:         <li>macro name: {{ form_input.name }}</li>
05:         <li>arguments: {{ form_input.arguments }}</li>
06:         <li>defaults: {{ form_input.defaults }}</li>
07:         <li>catch_kwargs: {{ form_input.catch_kwargs }}</li>
08:         <li>catch_varargs: {{ form_input.catch_varargs }}</li>
09:         <li>caller: {{ form_input.caller }}</li>
10:     </ul>
11: {%- endmacro %}
12:
13: <p>{{ form_input('username') }}</p>
```

코드 3-56을 통해 매크로를 선언하고 사용하는 방법을 배울 수 있을 것입니다. 템플릿이 웹 브라우저가 해석할 수 있는 문서를 만들어내기 전에 매크로를 사용한 부분이 먼저 만들어지기 때문에 반복되는 요소가 많은 웹 페이지 구성 작업에 유용하게 사용됩니다.

매크로의 호출은 보통 코드 3-56의 13행에서처럼 호출하는 것이 일반적이지만, 매크로를 호출한 블록의 내용을 참조해서 매크로 결과를 만들어낼 수도 있습니다. 이때 사용하는 것이 call 블록입니다. call 블록을 사용하면 매크로 바디에서 매크로를 호출한 부모의 내용을 가져와서 매크로 호출 결과의 일부로 사용할 수 있게 됩니다.

call 블록은 다음과 같은 문법을 가지고 있습니다.

용법 3-7 call 블록을 사용해 매크로 호출하기

```
{% call macro_call %}
매크로가 호출했을 때 포함할 내용 기술
{% endcall %}
```

call 블록을 이용해 매크로를 호출할 때 macro_call은 코드 3-56의 13행에서 예시를 보인 내용을 기술하면 됩니다.

코드 3-57 call 블록을 이용해 매크로 호출하기

```
01: {% macro render_dialog(title, class='dialog') -%}
02:     <div class="{{ class }}">
03:         <h2>{{ title }}</h2>
```

```
04:        <div class="contents">
05:           {{ caller() }}
06:        </div>
07:     </div>
08: {%- endmacro %}
09:
10: {% call render_dialog('Hello World') %}
11:     This is a simple dialog rendered by using a macro and
12:     a call block.
13: {% endcall %}
```

코드 3-57은 call 블록을 이용해 매크로를 호출한 예시입니다. 매크로는 call 블록에서 호출되면 매크로 특별 변수인 caller를 통해 call 블록의 바디에 있는 내용을 가져옵니다. 결과가 예상되시나요? 이 코드의 실행 결과는 결과 3-17과 같습니다.

☑ 결과 3-17 **코드 3-57의 실행 결과**

```
01: <div class="dialog">
02:     <h2>Hello World</h2>
03:     <div class="contents">
04:         This is a simple dialog rendered by using a macro and
05:         a call block.
06:     </div>
07: </div>
```

우리는 코드 3-57을 통해 call 블록을 이용해 매크로를 사용하는 방법을 살펴봤습니다. call 블록의 사용 방법은 앞에서 제시한 기본 방법 외에 매크로 내의 caller가 넘겨주는 인자를 받아서 call 바디에서 수행 결과를 반환합니다. call 블록이 인자를 받을 때의 문법은 파이썬 함수나 메서드의 선언과 동일합니다.

🔍 용법 3-8 **인자를 받는 call 블록 선언하기**

```
{% call(args) macro_call %}
매크로가 포함할 내용 기술하며, call이 받은 인자 args를 처리한다.
{% endcall %}
```

📐 코드 3-58 **macro에서 caller를 사용해 인자 전달하기**

```
01: {% macro dump_users(users) -%}
02:     <ul>
03:     {%- for user in users %}
04:         <li><p>{{ user['username']|e }}</p>{{ caller(user_info=user) }}</li>
```

```
05:     {%- endfor %}
06:     </ul>
07: {%- endmacro %}
08:
09: {% call(user_info) dump_users(list_of_user) %}
10:     <dl>
11:         <dl>Realname</dl>
12:         <dd>{{ user_info['realname']|e }}</dd>
13:         <dl>Description</dl>
14:         <dd>{{ user_info['description'] }}</dd>
15:     </dl>
16: {% endcall %}
```

코드 3-58은 매크로 바디에서 call 블록을 호출할 때 caller에게 인자를 전달하는 예제입니다. 이 코드의 실행 결과는 결과 3-18과 비슷합니다.

☑ **결과 3-18 call 블록의 내용을 가져올 때 인자를 전달해 수행한 결과**

```
01: <ul>
02:     <li><p>Lemonism</p>
03:         <dl>
04:             <dl>Realname</dl>
05:             <dd>Ji Hwan Hyun</dd>
06:             <dl>Description</dl>
07:             <dd>JPub Editor</dd>
08:         </dl>
09:     </li>
10:     <li><p>search5</p>
11:         <dl>
12:             <dl>Realname</dl>
13:             <dd>Ji Ho Lee</dd>
14:             <dl>Description</dl>
15:             <dd>Freelancer</dd>
16:         </dl>
17:     </li>
18: </ul>
```

Jinja에서 macro와 call 블록은 동시에 사용되는 경우가 많으므로 사용 방법을 숙지해두시기 바랍니다.

매크로는 앞에서 언급한 것처럼 사용 빈도가 높고 복잡한 규칙을 가진 특정 결과를 연속적으로 만들어내는 데 좋습니다. 이 때문에 매크로는 하나의 템플릿 파일에서만 선언하고 다른 곳에서 사용하고자 하면 똑같은 매크로 선언을 해야 할 수 있습니다. 이런 중복 선언은 프로그래밍에서도 관리의 어려움을 이유로 들어 권장하지 않습니다. 그렇다면 매크로만 따로 모아두고 사용할 수 있는 방법은 없을까요? 이런 고민의 결과가 import와 from ... import 문을 사용해 매크로만 모아둔 파일을 사용하는 것입니다. 템플릿에서 import 문과 from ... import 문의 동작은 파이썬에서 모듈을 사용하는 것과 매우 유사한 방식으로 동작합니다.

import 문을 사용해 매크로 파일을 가져오기 위해서는 템플릿 파일에서 다음과 같은 사용법을 사용합니다.

📑🔍 **용법 3-9 import 문을 사용해 macro 가져오기**

```
{% import "macro_file_path" as macro_file_alias %}
```

매크로들이 담긴 파일을 가져오기 위해서는 위의 문법을 사용하고 실제 사용할 때는 macro_file_alias를 참조 이름으로 사용해 매크로를 사용하게 됩니다. import 문이 찾는 매크로 파일은 Flask에서 templates 디렉터리 아래를 기준으로 찾아서 가져오게 됩니다. 파이썬에서와 달리 템플릿에서 import 문을 사용할 때는 매크로가 담긴 파일을 명시하고, 뒤에 반드시 as 키워드와 매크로 파일을 참조할 별칭을 기술해야 합니다.

단순히 import 문을 사용해 매크로 파일을 가져올 때는 템플릿 네임스페이스에 매크로 파일을 별칭으로 단순 참조하기 때문에 매크로 파일에서는 템플릿 컨텍스트의 네임스페이스 이름을 참조할 수 없습니다. 코드 3-59는 macro 파일을 단순히 임포트해서 사용하는 예제입니다.

💻 **코드 3-59 템플릿 파일에서 참조하기 위한 매크로 정의**

```
01: {% macro input(name, value='', type='text') -%}
02:     <input type="{{ type }}" value="{{ value|e }}" name="{{ name }}">
03: {%- endmacro %}
04:
05: {%- macro textarea(name, value='', rows=10, cols=40) -%}
06:     <textarea name="{{ name }}" rows="{{ rows }}" cols="{{ cols }}">{{ value|e }}</textarea>
07: {%- endmacro %}
```

코드 3-59는 템플릿 파일이 가져다 쓸 매크로 파일을 정의한 것입니다. 이렇게 작성된 매크로 파일의 사용을 위해서 코드 3-60처럼 사용합니다.

💻 **코드 3-60 매크로 파일을 사용하는 템플릿 파일**

```
01: {% import 'forms.html' as forms %}
02:
```

```
03: <dl>
04:     <dt>Username</dt>
05:     <dd>{{ forms.input('username') }}</dd>
06:     <dt>Password</dt>
07:     <dd>{{ forms.input('password', type='password') }}</dd>
08: </dl>
09: <p>{{ forms.textarea('comment') }}</p>
```

import 문을 사용해 가져온 매크로를 참조할 때는 코드 3-60에서 보이는 것처럼 매크로 파일의 별칭을 먼저 쓰고 실행하고자 하는 매크로의 이름을 써서 매크로를 호출합니다.

앞에서도 언급한 것처럼 템플릿 컨텍스트의 네임스페이스는 매크로 파일에서 사용할 수 없도록 기본 설정되어 있습니다. 예를 들어, 웹 프로그램이 템플릿에 my_name과 my_age를 전달했다면 템플릿은 my_name과 my_age 템플릿 변수를 그대로 출력할 수 있지만, 템플릿이 가져오는 매크로 파일의 실행 영역에서는 my_name과 my_age를 매크로 호출을 통해 건네주지 않는 이상 매크로 내에서는 이 값을 출력할 수 없습니다.

그런데 매크로 파일을 가져올 때 매크로 파일의 실행 영역에서 템플릿 컨텍스트의 변수를 사용할 수 있게 한다면, 굳이 매크로 선언을 수정하지 않고 템플릿 컨텍스트의 이름을 매크로에서 사용할 수 있기 때문에 매크로 작성이 유연해질 수 있습니다. 이 문제를 해결하기 위해서 import 문의 끝에 with context 키워드를 추가합니다.

용법 3-10 **import 문을 사용할 때 컨텍스트를 공유하도록 설정하기**

```
{% import "macro_file_path" as macro_file with context %}
```

매크로 파일에 템플릿 컨텍스트를 공유해주지 않으려면 import 문에서 with context 키워드를 빼거나 without context 키워드를 기술하면 됩니다. 그러나 import 블록의 컨텍스트 공유 여부를 설정하지 않을 경우의 기본값은 without context입니다. 명확하게 기술해야 한다면 without context 키워드를 쓰는 것이 좋을 것입니다.

매크로 파일을 가져오는 방법은 import 문 외에 from ... import 문도 있습니다. import 문은 매크로 파일 하나에 선언되어 있는 모든 매크로를 매크로 파일 별칭으로 참조할 수 있습니다. 따라서 템플릿 파일에서 매크로 파일에 선언되어 있는 매크로가 추가로 필요할 때 import 문을 수정하지 않고도 사용할 수 있습니다. 하지만, 이와 같은 방법은 템플릿에서 어떤 매크로를 사용했는지 알기 어렵다는 단점이 존재합니다.

from ... import 문은 템플릿에서 필요로 하는 매크로만 가져올 수 있으며, 템플릿 컨텍스트의 공유도 같은 방식으로 사용됩니다.

📟 **코드 3-61** **from ... import 문을 사용해 필요한 매크로만 가져오기**

```
01: {% from 'forms.html' import input as input_field, textarea %}
02: <dl>
03:     <dt>Username</dt>
04:     <dd>{{ input_field('username') }}</dd>
05:     <dt>Password</dt>
06:     <dd>{{ input_field('password', type='password') }}</dd>
07: </dl>
08: <p>{{ textarea('comment') }}</p>
```

코드 3-61은 from ... import 문을 사용한 예제이며, from ... import 문을 통해 가져온 매크로 이름은 템플릿 컨텍스트에 직접 등록해서 사용하게 됩니다. 이때 가져오지 않은 매크로를 사용하지 않게 되면 Jinja는 예외를 발생시키게 됩니다.

from ... import 문도 템플릿 컨텍스트 공유 설정을 할 수 있습니다. 템플릿 컨텍스트 공유는 한 번에 하나의 import, from ... import 문에 대해서만 동작합니다. 따라서 가져오는 매크로마다 다른 템플릿 컨텍스트 공유 설정을 하려면 여러 행에 걸쳐 import 문을 사용해야 합니다.

하나의 템플릿은 일반적으로 템플릿 상속 기능과 매크로만 잘 사용해도 쉽게 작성할 수 있지만, 자주 쓰는 부분만 따로 저장하고 불러와서 사용한다면 템플릿 디자이너의 일을 상당 부분 줄여줄 수 있습니다. import 문과 from ... import 문은 템플릿 파일의 상단에 기술하는 것이 일반적입니다.

Jinja는 include 문을 통해 이 기능을 지원합니다. include 문은 다음과 같은 문법을 사용합니다.

🔍 **용법 3-11** **include 문 사용법**

```
{% include "include_file_path" %}
```

include 문은 포함하고자 하는 파일의 경로를 기술하면 됩니다. 포함되는 파일은 import 문으로 가져오는 매크로 파일과 마찬가지로 독립 네임스페이스를 가지므로 템플릿 컨텍스트의 이름을 참조할 수 없습니다.

include 문을 사용해 특정 템플릿 파일 가져오기

```
01: <div>
02:     {% include "copyright.html" %}
03: </div>
```

코드 3-62는 include 문의 사용을 나타낸 것입니다. include 문의 사용 위치는 다른 템플릿 파일을 포함하고자 하는 위치에 기술하면, 템플릿 해석 시 include_file을 해당 위치에 추가합니다.

include 문을 사용해 포함하는 파일이 없을 때는 템플릿 해석 오류가 발생합니다. 이 문제를 쉽게 풀기 위해서는 include 문을 통해 가져오는 파일을 생성하면 되지만, 특정 라우팅 경로에 따라서 포함 파일이 있을 수도 있고 없을 수도 있습니다.

include 문을 사용할 때 ignore missing 키워드를 사용하면 포함하고자 하는 파일이 없어도 템플릿 해석 오류를 발생시키지 않습니다.

include 문에 ignore missing 키워드를 사용해 포함할 파일이 없어도 해석 오류 발생시키지 않게 하기

```
01: <div>
02:     {% include "copyright2.html" ignore missing %}
03: </div>
```

include 문을 사용해 다른 템플릿 파일을 포함할 때 포함되는 다른 템플릿 파일이 없을 때 에러가 나지 않게 하는 것은 코드 3-63처럼 사용하지만, 종종 포함하고자 하는 파일이 없는 경우 다른 파일을 대체해서 포함시켜야 할 때도 있습니다. 이때 사용하는 것이 include 문의 fallback 기능입니다.

include 문의 fallback 기능은 include 문을 사용할 때 대체로 포함할 템플릿 파일의 경로를 [,] 문자로 감싸면 왼쪽부터 오른쪽으로 템플릿 파일을 찾습니다. 하나라도 템플릿 파일을 찾게 되면 해당 템플릿 파일을 포함하게 됩니다. include 문에서 fallback 기능으로 사용 가능한 템플릿 파일 경로는 최소 두 개 이상부터 사용하는 것이 좋습니다.

include 문의 fallback 기능을 이용해 대체 템플릿 파일 포함하기

```
01: <div>
02:     {% include ["copyright3.html", "copyright4.html", "copyright.html"] ignore
missing %}
03: </div>
```

코드 3-64의 실행 결과는 처음에 copyright3.html 파일을 찾고, 해당 파일이 없으면 copyright4.html 파일을 찾습니다. 이 파일도 없으면 copyright.html 파일을 찾게 됩니다. 다행히 중간에 파일이 하나라도 존재하면 템플릿은 정상적으로 해석되겠지만, 지정한 파일이 존재하지 않고 ignore missing 키워드를 include 문에서 찾을 수 없다면 템플릿 해석 오류가 발생합니다. 그래서 include 문을 사용해 다른 템플릿 파일을 포함할 때는 ignore missing 키워드를 포함하는 것이 안전합니다.

앞에서 언급한 것처럼 include 문도 import 문과 같이 템플릿 엔진에 의해 해석될 때 독립적인 네임스페이스를 가지는데, Jinja는 기본적으로 템플릿 컨텍스트를 공유하지 않습니다. import 문에서 살펴봤던 것처럼 include 문도 템플릿 컨텍스트를 공유하려면 with context 키워드를 사용해야 합니다. 단, with context, without context 키워드는 ignore missing 키워드가 사용되면 그 뒤에 위치해야 합니다.

템플릿 컨텍스트 공유는 import, from ... import, include 문에 한정하는 내용인데, 앞서 살펴본 것처럼 해당 명령문의 맨 뒤에 기술하면 됩니다. 다음과 같은 키워드를 사용해 공유 여부를 지정합니다.

- with context
- without context

with context는 템플릿 컨텍스트를 import하는 매크로나 포함 파일에서 사용할 수 있지만, 이경우 사용은 매우 조심스러워야 합니다. 자칫 특정 템플릿 파일의 컨텍스트에 의존할 수 있기 때문인데, 이는 매크로 파일이나 재사용 가능한 템플릿 파일의 이용을 제한할 수 있기 때문입니다.

without context는 템플릿 컨텍스트를 공유하지 않으며, Jinja가 기본적으로 채택하고 있는 방식이므로 굳이 기술하지 않아도 됩니다.

토마치며 우리는 이 절을 통해 템플릿에서 재사용 가능한 부분을 만드는 방법을 살펴봤습니다. 프로그래밍 언어이든 템플릿이든 재사용 가능한 것을 만드는 것은 중요한 주제입니다. 특히, 실무 프로그래밍에서 템플릿 재사용은 새로운 페이지나 안정석인 페이시 구성을 하는 데 있어 중요한 역할을 하니 이 절의 내용을 다시 한 번 숙지하기 바랍니다.

3.7 템플릿 필터 작성과 사용

Jinja 템플릿 라이브러리는 프로그램이 전달한 템플릿 변수를 특정한 결과 구조(특정 템플릿)에 맞춰 변환하고 그 결과를 웹 브라우저에 반환합니다. 템플릿에 출력하는 템플릿 변수는 for, if 문에 의해 사용되는 게 일반적이지만, 종종 템플릿에 전달된 템플릿 변수는 템플릿에서 바로 출력하지 않고 해당 템플릿 변숫값을 이용해 결과 문서가 HTML 이 아닌 새롭게 생성된 결과를 필요로 하기도 합니다.

예를 들어, 템플릿 변수로 파이썬의 datetime 객체 값이 전달되었다면, 이 값을 템플릿에서 그대로 출력하게 되면 다음과 같은 결과를 마주하게 됩니다.

☑ 결과 3-19 datetime 객체를 템플릿에서 바로 출력한 결과

```
2015-04-07 17:06:22.752127
```

우리가 머릿속에 인식하기에 그다지 나쁜 결과로 보이지는 않습니다. 그런데 사이트의 요구사항 중에 특정 페이지는 날짜와 시간을 표기할 때 특정 형식에 맞추어야 한다는 요구사항이 발생하면, datetime 객체는 템플릿에 출력할 때 특정 요구사항에 맞춰 변환해서 출력해야 합니다.

</> 코드 3-65 datetime 객체를 템플릿에서 출력할 때 특정 날짜 형식을 변환하기

```
01: {{ my_time.strftime("%Y-%m-%d %H:%M:%S") )}}
```

코드 3-65를 사용하면 우리가 원하는 결과를 출력해낼 수 있습니다. 코드 3-65와 같은 방식은 템플릿 변수가 특정 메서드를 가지고 있는 객체일 때 유용하게 사용할 수 있지만, 만약 템플릿 변숫값이 datetime 객체가 아니라면 템플릿 해석 오류가 발생하게 됩니다.

코드 3-65와 같은 형태의 템플릿 작성은 템플릿 유지보수에 어려움을 겪을 수도 있습니다. 코드 3-65와 같은 표현식이 여러 템플릿 파일에서 사용된다면, 날짜 표현 형식이 변경되었을 경우 코드 3-65처럼 작성된 모든 템플릿 파일을 찾아 수정해야 합니다. 프로그래밍 언어에서는 이와 같은 특성을 중복성이라고 하는데, 프로그래밍 언어와 같이 템플릿에서도 이와 같은 특성은 최소한으로 줄여야 합니다.

그럼, 이와 같은 문제를 어떻게 해결해야 할까요? 몇 가지를 생각해볼 수 있을 것입니다. 템플릿에 값을 전달할 때 변경된 날짜 양식으로 넘겨주거나 템플릿에서 제공하는 기능을 사용하는 등의 방법으로 말이죠.

Jinja는 템플릿 변숫값을 다른 형태로 변환하거나 새로운 결과를 만들어내기 위해 필터를 제공합니다. Jinja는 템플릿 개발 과정에서 유용하게 사용할 수 있는 다수의 기본 필터와 사용자 필터를 작성할 수 있는 기능을 제공합니다. 사용자 필터를 작성하면 앞에서 문제 제기한 내용을 쉽게 해결할 수 있습니다.

📟 코드 3-66 날짜 객체를 받아 특정 날짜 형식으로 반환하는 템플릿 필터(실행은 코드 2-1 참고)

```
01: from datetime import date
02: from flask import flask
03:
04: app = Flask(__name__)
05:
06: @app.template_filter('korean_date')
07: def datetime_convert(date):
08:     if isinstance(date, datetime.date):
09:         return date.strftime("%Y-%m-%d")
10:     else:
11:         return date
```

코드 3-66은 Flask 애플리케이션에 템플릿 필터를 선언하고 등록하는 예제입니다. 템플릿 필터는 파이썬 함수로 작성하며, 반드시 한 개의 인자를 받도록 작성해야 합니다. 이 한 개의 인자는 필터로 전달되는 템플릿 변숫값입니다.

Flask는 Jinja에서 사용될 템플릿 필터 등록을 보다 쉽게 하기 위해서 template_filter 데코레이터를 제공합니다. 이를 위해 템플릿 필터 함수 선언 위에 template_filter 데코레이터를 선언합니다. template_filter 데코레이터는 템플릿 필터 함수의 이름을 반드시 전달받아야 합니다.

📟 코드 3-67 코드 3-66에서 선언한 템플릿 필터 사용하기

```
01: {{ my_time | korean_date )}}
```

코드 3-67에서 적용된 템플릿 필터 적용 코드는 코드 3-67과 코드 3-65와 비교해보면 템플릿에서 표현하고자 하는 내용이 무엇인지 명확하게 알 수 있습니다.

템플릿 필터는 필터 적용 과정에서 추가 인자를 전달받을 때가 있습니다. 예를 들어 출력 문자열에서 임의 문자열을 찾아 특정 문자열로 변경해야 하는 경우라면, 템플릿 필터는 변경을 수행할 원래 문자열 외에 찾을 문자열과 바꿀 문자열이란 두 개의 인자를 추가로 전달받아야 합니다.

```
01: from datetime import date
02: from flask import flask
03:
04: app = Flask(__name__)
05:
06: @app.template_filter('korean_date')
07: def datetime_convert(date, date_format=None):
08:     format_string = "%Y-%m-%d"
09:     if date_format:
10:         format_string = date_format
11:
12:     if isinstance(date, datetime.date):
13:         return date.strftime(format_string)
14:     else:
15:         return date
```

코드 3-68은 코드 3-66의 필터 함수에서 날짜 서식을 직접 받을 수 있도록 수정한 것입니다. 변경된 필터 함수는 템플릿 사용자가 표현할 날짜 포맷을 템플릿에서 넘겨주지 않으면 %Y-%m-%d 형식으로 표시합니다. 템플릿 필터를 적용할 때 필터 함수가 추가 인자를 기본값으로 가지는 경우 템플릿 필터 적용은 코드 3-67과 같이 합니다.

그러나 템플릿 필터 함수에 추가 인자를 제공해야 한다면 템플에서 필터 함수는 코드 3-69와 같이 합니다.

코드 3-69 필터 함수에 추가 인자 전달

```
01: <div>
02:     {{ my_time | korean_date("%Y/%m") }}
03: </div>
```

코드 3-69는 필터 함수에 추가 인자를 전달하는 예제입니다. 이 예제에서 주의해서 볼 것은 필터를 적용할 때 추가 인자를 전달하는 부분입니다. 코드 3-68의 필터 함수는 두 개의 인자를 받는데, 앞에서 설명한 것처럼 첫 번째 인자는 반드시 템플릿에서 받는 변수를 받아야 하며, 두 번째 인자부터는 필터 처리 과정에서 반드시 필요하거나 옵션 인자로 필요한 것을 정의하게 됩니다. 템플릿에서는 첫 번째 인자를 제외하고 추가 인자를 받는 필터 함수를 적용할 때는 코드 3-69에서와 같이 필터를 함수를 사용할 때처럼 괄호를 열고 필터 함수가 받는 추가 인자를 기술하면 됩니다.

다만, 템플릿 필터 함수는 파이썬 함수로 구현하기 때문에 함수의 인자는 기본값, 가변 인자, 사전 인자를 함수 선언에서 쓸 수 있음은 물론이고, 필터 함수에 인자를 전달함에 있어 함수의 인자 이름을 명시해서 전달할 수도 있습니다. 따라서 템플릿 필터 함수를 작성한 후에는 반드시 테스트하고 템플릿 필터 함수에 대해 문서화 작업을 해두는 것이 좋습니다.

템플릿 필터는 최소 한 개 이상을 적용할 수 있는데, 다수의 필터를 적용할 땐 버티컬 바(|) 문자와 필터 호출을 연속으로 붙여줍니다.

📟 **코드 3-70　다수의 필터 적용**

```
{{ my_contents | nl2br | striptags }}
```

코드 3-70은 템플릿 변수 my_contents에 대해 nl2br, striptags 필터를 적용하는 예제입니다. 코드 3-70에서처럼 다수의 필터를 적용하면 다수의 필터는 템플릿 엔진에서의 필터 적용을 왼쪽에서 오른쪽 방향으로 적용합니다.

📟 **코드 3-71　코드 3-71을 템플릿 엔진이 해석해서 호출하는 모습**

```
01: striptags(nl2br(my_contents))
```

코드 3-71을 보면 템플릿 필터가 어떤 순서대로 호출되는지 명확하게 이해할 수 있을 것입니다. 다수의 템플릿 필터 적용에서도 템플릿 필터의 추가 인자를 전달하는 것은 코드 3-69처럼 하면 됩니다. 필터의 인자 적용은 필터가 템플릿 엔진에서 호출될 때마다 해당 필터에 대해서만 이루어지므로 필터에 적용할 인자를 나중에 한 번에 적용하지 않습니다.

Jinja는 템플릿 디자이너가 템플릿 필터 선언 없이 사용할 수 있는 내장 필터를 제공하는데, 내장 필터는 템플릿 디자이너들이 자주 필요로 하는 것이 구현되어 있습니다. 여기서는 사용 빈도가 높은 내장 필터 19개에 대해서만 소개하겠습니다.

■ **abs(number)**

abs 필터는 임의의 숫자(부호 상관없이)를 받았을 때 수의 절댓값을 반환하는 필터입니다.

■ **batch(value, linecount, fill_with=None)**

batch 필터는 전달받은 value 인자가 시퀀스 형태인 경우 linecount 인자에 전달받은 숫자로 나누어진 여러 개의 시퀀스 값을 대신 반환받습니다. linecount 인자로 전체 value 시퀀스 객체 수로 나누었을 때 마지막 시퀀스 객체의 요소 수가 linecount에 도달하지 못하면, fill_with 인자에 전달한 값으로 나머지 시퀀스 요소를 채웁니다. 코드 3-72는 batch 필터를 사용하여 1일부터 31일까지 존재하는 임의의 달(월)을 HTML 테이블로 표현하는 예제입니다.

코드 3-72 batch 필터를 사용한 예

```
01: <table>
02: {%- for row in range(1, 32)|batch(7, ' ') %}
03:     <tr>
04:     {%- for column in row %}
05:         <td>{{ column }}</td>
06:     {%- endfor %}
07:     </tr>
08: {%- endfor %}
09: </table>
```

코드 3-72에서 range(1, 32)는 1부터 31까지 있는 시퀀스 객체를 만들어냅니다. 템플릿 엔진에서는 batch 필터를 적용하면서 시퀀스 객체의 총 개수를 7로 나누어 떨어진 수만큼 반복하면서 시퀀스 요소의 값을 7개씩 새로운 시퀀스 객체 값으로 만듭니다.

결과 3-20 batch 필터를 적용하면서 시퀀스 객체가 템플릿 엔진에서 해석되는 과정

```
seq = range(1, 32)
seq =>
[1, 2, 3, 4, 5, 6, 7, 8, 9, 10, 11, 12, 13, 14, 15, 16, 17, 18, 19, 20, 21, 22, 23,
24, 25, 26, 27, 28, 29, 30, 31]
seq = batch(seq, 7, ' ')
seq =>
[he
    [1, 2, 3, 4, 5, 6, 7],
    [8, 9, 10, 11, 12, 13, 14],
    [15, 16, 17, 18, 19, 20, 21],
    [22, 23, 24, 25, 26, 27, 28],
    [29, 30, 31, ' ', ' ', ' ', ' ']
]
```

결과 3-20은 batch 필터가 템플릿 엔진에서 해석되는 모습을 필자가 풀어쓴 것입니다. 그럼, batch 필터를 어디에 사용할 수 있을까요? batch 필터를 시퀀스 객체를 임의 개수로 쉽게 나눌 수 있는 만큼 템플릿 프로그래밍 중에 수식을 이용하지 않아도 한 줄에 정해진 개수를 포함하는 이미지 앨범을 출력한다거나 온라인 달력을 만드는 데 매우 유용할 것입니다.

- **center(value, width=80)**

center 필터는 value로 넘어온 문자열 템플릿 변숫값을 width 인자로 넘어온 길이에 맞춰 중앙에 출력되도록 하는 데 사용됩니다. width 인자의 기본값은 특별히 지정하지 않으면 80자입니다.

</> 코드 3-73 center 필터 사용

```
01: {{ 'Hello JPUB Company' | center(80) }}
```

- **default(value, default_value=u'', boolean=False)**

default 필터는 템플릿 변수 value를 전달받으면 value에 해당하는 템플릿 변수가 템플릿 컨텍스트(처리 중인 템플릿의 네임스페이스)에 존재하지 않으면 default_value를 반환합니다. boolean 인자는 True를 전달하면 템플릿 컨텍스트에 value가 존재하고, 이 값을 파이썬이 거짓 값으로 판별할 것인지에 대해 지정합니다. default 필터는 별칭으로 d를 사용할 수 있습니다.

- **escape(s)**

escape 필터는 문자열 템플릿 변수 s를 받으면 s 변숫값에서 앰퍼샌드 기호(&), 이하 기호(<), 이상 기호(>), 싱글 쿼테이션('), 더블 쿼테이션(")을 HTML Entity로 변환하여 반환합니다. HTML Entity는 표 3-6에 맞춰 변환됩니다. 싱글 쿼테이션과 더블 쿼테이션은 웹 브라우저마다 문자열 기호로 사용할 때 해석이 되기도 하고 안 되기도 해서 숫자 코드로 직접 표현합니다. escape 필터는 별칭으로 e를 사용할 수 있습니다.

⊞ 표 3-6 HTML Entity 변환표

기호	변환된 HTML Entity
&	&amp;
<	&lt;
>	&gt;
'	&#39;
"	&#34;

- **filesizeformat(value, binary=False)**

filesizeformat 필터는 숫자 형태의 value 값을 받아 사람이 읽을 수 있는 파일 용량으로 변환해 반환합니다. Binary 인자를 False로 전달하거나, 전달하지 않으면 용량 표기로 KB, MB, GB, TB 등으로 반환하고, True를 전달하면 용량 표기를 KiB, MiB, GiB, TiB와 같이 반환합니다. binary 인자의 부울값 지정 여부에 따라 계산 결과가 약간 바뀌는데, False로 지정하면 1KB를 1000으로 계산하지만, True로 지정하면 1KB를 1024로 계산하기 때문에 그렇습니다. filesizeformat 필터와 같은 역할을 하는 모듈은 파이썬에서 hurry.filesize 모듈에서 찾아볼 수 있습니다.

■ forceescape(value)

forceescape 필터는 value 변숫값에 대해 강제로 이스케이프 처리를 수행하고 그 결과를 반환합니다.

■ format(value, *args, **kwargs)

format 필터는 파이썬에서 문자열 포맷과 같은 효과를 제공합니다. 포맷 방법은 가변 인자를 사용한 포맷 방법과 키워드 인자를 사용한 포맷 방법을 모두 사용할 수 있습니다. 코드 3-74는 이 두 개의 방법 모두를 보여줍니다.

코드 3-74　format 필터를 사용해 문자열 포맷

```
01: {{ "%s - %s"|format("Hello?", "Foo!") }}
02: {{ "%(str1)s - %(str2)s"|format(str1="Hello?", str2="Lemonism!") }}
```

■ indent(s, width=4, indentfirst=False)

indent 필터는 다수의 행으로 구성된 문자열 템플릿 변수 s에 대해 들여쓰기를 하기 위해 사용됩니다. 첫 번째 행을 제외한 모든 행은 width 인자에 전달한 문자 수만큼 스페이스 문자로 들여쓰기됩니다. 첫 번째 행은 들여쓰기를 하지 않는데, 들여쓰기를 해야 할 경우 indentfirst 인자를 True로 전달하면 첫 번째 행도 들여쓰기를 수행합니다.

코드 3-75　indent 필터를 사용해 들여쓰기하기

```
01: {{ code_block | indent(4, False) }}
```

■ int(value, default=0)

int 필터는 value를 받아 정숫값을 반환합니다. default 인자를 추가로 제공하면 value가 빈 값이거나 문자열인 경우에 대해 default 값을 반환합니다.

■ replace(s, old, new, count=None)

replace 필터는 문자열 템플릿 변수 s에 바꿀 문자열 old와 바뀔 문자열 new를 받아 s에서 old

를 모두 찾아 new로 치환한 문자열을 반환합니다. 이 필터를 호출할 때는 반드시 old와 new를 전달해야 합니다. count 인자를 추가로 전달하면 old에서 new로의 치환을 count에 지정한 수만큼 하고 나면 더 이상 치환 작업을 하지 않고 반환합니다.

코드 3-76 replace 필터 사용

```
01: {{ "Hi, world. You are the world's leading person." | replace('world', 'Korea') }}
```

■ **round(value, precision=0, method='common')**

round 필터는 숫자 값 value를 받아 precision 인자에 반올림할 소수점을 전달하여 생성된 값을 반환합니다. precision 인자는 기본값으로 0을 가지며, method 인자는 반올림 연산 방법을 지정합니다. 그리고 다음의 값 중 하나를 사용할 수 있으며, 기본값은 common입니다.

표 3-7 round 필터의 method 인자에 전달할 수 있는 값

method 인자 값	설명
common	소수점 값에 따라 반올림하거나 반내림한 값을 반환합니다.
ceil	value에 대해 항상 소수점 반올림한 값을 반환합니다.
floor	value에 대해 항상 소수점 반내림한 값을 반환합니다.

round 필터는 항상 소수점 값을 반환하기 때문에 정숫값으로 표현하려면 int 필터를 사용합니다.

■ **safe(value)**

safe 필터는 이스케이프 처리된 HTML 문자열이 안전하다는 표시를 위해 사용합니다. 3.3절 '이스케이프 처리'에서 escape 필터와 함께 사용 방법을 찾아볼 수 있습니다.

■ **sort(value, reverse=False, case_sensitive=False, attribute=None)**

sort 필터는 순회 가능한 변수 value에 대해 정렬한 다음, 그 값을 반환합니다. reverse 인자를 True로 전달하면 value를 역으로 정렬한 후에 반환합니다. 순회 가능한 변수 value의 요솟값이 문자열 형태라면 sort 필터는 대소문자를 구별하지 않고 정렬하지만, case_sensitive 인자를 True로 전달하면 대소문자를 구별하여 정렬한 값을 반환합니다. attribute 인자는 순회 가능한 변수 value의 요솟값이 객체 타입인 경우 객체가 가지고 있는 정렬 기준으로 삼을 속성명을 전달할 때 사용합니다.

```
01: {% for item in iterable|sort %}
02:     ...
03: {% endfor %}
04:
05: {% for item in iterable|sort(attribute='date') %}
06:     ...
07: {% endfor %}
```

코드 3-77은 sort 필터를 사용하는 방법을 나타낸 것입니다.

■ **striptags(value)**

striptags 필터는 문자열 변수 value의 값에서 HTML 태그를 제거한 값을 반환합니다.

■ **sum(iterable, attribute=None, start=0)**

sum 필터는 순회 가능한 변수 value의 요솟값을 모두 더한 결과를 반환합니다. 엑셀의 sum 함수와 같은 역할을 합니다. 단, 순회 가능한 변수 value의 요솟값이 객체인 경우 attribute 인자에 더할 값의 대상이 되는 객체 속성명을 전달합니다. start 인자는 합계를 구할 때 합계 값의 기본이 되는 값을 숫자로 전달합니다.

📟 코드 3-78 sum 필터 사용

```
01: {{ range(1, 11) | sum(start=10) }}
```

■ **trim(value)**

trim 필터는 전달받은 문자열 value에 앞뒤에 있는 모든 공백 문자를 제거한 결괏값을 반환합니다.

■ **truncate(s, length=255, killwords=False, end='...')**

truncate 필터는 문자열 템플릿 변수 s를 length 인자에 전달한 길이만큼 잘라낸 결과 문자열과 end 인자에 전달한 생략 문자열을 더한 새로운 문자열을 반환합니다. 이때 문자열 템플릿 변수 s의 길이가 length 인자에 지정한 만큼 되지 않으면 s 값을 그대로 반환합니다. truncate 필터는 문자열을 잘라낼 때의 기본 동작은 문자열에 포함되어 있는 단어 단위로 잘라냅니다(언어와 무관합니다). 문자열이 단어 단위가 아닌 문자 단위로 잘라내려면 killwords 인자에 True를 전달합니다.

```
01: {{ '환경권의 내용과 행사에 관하여는 법률로 정한다. 피고인의 자백이 고문 · 폭행 · 협박 · 구속의 부당한 장기화 또는 기망
기타의 방법에 의하여 자의로 진술된 것이 아니라고 인정될 때 또는 정식재판에 있어서 피고인의 자백이 그에게 불리한 유일한 증거일
때에는 이를 유죄의 증거로 삼거나 이를 이유로 처벌할 수 없다.' | truncate(20, True) }}
```

■ wordwrap(s, width=79, break_long_words=True, wrapstring=None)

wordwrap 필터는 문자열 템플릿 변수 s에 대해 width 인자에 전달한 문자 수 단위로 줄을 나누어 반환합니다. break_long_words 인자는 s에서 특정 단어의 길이가 width에 지정한 길이 이상인 경우, 그 단어는 width 인자에 지정한 단위로 잘라내지 않고 단어를 잘라내기 없이 사용합니다. 이때 단어는 공백 없이 쓰여진 것을 하나의 단어로 보는데, 한국어든 영어든 한 단어가 79자 이상인 경우는 드뭅니다. 그래서 사실 자주 사용할 옵션 인자는 아닙니다. 그러고 보니 조선왕조실록 및 역대 한반도에 있었던 왕들이 죽어서 추존될 때는 그 왕의 추존명이 덧붙여져서 매우 길어진 것을 볼 수 있습니다. 예를 들면, 대한제국 초대 황제인 고종은 사후 추존명이 '고종통천융운조극돈륜정성광의명공대덕요준순휘우모탕경응명입기지화신열외훈홍업계기선력건행곤정영의홍휴수강문헌무장인익정효태황제'로 무려 63자에 달합니다. 마지막으로, wrapstring 인자는 줄을 구분하는 문자를 전달하는데, 전달하지 않을 경우 기본 줄바꿈 문자 (\n)가 사용됩니다.

ㅍ마치며 이 절에서는 템플릿을 사용할 때 템플릿 변숫값의 출력값을 변경하기 위해 사용하는 필터에 대해 살펴봤습니다. 지면상 모든 내장 필터를 다루지는 않았지만, 여기에 소개된 내장 필터와 사용자 필터를 작성하여 사용하면 템플릿 작성도 쉬워지고 유지보수가 매우 쉬워질 것으로 기대합니다. 여러분도 템플릿 필터를 통해 유연한 프로그램을 작성하기 바랍니다.

Flask 기본 확장

이 장에서는 Flask 애플리케이션을 만들 때 사용할 수 있는 라이브러리와 애플리케이션 개발 편의성을 높여주고 동적 웹 애플리케이션을 만드는 데 필요한 기술을 소개합니다. 여기서 소개하는 기술이나 개괄적인 사용 방법은 웹에서 쉽게 찾아볼 수 있습니다. 웹에는 이 책에서 소개된 방법 외에 다양한 방법이 있으므로 기술 스킬을 늘리기 위해 이들 방법을 숙지해두시 길 바랍니다.

이 장에서는 다음과 같은 내용을 다룹니다.

- 데이터베이스 연동
- 라우팅 함수의 뷰 데코레이터 개발
- 사용자가 HTML 폼을 통해 제출한 값에 대한 유효성 검증
- HTTP 오류가 발생했을 때 웹 브라우저에 반환할 오류 페이지 대체 방법
- 라우팅 뷰 함수가 처리를 끝낸 후 템플릿에 특정 값을 일시적으로 출력하기 위해 사용하는 메시지 플래시 API 사용
- 동적 웹 애플리케이션 개발에 필요한 Ajax 처리 기법

Flask는 마이크로 프레임워크라는 특성 덕분에 다양한 프로그래밍 라이브러리를 접목할 수 있습니다. 따라서 개발팀이나 개발자가 필요로 하는 라이브러리나 기법이 있으면 쉽게 사용할 수 있습니다. 이런 특성은 마이크로 프레임워크의 강점이라고 할 수 있습니다.

여러분도 이 장을 통해 Flask 애플리케이션을 더 풍성하게 만드는 방법을 익히시기 바랍니다.

4.1 데이터베이스 연동

프로그램에는 다양한 데이터베이스가 사용될 수 있습니다. 웹 프로그램에서 데이터베이스는 웹 브라우저(구글 크롬, 파이어폭스 등)로부터의 데이터(사용자 ID, PW 등) 입력과 웹 프로그램에서 입력되는 데이터(입력 날짜, 수정 날짜 등)를 저장합니다. 데이터베이스에 저장된 데이터는 웹 프로그램의 요청에 의해 꺼내집니다.

파이썬 Flask에서 사용 가능한 데이터베이스에는 MySQL, PostgreSQL, Oracle, MongoDB 등이 있는데, 이외에도 파이썬에서 연결 가능한 데이터베이스는 모두 이용할 수 있습니다.

데이터베이스는 데이터를 저장하고 다루는 방식에 따라서 크게 RDBMS(관계형 데이터베이스)와 NoSQL(비 관계형 데이터베이스)로 나누어집니다.

RDBMS는 데이터를 질의, 입력, 수정, 삭제 등의 조작을 할 때 SQL(Structured Query Language) 언어를 사용합니다. SQL 언어는 ANSI 표준으로 지정되어 있으며, 기본적인 개념은 수학의 집합에 기반한 방법으로 데이터를 질의하는 등의 조작을 수행할 수 있습니다.

이와 달리 NoSQL 데이터베이스는 데이터를 관계를 가진 데이터로 보지 않고 데이터를 빠르게 입력하고 조작하고 수행하는 데 그 목적이 있는 데이터베이스입니다. NoSQL 데이터베이스는 크게 그래프 데이터베이스, Key-Value 데이터베이스, 문서형 데이터베이스, XML 데이터베이스 등으로 분류할 수 있습니다.

RDBMS는 조작 특성상 개발자가 SQL 언어를 먼저 알고 있어야 합니다. 그렇지만 프로그램 언어만으로 데이터베이스를 조작할 수 있다면 프로그램 개발이 조금은 더 쉬워지지 않을까 하는 고민을 한 결과, 파이썬 커뮤니티는 ORM(Object-Relational Mapping, 객체 관계 매핑) 기술에 기반한 SQLAlchemy 라이브러리가 배포되고 있습니다.

우리는 이 장에서 RDBMS를 조작하는 라이브러리인 SQLAlchemy와 NoSQL 데이터베이스의 한 종류인 '문서형 데이터베이스' 중 MongoDB를 MongoKit 라이브러리를 통해 사용하는 방법을 배워볼 것입니다.

4.1.1 SQLAlchemy

SQLAlchemy는 앞서 짧게 소개한 바와 같이 관계형 데이터베이스를 프로그램에서 쉽게 조작하고 사용할 수 있도록 도와주는 라이브러리입니다. 파이썬 Flask에서 SQLAlchemy를 사용하는 방법에는 직접 연동과 Flask 확장 모듈을 사용하는 두 가지가 있습니다. 우리는 이 두 가지 방법을 모두 배워볼 것입니다.

SQLAlchemy를 설치하기 위해 셸에서 다음 명령을 입력합니다.

셸 4-1 SQLAlchemy 설치하기

```
$ pip install sqlalchemy
```

설치가 완료되면 다음과 같은 메시지가 나옵니다.

결과 4-1 SQLAlchemy 설치 완료 메시지

```
Successfully installed sqlalchemy
Cleaning up...
```

먼저, SQLAlchemy와 Flask를 직접 연동하는 방법부터 시작하겠습니다. 다음과 같은 Flask 애플리케이션 구조를 만듭니다.

디렉터리 구조 4-1 Flask 애플리케이션 뼈대

```
/flask_sqlalchemy_exam1
|___ /flask_sqlalchemy_direct
      |___ /flask_sqlalchemy_direct.py
```

이제 SQLAlchemy와 연동하기 위한 데이터베이스 선언 파일(flask_sqlalchemy_direct/database.py)을 생성합니다. 데이터베이스 선언 파일에는 프로그램이 접속하는 데이터베이스 접속 정보와 데이터베이스 조작을 수행할 객체와 초기 데이터베이스 생성 구문 등을 포함하고 있습니다.

코드 4-1 웹 애플리케이션에서 SQLAlchemy 연결을 위해 사용하는 database.py 파일

```
01: from sqlalchemy import create_engine
02: from sqlalchemy.orm import scoped_session, sessionmaker
03: from sqlalchemy.ext.declarative import declarative_base
04:
05: engine = create_engine("postgresql+pypostgresql://sqlalchemy:sqlalchemy@
localhost/sqlalchemy",
06:                        echo=True,
07:                        convert_unicode=True)
08: db_session = scoped_session(sessionmaker(autocommit=False,
09:                                           autoflush=False,
```

```
10:                                              bind=engine))
11: Base = declarative_base()
12: Base.query = db_session.query_property()
13:
14: def init_db():
15:     import models
16:     Base.metadata.create_all(bind=engine)
```

database.py 파일을 통해 SQLAlchemy 연결 구성을 어떻게 하는지 살펴보겠습니다.

01: 데이터베이스 engine 변수를 선언하기 위해 create_engine 클래스를 가져옵니다.

02: 세션 객체를 관리할 scoped_session 클래스와 세션 생성 클래스인 sessionmaker를 가져옵니다.

03: 데이터베이스 테이블 모델이 사용할 기본 선언 클래스를 반환할 declarative_base를 가져옵니다.

05~07: 데이터베이스에 접속할 engine 객체를 선언합니다. engine 객체는 9행에서 정의되는 db_session 객체가 사용할 실제 연결을 가지고 있습니다. engine 객체 선언에는 다양한 인자가 들어올 수 있는데, 여기서는 '접속 URL', 'SQLAlchemy가 생성한 쿼리문을 보여주는 것', '유니코드 변환'에 대한 인자가 넘어갔습니다. 접속 URL은 SQLAlchemy가 지원하는 데이터베이스 이름과 접속 드라이버를 명시한 형태로 이용합니다. 예제에서는 PostgreSQL 데이터베이스를 사용했습니다.

08~10: 데이터베이스 조작을 수행할 객체를 선언합니다. 이 객체로 데이터 모델을 전달해서 실제 데이터베이스를 조작할 수 있습니다. 이 객체의 선언은 데이터베이스 세션을 관리할 scoped_session 클래스의 생성 인자로 sessionmaker 클래스의 인스턴스를 받습니다. sessionmaker 클래스는 자동 커밋(autocommit) 여부와 사용할 데이터베이스 engine 객체(bind)와 쿼리를 바로 실행할 것인지(autoflush)를 지정하여 생성했습니다.

11: declarative_base 메서드로부터 반환받은 Base 객체를 데이터베이스 모델이 사용할 기본 객체로 사용합니다.

12: 11행에서 생성한 Base가 어떤 데이터 조작 수행 객체를 사용할 것인지를 지정합니다. 여기서는 db_session 객체의 query_property 메서드를 가져옵니다. 가져온 메서드는 프로그램이 데이터베이스 조작을 할 때마다 연결된 데이터베이스 세션에 대해서만 데이터베이스 쿼리를 실행합니다.

14~16: 데이터베이스 초기화 함수를 선언합니다. 15행에서는 11행에서 선언된 Base 클래스를 상속받는 모델 객체가 있는 파일을 가져오고, 16행에서 Base 클래스의 metadata 속성 안에

create_all 메서드에 5행에서 생성한 engine 객체를 넘겨줌으로써 데이터베이스 테이블을 일괄적으로 생성합니다.

다음으로, SQLAlchemy를 이용해 질의할 모델을 선언해야 합니다. 이 모델은 관계형 데이터베이스의 사용하고자 하는 테이블의 구조와 일치해야 합니다. 이제 flask_sqlalchemy_direct/models.py 파일을 생성합니다.

코드 4-2 데이터베이스 테이블 구조를 나타내는 models.py 파일

```
01: from sqlalchemy import Column, Integer, String
02: from flask_sqlalchemy_direct.database import Base
03:
04: class User(Base):
05:     __tablename__ = 'users'
06:
07:     id = Column(Integer, primary_key=True)
08:     name = Column(String(50), unique=True)
09:     email = Column(String(120), unique=True)
10:
11:     def __init__(self, name=None, email=None):
12:         self.name = name
13:         self.email = email
14:
15:     def __repr__(self):
16:         return '<User %r>' % (self.name,)
```

참고로, 데이터 모델에 사용되는 칼럼 타입은 sqlalchemy.types 모듈에서 모두 확인해볼 수 있으며, sqlalchemy에서는 많이 쓰이는 것이 별칭으로 링크되어 있습니다.

models.py 파일이 어떻게 구성되어 있는지 확인해봅시다.

01: sqlalchemy 패키지로부터 Column 클래스, Integer, String 클래스를 가져옵니다.

02: 앞에서 생성한 database.py로부터 Base 클래스를 가져옵니다.

04~16: User 모델을 선언합니다. 이 User 모델은 데이터베이스 테이블과 일대일 관계를 가지며, 한 개의 레코드를 의미하기도 합니다. User 모델의 첫 행은 User 모델이 사용하는 테이블 이름을 __tablename__에 저장하고, 7~9행은 각 Column을 선언합니다, Column은 1행에서 가져온 Column 클래스를 사용하여 정의하며, 첫 번째 인자로 칼럼 타입, 두 번째 인자로 칼럼에 한정히는 속성을 지정합니다. 여기서는 id 칼럼은 주 기(레코드를 식별하는 키)로 지정하기 위해 primary_key 속성을 True로 지정하였으며, name 칼럼은 문자열 50자, email 칼럼은 문자

열 120자 제한을 주었으며, 모두 유일한 값을 가진다는 의미에서 unique 속성을 True로 지정했습니다. User 모델은 파이썬 클래스 형태로 선언하는데, 이 클래스를 인스턴스화할 때 초기 인자로 name과 email을 입력받습니다(11~13행). User 모델이 인스턴스화되고 나면 이 모델이 어떠한 값을 가지고 있는지 식별하기 위해서 __repr__ 메서드를 선언하여 User 모델이 어떠한 값을 가지고 있는지 반환합니다(15~16행).

이렇게 선언한 데이터베이스 선언 파일과 모델 선언 파일을 이용해서 데이터베이스에 테이블을 생성합니다. SQLAlchemy로 데이터베이스 테이블을 자동 생성하는 일은 매우 쉽습니다.

🐚 셀 4-2 **database.py 파일을 사용해 셸에서 데이터베이스 테이블 생성하기**

```
01: $ python
02: >>> from flask_sqlalchemy_direct.database import init_db
03: >>> init_db()
```

참고로, 본문에서 예제로 언급된 프로그램은 파이썬 3.5와 PostgreSQL 9.4 버전이 설치되고 PostgreSQL에 SQLAlchemy 사용자(비밀번호: sqlalchemy)와 SQLAlchemy 데이터베이스가 생성되어 있어야 합니다. PostgreSQL 사용 방법은 부록 E 'PostgreSQL 9.4 설치'에서 간략히 다룹니다.

SQLAlchemy는 Flask에서 사용될 때 애플리케이션이 종료되면 SQLAlchemy를 통해 연결한 데이터베이스로의 연결이 종료되어야 합니다. 이에 따라 Flask 애플리케이션이 구축되어 있는 flask_sqlalchemy_direct.py 파일에 다음과 같은 내용을 적절한 위치에 추가합니다.

📟 코드 4-3 **Flask 애플리케이션이 종료될 때 db 연결을 닫게 하는 데코레이터 추가(app은 코드 2-1 참고)**

```
01: from flask_sqlalchemy_direct.database import db_session
02:
03: @app.teardown_appcontext
04: def shutdown_session(exception=None):
05:     db_session.remove()
```

코드 4-3의 내용은 Flask 애플리케이션이 종료될 때 db_session 객체를 메모리에서 제거합니다.

이제 우리는 Flask 프로그램에서 데이터베이스 선언 파일과 모델 선언 파일을 사용해 실제 데이터베이스에 접속하여 프로그램을 조작할 것입니다.

셀 4-3 데이터베이스를 조작하기 위해 User 모델과 db_session 객체 가져오기

```
01: >>> from flask_sqlalchemy_direct.database import db_session
02: >>> from flask_sqlalchemy_direct.models import User
```

셀 4-3에서는 User 모델을 사용해 데이터베이스를 조작하기 위해 User 모델과 db_session 개체를 가져왔습니다. 사용하고자 하는 개별 모델 클래스는 콤마로 구분하여 계속 가져오면 됩니다.

이제 User 모델을 이용해 admin 유저를 생성합니다.

셀 4-4 User 객체 생성하기

```
01: >>> u = User('admin', 'admin@localhost')
02: >>> db_session.add(u)
03: >>> db_session.commit()
```

셀 4-4의 첫 행은 이름이 admin이고, 그의 메일 주소는 admin@localhost인 User를 생성합니다. 코드 4-2의 11행에서 User 모델을 선언하고, 객체를 생성할 때 초기화 메서드가 이름과 이메일 주소를 인자로 받으므로 별도로 User 모델의 칼럼에 직접 접근하여 데이터를 할당하지 않아도 됩니다. 첫 행은 다음과 같은 형태로 바꿔쓸 수 있습니다.

코드 4-4 User 모델에 데이터 직접 추가하기

```
01: >>> u = User()
02: >>> u.name = 'admin'
03: >>> u.email = 'admin@localhost'
```

User 모델을 인스턴스화해서 User를 만들었으니 이 모델을 데이터베이스에 추가할 차례입니다. 데이터베이스에 모델 인스턴스를 추가하는 것은 셀 4-4의 02~03행입니다. 이 02~03행은 데이터베이스에 모델 인스턴스를 추가하고자 할 때 사용합니다.

데이터베이스에 데이터 추가 작업을 마쳤으니 완전히 반영해도 좋다는 메시지를 전송합니다. 이 완료 메시지 전송은 셀 4-4의 마지막 행인 db_session.commit()이 수행합니다. 만약 데이터가 잘못 들어간 경우는 완료되지 않았으니 데이터를 이전 완료 상태로 돌리라는 의미에서 commit() 메서드의 실행 대신에 db_session 객체의 rollback 메서드를 실행합니다.

코드 4-5 DB 변경사항 취소하기

```
01: >>> db_session.rollback()
```

코드 4-5의 수행 결과는 셀 4-4의 첫 행에서 생성한 admin User 인스턴스가 데이터베이스에 추가되지 않는 것으로 확인할 수 있습니다. 이제 User 모델을 검색하고 불러옵니다.

코드 4-6 User 모델 검색

```
01: >>> User.query.all()
02: [<User u'admin'>]
03: >>> User.query.filter(User.name == 'admin').first()
04: <User u'admin'>
```

User 모델은 Base 클래스를 상속받았기 때문에 Base 클래스에서 제공하는 메서드나 속성을 사용할 수 있습니다. User 모델에 질의를 던지기 위해서는 query 속성에 있는 메서드를 사용해 데이터베이스에게 질의합니다.

query 속성에서는 대표적으로 all, filter, filter_by 메서드가 있습니다. all 메서드는 질의 조건을 받지 않으며, 데이터베이스의 모든 레코드를 가져옵니다. filter와 filter_by 메서드는 질의 조건을 받으며, 질의 조건에 해당하는 레코드를 User 모델 인스턴스로 반환합니다. 이때 질의 조건은 콤마(,)를 포함하여 여러 개를 입력하면 그 조건을 모두 만족하는 레코드만을 반환합니다.

filter 메서드와 filter_by 메서드는 인자를 넘기는 방식이 약간 다릅니다. 이 두 메서드 중 filter 메서드부터 살펴보겠습니다.

filter 메서드는 User 모델에서 name 칼럼의 값이 'admin'인 것을 가져오기 위해 코드 4-9의 3행과 같은 방법을 사용합니다.

용법 4-1 filter 메서드 문법

```
01: .filter(<질의클래스.질의칼럼> <비교연산자> <비교값>)
```

용법 4-1에서 볼 수 있듯이 filter 메서드는 질의 조건을 질의하고자 하는 클래스의 칼럼 속성과 비교 연산자, 비교 값을 함께 받습니다. 이때 비교 연산자는 파이썬의 비교 연산자를 사용하게 됩니다. 그래서 질의 칼럼 값이 비교 값과 같은 것을 레코드를 가져오고자 할 때 =가 아닌 ==를 써야 합니다.

filter_by 메서드는 같은 값을 비교하여 가져오고자 할 때에 한해 ==가 아닌 = 연산자를 사용합니다. 하지만 filter_by 메서드의 약점은 !=, <=, >= 등의 비교 연산자와 함께 사용할 수 없다는 것입니다. 이에 따라 동등 비교가 아닌 모든 경우의 레코드를 찾으려면 filter 메서드를 사용해야 합니다.

데이터베이스에 질의하고 나면 질의 결과를 가져와야 합니다. 질의 결과는 한 개의 레코드에서부터 여러 레코드까지 가져올 수 있는데, 사용하는 메서드는 first, all, one, limit, offset 등이 있습니다. 이 중 first, all, one은 레코드를 가져오는 메서드이며, limit과 offset은 레코드가 많을 때 몇 개를 가져올 것인지(limit) 혹은 어디부터 시작할 것인지(offset)를 지정하는 메서드입니다. 사실, 이 두 메서드는 질의 결과와 관련한 메서드라기보다는 질의 메서드에 가깝습니다.

질의 결과 메서드인 first, all, one 중 all을 제외하고는 레코드가 있는 경우 User 인스턴스를 반환합니다. all 메서드는 질의 조건에 해당하는 모든 결과 레코드(결과 레코드가 한 개인 경우라도)를 파이썬 리스트 타입으로 반환합니다.

그럼, 코드 4-6의 3행으로 돌아가보겠습니다. 이 행의 결과는 User 모델의 name 칼럼 값이 admin인 레코드를 검색하며, 이 레코드를 User 인스턴스로 반환하기 위해 first 메서드를 사용합니다. first 메서드는 질의 조건에 해당하는 레코드가 있으면 레코드를 반환하며, 레코드가 없으면 None을 반환합니다. 이에 반해 one 메서드는 질의 조건에 해당하는 레코드가 없으면 sqlalchemy.orm.exc.NoResultFound 예외를 발생시킵니다. 또한, 질의 조건에 해당하는 레코드가 여러 건일 때 first는 가장 최상위 레코드만을 반환하지만, one은 sqlalchemy.orm.exc.MultipleResultsFound 예외를 발생시킵니다. 반드시 한 건의 데이터가 추출되어야 할 때 one 메서드는 무척 유용하게 사용될 수 있습니다.

이제 반환된 User 인스턴스의 값을 수정하고 데이터베이스에 반영해보겠습니다.

📟 코드 4-7 **User 인스턴스의 값을 변경하고 데이터베이스에 반영**

```
01: >>> u = User.query.filter(User.name == 'admin').first()
02: <User u'admin'>
03: >>> print u.email
04: 'admin@localhost'
05: >>> u.email = 'admin@jpub.co.kr'
06: >>> db_session.add(u)
07: >>> db_session.commit()
```

코드 4-7에서는 검색된 User 인스턴스의 email 칼럼 값을 변경하고 데이터베이스에 반영하는 코드입니다. 5행이 admin 유저의 email 칼럼 값을 변경하는 문상입니다. 이 코드의 6~7행은 User 인스턴스를 데이터베이스에 추가할 때와 같습니다.

db_session 객체의 add 메서드는 User 인스턴스의 primary_key 속성을 가진 id 칼럼에 값이 있는 경우 데이터베이스에 레코드를 수정하기 위해 SQLAlchemy 내부적으로 insert 문이 아닌 update 문을 구성해줍니다.

우리는 코드 4-6을 통해 검색된 User 인스턴스를 가져왔습니다. 이렇게 가져온 인스턴스를 삭제하려면 SQLAlchemy에서는 다음과 같은 방법으로 수행합니다.

코드 4-8 user 인스턴스를 데이터베이스에서 제거하기

```
01: >>> db_session.delete(u)
02: >>> db_session.commit()
```

레코드의 삭제는 코드 4-8이 전부입니다. 삭제하고자 하는 레코드를 찾아 db_session 객체의 delete 메서드에 인자를 전달하는 방법으로 처리됩니다. 이 처리 방법은 매우 쉬워 보입니다. 한 개의 레코드는 코드 4-8의 방법으로 삭제할 수 있지만, 여러 개의 레코드를 삭제하는 방법은 코드 4-8과 약간 다릅니다.

코드 4-9 모델에서 레코드를 삭제할 때 특정 조건에 해당하는 것만 삭제하도록 하기

```
01: >>> User.query.filter(User.name == 'admin').delete()
02: >>> db_session.commit()
```

코드 4-9는 질의 조건을 만족하는 레코드 모두를 삭제하라고 SQLAlchemy에게 지시합니다. 이 코드의 두 번째 행은 데이터베이스에 변경된 내역을 반영하라는 의미로 사용합니다.

우리는 앞에서 SQLAlchemy에서 테이블의 데이터를 다루기 위해서 모델 클래스를 사용했습니다. SQLAlchemy는 모델을 선언하는 방법으로, SQLAlchemy의 Base 클래스를 상속받아 정의하는 방법과 임의의 매핑 객체를 만들어 매핑해주는 두 가지 방법이 있습니다.

SQLAlchemy의 모델 매핑을 수동적으로 하는 경우, Base 클래스를 상속받을 때와 달리 database.py와 models.py 파일 내용이 다릅니다.

코드 4-10 SQLAlchemy에 모델 매핑을 수동으로 하기 위해 구성한 database.py 파일

```
01: from sqlalchemy import create_engine, MetaData
02: from sqlalchemy.orm import scoped_session, sessionmaker
03:
04: engine = create_engine("postgresql+pypostgresql://sqlalchemy:sqlalchemy@
localhost/sqlalchemy",
```

```
05:                                     echo=True, convert_unicode=True)
06: metadata = MetaData()
07: db_session = scoped_session(sessionmaker(autocommit=False,
08:                                           autoflush=False,
09:                                           bind=engine))
10: def init_db():
11:     import models
12:     metadata.create_all(bind=engine)
```

database.py 파일의 내용을 살펴보겠습니다.

01: 데이터베이스 engine을 선언하기 위해 create_engine 클래스와 메타데이터를 가지고 있을 MetaData 클래스를 가져옵니다.

02: 세션 객체를 관리할 scoped_session 클래스와 세션 생성 클래스인 sessionmaker를 가져옵니다.

04~05: 데이터베이스에 접속할 engine 객체를 선언합니다. engine 객체는 9행에서 정의되는 db_session 객체가 사용할 실제 연결을 가지고 있습니다. engine 객체 선언에는 다양한 인자가 들어올 수 있는데, 여기서는 '접속 URL', 'SQLAlchemy가 생성한 쿼리문을 보여주는 것', '유니코드 변환'에 대한 인자가 넘어갔습니다. 접속 URL은 SQLAlchemy가 지원하는 데이터베이스 이름과 접속 드라이버를 명시한 형태로 이용합니다. 예제에서는 PostgreSQL 데이터베이스를 사용했습니다.

06: 메타데이터를 관리할 MetaData 클래스를 인스턴스화합니다.

07~09: 데이터베이스 조작을 수행할 객체를 선언합니다. 이 객체로 데이터 모델을 넘겨서 실제 데이터베이스를 조작할 수 있습니다. 이 객체의 선언은 데이터베이스 세션을 관리할 scoped_session 클래스의 생성 인자로 sessionmaker 클래스의 인스턴스를 받습니다. sessionmaker 클래스는 자동 커밋 여부(autocommit)와 사용할 데이터베이스 engine 객체(bind)와 쿼리를 바로 실행할 것인지(autoflush) 여부를 지정하여 생성했습니다.

10~11: 데이터베이스 초기화 함수를 선언합니다. 11행에서는 12행에서 선언된 metadata 인스턴스를 인자로 받는 테이블 객체가 있는 파일을 가져오고, 12행에서 metadata 속성 안에 create_all 메서드에 6행에서 생성한 engine 객체를 넘겨줌으로써 데이터베이스 테이블을 일괄적으로 생성합니다.

📝 코드 4-11 metadata 객체를 이용해 모델을 구성하는 models.py 파일

```
01: from sqlalchemy import Table, Column, Integer, String
02: from sqlalchemy.orm import mapper
```

```
03: from flask_sqlalchemy_direct.database import metadata, db_session
04:
05: class User(object):
06:     query = db_session.query_property()
07:
08:     def __init__(self, name=None, email=None):
09:         self.name = name
10:         self.email = email
11:
12:     def __repr__(self):
13:         return '<User %r>' % (self.name)
14:
15: users = Table('users', metadata,
16:     Column('id', Integer, primary_key=True),
17:     Column('name', String(50), unique=True),
18:     Column('email', String(120), unique=True)
19: )
20: mapper(User, users)
```

models.py 파일이 어떻게 구성되어 있는지 확인해봅시다.

01: sqlalchemy 패키지로부터 Table, Column, Integer, String 클래스를 가져옵니다.

02: sqlalchemy.orm 패키지로부터 mapper 클래스를 가져옵니다.

03: 코드 4-10으로부터 metadata 인스턴스와 db_session 객체를 가져옵니다.

05~13: User 모델을 선언합니다. 이 User 모델은 데이터베이스 테이블과 일대일 관계를 가지며, 한 개의 레코드를 의미하기도 합니다. User 모델의 첫 행은 User 모델이 사용할 쿼리 객체를 query 속성에 정의하고 User 모델은 파이썬 클래스 형태로 선언하는데, 이 클래스를 인스턴스화할 때 입력받는 초기 인자로 name과 email을 입력받습니다(09~10행). User 모델이 인스턴스화되고 나면 이 모델이 어떠한 값을 가지고 있는지 식별하기 위해서 __repr__ 메서드를 선언하여 User 모델이 어떠한 값을 가지고 있는지 반환합니다(12~13행).

15~19: 테이블 객체를 선언합니다. 테이블 객체는 변수에 Table 클래스로 테이블을 선언합니다. 첫 번째 인자는 테이블명, 두 번째 인자는 metadata 인스턴스, 세 번째 인자부터는 칼럼을 정의합니다.

20: 15~19행에서 선언한 테이블 객체와 5~13행에서 선언한 User 모델과 매핑합니다.

이제 수동 매핑된 객체를 불러와서 데이터를 조작해보겠습니다. 먼저, engine 객체와 models 모듈에서 users 객체를 가져옵니다.

📋 코드 4-12 **수동 매핑된 모델 객체 불러오기**

```
01: >>> from flask_sqlalchemy_direct.database import engine
02: >>> from flask_sqlalchemy_direct.models import users
```

코드 4-12는 database 모듈에서 engine 객체를 가져오고 models 모듈에서 users 객체를 가져오는 것으로 끝납니다.

코드 4-13 데이터베이스 engine 객체에서 DB 연결 객체를 얻어와 직접 조작하기

```
01: >>> con = engine.connect()
02: >>> con.execute(users.insert(), name='admin', email='admin@localhost')
```

데이터베이스의 수동 조작을 위해서는 engine에 connect 메서드 실행을 통해 데이터베이스 연결 객체를 가져와서 데이터베이스 연결 객체의 어떤 메서드를 실행할 것인지 결정해 실행합니다. 코드 4-13의 두 개 행은 데이터 입력을 위해 users 객체의 insert 메서드를 첫 번째 인자로 전달하고, 두 번째 인자부터 칼럼에 입력할 값을 전달합니다.

코드 4-13은 다음과 같은 코드로 바꿔쓸 수 있습니다.

코드 4-14 insert 문을 이용하는 다른 방법

```
01: >>> users.insert().values(name='admin', email='admin@localhost').execute()
```

테이블 객체에 데이터 질의를 직접 할 때는 다음과 같은 방법으로 합니다.

코드 4-15 테이블 객체를 사용해 질의하기

```
01: >>> users.select(users.c.id == 1).execute().first()
02: (1, u'admin', u'admin@localhost')
```

코드 4-15는 users 테이블 객체에 질의 조건을 포함하여 질의를 실행하기 위해 테이블 객체의 select 메서드를 사용합니다. select 메서드의 인자는 다수의 질의 조건을 포함할 수 있으며, 질의 조건은 콤마(,)로 구분합니다. 비교 연산자는 앞에서 설명한 것과 같습니다. 다만, 질의 칼럼의 지정은 다음과 같은 방법으로 해야 합니다.

용법 4-2 질의 칼럼을 지정하기 위한 축약 사용법

```
테이블객체.c.질의칼럼
```

용법 4-2는 질의 결과를 가져올 칼럼을 지정하기 위해 사용합니다. 이 용법은 다음 문법을 축소화시킨 것으로서 코드 작성 시에 간편하게 사용할 수 있습니다.

용법 4-3 질의 칼럼을 지정하기 위한 전체 약어 사용법

테이블객체.`columns`.질의칼럼

코드 4-15의 결과 포맷은 기본적으로 튜플 형태로서 데이터를 시퀀스 형태로 접근할 수 있습니다. 종종 이런 시퀀스 형태의 데이터 접근은 가져오는 레코드 수가 적을 때 유용하게 사용됩니다. 그러나 접근하고자 하는 칼럼이 많을 때는 칼럼 이름으로 데이터 접근을 하는 게 편리합니다. 다음 코드는 칼럼 이름으로 데이터에 접근합니다.

코드 4-16 결과에 칼럼 이름으로 접근하기

```
01: >>> r = users.select(users.c.id == 1).execute().first()
02: >>> r['name']
```

코드 4-16은 코드 4-15와 크게 다르지 않습니다. 다른 것은 수행 결과를 변수에 담아두고 특정 칼럼을 얻어오기 위해 수행 결과를 담은 변수에서 키 값 참조를 통해 name 칼럼의 값을 얻어온 것입니다. 만약 name 칼럼의 값을 튜플로 접근할 경우는 r[1]로 접근할 수 있습니다. 하지만 튜플 방식의 접근은 개발자가 칼럼의 순서를 기억하고 있거나 데이터베이스 테이블 정의 문서를 참조해볼 수 있어야 합니다.

코드 4-17 테이블의 칼럼 정의 순서대로 결과에 접근

```
01: >>> engine.execute('select * from users where id = :1', [1]).first()
02: (1, u'admin', u'admin@localhost')
```

코드 4-17은 데이터베이스 engine 객체에 직접 SQL 질의를 하는 방법입니다. engine 객체의 execute 메서드는 첫 번째 인자로 SQL 문, 두 번째 인자로 SQL 문에 지정한 인자 값을 리스트 형태로 넘깁니다.

SQLAlchemy가 개발자 대신에 SQL 문을 실행함에도 이와 같이 SQL 문장을 직접 실행하는 경우는 SQLAlchemy로 만들어낼 수 있는 쿼리가 매우 복잡하거나 만들어내기 어려운 경우를 위해서입니다. 이런 경우에 속하는 SQL 문은 통계를 추출하는 쿼리가 대부분입니다.

테이블 객체를 이용해서 데이터를 조작하는 방법은 select 외에도 update, delete 등이 있습니다. update 구문은 다음과 같은 방법으로 사용됩니다.

코드 4-18 테이블 객체 질의를 통해 칼럼 값 수정하기

```
01: >>> users.update().where(users.c.name == 'jack').values(name='ed').execute()
```

코드 4-18은 users 테이블에서 update를 수행하며, name 칼럼의 값이 jack인 레코드를 찾아 name 칼럼 값을 ed로 변경하는 문장입니다. where 메서드가 빠지게 되면 모든 레코드가 영향을 받게 됩니다.

코드 4-19 테이블 객체 질의를 통해 레코드 삭제하기

```
01: >>> users.delete().where(users.c.name == 'ed').execute()
```

코드 4-19는 users 테이블에서 name 칼럼 값이 ed인 레코드를 찾아서 삭제하는 문장입니다. 모든 레코드를 삭제하려면 users.delete()만을 호출하면 됩니다.

이 절을 시작하면서 SQLAlchemy의 Flask 확장을 사용하는 방법도 배워보겠다고 했습니다. Flask 커뮤니티에서도 많은 개발자가 SQLAlchemy를 사용하고 있음에 착안하여 Flask-SQLAlchemy 확장 패키지가 제공되고 있습니다. 이 패키지를 사용하면 Flask에서 빠른 방법으로 모델을 선언하고 데이터베이스에 연결할 수 있습니다.

Flask-SQLAlchemy를 설치하기 위해서 셸에 다음과 같이 입력합니다.

셸 4-5 flask-sqlalchemy 패키지 설치 명령

```
$ pip install flask-sqlalchemy
```

이 확장의 설치가 완료되면 다음과 같은 메시지가 출력됩니다.

결과 4-2 flask-sqlalchemy 설치 완료

```
Successfully installed flask-sqlalchemy
Cleaning up...
```

이제 Flask 애플리케이션에서 Flask-SQLAlchemy 확장을 이용하여 데이터베이스에 연결합니다.

```
01: from flask import Flask
02: from flask_sqlalchemy import SQLAlchemy
03:
04: app = Flask(__name__)
05: app.config['SQLALCHEMY_DATABASE_URI'] = "postgresql+pypostgresql://
sqlalchemy:sqlalchemy@localhost/sqlalchemy"
06: db = SQLAlchemy(app)
07:
08: import models
09:
10: ... 중략...
```

Flask-SQLAlchemy 확장을 사용하는 경우 직접 연동할 때와 다르게 database.py 모듈이 빠지면서 데이터베이스 접속 URL이 Flask 구동 부분으로 들어옵니다. 코드 4-20의 5행은 Flask app 설정 영역에 SQLAlchemy 확장이 데이터베이스에 접속할 수 있도록 SQLALCHEMY_DATABASE_URI에 데이터베이스 접속 URL을 기록합니다.

6행은 2행에서 가져온 SQLAlchemy 클래스에 Flask 애플리케이션 객체를 인자로 넘겨줌으로써 DB를 사용할 수 있도록 합니다.

Flask-SQLAlchemy 확장을 사용할 때는 직접 연동 할 때와 다르게 모델 정의도 약간 달라집니다.

코드 4-21 **Flask-SQLAlchemy 확장을 사용할 경우의 모델 파일 선언**

```
01: from flask_sqlalchemy_direct import db
02:
03: class User(db.Model):
04:     id = db.Column(db.Integer, primary_key=True)
05:     username = db.Column(db.String(80), unique=True)
06:     email = db.Column(db.String(120), unique=True)
07:
08:     def __init__(self, username, email):
09:         self.username = username
10:         self.email = email
11:
12:     def __repr__(self):
13:         return '<User %r>' % self.username
```

코드 4-21은 Flask SQLAlchemy 확장을 사용한 models.py 파일의 정의입니다. 코드 4-2와 달리 모델 정의에 사용하는 베이스 클래스가 Base에서 db.Model 클래스로 변경되고, Column,

Integer, String 클래스 등을 따로 임포트하지 않아도 코드 4-20의 db를 가져오면 db 네임스페이스에서 모두 사용할 수 있습니다.

Flask-SQLAlchemy 확장의 사용은 Base 클래스를 상속받아 사용하는 것과 완전히 같으므로 앞의 내용을 참고하기 바랍니다.

지금까지 살펴본 것과 같이 SQLAlchemy는 데이터베이스 조작을 위해 SQL 쿼리에 신경 쓰지 않도록 도와줍니다. 물론, SQLAlchemy가 기존의 데이터베이스 아키텍트(DBA)가 복잡한 질의를 실행하는 데 모두 도움을 주지 못할 수 있습니다. 이에 대한 대비책으로 SQLAlchemy는 직접 SQL 문을 실행할 수 있는 방법을 제공합니다. 하지만 적어도 간단한 게시판을 작성하더라도 SQL 문을 직접 제어하는 것은 개발 생산성을 떨어뜨릴 위험이 있는 것도 사실입니다.

여기서는 SQLAlchemy ORM 라이브러리만을 소개했지만, 다른 ORM 라이브러리도 있으므로 업무에 적용해서 사용해보는 것도 괜찮은 선택이 될 것입니다.

4.1.2 MongoKit

웹 프로그램에서는 데이터를 관리하기 위해 앞에서 설명했던 관계형 데이터베이스뿐만 아니라 비 관계형 데이터베이스도 데이터 관리에 유용하게 사용됩니다. 우리는 이 절에서 문서형 데이터베이스인 MongoDB를 연결하고, 이를 효율적으로 사용하기 위한 MongoKit 라이브러리를 직접 사용하는 방법과 Flask-MongoKit 라이브러리를 사용하는 방법을 알아볼 것입니다.

MongoDB는 데이터를 문서 형태로 관리하는 비 관계형 데이터베이스의 한 종류인 데이터베이스 시스템입니다. MongoDB에서 관리되는 문서 형태는 BSON 형태로 관리됩니다. 문서 형태로 관리되는 비 관계형 데이터베이스는 MongoDB 외에도 Apache CouchDB 등이 있습니다.

MongoKit 라이브러리는 MongoDB 데이터베이스를 파이썬에서 객체 형태로 매핑하여 사용할 수 있도록 지원하는 라이브러리입니다. MongoKit 라이브러리는 PyMongo 라이브러리가 설치되어 있어야만 사용할 수 있습니다.

MongoKit 라이브러리를 사용하기에 앞서 설치를 진행합니다. MongoKit 라이브러리는 설치 중에 PyMongo 라이브러리가 없으면 함께 설치합니다.

```
$ pip install mongokit
... 중략...
Successfully installed mongokit pymongo
Cleaning up...
```

위 상자의 첫 줄에 있는 명령어를 실행하면 MongoKit 라이브러리를 시스템의 파이썬 패키지 경로에 설치합니다. 설치가 완료되면 'Successfully...' 등의 메시지가 출력됩니다.

MongoKit 라이브러리 설치가 완료되면 Flask 프로그램에 연결하기 위해 다음과 같은 디렉터리 구조를 만들어둡니다.

디렉터리 구조 4-2   **Flask 베이스 디렉터리 구성**

```
/flask_mongokit_exam1
└── /flask_mongokit_direct
        └── /flask_mongokit_direct.py
```

먼저, MongoDB를 사용하기 위해 flask_mongokit_direct.py 파일에 Flask app 설정과 DB 연결 설정 수행 코드를 추가합니다.

코드 4-22   **Flask 구동 파일에서의 MongoDB 연결**

```
01: from flask import Flask
02: from mongokit import Connection
03:
04: # configuration
05: MONGODB_HOST = 'localhost'
06: MONGODB_PORT = 27017
07:
08: # create the little application object
09: app = Flask(__name__)
10: app.config.from_object(__name__)
11:
12: # connect to the database
13: connection = Connection(app.config['MONGODB_HOST'],
14:                         app.config['MONGODB_PORT'])
```

flask_mongokit_direct.py 파일의 내용을 살펴보면서 MongoDB를 어떻게 연결하는지 알아보겠습니다.

01: flask 모듈로부터 Flask 클래스를 가져옵니다.

02: mongokit 패키지로부터 Connection 클래스를 가져옵니다. 여기서 Connection 클래스는 MongoDB에 연결을 담당하는 클래스입니다.

05~06: MongoDB가 구동되고 있는 HOST와 PORT 번호를 지정합니다.

09: Flask App을 초기화합니다.

10: Flask app의 초기 설정값을 현재 네임스페이스(예제에서는 flask_mongokit_direct) 안에서 찾도록 app.config.from_object 메서드에 실행 중인 파이썬 파일의 네임스페이스를 제공합니다.

13~14: MongoKit의 Connection 클래스의 초기 인자로 10행에서 읽어들인 MongoDB Host와 Port를 건네줍니다.

MongoDB 연결 설정 코드는 코드 4-22의 내용으로 충분합니다. 다음으로, Mongo-DB에서 사용할 모델을 선언합니다.

코드 4-23 MongoKit에서 사용할 모델 파일 선언

```
01: from flask_mongokit_direct.flask_mongokit_direct import connection
02: from mongokit import Document
03:
04: def max_length(length):
05:     def validate(value):
06:         if len(value) <= length:
07:             return True
08:         raise Exception('%s must be at most %s characters long' % length)
09:     return validate
10:
11: class User(Document):
12:     structure = {
13:         'name': unicode,
14:         'email': unicode,
15:     }
16:
17:     validators = {
18:         'name': max_length(50),
19:         'email': max_length(120)
20:     }
21:
22:     use_dot_notation = True
23:
24:     def __repr__(self):
25:         return '<User %r>' % (self.name)
26:
27: # register the User document with our current connection
28: connection.register([User])
```

models.py는 MongoKit을 통해 일정한 틀을 갖춘 데이터를 입력할 수 있도록 데이터 모델에 선언한 파일입니다.

01: Flask 애플리케이션 모듈에서 db 커넥션 객체를 가져옵니다.

02: mongokit 모듈에서 Document 클래스를 가져옵니다.

04~09: 데이터 유효성 검사 함수를 선언합니다. 예제에서는 입력된 데이터의 길이에 대해서만 유효성을 체크합니다.

11~24: User Document 클래스를 선언합니다. User Document 클래스는 선언 시 데이터 구조, 유효성 검사기 등의 인스턴스 변수 선언을 할 수 있습니다. 이들 변수는 필수로 선언해야 하는 것은 아닙니다. 22행은 Document 객체의 structure에 기술된 변수의 접근을 피리어드(.) 문자로 할 수 있도록 설정하는 옵션입니다.

24~25: User Document 클래스가 어떤 것인지 알아보기 위해 선언하는 특수 메서드입니다.

28: 데이터베이스 연결 객체에 User Document 클래스를 등록합니다. User Document 클래스를 등록하지 않으면 User Document 클래스를 이용해 MongoDB를 조작할 수 없습니다.

MongoKit 라이브러리를 통해 User Document 클래스를 이용해보겠습니다.

코드 4-24 MongKit을 사용한 모델 파일에서 User 도큐먼트를 가져와서 사용하기

```
01: >>> from flask_mongokit_direct import connection
02: >>> from models import User
03: >>> collection = connection['test'].users
04: >>> user = collection.User()
05: >>> user['name'] = u'admin'
06: >>> user['email'] = u'admin@localhost'
07: >>> user.save()
```

코드 4-24의 1~2행은 MongoKit을 사용하는 데 필요한 User Document 클래스와 데이터베이스 연결 객체를 가져옵니다. 3행은 mongodb의 test 데이터베이스의 users 컬렉션에 접근한다는 의미를 가지고 있습니다. 가령, flask 데이터베이스에 groups 컬렉션에 접근하려면 다음과 같이 접근할 수 있습니다.

용법 4-4 flask db의 groups 컬렉션에 접근하기 위해 사용하는 문법

```
collection = connection['flask'].groups
```

코드 4-25의 4행은 앞서 생성한 User Document 클래스를 인스턴스화합니다. 5~6행은 User

Document 클래스의 name 키과 email 키에 데이터를 입력합니다. 우리는 코드 4-23의 22행에서 use_dot_notation 옵션을 True로 설정했기 때문에 다음과 같은 방법으로 접근할 수도 있습니다.

코드 4-25 User Document의 속성값 변경

```
01: >>> user.name = u'admin'
02: >>> user.email = u'admin@localhost'
```

코드 4-23의 22행의 값을 False로 설정하거나 22행이 없는 경우는 코드 4-24의 데이터 접근법을 따라야 합니다.

마지막으로, User Document 인스턴스에 저장한 데이터를 데이터베이스에 저장하기 위해 save 메서드를 호출합니다. 이것으로 MongoDB의 test 데이터베이스를 가져와서 users 컬렉션에 name 키의 값으로 admin을 갖는 User Document 인스턴스를 저장하게 됩니다. users 컬렉션은 한 종류의 Document 인스턴스만을 담을 수 있는 것은 아닙니다.

코드 4-24를 통해 우리는 MongoKit이 무엇인가 알 수 없는 마법을 부려 신비하게 users 컬렉션에 User Document 인스턴스를 저장한 것을 볼 수 있었습니다.

이 마법 같은 일은 MongoKit이 데이터베이스에 연결한 Document 클래스를 관리하기 때문에 일어날 수 있습니다. 실제로 users 컬렉션에는 User Document 클래스를 만들 수 있는 속성을 찾아볼 수 없습니다. 만약 개발자가 groups 컬렉션에 User Document 인스턴스를 저장하고자 할 때 MongoKit은 다음과 같은 행동을 사용자가 볼 수 없는 영역에서 취합니다.

1. collection = connection['flask'].users
2. User = collection.User()
    ➡ User 클래스가 flask 데이터베이스의 users 컬렉션에서 찾아볼 수 있나요? (collection 인스턴스)
    ➡ 아니요. 찾아볼 수 없습니다. connection 인스턴스에서 찾아볼게요. (connection 인스턴스)
    ➡ connection 인스턴스에서 User 클래스를 찾았어요. 내가 User 클래스를 반환할테니 인스턴스화 해요. (connection 인스턴스)
    ➡ 고마워요. (collection 인스턴스)

이상의 단계와 같이 collection에서 User Document 클래스를 찾을 수 없으면 MongoDB는

connection 객체에서 User Document 클래스를 찾습니다. MongoDB가 User Doument 클래스를 반환하면 이 클래스로 객체를 만들고 사용자가 입력한 데이터를 저장하는 단계를 거치게 됩니다.

User Document 클래스를 직접 제어해서 데이터를 조작(검색, 수정, 삭제)하는 일은 데이터를 추가하는 일보다 다소 어렵습니다.

MongoKit은 Document 인스턴스에 저장되어 있는 데이터를 가져오기 위해서 find, find_one, find_random, fetch, fetch_one 메서드를 사용할 수 있습니다. 이 중 find, fine_one, find_random 메서드는 데이터 유효성 검사 또는 래핑 작업을 하지 않아서 가져오는 속도가 빠릅니다. 우리는 find, find_one, 이 두 메서드만을 사용하여 질의할 것입니다.

📟 **코드 4-26** **Document 객체에 질의하기 위해 사용되는 메서드**

```
01: >>> User.find([질의 조건])
02:
03: >>> User.find_one(질의 조건)
```

코드 4-26은 find 메서드와 find_one 메서드의 사용 방법을 보여줍니다. find 메서드와 달리 find_one 메서드에 질의 조건이 필요한 것은 하나 이상의 문서(Document 인스턴스)가 반환되면 mongokit.MultipleResultsFound 예외를 발생시키기 때문입니다.

질의 조건은 JSON과 유사한 형태의 BSON 문자열을 넘겨줍니다. 여기에 포함되는 질의는 다음과 같은 방법으로 수행합니다.

📟 **코드 4-27** **User Document에 find 메서드로 질의하기**

```
01: >>> collection.User.find({'name': u'admin'})
```

find 메서드에 전달하는 질의 조건은 사전(딕셔너리) 타입을 전달할 수 있으며, 다수의 조건을 동시 만족(AND)해야 할 때는 사전 타입에 동시 만족해야 할 값을 키/값의 형태로 추가하면 됩니다.

MongoKit에서 MongoDB에 질의를 보낼 때 다양한 질의 조건을 사용할 수 있는데, 자주 쓰이는 몇 가지 질의 조건을 소개합니다.

📟 **코드 4-28** **보다 크다(qty 키 값이 20보다 크다).**

```
01: >>> collection.User.find( { qty: { $gt: 20 } } )
```

코드 4-29 보다 크거나 같다(qty 키 값이 20보다 크거나 같다).

```
01: >>> collection.User.find( { qty: { $gte: 20 } } )
```

코드 4-30 보다 작다(qty 키 값이 20보다 작다).

```
01: >>> collection.User.find( { qty: { $lt: 20 } } )
```

코드 4-31 보다 작거나 같다(qty 키 값이 20보다 작거나 같다).

```
01: >>> collection.User.find( { qty: { $lte: 20 } } )
```

코드 4-32 qty 키 값이 20, 30, 40인 문서 목록을 가져옵니다.

```
01: >>> collection.User.find( { qty: { $in: [20, 30, 40] } } )
```

코드 4-33 qty 키 값이 20이 아닌 문서 목록을 가져옵니다.

```
01: >>> collection.User.find( { qty: { $ne: 20 } } )
```

코드 4-34 qty 키 값 중 20, 30, 40이 아닌 문서 목록을 가져옵니다.

```
01: >>> collection.User.find( { qty: { $nin: [20, 30, 40] } } )
```

코드 4-35 price 키 값이 1.99보다 낮은 문서 목록을 가져옵니다.

```
01: >>> collection.User.find( { price: { $not: { $gt: 1.99 } } } )
```

MongoDB는 코드 4-36의 질의 요청을 받은 경우 가장 안쪽에 위치한 조건부터 처리하고 그 상위 단계로 결과를 반환합니다. 그래서 이 질의문의 최종 결과는 price 키 값이 1.99보다 낮은 문서만 가져옵니다.

코드 4-36 price 키 값이 1.99가 아니면서 qty 키 값이 20인 문서 목록을 가져옵니다.

```
01: >>> collection.User.find( { $and: [ { price: { $ne: 1.99 } }, { qty: 20 } } ] } )
```

코드 4-37 price 키 값이 1.99가 아니거나 qty 키 값이 20인 문서 목록을 가져옵니다.

```
01: >>> collection.User.find( { $or: [ { price: { $ne: 1.99 } }, { qty: 20 } } ] } )
```

데이터베이스에 저장한 문서의 데이터는 사용자의 요청에 따라 수정이 필요합니다. MongoKit 에서는 Document 인스턴스의 값을 수정하고 저장하는 것만으로도 손쉽게 데이터베이스의 문서에 저장되어 있는 값을 수정할 수 있습니다.

우리는 앞에서 User Document 인스턴스에 name 키의 값이 admin인 데이터를 저장했었습니다. 데이터 수정 시에도 이 데이터를 불러와서 email 키 값을 admin@admin.kr로 바꾸고 저장하겠습니다.

코드 4-38 문서 속성을 변경하여 저장하는 방법(하나의 문서에 한해)

```
01: >>> u = collection.User.find_one({name: 'admin'})
02: >>> u['email'] = u'admin@admin.kr'
03: >>> u.save()
```

코드 4-38과 같은 방식은 하나의 문서를 수정하는 데 매우 적절한 방식입니다. 하지만 다수의 문서를 수정할 때는 이와 같은 방식은 유용하지 않습니다.

다수의 문서 수정은 다음과 같은 문장으로 해결 가능합니다.

코드 4-39 쿼리를 이용해 다수의 문서 속성값 변경하기

```
01: >>> collection.User.find_and_modify({'name':'admin'}, {'$set':{'email': 'admin@
jpub.kr'}})
```

코드 4-39는 User 컬렉션에서 name 키의 값이 admin인 문서를 모두 찾아 email 키 값을 admin@jpub.kr로 바꾸는 예제입니다. 추가로 특정 키의 값을 변경해야 할 때는 $set 키 값의 사전에 변경할 데이터를 입력하여 실행하면 됩니다.

문서의 삭제는 문서를 가지고 와서 삭제하는 방법만이 있습니다.

코드 4-40 쿼리를 이용해 가져온 Document 삭제

```
01: >>> u = collection.User.find_one({name: 'admin'})
02: >>> u.delete()
```

코드 4-40은 MongoKit을 이용해 특정 문서를 가져오고 삭제하는 것을 보여주고 있습니다.

앞에서 MongoKit 라이브러리를 직접 이용해 MongoDB를 다루었습니다. 이번에는 Flask

MongoKit 확장을 다루기 전에 MongoKit의 모델 정의 특성에 대해 알아보겠습니다.

MongoKit은 모델 정의에 있어서 매우 융통성 있는 있는 방법을 제공하고 있습니다. MongoDB는 모델을 강요하지 않으며, 이런 특성으로 인해 스키마리스(schema-less)를 지원합니다. 스키마리스는 데이터베이스에 개발자가 미리 키 정보나 속성을 정의해두지 않는 방식입니다.

개발자가 모델을 잘 구성해놓고 프로그램 개발 후 운영하다 보면 종종 새로운 키의 값을 필요할 때가 있습니다. 대표적인 예로, 어떤 물건의 세부 형태에 따른 값을 키의 값으로 쓸 수 있을 것입니다. 이런 경우 관계형 데이터베이스에서는 칼럼을 테이블에 추가하거나 특정 속성 값을 따로 모아둔 별도의 메타 정보 테이블을 생성하여 이 문제를 해결합니다. MongoDB의 스키마리스 특성을 MongoKit 라이브러리를 이용해서 사용하려면 인스턴스 속성으로 use_schemaless 변수에 True 값으로 지정하는 것으로 쉽게 사용할 수 있습니다. use_schemaless 변수가 True로 지정된 Document 인스턴스는 클래스의 속성으로 structure 속성이 없어도 Document 인스턴스에서 데이터를 읽고 쓸 수 있습니다. 앞에서 잠시 언급했던 use_dot_notation 변수는 Document 인스턴스의 키에 접근할 때 사전 형태가 아닌 피리어드(.)로 접근할 수 있도록 해주는 속성입니다. True로 설정하여 사용할 것을 권장합니다.

Document 클래스를 상속받아 작성하는 클래스는 MongoKit이 하나의 객체 문서로 취급합니다. 앞에서 살펴본 것처럼 User Document 클래스의 경우는 test 데이터베이스에 users 컬렉션에 문서를 저장하기 위해 미리 컬렉션 객체를 얻어온 이후 User Document 클래스를 인스턴스화했습니다.

Document 클래스를 상속받은 하위 클래스에 다음의 두 가지 속성을 정의하면 해당 클래스가 사용될 데이터베이스와 컬렉션을 미리 정의할 수 있도록 도와줍니다.

코드 4-41 **Document가 사용할 데이터베이스와 컬렉션을 지정하는 객체 속성**

```
01: __database__ = 'test'
02: __collection__ = 'example'
```

코드 4-41을 Document 하위 클래스에 정의하게 되면 Document 인스턴스 생성 과정이 약간 바뀌게 됩니다.

코드 4-42 **Document 인스턴스 생성 과정**

```
01: 기존:
```

```
02: >>> collection = connection['test'].users
03: >>> user = collection.User()
04:
05: 신규:
06: >>> user = User()
```

코드 4-42에서 보듯이 새로운 Document 인스턴스 생성 과정이 짧고 직관적입니다. Document 하위 클래스에 하위 클래스가 사용할 데이터베이스와 컬렉션을 미리 정의해두는 것이 설계상 항상 옳지 않을 수 있습니다. 따라서 시스템 요구사항을 면밀히 검토해서 컬렉션 정보를 기술하는 것이 좋습니다.

MongoKit의 Document 인스턴스는 가장 널리 쓰이는 변수로는 structure, validators, required_fields, default_values 변수가 있습니다.

structure 변수는 문서를 구성하는 키 값이 어떤 데이터 타입으로 구성되어 있는지 기술합니다. 키의 정의는 키: 값의 데이터 타입으로 기술하게 되는데, 값에 들어올 수 있는 데이터 타입은 키: 값의 형태로 중첩되는 구조를 가질 수 있습니다. 많이 쓰이는 값의 타입으로는 bool, int, float, long, basestring, unicode[31], list, dict가 있으며, 이 타입 외에도 사용할 수 있는 여러 형태[32]가 있습니다.

가장 단순한 구조를 가지는 모습은 코드 4-24에서 보았던 structure에서 다시 볼 수 있습니다. required_fields는 모델에서 꼭 입력해야 하는 필수 속성을 기술한 것입니다. 예를 들어, name 키를 반드시 입력해야 할 때는 다음과 같은 형태로 기술할 수 있습니다.

코드 4-43 Document에 필수로 입력해야 하는 키를 기술하는 객체 속성

```
01: required_fields = ['name']
```

required_fields 속성값으로 포함하는 키 이름은 structure 속성에 정의되어 있어야 합니다. 물론, 이때 use_schemaless 속성이 True로 설정되어 있다면 structure 속성과 무관하게 동작합니다. 다수의 키가 필수로 입력되어야 할 때는 해당 키명을 콤마(,)로 구분해 추가로 입력해서 필수 키를 지정합니다.

---

31 long, basestring, unicode는 파이썬 2.x 버전에만 있는 데이터 타입입니다.

32 https://github.com/namlook/mongokit/wiki/Structure

default_values 속성은 문서를 새로 생성하여 저장할 때 키에 기본값으로 들어갈 데이터를 지정할 수 있는 변수입니다. 다음과 같은 모습을 가집니다.

코드 4-44 MyDoc Document 클래스에 기본값 속성 정의

```
01: class MyDoc(Document):
02:     structure = {
03:         'bar': basestring,
04:         'foo':{
05:             'spam': basestring,
06:             'eggs': int,
07:         }
08:     }
09:     default_values = { 'bar': 'hello', 'foo.eggs': 4 }
```

코드 4-44는 MyDoc Document 클래스에 기본값 속성을 설정한 것으로, MyDoc 클래스를 인스턴스화하면서 foo.spam에 'jpub'을 입력하고 저장하면 MyDoc 인스턴스는 다음과 같은 데이터를 가지게 됩니다.

```
mydoc.bar = 'hello'
mydoc.foo.spam = 'jpub'
mydoc.foo.eggs = 4
```

기본값 입력은 유용하게 사용되는 기능이므로 사용 방법을 숙지하면 많은 도움이 될 것입니다.

마지막으로, validators 속성은 Document 인스턴스에 저장한 키의 유효성을 검사하는 데 사용됩니다. validators 속성을 잘 나타내 주는 것은 코드 4-23에서 볼 수 있습니다.

코드 4-45 Document 클래스에 email 유효성 검증기 추가

```
01: import re
02:
03: def email_validator(value):
04:     email = re.compile(r'(?:^|\s)[-a-z0-9_.]+@(?:[-a-z0-9]+\.)+[a-z]{2,6}(?:\s|$)',re.IGNORECASE)
05:     if not bool(email.match(value))
06:         raise ValidationError('%s is not a valid email')
07:
08: class MyDoc(Document):
09:     structure = {
10:         'email': basestring,
11:         'foo': {
12:             'eggs': int,
13:         }
```

```
14:    }
15:
16:    validators = {
17:        'email': email_validator,
18:        'foo.eggs': lambda x: x > 10
19:    }
```

코드 4-45는 이메일 주소 유효성 검사 후 이메일 주소에 문제가 있을 때 ValidationError 예외를 발생시킵니다.

Document 인스턴스의 유효성 검사는 validate 메서드를 호출함으로써 검사할 수 있습니다.

코드 4-46 유효성 검증

```
01: >>> mydoc.validate()
```

종종 유효성 검사는 매우 까다롭게 정의되거나 특정한 규격에 맞게 해야 하는 경우가 있는데, 이런 때는 Document 클래스에 validate 메서드를 재정의(override)하면 유효성 검사 특성을 맞출 수 있습니다.

validate 메서드를 모델에 재정의할 때는 다음의 코드를 Document 상속 클래스에 추가하고 적절히 수정합니다.

코드 4-47 유효성 검증 함수를 Document 클래스에 추가

```
01: def validate(self, *args, **kwargs):
02:     assert self['foo'] > self['bar']
03:     super(MyDoc, self).validate(*args, **kwargs)
```

Document 클래스에 skip_validation 속성을 True로 지정하면 유효성 검사 메서드를 호출해도 유효성 검사를 하지 않습니다. 유효성 검사를 하지 않은 것은 종종 프로그램 디버깅 시에 유용하게 사용할 수 있습니다. 하지만 소프트웨어를 출시할 때는 유효성 검사기를 견고하게 작성하는 편이 데이터의 유효성을 유지하는 데 도움이 됩니다.

MongoKit 라이브러리도 Flask에서 편하게 사용할 수 있도록 확장 라이브러리가 개발되어 배포되고 있습니다. Flask-Mongokit 확장 라이브러리의 설치는 다음의 명령으로 쉽게 설치할 수 있습니다만, Flask-Mongokit는 더 이상 유지되고 있지 않아서 사용하지 말 것을 권장합니다.

```
$ pip install flask-mongokit
...중략...
Successfully installed flask-mongokit
Cleaning up ...
```

다음 코드는 Flask-MongoKit 라이브러리를 사용한 예제입니다.

▣ 코드 4-48 **Flask-MongoKit을 사용한 Flask 애플리케이션**

```
01: from datetime import datetime
02:
03: from flask import Flask, request, render_template, redirect, url_for
04: from flask.ext.mongokit import MongoKit, Document
05:
06: app = Flask(__name__)
07:
08: class Task(Document):
09:     __collection__ = 'tasks'
10:     structure = {
11:         'title': unicode,
12:         'text': unicode,
13:         'creation': datetime,
14:     }
15:     required_fields = ['title', 'creation']
16:     default_values = {'creation': datetime.utcnow}
17:     use_dot_notation = True
18:
19: db = MongoKit(app)
20: db.register([Task])
```

코드 4-48에서 눈여겨봐야 할 것은 4, 9, 19, 20행입니다. 나머지 행은 앞에서 모두 살펴보았기 때문에 4, 9, 19, 20행에 대해서만 설명하겠습니다.

04: flask.ext.mongokit 모듈로부터 MongoKit 클래스와 Document 클래스를 가져옵니다. MongoKit 클래스는 애플리케이션에서 데이터베이스 연결을 생성하기 위해 가져옵니다.

09: Task 클래스는 Document 클래스를 상속받은 클래스로서 Task 클래스에 저장하는 데이터는 기본적으로 tasks 컬렉션에 저장하도록 합니다.

19: MongoKit 클래스에 Flask App 객체를 넘겨줌으로써 MongoDB 연결을 진행합니다.

20: MongoDB 연결에 Task Document 클래스를 등록합니다.

코드 4-48에서 등록한 Task Document 클래스는 다음의 코드와 같이 생성하여 조작합니다.

Task Document 인스턴스를 생성하고 문서 속성값 변경하고 저장하기

```
01: task = db.Task()
02: task.title = request.form['title']
03: task.text = request.form['text']
04: task.save()
```

코드 4-49은 코드 4-42의 Document 클래스를 인스턴스화하는 과정과 조금 다릅니다. Flask-MongoKit 확장에서는 db 변수가 connection 객체의 역할을 하므로 Task Document 변수 인스턴스화 과정에서 db 객체에서 Task 클래스를 호출하여 사용합니다.

Flask-MongoKit 확장은 개발자의 편의성을 위해 5개의 MongoDB 연결 인자의 기본값을 가지고 있습니다.

⊞ 표 4-1 Mongokit 연결에 사용되는 인자와 기본값

인자명	설명
MONGODB_DATABASE	MongoKit 확장이 사용할 MongoDB 데이터베이스명으로, 기본값은 flask
MONGODB_HOST	접속할 MongoDB가 구동 중인 호스트 주소로, 기본값은 localhost
MONGODB_PORT	접속할 MongoDB가 구동 중인 포트 번호로, 기본값은 27017
MONGODB_USERNAME	MongoDB에 로그인할 사용자명으로, 기본값은 None
MONGODB_PASSWORD	MongoDB에 로그인할 비밀번호로, 기본값은 None

이와 같은 기본값은 코드 4-22에서 보듯이 app의 config 속성을 재정의하여 변경할 수 있습니다.

⏳ 마치며 지금까지 MongoDB를 Flask에서 연결하여 사용하는 것을 알아봤습니다. 앞에서 살펴봤던 SQLAlchemy와 같이 MongoKit도 데이터베이스를 개발자가 손쉽게 사용할 수 있도록 도와줍니다. 그리고 MongoDB를 다루는 라이브러리를 소개하고 사용 방법을 살펴봤습니다. 비 관계형 데이터베이스는 여기에서 소개한 MongoDB 외에도 다양한 데이터베이스가 있으므로 제품 개발 시 비즈니스 요구사항과 개발 요구사항을 모두 살펴 적절한 데이터베이스를 선택하기 바랍니다.

4.2 뷰 데코레이터

파이썬에서는 데코레이터(decorator)라고 하는 기능이 있습니다. 이 기능은 우리말로는 '장식자'라고 하는데, 데코레이터는 함수에 선행되어야 하는 내용을 쉽게 추가하거나 빼거나 할 수 있습니다. 이 기능은 자바의 어노테이션과 비슷하지만, 어노테이션과 달리 쉽게 만들고 쉽게 쓸 수 있습니다. 하지만 파이썬의 데코레이터를 제대로 이해하고 만드는 것은 정말 어려운 일입니다.

우리는 앞에서 그동안 데코레이터를 많이 써 왔습니다. 눈치 빠른 독자라면 Flask 객체의 route 데코레이터를 떠올렸을 것입니다. 파이썬의 데코레이터는 함수 선언 바로 위에 추가하여 사용합니다. 필자는 사용자 정의 데코레이터를 사용해서 시스템 관리자 여부와 로그인 여부 등을 체크하는 데 사용하곤 합니다.

Flask 웹 프로그램에서 사용자 정의 데코레이터를 뷰 함수에 추가하면, 뷰 함수를 직접 수정하지 않아도 뷰 함수의 여러 기능을 확장할 수 있습니다. 데코레이터는 객체지향 원칙의 하나인 DRY(Don't Repeat Yourself, 반복 금지)의 정의와 가장 가까운 구현 방법일 것입니다.

사용자 정의 데코레이터를 사용하기 위해서는 뷰 함수로 사용하기 위해 route 데코레이터가 선언된 다음 줄 이후에 나와야 합니다. 이제부터 몇 가지 데코레이터를 살펴보고 여러분이 데코레이터를 어떤 곳에 사용해볼 수 있는지 살펴보겠습니다.

■ Login Decorator(로그인 데코레이터)

로그인 데코레이터는 로그인 여부 확인이 필요한 URL에서 자주 사용됩니다. 예를 들어, 웹사이트는 자원(자원의 위치는 URL로 표기합니다)에 따라 접근 권한을 제한하기도 합니다. A, B라는 자원이 있다고 가정하면, A 자원은 사용자가 로그인 중이지만 접근을 허용하고, B 자원은 로그인 중인 사용자가 자원에 접근 권한을 가지고 있는지를 확인한 후에 접근 여부를 결정합니다.

코드 4-50 **로그인 데코레이터 예제**

```
01: from functools import wraps
02: from flask import session, request, redirect, url_for
03:
04: def login_required(f):
05:     @wraps(f)
06:     def decorated_function(*args, **kwargs):
07:         if session.get('user', None) is None:
08:             return redirect(url_for('login', next=request.url))
09:         return f(*args, **kwargs)
10:     return decorated_function
```

코드 4-50은 로그인 데코레이터의 가장 대표적인 사용 예제입니다. 이 데코레이터는 session 객체에서 user 키를 찾아서 값이 None일 때 route endpoint가 login인 페이지로 리다이렉트합니다. 이 코드에서 핵심적인 내용은 7~8행이며, 다른 데코레이터를 만들게 되더라도 코드 4-50과 많은 부분이 비슷할 것입니다. 이 데코레이터를 사용하는 방법은 다음과 같습니다.

코드 4-51 **login 데코레이터 사용하기(app 변수는 코드 2-1 참고)**

```
01: @app.route("/member")
02: @login_required
03: def member_page():
04:     return render_template("/member_page.html")
```

코드 4-51은 코드 4-50에서 정의한 login 데코레이터를 사용하는 예제입니다. 사용자 데코레이터는 반드시 route 데코레이터에 이어 나와야 합니다. 그렇지 않으면 정상적인 동작을 보장받지 못합니다.

만약 웹 프로그램에서 개별 뷰 함수 내부에서 로그인 여부를 체크해야 한다면, 일일이 회원 로그인 여부를 확인하는 로직을 추가하는 것은 물론이고 로그인 페이지가 바뀔 때마다 프로그램을 다시 수정해야 할 것입니다.

■ **Caching Decorator(캐싱 데코레이터)**

캐싱 데코레이터는 특정 뷰 함수에서 캐싱을 처리하던 것을 데코레이터로 변환해서 어떤 뷰 함수가 캐시 기능을 사용하고자 할 때 함수를 수정하지 않아도 되도록 도와줍니다.

코드 4-52 **캐싱 데코레이터**

```
01: from functools import wraps
02: from flask import request
03: from werkzeug.contrib.cache import RedisCache
04:
05: cache = RedisCache()
06:
07: def cached(timeout=5 * 60, key='view/%s'):
08:     def decorator(f):
09:         @wraps(f)
10:         def decorated_function(*args, **kwargs):
11:             cache_key = key % request.path
12:             rv = cache.get(cache_key)
13:             if rv is not None:
14:                 return rv
15:             rv = f(*args, **kwargs)
```

```
16:            cache.set(cache_key, rv, timeout=timeout)
17:            return rv
18:        return decorated_function
19:    return decorator
```

코드 4-52는 사용자가 요청한 URL 주소로 캐시 키를 만들어서 캐시 유효시간이 5분인 것을 만들어내는 데코레이터입니다. 데코레이터는 바디에서 감싼 함수의 호출 인자 값을 받아 처리하는 것이 가능합니다. 예제에서 16행이 이 역할을 합니다. 코드 4-52는 코드 4-51의 데코레이터와 달리 추가 인자를 전달받습니다. 이와 같은 이유로 코드 4-51에서는 데코레이터가 데코레이팅될 함수만 받지만, 코드 4-52에서는 데코레이터가 추가 인자를 받고 나서 데코레이팅될 함수를 받는 내부에 다시 선언하는 구조를 가지게 됩니다.

캐싱 데코레이터는 코드 4-53과 비슷한 방법으로 사용됩니다.

📄 코드 4-53 캐싱 데코레이터 사용하기(app 변수는 코드 2-1 참고)

```
01: @app.route("/board_view")
02: @cached(timeout=10 * 60, key='board/%s')
03: def board_view():
04:     ...중략...
05:     return render_template("/board_view.html")
```

코드 4-53은 캐싱 데코레이터에 인자를 주어 실행한 것입니다. timeout은 10분으로 하고, key 값은 기본 설정과 다르게 prefix 값을 board로 설정한 모습입니다. 만약 웹 프로그램의 특정 URL이 접속 요구가 많다면, 이처럼 타임아웃 시간을 정하고 데이터베이스에 질의하는 대신 메모리에서 바로 응답하게 하여 응답 시간을 줄일 수 있습니다.

캐싱 데코레이터와 같이 인자를 받을 수 있는 데코레이터는 인자의 기본값을 가지고 있기도 합니다. 이런 경우는 뷰 함수에서 데코레이터 사용을 선언할 때 기본값이 있는 인자는 제외하고 호출해서 사용하는 것이 가능합니다. 캐싱 데코레이터를 예로 들 경우, timeout 인자와 key 인자에 모두 기본값이 정의되어 있으므로 선언할 때 @cached()만 사용하거나 @cache(timeout=3*60)처럼 선택적으로 인자를 주어 실행할 수 있습니다.

캐시에 대해 더 자세한 내용은 5.3절 '캐싱'을 참고하기 바랍니다.

■ Templating Decorator(템플릿 데코레이터)

템플릿 데코레이터는 뷰 함수가 템플릿 파일의 해석 결과를 반환할 때 유용하게 사용할 수 있습니다. 템플릿 데코레이터가 하는 일은 단순히 템플릿 이름을 받고 뷰 함수가 반환하는 사전 객체를 받아서 템플릿 객체에 전달하는 일을 합니다.

코드 4-54 템플릿 데코레이터 선언

```
01: from functools import wraps
02: from flask import request, render_template
03:
04: def templated(template=None):
05:     def decorator(f):
06:         @wraps(f)
07:         def decorated_function(*args, **kwargs):
08:             template_name = template
09:             if template_name is None:
10:                 template_name = request.endpoint \
11:                     .replace('.', '/') + '.html'
12:             ctx = f(*args, **kwargs)
13:             if ctx is None:
14:                 ctx = {}
15:             elif not isinstance(ctx, dict):
16:                 return ctx
17:             return render_template(template_name, **ctx)
18:         return decorated_function
19:     return decorator
```

코드 4-54는 템플릿 데코레이터를 사용하기 위해 선언한 모습입니다. 예제의 데코레이터는 템플릿 파일 이름을 명시적으로 전달하거나 넘기지 않을 수도 있습니다.

템플릿 이름을 넘기지 않으면 템플릿 데코레이터는 템플릿 파일 이름을 request 객체의 endpoint 속성을 조합해 만듭니다. endpoint 이름은 기본적으로 뷰 함수 이름과 동일합니다. 뷰 함수가 Blueprint 영역 내에 있을 때 endpoint 이름은 blueprint_name.handler_func_name 입니다. 템플릿 데코레이터에서는 템플릿 이름을 자동으로 생성할 때는 endpoint에 있는 .(피리어드) 문자는 /(슬래시) 문자로 변경해서 파일 경로로 변환합니다.

코드 4-55 템플릿 데코레이터에 템플릿 이름을 전달하지 않고 호출하는 첫 번째 예제

```
01: @app.route("/", endpoint="production.hello")
02: @templated()
03: def hello():
04:     return dict(value=1)
```

코드 4-55는 템플릿 데코레이터에 템플릿 이름을 넘기지 않고 호출해서 데코레이터가 템플릿 이름을 자동으로 생성하도록 했습니다. 코드 4-55에서 찾는 템플릿 파일 경로는 /templates/production/hello.html이 됩니다. 이와 같은 결과는 뷰 함수의 route decorator에 endpoint 속성을 추가했기 때문에 나온 것입니다. 이와 같은 명명 방법은 blueprint 클래스를 사용해 프로그램을 분할했을 때 그 효과를 보다 명확히 알 수 있습니다. 그러나 코드 4-56은 코드 4-55가 찾는 경로와 다른 파일을 찾게 됩니다.

코드 4-56 템플릿 데코레이터에 템플릿 이름을 전달하지 않고 호출하는 두 번째 예제

```
01: @app.route("/")
02: @templated()
03: def hello_origin():
04:     return dict(value=1)
```

코드 4-56은 앞의 코드와 다른 부분이 endpoint 속성이 빠진 것입니다. endpoint 속성이 빠지면 앞에서 설명했던 것과 같이 뷰 함수의 이름이 endpoint 이름을 가지게 됩니다. 이에 따라 /templates/hello_origin.html 파일을 찾게 됩니다.

만약 개발자가 템플릿 파일 경로를 명시하려 할 때는 템플릿 데코레이터 사용을 다음과 같은 방법으로 수행하게 됩니다.

코드 4-57 템플릿 데코레이터에 템플릿 경로를 인자로 전달하기(app 변수는 코드 2-1 참고)

```
01: @app.route("/")
02: @templated("development/hello_new.html")
03: def hello_new():
04:     return dict(value=1)
```

코드 4-57은 템플릿 데코레이터에 템플릿 경로를 인자로 전달한 것입니다. 이때 템플릿 데코레이터는 /templates/development/hello_new.html 파일을 찾아서 hello_new() 함수가 반환한 사전 객체의 내용을 설정하게 됩니다.

■ **Endpoint Decorator(엔드포인트 데코레이터)**

엔드포인트 데코레이터는 URL과 endpoint 값을 미리 결정지어 놓은 라우팅이 있을 때 뷰 함수와 라우팅을 연결하기 위해 사용하는 데코레이터로서 Flask에서 기본적으로 제공합니다.

```
01: from flask import Flask
02: from werkzeug.routing import Rule
03:
04: app = Flask(__name__)
05: app.url_map.add(Rule('/', endpoint='index'))
06:
07: @app.endpoint('index')
08: def my_index():
09:     return "Hello world"
10:
11: if __name__ == "__main__":
12:     app.run(debug=True)
```

코드 4-58은 엔드포인트 데코레이터를 사용해 URL 뷰 함수를 지정한 예제입니다. 엔드포인트 데코레이터는 사용하기 전에 반드시 Flask 객체의 url_map에 Rule이 추가되어어야 합니다.

코드 4-58에서 주의해서 볼 부분은 2, 5, 7행입니다.

02: werkzeug.routing 모듈로부터 Rule 클래스를 가져옵니다.

05: Flask 객체의 url map에 2행에서 가져온 Rule 클래스에 URL 주소와 endpoint 인자를 주어 Rule 인스턴스를 추가합니다.

07: 뷰 함수로 사용하고자 하는 함수 선언 위에 엔드포인트 데코레이터를 추가하고, 호출 인자로 5행에 추가한 endpoint 이름을 전달합니다.

이 예제는 다음과 같은 순서대로 동작합니다.

1. / URL을 입력하면 Flask는 url_map에 있는 Rule을 순회하면서 /에 대한 Rule이 있는지 확인합니다.

2. /에 대한 Rule을 찾으면 Rule을 처리할 뷰 함수가 있는지 살펴봅니다. 처리할 함수는 Rule의 endpoint 이름과 엔드포인트 데코레이터로 넘어온 인자를 매치하여 찾습니다.

3. URL Rule에 대한 처리 함수를 호출합니다. 찾지 못하면 404 메시지를 출력하게 됩니다.

Flask는 URL Rule 처리에 있어서 werkzeug 모듈을 사용해서 다수의 URL Rule을 관리합니다. 우리는 앞에서 로그인 데코레이터부터 엔드포인트 데코레이터까지 쉽게 사용할 수 있는 데코레이터를 살펴봤습니다. 다음으로는 앞의 예제를 일부 변형한 예제를 살펴보겠습니다.

■ 관리자 로그인 데코레이터

관리자 권한을 필요로 하는 사이트의 일부 영역은 일반 사용자가 접속하게 하거나 관리자 로그인 상태가 해제된 경우는 반드시 로그인 페이지로 돌려보내야 합니다. 다음은 이와 관련한 예제입니다.

코드 4-59　사용자의 로그인 여부 및 시스템 접속 권한 체크 데코레이터 예제

```
01: def admin_required(f):
02:     @wraps(f)
03:     def decorated_function(*args, **kwargs):
04:         # 로그인 아이디가 존재하지 않으면 로그인 페이지로 돌려보낸다.
05:         if session.get("usr_id", None) is None:
06:             return redirect(url_for('member_page.loginForm', next=request.url))
07:         # 로그인 권한이 충분한지 확인한다.
08:         if "R" not in session["access_auth"]:
09:             # 검색 시스템으로 돌려보낸다.
10:             return redirect(url_for("home./"))
11:         return f(*args, **kwargs)
12:     return decorated_function
```

코드 4-59는 사용자의 로그인 여부 확인 및 접속 권한을 체크하여 로그인 페이지로 돌려보내거나 검색 시스템으로 돌려보내는 데코레이터입니다. 이 데코레이터를 데이터베이스 혹은 LDAP와 같은 인증 시스템과 연동하면 예제보다 더 강력한 권한 구성이 가능할 것입니다.

■ 사용 권한 데코레이터

웹 프로그램의 사용자는 일반적으로 방문객, 로그인 사용자, 관리자 등으로 나눠지는 경우가 있습니다. 로그인 사용자도 모두 동일한 접근 레벨을 가지지 않을 수도 있습니다. 종종 로그인 사용자의 권한에 따라 접근을 제한해 메시지를 출력해야 될 때도 있습니다. 그러나 뷰 함수마다 권한 검사 코드를 추가하면 중복이 심하고, 중복된 코드를 수정하다 보면 결국 프로그램의 어떤 부분에서는 버그가 발생할 수도 있습니다.

코드 4-60　필요로 하는 접근 권한을 받아 검사해서 접근 권한이 없으면 이전 페이지로 돌려보내는 데코레이터

```
01: def role(role):
02:     def wrapper(f):
03:         @wraps(f)
04:         def decorated_function(*args, **kwargs):
05:             # args의 값과 session의 access_auth 값과 비교하여 접근할 수 없는 경우 이전 페이지로 돌려보낸다.
06:             # 접근 권한의 기본값은 검색이다.
07:             if role not in session.get("access_auth", "S"):
```

```
08:                    flash(u'허가되지 않은 사용자입니다')
09:                    return redirect(request.referrer)
10:             return f(*args, **kwargs)
11:         return decorated_function
12:     return wrapper
```

코드 4-60은 특정 URL에 대해 특정 권한을 필요로 할 때 그 권한을 데코레이터를 통해 받아서 로그인한 사용자에게 특정 권한이 있는지 확인하고, 사용 권한이 없으면 사용자가 이전에 있었던 페이지로 돌려보냅니다. 이 예제도 LDAP와 같은 인증관리 시스템과 연동하면 너욱 강력한 효과를 발휘할 수 있습니다.

■ 브라우저 캐시를 사용하지 않도록 한 데코레이터

우리는 앞 절에서 캐시에 대해서 살펴보고 어떻게 사용하는지 간략히 배웠습니다. 그런데 캐시는 서버 쪽이 먼저가 아니라 클라이언트 쪽에서 먼저 도입된 기능입니다. 데이터 통신망이 매우 느리던 시절에는 웹 브라우저가 사용자에게 빠른 응답 결과를 보여주기 위해서 웹 브라우저 쪽에 데이터를 저장하는 방법이 먼저 생겼습니다. 이 캐시를 우리는 클라이언트 캐시(client cache)라고 부릅니다.

클라이언트 캐시는 사용자에게 빠른 응답 결과를 보장하지만, 웹 프로그램 쪽의 데이터가 변경되면 변경된 데이터를 적정한 시기에 받아볼 수 없다는 단점이 생깁니다. 물론, 이 때문에 클라이언트에게 웹 프로그램이 '어떤 데이터는 얼마 동안만 저장해두고 있어라'라는 시간 제약을 주기도 합니다. 종종 웹 프로그램에서 보내는 데이터 중에는 웹 브라우저가 캐시를 하지 말아야 할 필요도 있습니다.

Ajax 요청의 응답은 브라우저 캐시와 관련이 매우 깊습니다. 브라우저 캐시는 웹 브라우저가 사용자가 같은 URL에 요청하면 응답 결과를 저장해둡니다. 그리고 사용자가 같은 URL에 데이터를 요청하면 브라우저 캐시에서 데이터를 찾아 바로 응답합니다. 웹 브라우저는 일반적으로 서버에 요청하는 모든 URL의 응답 결과를 내부 캐시에 저장합니다. 덕분에 Ajax 요청의 응답 결과가 변경되어도 사용자는 서버가 보내는 변경된 Ajax 응답 결과가 아니라 브라우저가 캐시한 Ajax 응답을 받아보기도 합니다. 이와 같은 문제를 해결하기 위해서는 웹 브라우저에 지금 보내는 응답은 캐시하면 안 된다고 말해줘야 하는데, 다음과 같은 데코레이터 선언과 사용을 통해서 이 문제를 해결할 수 있습니다.

```
01: def no_cache(f):
02:     @wraps(f)
03:     def decorated_function(*args, **kwargs):
04:         resp = make_response(f(*args, **kwargs))
05:         h = resp.headers
06:         h['Last-Modified'] = datetime.datetime.now()
07:         h['Cache-Control'] = 'no-store, no-cache, must-revalidate, post-check=0,
pre-check=0'
08:         h['Pragma'] = 'no-cache'
09:
10:         return resp
11:     return decorated_function
```

코드 4-61은 뷰 함수의 결과를 받아서 HTTP 응답을 만들고, 이 응답의 헤더에 데이터를 캐시하지 않도록 하는 설정을 덧붙이고, 새로 만든 HTTP 응답을 웹 브라우저에 반환합니다.

■ 이외의 데코레이터

지금까지 살펴보았듯이 Flask의 뷰 함수에 데코레이터를 추가하여 코드의 중복을 줄이고 뷰 함수 호출의 전후 과정에서 데이터 로깅을 하거나 JSON, XML 변환 등을 처리할 수도 있습니다.

> **마치며** 파이썬의 데코레이터는 정말 매력적인 기능입니다. 데코레이터를 웹 프로그램에 응용할 수 있는 범위는 매우 크다고 볼 수 있으며, 여러분도 파이썬의 데코레이터를 원하는 용도에 맞게 개발해서 사용한다면 중복된 코드를 최소한으로 유지하면서도 유지보수하기 쉬운 프로그램을 개발할 수 있을 겁니다.

4.3 폼 유효성 검사

웹 프로그램은 웹 프로그램을 사용하는 사용자가 없다면 움직이지 않는 깡통과 다르지 않습니다. 사용자와 웹 프로그램은 서로 간에 데이터를 주고받기 위한 수단으로 HTML 폼을 사용합니다. 웹 프로그램 개발에 많이 쓰이는 여러 UI 프레임워크(X-Internet and Javascript Based UI Framework, CSS Based Framework 등)도 사용자의 눈에 보이지 않는 영역에서는 HTML 표준을 준수하여 사용자 입력 데이터를 웹 프로그램에 전송합니다.

웹 프로그램을 사용하는 사용자는 웹 프로그램이 어떤 일을 처리하게 하기 위해 다양한 종류의 입력을 받습니다. 회원 가입, 로그인, 게시물 쓰기 등은 많은 웹 프로그램에서 사용되는 대표적인 입력 요소입니다. 하지만 사용자가 보낸 데이터는 대개 데이터의 유효성이 검증되지 않은 것이며, 외부의 공격자가 프로그램이 가질 수 있는 잠재적인 문제를 공격하는 데이터를 보내올 수 있기 때문에 입력을 필터링할 필요가 있습니다.

이번에 다루는 폼 유효성 검사는 HTML 폼이 보내오는 데이터를 웹 프로그램 측에서 사용자가 입력한 데이터의 유효 여부를 검사하여 사용자에게 데이터 오류에 대해 대처하도록 지시합니다.

최근 웹 프로그램 개발은 웹 프로그램 쪽에서 폼 유효성 검사를 하기보다는 웹 브라우저에서 폼 유효성 검사를 하는 것이 일반적인 개발 패턴입니다. 하지만 사용자가 웹 브라우저의 자바스크립트 기능을 종료시키거나 웹 프로그램으로 직접 폼 데이터를 전송하는 경우는 폼 유효성 검사를 서버 측 웹 프로그램에서 반드시 처리해야 합니다.

파이썬에서는 다양한 폼 유효성 검사 라이브러리가 있는데, 우리는 WTForms 라이브러리를 사용해서 Flask에서 폼 유효성 검사를 하는 방법을 알아볼 것입니다. 이외에 사용 가능한 유효성 검사 라이브러리는 Formencode, schema, valideer 등이 있습니다. 이 중 Formencode는 파이썬에서 사용 가능한 범용 유효성 검사기를 개발할 수 있으므로 요구사항의 난이도가 높아질 때 매우 유용한 라이브러리 중 하나입니다.

이제 WTForms를 사용해서 유효성 검사기를 생성하고 사용하는 방법을 마지막으로 살펴보겠습니다.

■ WTForms 설치하기

WTForms를 설치하는 것은 아래의 명령어 실행으로 쉽게 설치할 수 있습니다.

◈ 셀 4-8 **wtforms 설치하기**

```
$ pip install wtforms
```

pip 명령 실행이 완료되면 이제 Flask 웹 프로그램에서 유효성 검사기를 만들 준비가 된 것입니다. WTForms를 사용하기 전에 몇 가지 주요 구성 요소를 알고 있어야 합니다.

WTForms는 Form, Fields, Validators, 이렇게 세 개의 주요 구성 요소가 있습니다. WTForms

로 폼 유효성 검사기의 구성 요소는 표 4-2와 같습니다.

⊞ 표 4-2 WTForms 구성 요소

구성 요소	설명
Form	유효성 검사를 위한 Validator를 포함한 Field의 집합체입니다. 보통 이것은 HTML Form과 일대일로 대응합니다.
Fields	개별 HTML Form Field에 대응하는 객체가 담겨 있으며, 하나의 Field는 여러 개의 Validator가 포함되어 있습니다.
Validators	유효성 검사기 집합을 모아둔 것입니다. WTForms는 개발자가 사용 가능한 여러 개의 기본 Validator를 제공합니다.

WTForms는 여러 확장 기능의 하나로서 데이터베이스에도 사용할 수 있지만, 우리는 폼 유효성 검사기로만 WTForms를 사용하게 됩니다.

■ 첫 번째 폼 유효성 검사기 만들기

첫 번째로 만들 폼 유효성 검사기는 몇 개의 Field를 포함한 검사기입니다. 이 폼 유효성 검사기는 간단한 회원 등록폼 유효성 검사기입니다.

⟨/⟩ 코드 4-62 회원 등록폼 유효성 검사기

```
01: from wtforms import Form, BooleanField, TextField, PasswordField, validators
02:
03: class RegistrationForm(Form):
04:     username = TextField('Username', [validators.Length(min=4, max=25)])
05:     email = TextField('Email Address', [validators.Email(message='not is valid'),
validators.Length(min=6, max=35)])
06:     password = PasswordField('New Password', [
07:         validators.Required(),
08:         validators.EqualTo('confirm', message='Passwords must match')
09:     ])
10:     confirm = PasswordField('Repeat Password', [validators.Required()])
11:     accept_tos = BooleanField('I accept the TOS', [validators.Required()])
```

코드 4-62는 회원 등록폼에서 입력받을 수 있는 몇 개의 필드로 구성된 폼 유효성 검사기입니다. 이 코드를 자세히 살펴보겠습니다.

01: wtforms 모듈로부터 Form 클래스와 Boolean, Text, Password 필드, 유효성 검사기 이름을 가져옵니다.

03: Form 클래스를 상속받아 RegistrationForm 클래스를 선언합니다. 이 클래스는 폼이 가지

고 있는 모든 필드를 선언하거나 유효성 검사를 진행할 필드만 선언할 수도 있습니다. 뒤에서 설명하겠지만, 필드를 선언하고 유효성 검사기를 나열하지 않으면 검사하지 않기 때문에 폼 유효성 검사기는 유효성을 검증할 필드만 선언하는 것이 효과적입니다.

04: 텍스트 필드를 선언합니다. 이 필드의 레이블과 유효성 검사기를 첫 번째 인자와 두 번째 인자에 순서대로 넘겨주며, 유효성 검사기는 이 필드에 전달되는 값의 길이는 최소 4자, 최대 25자를 가지도록 합니다.

05: 텍스트 필드를 선언합니다. 텍스트 필드 때와 다른 것은 유효성 검사기가 두 개 추가된 것이며, 첫 번째 유효성 검사기는 이메일에 적합한 것인지를 검증하며, 두 번째는 최소 6자, 최대 35자를 가진 이메일 주소를 입력할 수 있다는 것입니다.

06~09: 비밀번호 필드를 선언합니다. 이 유효성 검사기는 비밀번호를 반드시 입력해야 하며, confirm 필드에 전달된 값과 같은지 확인해서 같지 않으면 오류 메시지를 출력합니다.

10: 비밀번호 입력 확인 필드를 추가합니다. 이 필드 역시 반드시 입력되어야 하는 유효성 검사기를 추가합니다.

11: 제출을 허용하는지에 대한 Boolean 필드를 추가합니다. Boolean 필드는 HTML에서 체크박스 필드에 해당합니다.

코드 4-62의 유효성 검사기는 다음과 같은 방법으로 사용하게 됩니다.

📄 **코드 4-63 코드 4-62의 회원 등록폼 유효성 검사기를 사용하는 예제**

```
01: @app.route('/register', methods=['GET', 'POST'])
02: def register():
03:     form = RegistrationForm(request.form)
04:
05:     if request.method == 'POST' and form.validate():
06:         # DB에 회원 정보 추가 후 저장
07:         return "login ok"
08:     return render_template('register.html', form=form)
```

코드 4-63은 /register URL을 GET으로 호출하면 유효성 검사기를 form 인자에 전달하고, POST로 호출하면 5행에 의해 유효성 검사가 실행됩니다. 이후 유효성 검사가 완료되면 DB에 회원 정보를 추가하고 저장하게 됩니다.

■ 폼 유효성 검사기를 조금 더 깊게 알아보기 — Form 클래스

Form 클래스는 폼 유효성 검사 메서드와 폼 유효성 검사를 진행할 데이터 값, 유효성 검사 오류 메시지 등을 확인할 수 있는 속성으로 구성되어 있습니다. 이 클래스를 상속받은 클래스는

유효성 검사를 수행할 HTML 폼 필드명 리스트를 변수로 가집니다.

코드 4-62와 코드 4-63을 예로 들어 HTML에 다음과 같은 폼 필드(요청 타입은 POST)가 있다고 가정합니다.

📄 **코드 4-64 username 이름을 가진 text 필드**

```
01: <input type="text" name="username" size="30">
```

코드 4-64는 name 속성값이 username인 텍스트 필드의 일반적인 모습입니다. 이 데이터가 서버로 전송되면 웹 프로그램은 request.form 사전에서 username 키로 사용자가 입력한 데이터를 저장하게 됩니다. 폼 유효성 검사기의 초기화를 위해서 유효성 검사기를 인스턴스화할 때 request.form 객체를 넘겨줌으로써 유효성 검사기에 데이터 유효성 검사를 위한 준비를 시작합니다.

이 준비 과정으로 폼 유효성 검사기 안에 정의되어 있는 변수를 반복합니다. 반복 중에 변숫값이 인스턴스화할 때 받은 request.form 사전에서 키를 찾아, 키가 유효하면 유효성 검사기의 Field 변수에 데이터를 설정합니다.

이것은 결과적으로 HTML에서의 폼 필드명과 폼 유효성 검사기의 변수(예: 코드 4-62의 4행)로 일대일 매핑되는 구조입니다.

코드 4-62와 매핑되는 HTML은 다음과 같이 구성되어야 합니다.

📄 **코드 4-65 코드 4-62의 폼 유효성 검사기와 매핑되는 HTML 폼 구조**

```
01: <input name="username" type="text" />
02: <input name="email" type="text" />
03: <input name="password" type="password" />
04: <input name="confirm" type="password" />
05: <input name="accept_tos" type="checkbox" value="y">
```

Form 상속 클래스는 인스턴스화할 때 몇 가지 인자를 받게 됩니다. 이렇게 받는 인자는 폼 유효성 검사기의 필드 변수에 값을 설정하는 용도로 사용하는데, Form 상속 클래스는 초기화 인자를 받으며 초기화 인자는 폼 유효성 검사기의 필드 변수에 값을 설정하기 위해 사용합니다. 전달받는 인자는 아래의 목록과 같으며, Form 클래스에 설정할 변숫값을 찾는 순서는 formdata - obj - data - **kwargs와 같습니다.

- formdata
- obj
- prefix
- data
- **kwargs

첫 번째로, formdata 인자는 Request Data의 래퍼(Wrapper)로서 이 인자가 받을 수 있는 데이터 타입은 Werkzeug, Django, WebOb의 Request Wrapper가 있습니다. Flask는 Request Wrapper 로서 Werkzeug를 사용하기 때문에 Form 상속 클래스의 인스턴스화는 다음과 같은 방법 중 하나를 사용할 수 있습니다.

📟 코드 4-66 **Form 클래스의 인스턴스화**

```
01: # POST 요청 값 사용하기
02: form = RegistrationForm(formdata=request.form)
03:
04: # GET 요청 값 사용하기
05: form = RegistrationForm(formdata=request.args)
06:
07: # POST, GET 요청 종류에 상관없이 값 사용하기
08: form = RegistrationForm(formdata=request.values)
```

코드 4-66에서 Form 상속 클래스를 인스턴스화할 때 유효성 검증을 위한 데이터 설정을 위해 formdata 인자에 Request Wrapper 객체를 전달하게 되는데, 이때 Form 클래스 생성자의 첫 번째 인자가 formdata이므로 코드 4-66에서는 formdata 키워드명을 빼고 호출해도 정상적으로 동작합니다. Form 클래스 인스턴스화할 때 코드 4-66처럼 명시적으로 키워드 인자를 주는 것도 하나의 방법입니다.

폼 유효성 검사 클래스는 자신에게 설정되어 있는 변수의 폼 필드명(예: username)을 formdata 키워드로 들어온 인자 객체(여기서는 Request Wrapper)에서 찾지 못하면 이 데이터를 찾을 수 있는 몇 가지 방법을 추가로 제공합니다. formdata 인자 외에도 obj, data, **kwargs 인자를 추가로 전달할 수 있습니다.

obj 키워드 인자는 public 속성으로 접근 가능한 변수가 있는 객체를 인자로 전달해줘야 합니다.

📟 코드 4-67 **폼 유효성 검사기 인스턴스화에 formdata 키워드 인자, obj 키워드 인자를 함께 넘겨주기**

```
01: class DataSet:
```

```
02:     def __init__(self):
03:         self.username = "test"
04:
05: ds = DataSet()
06: form = RegistrationForm(formdata=request.form, obj=ds)
07:
08: print(form.username.data)
```

코드 4-67은 DataSet이라는 클래스에 username 객체 변숫값을 미리 설정해주고, 이 클래스를 인스턴스화해서 Form 클래스를 인스턴스화할 때 formdata 키워드 인자 뒤에 obj 키워드 인자로 전달하는 모습입니다.

request.form 사전에서 username 키를 찾을 수 없으면 Form 클래스는 obj 키워드 인자로 넘어온 객체에서 객체 속성 변수를 찾습니다. 코드 4-67에서는 obj 키워드로 인자로 넘어온 DataSet 객체에서 username을 찾게 되고, 이 인자를 찾으면 obj 객체에서 찾는 username 속성 변수로 폼 유효성 검사기의 필드 변수(예: username)에 값을 설정합니다.

obj 키워드를 통해서 검사할 값을 찾아 폼 유효성 검사 클래스의 필드 변수에 저장되면 좋겠지만, obj 키워드로 인자로 전달된 객체에서도 속성을 찾지 못하게 되면 폼 유효성 검사 클래스는 data 인자로 넘어온 객체에서 필드 변수명을 찾습니다.

Form 클래스는 data 인자를 전달받을 때 data 인자의 데이터 타입은 반드시 dict 타입을 갖추어야 합니다. 물론, dict 타입을 갖추도록 클래스를 작성해도 되겠지만, 우리는 가볍게 사전(딕셔너리)을 직접 전달해서 폼 유효성 검사 클래스의 필드 변수에 값을 설정하도록 하겠습니다.

코드 4-68 data 키워드 인자에 사전 넘기기

```
01: form = RegistrationForm(formdata=None, obj=None, data={'email':'ceo@jpub.com'})
```

코드 4-68은 data 키워드 인자에 email 키를 넘긴 모습입니다. 이 코드에서는 간략한 설명을 위해 formdata 키워드 인자와 obj 키워드 인자에 None을 전달했지만, 앞서 설명된 것과 같이 데이터가 있다고 가정하고 설명합니다.

폼 유효성 검사 클래스는 formdata, obj 키워드 인자로 넘어온 Request Wrapper와 객체에서 속성에서 필드 변수명을 찾지 못하면, data 변수로 넘어온 사전 객체에서 필드 변수명과 일치하는 키를 찾아서 필드 변수의 속성값으로 설정하게 됩니다.

지금까지 우리는 formdata, obj, data 키워드 인자를 통해서 필드 변수의 속성값을 설정할 수 있는 방법을 살펴봤습니다. 이 인자들은 파이썬 객체를 전달하는 방식이지만, 이 객체들 (request wrapper, 일반 객체, 사전 객체)에서도 필드 변숫값을 설정할 수 없는 경우가 있습니다. 이 때는 Form 클래스를 인스턴스화할 때 초기화 인자로 필드 변수명과 값을 나열해주는 방법으로 필드 변숫값을 설정할 수도 있습니다.

<> 코드 4-69 필드 변수명과 값을 폼 유효성 검사 클래스 인스턴스화에 전달하기

```
01: form = RegistrationForm(formdata=None, obj=None, data=None, username='jiho',
email='search5@search5.com')
```

코드 4-69와 같은 방법을 사용할 때 주의해야 할 점은 Form 클래스의 필드 변수명으로 formdata, obj, data는 사용할 수 없다는 사실입니다.

폼 유효성 검사 클래스는 앞에서 말했던 것처럼 몇 가지 중요한 메서드와 속성을 가지고 있습니다. 먼저, 속성부터 살펴보겠습니다. 폼 유효성 검사 클래스는 표 4-3과 같은 객체 속성을 가지고 있습니다.

⊞ 표 4-3 폼 유효성 검사 클래스의 객체 속성

속성명	설명
data	폼 유효성 클래스에 필드 변수명과 필드 변수에 저장된 값의 쌍을 사전 형태로 반환합니다.
errors	폼 유효성 검사 후 필드 변수명과 에러 메시지(리스트 타입) 값의 쌍을 사전 형태로 반환합니다.

이 속성들의 실제 형태는 다음과 같은 모습으로 확인 가능합니다.

<> 코드 4-70 폼 유효성 검사 클래스의 errors 속성과 data 속성에 접근한 모습

```
01: >>> form.errors
02: {'username': [u'This field is required.'], 'password': [u'This field is
required.'], 'email': ['not is valid', u'Field must be between 6 and 35 characters
long. How!'], 'accept_tos': [u'This field is required.'], 'confirm': [u'This field is
required.']}
03: >>> form.data
04: {'username': None, 'password': None, 'email': None, 'accept_tos': False,
'confirm': None}
```

코드 4-70은 폼 유효성 클래스에서 유효성 검증(validate 메서드 호출) 후 errors 속성이 표현된 모습입니다. 만약 유효성 검증 이전이라면 errors 속성은 에러 메시지가 모두 비어 있습니다.

폼 유효성 검사 클래스는 유효성 검증 및 필드 변수에 유효성 검증이 완료된 값 등의 설정을 위한 메서드를 제공합니다.

표 4-4 **폼 유효성 검사 클래스가 제공하는 객체 메서드**

메서드	설명
validate()	폼 유효성 검사 클래스의 필드 변숫값에 저장되어 있는 값에 유효성 검사를 진행하라고 지시하는 메서드입니다. 이 메서드의 실행 결과는 유효성 검증에 성공하면 True, 실패하면 False를 반환합니다. 실패했을 시의 유효성 검사 클래스는 바로 앞에서 다룬 것처럼 폼 유효성 검사 클래스의 errors 속성에 유효성 검증 오류 메시지를 저장합니다.
populate_obj(obj)	obj 키워드 인자에 객체(코드 4-67 참고)를 전달하면 폼 유효성 검사 클래스는 유효성 검사에 통과한 필드 변수와 필드 변숫값을 obj 키워드 인자로 넘어온 객체에 값을 복사합니다.

폼 유효성 검사 클래스는 내부에 숨겨진 메서드로 Iteration 메서드와 __contains__ 메서드가 있습니다. Iteration 메서드는 폼 유효성 검사 클래스에 존재하는 모든 필드 변수를 반복하는 역할을 합니다.

코드 4-71 **템플릿 변수(form)에서 Iteration 메서드를 사용하는 방법**

```
01: {% for field in form %}
02:    <tr>
03:        <th>{{ field.label }}</th>
04:        <td>{{ field }}</td>
05:    </tr>
06: {% endfor %}
```

코드 4-71은 템플릿 변수에서 폼 유효성 검사 클래스의 Iteration 메서드를 사용하는 예제입니다.

__contains__ 메서드는 폼 유효성 검사 클래스에 질의하는 필드 변수가 있는지 확인하는 메서드입니다. 다음과 같은 방법으로 사용합니다.

코드 4-72 **__contains__ 메서드 사용법**

```
01: >>> 'username' in form
```

코드 4-72는 IN 연산자를 사용해서 객체의 __contains__ 메서드를 사용하는 방법을 나타냈습니다. WTForms에서 IN 연산자는 좌측에 포함 여부를 검사할 문자열, 우측에 폼 유효성 검사 클래스의 인스턴스 객체가 위치합니다. 이 코드의 검사 결과가 존재하면 True, 존재하지 않으면 False 값을 반환합니다.

■ 폼 유효성 검사기를 조금 더 깊게 알아보기 — Field 클래스

폼 유효성 검사 클래스는 앞에서 Form 클래스에 대해 다루면서 언급했듯이, 개별 Validator를 포함한 Field들의 집합으로 이루어져 있습니다. WTForms는 폼 유효성 검사를 위해서 다양한 형태의 Field 클래스를 다루고 있습니다. Field 클래스는 그 종류에 상관없이 인스턴스화할 때 기본 인자를 통해 Field 클래스를 인스턴스할 수 있습니다. 이렇게 Field 클래스를 사용한 예제를 코드 4-62에서 확인할 수 있으며, 이 예제에서 Field 클래스의 기본적인 사용 방법을 알 수 있습니다.

Field 클래스는 wtforms.fields.Field 아래에서 모두 찾아볼 수 있습니다. Field 클래스 중 일부 Field 클래스는 기본 인자 외에 몇 개의 인자를 추가로 전달받습니다. Field 클래스 인스턴스화에 기본 인자를 모두 설정하지 않아도 됩니다. Field 클래스는 선언할 때 어떤 인자도 전달하지 않고 선언할 수 있지만, 그중에서 유용하게 사용될 수 있는 몇 개의 인자만 설명하겠습니다.

표 4-5 Field 클래스 선언 시 유용하게 사용되는 인자

인자명	설명
label	첫 번째 인자로 HTML Label 태그의 값으로 일대일로 매핑됩니다(예: <label>레이블</label>)
validators	폼 필드에 적용할 유효성 검사기를 시퀀스 타입(리스트 또는 튜플)에 차례대로 나열합니다. 예를 들어, email을 입력받을 경우 입력된 문자열이 이메일 형식을 갖추고 있는지, 유효한 이메일 길이를 맞추었는지 등을 확인할 수 있습니다. 이메일에 한정하자면, 이메일 아이디 부분을 제외한 도메인은 최소 다섯 자리입니다. 이메일 아이디 한 자리와 앳(@)문자를 포함한다면, 이메일 아이디는 최소 일곱 자리가 됩니다. 이메일 아이디를 최대 30자로 가정하고 도메인은 최대 67자로 구성할 수 있습니다. 이 경우에 validator는 이메일 형식의 검증은 물론 길이 제한에 대한 유효성 검증도 추가할 수 있어야 하니 이메일 필드에 한해서라면 두 개의 유효성 검사기를 제공해야 합니다. 유효성 검사가 실패하면 유효성 검사기는 ValidatorError 예외를 발생시켜야 합니다.
filters	폼 필드에 적용할 필터를 시퀀스 타입(리스트 또는 튜플)에 차례대로 나열합니다. 필터는 XSS 공격이나 웹 프로그램으로의 보안 공격이 의심될 때 등 다양한 목적에 의해 입력값의 내용 일부를 제거하거나 변경하여 돌려줍니다. Filter는 개발자가 직접 작성하게 되며, 함수 형태로 필드 값만 받는 형태로 선언하여 지정합니다. 필터링 과정에서 문제가 생기면 ValueError 예외를 발생시켜야 합니다.
description	필드에 대한 상세한 설명을 문자열로 추가합니다.
id	HTML 폼 필드의 id 속성값에 일대일로 매핑됩니다.
default	사용자가 필드에 데이터를 채워넣지 않고 저장했을 때 폼 필드에서 기본적으로 읽어들일 값입니다.
_name	HTML 폼 필드의 name 속성값에 일대일로 매핑됩니다.

Field 클래스는 개발자가 자유롭게 접근 가능한 몇 개의 속성과 메서드를 제공합니다. 이 속성들을 통해 사용자가 입력한 값, 유효성 오류 메시지 등을 확인할 수 있습니다. 속성 종류는 표 4-6에서 확인할 수 있습니다.

표 4-6 Field 클래스에서 제공되는 객체 속성

속성	설명
data	유효성 검증 및 필터링이 완료된 이후의 필드 변숫값입니다.
raw_data	Request Wrapper로부터 넘겨받은 원본 데이터 값입니다.
object_data	폼 유효성 클래스를 통해 전달된 obj 또는 **kwargs 인자를 통해 전달되어 유효성 검사기에 저장만 완료되어 유효성 검증 및 필터링이 수행되지 않은 상태의 필드 변숫값입니다.
errors	필드 유효성 검사 이후 유효성 검사 오류가 발생하면 해당 오류 메시지가 파이썬 리스트(List)에 담겨 있습니다.
name	Field의 name 속성값을 반환합니다. 이때 반환되는 값은 prefix+short_name의 형태로 반환하는데, 우리는 개발 편의성을 위해 prefix를 사용하지 않습니다.
short_name	Field 클래스에서 prefix를 제외한 필드명을 돌려줍니다. prefix가 Field 클래스 선언에 포함되지 않으면 이 값은 name과 동일한 값을 반환합니다.
id	Field 클래스의 id 속성값을 반환합니다.
label	Field 클래스의 label 값을 반환합니다.
default	Field 클래스에서 사용자가 입력하지 않을 때 사용할 기본값을 반환합니다.
description	Field 클래스의 상세한 설명을 반환합니다.
type	Field 클래스의 Type을 반환합니다. 뒤에서 더 다루겠지만, Field 클래스는 개발자가 직접 만들어 사용하는 것이 가능합니다.
flags	개별 유효성 검사기에 field_flags 변수가 시퀀스 타입(리스트 또는 튜플)을 지정하고 시퀀스 내부 요소로 필요로 하는 플래그 값을 설정하면 이 플래그들을 반환합니다.
filters	Field에 필터 목록을 반환합니다.

Field 클래스가 제공하는 대부분의 메서드는 개발자가 직접 사용하기보다 폼 유효성 검사 클래스가 필드의 메서드를 대신 호출해서 결과를 수집하여 알려줍니다.

Field 클래스는 그 자체로 템플릿에서 표현할 때 함수처럼 호출하면 HTML에서 사용할 폼 필드를 자동으로 생성해주는 기능을 가지고 있습니다. 이 기능은 Field 클래스에 __call__ 메서드로 구현되어 있습니다. 이 방법은 다음과 비슷한 코드를 사용하여 이용할 수 있습니다.

```
01: {{ form.username() }}
```

코드 4-73은 템플릿에서 웹 프로그램으로부터 전달받은 form 변수(Form 클래스 인스턴스 객체.
예제에서는 RegistrationForm)의 username 필드 변수에 접근하여 호출하는 모습입니다. Field 클
래스가 이 기능을 사용할 수 있는 것은 코드 4-63에서처럼 폼 유효성 검사 클래스를 선언할
때 Field 클래스를 인스턴스화하기 때문입니다. 코드 4-73에는 보여지지 않지만, 필드 렌더링을
수행할 때 html 속성 옵션을 콤마(,)로 구분해서 나열해주면 해당 옵션을 반영하여 필드 렌더
링이 수행됩니다.

이와 같은 방법은 WTForms의 Field 클래스 종류에 따라 화면에 보여지는 HTML 폼 코드가
다릅니다. 따라서 폼의 디자인 등을 위해서 웹 프로그램 측의 WTForms의 폼 유효성 검사 클
래스의 선언에 의존해야 합니다. 이런 면에서는 웹 디자이너 등과 협업할 때 어려움이 가중될
수도 있습니다.

폼 유효성 검사 클래스는 필드 변수들의 반복 기능이 있어서 다음과 같은 방법으로도 개별
Field를 생성할 수 있습니다.

코드 4-74 폼 유효성 검사 클래스에 있는 필드 변수 반복 기능 이용하기

```
01: <dl>
02:     {% for field in form %}
03:         <dt>{{ field.label }}</dt>
04:         <dd>{{ field }}</dd>
05:     {% endfor %}
06: </dl>
```

Field는 WTForms가 제공하는 기본 Field 외에도 개발자가 목적에 맞춘 Field 클래스를 디자인
해서 사용할 수 있습니다(이렇게 화면에 렌더링되는 모습은 HTML 폼 디자인과 일치해야 합니다). 그
러면서도 폼 태그의 name 속성만 유지하면 웹 프로그램이 데이터를 받아 처리할 수 있으므로
폼 디자인(HTML FORM 코드 이하)을 한 후 폼에 표시되는 값만 따로 HTML 폼에 입력하는 방
법이 자주 사용되고 있습니다(특히, Sencha ExtJS 같은 UI Framework에서 WTForms 기능을 이용해
Field를 렌더링하는 것은 어려운 일에 속합니다).

WTForms에서 제공하는 Field 클래스는 한 가지 값만 받는 Basic Field들과 개발자 편의를
위한 Convenience Field, 다른 폼 유효성 클래스를 포함한 Field Enclosures로 나뉘어 있습

니다. 우리는 모든 Field 클래스를 다루는 대신 유용하게 사용될 수 있는 Basic Field 일부와 Convenience Field만 살펴보겠습니다.

⊞ 표 4-7 WTForms에서 유용하게 사용되는 Basic Field

Field 클래스	설명
BooleanField	HTML의 Checkbox(type=checkbox)에 해당하는 Field 클래스입니다. 이 필드는 웹 프로그램에서 체크 필드에 들어 있는 value 값과 상관없이 True, False로만 값을 확인할 수 있습니다.
DateTimeField	날짜와 시간을 포함하는 필드로서 기본 인자 외에 format 인자를 따로 받습니다. format 인자의 기본값은 %Y-%m-%d %H:%M:%S이며, 국가 환경에 따라 날짜와 시간 순서를 바꾼다거나 하는 방법으로 지정할 수도 있습니다. 이 인자 형태는 파이썬의 datetime에 사용하는 포매팅 형태입니다. 사용자가 입력한 날짜와 시간 형태가 format 형태로 변환되지 않으면 ValueError 예외를 발생시킵니다.
FileField	HTML의 파일 업로드 박스에 해당하는 Field 클래스입니다. 이 필드는 기본 인자만 받아서 생성하며, 업로드 가능한 이미지 파일을 제한할 때는 정규 표현식 Validator를 사용해서 확장자로 제한할 수도 있습니다.
RadioField	HTML의 Radio(type=radio)에 해당하는 Field 클래스입니다. 이 필드는 기본 인자 외에 choices와 coerce 인자를 받습니다. choices 인자는 라디오 박스로 생성할 value 값과 레이블 값의 쌍을 튜플로 묶어 리스트 타입으로 지정합니다. coerce 인자는 필드를 렌더링할 때 어떤 순서대로 만들지에 대한 인자입니다. 기본값은 unicode입니다.
SelectField	HTML의 select 태그에 해당하는 Field 클래스입니다. 이 필드는 기본 인자 외에 choices와 coerce, option_widget 인자를 받습니다. choices 인자는 select 태그 내에 option 박스로 생성할 value 값과 레이블 값의 쌍을 튜플로 묶어 리스트 타입으로 지정하는 인자입니다. coerce 인자는 필드를 렌더링할 때 어떤 순서대로 만들지에 대한 인자입니다. 기본값은 unicode입니다. option_widget 인자는 전달하지 않아도 됩니다.
SubmitField	HTML의 전송 버튼에 해당하는 Field 클래스입니다. 이 클래스는 기본 인자만 받으며, HTML에서 표시될 때는 input 태그의 type이 submit인 Field가 만들어집니다.
StringField	HTML의 텍스트 입력 박스에 해당하는 Field 클래스입니다. 이 클래스는 기본 인자만 전달받을 수 있습니다.

RadioField와 SelectField는 템플릿에서 렌더링 메서드 사용 방법이 다른 Field 클래스와 약간 다릅니다. 단일 필드를 렌더링하는 방법에 대해서는 코드 4-73에서 살펴봤었습니다. 이번에는 RadioField와 SelectField 클래스의 선언 방법과 렌더링 방법을 살펴보겠습니다.

◁/▷ 코드 4-75 RadioField 클래스 선언

```
01: radios = RadioField('Radio', choices=[('test_v1', 'test v1'), ('test_v2', 'test v2')])
```

코드 4-75는 RadioField 클래스를 선언한 모습입니다. 예제에서는 RadioField 클래스를 이용해 인스턴스화할 때 label 키워드 인자와 choices 키워드 인자를 받습니다. choices 키워드 인자는 리스트 타입의 데이터를 전달받습니다. 이 데이터는 개별 Radio 박스에서 사용될 value 속성과 label 값으로 구성된 다수의 튜플을 요소로 가집니다.

코드 4-75는 두 가지 방법으로 렌더링될 수 있습니다. 첫 번째 방법은 4-73에서 호출하는 것과 같습니다. 첫 번째 호출에 대한 렌더링 결과는 다음과 같습니다.

코드 4-76   radio 필드를 코드 4-73에서처럼 호출한 결과

```
01: <ul id="radios">
02:     <li><input id="radios-0" name="radios" type="radio" value="test_v1"> <label
for="radios-0">test v1</label></li>
03:     <li><input id="radios-1" name="radios" type="radio" value="test_v2"> <label
for="radios-1">test v2</label></li>
04: </ul>
```

RadioField 클래스를 기본 렌더링 방법으로 호출하면 RadioField에 표시할 Radio 박스는 choices 인자로 전달받은 리스트 타입의 데이터에서 읽어들입니다. 따라서 표시할 Radio 박스가 한 개여도 코드 4-76의 결과처럼 ul 태그로 둘러싸인 모습으로 화면에 출력됩니다.

Radio 박스를 출력할 때 코드 4-76에서 ul 태그로 감싸지 않고 출력하게 할 경우는 RadioField에 있는 Iteration 메서드를 사용해 출력할 수도 있습니다.

코드 4-77   템플릿에서 Iteration 메서드를 사용해 Radio 박스 출력하기

```
01: {{ form.radios.label }} :
02: {% for radio_f in form.radios %}
03:     {{ radio_f() }} {{radio_f.label}}
04: {% endfor %}
```

코드 4-77은 RadioField 객체 생성자에 사용된 Label(첫 번째 인자)을 먼저 출력하고, Iteration 메서드를 사용해서 개별 라디오 박스를 choices 인자에 지정한 순서대로 출력합니다. 코드 4-77의 출력 결과는 다음과 같이 표시됩니다.

코드 4-78   코드 4-77의 수행 결과

```
01: <input id="radios-0" name="radios" type="radio" value="test_v1"> <label
for="radios-0">test v1</label>
```

```
02: <input id="radios-1" name="radios" type="radio" value="test_v2"> <label
for="radios-1">test v2</label>
```

코드 4-78의 수행 결과에서는 코드 4-76에 표시된 결과에서 ul과 li 태그가 빠져 있는 모습을
볼 수 있습니다. Radio 박스의 기본적인 동작 방식은 같은 이름을 가진 HTML Radio 필드에
서 하나를 선택하는 것입니다. 따라서 모든 Radio 박스에 지정된 name 속성은 코드 4-75에
서 지정된 변수명인 radios가 되고, 개별 라디오 박스를 생성하기 위해서 넘긴 value와 label은
WTForms에서 하나의 쌍으로 인식합니다. 그래서 value(튜플의 첫 번째 요소)는 Radio 박스의
value로 사용되고, label 태그로 표시되는 내용(튜플의 두 번째 요소)이 화면에 출력됩니다.

SelectField의 선언 방법은 RadioField의 선언 방법과 비슷하지만, 렌더링 방법은 코드 4-75의
방법을 그대로 사용합니다.

📟 코드 4-79 **SelectField 클래스를 폼 유효성 클래스에서 선언(인스턴스화)한 코드**

```
01: select = SelectField('SelectBox', choices=[('test_v1', 'test v1'), ('test_v2',
'test v2')])
```

코드 4-79는 폼 유효성 클래스에 SelectField를 폼 유효성 클래스 선언에 추가하는 모습입니
다. HTML Select 필드는 select 태그 아래에 option 태그가 추가되는 형태로, choices 인자는
option 태그의 value(튜플의 첫 번째 요소) 값과 화면에 표시되는 값(튜플의 두 번째 요소)으로 구분
해서 렌더링됩니다.

📟 코드 4-80 **SelectField를 화면에 렌더링한 모습**

```
01: <select id="select" name="select">
02:     <option value="test_v1">test v1</option>
03:     <option value="test_v2">test v2</option>
04: </select>
```

코드 4-80은 SelectField를 템플릿에서 코드 4-73처럼 호출해서 렌더링한 모습입니다.
SelectField도 RadioField처럼 Iteration 메서드를 사용해서 출력하는 것이 가능합니다. 단, 이때
는 option 태그만이 렌더링되기 때문에 select 태그는 별도로 만들어줘야 합니다.

📟 코드 4-81 **SelectField 클래스에서 Iteration 메서드를 사용해 option 태그만 따로 반복해서 호출하는 예제**

```
01: <select name="{{form.select.name}}" id="{{form.select.id}}">
02:     {% for option in form.select %}
```

```
03:          {{ option() }}
04:      {% endfor %}
05: </select>
```

코드 4-81의 결과 코드는 코드 4-79와 완전히 동일합니다. 기본 렌더링 방법과 차이점은 option 태그를 반복할 때 CSS 클래스 속성을 준다거나 추가 속성값을 설정할 수 있다는 정도에 한합니다.

다음은 개발 편의를 위한 Convenience Field를 살펴보겠습니다.

⊞ 표 4-8 **Convenience Field 클래스**

Field 클래스	설명
HiddenField	HTML의 숨겨진 필드를 생성하는 Field 클래스입니다. 이 클래스는 StringField와 유사하지만 화면에 보이진 않으며, 보통 객체 ID 값을 저장하는 데 쓰입니다.
PasswordField	HTML에서 암호를 입력하는 데 사용되는 input(type=password)를 생성하는 Field 클래스입니다. 이 클래스는 StringField 클래스를 확장한 클래스입니다.
TextAreaField	HTML에서 TextArea 태그에 해당하는 Field 클래스입니다. 이 클래스는 여러 줄에 걸친 문자를 입력받을 수 있으며, 인스턴스화 시에 기본 인자만 받아서 생성합니다.

이들 Field 클래스는 HTML의 폼 필드를 렌더링하고 기본값 설정 등에 유용하게 사용될 수 있지만, HTML 폼 디자인은 경우에 따라 다양한 형태로 디자인될 수 있습니다. 따라서 WTForms에서 제공하는 Field 클래스는 웹 프로그램 단에서 유효성 검증 등을 위해서만 폼 유효성 검증 클래스 내에 선언하여 사용하고, Field 렌더링을 목적으로 한 경우는 사용을 제한적으로 사용할 것을 권장합니다.

그리고 본문에서는 다루지 않은 여러 Field 클래스와 폼 유효성 검사 클래스를 Field 클래스의 일부로 포함할 수 있는 방법도 있습니다. 이것과 관련한 사항은 WTForms 문서 페이지(http://wtforms.readthedocs.org)를 참고하면 됩니다.

Field 클래스를 폼 유효성 검사 클래스에서 선언할 때는 어떠한 인자를 주지 않아도 인스턴스화가 가능합니다. Field 클래스를 폼 유효성 검사 클래스 안에서 선언할 때, 기본 인자와 추가 인자(SelectField 등) 등에 인자를 선택적으로 제공하고자 한다면 반드시 인자 이름을 키워드로 주어 Field 클래스를 인스턴스화하는 게 좋습니다.

■ 폼 유효성 검사기를 조금 더 깊게 알아보기 — Validator 클래스

폼 유효성 검사 클래스는 앞에서 살펴본 것처럼 Field들의 집합으로 이루어져 있습니다. 개별의 Field 클래스는 입력값에 여러 유효성 검증을 추가할 수 있습니다. 대표적인 유효성 검증의 예로는 길이 제한, 이메일 형식 확인이 있습니다. 그리고 WTForms에서 기본으로 제공하는 validator는 wtforms.validators 모듈에서 제공됩니다.

우리는 먼저 WTForms에서 제공하는 Validator 클래스를 알아보고, 다음으로 사용자 정의 Validator를 정의하는 방법을 살펴보겠습니다. 가장 마지막으로는 우리나라에서 유용하게 사용될 수 있는 몇 개의 사용자 Validator를 알아보겠습니다.

표 4-9 WTForms에서 제공하는 Validator 클래스

Validator 클래스	설명
DataRequired (message=None)	Field 값(field.data)이 반드시 입력되어야 하며, 사용자가 입력한 값을 파이썬이 부울 형태로 변환합니다. 유효성 검사가 실패하면 ValidationError 예외를 발생시키고 Field에 required flags를 설정합니다. 예를 들어, 0이나 ''과 같은 숫자나 빈 문자열이 입력되면 False 값으로 인식합니다. message 인자를 생략하면 Validator가 가지고 있는 기본 메시지를 출력합니다.
Email(message=None)	Field 값(field.data)이 이메일 주소 형식에 맞는지 검사하여 맞지 않으면 ValidationError 예외를 발생시킵니다. message 인자를 생략하면 Validator가 가지고 있는 기본 메시지를 출력합니다.
EqualTo(fieldname, message=None)	Field 값(field.data)과 fieldname(폼 유효성 클래스의 Field 변수명)을 건네주면 값의 동등 여부를 확인하고, 동등하지 않으면 ValidationError 예외를 발생시킵니다. message 인자는 생략하면 Validator가 가지고 있는 기본 메시지를 출력합니다.
InputRequired (message=None)	Field 값(field.data)이 반드시 입력되어야 함을 검증하려 할 때 이 Validator를 사용합니다. 유효성 검사가 실패하면 ValidationError 예외를 발생시키고 Field에 required flags를 설정합니다. message 인자를 생략하면 Validator가 가지고 있는 기본 메시지를 출력합니다.
IPAddress(ipv4=True, ipv6=False, message=None)	Field 값(field.data)이 유효한 IP 주소 형식을 가지고 있는지 확인합니다. IP 주소는 IPv4 형식과 IPv6 형식이 있는데, 기본 검사 IP 형식은 IPv4입니다. IPv6도 검사하려면 ipv6 인자의 값을 True로 전달하면 됩니다. message 인자를 생략하면 Validator가 가지고 있는 기본 메시지를 출력합니다. 검증에 실패하면 ValidationError 예외를 발생시킵니다.
Length(min=-1, max=-1, message=None)	Field 값(field.data)이 길이를 검증하는 Validator입니다. min과 max 인자를 받는데, min은 최소 길이, max는 최대 길이입니다. 두 인자 모두 기본값은 -1인데, 이때 길이 유효성을 검사하지 않습니다. message 인자를 생략하면 Validator가 가지고 있는 기본 메시지를 출력합니다. 검증에 실패하면 ValidationError 예외를 발생시킵니다.

표 4-9 WTForms에서 제공하는 Validator 클래스(계속)

Validator 클래스	설명
MacAddress (message=None)	Field 값(field.data)이 유효한 랜카드 주소인지를 검증하는 Validator입니다. message 인자는 생략하면 Validator가 가지고 있는 기본 메시지를 출력합니다. 검증에 실패하면 ValidationError 예외를 발생시킵니다.
NumberRange(min=None, max=None, message=None)	Field 값(field.data)이 숫자인 경우 최솟값과 최댓값 사이에 포함되는지를 검증합니다. 이 Validator는 Field 클래스가 IntegerField 등일 때만 사용 가능합니다. 검증에 실패하면 ValidationError 예외를 발생시킵니다. message 인자는 생략하면 Validator가 가지고 있는 기본 메시지를 출력합니다.
Optional(strip_whitespace=True)	Field 값(field.data)에 공백을 허용합니다. 단, 공백만으로 이루어진 값에 strip_whitespace 인자에 True 값을 전달하면 유효성 검증 시 Field 값의 앞, 뒤 공백은 제거합니다.
RegExp(regex, flags=0, message=None)	Field 값(field.data)을 정규 표현식으로 검증할 수 있습니다. regex 인자는 파이썬에서 사용 가능한 정규식을 사용하며, flags는 정규식 검증에 필요한 플래그를 re 모듈에서 찾아서 전달합니다. 유효성 검증에 실패하면 ValidationError 예외를 발생시킵니다. message 인자는 생략하면 Validator가 가지고 있는 기본 메시지를 출력합니다.
URL(require_tld=True, message=None)	Field 값(field.data)이 유효한 URL 형식을 가지고 있는지를 검증합니다. 도메인의 tld(co, com, org 등)까지 검증하려면 require_tld 인자에 True를 전달하고, 검증하지 않을 경우는 False를 전달합니다. 기본값은 tld 부분까지 검증하며, IP 주소로 된 URL 값 검증도 할 수 있습니다. 유효성 검증에 실패하면 ValidationError 예외를 발생시킵니다. message 인자는 생략하면 Validator가 가지고 있는 기본 메시지를 출력합니다.
UUID(message=None)	Field 값(field.data)이 유효한 UUID 형식을 가지고 있는지를 검증하는 Validator입니다. 유효성 검증에 실패하면 ValidationError 예외를 발생시킵니다. message 인자는 생략하면 Validator가 가지고 있는 기본 메시지를 출력합니다.
AnyOf(values, message=None, values_formatter=None)	AnyOf Validator는 values 인자(시퀀스 타입)를 반드시 필요로 하며, Field 값(field.data)이 values 에 없는 경우 ValidationError 예외를 발생시킵니다. 그리고 오류가 발생하면 values 인자로 넘겨준 값만 처리 가능함을 알려주는 메시지 포맷을 전달할 수 있습니다. values_formatter 인자를 기본값으로 호출하면 values의 모든 값을 콤마(,)로 합쳐서 오류 결과를 반환합니다. values_formatter와 message는 유효성 검증에 실패한 경우 사용됩니다. AnyOf Validator는 유효한 값 중에서 사용자의 값을 검증하려 할 때 유용하게 사용할 수 있습니다. AnyOf Validtor는 NoneOf Validator와 Field Validator로 동시에 나올 수 없습니다.
NoneOf(values, message=None, values_formatter=None)	NoneOf Validator는 values 인자(시퀀스 타입)를 반드시 필요로 하며, Field 값(field.data)이 values에 있으면 ValidationError 예외를 발생시킵니다. 그리고 오류가 발생하면 values 인자로 전달한 값만 처리 가능함을 알려주는 메시지 포맷을 전달할 수 있습니다. values_formatter 인자를 기본값으로 호출하면 values의 모든 값을 콤마(,)로 합쳐서 오류 결과를 반환합니다. NoneOf Validator는 유효하지 않은 값 목록을 주고 여기에 해당하는 값을 받을 경우에 처리할 수 있습니다.

WTForms에서 기본으로 제공하는 Validator에는 다양한 종류가 있긴 하지만, 종종 개발자가 Validator를 특별히 정의해서 사용해야 할 때도 있습니다. 이때 Validator는 개발자가 두 가지 방법으로 정의하여 사용할 수 있습니다. 첫 번째 방법은 폼 유효성 검사 클래스에 특정 필드에 대한 validator를 제공하기 위해 validate 메서드를 사용하는 것이고, 두 번째 방법은 함수 또는 클래스로 Validator를 정의해서 사용하는 방법입니다.

먼저 설명할 것은 폼 유효성 검사 클래스에 validate 메서드를 구현하는 것으로, 사용 빈도가 드물거나 재활용될 일이 많지 않으면 매우 유용한 방법입니다.

코드 4-82 폼 유효성 검사 클래스에 특정 필드에 대한 validate 메서드 구현하기

```
01: class MyForm(Form):
02:     name = StringField('Name', [InputRequired()])
03:
04:     def validate_name(form, field):
05:         if len(field.data) > 50:
06:             raise ValidationError('Name must be less than 50 characters')
```

코드 4-82는 폼 유효성 검사 클래스에 name 필드에 대한 validate 메서드를 구현한 것입니다. 개별 필드에 대한 validate 메서드의 이름은 validate_필드명으로 된 형식을 따라야 합니다. validate 메서드 작성 시 반드시 폼 유효성 클래스 객체와 필드 객체를 인자로 받아야 합니다.

validate 메서드는 유효성을 통과하지 못할 때에만 ValidationError 예외를 발생시키면 됩니다. 유효성을 통과할 경우는 어떤 값도 반환하지 않아도 됩니다.

그러나 유효성 검사기가 여러 곳에서 사용되거나 범용적인 경우라면 별도의 Validation 함수나 클래스를 작성하여 사용합니다. Validation 함수를 작성하는 방법은 코드 4-83에서 확인할 수 있습니다.

코드 4-83 함수를 반환하는 validator 함수 구현

```
01: def length(min=-1, max=-1):
02:     message = 'Must be between %d and %d characters long.' % (min, max)
03:
04:     def _length(form, field):
05:         l = field.data and len(field.data) or 0
06:         if l < min or max != -1 and l > max:
07:             raise ValidationError(message)
08:
09:     return _length
```

```
10:
11: class MyForm(Form):
12:     name = StringField('Name', [InputRequired(), length(max=50)])
```

코드 4-83은 특정한 필드에 한정되지 않은 Validator 함수를 구현했습니다. 이 예제를 사용하기 위해 12행에서 Field의 Validator 목록에 앞서 선언한 length 함수에 인자를 주어 선언합니다. 그러면 그 결과로 length 함수 내에 있는 _length 내부 함수가 반환되어 WTForm 유효성 클래스에서 validate 메서드 호출 시 _length 함수가 실행되게 됩니다. 앞에서 설명한 것처럼 모든 validate 메서드는 form 변수와 field 변수를 반드시 받아야 합니다.

코드 4-83에서의 실질적 유효성 검증 메서드는 _length 함수입니다. 이 코드는 사용자 정의 에러 메시지를 출력하기 위해 중첩 함수로 구현했습니다. 사용자로부터 추가 인자를 전달받지 않아도 되면 _length 함수를 그대로 validators 인자에 전달하면 됩니다. 코드 4-83은 2장 후반부에서 살펴봤던 데코레이터와 매우 유사한 것을 볼 수 있는데, 데코레이터를 작성하는 것처럼 유효성 검사기를 만드는 것이 익숙하지 않으면 클래스 형태의 유효성 검사기를 구현하는 것이 보다 나을 수 있습니다.

코드 4-84 **클래스를 사용한 Validator 구현**

```
01: class Length(object):
02:     def __init__(self, min=-1, max=-1, message=None):
03:         self.min = min
04:         self.max = max
05:         if not message:
06:             message = u'Field must be between %i and %i characters long.' % (min,
max)
07:         self.message = message
08:
09:     def __call__(self, form, field):
10:         l = field.data and len(field.data) or 0
11:         if l < self.min or self.max != -1 and l > self.max:
12:             raise ValidationError(self.message)
```

코드 4-84는 클래스를 사용해 Validator를 구현한 모습입니다. Validator 클래스는 유효성 검증을 위해 __call__ 메서드를 구현해야 합니다. __call__ 메서드는 WTForm 클래스의 validate 메서드가 검사 중인 폼과 필드를 전달하기 때문에 코드 4-82, 4-83처럼 form과 field 인자를 반드시 받도록 구현해야 합니다.

라이브러리에서 기본으로 제공되는 validator는 종종 사용자로부터 입력받는 일부 값의 유효성을 검증하려 할 때 여러 개의 validator를 중첩해서 정의할 수도 있지만, 자주 사용되는 경우라면 별도의 Validator를 만들 필요가 있습니다. 특히, 우리나라에서는 우편번호, 주민등록번호, 신용카드번호 등에 대해 신뢰는 둘째로 치더라도 번호 자체의 유효성을 검증할 필요가 있습니다. 이와 같은 이유로 필자는 우리나라에서 특히 자주 사용되거나 특수한 로직을 필요로 하는 일부 필드 형태에 대해 Validtor를 작성하여 여러분이 실무에서 유용하게 사용할 수 있도록 하고자 했습니다.

여기서 소개하는 사용자 정의 Validator는 우편번호, 주민등록번호, 지역번호, 휴대폰 앞자리, 신용카드번호, 신용카드 유효기간을 검증하는 Validator입니다.

코드 4-85 우편번호 Validator

```
01: from wtforms import validators
02: import datetime
03:
04: class KoreaPostValidator:
05:     def __init__(self, message=None):
06:         if not message:
07:             messsage = "올바른 우편번호가 아닙니다"
08:         self.message = message
09:
10:
11:     def __call__(self, form, field):
12:         post2_field_data = form[self.post2_field].data
13:
14:         # 첫 번째 우편번호이면서 우편번호는 0으로 시작하는 경우 예외를 발생시킨다.
15:         if field.data.startswith("0"):
16:             validators.ValidationError(self.message)
17:
18:         # 우편번호는 5자리를 만족시키지 않으면 예외를 발생시켜야 한다.
19:         if len(field.data) < 5:
20:             validators.ValidationError(self.message)
```

코드 4-85는 우편번호에 대한 Validator입니다. 우리나라의 우편번호는 앞자리가 0으로 시작하면 유효하지 않습니다. 또한, 우편번호는 5자리로 구성되어 있어야 합니다. validator는 이 경우에 대해 모두 유효성을 검사한 후에 ValidationError 예외를 발생시킵니다.

코드 4-86 우편번호 Validator 사용하기

```
01: post1 = TextField('우편번호1', [validators.InputRequired(), KoreaPostValidator()])
```

코드 4-86은 우편번호 Validator를 폼 유효성 클래스에 정의한 모습입니다.

회원 가입 또는 이벤트 응모를 위해서 일반 전화번호를 입력받는 경우는 지역번호에 대한 유효성 검증이 필요합니다.

코드 4-87 일반 전화번호에서 지역번호만을 위한 Validator

```
01: class KoreaRegionTelValidator:
02:     def __init__(self, message=None):
03:         if not message:
04:             messsage = "올바른 지역번호가 아닙니다"
05:         self.message = message
06:
07:         self.area_title_number = (
08:             "02", "031", "032", "033",
09:             "041", "042", "043", "044", "049",
10:             "051", "052", "053", "054", "055",
11:             "061", "062", "063", "064", "070"
12:         )
13:
14:
15:     def __call__(self, form, field):
16:         if field.data not in self.area_title_number:
17:             validators.ValidationError(self.message)
```

코드 4-87은 지역번호에 대해서만 유효성 검증을 수행합니다. 이 validator를 확장해서 국번, 끝 네 자리 번호까지 검증하거나 통신사를 추가해서 검증하는 것이 가능하겠지만, 여기에서는 지역번호 검증만을 수행합니다. 이 Validator를 사용하는 예제는 다음과 같습니다.

코드 4-88 지역번호 Validator 사용하기

```
01: tel1 = TextField('지역번호', [validators.InputRequired(),
KoreaRegionTelValidator()])
```

휴대폰 정보도 일반 전화번호와 같이 많이 수집하는 정보 중 하나입니다. 휴대폰 사용자를 우리나라에 한정한다면, 휴대폰 앞자리 번호에 유효성 검사를 수행할 수 있습니다.

코드 4-89 휴대폰 앞자리에 대한 Validator

```
01: class KoreaMobileTelValidator:
02:     def __init__(self, message=None):
03:         if not message:
04:             messsage = "올바른 이동통신 번호가 아닙니다"
```

```
05:            self.message = message
06:
07:            self.mobile_title_number = ( "010", "011", "016", "017", "018", "019" )
08:
09:    def __call__(self, form, field):
10:        if field.data not in self.mobile_title_number:
11:            validators.ValidationError(self.message)
```

코드 4-89는 사용자가 입력한 휴대폰 앞자리 번호가 self.mobile_title_number에 해당하지 않으면 유효성 검증에 실패했다고 예외를 발생시킵니다. 이 Validator를 사용하는 예제는 다음과 같습니다.

코드 4-90 휴대폰 앞자리 Validator 사용하기

```
01: hp1 = TextField('휴대폰 첫 번째 번호', [validators.InputRequired(),
KoreaMobileTelValidator()])
```

우리나라는 모든 개인을 식별할 수 있는 주민등록번호 체계가 있습니다. 이 주민등록번호는 최근 들어서 수집이 엄격히 금지되었습니다. 이와 별도로 주민등록번호는 특정한 규칙에 따라 검증할 수 있도록 설계되어 있습니다.

코드 4-91 주민등록번호 Validator

```
01: class KoreaSocialNumberValidator:
02:    def __init__(self, ksn2_field, message=None):
03:        if not message:
04:            messsage = "올바른 주민등록번호가 아닙니다"
05:        self.message = message
06:        self.ksn2_field = ksn2_field
07:
08:    def __call__(self, form, field):
09:        ksn1_value = field.data
10:        ksn2_value = form[self.ksn2_field].data
11:
12:        ksn2_value, check_digit = ksn2_value[:-1], ksn2_value[-1]
13:
14:        ksn_number = "{0}{1}".format(ksn1_value, ksn2_value)
15:        check_magic_number = "234567892345"
16:
17:        ksn_magic_number = sum([int(real) * int(check) for real, check in
zip(ksn_number, check_magic_number)])
18:
19:        check_prg1 = (11 - (ksn_magic_number % 11)) % 10
20:        if check_prg1 != int(check_digit):
21:            validators.ValidationError(self.message)
```

주민등록번호 검증 체계에 대해서는 검색을 통해서도 쉽게 확인이 가능하기 때문에 본문에서 다룬 주민등록번호의 검증 로직에 대한 설명은 링크[33]를 확인해주세요.

주민등록번호 Validator를 사용하는 검증 방법은 다음과 같습니다.

코드 4-92 주민등록번호 Validator 사용하기

```
01: ksn1 = TextField('주민등록번호 앞자리', [validators.InputRequired(),
KoreaSocialNumberValidator('ksn2')])
02: ksn2 = TextField('주민등록번호 뒷자리', [validators.InputRequired()])
```

우리나라에서 서비스하는 대부분의 전자상거래 사이트에서는 ActiveX 없이 신용카드 결제를 하지 못하지만, ActiveX 없이 신용카드 결제가 가능한 곳도 있습니다. 이때 신용카드번호를 안전하게 저장 및 보관해서 이용하려면 신용카드번호에 대해 유효성 검증을 수행해야 합니다.

코드 4-93 신용카드번호 유효성 검증 Validator

```
01: class CreditCardNumValidator:
02:     def __init__(self, message=None):
03:         # 참고: http://enie.edunet.net/index.do?mn=news&mode=view&nlk=41058&
gk=41020
04:         if not message:
05:             messsage = "올바른 신용카드번호가 아닙니다"
06:         self.messsage = message
07:
08:     def __call__(self, form, field):
09:         hol = 0
10:         jjak = 0
11:
12:         credit_card_num = field.data.replace(" ", "")
13:
14:         for i, value in enumerate(credit_card_num, 1):
15:             if i % 2 == 1:
16:                 tmp =  int(value) * 2
17:                 # 2배수 한 값이 10보다 크면 2배수 한 값을 나누어서 더해야 정상적인 결과 보장함
18:                 if tmp >= 10:
19:                     str_tmp = str(tmp)
20:                     tmp = int(str_tmp[0]) + int(str_tmp[1])
21:                 hol += tmp
22:             if i % 2 == 0:
23:                 jjak += int(value)
24:
```

---

[33] http://haneulnoon.tistory.com/11

```
25:         if ((hol+jjak) % 10) != 0:
26:             validators.ValidationError(self.message)
```

코드 4-93은 4400 1828 4923 6225와 같은 형태의 신용카드번호를 입력받아 검증할 수 있는 Validator입니다. 이 Validator는 신용카드번호가 하나의 TextField에 포함되어 모두 전송될 때 유효한 동작을 보장합니다. 신용카드 검증 로직도 검색을 통해 쉽게 확인할 수 있습니다(http://enie.edunet.net/index.do?mn=news&mode=view&nlk=41058&gk=41020).

신용카드 검증 Validator를 사용하는 로직은 다음과 같습니다.

코드 4-94   **신용카드 Validator 사용하기**

```
01: credit_number = TextField('신용카드번호', [validators.InputRequired(),
CreditCardNumValidator()])
```

신용카드는 카드 번호 외에도 카드의 유효기간도 체크할 필요가 있습니다. 카드 번호가 유효하더라도 카드 번호가 입력되는 시점에 카드 유효기간이 과거 날짜로 입력되어서는 안 됩니다. 다음의 Validator는 신용카드 유효기간을 체크하기 위한 것입니다.

코드 4-95   **신용카드 유효기간 Validator**

```
01: class CreditCardExpiresValidator:
02:     def __init__(self, expire_month_field, message=None):
03:         # 참고: https://github.com/formencode/formencode/blob/master/formencode/
validators.py
04:         if not message:
05:             messsage = "올바른 신용카드 유효일자가 아닙니다."
06:         self.message = message
07:         self.expire_month_field = expire_month_field
08:
09:     def __call__(self, form, field):
10:         ccExpiresMonth = int(form[self.expire_month_field].data)
11:         ccExpiresYear = int(field.data)
12:
13:         now = datetime.datetime.now()
14:         today = datetime.date(now.year, now.month, now.day)
15:
16:         next_month = ccExpiresMonth % 12 + 1
17:         next_month_year = ccExpiresYear
18:
19:         if next_month == 1:
20:             next_month_year += 1
21:
```

```
22:        expires_date = datetime.date(next_month_year, next_month, 1)
23:
24:        # 신용카드 유효일자가 시스템의 현재 일자보다 이전이면 유효한 날짜가 아니다.
25:        if expires_date < today:
26:            validators.ValidationError(self.message)
```

코드 4-95는 신용카드 유효기간의 유효성 검증을 위한 Validator입니다. 이 Validator를 사용하는 예제는 다음과 같습니다.

📟 **코드 4-96 신용카드 유효기간 Validator 사용하기**

```
01: credit_year =TextField('연도', [validators.InputRequired(),
CreditCardExpiresValidator('credit_month')])
02: credit_month = TextField('월', [validators.InputRequired()])
```

⏳마치며

우리는 지금까지 웹 프로그램에서 사용자가 입력한 데이터에 대해 유효성 검증을 위해서 필요한 기법과 사용자 Validator 정의를 통해 데이터 유효성 검증 방법을 살펴봤습니다.

사용자가 입력하는 데이터는 사용자와 웹 프로그램의 대화를 가능하게 하는 제일 중요한 요소이지만, 악의적인 목적을 가지거나 시스템 사용이 미숙한 사용자가 입력하는 데이터는 폼 유효성 검사를 통해 안전한 데이터가 입력되었는지를 확인하는 것이 무엇보다 중요합니다. 데이터 유효성 검증은 사용자 브라우저에서 자바스크립트로 선행 검증을 수행할 수도 있지만, 이 절을 시작하면서 말했던 것처럼 웹 프로그램으로 데이터가 직접 전송되는 경우 등에 대응하기 위해서는 폼 유효성 검증은 반드시 필요한 절차입니다.

안전한 웹 프로그램을 만들기 위한 첫 번째 걸음은 사용자가 입력한 데이터에 대한 유효성 검증과 필터링입니다. 이를 기억하고 웹 프로그램 개발을 하면 실무에서 적잖은 도움이 될 것입니다.

4.4 HTTP 오류 핸들링

웹 프로그램에 오류가 발생하면 예전에는 웹 서버가 모든 HTTP 에러에 직접 대응하여 웹 서버에 지정된 에러 페이지를 직접 보여줄 수밖에 없었습니다. 윈도우 IIS, Apache 웹 서버는 HTTP Error Code에 대해서 대응할 수 있도록 미리 HTML 페이지를 가지고 있습니다. ASP, PHP 등은 브라우저에 응답하는 HTTP 상태 코드를 HTTP 헤더 설정을 통해 쉽게 바꿀 수 있지만, HTTP Error Code가 발생하면 여전히 웹 서버의 에러 페이지에 의존합니다.

일반적으로 웹 서버가 가지고 있는 고유한 에러 페이지는 딱딱하면서 웹 프로그램 개발자가 임의로 수정할 수 없습니다. 또한, 변경 사항이 있으면 해당 웹 서버에 올라가 있는 모든 웹 프로그램이 영향을 받습니다. 그래서 수정도 어렵고 HTTP 에러 핸들링에 유연하게 대처하지 못합니다.

HTTP 응답 코드는 규약 제정 당시 100, 200, 300, 400, 500번대로 나누어 상태 코드가 의미하는 내용이 확립되었습니다. HTTP 응답 코드 제정의 의도는 브라우저가 리소스(HTML, 이미지, 웹 프로그램 등)를 요청할 때 적절한 상태 코드와 메시지를 웹 프로그램에 보내게 하는 것이었습니다.

웹사이트가 1990년대 중반 전후로 폭발적으로 늘어나면서 웹의 기본 설계 의도와 달리, 웹 프로그램이 상태 코드를 응답하지 않고 웹 서버가 HTTP 상태 코드를 대신 응답하면서 브라우저에게 전송하는 HTTP 상태 코드가 제한되었습니다. 이와 같은 상황에서 2000년대 초반부터 중반까지 닷컴 열풍이 불고 웹 2.0이라는 기치 아래, 웹 프로그램이 웹 브라우저의 요구로 적절한 HTTP 상태 코드와 응답 메시지를 보내도록 하는, HTTP 상태 코드가 제정되던 당시의 역할이 요구되었습니다.

Flask는 웹 브라우저의 요구에 따라 웹 프로그램이 요청을 처리하고, 권한이 없거나 요청된 데이터가 이동된 경우 브라우저에 적절한 HTTP 상태 코드와 응답(페이지 또는 JSON 응답)을 제공할 수 있습니다. Flask에서 HTTP 오류를 강제 발동시키려면 먼저 flask 모듈에서 abort 객체를 가져와야 합니다.

📟 코드 4-97 abort 객체 가져오기

```
01: from flask import abort
```

abort 객체를 가져온 다음에는 abort 객체에 HTTP 상태 코드에서 에러로 분류되는 코드 영역(400, 500번대)의 코드를 인자로 주어 실행하는 것으로 발동시킬 수 있습니다. Flask에서는 400번대와 500번대의 에러 코드에 대부분 대응할 수 있도록 정의되어 있습니다. 여기서는 모든 에러 코드를 살펴보는 대신 웹 브라우저의 요구와 웹 프로그램에서 발생될 수 있는 주요한 에러 코드만 살펴보겠습니다.

HTTP Error Code	설명
400	브라우저가 잘못된 요청을 했음을 의미하는 상태 코드입니다. 영어 표기는 Bad Request입니다.
401	브라우저가 인증이 필요한 리소스에 대해 접근했는데 인증되어 있지 않을 때 사용하는 상태 코드입니다. 영어 표기는 Unauthorized입니다.
403	브라우저가 권한이 필요한 리소스에 대해 접근했는데 인증되어 있는 사용자가 접근할 수 없을 때 사용하는 상태 코드입니다. 영어 표기는 Forbidden입니다.
404	브라우저가 요구한 리소스가 웹 프로그램에서 찾아볼 수 없을 때 사용하는 상태 코드입니다. 영어 표기는 Not Found입니다.
405	브라우저가 웹 프로그램의 특정 URL에 HTTP 요청 방식(GET, POST 등)으로 리소스를 요청하고 웹 프로그램이 접근을 허용하지 않았을 때 사용하는 상태 코드입니다. 영어 표기는 Method Not Allowed입니다.
406	브라우저가 보낸 데이터를 웹 프로그램에서 수용할 수 없을 때 사용하는 상태 코드입니다. 영어 표기는 Not Acceptable입니다.
408	브라우저가 웹 프로그램에 데이터를 보내는 과정에서 웹 프로그램이 정한 데이터를 받는 유효한 전송시간 범위(예: 10분)를 벗어나 요청하고 있을 때 사용하는 상태 코드입니다. 영어 표기는 Request Timeout입니다.
409	브라우저가 보낸 데이터가 웹 프로그램에서 충돌이 발생할 때 사용하는 상태 코드입니다. 영어 표기는 Conflict입니다.
411	브라우저가 데이터를 보낼 때 HTTP 요청 header에 body의 길이가 누락되었을 때 사용하는 상태 코드입니다. 영어 표기는 Length Required입니다.
412	웹 프로그램이 브라우저로부터 요청을 받아 처리할 때 HTTP 요청 헤더에 특정 조건을 필요로 하고 이 조건을 프로그램이 검사해 실패했을 때 사용하는 상태 코드입니다. 영어 표기는 Precondition Failed입니다.
413	웹 프로그램이 브라우저가 보낸 HTTP 요청의 크기가 처리할 수 없을 정도로 클 때 사용하는 상태 코드입니다. 영어 표기는 Request Entity Too Large입니다.
414	웹 프로그램이 브라우저가 보낸 리소스가 있는 URI[34]를 받고 URI 주소를 처리할 수 없을 때 사용하는 상태 코드입니다. 영어 표기는 Request URI Too Large입니다.
415	브라우저가 웹 프로그램에 특정한 Media Type(예: XML, JSON 타입)을 요청하고 웹 프로그램이 이를 처리할 수 없을 때 사용하는 상태 코드입니다. 영어 표기는 Unsupported Media Type입니다.
429	브라우저가 웹 프로그램에 단시간 내에 잦은 요청을 할 때 사용하는 상태 코드입니다. 영어 표기는 Too Many Requests입니다.
431	HTTP 요청 헤더 중 하나 또는 그 이상의 헤더 값의 길이가 지나치게 길어 웹 프로그램이 이를 처리할 수 없을 때 사용하는 상태 코드입니다. 영어 표기는 Request Header Fields Too Large입니다.

---

34 URI는 인터넷에서 리소스가 있는 위치를 가리키는 것을 의미하는 것으로서 URL도 URI의 한 부분입니다.

표 4-10 HTTP Error Code(계속)

HTTP Error Code	설명
500	웹 프로그램이 내부 오류로 인해 응답할 수 없을 때 사용하는 상태 코드입니다. 영어 표기는 Internal Server Error입니다.
501	브라우저가 웹 프로그램에 요청한 기능이 구현되어 있지 않았을 때 사용하는 상태 코드입니다. 영어 표기는 Not Implemented입니다.
502	웹 프로그램이 프록시 서비스를 통해 외부 서비스와 연동하면서 오류가 발생했을 때 사용하는 상태 코드입니다. 영어 표기는 Bad Gateway입니다.
503	브라우저가 웹 프로그램에 기능을 호출했는데 기능 구현은 되어 있지만 서비스를 사용할 수 없을 때 사용하는 상태 코드입니다. 영어 표기는 Service Unavailable입니다.

웹 프로그램은 이와 같은 HTTP 에러 상태 코드에 대해 HTTP 요청을 보낸 브라우저(웹 브라우저가 될 수도 있고, HTTP 통신을 하는 프로그램일 수도 있습니다)가 기대하는 응답을 해줄 필요가 있습니다. 앞에서 간략한 HTTP 상태 코드 중에 브라우저가 요청한 리소스를 찾을 수 없으면 사용하는 404 상태 코드는 Flask에서 다음과 같이 발생시킬 수 있습니다.

코드 4-98 **404 상태 코드로 응답하기**

```
01: abort(404)
```

코드 4-98의 결과는 보통 다음 화면과 비슷하며, 인터넷 익스플로러는 자체 응답 페이지를 보여줄 것입니다.

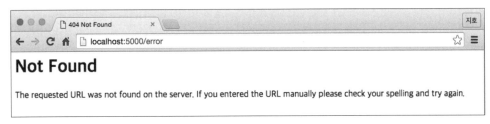

그림 4-1 **404 에러 페이지**

웹 프로그램은 HTTP 요청을 보낸 브라우저에 그림 4-1과 유사한 화면을 반환하지만, 이와 같은 화면은 일반 방문객 또는 이용자에게는 이해하기 어려운 화면일 뿐입니다.

에러 페이지의 수정은 앞에서 언급한 것처럼 기존의 웹 서버 프로그램에서는 웹 서버에 지정된 HTML 파일을 변경해야 가능하지만, Flask에서는 HTTP 에러 코드 반환과 함께 브라우저에 응답할 내용을 변경할 수 있습니다. 단, 모든 HTTP 에러 코드에 대한 응답 화면이나 내용은 한 번만 선언해야 합니다. 이와 같이 에러 코드에 따라 처리하는 함수를 에러 핸들러(error handler)라 부릅니다.

Flask가 HTTP 에러 코드에 응답하도록 하려면 Flask 애플리케이션 객체의 errorhandler 데코레이터를 사용해야 합니다. errorhandler 객체는 HTTP 상태 코드에서 에러 코드에 해당하는 400, 500번대의 에러 코드를 인자로 전달합니다.

앞서 다뤘던 route 데코레이터와 errorhandler 데코레이터 모두 URL 뷰 함수로 동작하도록 하게 해주는 일은 같습니다. 그러나 route 데코레이터는 브라우저가 요구하는 URL에 대해 동작하지만, errorhandler 데코레이터는 HTTP 에러 코드 응답에 대해 사용되는 것이 유일한 차이점입니다. 그리고 모든 route 데코레이터처럼 사용되는 URL 뷰 함수의 이름도 달라야 합니다.

다음의 코드는 404 에러 코드가 반환되면 표시할 페이지를 변경하게 됩니다.

</> 코드 4-99 HTTP 에러 코드에 대한 응답 페이지 변경(app 변수는 코드 2-1 참고)

```
01: @app.errorhandler(404)
02: def page_not_found(e):
03:     return render_template('404.html'), 404
```

코드 4-99는 Flask app 객체가 선언되어 있는 파일의 하단에 내용을 기록하면 편리하게 정의해서 사용할 수 있습니다.

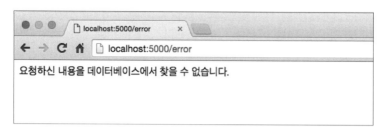

📷 그림 4-2 에러 페이지 내용 변경

그림 4-2는 Flask가 응답해주는 기본 에러 메시지가 아닌, 404.html 파일의 내용을 브라우저에 대신 응답한 화면입니다. HTTP 상태 코드(에러 코드 포함)는 시스템이 필요에 따라 강제적 응답을 제어하는 경우도 있지만, Flask가 HTTP 에러 코드를 직접 발생시킬 때에도 코드 4-100처럼 에러에 대한 응답 페이지를 변경할 수 있습니다.

만약 POST 요청만 처리하는 /req_post라는 URL이 있는 상태에서 브라우저가 GET 요청으로 /req_post를 호출하면, 405 에러 메시지가 응답하게 되면서 그림 4-3과 같은 기본 화면이 출력됩니다.

📷 그림 4-3 **웹 프로그램에게 요청한 URL이 브라우저가 HTTP 요청 방식을 처리할 수 없을 때 나오는 기본 화면**

405에 대한 HTTP 에러 페이지도 다음과 같이 error 페이지를 만들어주고 확인해보면 화면에 출력되는 내용이 다를 것입니다.

📑 **코드 4-100 405 에러 페이지를 개발자가 정의한 페이지로 돌려주기(app 변수는 코드 2-1 참고)**

```
01: @app.errorhandler(405)
02: def method_not_allowed(e):
03:     return render_template('405.html'), 405
```

코드 4-100은 405 에러 코드가 응답된 경우 405.html 파일을 브라우저에 대신 렌더링하라고 지시합니다. 책에서는 예제를 가볍게 하기 위해서 405.html 파일의 내용을 짧게 기술했습니다.

📷 그림 4-4 **405 에러 화면 변경 후 실행된 모습**

웹 프로그램에서는 abort 객체를 통해서 HTTP 에러 응답을 호출하는 것만이 아니라 웹 프로그램 자체에서 발생할 수 있는 다른 다양한 에러 페이지에도 대응할 필요가 있습니다. 가장 대표적으로, 500번대 에러 코드는 abort 객체가 아니라 개발자가 잘못된 데이터 처리 로직을 실행해 에러가 발생하면, Flask가 개발자 대신 abort 객체를 사용하지 않아도 브라우저에 HTTP 500 에러 코드로 응답하게 됩니다.

이처럼 Flask가 강제로 HTTP 에러 응답을 발생시킬 때에도 (웹 프로그램의 에러 응답 일관성을 위해) 발생 가능성이 있는 HTTP 에러 코드에 대해 응답될 내용을 만들어두는 것도 효과적인 웹 프로그램 구축 방법이 될 수 있습니다.

토마치며 지금까지 살펴봤던 HTTP 에러 상태 코드 응답은 웹 프로그램에서 강제 발생시키거나 Flask가 실행 중에 발생시킬 수 있습니다. 이 절의 앞에서 언급한 것처럼 웹 프로그램이 오류 응답 페이지를 제어할 수 없었던 상황에서는 웹 서버가 HTTP 에러 코드에 대응하는 웹 페이지를 브라우저에 직접 응답했지만, Flask를 사용하면 에러 코드에 대한 상세 결과를 웹사이트 관리자나 개발자에게 메일, SMS, 이메일 등을 보내도록 할 수도 있습니다.

웹 프로그램의 HTTP 에러 핸들링은 매우 중요한 요소입니다. 여러분도 웹 프로그램의 에러 핸들링 기능을 이용해 페이지 제어 또는 내용 관리를 통해 방문자나 사용자가 시스템 에러에 당황하지 않고 시스템 사용을 원활하게 사용할 수 있도록 해야 합니다.

4.5 메시지 Flashing

웹 브라우저로 웹 프로그램을 이용하다 보면 웹 프로그램이 사용자가 보낸 요청을 처리할 수 없는 상황 등을 사용자에게 공지해야 할 때가 있습니다. Flask에서는 이런 요구를 쉽게 해결하기 위해 Flash 기능을 제공합니다. 지금까지의 웹 프로그램은 웹 프로그램이 클라이언트로부터의 요청을 처리할 수 없을 때 이를 사용자에게 공지하기 위해 웹 프로그램의 URL 핸들러에서 다음과 같은 코드를 주로 사용했습니다.

코드 4-101 일반적으로 사용되어 왔던 메시지 통보 기법(app 변수는 코드 2-1 참고)

```
01: @app.route("/board_write", methods=["POST"])
02: def board_write():
03:     ... 처리 로직
04:
05:     if error:
06:         return """<script>alert('게시판 작성에 오류가 발생하였습니다');history.back();</script>"""
07:     else:
08:         return render_template("board_write_complete.html")
```

코드 4-101은 게시판에 게시물이 쓰여지는 코드를 간략화한 것입니다. 에러 발생을 검사해서 에러가 있을 때 자바스크립트 Alert 창을 이용해 게시판 작성에 오류가 발생했다고 알립니다. 코드 4-101은 일반적인 개발자들이 흔히 사용하는 패턴 중 하나입니다. 이 코드의 실행 결과는 다음과 같습니다.

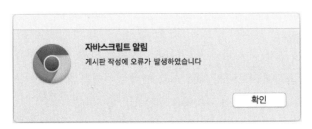

📷 그림 4-5 게시판 작성 오류 메시지

그림 4-5를 보면 이 화면이 매우 자연스러운 것 같으면서도 부자연스러움을 느낄 수 있습니다. 사용자가 이 화면을 자연스럽게 느끼는 것은 이와 유사한 형태를 많이 봐왔기 때문이지만, 부자연스럽게 느끼는 이유는 메시지 창 뒤의 화면에 아무것도 없기 때문입니다. 이 빈 공간을 채우기 위해 하다 못해 배경을 추가할 수도 있겠지만, 지금은 메시지 창이 출력된 원인이 어디에 있는지 알 수 없습니다.

그리고 코드 4-101은 프로그램 처리 로직에 프로그램 코드가 아니라 단순한 스크립트 조각이 있다는 것도 불편한 것은 마찬가지입니다. 게다가 게시판에 글을 쓰다가 오류가 발생한 상황이면, '확인' 버튼을 누르는 순간 글은 이미 서버에 전송된 다음이라 브라우저에 남아있지 않습니다. 아마 여러분도 자주 겪었던 매우 불편한 상황일 것입니다.

그럼, 이와 같은 문제를 Flash 메시지를 통해서 처리해보겠습니다. Flask에서 Flash 메시지는 세션을 이용합니다.

코드 4-102 **Flash 메시지 이용하기(실행은 코드 2-1 참고)**

```
01: from flask import Flask, flash, request
02:
03: app = Flask(__name__)
04: app.config.update(SECRET_KEY='F34TF$#$e34D')
05:
06: @app.route("/board_write", methods=["POST"])
07: def board_write():
08:     title = request.form.get("title")
09:     content = request.form.get("content")
```

```
10:
11:        ... 처리 로직
12:
13:        if error:
14:            flash("게시판 작성에 오류가 발생하였습니다")
15:            return render_template("board_write.html", title=title, content=content)
16:        else:
17:            return render_template("board_write_complete.html")
```

코드 4-102는 Flash 메시지를 사용하는 예제 중 하나입니다. Flash 메시지는 Flask에서 세션을 사용해 동작하므로 Flask 인스턴스의 환경에 SECRET_KEY 키로 임의 문자열을 제공해야 합니다. 이 키의 값은 개발자가 임의의 특수문자를 섞어 문자열을 제공하면 됩니다.

그럼, 이제 /board_write URL을 GET으로 호출하면(코드 4-102에는 GET 메서드 요청에 대한 응답은 기술하지 않았습니다) board_write.html 파일이 브라우저에 렌더링될 것입니다(이렇게 렌더링되는 HTML 폼의 필드에는 value 속성이 지정되어 있습니다).

코드 4-103 게시판 쓰기 폼

```
01: <html>
02:     <body>
03:         <form method="post">
04:             <dl>
05:                 <dt>제목</dt>
06:                 <dd><input type="text" name="title" value="{{ title }}">
07:                 <dt>내용</dt>
08:                 <dd><textarea name="content" rows="10" cols="80">{{ content }}</
textarea>
09:             </dl>
10:             <input type="submit" value="전송">
11:         </form>
12:     </body>
13: </html>
```

코드 4-103은 브라우저에서 다음의 화면처럼 보이게 됩니다.

📷 그림 4-6 게시판 쓰기 폼

이제 사용자가 폼에 글을 채워넣고 '전송' 버튼을 클릭하면 웹 프로그램에서 데이터베이스에 게시물의 내용을 저장할 것입니다. 이에 대한 처리 과정 중 에러가 발생하면, 코드 4-102에서는 flash 함수에 Flash 메시지로 사용할 문장을 인자로 전달하고 다시 코드 코드 4-103을 렌더링합니다. 그러면 코드 4-103이 브라우저에 다시 렌더링되면서 우리가 입력했던 글이 폼에 입력된 채로 다시 볼 수 있을 것입니다.

그런데 코드 4-102의 flash 함수에 전달한 문장은 렌더링된 화면에서 확인해볼 수 없습니다. 이 단계에서는 아직 Flash 메시지를 보여줄 수 있는 코드가 없기 때문에 화면에 보이지 않고 Flask 세션 데이터에 담겨 있는 상황입니다.

코드 4-103에 Flash 메시지를 표시하기 위해서 다음과 같이 코드를 수정합니다.

📄 코드 4-104 **Flash 메시지를 보여주기 위한 템플릿 작성**

```
01: <html>
02:     <body>
03:         {% with messages = get_flashed_messages() %}
04:             {% if messages %}
05:                 <ul>
06:                 {% for message in messages %}
07:                     <li>{{ message }}</li>
08:                 {% endfor %}
09:                 </ul>
10:             {% endif %}
11:         {% endwith %}
12:
13:         <form method="post">
14:             <dl>
15:                 <dt>제목</dt>
16:                 <dd><input type="text" name="title">
17:                 <dt>내용</dt>
```

```
18:                 <dd><textarea name="content" rows="10" cols="80"></textarea>
19:             </dl>
20:             <input type="submit" value="전송">
21:         </form>
22:     </body>
23: </html>
```

코드 4-104는 템플릿에서 Flash 메시지 목록을 가져와서 Flash 메시지가 존재할 때만 ul 목록으로 출력하도록 한 것입니다. 코드 4-103을 코드 4-104처럼 수정했으면 브라우저의 화면에서 Flash 메시지를 볼 수 있습니다. 게시물 저장 에러가 발생하면 코드 4-104는 결과 4-3의 HTML 코드가 렌더링되어 출력됩니다.

☑ **결과 4-3 Flash 메시지 작성 오류**

```
01: <html>
02:     <body>
03:         <ul>
04:             <li>게시판 작성에 오류가 발생하였습니다</li>
05:         </ul>
06:
07:         <form method="post">
08:             <dl>
09:                 <dt>제목</dt>
10:                 <dd><input type="text" name="title" value="test title">
11:                 <dt>내용</dt>
12:                 <dd><textarea name="content" rows="10" cols="80">test content</
textarea>
13:             </dl>
14:             <input type="submit" value="전송">
15:         </form>
16:     </body>
17: </html>
```

Flash 메시지는 웹 프로그램 처리 로직에서 flash 함수를 이용해 HTTP 세션에 저장되면, 코드 4-104에서처럼 템플릿 파일에서 Flash 메시지를 보여주는 것이 일반적인 처리 로직입니다.

Flash 메시지는 세션 기반으로 동작하기 때문에 웹 프로그램 사용자는 접속 시점에서 웹 프로그램이 설정한 Flash 메시지만 보입니다. 템플릿 파일에서 Flash 메시지를 가져오려면 템플릿의 with 문을 사용해서 서버에 저장된 모든 Flash 메시지를 가져옵니다.

```
01: {% with messages = get_flashed_messages() %}
02: ...
03: {% endwith %}
```

코드 4-105는 템플릿 파일에 with 문을 사용해 Flash 메시지 목록을 가져와서 message 변수에 담아둡니다.

템플릿에서 get_flashed_messages 함수의 호출은 URL 뷰 함수에서의 flash 함수 사용과 밀접한 관련이 있습니다. URL 뷰 함수에서 flash 함수를 사용하여 HTTP 세션에 저장된 Flash 메시지는, 템플릿에서 get_flashed_messages 함수를 호출함으로써 HTTP 세션에서 Flash 메시지가 제거되며, 다시 get_flashed_messages 함수를 호출해도 Flash 메시지를 얻어오지 않습니다.

웹 프로그램에서 URL 뷰 함수가 flash 함수를 사용해 저장 가능한 Flash 메시지 수는 한 개로 제한되어 있지 않으며, 여러 Flash 메시지를 HTTP 세션에 저장해둘 수 있습니다. 이와 같은 이유로 flash 메시지를 얻어오는 함수 이름이 영어로 복수를 의미하는 's'가 붙어 get_flashed_messages가 된 것입니다.

get_flashed_messages 함수는 템플릿에서 사용될 때 코드 4-105에서 보듯이 템플릿의 with 문을 사용하도록 권장하는데, 이것은 Flash 메시지가 사용되는 영역의 제한을 위해서입니다.

코드 4-105에서처럼 Flash 메시지를 모두 가져오면 템플릿에서 Flash 메시지를 저장한 순서대로 읽어와야 합니다.

코드 4-106 Flash 메시지 목록이 있는지를 if 문으로 검사한 후에 Flash 메시지 목록을 ul 태그로 감싸서 출력하기

```
01: {% if messages %}
02:     <ul>
03:     {% for message in messages %}
04:         <li>{{ message }}</li>
05:     {% endfor %}
06:     </ul>
07: {% endif %}
```

코드 4-106에서 messages는 코드 4-105에서 보는 것처럼 Flash 메시지 목록을 HTTP 세션으로부터 가져온 후에 사용합니다. messages는 시퀀스 타입으로 여러 Flash 메시지를 담고 있습니다. 템플릿에서는 Flash 메시지의 출력은 시퀀스 타입의 변수를 for 문으로 반복해 개별 요소

를 li 태그로 감싸서 화면에 출력합니다.

Flash 메시지를 저장하기 위해 URL 뷰 함수 내에서 flash 함수를 사용하는 것을 앞의 예제를 통해 살펴봤습니다. flash 함수의 기본 사용 방법은 Flash 메시지로 보내고자 하는 문자열을 첫 번째 인자로 지정하는 것입니다.

그러나 Flash 메시지를 저장하면서 카테고리를 함께 저장할 수 있다면, 템플릿에서 출력할 때 도 이러한 카테고리 사용을 통해 사용자에게 특정 메시지를 강조할 수도 있을 것입니다. 이렇 게 Flash 메시지와 카테고리를 저장하려면 flash 함수의 두 번째 인자로 카테고리 문자열을 전 달합니다. 두 번째 인자가 생략되면 기본값은 message가 인자로 전달됩니다. 다음의 코드는 Flash 메시지와 카테고리 문자열을 같이 저장합니다.

코드 4-107 Flash 메시지 저장에 카테고리 문자열 지정

```
01: flash('게시물 저장에 실패했습니다', 'error')
```

코드 4-107에서처럼 Flash 메시지와 카테고리 문자열을 함께 지정하면 템플릿에서 이 Flash 메 시지를 얻어오기 위해 get_flashed_messages 함수에서 with_categories 인자와 category_filter 인자를 받을 수 있는데, with_categories 인자는 메시지 내용을 함께 가져올 것인지 말지를 지 정하며, 기본값은 False입니다. True로 이 값을 지정하면 메시지 내용과 함께 카테고리명을 튜 플로 묶어 Flash 메시지 목록을 반환합니다.

코드 4-108 Flash 메시지와 카테고리를 함께 가져오는 코드

```
01: {% with messages = get_flashed_messages(with_categories=True) %}
02:     {% if messages %}
03:         <ul>
04:         {% for category, message in messages %}
05:             <li class="{{ category }}">{{ message }}</li>
06:         {% endfor %}
07:         </ul>
08:     {% endif %}
09: {% endwith %}
```

코드 4-108은 Flash 메시지와 카테고리를 함께 가져와서 카테고리명은 li 태그의 class 속성에 저장하고 메시지 내용은 화면에 보여줍니다. 코드 4-108의 템플릿을 해석한 다음에 결과 4-4 와 같은 HTML 코드가 화면에 출력됩니다.

```
01: <ul>
02:     <li class="error">게시물 저장에 실패했습니다<li>
03: </ul>
```

카테고리가 지정된 Flash 메시지를 불러올 때는 코드 4-108처럼 불러오기도 합니다. 그러나 서로 다른 메시지와 카테고리가 지정된 Flash 메시지 중에서 특정 카테고리에 속한 메시지를 가져오려면, get_flashed_messages 함수 인자로 category_filter 인자에 가져올 카테고리 목록을 리스트 타입으로 전달합니다. category_filter 인자를 생략하면 기본값으로 빈 리스트([])가 전달됩니다.

📄 코드 4-109 error 카테고리에 속한 Flash 메시지만 가져오기

```
01: {% with messages = get_flashed_messages(category_filter=['error']) %}
02:     {% if messages %}
03:         <ul>
04:         {% for message in messages %}
05:             <li>{{ message }}</li>
06:         {% endfor %}
07:         </ul>
08:     {% endif %}
09: {% endwith %}
```

코드 4-109는 HTTP 세션에 저장된 Flash 메시지 중에 카테고리 값이 error인 것만 출력합니다. 코드 4-109는 get_flashed_messages 함수에 with_categories 인자를 True로 설정하지 않았기 때문에 messages 변수는 메시지 목록만 가지고 있습니다.

코드 4-109를 확장해서 Flash 메시지 카테고리가 error뿐만 아니라 info인 것도 가져오려면 다음과 같이 코드를 작성합니다.

📄 코드 4-110 error, info 카테고리가 지정된 Flash 메시지만 가져오기

```
01: {% with messages = get_flashed_messages(category_filter=['error', 'info']) %}
02:     {% if messages %}
03:         <ul>
04:         {% for message in messages %}
05:             <li>{{ message }}</li>
06:         {% endfor %}
07:         </ul>
08:     {% endif %}
09: {% endwith %}
```

코드 4-110은 앞에서 설명했던 것처럼 Flash 메시지의 카테고리가 error, info인 것만 필터링해서 messages 변수에 담아두고 for 문을 통해서 이를 화면에 출력합니다.

그런데 코드 4-110처럼 category_filter 인자에 여러 카테고리를 주면 템플릿의 출력 결과에서는 어떤 메시지가 어떤 카테고리에 속해 있는지 알 수 없습니다. 그래서 get_flashed_mesages 함수를 사용할 때 with_categories 인자와 category_filter 인자를 모두 주면 메시지 카테고리와 필터링하기 원하는 카테고리를 가져올 수 있습니다.

코드 4-111 error, info 카테고리가 지정된 Flash 메시지를 가져오면서 화면에 카테고리명도 함께 출력할 수 있도록 데이터 가져오기

```
01: {% with messages = get_flashed_messages(with_categories=True, category_
filter=['error', 'info']) %}
02:     {% if messages %}
03:         <ul>
04:         {% for category, message in messages %}
05:             <li class="{{ category }}">{{ message }}</li>
06:         {% endfor %}
07:         </ul>
08:     {% endif %}
09: {% endwith %}
```

코드 4-111은 with_categories 인자와 category_filter 인자가 모두 지정되어 있는 템플릿입니다.

모마치며 지금까지의 예에서는 Flash 메시지를 목록으로 단순히 출력했지만, 필자는 보통 Flash 메시지를 한 개만 사용해서 템플릿에서 body 태그에 data-flash 속성에 속성값으로 첫 번째 flash 메시지를 저장해두고, jQuery 라이브러리로 HTML에 DOM Ready 이벤트가 발생하면 body 태그의 data-flash 속성을 읽어서 alert(경고) 창으로 띄워주기도 합니다.

Flash 메시지는 웹 프로그램에서 생성하고 템플릿에서 결과 메시지를 출력하고 싶을 때 매우 유용하게 사용될 수 있는 기능입니다. flash 함수를 이용하지 않고 개발자가 이와 같은 기능을 직접 만들 수도 있겠지만, 개발 생산성을 향상시키고 싶을 때는 Flask에서 제공하는 Flash 기능을 사용하는 것이 시간을 절약할 수 있을 것입니다.

4.6 Ajax 처리

웹 프로그램은 사용자가 데이터를 보내면 처리 결과를 응답해야 합니다. 웹 브라우저와 웹 프로그램이 요청과 응답을 주고받을 때 웹 브라우저의 화면은 잠간 반짝이면서 새로운 결과 페이지를 표시합니다. 이와 같은 현상은 HTTP 프로토콜의 특성 때문에 발생합니다. 웹 브라우저가 새로운 URL로 응답 데이터를 요청하면 내부에서 웹 서버로 보낼 HTTP 요청 메시지를 만듭니다. 그리고 이를 웹 프로그램으로 전송해서 처리 결과를 받으면 그제서야 웹 브라우저 화면을 새로 렌더링합니다.

이런 통신 특성은 동기적 통신이라고 부를 수 있는데, 웹 프로그램으로 보낸 요청의 응답이 돌아오기 전까지 웹 브라우저는 해당 웹 페이지에 대해 어떤 작업도 진행하지 못합니다. 특히, 동기적 통신은 원래 보던 화면에서 작은 부분이 바뀌더라도 화면을 완전하게 새로 그리게 됩니다. 따라서 통신 과정에서는 전체 화면의 데이터를 받게 되므로 전송량이 많습니다.

물론, 주고받는 데이터 통신량을 줄이기 위해서 데이터를 압축해서 보내거나 받도록 하기도 했지만, 이는 어디까지나 통신 과정의 데이터양을 줄여 데이터 통신 비용을 아껴보고자 했던 시도 중 하나였습니다. 2004년 초에 구글이 자사 웹 프로그램에 부분적 응답 결과를 업데이트할 수 있는 비동기적 통신 기술인 Ajax를 적용하였고, 이후 다른 웹사이트들도 앞다투어 Ajax를 도입하기 시작했습니다.

Ajax도 HTTP 요청을 사용하지만, 사용자가 현재 보고 있는 페이지 내에 숨겨진 HTTP 접속 객체를 생성합니다. 그리고 이 객체를 사용해 웹 프로그램으로 데이터를 보내고 웹 프로그램의 응답 결과를 받아 화면의 일부분을 다시 렌더링하거나 메시지를 보여줄 수 있는 기능을 제공합니다. Ajax는 비동기 자바스크립트(Asynchronous JavaScript)와 XML의 약어로, 이 언어는 제시 제임스 가렛(Jesse James Garrett)이 처음 제시했습니다. 참고로, 마이크로소프트는 이미 Ajax라는 공식 용어가 나오기 전부터 페이지 내에 숨겨진 HTTP 객체를 생성하고 사용하는 기술을 제공해 왔습니다.

이후 모질라 파이어폭스, 구글 크롬, 오페라 브라우저 등은 브라우저 내에 Ajax 기술을 자바스크립트만으로 이용할 수 있도록 표준화 작업을 진행했으며, 마이크로소프트만이 자사의 ActiveX 기술을 사용해 Ajax 기술을 지원하고 있었습니다. 그러나 최근의 인터넷 익스플로러는 표준화된 Ajax 객체를 지원합니다.

Ajax 기술을 이용한 통신은 다음과 같은 장점과 단점이 있습니다.

장점

- 현재 보고 있는 페이지의 일부분만 다시 렌더링할 수 있어서 페이지 이동이 필요없습니다.
- 웹 프로그램에 데이터를 요청하고 현재 보고 있는 페이지에서 또 다른 데이터를 요청하는 등의 추가 행동을 할 수 있습니다.
- 웹 프로그램에서 받는 데이터양을 줄여 응답성을 개선하고, JSON, XML 등의 데이터를 받을 때 웹 브라우저에 추가 처리를 위임할 수 있습니다.

단점

- 사용자가 사용하는 브라우저가 Ajax를 지원하지 않을 수 있습니다(구형 브라우저 또는 텍스트 기반 브라우저).
- HTTP 접속 객체의 기능이 한정되어 있습니다.
- 웹 브라우저와 웹 프로그램이 주고받는 데이터의 인코딩은 UTF-8로 인코딩되어 있을 때 가장 잘 동작합니다.
- Ajax 요청을 주고받을 때는 동일한 도메인에 한정해서 사용할 수 있습니다(이 문제를 피할 수 있는 방법도 고안되어 있습니다).
- 사용자 조작에 따라 많은 수의 HTTP 메시지가 발생되어 웹 페이지 응답 속도가 일시적으로 느려질 수도 있습니다.

Ajax 기술은 웹 접근성 확보를 위한 WAI(Web Accessibility Initiative, 웹 접근성 이니셔티브) 규약과 충돌하지만, 오늘날의 많은 웹 프로그램, 특히 대중을 대상으로 하는 방송사, 법원 등의 사이트는 사용자의 브라우저 환경과 상관없이 자바스크립트를 많이 사용하고 있습니다.

Flask 웹 프로그램은 Ajax 기술을 사용하기 위해 그다지 많은 수고가 필요하지 않습니다. 다음의 예제는 Ajax 기술이 Flask에서 어떻게 통합될 수 있는지를 나타낸 가벼운 예제입니다.

📟 **코드 4-112 Ajax 기술을 이용하기 위한 URL 핸들러 함수의 구성(app 변수는 코드 2-1 참고)**

```
01: from flask import Flask, jsonify, render_template, request
02: app = Flask(__name__)
03:
04: @app.route('/_add_numbers')
05: def add_numbers():
06:     a = request.args.get('a', 0, type=int)
07:     b = request.args.get('b', 0, type=int)
08:     return jsonify(result=a + b)
09:
10: @app.route('/')
```

```
11: def index():
12:     return render_template('index.html')
```

코드 4-112는 웹 브라우저로부터 a와 b 인자를 get 요청으로 받아서 json 형태의 문자열로 웹 브라우저에 반환합니다. Ajax 응답 결과를 브라우저에서 사용하기 위해서는 웹 프로그램에서 웹 브라우저로 응답해줄 때 기본 텍스트 문자열과 JSON, XML 문서를 사용합니다.

JSON과 XML 문서는 사람이 읽을 수 있는 텍스트 문자열로 구성되는데, 이유는 웹 프로그램은 클라이언트에게 반드시 텍스트를 응답으로 내보내야 하기 때문입니다. 만약 개발자가 add_numbers 함수에서 문자열이 아닌 숫자를 반환한다면, 반환 데이터가 문자가 아니라는 이유로 에러가 발생하게 됩니다.

이 프로그램에서 /_add_numbers URL의 응답 결과로 JSON 문자열을 반환하게 되는데, 보통은 JSON 사전 형태로 값을 반환하는 것이 일반적입니다. 이를 위해 Flask에서는 jsonify 함수를 사용할 수 있습니다. 이 함수의 인자는 JSON 사전으로 보낼 수 있는 키/값으로 구성되어 있는 값의 형태를 여러 개 받습니다. 하지만 키 값은 숫자와 문자만 가능합니다. 파이썬 객체와 날짜열 형태의 값은 문자열로 바로 표기되지 않으므로 JSON 응답 문자열의 키 값으로 사용하기 전에 반드시 문자열로 만들어줘야 합니다.

위의 예제로 동작을 확인해보려면 다음의 index.html 파일이 반드시 필요합니다.

코드 4-113 Ajax 테스트를 위한 HTML 파일

```
01: <script type=text/javascript src="{{ url_for('static', filename='jquery.js')
}}"></script>
02: <script type=text/javascript>
03:   $SCRIPT_ROOT = {{ request.script_root|tojson|safe }};
04: </script>
05: <script type=text/javascript>
06:   $(function() {
07:     $('a#calculate').bind('click', function() {
08:       $.getJSON($SCRIPT_ROOT + '/_add_numbers', {
09:         a: $('input[name="a"]').val(),
10:         b: $('input[name="b"]').val()
11:       }, function(data) {
12:         $("#result").text(data.result);
13:       });
14:       return false;
15:     });
16:   });
17: </script>
```

```
18: <h1>jQuery Example</h1>
19: <p><input type="text" size="5" name="a"> +
20:     <input type="text" size="5" name="b"> =
21:     <span id="result">?</span></p>
22: <p><a href="#" id="calculate">calculate server side</a></p>
```

코드 4-113에서는 id 속성값이 calculate인 링크(A 태그)를 클릭하면, 이 링크에 바인드(연결)되어 있는 이벤트 중 click 이벤트가 발생되면서 웹 프로그램에 GET 요청 타입으로 JSON 문자열의 반환을 요구합니다. HTML 폼에서 웹 프로그램으로 a, b 인지를 웹 프로그램의 /_add_numbers URL로 전송하면, add_numbers URL의 실행 결과는 id 속성이 result인 span 태그의 내용으로 삽입됩니다. 코드 4-113의 실행 결과는 그림 4-7에서 확인할 수 있습니다.

📷 그림 4-7 / URL의 호출 결과로 index.html이 호출된 결과

이제 여기에서 더할 숫자 값을 차례로 적어주고 링크를 클릭하면, 웹 프로그램에서 이 값들을 받아 더해준 다음 더한 값을 웹 브라우저로 돌려보냅니다. 예를 들어, 50과 12를 차례로 입력하고 링크를 클릭하면 화면의 물음표는 62란 숫자로 변경될 것입니다.

코드 4-113에 사용된 jQuery를 활용하려면 HTML 파일(템플릿 파일)에서 script 태그 안에서 $ 문자로 자바스크립트를 기술하면 됩니다. jQuery에서 기본적으로 제공하는 모든 함수는 $ 문자 뒤에 피리어드(.)를 붙여서 호출합니다.

getJSON 함수는 웹 프로그램에 get 요청을 하고 웹 프로그램으로부터 오는 응답을 JSON 응답으로 받아서 해석하라는 함수입니다. 이 함수는 총 세 개의 인자를 받습니다. 첫 번째 인자는 요청할 URL, 두 번째 인자는 웹 프로그램으로 보낼 인자를 JSON 사전으로 지정하고, 세 번째 인자는 웹 프로그램으로부터 응답을 받았을 때 호출할 함수를 지정합니다. 세 번째에 전달될 함수는 인라인 함수로서 웹 프로그램으로부터의 응답 결과 변수를 지정합니다.

이 예제의 응답 결과는 결과 4-5와 같습니다.

☑ 결과 4-5　JSON 응답 결과

```
01: {
02:     "result": 62
03: }
```

그리고 웹 브라우저에서는 jQuery 셀렉터로 id 속성값이 result인 엘리먼트를 가지고 옵니다. 이 엘리먼트의 내용을 조작하기 위해서는 text 혹은 html 메서드를 사용할 수 있습니다.

코드 4-114　id 속성값이 result인 span 요소 가져오기

```
01: var span_result = $("#result");
```

한편, Ajax 기술은 도입 초기 동일-출처 정책이라고 해서 Ajax를 이용하기 위한 페이지와 Ajax가 처리되는 위치가 동일해야 하는 제한사항이 있었습니다.

웹 개발자들은 다른 호스트의 URL에서 제공하는 Ajax API를 사용하기 위해서 여러 방법을 고안했는데, 이 방법 중에는 IFRAME을 이용한 방법부터 JSON 문자열을 외부 서버로부터 응답받기 위한 방법(JSONP)도 고안되었습니다. 하지만 이런 수많은 방법 중에서도 대체 방법들이 직관적이지 못하다거나 사용하기 어렵다는 지적들이 많아 W3C에서는 Cross Domain상에서도 데이터를 주고받을 수 있는 방법을 고안했습니다. Ajax 서비스를 제공하는 웹 서버에서 JSON 응답 결과와 함께 특정 헤더를 함께 전송하면 이 제한이 해결됩니다. 다만, 이 해결책은 Ajax 처리를 제공하는 웹 프로그램을 수정해야 합니다(2016년 5월 현재 인터넷 익스플로러 8+ 이상, 크롬, 파이어 폭스 등이 이 기능을 지원합니다).

코드 4-115　Ajax 응답을 동일한 도메인뿐만 아니라 다른 도메인에서도 서비스할 수 있도록 처리하기 위한 응답 header 추가

```
01: @app.route('/_add_numbers')
02: def add_numbers():
03:     a = request.args.get('a', 0, type=int)
04:     b = request.args.get('b', 0, type=int)
05:     rv = make_response(jsonify(result=a + b))
06:     rv.headers.add('Access-Control-Allow-Origin', '*')
```

```
07:
08:    return rv
```

코드 4-115는 모든 도메인에서 오는 Ajax 요청에 응답해주기 위해 HTTP 응답 헤더에 Access-Control-Allow-Origin 헤더를 추가하고, 헤더 값으로 에스테리스크(*)를 주어 모든 도메인에서의 Ajax 요청을 수용했습니다. Ajax 응답을 전송하는 쪽에서 요청하는 도메인을 제한하기 위해 * 대신 도메인 주소를 프로토콜+FQDN(예를 들면, http://www.jpub.kr) 형식으로 기술해서 제한해야 합니다. 그리고 Ajax 크로스 도메인 응답을 위해 헤더를 직접 추가했지만, 이 기능을 뷰 데코레이터로 작성해서 크로스 도메인에 응답할 Ajax 요청을 모두 감싸는 것도 하나의 방법일 것입니다. 또한, 이 책에서는 비동기 통신 라이브러리로 jQuery를 사용했지만, jQuery 외에도 수많은 비동기 통신을 지원하는 라이브러가 있으므로 이들을 찾아보시는 것도 도움이 될 것입니다. 여러분이 자주 사용하는 비동기 통신 라이브러리가 있다면 그것을 대신 사용하는 것도 하나의 좋은 방법입니다.

> **마치며** Ajax 기술을 이용해서 동적인 웹 프로그램을 만드는 일은 웹 개발자와 사용자 모두에게 매우 짜릿한 경험입니다. 물론, Ajax가 자바스크립트에 기초한 기술이라서 웹 접근성 지침(WAI)을 준수하는 웹사이트에서는 Ajax 기술의 효용 가치를 모두 느끼기 어려울 수도 있지만, Ajax 기술이 현재의 웹사이트에 가져온 파급력은 과거 윈도우 프로그램의 한 화면에서 모든 요청과 응답이 처리되는 것처럼 신기하고 신비한 일일지도 모르겠습니다.
>
> 여러분도 Ajax 기술과 함께 사용자의 경험을 극대화시킬 수 있을 것입니다. Flask와 Ajax 기술을 이용해 웹 프로그램에 날개를 달아보기 바랍니다.

Flask 고급 확장

이 장에서는 큰 규모의 Flask 애플리케이션을 위한 기법을 주로 다루며 관련 기술을 간단하게 소개합니다. 여기서 소개되는 기술이나 방법은 웹에서 더 자세하게 찾아볼 수 있으니 실제 업무에서 어려움에 부딪치면 구글신의 도움도 받아보세요.

이 장에서는 다음과 같은 내용을 다룹니다.

- 모듈별 협업하기(Blueprint)
- 파일 업로드(Multipart, Streaming Upload)
- 캐싱
- HTTP 메서드 덮어쓰기

다시 말씀드리지만, 이 장에서 다루는 내용은 Flask에서 지원하는 기능 위주이기에 실무에 활용할 경우 아쉬움을 느낄 수도 있을 것입니다. 그럴 때는 파이썬과 Flask 커뮤니티에서 관련 자료를 찾아보면 해결책을 찾거나 떠올릴 수 있을 것입니다. 그렇더라도 이 장을 통해 여러분이 Flask 애플리케이션을 개발할 때 더 크고 성능 좋은 애플리케이션을 만들 수 있는 기반을 익힐 수 있기를 희망합니다.

5.1 모듈별 협업하기(Blueprint)

웹 프로그램은 한 사람이 모든 프로그램을 구현하기도 하지만, 다수의 사람이나 팀이 같이 만들기도 합니다. 이런 작업 형태를 협업이라고 부릅니다. 하나의 제품을 만드는 데 여럿이 나눠 만들다 보면 각자 작성한 코드의 위치가 바뀌기도 하고, 시간이 지나면 대폭적인 수정도 필요하기도 합니다.

기존에 PHP, JSP 파일로 구성된 웹사이트는 기능별로 디렉터리를 구성하고, 세부 기능별로 역할을 분담하는 파일을 만드는 방식으로 했습니다. 이렇게 기능별로 파일을 만드는 일은 다수의 사람이 분업하기 쉬우며, 웹 서버가 기능별 파일을 찾아 프로그램 해석 엔진이 받아 해석 결과를 돌려주기만 하면 되는 구조입니다. 그래서 상당수의 웹사이트는 이 구조의 틀에서 벗어나기 어려웠습니다.

Flask는 일반적인 웹 서버에서 수행하는 콘텐츠 협상, 요청 리소스를 웹 브라우저에 반환하는 역할을 모두 독립된 WSGI 컨테이너가 수행합니다. 따라서 웹 브라우저에서 요청하는 URL은 모두 Flask 애플리케이션에서 1차 처리를 수행하게 됩니다.

가벼운 웹 프로그램을 만든다면 다수의 뷰 함수를 Flask 인스턴스가 있는 파일(예: flask_run.py)에 코딩하는 방법도 있습니다. 웹 프로그램이 다수의 단위 모듈(논리적인 단위로 게시판, 방명록, 회원 가입 등)로 구성되어 있으면 이 구성 요소를 개발하는 개발자는 다수의 사람일 수 있습니다.

이 다수의 사람이 VCS(Version Control System의 약자로 SCM으로 불리기도 하며, SVN이나 Git, Mercurial 등이 있습니다)를 이용해 flask_run.py 파일을 편집할 수도 있겠지만, 프로그램 개발 과정에서 flask_run.py 파일의 내용이 어지럽게 병합되어 제대로 동작하도록 수정할 수 없을지도 모릅니다. 그래서 우리는 다수의 사람이 Flask 애플리케이션을 개발할 수 있도록 Blueprint 클래스를 통해 기능과 URL이 분산된 애플리케이션을 개발하는 방법을 배울 것입니다. 다수의 단위 모듈을 개발하는 방법은 여기에서 소개하는 Blueprint 외에도 Flask 애플리케이션 객체의 add_url_rule 메서드를 통해 분산된 논리 모듈의 함수를 URL 뷰 함수로 등록하는 방법도 있습니다. 또한, 다양한 Flask 확장을 사용하면 다수의 논리 모듈을 쉽게 얹을 수 있는 라이브러리도 많습니다.

📟 코드 5-1 **add_url_rule 메서드를 사용해 라우팅 지정**

```
01: app.add_url_rule('/', 'index', index)
```

코드 5-1은 Flask 클래스의 인스턴스인 app 객체의 add_url_rule 메서드에 / URL에 대해 endpoint명을 index로 하고, 처리 함수의 이름이 index임을 알려서 Flask 애플리케이션에 등록하는 코드입니다.

이와 같은 방식은 다수의 URL 뷰 함수 정의에 변화가 적고 웹 프로그램 개발 초반에 잘 정의된 URL 체계가 있으면 매우 효율적인 방법일 수 있습니다. 하지만 프로그램 개발은 언제나 그렇듯이 개발 과정에서 변화도 많고 자율적 특성이 있습니다. 그래서 Blueprint라는 클래스가 등장하게 됩니다.

Blueprint는 사실 Flask 클래스처럼 동작하지만, 실제로는 Flask 클래스와 같이 Flask 애플리케이션으로 동작하지 않습니다. Blueprint 클래스를 이용하면 Flask 애플리케이션 객체에 Blueprint 클래스 인스턴스를 등록하는 것만으로도 Blueprint를 모체로 한 URL 뷰 함수, 템플릿 필터 등을 사용할 수 있습니다. 그러면 모듈 개발자는 본인에게 할당된 기능만 개발하면 됩니다. Blueprint를 사용한 모듈 개발은 flask 모듈에서 Blueprint 클래스를 가져오는 것으로부터 시작합니다.

코드 5-2 Blueprint 페이지 작성

```
01: from flask import Blueprint, render_template, abort
02: from jinja2 import TemplateNotFound
03:
04: simple_page = Blueprint('simple_page', __name__, template_folder='templates')
05:
06: @simple_page.route('/', defaults={'page': 'index'})
07: @simple_page.route('/<page>')
08: def show(page):
09:     try:
10:         return render_template('pages/%s.html' % page)
11:     except TemplateNotFound:
12:         abort(404)
```

코드 5-2는 Blueprint를 사용한 예제입니다. 코드를 자세히 살펴보겠습니다.

01: flask 모듈에서 Blueprint 사용을 위한 Blueprint 클래스와 템플릿 파일을 렌더링하기 위한 render_template 함수, 응답 중단 메시지 전송을 위해 abort 인스턴스를 임포트합니다.

02: 템플릿 모듈인 jinja2로부터 TemplateNotFound 예외를 가지고 옵니다.

04: simple_page 변수에 Blueprint 인스턴스를 생성합니다.

06~07: Blueprint 인스턴스의 route 데코레이터로 /<page> URL 설정을 해줍니다.

08~12: /<page> URL에 대한 show 함수를 정의합니다. 이 함수의 주된 내용은 템플릿 디렉터리의 pages/ 디렉터리 안에서 사용자가 요청한 페이지 이름을 가진 HTML 파일을 찾아 브라우저에 돌려줍니다. 템플릿 파일을 찾지 못했다면 2행에서 임포트한 TemplateNotFound 예외가 발생하고 브라우저에 404 응답을 보냅니다.

먼저, Blueprint 클래스를 생성하는 방법부터 다룹니다. Blueprint 클래스는 인스턴스화할 때 두 개의 필수 인자(영역 이름과 임포트 이름)를 받고, 다른 6개의 인자는 옵션 인자로 받습니다. Blueprint 영역 이름은 다른 Blueprint에서 사용하고 있는 이름을 사용할 수 없으며, 이 이름은 url_for 함수에서도 Blueprint 영역을 구별하는 이름으로 사용되므로 반드시 고유한 이름을 사용해야 합니다.

Blueprint는 대개 다음과 같은 방법으로 사용됩니다.

코드 5-3 admin_page 이름으로 blueprint 객체 생성

```
01: admin_page = Blueprint('admin_page', __name__)
```

코드 5-3은 Blueprint 인스턴스를 생성할 때 영역의 이름은 admin_page로 하고, 임포트 이름은 현재 모듈이 사용하는 이름을 인자로 넘겼습니다.

Flask에서 Blueprint 인스턴스를 생성할 때 독자적인 요청/응답 환경을 만들기 위해 몇 가지 옵션을 인자로 전달할 수 있습니다. 그중 몇 가지 옵션을 소개합니다.

표 5-1 Blueprint 인스턴스 생성에 사용할 수 있는 인자

인자	설명
static_folder	Blueprint 영역 내에서 사용할 정적 콘텐츠 디렉터리명을 지정합니다.
static_url_path	Blueprint 영역 내에서 정적 콘텐츠 URL 위치를 /로 시작하여 지정합니다.
template_folder	Blueprint 영역 내에서 사용할 템플릿 디렉터리명을 지정합니다.
url_prefix	Blueprint 영역 내에서 모든 URL 핸들러에 특정한 URL 접두사를 지정합니다.

위 옵션들은 Blueprint마다 정적 콘텐츠와 템플릿을 따로 관리할 수 있다는 것을 보여줍니다. 다음의 코드는 위 옵션을 포함하여 생성한 Blueprint 인스턴스입니다.

```
01: admin_page = Blueprint('admin_page', __name__, static_folder='blueprint/static/
admin', static_url_path='/static_admin', template_folder='blueprint/template', url_
prefix='/admin')
```

코드 5-4는 static 콘텐츠 경로 및 URL과 템플릿 경로명을 재정의하였습니다. Blueprint를 사용할 때 static_folder, static_url_path, template_folder 인자를 넘기지 않으면 Blueprint는 자연스럽게 다음과 같은 기본값을 가지게 됩니다.

표 5-2 **Blueprint 인스턴스 생성에 사용할 수 있는 인자의 기본값**

인자	기본값
static_folder	static
static_url_path	/static
template_folder	templates
url_prefix	None

Blueprint 영역 내에서 Blueprint의 데코레이터를 사용하는 모든 URL 뷰 함수는 Blueprint에 지정한 옵션이나 처리 함수에서 영향을 받습니다. 이후의 예제 코드에서는 별도의 언급 없이 코드 5-4의 내용을 바탕으로 설명하겠습니다. 먼저, Blueprint 내에 URL 핸들러 /member를 GET 요청 처리 방법부터 설명합니다.

코드 5-5 **blueprint의 route 데코레이터 사용(기본 코드 2-1)**

```
01: @admin_page.route("/member")
02: def member():
03:     return ""
```

코드 5-5에서 눈여겨볼 것은 route 데코레이터를 사용할 때 Flask 클래스의 인스턴스 객체인 app 대신에 Blueprint 클래스 인스턴스인 admin_page 객체를 사용한 것입니다. 하지만 URL 뷰 함수를 브라우저에서 호출하려면 다음과 같은 URL로 호출해야 합니다.

```
/admin/member
```

이 URL을 보면 1행에서 route 메서드에 "/member"를 인자로 전달했기 때문에 http://도메인 또는 IP/member로 접근해보면 접속이 되지 않고 404 상태 코드를 브라우저에 응답합니다. 그 이유는 Blueprint 객체인 admin_page가 URL 접두사로 /admin을 가지고 있기 때문에 /admin/member를 호출하면 정상적으로 호출됩니다.

그럼, Blueprint 인스턴스 객체의 URL에 접근할 때 /admin을 쓰지 않고 호출할 수 있는 방법이 있을까요? 없습니다. url_prefix가 포함되어 있는 Blueprint 인스턴스의 route 데코레이터를 사용한 URL 뷰 함수는 URL 접두사가 붙는 것을 피할 수 없습니다.

이렇게 생성한 Blueprint 인스턴스 객체는 그 자체로는 Flask 애플리케이션이 될 수 없습니다. 그래서 Blueprint 인스턴스 객체는 메인 Flask 애플리케이션 객체에 Blueprint 인스턴스 등록 작업을 해줘야 정상적으로 Blueprint 인스턴스 객체에 등록된 URL 뷰 함수, 템플릿 필터 등의 사용이 가능해집니다. Blueprint 등록 작업은 코드 5-6과 비슷한 코드를 사용합니다.

📟 **코드 5-6 Flask 인스턴스에 blueprint 객체 등록(실행은 코드 2-1 참고)**

```
01: from flask import Flask
02: from simple_page import simple_page
03:
04: app = Flask(__name__)
05: app.register_blueprint(simple_page)
```

코드 5-6은 Flask 애플리케이션 인스턴스에 simple_page 모듈에서 가져온 Blueprint 인스턴스 객체인 simple_page를 Flask 애플리케이션 객체의 Blueprint 모듈 등록 함수인 register_blueprint에 인자로 전달해 Blueprint 모듈 등록 작업을 수행합니다. 앞에서 살펴본 코드 5-2와 코드 5-6은 하나의 잘 갖춰진 Blueprint 기능을 사용한 Flask 애플리케이션입니다.

위 프로그램의 결과, Flask 애플리케이션은 다음과 같은 URL 매핑 구조를 가지게 됩니다(Flask 애플리케이션 인스턴스 객체인 app.url_map의 _rules 속성을 통해 확인할 수 있습니다).

☑ **결과 5-1**

```
[<Rule '/static/<filename>' (HEAD, OPTIONS, GET) -> static>,
 <Rule '/<page>' (HEAD, OPTIONS, GET) -> simple_page.show>,
 <Rule '/' (HEAD, OPTIONS, GET) -> simple_page.show>]
```

코드 5-2의 프로그램은 브라우저에서 /, /<page>를 호출하면 Flask 애플리케이션은 Blueprint 객체인 simple_page의 show 함수가 응답하며, /static/<filename>을 호출하면 Flask 애플리케이션이 정적 콘텐츠에 접근하는 별칭이 static임을 알 수 있습니다.

Flask Blueprint를 메인 프로그램 객체에 등록할 때 Blueprint 객체에 url_prefix를 설정할 수도 있는데, 이때 Blueprint 등록 함수는 다음과 같은 모습으로 바뀝니다.

📟 코드 5-7 url_prefix를 주어 Blueprint 객체 등록하기

```
01: app.register_blueprint(simple_page, url_prefix='/pages')
```

코드 5-6의 5행을 코드 5-7로 변경하여 재실행하게 되면 다음과 같은 형태로 URL이 바뀌는 것을 확인할 수 있습니다.

✅ 결과 5-2

```
[<Rule '/static/<filename>' (HEAD, OPTIONS, GET) -> static>,
 <Rule '/pages/<page>' (HEAD, OPTIONS, GET) -> simple_page.show>,
 <Rule '/pages/' (HEAD, OPTIONS, GET) -> simple_page.show>]
```

코드 5-7의 실행 결과는 simple_page 모듈에 설정한 simple_page 인스턴스의 설정을 재정의하는 결과를 가지게 됩니다. 따라서 Blueprint 모듈 등록 시 이 옵션은 사용 여부를 신중히 결정해야 합니다.

Blueprint 클래스는 자신이 동작하고 있는 리소스(static) 디렉터리의 물리 경로를 알기 위해 Blueprint 인스턴스 객체의 root_path 속성을 확인할 수 있습니다. 코드 5-5와 5-6의 확인 결과는 다음과 유사한 형태로 root_path가 출력될 것입니다.

```
/Users/jiho/e/blueprint
```

개발자는 Blueprint 리소스(static) 디렉터리에서 특정한 파일을 찾아 이 파일을 조작할 수 있습니다. 이 방법은 다음과 같습니다.

📟 코드 5-8 blueprint 객체에서 static 파일 접근

```
01: with simple_page.open_resource('static/style.css') as f:
02:     code = f.read()
```

코드 5-8을 실제로 활용할 경우 URL 뷰 함수 내에서 style.css 파일의 내용을 읽어 웹 브라우 저에 반환하는 등의 일을 수행할 수 있습니다. 리소스(static) 디렉터리 내의 파일을 읽는다는 것은 개발자가 임의의 리소스 파일에 대한 조작을 쉽게 할 수 있다는 것을 의미합니다. 정적 리소스 파일을 사용하는 예들 중 쉽게 생각해볼 수 있는 것은, 이미지 파일을 읽어 base64 인

코딩으로 변경한 후에 웹 브라우저에 보내는 일일 것입니다.

Blueprint 영역 내에서 정적 콘텐츠 서비스를 위해서는 Blueprint 인스턴스 생성 시 static_folder, static_url_path 인자가 영향을 미칩니다. 먼저, 정적 콘텐츠 서비스에 영향을 미치는 인자를 전달하는 예제를 코드 5-2의 수정을 통해 살펴보겠습니다.

코드 5-9 simeple_page 이름으로 blueprint 객체 생성

```
01: simple_page = Blueprint('simple_page', __name__, static_folder='simple_static',
static_url_path='/simple_static')
```

코드 5-9는 simple_page Blueprint 인스턴스가 사용할 정적 콘텐츠가 포함되어 있는 디렉터리가 root_path/simple_static이고, 정적 콘텐츠를 브라우저에서 접근할 때는 /simple_static으로 접근할 수 있음을 알립니다. Blueprint 인스턴스 생성 시에 정적 콘텐츠 관련 인자를 넘기면 Flask 애플리케이션의 정적 콘텐츠 서비스 설정에 Blueprint 인스턴스에 설정한 정적 콘텐츠 서비스 설정이 덧붙여집니다.

코드 5-9의 라우팅 결과를 보면 방금 설명한 내용을 명확하게 이해할 수 있을 것입니다.

결과 5-3 코드 5-9의 라우팅 결과

```
01: [<Rule '/static/<filename>' (HEAD, OPTIONS, GET) -> static>,
 <Rule '/simple_static/<filename>' (HEAD, OPTIONS, GET) -> simple_page.static>,
 <Rule '/<page>' (HEAD, OPTIONS, GET) -> simple_page.show>,
 <Rule '/' (HEAD, OPTIONS, GET) -> simple_page.show>]
```

결과 5-3의 라우팅 결과를 보면 Blueprint의 인스턴스에 설정한 정적 콘텐츠 설정과 별개로 Flask가 기본으로 사용하는 정적 콘텐츠 설정이 추가되어 있는 것을 볼 수 있습니다. static_folder 인자는 Blueprint의 root_path 하위 디렉터리 구성에도 영향을 미칩니다. 다음과 같은 디렉터리 구조를 띄게 됩니다.

디렉터리 구조 5-1 코드 5-9의 디렉터리 구조

```
/flask_blueprint
|___ flask_blueprint.py
     /static
     /simple_static
```

코드 5-9에 설정한 정적 콘텐츠 관련 설정을 이용하려면 템플릿에서 다음과 같은 방법으로 이용하게 됩니다.

코드 5-9의 Blueprint 객체에 설정한 정적 콘텐츠를 이용하는 예제

```
01: <link href='/simple_static/simple_page.css'/>
```

Blueprint 영역 내에서의 URL 뷰 함수가 호출하는 템플릿이 아니어도 다른 Blueprint 인스턴스 내에 정적 콘텐츠 설정이 추가되어 있다면, 해당 정적 콘텐츠 설정을 어떤 템플릿에서든 사용할 수 있습니다.

Blueprint는 정적 콘텐츠 설정과 함께 Blueprint가 사용할 템플릿 디렉터리도 추가로 정의할 수 있습니다. Blueprint 인스턴스가 사용할 템플릿 디렉터리는 Blueprint 클래스로부터 인스턴스를 생성할 때 코드 5-11과 같은 방법을 사용해서 설정할 수 있습니다(이 코드는 5-2에 있는 것을 일부 수정했습니다).

📄 코드 5-11 **Blueprint 인스턴스 내의 URL 뷰 함수가 기본적으로 사용할 템플릿 디렉터리 지정**

```
01: simple_page = Blueprint('simple_page', __name__, template_folder='simple_templates')
```

코드 5-11은 Blueprint 인스턴스가 사용할 템플릿 디렉터리의 이름이 simple_templates임을 알려줍니다. 코드 5-11의 설정으로 정적 콘텐츠 설정 때처럼 디렉터리 구성도 다음과 같은 형태를 가지게 됩니다.

📁 디렉터리 구조 5-2 **코드 5-11의 디렉터리 구조**

```
/flask_blueprint
└── flask_blueprint.py
    /templates
    /simple_templates
```

코드 5-11의 Blueprint 인스턴스 선언은 인스턴스 객체의 뷰 함수가 반환하는 템플릿을 찾는 경로에 영향을 미칩니다. Flask에 기본으로 설정된 템플릿 디렉터리와 Blueprint에 정의한 템플릿 디렉터리 사이에 우선순위가 발생합니다.

URL 뷰 함수가 템플릿 pages/index.html을 호출한다고 했을 때 프로그램 코드는 다음과 같이 사용합니다.

코드 5-12 **코드 5-11 적용 후 템플릿 파일 호출하기**

```
1: render_template('pages/index.html')
```

코드 5-12가 호출되면 Flask는 pages/index.html 파일을 simple_templates 디렉터리에서 찾고, 찾을 수 없으면 templates 디렉터리에서 찾아봅니다. 하지만 pages/index.html 파일이 simple_templates 디렉터리, templates 디렉터리 모두에 존재하면 templates 디렉터리가 최우선순위를 가집니다. 이와 같은 템플릿 디렉터리 우선순위는 굉장히 헷갈릴 수 있기 때문에 템플릿 파일들의 이름이 겹치지 않도록 조심해야 합니다.

Flask에서 이동할 URL을 쉽게 구성하기 위해서 url_for 함수를 사용할 수 있습니다. Blueprint 인스턴스 내의 URL 뷰 함수를 템플릿에서 사용하게 될 때는 url_for 함수의 기본 사용법과 동일하지만, 첫 번째 인자로 넘어가는 문자열이 약간 달라지게 됩니다.

코드 5-2의 경우 Blueprint 인스턴스를 식별하는 이름은 simple_page입니다. Blueprint 인스턴스의 URL 뷰 함수와 템플릿에서 url_for 함수를 이용해서 simple_page Blueprint 인스턴스 내의 다른 URL을 호출할 때는 다음과 같이 url_for 함수를 사용합니다.

코드 5-13 **blueprint 내에 선언된 endpoint에 접근하는 URL 작성**

```
01: url_for('.show')
```

이와 달리 서로 다른 Blueprint 내의 URL 뷰 함수를 호출하거나 Flask 메인 애플리케이션에서 Blueprint 내의 URL 뷰 함수를 호출할 때는 Blueprint 이름까지 함께 적어 호출해야 합니다.

코드 5-14 **다른 blueprint 내에 선언된 endpoint에 접근하는 URL 작성**

```
01: url_for('simple_page.show')
```

코드 5-14는 코드 5-13과 달리 어떤 코드에서든 일관성 있는 동작을 보장합니다. 따라서 코드 작성 시 일관성을 보장할 것인지 혹은 개발 생산성을 높일 것인지를 결정해서 개발을 진행하는 것이 좋습니다.

3.7절 '템플릿 필터 작성과 사용'에서 살펴본 것처럼 템플릿에는 날짜 등을 표현하고자 하는 경

우, 이를 다른 형태로 출력하거나 화면에 표시할 때 전처리(preprocessing)를 할 수 있습니다. 이를 위해서는 템플릿 필터를 개발 후 등록하면 템플릿에서 필터를 쉽게 사용할 수 있습니다.

⟨/⟩ 코드 5-15 템플릿 필터로 등록할 함수 정의

```
01: def _jinja2_filter_date(date):
02:     if isinstance(date, datetime.date):
03:         return date.strftime("%Y-%m-%d")
04:     else:
05:         return date
```

코드 5-15는 파이썬 datetime 모듈의 date 타입의 데이터를 받으면 이 자료가 datetime.date 타입이 맞는지 확인하고, date 타입인 경우는 날짜 데이터를 원하는 형식대로 포매팅하여 반환하는 함수입니다.

템플릿 필터로 등록할 함수의 수행 결과는 해석된 템플릿 필터에 등록되어야 하므로 결과는 반드시 return 문을 통해 템플릿에 결과가 반환되어야 합니다. 이렇게 생성된 함수는 Blueprint 뷰 함수에서 반환하는 템플릿 파일 말고도 Flask 웹 애플리케이션의 전역 범위에서 사용할 수 있습니다. 작성한 필터 함수를 등록하기 위해서는 Blueprint 인스턴스 객체의 add_app_template_filter 메서드를 사용합니다.

⟨/⟩ 코드 5-16 blueprint 객체에 템플릿 필터 등록

```
01: simple_page.add_app_template_filter(_jinja2_filter_date, 'date')
```

코드 5-16은 Blueprint 인스턴스를 통해 템플릿 필터를 등록하는 코드입니다. 이 코드의 인자는 첫 번째로 템플릿 필터로 등록할 함수 객체, 두 번째로 템플릿 내에서 함수를 가리킬 필터 이름입니다.

템플릿 필터로 동작하는 함수는 기본 인자 한 개는 반드시 받습니다. 기본 인자 한 개는 템플릿 필터로 넘어오는 템플릿 값이기 때문에 반드시 필요합니다.

⟨/⟩ 코드 5-17 blueprint에 등록된 템플릿 필터 접근

```
01: {{ regdate | date }}
```

코드 5-17은 date 이름을 가진 템플릿 필터 함수를 템플릿 변수 regdate에 적용하는 방법입니다.

코드 5-15의 템플릿 필터 함수는 템플릿 파일에서 템플릿 변수 뒤에 버티컬 바(|)를 붙이고 그 뒤에 템플릿 필터 함수명을 기술하면, 템플릿이 해석될 때 필터 이름이 **date**인 필터 함수를 찾아서 템플릿 변수로 할당된 변수를 템플릿 필터 함수로 전달해서 호출하는 과정을 거치게 됩니다.

프로그램 코드로 표현하면 템플릿 엔진이 최종으로 해석하는 모습은 다음과 같습니다.

☑ **결과 5-4** **코드 5-17의 템플릿이 브라우저에 반환되기 전에 만들어지는 내부 코드**

```
_jinja2_filter_date(regdate)
```

템플릿 필터는 필수 인자인 템플릿 변수 외에도 다른 인자를 추가로 받을 수 있습니다. 필터 함수에 인자를 추가로 전달하는 방법은 템플릿 필터 함수 선언과 적용 부분이 템플릿 변수만을 전달하는 것과 모양새가 약간 다릅니다.

필터 함수에 인자를 추가로 받기 위해 바로 앞의 코드 예제인 코드 5-15를 확장해보겠습니다.

▣ **코드 5-18** **템플릿 변수와 날짜 포맷 형태를 받는 템플릿 필터 함수**

```
01: def _jinja2_filter_date(date, format):
02:     if isinstance(date, datetime.date):
03:         return date.strftime(format)
04:     else:
05:         return date
```

코드 5-18은 코드 5-15의 함수에서 날짜 타입의 템플릿 변수만을 받는 형태에서 템플릿 변수와 날짜 포맷의 형태를 함께 전달해야 하는 형태입니다. 템플릿 필터 등록은 필터 함수가 받는 인자 수에 영향을 받지 않으므로 코드 5-16을 그대로 이용할 수 있습니다.

템플릿 파일에서는 코드 5-18의 필터 함수 적용을 위해서 다음과 같은 방법으로 사용합니다.

▣ **코드 5-19** **코드 5-18의 템플릿 파일에서의 적용**

```
01: {{ regdate | date('%Y-%m-%d') }}
```

코드 5-19의 결과는 코드 5-17이 실행된 최종 결과와 다르지 않습니다. 코드 5-19가 템플릿 엔진에서 해석될 때는 최종적으로 다음과 같은 모습을 하게 됩니다.

```
_jinja2_filter_date(regdate, '%Y-%m-%d')
```

마치며

지금까지 모듈별 협업을 위한 Blueprint 기능을 사용하는 방법을 살펴봤습니다. Blueprint 기능은 Flask로도 협업 개발이 가능하다는 것을 보여줍니다. 물론, Blueprint만을 사용해 기능 개발을 하는 것이 규모가 큰 웹 프로그램 개발에 항상 채택되는 것은 아닙니다. Flask 확장 라이브러리 중에는 Flask만으로도 규모가 큰 웹 프로그램 개발에 사용할 수 있는 라이브러리가 있습니다. 예를 들어, Flask-xxl과 같은 라이브러리입니다.

여러분이 규모가 큰 웹 프로그램을 개발하려 할 때 여러 제약사항 등을 살펴 적절한 방법으로 구현한다면, Blueprint와 Flask 확장 기능은 여러분에게 날개를 달아줄 것입니다.

5.2 파일 업로드 다루기

웹 프로그램은 사용자가 웹 브라우저에 있는 폼에 데이터를 입력하고, 입력한 데이터가 웹 프로그램에 도착하면 데이터를 사용해 일을 처리한 결과를 사용자에게 반환합니다. 웹의 초창기 시절에는 사용자가 입력하는 문자열을 단순히 입력받는 것이었지만, 요즘은 문자열 외에도 파일을 업로드하거나 다운로드하는 기능도 추가되었습니다. Flask에서는 개발자가 파일 업로드에 크게 신경 쓰지 않고도 파일 업로드 기능과 다운로드 기능을 제공할 수 있도록 도와줍니다.

이 절에서는 파일 업로드와 파일 다운로드를 다루며, 파일 업로드 및 다운로드 시에 스트리밍 기법을 사용하는 방법을 배웁니다.

■ 파일 업로드(Multipart, Streaming)

웹 프로그램에서 파일 업로드 작업을 수행하기 위해서는 HTML의 폼 태그의 속성 변경과 웹 프로그램에서도 파일 업로드를 고려해서 프로그램을 수정해야 합니다.

HTML에서 파일 업로드 작업은 주로 FORM 태그를 통해 웹 프로그램에 전송되는 것이 일반적입니다. FORM 태그는 웹 프로그램에 사용자가 입력한 문자열과 파일을 업로드하게 되는데, FORM 태그를 다음과 같이 사용하게 되면 파일 업로드가 되는 것처럼 보여도 실제로는 파일 이름만 전송됩니다.

코드 5-20 기본 FORM 태그 사용

```
01: <form method="post" action="/reg">
02: <input type="text" name="message">
03: <input type="file" name="attach" value="파일 선택">
04: </form>
```

코드 5-20은 input 태그의 타입이 file인 폼 콘트롤이 있어도 파일을 웹 프로그램에 실제 업로
드하지 않습니다. file 폼 콘트롤의 내용을 웹 프로그램에 보내려면 FORM 태그의 내용은 코드
5-21과 유사한 형식처럼 변경되어야 합니다.

코드 5-21 file 폼 콘트롤에 지정한 파일이 웹 프로그램으로 전송되도록 수정한 FORM 태그

```
01: <form method="post" action="/reg" enctype="multipart/form-data">
02: <input type="text" name="message">
03: <input type="file" name="attach" value="파일 선택">
04: </form>
```

코드 5-21은 form 태그에 enctype 속성값을 multipart/form-data로 설정한 것입니다. form 태
그의 enctype 속성값을 설정한 것만으로도 웹 프로그램에 파일이 업로드된다는 것은 정말 신
기한 일입니다. 하지만 코드 5-21과 달리 코드 5-20은 파일 업로드가 가능하게 해주는 설정
속성인 enctype이 보이지 않습니다. 그런데 우리 눈에 보이지 않을 뿐 코드 5-20에도 enctype
은 있습니다. 프로그래머가 enctype 속성을 설정하지 않으면 x-www-form-urlencoded가 기본
으로 설정됩니다.

enctype 속성의 x-www-form-urlencoded 값은 폼 태그 안에 포함된 폼 콘트롤의 value 값을
읽어서 URL 인코딩 규격에 맞게 인코딩해서 보낸다는 의미를 가지고 있습니다. 파일을 웹 프
로그램으로 보내기 위해서는 파일이 가진 특성에 대해 알고 있어야 합니다. 컴퓨터상에 존재
하는 파일은 사람이 읽을 수 있는 문자열로 구성된 파일이 있는 반면, 이미지나 동영상과 같은
특정한 형식을 갖춘 파일이 있습니다.

웹 브라우저에서는 파일이 어떤 형식으로 구성되어 있더라도 이에 개의치 않고 파일 업로드 시
에 하나의 독립된 MIME 객체로 다룹니다. 웹 브라우저가 파일을 하나의 독립된 MIME 객체
로 다루는 이유는 문자만 보낼 수 있는 폼 콘트롤의 집합과 별개로 취급해야 하기 때문입니다.
웹 브라우저는 문자열과 파일을 구분해서 웹 프로그램에 보내야 하는 의무가 있습니다. 웹 브
라우저가 이 의무를 수행하기 위해서는 MIME Type에 의해서 파일과 폼 콘트롤들의 value 값

을 구분해야 합니다. 그 결과, 브라우저는 웹 프로그램에 파일을 업로드하기 위해서 파일 시스템에서 파일을 읽어 base64 인코딩된 문자열 집합을 만들고, 폼 콘트롤의 value 값들을 모아놓고 x-www-form-urlencoded 인코딩하여 두 개의 MIME 조각[35]을 만듭니다.

웹 프로그램으로 보내는 파일이 여러 개라면 웹 브라우저는 개별 파일마다 MIME 메시지를 만들고 이 MIME 메시지는 MIME 메시지 병합 과정에서 MIME 메시지 조각으로 취급됩니다. MIME 메시지 조각이 개별로 만들어지면 브라우저는 최종적으로 폼 태그에 기록했던 내용을 토대로 MIME 조각을 합쳐 MIME 메시지로 만듭니다. 그런 다음, HTTP 요청 메시지로 만들어 웹 프로그램으로 보냅니다.

코드 5-22는 Flask 애플리케이션이 브라우저가 업로드한 파일에 대한 처리를 시작하기 위한 코드입니다.

📟 **코드 5-22 파일 업로드와 관련한 객체 설정**

```
01: import os
02: from flask import Flask, request, redirect, url_for, render_template
03: from werkzeug import secure_filename
04:
05: UPLOAD_FOLDER = '/var/www/jpub/uploads'
06: ALLOWED_EXTENSIONS = set(['txt', 'pdf', 'png', 'jpg', 'jpeg', 'gif'])
07:
08: app = Flask(__name__)
09: app.config['UPLOAD_FOLDER'] = UPLOAD_FOLDER
```

코드 5-22의 내용은 모두 살펴보지 않고 파일 업로드 처리를 위한 부분만 자세히 살펴보겠습니다.

03: 보안에 안전한 파일 이름 생성을 위해 werkzeug 모듈로부터 secure_filename 함수를 가져옵니다.

05: 파일이 저장될 서버의 물리 경로를 UPLOAD_FOLDER 변수에 저장합니다.

06: 파일 업로드를 허용할 확장자 목록을 set 타입으로 ALLOWED_EXTENSIONS 변수에 저장합니다.

09: Flask 애플리케이션 객체의 config 사전에 UPLOAD_FOLDER 키로 5행에서 정의한 UPLOAD_FOLDER 변수를 키의 값으로 저장합니다.

---

35 MIME 조각이라고는 해도 사실은 하나의 완성된 MIME 메시지입니다.

파일 업로드를 위한 구성 작업을 마쳤으면 Flask URL 뷰 함수에서 파일 업로드 처리를 해야 합니다. 파일 업로드 처리는 코드 5-23과 유사한 코드로 파일 업로드를 실행합니다.

코드 5-23 파일 업로드 처리

```
01: def allowed_file(filename):
02:     return '.' in filename and \
03:            filename.rsplit('.', 1)[1] in ALLOWED_EXTENSIONS
04:
05: @app.route('/', methods=['GET', 'POST'])
06: def upload_file():
07:     if request.method == 'POST':
08:         file = request.files['attach']
09:         if file and allowed_file(file.filename):
10:             filename = secure_filename(file.filename)
11:             file.save(os.path.join(app.config['UPLOAD_FOLDER'], filename))
12:             return "fileupload ok"
13:     return render_template("upload.html")
```

코드 5-23은 사용자가 업로드한 파일을 처리하는 코드입니다. 이 코드는 파일을 처리할 때 필요한 중요한 정보를 담고 있습니다. 이 코드를 자세히 살펴보겠습니다.

01~03: 업로드한 파일명을 받아서 파일의 확장자가 코드 5-22에서 작성한 허용 파일인지 확인해서 허용하는 파일일 때만 True를 반환합니다.

05: route 데코레이터로 오는 함수가 GET 요청과 POST 요청 모두에 대응한다고 선언합니다.

07: 요청 메서드가 POST일 때만 처리하도록 조건문을 추가합니다.

08: 요청 객체의 files 사전으로부터 서버에 임시로 올라온 파일 객체를 얻어옵니다. 파일 객체는 키명으로 file 폼 콘트롤의 name 속성값을 가지고 있으며, 웹 브라우저로부터 파일을 받지 못한 경우에 파일 객체 값은 없을 수 있습니다.

09~12: 파일이 업로드 가능한 확장자를 가지고 있는지 확인하고 secure_filename 함수를 통해 서버에 안전한 파일명을 만들어냅니다. 그리고 파일 객체의 save 메서드를 통해 파일 업로드 디렉터리에다 서버에 안전한 파일명으로 파일을 저장하고 fileupload ok 문자열을 웹 브라우저에 반환합니다.

무엇인가 더 있어야 할 것 같나요? 이 예제 코드는 같은 name 속성을 가진 file 콘트롤이 여러 개 있는 경우에는 대응하지 않습니다. 이 경우에 대응하는 것은 뒤에서 더 다루겠습니다.

파일 객체는 werkzeug 모듈의 FileStorage 클래스의 인스턴스로 반환됩니다. 이 객체는 몇 가지 속성과 메서드를 가지고 있습니다. 업로드 작업을 할 때 유용하게 사용되는 속성과 메서드는 표 5-3과 같습니다.

⊞ **표 5-3 파일 업로드 작업을 할 때 유용하게 사용되는 속성과 메서드**

속성 또는 메서드 이름	설명
filename	웹 브라우저가 보낸 파일의 실제 파일명이 저장되어 있는 속성입니다.
name	파일 객체의 html 폼 콘트롤 이름이 저장되어 있는 속성입니다.
mime_type	파일의 MIME 타입명이 저장되어 있는 속성입니다.
save(dst, buffer_size=16384)	파일 임시 객체로부터 저장될 경로를 dst 인자로 받아 임시 파일 디렉터리로부터 dst 값으로 복사시킵니다. buffer_size는 복사시키면서 메모리에 미리 적재할 용량입니다. 지정하지 않을 경우 16KB가 기본값입니다.
close()	파일 파일 객체를 닫습니다. 이렇게 닫힌 파일은 '운영체제로부터 파일을 핸들링하는 디스크립터를 닫았다'로 이야기할 수 있습니다.

코드 5-23에 쓰인 secure_filename은 운영체제에 안전한 파일명을 만들어내는 함수입니다. 예를 들어, '../../../../home/username/.bashrc' 문자열이 secure_filename 함수의 인자로 전달되면 'home_username_.bashrc' 값과 같은 운영체제에 안전한 파일명이 생성됩니다. 하지만 이 함수는 파일명이 영숫자[36]에 한해서만 정상 동작을 보장하므로 다국어로 파일명이 구성되어 있으면 특정한 형식[37]으로 파일 이름을 생성해서 업로드된 파일명을 바꾸는 게 좋습니다.

앞에서 살펴보았듯이 Flask에서 파일과 폼 콘트롤의 value 값들을 처리하는 것은 매우 쉽습니다. 개발자가 파일 업로드를 이렇게 쉽게 처리할 수 있는 것은 개발자가 수동으로 해야 하는 모든 일(MIME 메시지 해석 및 base64 디코딩 등)을 Flask가 해주기 때문입니다. 필자는 여러분이 파이썬 이외의 언어를 사용해 웹 프로그램을 구현해봤다면, 특히 자바로 해본 경우와 비교한다면 놀라움의 탄성을 자아낼 것이라 확신합니다.

하지만 앞에서 다룬 파일 업로드는 파일 용량이 작을 때는 잘 동작하지만, 업로드하는 파일 용량이 크면 정상적으로 업로드되지 않을 수 있습니다. 이런 문제의 원인은 HTTP의 특성에 있는데, HTTP는 웹 브라우저와 웹 프로그램이 한번 연결되면 그 연결을 계속 가지고 있지 않

---

36 영어 대문자, 영어 소문자, 숫자를 일컬어 영숫자라고 합니다.

37 보통은 타임스탬프 값을 사용하지만, 프로그램 설계 규칙에 따라 회사 코드, 게시판 코드, 기능 코드를 추가하기도 합니다.

고 요청과 응답이 단발성으로 이뤄지기 때문입니다. 이런 특징[38] 때문에 많은 웹 브라우저가 접속하게 하려면 HTTP 서버의 요청 시간 제한이 필요합니다.

보통은 HTTP 프로토콜의 요청 시간 제한 오류인 Reqeuest Timeout이 많이 발생됩니다. HTTP 프로토콜이 처음 제정될 당시에는 데이터 통신에 사용되는 통신망의 수준 등이 열악했기 때문에 요청 시간이 길어지면 다른 사용자가 웹 프로그램을 이용하지 못했던 게 당연했습니다. 요즘은 데이터 통신에 사용되는 통신망의 물리적 시설 자체가 좋아졌습니다. 하지만 그렇다고 해서 Request Timeout이 발생하지 않는 것은 아닙니다. 기술의 발전과 컴퓨터의 발전은 대용량 파일이 생성되는 계기를 가져왔기 때문입니다. 물론, 파일 하나의 크기가 수 GB까지는 아니겠지만, 종종 웹 프로그램에 업로드되는 파일의 용량은 적게는 10MB에서 100MB, 혹은 CD 하나의 용량에 맞먹는 600MB 파일에 이르기도 합니다.

이 같은 대용량 파일을 웹 프로그램에 업로드하기 위해서 개발자들은 마이크로소프트의 ActiveX 기술을 이용해 파일 업로드를 수행해왔습니다. 그러나 요즘은 인터넷 익스플로러와 크롬, 파이어폭스 등의 모던 웹 브라우저에서 오류를 발생시키지 않는 프로그램을 만들어야 합니다. 따라서 고객의 요구사항이 없으면 가능한 한 ActiveX처럼 클라이언트에 영향받는 기술을 사용하지 않는 것이 좋습니다.

HTML 5에는 파일 업로드를 위해 웹 브라우저에 다양한 규약이 마련되어 있습니다. 우리는 HTML 5 기반에서 동작하는 파일 업로드 라이브러리를 이용해서 파일의 내용을 일정한 크기로 읽어서 웹 프로그램으로 보내고, 이와 같은 방법으로 파일을 스트리밍으로 업로드하는 부분에 대해 살펴보겠습니다.

■ Plupload로 대용량 파일 업로드하기

웹 브라우저에서 파일을 스트리밍으로 웹 프로그램에 전송하려면 HTML 5의 API를 사용하는 방법도 있겠지만, Plupload(HTML 5, 플래시, 자바), SWFUpload(플래시), JumpLoader(자바)와 같은 라이브러리를 사용하면 개발 시간을 줄이는 데 도움이 될 것입니다. 우리는 이 중에서 HTML 5부터 플래시, 자바까지 지원하는 Plupload를 살펴보겠습니다.

Plupload는 자바스크립트 기반으로 구성되어 있으며, http://www.plupload.com에서 다운로드

---

[38] HTTP 2에서는 HTTP 1이 가지고 있던 연결 특성을 다른 방식으로 구현해 안정적으로 대용량 파일을 주고받을 수 있도록 설계되어 있다고 알려져 있습니다. https://www.nginx.com/wp-content/uploads/2015/09/NGINX_HTTP2_White_Paper_v4.pdf 참고

할 수 있습니다. Plupload는 현재 2.1.8[39] 버전입니다. 이제 Plupload를 적용하기 위해 다음과 같은 디렉터리 구성을 해줍니다.

▨▨ 디렉터리 구조 5-3 **파일 업로드를 위한 예제 디렉터리**

```
/flask_upload_app
└──── /flask_upload
        └──── flask_upload.py
              /static
              └──── /plugin
              /templates
```

Plupload를 다운로드했으면 압축을 풉니다. 압축이 풀린 디렉터리의 이름은 plupload-2.1.8입니다. 이 디렉터리 안에는 examples 디렉터리와 js 디렉터리, 그 외 파일 두 개로 구성되어 있습니다. plupload-2.1.8 디렉터리의 이름을 plupload로 변경하고 plugin 디렉터리에 복사합니다.

Plupload 디렉터리에는 개발자가 개발에 참고할 수 있는 examples 디렉터리가 있는데, 이 디렉터리는 프로그램 개발 시에는 삭제하지 않아도 되지만 개발이 끝나면 삭제해서 배포하는 것이 좋습니다.

Plupload 라이브러리가 설치된 디렉터리 구성은 다음과 같을 것입니다.

▨▨ 디렉터리 구조 5-4 **Plupload 라이브러리가 설치된 디렉터리 구성 모습**

```
/flask_upload_app
└──── /flask_upload
        └──── flask_upload.py
              /static
              └──── /plugin
                      └──── /plupload
                              └──── /js
                                    /examples
                                    license.txt
                                    readme.md
              /templates
```

이제 파일 업로드를 위해 템플릿 파일을 먼저 구성하고 URL 뷰 함수를 작성하여 프로그램을 완성하겠습니다. 템플릿 파일은 웹 프로그램에 파일 업로드를 위한 버튼이 있는 파일 하나만 작성합니다.

---

39 이 책의 출간 시점 이후는 업데이트되었을 것입니다.

```
01: <!DOCTYPE html>
02: <html xmlns="http://www.w3.org/1999/xhtml" dir="ltr">
03:     <head>
04:         <meta charset="utf-8">
05:         <title>파일 업로드</title>
06:         <script type="text/javascript" src="/static/plugin/plupload/js/plupload.
full.min.js"></script>
07:     </head>
08:     <body>
09:         <ul id="filelist"></ul>
10:         <br />
11:
12:         <div id="container">
13:             <a id="browse" href="#">[Browse...]</a>
14:             <a id="start-upload" href="javascript:;">[Start Upload]</a>
15:         </div>
16:         <div id="console"></div>
17:         <script type="text/javascript">
18:         var uploader = new plupload.Uploader({
19:             browse_button: 'browse',
20:             url: '/file_upload'
21:         });
22:
23:         uploader.init();
24:
25:         uploader.bind('FilesAdded', function(up, files) {
26:             var html = '';
27:             plupload.each(files, function(file) {
28:                 html += '<li id="' + file.id + '">' + file.name + ' (' +
plupload.formatSize(file.size) + ') <b></b></li>';
29:             });
30:             document.getElementById('filelist').innerHTML += html;
31:         });
32:
33:         uploader.bind('UploadProgress', function(up, file) {
34:             document.getElementById(file.id).getElementsByTagName('b')[0].
innerHTML = '<span>' + file.percent + "%</span>";
35:         });
36:
37:         uploader.bind('Error', function(up, err) {
38:             document.getElementById('console').innerHTML += "\nError #" + err.
code + ": " + err.message;
39:         });
40:
41:         document.getElementById('start-upload').onclick = function() {
42:             uploader.start();
43:         };
44:     </script>
```

```
45:     </body>
46: </html>
```

코드 5-24는 Plupload 라이브러리를 사용해 파일 업로드 콘트롤을 구성한 것입니다. Plupload의 사용을 위해서는 Plupload의 자바스크립트 파일을 HTML 파일의 head 태그의 자식으로 script 태그를 사용해 링크해줘야 합니다.

코드 5-25 Plupload 라이브러리 링크하기

```
06: <script type="text/javascript" src="/static/plugin/plupload/js/plupload.full.min.js"></script>
```

코드 5-25는 코드 5-24의 6행 부분입니다. script 태그는 type 속성과 src 속성을 받습니다. type 속성은 링크하는 스크립트가 자바스크립트임을 명시하고 링크하는 파일이 어디에 있는지를 명시하게 됩니다. 우리는 Plupload 라이브러리를 static/plugin/plupload(이후 <plupload_dir>)에 저장했습니다. Plupload 라이브러리 파일은 <plupload_dir>/js에 저장되어 있습니다. js 디렉터리에 있는 파일들은 Plupload 동작에 필요한 파일들이 들어 있습니다. 우리는 자바스크립트 파일 중에서 plupload.full.min.js 파일을 링크합니다. 이렇게 링크되는 파일은 Plupload 환경 설정을 어떤 구성 방식으로 하는지에 따라 링크할 파일이 약간 달라집니다.

- **plupload.dev.js:** 개발할 때 디버깅이 편하도록 작성되어 있는 파일
- **plupload.full.min.js:** Plupload의 모든 기능이 담겨서 최적화되어 있는 파일
- **plupload.min.js:** Plupload의 최소 기능이 담겨서 최적화되어 있는 파일

Plupload 라이브러리는 자바스크립트 설정을 통해 구동됩니다. 이에 따라 Plupload를 사용하려면 최소한의 HTML 구조를 작성해야 합니다. 여기에 해당하는 내용은 코드 5-24의 9~15행입니다.

코드 5-26 Plupload 라이브러리 사용을 위한 최소한의 HTML 구조

```
09:     <ul id="filelist"></ul>
10:     <br />
11:
12:     <div id="container">
13:         <a id="browse" href="javascript:;">[Browse...]</a>
14:         <a id="start-upload" href="javascript:;">[Start Upload]</a>
15:     </div>
```

코드 5-26의 내용은 Plupload를 사용하기 위해서 HTML에 갖추어야 하는 최소한의 구조입니다. 이 구조에서 눈여겨봐야 할 것은 업로드할 파일명이 표시되는 영역(id: filelist, 9~10행)과 업로드할 파일 선택 버튼과 업로드 버튼이 위치하는 영역(id: container, 12~15행)입니다.

Plupload가 동작하게 되면 사용자가 [Browse…] 버튼을 클릭했을 때 업로드할 파일을 선택하기 위해 '파일 찾기' 창이 나오게 됩니다. 그리고서 파일을 선택하면 filelist id를 가진 ul 태그의 자식으로 li 태그를 추가합니다. 그러면 화면에는 업로드할 파일명과 파일의 용량 등이 표시됩니다. Plupload는 업로드할 파일이 나타나는 filelist 영역을 '업로드 큐(Queue)'라 부릅니다. 이렇게 업로드 Queue가 존재하는 이유는 하나의 Plupload 콘트롤이 한 번에 여러 개의 파일을 업로드할 수 있기 때문입니다.

코드 5-26에서는 업로드할 파일을 찾기 위한 찾기 버튼과 파일 업로드 시작 버튼을 div 태그로 모아놓았습니다. 예제는 하나의 Plupload 콘트롤과 하나의 업로드 버튼을 둔 구성이기 때문에 파일 찾기 버튼과 업로드 버튼을 div 태그로 묶어두었지만, 실제 파일 업로드 프로그램 개발 시에는 Plupload 콘트롤이 여러 개라면 업로드 버튼을 하나 또는 여러 개를 두는 방식으로 구성할 수도 있습니다.

예제에서 파일 찾기 버튼과 업로드 시작 버튼은 a 태그로 구성되어 있으며, 파일 찾기 버튼과 업로드 버튼은 a 태그가 아니라 button 태그로 구성해도 됩니다. 버튼은 역할을 구분하기 위해서 id 속성을 사용합니다. 파일 찾기 버튼은 browse, 업로드 시작 버튼은 start-upload라는 id 속성이 지정되어 있습니다.

코드 5-26과 같이 Plupload Queue와 파일 찾기 버튼, 업로드 시작 버튼을 모두 갖추면 이제 HTML 구조를 기반으로 Plupload 콘트롤 구성을 해야 합니다. 이 영역에 해당하는 코드는 코드 5-24에서 18~43행에 걸쳐 기술되어 있습니다. 조금 더 구체적으로 코드를 살펴보겠습니다.

📟 코드 5-27 **Plupload 객체 생성하기**

```
18:        var uploader = new plupload.Uploader({
19:            browse_button: 'browse',
20:            url: '/file_upload'
21:        });
22:
23:        uploader.init();
```

Plupload 콘트롤을 시작하기 위해서는 plupload.Uploader 객체를 생성해야 합니다. 이 객체를 생성할 때 다양한 옵션을 줄 수 있습니다. 여기에 설정할 수 있는 옵션은 http://www.plupload. com/docs/Uploader#Uploader-method에서 모두 살펴볼 수 있습니다.

우리는 파일 업로드를 위해 browse_button 옵션과 url 옵션을 반드시 설정해야 합니다. browse_button 옵션은 업로드할 파일을 찾기 위한 버튼(하이퍼링크 혹은 button, input 태그)이 어떤 id 속성을 가지고 있는지 기술합니다. url 옵션은 파일 업로드를 어떤 URL로 보낼지 URL 주소를 / 문자로 시작하는 절대 주소를 기술합니다.

Plupload는 파일 업로드만 전문적으로 취급하기에 type 속성이 file인 input 태그를 사용하는 것처럼 텍스트 데이터와 파일을 한 번에 업로드할 수 없습니다. 이런 이유 때문에 파일 업로드만 처리할 URL의 지정이 필요하게 됩니다. Plupload 객체를 생성했으면 업로드 객체를 초기화해야 합니다. 초기화 코드는 업로드 객체에 init 메서드를 인자 없이 호출해주면 됩니다.

코드 5-28 Plupload 컨트롤의 파일 추가 이벤트 캡처

```
25:         uploader.bind('FilesAdded', function(up, files) {
26:             var html = '';
27:             plupload.each(files, function(file) {
28:                 html += '<li id="' + file.id + '">' + file.name + ' (' +
plupload.formatSize(file.size) + ') <b></b></li>';
29:             });
30:             document.getElementById('filelist').innerHTML += html;
31:         });
```

Plupload 객체가 생성되었으면 이제 Plupload Queue에 파일 추가 이벤트를 캡처합니다. Queue의 추가 이벤트는 업로드하려는 파일을 선택할 때마다 실행되며, 실행 결과는 ul 태그에 자식 태그로 li 태그가 추가됩니다. li 태그가 포함하는 콘텐츠는 li 태그의 id 속성값으로 Plupload가 건네주는 file 객체 고유의 ID 값, 업로드하려는 파일명, 업로드하려는 파일의 크기입니다. 파일의 크기는 기본 표시 단위가 바이트(byte)입니다. 이를 사람이 쉽게 읽을 수 있는 형태로 변환해서 보여줘야 하는데, 이때 file.size 속성값을 Plupload 객체의 formatSize 메서드에 인자로 건네줌으로써 사용자가 파일 용량을 쉽게 읽을 수 있게 변환합니다.

코드 5-29 Plupload 컨트롤의 업로드 신행 이벤트 캡처

```
33:         uploader.bind('UploadProgress', function(up, file) {
34:             document.getElementById(file.id).getElementsByTagName('b')[0].
innerHTML = '<span>' + file.percent + "%</span>";
35:         });
```

코드 5-29는 선택한 파일들이 웹 프로그램에 전송되고 있을 때 Plupload에서 발생되는 이벤트를 캡처한 것입니다. 파일 업로드가 진행 중인 상태에서 계속 발생하는 이벤트이며, 예제에서 이벤트 캡처를 통해 하는 일은 업로드 중인 파일의 진행률을 li 엘리먼트의 하위 엘리먼트 중 첫 번째 b 태그의 콘텐츠로 표시하는 일입니다.

코드 5-30 **Plupload 컨트롤의 오류 이벤트 캡처**

```
37:        uploader.bind('Error', function(up, err) {
38:            document.getElementById('console').innerHIML += "\nError #" + err.
code + ": " + err.message;
39:        });
```

코드 5-30은 Plupload에서 발생하는 오류 이벤트를 캡처한 것입니다. 예제에서는 html 태그 중 id 속성값이 console인 요소를 찾아 그 안에 오류 코드와 오류 메시지를 표시합니다.

코드 5-31 **Plupload 컨트롤에 업로드 시작 명령 내리기**

```
41:        document.getElementById('start-upload').onclick = function() {
42:            uploader.start();
43:        };
```

코드 5-31은 id 속성이 start-upload인 a 태그를 찾아 화면에 표시된 'Start Upload' 링크를 클릭하면, Plupload 객체에 start 메서드를 인자 없이 호출하라는 명령을 기술합니다. 이 메서드의 호출 결과로 Plupload 객체가 업로드를 시작하게 됩니다.

Plupload 객체를 생성하는 것은 기존에 사용하던 방법과 달리 파일만 따로 보냅니다. 따라서 웹 프로그램으로 보내는 콘텐츠들과 함께 등록하려면 콘텐츠부터 Ajax로 보내고, 콘텐츠 처리 응답을 받고 나서 Plupload 객체의 start 메서드를 호출하여 프로그램을 작성하는 방법도 있습니다. 하지만 앞서 설명했듯이 파일 업로드의 안전성을 보장받기 위해 파일 업로드 전용 페이지를 두는 것이 효과적인 개발 방법입니다.

템플릿 단의 HTML 구조 기술과 스크립트 기술이 끝나면 웹 프로그램 쪽에 Plupload가 보내주는 파일을 받아 처리하는 로직을 작성해야 합니다. 템플릿 단에서 하는 일과 다르게 웹 프로그램은 파일 업로드만 처리하는 코드 이외에는 다른 것이 없습니다.

코드 5-32   서버의 파일 업로드 처리(실행은 코드 2-1 참고)

```
01: import os
02: from flask import Flask, request, redirect, url_for, render_template
03: from werkzeug import secure_filename
04:
05: UPLOAD_FOLDER = '/var/www/jpub/uploads'
06: ALLOWED_EXTENSIONS = set(['txt', 'pdf', 'png', 'jpg', 'jpeg', 'gif'])
07:
08: app = Flask(__name__)
09: app.config['UPLOAD_FOLDER'] = UPLOAD_FOLDER
10:
11: def allowed_file(filename):
12:     return '.' in filename and \
13:            filename.rsplit('.', 1)[1] in ALLOWED_EXTENSIONS
14:
15: @app.route('/file_upload', methods=['GET', 'POST'])
16: def upload_file():
17:     if request.method == 'POST':
18:         file = request.files['file']
19:         if file and allowed_file(file.filename):
20:             filename = secure_filename(file.filename)
21:             file.save(os.path.join(app.config['UPLOAD_FOLDER'], filename))
22:             return "fileupload ok"
23:     return render_template("upload.html")
```

코드 5-32는 사실 코드 5-22와 코드 5-23을 합친 것과 완전히 같습니다(18행에 있는 filename 속성값은 제외하고). Plupload는 서버에 파일을 업로드할 때 파일 객체의 이름을 file로 해서 보냅니다. 코드 5-32의 18행에서 Plupload가 서버로 업로드한 파일은 웹 프로그램에서 request.files(사전 타입)에서 file 키를 사용해 파이썬 file 객체로 가져올 수 있습니다. 물론, Plupload 객체를 생성하면서 file_data_name 옵션으로 기본적으로 설정되어 있는 이름(file)을 다른 이름으로 변경할 수 있습니다.

코드 5-33   Plupload 객체에 file_data_name 설정하기

```
1: var uploader = new plupload.Uploader({
2:     browse_button: 'browse',
3:     url: '/file_upload',
4:     file_data_name: 'attach'
5: });
6:
7: uploader.init();
```

코드 5-33에서는 Plupload 객체에 file_data_name 옵션 값으로 attach를 할당함으로써 웹 프로그램에서는 request.files['file']이 아닌 request.files['attach']와 같이 참조할 수 있게 됩니다.

앞에서는 Plupload로 파일을 전송할 때 파일만 전송하는 것이 효율적이고 파일과 텍스트 데이터(폼 컨트롤의 value 속성들)를 따로 처리하는 것이 좋다고 했었지만, 사실 텍스트 데이터와 파일을 같이 보내는 것도 가능합니다. multipart_params 옵션에 서버에 한꺼번에 보낼 인자 사전을 생성해서 지정하는 방식으로 보냅니다. 하지만 사용자가 입력한 일반 텍스트와 바이너리 파일을 서버로 전송하기 위해 자바스크립트를 사용해 하나의 변수에 모으는 일은 불편한 방식이 될 수 있습니다. 그러나 서버에서는 템플릿 단에서의 변화와 상관없이 기존에 폼 값을 받아 처리하는 방법과 같은 방법으로 데이터를 받아 처리할 수 있습니다.

지금까지 Plupload 라이브러리를 통해 웹 프로그램에 파일을 업로드하는 것을 살펴봤습니다. Plupload는 개발자가 파일 업로드 과정에서 발생되는 여러 이벤트를 캡처해서 효과를 줄 수 있는 여지가 있습니다. 하지만 앞서 언급했던 것처럼 파일 업로드 시간이 오래 걸리게 되면 Request Timeout이 발생하게 될 수도 있습니다. 그래서 이 문제를 피하기 위해 파일 내용을 조금씩 잘라서 보내는 방법이 고안되었습니다. Plupload를 사용해 이런 일을 쉽게 할 수 있는데, 여기에 사용되는 코드는 지금 살펴봤던 것과 약간 다릅니다. 우선, 템플릿에서의 변화를 살펴보겠습니다.

코드 5-34 Plupload에서 파일을 조금씩 보내기

```
01: var uploader = new plupload.Uploader({
02:     multipart: false,
03:     chunk_size: "1mb",
04:     url: "/file_upload",
05:     browse_button: 'browse'
06: });
```

코드 5-34는 Plupload를 통해 웹 프로그램으로 파일을 조금씩 보내도록 설정한 것입니다. 달라진 부분은 multipart 옵션 설정과 chunk_size가 1MB로 지정된 것이 이전에 기술한 내용과 다릅니다. multipart 옵션은 기본 설정값이 true입니다. 이 옵션 값이 false인 이유는 파일 데이터는 multipart 메시지에 파일을 base64 인코딩해서 보내는 것이 아니라 웹 프로그램에서 스트리밍 방식으로 데이터를 직접 읽고 써야 하기 때문입니다.

웹 프로그램에서 업로드하고 있는 파일의 분할 데이터를 받아서 합치는 것은 코드 5-32와 상당히 다릅니다.

```
01: import os
02: from flask import Flask, request, redirect, url_for, render_template
03: from werkzeug import secure_filename
04:
05: UPLOAD_FOLDER = '/var/www/jpub/uploads'
06: ALLOWED_EXTENSIONS = set(['txt', 'pdf', 'png', 'jpg', 'jpeg', 'gif'])
07:
08: app = Flask(__name__)
09: app.config['UPLOAD_FOLDER'] = UPLOAD_FOLDER
10:
11: def allowed_file(filename):
12:     return '.' in filename and \
13:         filename.rsplit('.', 1)[1] in ALLOWED_EXTENSIONS
14:
15: @app.route('/file_upload', methods=['GET', 'POST'])
16: def upload_file():
17:     if request.method == 'POST':
18:         upload_file_name = request.values.get("name")
19:         if allowed_file(upload_file_name):
20:             chunk = int(request.values.get('chunk', 0))
21:             chunks = int(request.values.get('chunks', 0))
22:
23:             filename = secure_filename(upload_file_name)
24:
25:             temp_file_name = "%s/%s.part" % (app.config['UPLOAD_FOLDER'],
filename)
26:             dest_file_name = "%s/%s" % (app.config['UPLOAD_FOLDER'], filename)
27:
28:             upload_file = open(temp_file_name, "ab")
29:             for block in iter(lambda: request.stream.read(4096), b""):
30:                 upload_file.write(block)
31:             upload_file.close()
32:
33:             if chunk == (chunks - 1):
34:                 os.rename(temp_file_name, dest_file_name)
35:
36:             return "fileupload ok"
37:     return render_template("upload.html")
```

코드 5-35는 Plupload가 파일의 내용을 조각내어 보낸 데이터를 받아서 이를 임시 파일에 조금씩 쓰면서 임시 파일에 다 쓰여지면 완성된 파일 이름으로 변경하는 코드입니다. Plupload가 파일을 조각내서 보낼 때 프로그램은 세 개의 form 인자와 한 개의 스트림을 받습니다. 세 개의 폼 인자는 다음과 같습니다.

표 5-4　Plupload로 파일을 스트리밍 업로드하기 위해 사용하는 인자

인자명	설명
name	업로드된 파일의 이름
chunk	몇 번째 조각인지 표시(0부터 시작하는 양수)
chunks	총 조각 개수(1부터 시작하는 양수)

코드 5-35에서 세 개의 폼 인자를 받아서 그중 두 개는 숫자 타입으로 값을 저장합니다. 이렇게 하는 이유는 Flask가 웹 브라우저로부터 받는 모든 인자 값의 형태가 문자 타입이 아니기 때문입니다. 그리고 파일의 내용을 조각내어 받기 때문에 서버에 임시로 조각을 받아 조금씩 쓰일 파일명과 최종적으로 저장될 파일명도 미리 만들어야 합니다. 예제에서는 25~26행이 이 역할을 합니다.

28~31행은 임시 파일을 추가 모드로 읽고, 4096bytes씩 요청 스트림에서 읽고 다 읽으면 임시 파일을 종료합니다. 28~31행은 코드 5-34에서 chunk_size에 1MB를 주었으므로 요청 스트림은 항상 웹 브라우저로부터 지속적으로 1MB씩 전송받아 가지고 있게 됩니다. 예제에서는 1MB를 4096bytes씩 분할해서 읽게 되므로 총 256회 반복이 이뤄지며, 조금씩 업로드된 내용을 임시 파일에 저장합니다. 그리고 파일의 내용이 서버로부터 모두 전송된 경우를 검사하기 위해 요청 당시의 chunk 값과 총 chunk 값인 chunks 변수에서 -1을 한 값과 비교해서, 같으면 임시 파일을 업로드 파일명으로 변경합니다.

Plupload는 파일 분할 업로드에 있어서 chunk(청크)라고 부르는 단위로 파일을 나눕니다. chunk 단위는 1MB, 2MB와 같이 사람이 쉽게 읽을 수 있는 형태로 chunk 단위를 표기할 수 있습니다. 예를 들어, 10MB 파일을 업로드하면서 chunk 크기를 1MB로 설정하는 경우 /file_upload URL은 총 10회 호출되며, 10회 호출될 때마다 웹 프로그램으로 전송되는 chunk 값, chunks 값은 다음과 같이 변동됩니다.

표 5-5　chunk 값의 변화

chunk 값	0	1	2	3	4	5	6	7	8	9
chunks 값	10	10	10	10	10	10	10	10	10	10

웹 프로그램에서 10MB 파일을 모두 해석하려면 코드 5-35의 29행은 총 2,560회 반복됩니다.

지금까지 우리는 Plupload 라이브러리를 통해 대용량 파일을 업로드하는 방법을 배웠습니다.

Pluload를 통해 파일을 분할 전송하는 것은 대용량의 파일일 때 그 효과를 강력하게 느낄 수 있는데, Pluupload의 사용 방법은 여기 설명되어 있는 것 이상으로 방대합니다. 적어도 우리는 Pluupload를 실무에 도입하는 데 큰 무리가 없다고 판단되는 영역까지 살펴보았고, 나머지는 이제 여러분의 몫입니다.

■ 파일 다운로드

Flask에서는 서버에 존재하는 파일을 내려주기 위해 기본적으로 두 개의 함수를 제공합니다. Flask에서 제공하는 두 개의 함수는 다음과 같습니다.

- send_file
- send_from_directory

이 두 개의 함수는 사용하기 전에 파일을 다운로드하는 URL 뷰 함수가 있는 곳에서 flask 모듈로부터 임포트해야 합니다.

코드 5-36 파일 다운로드를 위한 헬퍼 함수 가져오기

```
01: from flask import send_file
02: from flask import send_from_directory
```

코드 5-36과 같이 헬퍼 함수를 가져왔으면 파일 다운로드를 위한 적절한 URL 뷰 함수에서 이 함수들을 사용해 파일을 다운로드하도록 작성합니다.

코드 5-37 send_from_directory 함수를 사용해 파일 다운로드하기(코드 2-1 참고)

```
01: @app.route("/file_download_directory")
02: def send_directory():
03:     download_file = request.args.get('filename')
04:
05:     return send_from_directory(app.config['UPLOAD_FOLDER'], download_file)
```

코드 5-37은 send_from_directory 함수를 사용해 파일을 다운로드하는 예제입니다. 이 예제는 get 요청으로 filename 인자를 받아서 app.config['UPLOAD_FOLDER'] 위치로부터 filename과 일치하는 파일을 찾아서 웹 브라우저로 파일을 전송합니다.

send_from_directory 함수는 내부적으로 send_file 함수를 호출해서 처리합니다. send_file 함수는 다운로드하려는 파일의 위치와 함께 몇 개의 인자를 함께 전달할 수 있습니다.

```
01: @app.route("/file_download")
02: def send_helper_file():
03:     download_file = request.args.get('filename')
04:
05:     if file_src_name:
06:         # 사용자가 업로드한 것이 있으면 그 이름을 조합한다.
07:         filename = os.path.join(app.config['UPLOAD_FOLDER'], file_src_name)
08:
09:         if not os.path.exists(filename):
10:             # 파일이 없는 경우는 임의의 파일 객체를 만들고 파일이 없다는 내용을 써서 전송하게 한다.
11:             from io import BytesIO
12:             strIO = StringIO()
13:             strIO.write(b"요청하신 파일을 찾을 수 없습니다.")
14:             strIO.seek(0)
15:
16:             # 호환성 유지를 위한 파일 객체 덮어쓰기
17:             filename = strIO
18:
19:     return send_file(filename, as_attachment=True, attachment_filename=file_src_
name)
```

코드 5-38은 send_file 함수를 이용해서 파일을 다운로드하는 예제이며, app.config ['UPLOAD_FOLDER']에 있는 물리 디렉터리 경로와 다운로드 요청한 파일명을 조합해서 send_file 함수에 전달합니다. 만약 다운로드하려는 파일이 없으면 File 객체와 유사한 객체에 파일이 없음을 텍스트 정보로 기록합니다.

파일 다운로드 요청 URL 뷰 함수를 작성할 때 코드 5-38과 같이 구현하면 파일의 존재 여부와 상관없이 브라우저가 파일을 내려받게 됩니다.

■ 스트리밍으로 파일 다운로드하기

Flask에서 파일의 다운로드는 send_file을 통해 쉽게 할 수 있지만, 파일의 용량이 크면 파일 다운로드에 문제가 발생합니다. 바로 이때 시스템이 견디지 못하고 다른 사용자의 접속까지 막는 경우가 발생할 수 있습니다. 그래서 이런 방법의 해결책으로 서버에 있는 파일을 조금씩 보내주는 스트리밍 방식이 사용됩니다.

스트리밍으로 파일을 다운로드하려면 send_file 함수를 사용하는 것과는 프로그래밍 로직이 조금 다릅니다.

```
01: from flask import Flask, render_template, request
02: from flask import Response
03: import os
04: from werkzeug.datastructures import Headers
05:
06: app = Flask(__name__)
07: app.config['UPLOAD_FOLDER'] = '/var/www/jpub/attach'
08:
09: @app.route('/file_download')
10: def generate_large_csv():
11:     download_file = request.args.get('filename')
12:
13:     full_path = os.path.join(app.config['UPLOAD_FOLDER'], download_file)
14:
15:     headers = Headers()
16:     headers.add('Content-Disposition', 'attachment', filename=download_file)
17:     headers['Content-Length'] = os.path.getsize(full_path)
18:
19:     download_obj = open(full_path, 'rb')
20:
21:     def generate():
22:         for block in iter(lambda: download_obj.read(4096), b""):
23:             yield block
24:         download_obj.close()
25:     return Response(generate(), mimetype='application/octet-stream',
headers=headers)
```

코드 5-39는 대용량 파일을 다운로드하기에 매우 효율적인 방법입니다. 이 코드에서 주의해서
봐야 될 코드는 2~4행과 13~25행까지입니다.

02: 브라우저에 응답할 응답 객체를 만들기 위해 Response 클래스를 가져옵니다.

03: 다운로드할 파일의 용량 계산 및 전체 경로를 만들기 위해 os 모듈을 가져옵니다.

04: werkzeug.datastructure 모듈로부터 Headers 데이터 구조를 가져옵니다.

13: 다운로드할 파일이 있는 전체 위치를 만듭니다.

15~17: HTTP 응답 헤더에 콘텐츠 협상 헤더와 콘텐츠 길이를 지정합니다. 콘텐츠 협상 헤더
는 attachment로 지정하고, 헤더 값에 추가로 포함되는 인자인 filename에는 사용자가 요청한
파일 다운로드 이름으로 합니다. 콘텐츠 길이는 os.path 모듈의 getsize 함수를 통해서 지정합
니다.

19: 다운로드할 콘텐츠 파일을 메모리에서 읽기 전용 모드로 엽니다. 이 상태에서는 메모리를
많이 차지하지 않습니다.

22~24: 다운로드할 파일에 대해 4096bytes씩 읽어서 25행의 Response의 결과에 전달합니다. yield는 파이썬에서 발생자를 만드는 것으로서 루프를 종료하지 않고서도 데이터를 계속 반환할 수 있도록 도와줍니다. 데이터 반환이 모두 완료되면 19행에서 열었던 파일 핸들러를 닫습니다.

25: 브라우저에 응답 객체를 반환합니다.

코드 5-39의 결과는 웹 프로그램이 파일을 다운로드할 수 있도록 해줍니다. 코드 5-39는 기능적으로 코드 5-37, 5-38과 완전히 같은 일을 합니다. 하시만 이렇게 같은 일을 해도 코드 5-39는 스트리밍 방식으로 파일을 다운로드할 수 있기 때문에 서버와 클라이언트 모두 부담이 없다는 장점이 있습니다.

> **Ｚ마치며** 이 절에서는 파일 업로드와 다운로드를 Flask에서 처리하는 방법을 살펴봤습니다. 오랫동안 웹 프로그램은 파일을 처리하는 문제에 대해서 어려움을 겪어왔고, 지금도 파일을 보다 효과적으로 처리하려는 방안이 나오고 있습니다.
>
> 우리는 예제를 통해 Flask에서 얼마나 쉽게 파일을 업로드하고 다운로드할 수 있는지 알아봤으며, 대용량 파일이라도 업로드와 다운로드에 문제가 없도록 외부 라이브러리인 Plupload에 대해서도 알아봤습니다. Plupload와 Flask를 통해 여러분의 개발 생산성이 높아지기를 기대합니다.

5.3 캐싱

웹 프로그램은 다수의 사람이 동시에 접근하고 데이터를 조회합니다. 어떤 신문 기사나 소식을 보면 웹사이트 사용자가 급증해서 서버가 폭주했다는 내용을 볼 수 있습니다. 서버가 폭주했다는 것은 물리적인 서버 시스템이 처리할 수 있는 한계를 벗어났다거나 웹 프로그램이 매우 느리게 응답하는 것을 의미하기도 합니다. 일반적으로 웹 프로그램이 매우 느리게 응답하는 것은 시스템이 처리할 수 있는 한계에 가까워졌다거나 한번 요청할 때마다 오랜 처리 시간으로 인해 늦게 응답하는 두 가지 경우가 있습니다.

컴퓨터는 기본적으로 하드 디스크의 내용을 읽어서 메모리에 불러들여 처리하는 메커니즘을 가지고 있습니다. 이와 같은 메커니즘은 컴퓨터에서 정보를 저장하고 처리하는 속도가 매체별로 다르고, 또 CPU에 데이터가 전달되는 속도도 매체마다 다르기 때문에 발생합니다. 그래서 컴퓨터는 다음과 같은 순서로 처리 속도가 좋습니다.

웹 프로그램은 웹 브라우저에서 요청이 오면 메모리에서 대기하고 있다가 CPU가 메모리에 데이터를 보내달라는 요청을 하게 됩니다. 이때 메모리에 CPU가 요청한 데이터가 없으면 CPU는 하드 디스크에게 데이터를 보내달라는 요청을 하게 됩니다. 하드 디스크는 데이터가 있으므로 데이터를 CPU로 보내주는데, CPU로 바로 보내는 것이 아니라 메모리를 거쳐서 CPU에 데이터를 전송하게 됩니다.

웹 프로그램이 똑같은 행동을 자주 취한다면 컴퓨터 메모리에는 웹 프로그램의 일부 영역을 항상 가지고 있다가 서비스하게 될 것입니다. 컴퓨터 구조에서는 이렇게 자주 쓰이는 영역을 별도의 메커니즘으로 확립하고 이를 이용하는데, 이것을 메모리 국소성이라고 부르기도 합니다. 이렇게 자주 사용되는 영역만 따로 관리하기 위한 알고리즘들도 나와 있습니다.

하지만 웹 프로그램은 프로그램의 광범위한 영역이 매우 자주 호출됩니다. 이때 컴퓨터가 구조적으로 행하는 일을 인위적으로 처리할 필요가 있습니다. 이것이 캐시(cache)라고 부르는 기능입니다. 캐시는 메모리에 자주 사용하는 데이터를 미리 저장해두었다가 웹 브라우저 등의 프로그램이 요청하면 데이터를 전송해주게 됩니다. 캐시를 사용하면 처리 시간이 오래 걸리는 계산은 정말 필요할 때만 할 수 있습니다. 하지만 많은 양의 캐시 데이터가 메모리에 올려지고 있다면 메모리 부족 현상을 겪을 수 있습니다. 그래서 캐시 데이터도 메모리에 저장될 수 있는 시간 제한을 두어 데이터를 관리하게 됩니다.

Flask에서 캐시는 Werkzeug에서 제공되는 캐시 기능을 사용합니다. 캐시 기능은 가장 쉽게 사용할 수 있는 SimpleCache, Memcached를 사용하는 MemcachedCache, GoogleAppEngine 캐시 기능을 사용하는 GAEMemcachedCache, RedisCache 등을 사용할 수 있습니다.

GoogleAppEngine에서 제공하는 캐시 기능은 Memcached를 사용하므로 Werkzeug 라이브러리 내에서는 MemcachedCache와 GAEMemcachedCache가 같습니다. 이런 이유로 여러분이 GAE 기반에서 Flask를 사용한다고 해도 캐시 기능은 MemcachedCache로 캐시 기능을 사용할 수 있습니다. 이외에 사용 가능한 여러 Cache 백엔드가 있습니다.

■ 캐시 시작하기

Flask에서 캐시 기능을 사용하는 가장 쉬운 코드는 다음과 같습니다.

```
01: from flask import Flask, render_template
02: from werkzeug.contrib.cache import SimpleCache
03:
04: app = Flask(__name__)
05:
06: cache = SimpleCache()
07:
08: @app.route("/get_item")
09: def get_item():
10:     rv = cache.get('my-item')
11:     if rv is None:
12:         rv = calculate_value()
13:         cache.set('my-item', rv, timeout=5 * 60)
14:     return rv
15:
16: def calcurate_value():
17:     return "calcurated value test"
```

코드 5-40은 SimpleCache 클래스를 사용해서 작성한 간단한 캐시 사용 예제입니다. 이 예제에서는 /get_item에 접근했을 때 캐시에서 'my-item'이란 키명으로 저장된 캐시를 가져오고, 가져온 값이 None인 경우는 캐시 값을 생성하기 위한 함수를 호출해서 결괏값을 만듭니다. 그리고 이 값을 캐시의 'my-item' 키의 값으로 저장하면서 저장 시간을 5분으로 제한해서 저장합니다. 캐시 값이 있는 경우는 재계산하지 않고 캐시 값을 반환합니다.

코드 5-40을 조금 더 자세히 살펴보겠습니다.

02: werkzeug.contrib.cache 모듈로부터 SimpleCache 클래스를 가져옵니다.

10: 캐시로부터 값을 가져옵니다.

13: 캐시에 값을 설정합니다. 첫 번째 인자는 캐시 키 이름, 두 번째는 캐시로 저장할 데이터 값, 세 번째는 캐시가 유지될 시간으로 초 단위로 지정합니다.

코드 5-40은 SimpleCache를 사용해서 캐시 기능을 사용했지만, 앞에서 언급한 것과 같이 여러 캐시 백엔드를 사용할 수 있습니다.

⊞ 표 5-6 Flask에서 기본으로 사용 가능한 캐시 백엔드

캐시 클래스(파이썬 패키지를 포함한 클래스 경로)	설명
SimpleCache(werkzeug.contrib.cache.SimpleCache)	가장 간단한 캐시로서, 어떠한 백엔드 프로그램도 사용하지 않음
MemcachedCache (werkzeug.contrib.cache.MemcachedCache)	Memcached 백엔드를 사용한 캐시
GAEMemcachedCache (werkzeug.contrib.cache.MemcachedCache)	Memcached 백엔드를 사용한 캐시
RedisCache(werkzeug.contrib.cache.RedisCache)	Redis 백엔드를 사용한 캐시
FileSystemCache(werkzeug.contrib.cache.FileSystemCache)	FileSystem을 사용한 캐시

캐시 기능을 사용할 수 있는 공통적으로 사용 가능한 메서드와 일부 캐시 백엔드에서만 사용 가능한 메서드가 분리되어 있습니다. 다음의 표는 각 캐시 백엔드에서 사용할 수 있는 메서드를 정리한 것입니다.

⊞ 표 5-7 캐시 벡엔드별로 사용 가능한 메서드

메서드 \ 캐시	SimpleCache	MemcachedCache	RedisCache	FileSystemCache
get	O	O	O	O
delete	O	O	O	O
get_many	O	O	O	O
get_dict	O	O	O	O
set	O	O	O	O
add	O	O	O	O
set_many	O	O	O	O
delete_many	O	O	O	O
clear		O	O	O
inc	O	O	O	O
dec	O	O	O	O

표 5-7은 캐시 벡엔드별로 사용 가능하 메서드를 정리한 것입니다. 캐시 메서드들은 MemcachedCache에 준용하여 사용 방법을 설명하겠습니다.

표 5-8 **캐시 백엔드가 제공하는 캐시 관련 메서드**

메서드	설명
get(캐시 키)	캐시 키에 저장된 값을 가지고 옵니다. 캐시 키가 캐시에 없는 경우 None 값을 반환합니다.
delete(캐시 키)	캐시에 저장된 캐시 키와 값을 제거합니다.
get_many(캐시 키1, 캐시 키2, …)	얻어오고자 하는 캐시 키를 인자로 여러 개를 전달하면 전달한 캐시 키 순서대로 값을 리스트로 반환합니다.
get_dict(캐시 키1, 캐시 키2, …)	얻어오고자 하는 캐시 키를 인자로 여러 개를 전달하면 파이썬 사전 형태로 캐시 키와 캐시 값을 반환합니다.
set(캐시 키, 캐시 값, 타임아웃)	캐시에 저장할 캐시 키, 캐시 값과 타임아웃을 초 단위의 시간으로 전달하면 캐시에 값을 저장합니다. 단, 캐시에 값이 이미 저장되어 있으면 아무것도 하지 않습니다.
add(캐시 키, 캐시 값, 타임아웃)	set 메서드와 같습니다.
set_many(캐시 사전, 타임아웃)	설정하고자 하는 캐시 키/캐시 사전으로 이루어진 사전과 초 단위의 타임아웃 값을 주면 사전의 모든 캐시 키에 타임아웃 시간을 인자로 건넨 타임아웃으로 설정해서 개별의 캐시를 생성합니다.
delete(캐시 키1, 캐시 키2, …)	인자로 전달된 캐시 키를 모두 제거합니다.
clear()	캐시에 저장된 모든 캐시 키를 제거합니다.
inc(캐시 키)	캐시 키의 값이 숫자인 경우 1을 더해서 키의 값으로 다시 저장합니다.
dec(캐시 키)	캐시 키의 값이 숫자인 경우 1을 빼서 키의 값으로 다시 저장합니다.

캐시에서 set_many 메서드는 코드 5-41과 같은 방법으로 사용합니다.

코드 5-41 **캐시에서의 set_many 메서드 사용하기**

```
01: cache.set_many(dict(key1='value1', key2='value2'), 5 * 60)
```

중요한 것은 캐시를 사용하기 전에 먼저 캐시 백엔드를 설정[40]해야 합니다. 캐시 백엔드별로 접속 방법이 조금씩 다르므로 사용하기 전에 반드시 사용하고자 하는 캐시 백엔드의 문서를 보고 접속 방법을 숙지해야 합니다.

> **마치며** 지금까지 캐시에 대해 살펴봤습니다. 캐시는 웹 프로그램에서 빠르게 응답을 줄 수 있는 가장 효과적인 방법 중 하나입니다. 웹 프로그램에 접근하는 사용자가 많고 빠른 응답을 해야 한다면 Werkzeug에서 제공하는 기본 캐시 기능은 매우 유용하게 사용될 것입니다.

---

40 http://werkzeug.pocoo.org/docs/0.9/contrib/cache/

5.4 HTTP 메서드 덮어쓰기

웹 프로그램을 사용자가 이용하는 방법은 크게 두 가지로, 웹 브라우저를 이용하는 방법과 웹 프로그램의 API를 직간접적으로 이용하는 방법으로 나눠집니다. HTTP 스펙 문서에는 앞서 설명했던 GET 요청과 POST 요청 방법 외에도 HEAD, PUT, DELETE 요청 등이 정의되어 있습니다. 이들 요청의 공식 명칭은 HTTP Method입니다.

대부분의 웹 브라우저는 웹 프로그램에 데이터를 보내는 과정에서 GET과 POST 요청을 가장 먼저 지원했고, 웹 프로그램의 API를 직접 호출하는 프로그램은 GET, POST 외에도 HTTP 스펙에 지정된 모든 메서드를 사용하거나 추가 메서드를 지원하기도 합니다.

HTTP 스펙 문서에 규정되어 있는 HTTP 메서드는 크게 HTTP 메시지 바디의 포함 여부에 따라 두 개의 카테고리로 분류됩니다. 다음의 목록은 HTTP 스펙 문서에 규정되어 있는 HTTP 메서드입니다.

표 5-9 HTTP 스펙 문서에 규정되어 있는 HTTP 메서드

HTTP 메서드명	설명
GET	웹 브라우저에서 URL을 입력해서 자원을 직접 요청할 때는 웹 프로그램의 데이터를 요청하는 것이 일반적이며, URL에 포함할 수 있는 데이터의 길이는 최대 255bytes로 제한되어 있습니다. 이 요청의 결과는 HTTP 헤더와 바디로 구성되어 있습니다.
POST	URL 호출을 할 때 웹 프로그램이 처리할 데이터를 HTTP 요청 메시지의 바디(몸체)에 &(앰퍼샌드) 문자로 구분된 필드=값 쌍을 보냅니다. POST 메서드로 데이터를 보낼 때는 길이 제한이 없습니다. 이 요청의 결과로 서버는 클라이언트가 보낸 정보를 바탕으로 DB 등에 데이터를 저장해야 합니다.
HEAD	URL로 데이터를 요청하지만, GET 요청의 응답과 달리 HTTP 헤더만 받습니다.
DELETE	URL로 요청한 데이터의 삭제를 웹 프로그램에 요청할 때 사용합니다.
PUT	POST와 같이 웹 프로그램으로 데이터를 전송하지만, POST와 달리 서버에 있던 기존 정보를 덮어씌우거나 할 때 사용합니다.
TRACE	요청 메시지의 루프백(loopback) 테스트를 요청하며, 클라이언트 쪽에서 서버로부터 보낸 정보가 맞는지 확인하기 위해 사용합니다. 주로 테스트 목적으로 사용하는 메서드입니다.
CONNECT	터널링의 목적으로 사용하는 메서드입니다.
OPTIONS	클라이언트(웹 브라우저나 API 응용 프로그램)이 URL을 호출했을 때 해당 URL이 처리 가능한 HTTP 메서드가 무엇인지를 반환합니다.

표 5-9에 있는 메서드 중 일부는 넷스케이프, 익스플로러, 파이어폭스, 크롬, 오페라 등의 브라우저에서 그동안 자주 사용되지 않아 지원되지 않았습니다. 앞서 밝혔듯이 이들 메서드가

주목받게 된 것은 HTTP 1.1 프로토콜의 출현과 REST API가 널리 알려지기 시작한 이후입니다.

표 5-9에서는 HTTP 메시지를 웹 프로그램으로 전송할 때 HTTP 요청 메시지에 바디를 포함하는 것이 있다고 언급했습니다. 만약 HTTP 메시지가 바디를 포함하지 않아도 된다면 해당 HTTP 메시지는 HTTP 헤더 중 CONTENT_LENGTH의 값을 0으로 변경해서 처리하는 것이 좋습니다.

클라이언트로부터 전달된 HTTP 요청 메시지의 HTTP 메서드를 덮어쓰는 일은 웹 서버가 프록시 역할을 할 때나 GET과 POST 요청밖에 지원되지 않는 클라이언트에서 HTTP 메서드를 사용하려 할 때 유용합니다.

다음은 클라이언트가 보낸 폼에서 HTTP 메서드를 덮어쓸 수 있도록 _method 필드 값을 보내고, WSGI 미들웨어에서 이 값을 읽고 특정 HTTP 메서드 모드로 URL 뷰 함수를 동작하도록 한 WSGI MiddleWare입니다.

코드 5-42 **클라이언트가 GET, POST 요청을 보낼 때 _method 인자 값에 따라 HTTP 요청 메시지의 HTTP 메서드를 바꿔주는 MiddleWare**

```
01: from werkzeug import Request
02:
03: class HTTPMethodOverrideMiddleware(object):
04:     allowed_methods = frozenset([
05:         'GET',
06:         'HEAD',
07:         'POST',
08:         'DELETE',
09:         'PUT',
10:         'TRACE',
11:         'CONNECT',
12:         'OPTIONS'
13:     ])
14:     bodyless_methods = frozenset(['GET', 'HEAD', 'OPTIONS', 'DELETE', 'TRACE', 'CONNECT'])
15:
16:     def __init__(self, app, input_name='_method'):
17:         self.app = app
18:         self.input_name = input_name
19:
20:     def __call__(self, environ, start_response):
21:         request = Request(environ)
22:
23:         if self.input_name in request.values:
```

```
24:            method = request.values[self.input_name].upper()
25:
26:            if method in self.allowed_methods:
27:                method = method.encode('ascii', 'replace')
28:                environ['REQUEST_METHOD'] = method
29:            if method in self.bodyless_methods:
30:                environ['CONTENT_LENGTH'] = '0'
31:
32:        return self.app(environ, start_response)
```

코드 5-42는 파이썬에서 모든 객체의 기본이 되는 object 클래스를 명시적으로 상속받은 미들웨어 클래스를 정의하였습니다. 이 클래스는 객체 변수로 허용 가능한 HTTP 메서드와 이 메서드 중에서 HTTP 메시지의 헤더만 존재하는 메서드 목록만 bodyless_methods에 담아두었습니다.

이 미들웨어는 Flask가 동작하면서 객체 인스턴스를 직접 호출하면서 동작합니다. 이에 따라 werkzeug 모듈에서 Request를 가져오고, __call__ 메서드 안에서 폼에서 가져온 _method 값이 미들웨어가 허용 가능한 메서드인지 확인합니다. 이후 HTTP 메시지 바디가 없는 메서드 타입이라면 HTTP 메시지 헤더 중에 CONTENT_LENGTH 값을 0으로 설정하고, Flask app 객체에 __call__ 메서드 호출과 동시에 인자로 넘어온 HTTP 응답 환경과 응답 시작 함수를 인자로 주어 실행된 객체[41]를 반환합니다.

이 미들웨어를 Flask 애플리케이션 객체에 추가하려면 Flask app 객체가 있는 파일에서 코드 5-42의 미들웨어를 통과하도록 추가합니다.

코드 5-43 HTTPMethodOverrideMiddleware 미들웨어를 Flask 객체에 추가한 모습

```
01: from flask import Flask
02:
03: app = Flask(__name__)
04: app.wsgi_app = HTTPMethodOverrideMiddleware(app.wsgi_app)
```

코드 5-43은 HTTPMethodOverrideMiddleware를 Flask 객체에 추가한 모습입니다. 여기에서는 Middleware 하나만 추가하지만, 여러 개의 미들웨어를 추가할 때의 방법도 코드 5-43과 크게 다르지 않습니다. 다만, 미들웨어의 실행 순서는 미들웨어를 추가하는 순서대로입니

---

41 이 객체는 WSGI 객체입니다.

다. 코드 5-42의 HTTPMethodOverrideMiddleware를 실제 사용해보는 코드는 코드 5-44와 같습니다.

코드 5-44 **HTTPMethodOverrideMiddleware 동작 테스트하기**

```python
01: from flask import Flask
02: from werkzeug import Request
03:
04: class HTTPMethodOverrideMiddleware(object):
05:     allowed_methods = frozenset([
06:         'GET',
07:         'HEAD',
08:         'POST',
09:         'DELETE',
10:         'PUT',
11:         'TRACE',
12:         'CONNECT',
13:         'OPTIONS'
14:     ])
15:     bodyless_methods = frozenset(['GET', 'HEAD', 'OPTIONS', 'DELETE', 'TRACE', 'CONNECT'])
16:
17:     def __init__(self, app, input_name='_method'):
18:         self.app = app
19:         self.input_name = input_name
20:
21:     def __call__(self, environ, start_response):
22:         request = Request(environ)
23:
24:         if self.input_name in request.values:
25:             method = request.values[self.input_name].upper()
26:
27:             if method in self.allowed_methods:
28:                 method = method.encode('ascii', 'replace')
29:                 environ['REQUEST_METHOD'] = method
30:             if method in self.bodyless_methods:
31:                 environ['CONTENT_LENGTH'] = '0'
32:
33:         return self.app(environ, start_response)
34:
35: app = Flask(__name__)
36: app.wsgi_app = HTTPMethodOverrideMiddleware(app.wsgi_app)
37:
38: @app.route("/middleware", methods=["GET"])
39: def middleware_test_get():
40:     return """<html>
41:     <body>
42:         <form method="POST">
43:             <input type="hidden" name="_method" value="PUT">
```

```
44:                <input type="submit" value="PUT 전송 테스트">
45:          </form>
46:      </body>
47:      </html>"""
48:
49: @app.route("/middleware", methods=["PUT"])
50: def middleware_test_put():
51:      return "이 메서드는 PUT 메서드로 호출되었습니다."
52:
53: if __name__ == "__main__":
54:      app.run()
```

코드 5-44는 HTTPMethodOverrideMiddleware를 테스트할 수 있는 완전한 코드입니다. 먼저, 이 코드에서 웹 브라우저에서 /middleware URL을 호출하면 _method 이름을 가진 hidden 필드와 웹 프로그램에 이 요청을 POST로 요청합니다.

이 프로그램은 웹 브라우저에서 다음 화면과 같이 표시됩니다.

📷 그림 5-1 **코드 5-44의 /middleware URL을 호출한 결과**

코드 5-44는 GET 요청에 대해 그림 5-1과 같은 화면을 출력하도록 되어 있고, HTML 폼에서도 form 태그의 method 값이 POST로 지정되어 있음을 확인할 수 있습니다. 이제 그림 5-1의 화면에서 'PUT 전송 테스트' 버튼을 누르면 /middleware URL이 웹 프로그램으로 전송됩니다. 이때 웹 프로그램은 POST 요청을 받아들일 수 있는 URL 뷰 함수가 코드 5-44에 있어야 하지만, 코드에서는 PUT 메서드에 대해서만 URL 뷰 함수가 작성되어 있습니다.

그림 5-1에서 PUT 전송 테스트 버튼의 클릭 결과는 다음과 같습니다.

📷 그림 5-2 **그림 5-1의 버튼을 누른 결과 화면**

그림 5-2의 화면을 보면 코드 5-44에 /middleware URL에 POST 요청을 처리할 수 있는 뷰 함수가 없어도 PUT 메서드를 처리할 수 있는 URL 뷰 함수가 실행된 것을 확인할 수 있습니다. 이와 같은 결과가 가능한 것은 코드 5-44에서 정의한 미들웨어에서 폼 인자(_method) 값을 읽어서 HTTP 요청 메시지에 REQUEST_METHOD 값을 변경했기 때문입니다.

여기에서는 HTTP 스펙 문서에 따라 허용 가능한 메서드를 설정했지만, 시스템 환경에 따라 특이한 HTTP 메서드 타입이 필요할 때 개발자가 직접 메서드명을 결정하고 이 메서드 타입을 처리할 수 있는 URL 뷰 함수를 구현해서 사용할 수노 있습니다.

웹 프로그램 개발자가 HTTP 메서드를 추가 구현하거나 변경하는 일은 매우 드문 일 중 하나입니다. 물론, 웹 프로그램을 주로 사용하는 클라이언트가 웹 브라우저가 아닌 HTTP 연동 프로그램일 때는 굳이 이렇게 복잡하게 하지 않아도 됩니다. HTTP 통신 라이브러리 중에는 HTTP 스펙이 지원하는 모든 통신 메서드를 사용할 수 있는 라이브러리도 있습니다. 그러나 웹 브라우저에서 사용자 정의 메서드를 사용한다면 코드 5-42와 같은 미들웨어는 개발자에게 매우 필요한 구성일 것입니다.

> **▣마치며** 이 절에서는 HTTP 서버의 기능을 확장하기 위해 REQUEST_METHOD 헤더를 조작하는 방법만 살펴봤습니다. 그렇지만 REQUEST_METHOD 헤더의 조작 말고도 할 수 있는 일은 매우 다양합니다. 여러분도 웹 프로그램을 개발하면서 HTTP 서버의 기능을 확장시키는 다양한 일을 해볼 수 있기를 기대합니다.

Flask 애플리케이션 테스트

컴퓨터 프로그램을 처음 만들던 과거에 비해 오늘날의 프로그램은 사용자 요구사항의 복잡도가 늘어나고, 프로그램이 작성되는 환경(하드웨어, 운영체제), 그리고 특정 프로그래밍 라이브러리 위에서 작성된다는 점에서 초창기 컴퓨터의 프로그램 개발 및 실행 방식이 달라졌습니다. 초기 컴퓨터는 어떤 프로그램을 실행하기 위해 천공 카드를 이용하거나 자기 테이프 등을 이용했었습니다. 프로그램이 제대로 실행되지 않아 컴퓨터의 내부를 살펴봤더니 벌레가 천공카드 인식기에 끼어 제대로 실행되지 않았다는 이야기가 전해져 오기도 합니다.

그러나 앞서 언급한 것처럼 오늘날 프로그램의 버그는 컴퓨터에 벌레가 침입해서 발생하는 오류보다 컴퓨터가 동작하는 물리적인 환경과 기반 소프트웨어, 그리고 사용자의 요구사항에 의해 발생하는 경우가 더 많습니다.

그럼, 프로그램에서 발생하는 버그를 줄이기 위해서 어떻게 해야 할까요? 프로그램 개발 측면에서는 모듈, 함수, 로직 등에 대한 단위 테스트를 작성해 자주 실행하는 것이 좋습니다. 그리고 프로그램 사용자가 의도적인 오류를 발생시키지 않도록 교육하는 것도 필요합니다. 2.5절 '에러와 로깅'에서 살펴본 프로그램 개발 및 운영 과정에서 사용할 수 있는 다양한 로깅 기법을 기억한다면 이번 장에서 매우 유용하게 사용할 수 있을 것입니다.

그런데 프로그램을 테스트한다는 것이 말처럼 그리 쉽지 않습니다. 분산 프로그램이라면 대규모 사용자를 동원해야 하는 접속 부하 테스트, 특정 영역의 처리 속도 향상을 위한 프로 파일링 테스트, 특정 값의 처리 여부를 알아보기 위한 입력값 테스트 등 테스트 분야는 광범위하고 테스트에 드는 비용[42]도 무시할 수 없습니다.

우리는 소프트웨어 개발을 하면서 프로그램이 우리가 처음 의도했던 대로 꾸준히 동작하는지, 프로그램 실행에 영향을 주는 악의적인 입력값도 정상적으로 처리하는지 알 수 있어야 합니다. 우리가 소프트웨어 개발만 한 채 배포했다면 사용자가 입력한 값으로 인해 의도했던 동작이 실행되지 않을 수 있습니다. 당연히 사용자는 해당 소프트웨어의 품질을 신뢰할 수 없게 되므로 사용하지 않게 될 것입니다.

자, 그럼 우리가 이제 소프트웨어 개발을 하면서 무엇을 해야 하는지는 자명해진 것 같습니다. 소프트웨어가 우리가 의도한 대로 동작하는지 테스트하는 것입니다. 그런데 이와 같은 테스트 동작을 소프트웨어를 수정할 때마다 할 수 있을까요? 이 물음에 대한 질문은 필자와 여러분이 다 같이 알고 있습니다.

"아니요! 소프트웨어 개발이 수시로 진행되는 상황에서 테스트를 바로 한다는 건 개발할 시간이 줄어드는 것과 같은데 어떻게 하겠어요?"

그렇다면 소프트웨어를 개발할 때마다 테스트하면서 개발할 방법이 없을까 하는 고민을 던져볼 수 있습니다. 이 고민을 한 건 우리만 있는 건 아니었습니다. 캔트 벡(Kent Beck)은 일찍이 이 고민을 하고 그 결과로 TDD(Test Driven Development)[43]를 제안했습니다.

TDD는 우리가 작성한 소프트웨어를 테스트할 수 있는 테스트 프로그램을 먼저 만들고 이를 동작시켜 테스트를 통과하는 소프트웨어를 개발하는 방법입니다. TDD 위주의 개발 방법은 그동안 전통적인 소프트웨어 개발 방법론 안에 포함되지 못하고 애자일 소프트웨어 개발 방법의 일환으로 분류되고 있지만, 소프트웨어는 사람의 행동에 의해 실행되기 때문에 사용자의 요구사항을 만족시키기 위해 반드시 필요한 방법입니다. 또, '테스트 프로그램은 프로그램이 잘 동작한다'를 보장하는 것이 아니라 여기서 테스트된 것에 대해서는 안정성에 문제가 없다'를 증명하는 것입니다.

우리는 이 장에서 Flask에서 지원하는 테스트 기법을 파이썬 unittest 모듈과 함께 알아보고 TDD 개발 방법을 통해 안정적인 소프트웨어를 만들게 될 기초를 쌓게 될 것입니다.

---

42 현금으로서의 비용이 아니라 소프트웨어 실행 시간을 비용으로 표현한 것입니다.

43 https://ko.wikipedia.org/wiki/테스트_주도_개발

6.1 테스팅 스켈레톤 작성

파이썬에서 소프트웨어를 테스트하려면 unittest 모듈을 이용할 수 있습니다. unittest 모듈은 프로그래머가 소프트웨어를 보다 쉽게 테스트할 수 있도록 여러 도움을 주는 클래스와 함수를 제공합니다.

unittest 모듈을 이용해 소프트웨어 테스트를 하려면 먼저 TestCase 클래스를 상속받은 테스트 케이스를 작성해야 합니다. 테스트 케이스를 작성하기 위해서 unittest 모듈의 TestCase 클래스를 상속받는 새로운 클래스를 선언합니다.

코드 6-1 TestCase 클래스를 상속받는 새로운 테스트 케이스 클래스 작성

```
01: import unittest
02:
03: class BoardTest(unittest.TestCase):
04:     pass
```

코드 6-1은 게시판의 기능을 테스트하기 위한 테스트 케이스 스켈레톤(skeleton)입니다. 테스트 케이스를 선언하기 위해서는 먼저 unittest 모듈을 임포트하거나 unittest 모듈의 TestCase 클래스를 임포트합니다. 코드 6-1에서는 TestCase 클래스를 임포트하지 않고 unittest 모듈을 임포트하는 방식으로 테스트 케이스를 선언했습니다.

우리는 이 장에서 Flask 샘플 애플리케이션(https://github.com/pallets/flask/tree/master/examples/tutorial/flaskr)을 테스트 대상 애플리케이션으로 사용할 것입니다. 테스트 케이스가 애플리케이션을 테스트하기 위해서는 반드시 테스트 메서드를 포함해야 합니다.

테스트 케이스가 실행할 테스트는 클래스에 선언된 테스트 메서드를 실행합니다. 그렇지만 테스트 케이스에 선언된 모든 메서드를 실행하지 않고 메서드 이름 앞에 test란 글자가 붙은 것만을 실행합니다. 다시 말해, 메서드 이름이 Write라면 메서드 이름이 testWrite인 것을 실행합니다. 테스트 케이스가 실행되면 개별의 테스트 메서드는 선언 순서와 무관하게 실행됩니다. 만약 테스트 메서드의 순서가 중요하다면 테스트 메서드 이름을 지을 때 숫자를 함께 표기하면 테스트 케이스 작성자가 의도한 대로 실행할 수 있게 됩니다.

테스트 케이스를 실행하다 보면 종종 실제 테스트 실행에 있어 전처리와 후처리 작업이 필요하기도 합니다. 예를 들면, 게시판의 게시글에 대한 읽기/쓰기가 로그인 여부에 따라 테스트되어야 한다면 어떤 방법을 사용해야 할까요? 테스트 메서드를 선언하고 나서 로그인을 처리하고

게시판 기능을 테스트해야 할까요?

이와 같은 방법은 종종 매우 간편한 방법으로 선호되지만, 반대로 테스트 메서드가 많아지면 무척이나 불편한 방법이 되기도 합니다. unittest.TestCase 클래스는 이를 위해 setUp, tearDown 메서드를 프로그래머에게 재정의할 수 있도록 해줍니다.

setUp, tearDown 메서드는 테스트 케이스 클래스 안에 한 개만 정의하며, 모든 테스트 메서드 실행 전(setUp 메서드), 실행 후(tearDown 메서드)에 추가되어 실행됩니다. 따라서 테스트 케이스 내의 테스트 메서드 실행 전에 공통적으로 처리해야 할 일을 기술하면 됩니다.

Flask 애플리케이션 테스트를 위해서는 setUp 메서드에서 먼저 Flask 애플리케이션의 테스트 클라이언트를 가져와야 합니다. 애플리케이션에 따라 종종 setUp 메서드에서 DB를 생성하거나 애플리케이션의 디버깅 모드를 설정할 수도 있습니다.

📋 코드 6-2 테스팅 스켈레톤

```
01: import os
02: import flaskr
03: import unittest
04: import tempfile
05:
06: class FlaskrTestCase(unittest.TestCase):
07:
08:     def setUp(self):
09:         self.db_fd, flaskr.app.config['DATABASE'] = tempfile.mkstemp()
10:         flaskr.app.config['TESTING'] = True
11:         self.app = flaskr.app.test_client()
12:         flaskr.init_db()
13:
14:     def tearDown(self):
15:         os.close(self.db_fd)
16:         os.unlink(flaskr.app.config['DATABASE'])
17:
18: if __name__ == '__main__':
19:     unittest.main()
```

코드 6-2는 샘플 애플리케이션 테스트를 위한 스켈레톤을 보여줍니다. 이 테스트 케이스는 setUp 메서드에서 샘플 애플리케이션 테스트를 위한 여러 기본 작업을 수행합니다.

09: 샘플 애플리케이션 테스트에 사용할 임시 파일 생성(mkstemp 메서드는 파일 디스크립터 ID[44] 와 생성한 파일 경로를 반환합니다)

10: 애플리케이션 테스팅 모드 설정

11: 애플리케이션 테스트 전용 클라이언트 생성

12: 샘플 애플리케이션 DB 초기화

tearDown 메서드에서는 setUp 메서드에서 했던 DB 파일을 제거하기 위해 DB 파일의 디스크 립터를 닫고 DB 파일을 삭제합니다. 만약 테스트하고자 하는 애플리케이션이 DB를 사용한다 면, setUp 메서드에서는 테스트 DB를 사용하도록 설정하고 tearDown 메서드에서는 테스트 DB를 지우면 됩니다.

마지막으로, 테스트 케이스를 실행하기 위해서 19행에서 unittest 모듈의 main 함수를 실행하 는 모습을 볼 수 있습니다. 이 테스트 케이스를 실행하면 다음과 같은 결과를 볼 수 있습니다.

💎 셀 6-1 **샘플 애플리케이션의 테스팅 스켈레톤 실행 결과**

```
01: $ python flaskr_tests.py
02:
03: ----------------------------------------------------------------------
04: Ran 0 tests in 0.000s
05:
06: OK
```

셀 6-1은 코드 6-2를 수행한 결과입니다. 코드 6-2의 테스트 케이스는 테스트 메서드의 실행 전후에 수행될 메서드만 정의되어 있기 때문에 셀 6-1의 4행에서 보듯이 테스터는 0개의 테스 트가 실행되었다는 결과를 받게 됩니다.

🔊 **마치며** 우리는 이 절에서 Flask 애플리케이션 테스트를 위해 테스팅 스켈레톤을 작성했습니다. 스켈레 톤은 우리 말로 뼈대, 골격이라는 말로 사용할 수 있는데, 어떤 것을 만들 때 기본이 되는 코드 를 스켈레톤 코드라 부르기도 합니다. 우리는 앞으로 테스팅 스켈레톤을 바탕으로 테스트 메서드를 추 가하고 Flask 애플리케이션을 테스트해볼 것입니다.

---

44 운영체제가 내부적으로 파일을 관리하기 위해 사용하는 숫자 ID입니다.

6.2 테스트 케이스 구성

Flask 애플리케이션을 테스트하기 위해서 우리는 먼저 테스트 케이스를 작성해야 한다는 것을 6.1절 '테스팅 스켈레톤 작성'에서 살펴봤습니다. 테스트 케이스는 다수의 테스트를 수행하기 위해 테스트 메서드를 선언해야 합니다. 테스트 케이스에 테스트 메서드를 프로그래머가 정의하지 않았다면 unittest는 runTest 메서드를 호출합니다. runTest 메서드는 테스트 케이스 명세에서 기본으로 정의되어 있지 않으며, 테스트 케이스 하나가 하나의 테스트만을 다루려 할 때 유용합니다.

테스트 케이스에서 테스트 메서드를 정의할 때 앞에서 살펴본 것처럼 테스트 메서드의 이름은 test로 시작해야 합니다. 만약 테스트 케이스에 정의된 메서드의 이름이 다음과 같은 것이 있으면, 이들 메서드는 테스트 케이스에서 테스트 메서드로 평가되지 않습니다.

- setUp
- tearDown
- setUpClass(cls)
- tearDownClass(cls)
- run(result=None)
- skipTest(reason)
- subTest(msg=None, **params)
- debug
- assert 메서드들
- countTestCases
- defaultTestResult
- id
- shortDescription
- addCleanup(function, *args, **kwargs)
- doCleanups

테스트 케이스에서 정의되는 테스트 메서드 외의 메서드 중 setUp과 tearDown 메서드는 앞에서 잠시 언급했지만, 테스트 메서드 수행 전후에 실행될 고정 환경[45]을 만드는 데 사용됩니다.

---

45 이 고정 환경을 Fixture라 부르기도 합니다.

이 메서드와 유사한 역할을 하는 메서드가 setUpClass와 tearDownClass 메서드인데, 이 두 메서드는 파이썬 3.2부터 도입된 메서드입니다. 이 책에서는 파이썬 3.5를 기반으로 하지만, 종종 파이썬 버전별로 지원되지 않는 부분도 존재하므로 테스트 케이스에서 개별 테스트를 정의할 때 파이썬 문서[46]를 참고하면 좋습니다.

Flask 애플리케이션을 테스트하기 위해 모든 테스트 케이스는 setUp 메서드에서 Flask 애플리케이션의 테스트 클라이언트를 먼저 설정해야 합니다.

코드 6-3　게시판의 게시물 읽기 기능을 테스트하는 테스트 케이스

```
01: import os
02: import flask_board
03: import unittest
04:
05: class FlaskrTestCase(unittest.TestCase):
06:
07:     def setUp(self):
08:         self.app = flask_board.app.test_client()
09:
10:     def testArticleRead(self):
11:         read_stat = self.app.get("/board/30")
12:
13:         self.assertEqual(read_stat.status_code, 200, '게시판에서 데이터를 읽어오는데 오류가
발생했습니다')
14:
15: if __name__ == '__main__':
16:     unittest.main()
```

코드 6-3은 게시판의 게시물 읽기 기능을 테스트하기 위한 테스트 케이스입니다. 10~13행이 게시판 읽기 테스트를 진행하는 코드입니다. 여기서는 Flask 애플리케이션 테스트 사용 예를 보여주기 위해 간단히 정의했습니다. 먼저, 11행에서 테스트 클라이언트를 통해 /board/30 URL을 호출했습니다.

이 URL의 처리 결과는 read_stat 변수로 참조 가능하며, 13행에서 이 응답의 HTTP 상태 코드가 200과 같은지 확인합니다. 이때 값이 같은지를 검증하기 위해 TestCase 메서드에서 사용 가능한 어설션 메서드 중 assertEqual 메서드를 사용했습니다.

테스트 메서드를 정의하면 문자열 이름순으로 테스트하기 때문에 프로그래머가 임의로 테스

46 https://docs.python.org/3/library/unittest.html

트 메서드의 실행 순서를 지정해줄 수는 없습니다.

이 코드를 통해 우리는 Flask 애플리케이션에 요청을 하고 요청 결과의 상태 코드에 대해 검증하는 방법을 알아봤습니다. 어떤 애플리케이션의 테스트 프로그램을 만들기 위해서는 다음의 두 가지 방법을 잘 알고 있으면 도움이 됩니다.

- 테스트 메서드를 효과적으로 만드는 방법
- 테스트를 수행하고자 하는 프로그램의 API

테스트 메서드를 효과적으로 만드는 방법은 테스트 작성이 늘어나게 되면 자연적으로 익힐 수 있게 될 것입니다. 이 일은 테스트 프로그램 작성 단계 중에서 가장 높고 난이도가 있는 일일 것입니다. 그러나 테스트 프로그램이 테스트하는 것은 테스트 프로그램 자신이 아니라 테스트를 해야 하는 대상 프로그램의 기능입니다. 이에 따라 테스트 대상 프로그램의 수행 결과를 알고 있어야 합니다. Flask는 werkzeug 모듈을 WSGI 베이스 미들웨어로 사용하므로 애플리케이션 API 다수를 Werkzeug 문서에서 찾아볼 수 있습니다.

Flask 테스트 클라이언트를 통해 애플리케이션의 테스트는 웹 애플리케이션에 URL 요청을 하는 것으로부터 시작됩니다. URL 요청은 5.4절 'HTTP 메서드 덮어쓰기'에서 살펴본 HTTP 메서드를 통해 할 수 있습니다. 테스트 클라이언트가 지원하는 HTTP 메서드로 다음과 같은 것이 있습니다. http://werkzeug.pocoo.org/docs/0.10/test/#werkzeug.test.Client에서 이들 메서드 모두를 확인할 수 있습니다.

- get
- patch
- post
- head
- put
- delete
- options
- trace

앞의 HTTP 메서드를 테스트 클라이언트를 통해 이용하려면, 테스트 클라이언트의 객체 속성명에 HTTP 메서드명을 기술하고 첫 번째 인자로 요청할 URL을 전달하면 됩니다.

```
01: self.app.post(url)
```

일반적인 웹 애플리케이션은 GET, POST 메서드를 통해 웹 브라우저의 요청을 처리합니다. 테스트하고자 하는 웹 애플리케이션이 REST API 서버라면 GET, POST, PUT, HEAD, DELETE, PATCH 등을 구현할 수 있습니다. 따라서 REST API 서버를 테스트할 때는 이들 HTTP 메서드가 구현되어 있으면 HTTP 메서드별로 테스트를 수행해야 합니다.

테스트 클라이언트에 HTTP 메서드별로 구현되어 있는 객체 메서드는 가변 인자와 키워드 인자를 전달받는데, 여기에 전달하는 인자는 werkzeug.test.EnvironBuilder[47] 클래스 생성자가 받는 인자와 같습니다.

EnvironBuilder 클래스의 생성자는 코드 6-5와 같습니다.

 코드 6-5   EnvironBuilder 클래스의 생성자

```
class werkzeug.test.EnvironBuilder(path='/', base_url=None, query_string=None,
method='GET', input_stream=None, content_type=None, content_length=None, errors_
stream=None, multithread=False, multiprocess=False, run_once=False, headers=None,
data=None, environ_base=None, environ_overrides=None, charset='utf-8')
```

웹 애플리케이션 테스트에 자주 사용하는 인자는 path, query_string, data 정도입니다. 웹 애플리케이션이 텍스트 데이터만 받아들이지 않고 HTTP 요청을 할 때 쿠키 데이터 등을 함께 처리할 경우는 headers, input_stream, content_type, content_length 등의 인자를 추가로 사용할 수 있습니다.

- path
- query_string
- data

path 인자는 테스트 클라이언트로 테스트를 요청할 때 항상 첫 번째로 입력되는 인자입니다. 따라서 인자를 전달할 때 인자명을 명시하지 않고 전달합니다. 코드 6-3의 11행에서 보는 것처럼 요청 URL은 항상 첫 번째로 전달되어 옵니다. 프로그래머가 키워드 인자 전달 방식만을 통

---

47 http://werkzeug.pocoo.org/docs/0.10/test/#environment-building

해 테스트 클라이언트에 요청할 때 path 인자를 먼저 전달하지 않고 data 인자를 첫 번째로 전달한다면, path 인자도 인자명을 명시하여 전달할 필요가 있습니다.

```
01: self.app.post(data={"keyword":"jpub"}, path="/board/write")
```

query_string 인자는 URL의 일부로 붙는 인자를 지정하기 위해 사용됩니다. 코드 6-7은 HTTP 메서드 요청에 인자에 이름을 주어 전달하는 방식을 나타낸 코드입니다.

```
01: import os
02: import flask_board
03: import unittest
04:
05: class FlaskrTestCase(unittest.TestCase):
06:
07:     def setUp(self):
08:         self.app = flask_board.app.test_client()
09:
10:     def testArticleRead(self):
11:         read_stat = self.app.get("/board/30", query_string={"key":"subject"})
12:
13:         self.assertEqual(read_stat.status_code, 200, '게시판에서 데이터를 읽어오는데 오류가
발생했습니다')
14:
15: if __name__ == '__main__':
16:     unittest.main()
```

query_string 인자는 GET 메서드로 폼 데이터를 전송하기 위해 사용하는데, query_string 인자는 HTTP 메서드 종류에 상관없이 사용할 수 있지만, 특수한 경우가 아니면 폼 데이터 전송 방식을 혼용해서 쓰지 않는 것이 좋습니다. query_string에 전달하는 데이터 타입은 문자열과 사전이 있으며, 사전 타입으로 전달하는 것이 일반적입니다.

data 인자는 HTTP 메시지 바디에 폼 데이터를 기술합니다. data 인자가 사용되는 HTTP 메서드는 POST, PUT이 있습니다. 이외의 HTTP 메서드는 바디의 값을 갖지 않습니다.

```
01: import flask_board
02: import unittest
```

```
03:
04: class FlaskrTestCase(unittest.TestCase):
05:
06:     def setUp(self):
07:         self.app = flask_board.app.test_client()
08:
09:     def testArticleRead(self):
10:         read_stat = self.app.get("/board/30", data={"key":"subject"})
11:
12:         self.assertEqual(read_stat.status_code, 200, '게시판에서 데이터를 읽어오는데 오류가
발생했습니다')
13:
14: if __name__ == '__main__':
15:     unittest.main()
```

data 인자에 전달할 수 있는 데이터 타입은 query_string 인자와 같이 문자열과 사전 타입이 있는데, 키/값 형태로 구성된 인자를 전달하는 것이 테스트를 구성할 때보다 쉽게 구성할 수 있습니다.

웹 프로그램의 처리 결과로는 대부분 HTML이 반환되며, 반환 결과에 특정 문자열이 있는지를 검사할 수 있습니다. 코드 6-9는 URL 요청 결과를 검사하는 코드입니다.

코드 6-9 특정 문자열이 응답 결과에 있는지를 검사

```
01: class FlaskrTestCase(unittest.TestCase):
02:
03:     def setUp(self):
04:         self.db_fd, flaskr.app.config['DATABASE'] = tempfile.mkstemp()
05:         self.app = flaskr.app.test_client()
06:         flaskr.init_db()
07:
08:     def tearDown(self):
09:         os.close(self.db_fd)
10:         os.unlink(flaskr.app.config['DATABASE'])
11:
12:     def test_empty_db(self):
13:         rv = self.app.get('/')
14:         assert b'No entries here so far' in rv.get_data()
```

코드 6-9의 12~14행은 데이터베이스가 비어 있는지 확인하기 위해 정의한 테스트 메서드입니다. 이 메서드는 / URL의 응답 결과로 No Entries here so far라는 문자열이 응답 결과에 속해 있으면 테스트가 성공하지만, 데이터베이스에 하나의 레코드라도 포함되어 있으면 test_empty_db 테스트는 실패합니다.

코드 6-9의 14행에서 응답 결괏값을 검증하기 위해서 TestCase에서 제공하는 어설션 메서드가 아닌 파이썬에서 제공하는 assert 문을 사용했는데, assert 문 대신 assertIn 메서드를 사용해도 됩니다. 이 문장에서는 파이썬 3의 특징도 볼 수 있는데, 파이썬 3부터는 bytes 자료형이 도입되어서 13행처럼 메서드가 원격 통신을 할 경우 응답 결과의 데이터 타입은 일반 문자열이 아닌 bytes 데이터 타입으로 응답을 받습니다. bytes 자료형은 특정 언어로 디코딩하여 문자열로 만들 수도 있지만, bytes 자료형 상태에서 직접 연산하는 것이 더 좋습니다. 그리고 URL 호출의 응답 결과는 2.3절 '요청과 응답 다루기'에서 살펴본 것처럼 data 속성 대신에 get_data 메서드를 사용해야 합니다.

코드 6-9의 test_empty_db 테스트는 테스트를 통과하거나 실패할 수도 있는데, 테스트 결과만을 보고 테스트 메서드가 잘못 작성되었다고 볼 수는 없습니다. 예를 들어, 샘플 애플리케이션이 사용하는 데이터베이스를 파일 기반으로 운용하면 항상 성공하겠지만, 데이터베이스 서버를 따로 둔다면 실패할 수도 있습니다.

만약 테스트 케이스 작성자가 특정 테스트 메서드는 항상 성공해야 한다고 가정했을 때 이 테스트는 실패하면 안 됩니다. 이 테스트가 실패하기 위해서는 URL 응답 결과에서 원하는 문자열을 찾지 못해 False를 반환해야 합니다.

코드 6-10 로그인/로그아웃 테스트 케이스

```
01: class FlaskrTestCase(unittest.TestCase):
02:
03:     def setUp(self):
04:         self.db_fd, flaskr.app.config['DATABASE'] = tempfile.mkstemp()
05:         self.app = flaskr.app.test_client()
06:         flaskr.init_db()
07:
08:     def tearDown(self):
09:         os.close(self.db_fd)
10:         os.unlink(flaskr.app.config['DATABASE'])
11:
12:     def login(self, username, password):
13:         return self.app.post('/login', data=dict(
14:             username=username,
15:             password=password
16:         ), follow_redirects=True)
17:
18:     def logout(self):
19:         return self.app.get('/logout', follow_redirects=True)
20:
21:     def test_login_logout(self):
```

```
22:         rv = self.login('admin', 'default')
23:         assert b'You were logged in' in rv.get_data()
24:         rv = self.logout()
25:         assert b'You were logged out' in rv.get_data()
26:         rv = self.login('adminx', 'default')
27:         assert b'Invalid username' in rv.get_data()
28:         rv = self.login('admin', 'defaultx')
29:         assert b'Invalid password' in rv.get_data()
```

코드 6-10은 테스트 케이스 안에 테스트 메서드로 인식되지 않는 헬퍼 메서드(login, logout)를 정의하여 test_login_logout 메서드에서 사용한 예제입니다.

Flask의 테스트 클라이언트를 통한 URL 요청의 응답 결과는 werkzeug.wrappers.Response 클래스 인스턴스로 반환됩니다. 이 클래스는 같은 모듈의 BaseResponse 클래스를 상속받습니다. 특정 URL을 테스트하는 메서드는 Response 클래스 인스턴스가 가지고 있는 객체 속성과 객체 메서드로 HTTP 응답을 테스트할 수 있습니다. HTTP 응답 테스트에서 쉽게 사용할 수 있는 객체 속성과 메서드로는 다음과 같은 것들이 있습니다.

⊞ 표 6-1 HTTP 응답 테스트에서 쉽게 사용 가능한 객체 속성과 메서드

객체 속성	설명
response	HTTP 응답 바디를 iteration 객체 또는 문자열로 참조할 수 있는 객체 속성
status	HTTP 응답 결과를 문자열로 참조할 수 있는 객체 속성
headers	HTTP 응답 헤더를 Headers 객체(werkzeug.datastructures.Headers)로 참조할 수 있는 객체 속성
content_type	HTTP 응답 헤더 중 Content-Type 속성값을 참조할 수 있는 객체 속성
status_code	HTTP 응답 결과를 숫자로 참조할 수 있는 객체 속성
get_data()	HTTP 응답 바디를 반환받는 객체 메서드(data 속성값 읽어옴, data 속성은 폐지 예정)

🗨 마치며 이 절에서 우리는 Flask 애플리케이션을 테스트하는 몇 가지 방법을 알아봤습니다. Flask가 미들웨어 Werkzeug에 기반하고 있으므로 테스트 프로그램 작성 시 Flask 문서와 Werkzeug 문서를 같이 봐야 정확한 테스트 프로그램을 작성할 수 있습니다. 이 절에서 다루지는 않았지만, HTML 관련 라이브러리를 이용해 응답 결과를 DOM 모델로 변환하고 DOM 결과를 테스트에 이용하는 방법도 있습니다. REST API 서버의 테스트는 여기에서 설명한 것을 기본으로 작성한다면 쉽게 작성할 수 있을 것입니다.

6.3 어설션 메서드 사용

테스트 메서드는 구체적으로 테스트 대상의 API를 이용해 프로그램을 테스트하는데, 이때 테스터는 테스트가 정상적으로 수행되었는지 확인하기 위해서 어떤 방법을 사용할 수 있을까요? API의 호출 결과를 화면에 출력해보거나 if 문을 사용해 우리가 의도하던 결과를 응답받았는지를 검사하는 방법이 있겠습니다. 그런데 이와 같은 방식은 테스트 케이스를 작성하지 않고 프로그램을 개발할 때나 디버깅할 때는 매우 효율적인 수단일 수도 있지만, 테스트 케이스에서 수행하는 테스트는 테스트 케이스가 이해할 수 있는 예외가 발생하지 않으면 테스트 수행을 중단하지 않습니다.

일상적인 프로그램 수행에서는 프로그램을 종료하기 위해 sys 모듈의 exit 함수를 이용해 중단하는 것이 일반적입니다. 그러나 테스트 케이스는 테스트가 중단되거나 어떤 이유에 의해 수행되지 않을 수도 있습니다. 따라서 프로그래머가 의도한 테스트 수행 결과가 아니라면 테스트 케이스에 예외를 발생시키고 테스트 케이스가 테스트 수행 결과를 테스터(혹은 프로그래머)에게 전달해야 합니다.

파이썬의 unittest 모듈은 API의 실행 결과를 예상 결괏값과 비교 검증하여 프로그램의 실행을 일시 중단할 수 있는데, 이 기능을 assert 문을 통해 제공합니다.

파이썬의 unittest 모듈에 TestCase 클래스는 assert 문을 프로그래머가 조금 더 편하게 사용할 수 있도록 여러 기능으로 예상 결괏값과 실제 수행값을 비교 검증할 수 있는 다양한 메서드를 제공합니다. 이들 메서드를 어설션 메서드(assertion method)라 합니다. 어설션 메서드는 어서션 메서드라고도 부르기도 합니다만, 이 책에서는 어설션 메서드로 부르겠습니다.

우리는 앞에서 Flask 애플리케이션을 테스트하기 위해 테스트 클라이언트를 이용해 실제 웹 브라우저가 받는 응답 결과를 비교하는 테스트 케이스를 작성했습니다. 한편, 웹 애플리케이션은 브라우저의 응답을 테스트하는 것도 중요하지만, 웹 애플리케이션 개발에 사용되는 서드파티(third-party) 라이브러리나 이를 사용하는 내부 라이브러리의 테스트도 중요합니다.

프로그램의 규모가 커질수록 테스트 케이스의 개발은 늘어날 수밖에 없습니다. 테스트 케이스가 늘어나는 것은 그만큼 프로그램이 예상치 못한 상황에 대한 안정성을 가진다고 볼 수 있습니다.

이 절에서는 자주 사용하는 테스트 케이스의 어설션 메서드를 소개하고 사용 방법을 살펴보고자 합니다.

- **assertEqual(first, second, msg=None)**

assertEqual 메서드는 first와 second 인자로 넘어온 값이 같은지를 검사하고, 같지 않을 때 기본 메시지를 반환하고 테스트 케이스 실행을 종료합니다. msg 인자를 전달하면 테스트 실패 시 msg 인자에 전달한 값이 반환됩니다.

이 어설션 메서드는 파이썬에서 표현식 first == second와 같은 결과를 보이는데, 숫자와 문자열, 튜플의 요솟값이 같으면 True를 반환하지만, 이외의 객체는 가지고 있는 객체 속성의 메서드가 같아도 False를 반환합니다. 객체에 __hash__, __eq__ 메서드가 구현되어 있으면 이들 메서드가 연산에 사용됩니다.

- **assertNotEqual(first, second, msg=None)**

assertNotEqual 메서드는 first와 second 인자로 넘어온 값이 같지 않은지를 검사하고, 값이 같으면 기본 메시지를 반환하고 테스트 케이스 실행을 종료합니다. msg 인자를 전달하면 테스트 실패 시 msg 인자에 전달한 값이 반환됩니다.

이 어설션 메서드는 파이썬에서 표현식 first != second와 같은 결과를 보이는데, 숫자와 문자열, 튜플은 요솟값을 직접 비교하지만, 이외의 객체는 객체의 __ne__ 메서드가 선언되어 있으면 이 메서드가 연산에 사용됩니다.

- **assertTrue(expr, msg=None)**

assertTrue 메서드는 expr 인자에 전달한 표현식을 부울값으로 평가해서 그 값이 True일 때 테스트를 통과합니다. msg 인자를 전달하면 테스트 실패 시 msg 인자에 전달한 값이 반환됩니다.

이 어설션 메서드는 파이썬에서 bool(expre) is True와 같은 결과를 보입니다. 객체 변수의 경우에는 __bool__ 메서드가 연산에 사용됩니다.

- **assertFalse(expr, msg=None)**

assertFalse 메서드는 expr 인자에 전달한 표현식을 부울값으로 평가해서 그 값이 False일 때 테스트를 통과합니다. msg 인자를 전달하면 테스트 실패 시 msg 인자에 전달한 값이 반환됩니다.

이 어설션 메서드는 파이썬에서 bool(expre) is False와 같은 결과를 보입니다. 객체 변수의 경우에는 __bool__ 메서드가 연산에 사용됩니다.

- **assertIs(first, second, msg=None)**

assertIs 메서드는 first, second 인자에 전달한 값의 동등성을 비교했을 때 같으면 테스트를 통과합니다. msg 인자를 전달하면 테스트 실패 시 msg 인자에 전달한 값이 반환됩니다.

이 어설션 메서드는 파이썬 표현식 first is second와 같습니다. 파이썬 3.1에 처음 도입되었습니다.

■ assertIsNot(first, second, msg=None)

assertIsNot 메서드는 first, second 인자에 전달한 값을 동등성을 비교했을 때 같지 않으면 테스트를 통과합니다. msg 인자를 전달하면 테스트 실패 시 msg 인자에 전달한 값이 반환됩니다.

이 어설션 메서드는 파이썬 표현식 first is not second와 같습니다. 파이썬 3.1에서 처음 도입되었습니다.

■ assertIsNone(expr, msg=None)

assertIsNone 메서드는 expr 인자에 전달한 표현식의 평가 결괏값이 None일 때 테스트를 통과합니다. msg 인자를 전달하면 테스트 실패 시 msg 인자에 전달한 값이 반환됩니다.

이 어설션 메서드는 파이썬 표현식 expr is None과 같습니다. 파이썬 3.1에서 처음 도입되었습니다.

■ assertIsNotNone(expr, msg=None)

assertIsNotNone 메서드는 expr 인자에 전달한 표현식의 평가 결괏값이 None이 아닐 때 테스트를 통과합니다. msg 인자를 전달하면 테스트 실패 시 msg 인자에 전달한 값이 반환됩니다.

이 어설션 메서드는 파이썬 표현식 expr is not None과 같습니다. 파이썬 3.1에서 처음 도입되었습니다.

■ assertIn(first, second, msg=None)

assertIn 메서드는 first 인자의 값이 second 인자에 포함되어 있으면 테스트를 통과합니다. msg 인자를 전달하면 테스트 실패 시 msg 인자에 전달한 값이 반환됩니다. 숫자, 문자, 튜플은 요솟값을 직접 참조하지만, 객체에 __contains__ 메서드가 정의되어 있으면 이 메서드가 연산에 사용됩니다.

이 어설션 메서드는 파이썬 표현식 first in second와 같습니다. 파이썬 3.1에서 처음 도입되었습니다.

■ **assertNotIn(first, second, msg=None)**

assertNotIn 메서드는 first 인자의 값이 second 인자에 포함되어 있지 않으면 테스트를 통과합니다. msg 인자를 전달하면 테스트 실패 시 msg 인자에 전달한 값이 반환됩니다. 숫자, 문자, 튜플은 요솟값을 직접 참조하지만, 객체에 __contains__ 메서드가 정의되어 있으면 이 메서드가 연산에 사용됩니다.

이 어설션 메서드는 파이썬 표현식 first not in second와 같습니다. 파이썬 3.1에서 처음 도입되었습니다.

■ **assertIsInstance(obj, cls, msg=None)**

assertIsInstance 메서드는 obj 인자에 전달한 객체가 cls 인자에 전달한 클래스 객체로부터 생성된 것인지를 평가합니다. obj가 cls로부터 생성된 인스턴스이면 테스트를 통과합니다. msg 인자를 전달하면 테스트 실패 시 msg 인자에 전달한 값이 반환됩니다.

이 어설션 메서드는 파이썬 표현식 isinstance(obj, cls)와 같습니다. 파이썬 3.2에서 처음 도입되었습니다.

■ **assertNotIsInstance(obj, cls, msg=None)**

assertNotIsInstance 메서드는 obj 인자에 전달한 객체가 cls 인자에 전달한 클래스 객체로부터 생성되지 않았는지를 평가합니다. obj가 cls로부터 생성된 것이 아닐 때 테스트를 통과합니다. msg 인자를 전달하면 테스트 실패 시 msg 인자에 전달한 값이 반환됩니다.

이 어설션 메서드는 파이썬 표현식 not isinstance(obj, cls)와 같습니다. 파이썬 3.2에서 처음 도입되었습니다.

프로그램을 테스트하다 보면 앞에서 설명한 단순한 객체 관계 연산 외에도 다양한 종류의 테스트를 할 때가 있습니다. 지금 소개할 어설션 테스트는 객체 비교 연산입니다.

■ **assertAlmostEqual(first, second, places=7, msg=None, delta=None)**

assertAlmostEqual 메서드는 first 인자 값에서 second 인자 값을 뺀 절댓값이 0과 같거나 두 인자 값이 같으면 테스트를 통과합니다. places 인자는 7이 기본값인데, 지정하지 않으면 first-second 값을 소수점 7자리에서 반올림합니다. msg 인자를 전달하면 테스트 실패 시 msg 인자에 전달한 값이 반환됩니다.

places 인자 대신에 delta 인자에 비교할 숫자 값을 제공하면 first-second 값이 delta보다 작거나 같을 때 테스트를 통과합니다.

- **assertNotAlmostEqual(first, second, places=7, msg=None, delta=None)**

assertNotAlmostEqual 메서드는 first 인자 값에서 second 인자 값을 뺀 절댓값이 0과 같지 않거나 두 인자 값이 같으면 테스트를 통과합니다. places 인자는 7이 기본값인데, 지정하지 않으면 first-second 값을 소수점 7자리에서 반올림합니다. msg 인자를 전달하면 테스트 실패 시 msg 인자에 전달한 값이 반환됩니다.

places 인자 대신에 delta 인자에 비교할 숫자 값을 제공하면 first-second 값이 delta보다 크면 테스트를 통과하게 됩니다.

코드 6-11 assertAlmostEqual, assertNotAlmostEqual 어설션 메서드 사용

```
01: import unittest
02:
03: class AlmostTestCase(unittest.TestCase):
04:
05:     def testAlmostEqual(self):
06:         self.assertAlmostEqual(1.1, 1.0, delta=0.2)
07:
08:     def testNotAlmostEqual(self):
09:         self.assertNotAlmostEqual(1.1, 1.0, delta=0.1)
10:
11: if __name__ == '__main__':
12:     unittest.main()
```

- **assertGreater(first, second, msg=None)**

assertGreater 메서드는 first 인자 값이 second 인자 값보다 크면 테스트를 통과하고, 그렇지 않으면 테스트에 실패합니다. msg 인자를 전달하면 테스트 실패 시 msg 인자에 전달한 값이 반환됩니다. 객체에 __gt__ 메서드가 정의되어 있으면 이 메서드가 연산에 사용됩니다.

이 어설션 메서드는 파이썬 표현식 first > second와 같습니다. 파이썬 3.1에서 처음 도입되었습니다.

- **assertGreaterEqual(first, second, msg=None)**

assertGreaterEqual 메서드는 first 인자 값이 second 인자 값보다 크거나 같으면 테스트를 통과하고, 그렇지 않으면 테스트에 실패합니다. msg 인자를 전달하면 테스트 실패 시 msg 인자에 전달한 값이 반환됩니다. 객체에 __ge__ 메서드가 정의되어 있으면 이 메서드가 연산에 사용됩니다.

이 어설션 메서드는 파이썬 표현식 first >= second와 같습니다. 파이썬 3.1에서 처음 도입되었습니다.

■ **assertLess(first, second, msg=None)**

assertLess 메서드는 first 인자 값이 second 인자 값보다 크거나 같으면 테스트를 통과하고, 그렇지 않으면 테스트에 실패합니다. msg 인자를 전달하면 테스트 실패 시 msg 인자에 전달한 값이 반환됩니다. 객체에 __lt__ 메서드가 정의되어 있으면 이 메서드가 연산에 사용됩니다.

이 어설션 메서드는 파이썬 표현식 first < second와 같습니다. 파이썬 3.1에서 처음 도입되었습니다.

■ **assertLessEqual(first, second, msg=None)**

assertLessEqual 메서드는 first 인자 값이 second 인자 값보다 크거나 같으면 테스트를 통과하고, 그렇지 않으면 테스트를 실패합니다. msg 인자를 전달하면 테스트 실패 시 msg 인자에 전달한 값이 반환됩니다. 객체에 __le__ 메서드가 정의되어 있으면 이 메서드가 연산에 사용됩니다.

이 어설션 메서드는 파이썬 표현식 first <= second와 같습니다. 파이썬 3.1에서 처음 도입되었습니다.

■ **assertRegex(text, regex, msg=None)**

assertRegex 메서드는 regex 인자로 전달된 정규 표현식에서 text 인자에 전달된 값을 찾으면 테스트를 통과합니다. msg 인자를 전달하면 테스트 실패 시 msg 인자에 전달한 값이 반환됩니다.

이 어설션 메서드는 파이썬 표현식 regex.search(text)와 같습니다. 파이썬 3.1에서 처음 도입되었습니다.

■ **assertNotRegex(text, regex, msg=None)**

assertRegex 메서드는 regex 인자로 전달된 정규 표현식에서 text 인자에 전달된 값을 찾지 못하면 테스트를 통과합니다. msg 인자를 전달하면 테스트 실패 시 msg 인자에 전달한 값이 반환됩니다.

이 어설션 메서드는 파이썬 표현식 not regex.search(text)와 같습니다. 파이썬 3.2에서 처음 도입되었습니다.

코드 6-12 **assertRegex, assertNotRegex 어설션 메서트 테스트**

```
01: import unittest
02:
03: class RegexTestCase(unittest.TestCase):
04:
05:     def testRegex(self):
06:         self.assertRegex("abbbbc", "a[b]*c")
07:         self.assertRegex("abbbbc", "a[b]?c")
08:
09:     def testNotRegex(self):
10:         self.assertNotRegex("abbbbc", "a[b]*c")
11:         self.assertNotRegex("abbbbc", "a[b]?c")
12:
13: if __name__ == '__main__':
14:     unittest.main()
```

- **assertCountEqual(first, second, msg=None)**

assertCountEqual 메서드는 first 인자 값의 요소 수와 second 인자 값의 요소 수를 비교하여 같으면 테스트를 통과하고, 그렇지 않으면 실패합니다. msg 인자를 전달하면 테스트 실패 시 msg 인자에 전달한 값이 반환됩니다.

first와 second 인자 값이 시퀀스 타입의 데이터가 아니면 list 함수를 사용해 시퀀스 타입으로 변환한 후에 같은지를 비교합니다. 내부적으로는 collections 모듈의 Counter 클래스를 이용해 비교합니다. first 인자와 second 인자 타입이 객체일 때 __iter__ 메서드가 연산에 사용됩니다.

이 어설션 메서드는 파이썬 3.2에서 처음 도입되었습니다.

코드 6-13 **assertCountEqual 메서드를 사용한 어설션 테스트(first, second 인자 값이 객체인 경우)**

```
01: import unittest
02:
03: class equalIterator:
04:     def __iter__(self):
05:         yield 3
06:
07: class CountEqualTestCase(unittest.TestCase):
08:
09:     def testCountEqual(self):
10:         self.assertCountEqual(equalIterator(), equalIterator())
11:
12: if __name__ == '__main__':
13:     unittest.main()
```

우리는 앞에서 숫자, 문자, 튜플과 요솟값이 변경될 수 있는 객체에 대해서 비교 연산을 할 수 있는 어설션 메서드에 대해 알아봤습니다. 앞에서 살펴봤던 어설션 메서드는 요솟값이 변경될 수 있는 객체일 때 관계, 비교 연산 테스트에 실패할 수 있다고 언급했습니다.

그런데 변숫값이 같은지를 테스트하는 assertEqual 어설션 메서드는 파이썬 내장 데이터 타입이 비교 대상 값으로 들어와도 요솟값이 같으면 테스트를 통과합니다. assertEqual 어설션 메서드는 비교 대상 값을 받으면 해당 값의 데이터 타입이 파이썬 내장 데이터 타입인지를 확인하고, 내장 데이터 타입이면 unittest 모듈에 구현되어 있는 내장 데이터 타입 비교 메서드를 실행합니다. 내장 데이터 타입이 아니라면 객체에 __hash__, __eq__ 메서드를 이용해 연산을 수행하게 됩니다.

assertEqual 메서드를 사용하지 않고 요솟값이 변경될 수 있는 내장 데이터 타입의 값이 같은지를 테스트하려면 내장 데이터 타입에 맞는 어설션 메서드를 사용해야 합니다. unittest 모듈은 이를 위해 다음의 어설션 메서드를 파이썬 3.1 버전부터 제공합니다.

⊞ 표 6-2 파이썬 3.1부터 지원하는 내장 데이터 타입 비교를 위한 어설션 메서드

메서드명	설명
assertMultiLineEqual	여러 행에 걸친 문자열 데이터를 비교할 때 사용합니다.
assertSequenceEqual	시퀀스 타입의 데이터를 비교할 때 사용합니다.
assertListEqual	리스트 타입의 데이터를 비교할 때 사용합니다. 이 메서드 내부에서는 assertSequenceEqual 메서드를 호출합니다.
assertTupleEqual	튜플 타입의 데이터를 비교할 때 사용합니다. 이 메서드 내부에서는 assertSequenceEqual 메서드를 호출합니다.
assertSetEqual	집합 타입의 데이터를 비교할 때 사용합니다. 파이썬에서 집합은 set과 frozenset 데이터 타입이 있습니다.
assertDictEqual	사전 타입의 데이터를 비교할 때 사용합니다.

만약 프로그래머가 assertEqual 메서드를 이용해서 사용자 객체가 같은지를 비교하게 하려면, 먼저 사용자 객체가 같은지를 비교하는 함수를 정의하고 addTypeEqualityFunc 메서드를 이용해 비교할 객체와 비교 함수를 등록합니다. 그런 다음, '사용자 객체'가 같은지를 비교하기 위해 assertEqual 메서드를 사용하면 프로그래머가 작성한 비교 함수가 '사용자 객체' 비교 평가에 사용됩니다.

```
01: import unittest
02:
03: class customObject:
04:     def __init__(self, obj_name):
05:         self.name = obj_name
06:
07:     def __eq__(self, other):
08:         return self.name == other.name
09:
10:     def __repr__(self):
11:         return "<customObject %s>" % self.name
12:
13: class CustomTypeEqualityTestCase(unittest.TestCase):
14:
15:     def customTypeEqualFunc(self, first, second, msg=None):
16:         if first != second:
17:             standardMsg = '%s != %s' % (first, second)
18:             self.fail(self._formatMessage(msg, standardMsg))
19:
20:     def setUp(self):
21:         self.addTypeEqualityFunc(customObject, 'customTypeEqualFunc')
22:
23:     def testEqual(self):
24:         a = customObject('test')
25:         b = customObject('test2')
26:
27:         self.assertEqual(a, b)
28:
29: if __name__ == '__main__':
30:     unittest.main()
```

코드 6-14는 사용자 클래스 객체를 만들고 이를 비교하는 함수인 customTypeEqualFunc을 addTypeEqualityFunc 메서드를 이용해 assertEqual 어설션 메서드가 사용할 수 있도록 한 코드입니다.

마치며

이번 절에서는 테스트 케이스에서 사용 가능한 어설션 메서드 중에 지금까지 다뤘던 변숫값과 객체 값의 관계, 비교 연산에 사용 가능한 어설션 메서드를 다뤘습니다. 이들 외에 예외를 테스트할 수 있는 어설션 메서드도 있는데, 이들 메서드는 우리가 만든 프로그램이 정교해질수록 더욱 세밀한 테스트를 위해 사용할 수 있습니다.

파이썬 내장 데이터 타입의 비교와 예외에 관해 테스트하는 어설션 메서드에 관한 자세한 정보는 https://docs.python.org/3/library/unittest.html#assert-methods에서 찾아볼 수 있습니다.

그리고 이 절을 통해 파이썬 unittest의 테스트 케이스에서 사용 가능한 다수의 어설션 메서드도 살펴봤습니다. 어설션 메서드는 테스트 메서드를 통해 테스트를 작성할 때 보다 명확한 표현과 정확한 비교 테스트에 사용됩니다. 따라서 부득이한 경우가 아니라면 테스트 메서드 내에서는 assert 문보다 어설션 테스트를 사용하는 것이 보다 안정적인 테스트 케이스를 구성할 수 있습니다.

6.4 리소스와 컨텍스트 흉내내기

웹 애플리케이션은 사용자가 보낸 데이터와 함께 요청을 받아 어떤 일을 처리하고 처리 결과를 웹 브라우저에 응답합니다. 웹 프로그램이 처리하는 일 중 다음과 같은 일이 있다고 가정해보겠습니다.

- 지금 로그인하고 있는 사용자의 정보를 가져온다.
- 데이터베이스 연결을 수립한다.

Flask 애플리케이션에서 일반적으로 이런 일을 수행하려면 Flask 애플리케이션의 Application Context 또는 전역 객체(flask.g)를 이용할 수 있습니다. 예를 들어, 지금 로그인한 사용자의 이름을 가져오는 /users/me라는 라우팅 함수가 있다고 가정해봅시다.

📝 코드 6-15 **사용자의 이름을 가져오는 라우팅 함수**

```
01: @app.route('/users/me')
02: def users_me():
03:     return jsonify(username=g.user.username)
```

코드 6-15는 단순히 /users/me URL을 요청하면 사용자의 이름을 JSON 형태로 인코딩해서 웹 브라우저에 반환합니다. 코드 6-15가 정상 동작하려면 g.user 속성에 사용자 정보 객체가 설정되어 있어야 하겠죠. g.user에 사용자 정보 객체를 설정하는 일은 대표적으로 웹사이트에 로그인할 때를 떠올려 볼 수 있을 것입니다. 코드 6-16은 g.user 속성이 비어 있으면 데이터베이스로부터 정보를 가져와 g.user 속성에 사용자 객체를 설정하고 설정한 값을 반환합니다.

📝 코드 6-16 **g.user에 데이터를 설정하는 코드**

```
01: def get_user():
02:     user = getattr(g, 'user', None)
03:     if user is None:
04:         user = fetch_current_user_from_database()
```

```
05:         g.user = user
06:     return user
```

하지만 웹 애플리케이션에서 로그인 기능이 구현되어 있기 전이고 로그인 정보를 확인해야 한다면, 우리가 작성하고 있는 웹 애플리케이션에서 로그인 기능을 먼저 작성해야 할까요? 아니면 다른 방법을 찾아봐야 할까요? Flask는 이런 상황을 위해서 웹 애플리케이션 바깥에서 웹 애플리케이션의 내부 객체에 접근할 수 있도록 appcontext_pushed 시그널을 제공합니다.

📄 코드 6-17 appcontext_pushed 시그널을 사용해 Flask 전역 객체에 데이터 설정

```
01: from contextlib import contextmanager
02: from flask import appcontext_pushed
03:
04: @contextmanager
05: def user_set(app, user):
06:     def handler(sender, **kwargs):
07:         g.user = user
08:     with appcontext_pushed.connected_to(handler, app):
09:         yield
```

Flask 애플리케이션 바깥에서 Flask의 내부 객체에 접근하기 위해서는 코드 6-17과 같은 접근 코드를 사용해야 합니다. 이 코드와 유사한 접근 코드를 작성하기 위해서는 코드 6-17을 자세히 살펴볼 필요가 있습니다.

01: 파이썬 contextlib 모듈로부터 contextmanager 데코레이터를 임포트합니다.

02: flask 모듈로부터 appcontext_pushed 시그널을 임포트합니다.

04: contextmanager 데코레이터를 사용하겠다는 표시를 정의합니다.

05: user_set 함수를 정의합니다. 이 함수는 Flask 객체와 appcontext_pushed 시그널을 받았을 때 g.user에 설정할 사용자 정보 객체를 받습니다.

06~07: appcontext_pushed 시그널을 받았을 때 실행될 내부 함수를 정의합니다. 이 함수는 시그널을 전송한 발송자와 임의의 키워드 인자를 받습니다. 함수 내부에서는 g.user에 user_set에 전달한 user 변수를 설정합니다.

08~09: appcontext_pushed.connected_to 메서드를 사용해 이 시그널을 받았을 때 실행할 내부 함수 객체와 시그널을 전송한 Flask 애플리케이션을 지정합니다. 이 문장의 실행은 with 문을 사용하고 with 문의 실행 결과는 Iterator[48]를 호출합니다.

---

48 파이썬 반복자

이제 코드 6-15와 코드 6-17을 사용해 사용자 정보를 가져오는지 확인해봐야겠죠? 먼저 살펴볼 코드는 사용자의 정보를 가져오는 라우팅 함수가 정의되어 있는 함수입니다.

코드 6-18 **사용자의 정보를 가져오는 라우팅 함수가 정의되어 있는 Flask 애플리케이션**

```
01: from flask import Flask, g, jsonify
02:
03: app = Flask(__name__)
04:
05: @app.route('/users/me')
06: def users_me():
07:     return jsonify(username=g.user.username)
08:
09: if __name__ == "__main__":
10:     app.run()
```

코드 6-18을 작성했으면 이제 테스트 코드를 작성합니다. 테스트 코드는 Flask 전역 객체에 데이터를 설정하는 함수와 테스트 코드를 한곳에 묶었습니다.

코드 6-19 **코드 6-18을 테스트하는 테스트 케이스**

```
01: import unittest
02: from code6_17 import app
03: from flask import g
04: from contextlib import contextmanager
05: from flask import appcontext_pushed
06:
07: @contextmanager
08: def user_set(app, user):
09:     def handler(sender, **kwargs):
10:         g.user = user
11:     with appcontext_pushed.connected_to(handler, app):
12:         yield
13:
14: class UserInfo:
15:     def __init__(self, name):
16:         self.username = name
17:
18: class UsersMeTestCase(unittest.TestCase):
19:     def setUp(self):
20:         self.app = app.test_client()
21:
22:     def testUsersMe(self):
23:         user = UserInfo("test")
24:
25:         with user_set(app, user):
26:             response = self.app.get("/users/me")
```

```
27:
28:                 self.assertEqual(response.status_code, 200)
29:
30: if __name__ == "__main__":
31:     unittest.main()
```

코드 6-19를 테스트하면 우리가 의도한 것과 같은 응답을 받게 됩니다. 코드 6-19의 테스트가 정상적으로 수행되지 않을 때는 blinker 패키지를 설치하면 됩니다. 참고로, Blinker 패키지는 파이썬 객체 간에 빠르고 간단하게 브로드캐스트 시그널을 전송해주는 일을 하는 라이브러입니다.

◈ 셀 6-2 **blinker 패키지 설치**

```
$ pip install blinker
```

요마치며

이 절에서 우리는 코드 6-19에서 살펴본 것처럼 Flask 애플리케이션이 구현하지 않은 부분을 테스트하기 위해서는 Flask의 appcontext_pushed 시그널을 받아 객체를 설정하면, 애플리케이션 개발이 덜 진행되어 있어도 테스트가 가능함을 살펴봤습니다. 이 절에서 예시를 들어 설명한 테크닉은 애플리케이션 개발이 부분적으로 이루어져 있고 이에 대한 테스트 케이스의 개발이 필요할 때 유용하게 사용됩니다.

이 절을 통해 여러분이 작성하고 있는 프로그램을 수정하지 않고도 애플리케이션의 테스트를 진행할 수 있는 방법을 익혔을 것이라고 생각합니다.

6.5 세션 접근과 수정

웹 애플리케이션은 사용자를 식별하는 데이터를 저장하기 위해 2.4절 '쿠키와 세션 다루기'에서 살펴본 것처럼 쿠키와 세션을 사용합니다. 이 중에서 쿠키는 Flask 애플리케이션의 테스트 클라이언트에 요청한 응답 객체에서 set_cookie, delete_cookie 메서드를 통해 사용할 수 있지만, HTTP 세션의 데이터를 읽고 쓰는 일은 쿠키를 읽고 쓸 때와 조금 다른 방식을 취합니다.

테스트 클라이언트에서 세션을 사용하기 위해서는 테스트 클라이언트로부터 세션 객체를 임포트해야 합니다.

Flask 애플리케이션에 세션 정보를 읽고 쓰는 뷰 함수가 있다고 가정하면 테스트 케이스를 어떻게 만들어야 할까요? 6.4절 '리소스와 컨텍스트 흉내내기'에서 살펴본 것처럼 Flask 애플리케이션을 수정하지 않고도 우리가 작성한 테스트 케이스가 웹 애플리케이션의 세션을 읽고 쓸 수 있도록 개발해야 합니다.

Flask는 HTTP 세션 접근에 있어 flask.session 프록시 클래스를 사용하므로 테스트 케이스에서는 Flask 전역 객체처럼 flask.session을 임포트해서 사용할 수 없습니다. 코드 6-20은 Flask 세션 접근에 실패하는 테스트 코드입니다.

코드 6-20 테스트 케이스에서 Flask 세션 객체를 직접 임포트해서 세션에 접근

```
01: import unittest
02: from flask import session
03: import flask_session
04:
05: class sessionTestCase(unittest.TestCase):
06:     def setUp(self):
07:         self.app = flask_session.app.test_client()
08:
09:     def testSessionRead(self):
10:         response = self.app.get("/session_read")
11:
12:         self.assertEqual(session.get('foo', None), 'bar')
13:
14:     def testSessionWrite(self):
15:         self.assertEqual(session.get('foo2', None), None)
16:
17:         write_resp = self.app.get("/session_write")
18:
19:         self.assertEqual(session.get('foo2', None), 'bar2')
20:
21: if __name__ == "__main__":
22:     unittest.main()
```

코드 6-20은 우리가 의도한 것처럼 동작하지 않는데, 그 이유는 앞에서 언급한 것처럼 flask.session에 접근하는 컨텍스트가 Flask 애플리케이션이 아니라 Flask 애플리케이션 바깥의 테스트 케이스로 인식하기 때문입니다.

테스트 케이스가 Flask의 HTTP 세션에 접근하기 위해서 테스트 클라이언트 객체의 session transaction 메서드와 with 문을 함께 사용하면, 테스트 케이스에서 HTTP 세션 객체에 접근할 수 있습니다.

코드 6-21 session_transaction 메서드를 사용해 HTTP 세션에 접근하기

```
01: import unittest
02: import flask_session
03:
04: class sessionTestCase(unittest.TestCase):
05:     def setUp(self):
06:         self.app = flask_session.app.test_client()
07:
08:     def testSessionRead(self):
09:         response = self.app.get("/session_read")
10:
11:         with self.app.session_transaction() as session:
12:             self.assertEqual(session['foo'], 'bar')
13:
14:     def testSessionWrite(self):
15:         write_resp = self.app.get("/session_write")
16:
17:         with self.app.session_transaction() as session:
18:             session['foo'] = 'new bar'
19:             self.assertEqual(session['foo2'], 'bar2')
20:             self.assertEqual(session['foo'], 'new bar')
21:
22: if __name__ == "__main__":
23:     unittest.main()
```

코드 6-21을 실행해보면 우리가 의도한 테스트 실행 결과를 볼 수 있을 것입니다. session_ transaction 메서드는 Flask 테스트 클라이언트 안에만 존재하므로 우리가 작성하는 Flask 애플리케이션에서는 존재하지 않는 메서드입니다.

> **또 마치며**
>
> 이 절에서 우리는 Flask 애플리케이션의 테스트 케이스 안에서 HTTP 세션의 테스트 방법을 살펴봤습니다. 보통 웹 프로그램은 일반 응용 애플리케이션을 작성할 때보다 테스트 범위가 늘어남은 물론, HTTP 세션과 같이 플랫폼 특성에 따라 제공되는 기능을 테스트할 필요도 있습니다. 웹 애플리케이션을 테스트하고자 할 때 세부적인 부분에 신경 쓰면 보다 안정적인 테스트를 설계하고 만들 수 있을 것입니다.

웹 애플리케이션 배포

웹 애플리케이션을 만들었으면 이제 웹 애플리케이션을 웹 서버에 업로드하고 사용자가 웹 프로그램에 접근할 수 있도록 설정해야 합니다. 우리가 만든 웹 애플리케이션이 기업/단체 내부용이든 일반 판매용이든지 상관없이, 프로그램을 웹 서버에 쉽게 배포하고 약간의 설정만으로도 웹 프로그램을 사용할 수 있도록 해주는 편이 좋습니다. 아무리 좋은 프로그램이라도 프로그램 설치 과정이 복잡하고 이해하기 힘들면 사용자로부터 외면받기 쉽습니다.

파이썬은 웹 애플리케이션 구현 시에 WSGI 규격을 준수하여 개발하는 것을 커뮤니티 차원에서 권장합니다. 그 이유는 WSGI 표준에 따라 웹 애플리케이션을 구현하지 않으면 WSGI에 맞춰 개발된 라이브러리를 사용하지 못하거나 다른 개발자와 혼란을 겪을 수도 있기 때문입니다. WSGI 웹 애플리케이션의 서비스는 WSGI 표준을 준수하는 컨테이너에 올리거나 Flask 등의 프레임워크가 내장하고 있는 자체 웹 컨테이너를 이용하는 방법이 있습니다.

이 장에서는 다음과 같은 내용을 다룹니다.

- WSGI 웹 애플리케이션을 대중적인 웹 서버에 배포하는 방법
- 독립 WSGI 컨테이너를 사용해 WSGI 웹 애플리케이션을 배포하는 방법
- 다수의 테스트 케이스를 테스트 그룹으로 묶어 실행하는 방법

여러분이 이 징을 통해 웹 애플리케이션을 배포하고 유시보수하는 방법을 익힐 수 있기를 기대하며 시작하겠습니다.

이 장에서 샘플로 사용할 Flask 애플리케이션은 flask.pocoo.org 홈페이지에 있는 Hello World 애플리케이션입니다.

코드 7-1 **hello_world.py**

```python
01: from flask import Flask
02: app = Flask(__name__)
03:
04: @app.route("/")
05: def hello():
06:     return "Hello World!"
```

7.1 웹 서버와의 연동

웹 서버는 하드웨어적인 의미와 소프트웨어적인 의미를 동시에 가집니다. 소프트웨어적인 역할 기반으로 웹 서버를 설명하자면, 웹 브라우저가 리소스를 요청할 때 리소스 처리 결과를 웹 브라우저에 반환하는 백엔드 서비스[49]를 의미합니다. 하드웨어적인 의미에서의 웹 서버는 말 그대로 하드웨어를 의미합니다. 이 책에서 우리는 웹 서버의 의미를 웹 브라우저의 리소스 요청을 받아 처리 결과를 반환하는 백엔드 서비스로서만 한정할 것입니다.

웹 서버는 보통 정적 파일, 다시 말해 내용이 변경되지 않는 HTML 파일이나 이미지, CSS 파일 등을 웹 브라우저에 서비스하기 위해 사용합니다. 이런 제약은 초기 웹 서버가 가져야 했던 특성이었으며, 이후 웹 서버가 동적인 내용을 처리해야 할 필요성이 생기면서 웹 서버는 CGI 규약을 통해 외부 프로그램과의 연계를 통해 동적 결과를 서비스할 수 있게 되었습니다.

오늘날은 웹 프로그램의 효율적인 처리를 위해 정적 파일을 서비스하는 웹 서버와 동적 처리 결과를 만드는 프로그램이 있는 컨테이너로 구분되어 있습니다. 웹 서버의 성능을 결정짓는 요인은 정적 파일의 처리 속도와 웹 브라우저에 리소스 처리 결과를 반환하는 부분으로 나뉘어 있습니다.

현재 대중적인 웹 서버로는 아파치 웹 서버와 IIS, Nginx 등이 있으며, 기업에 따라서 아파치 웹 서버를 수정한 Oracle HTTPD Server, IBM HTTPD Server 등과 그 외 임베디드 환경에서 사용할 수 있도록 개발된 체로키(Cherokee), 그리고 상용 웹 서버인 WebToB 등이 실무에서 사

---

49 프로그램에서 사용자가 마주하는 영역을 프론트엔드(front-end), 사용자가 입력한 데이터를 처리하는 영역을 백엔드(back-end)라고 부릅니다.

용되기도 합니다.

우리는 이 절에서 인기 있는 운영체제에서 동작하는 아파치 웹 서버와 Nginx 웹 서버에 WSGI 웹 프로그램을 배포하기 위한 환경 구성 방법을 살펴보겠습니다. 물론, 여기서 모든 웹 서버와 WSGI 컨테이너와의 연결을 다루지는 않으므로 자세한 내용이 필요할 때는 검색 엔진을 통해 정보를 얻으시길 바랍니다. 현재 연동 가능한 구성 형태로 알려진 것 중 공개 소프트웨어로 구성 가능한 형태는 다음과 같습니다.

- apache2 + fastcgi
- apache2 + cgi
- apache2 + passenger
- apache2 + uwsgi
- apache2 + mod_wsgi
- apache2 + mod_uwsgi
- apache2 + mod_python
- nginx + fastcgi
- nginx + passenger
- nginx + uwsgi

위의 환경 구성 방식에서 독자 여러분의 상황에 맞는 것을 골라 자료를 찾아보기 바랍니다.

7.1.1 apache2에서의 연동(mod_python, mod_wsgi)

아파치 웹 서버는 1995년 당시에 가장 인기 있던 웹 서버였던 NCSA HTTPD 1.3 버전을 기반으로, 실사용자들의 개선 요청을 받아들여 기능 패치뿐만 아니라 더욱 향상된 기능을 탑재하여 만들어졌습니다. 아파치 웹 서버의 이름은 NCSA HTTPD 1.3에 패치 파일을 제공했던 사람들의 모임인 아파치 그룹에서 제안한 'A PAtCHy server'에서 유래되었습니다.

필자의 추측으로 아파치의 이름이 지금처럼 굳어지게 된 것은 아파치 웹 서버의 기반 코드가 되었던 NCSA HTTPD는 소스 코드가 공개되어 있었고, 여기에 패치 파일을 보내 웹 서버의 기능을 개선하거나 확장하는 것이 가능했기 때문에 아파치란 이름이 붙었던 것이 아닐까 합니다.

아파치라는 이름만 놓고 보면 미국 서부 영화에 나오는 인디언 이름이나 전투 헬기의 이름이 생각나기도 하지만, 제품 개발 이후 현재까지 전 세계 웹 서버 점유율 50%를 항상 웃돌 정도로 매우 인기 있는 웹 서버 프로그램입니다.

아파치 웹 서버에서 파이썬 기반의 WSGI 프로그램을 동작시키려면 아파치 웹 서버의 DSO 시스템[50]에 파이썬 WSGI 지원 모듈을 탑재해야 합니다. 아파치 웹 서버에 DSO 형태로 탑재할 수 있는 WSGI 라이브러리로는 구글에서 개발 중인 mod_wsgi 외에 mod_python 등이 더 있지만, 이 책에서는 mod_wsgi만을 다룹니다.

mod_wsgi를 설치하기 전에 독자의 컴퓨터에는 아파치 웹 서버가 설치되어 있어야 합니다. 이 책에서는 독자가 아파치 웹 서버를 직접 설치했거나 데비안 리눅스나 데비안 계열의 리눅스 배포본을 사용하고 있다고 가정하고 진행하겠습니다. 데비안 리눅스 계열에서는 apt-get 명령으로 아파치 웹 서버를 쉽게 설치할 수 있습니다.

◈ 셸 7-1 **데비안 리눅스 계열에서 아파치 웹 서버 설치**

```
# apt-get install apache2
```

이제 mod_wsgi을 사용해 아파치 웹 서버에서 파이썬 애플리케이션을 구동시키겠습니다. 리눅스/OSX[51] 환경에서 mod_wsgi의 설치는 pip 명령으로 쉽게 설치할 수 있으며, Apache Web Server 2.2 버전 이상을 요구합니다. 데비안 계열 리눅스에서의 아파치 웹 서버는 다음과 같은 패키지가 필요합니다.

- apache2-mpm-prefork
- apache2-prefork-dev

또는

- apache2-mpm-worker
- apache2-threaded-dev

운영(production) 환경에서 사용되는 아파치 웹 서버는 apache2-mpm-worker 버전을 사용하는 것이 일반적입니다.

---

50 웹 서버가 포함할 기능을 동적 모듈로 제공하는 시스템을 의미합니다.

51 윈도우 기반하에 파이썬 개발 환경과 배포 환경을 구성하는 것은 문제도 많고 여러 이슈가 있습니다. 책에서 다루지 않지만 향후 이 책의 웹사이트 또는 필자의 웹사이트에서 관련 내용을 서비스하겠습니다. 이후 리눅스 환경으로만 표현하겠습니다.

```
# apt-get install python3-dev
# pip install mod_wsgi
```

파이썬에 mod_wsgi의 설치가 완료되면 아파치 웹 서버에 mod_wsgi 모듈을 탑재하기 위한 mod_wsgi-express 명령을 사용할 수 있습니다. 이 명령은 WSGI 애플리케이션을 독립적으로 실행하기 위해서도 사용할 수 있습니다.

우리는 mod_wsgi-express에 포함된 아파치 웹 서버를 사용하지 않고 독립적으로 구성할 것이라서 mod_wsgi 모듈만 아파치 웹 서버에 설치하겠습니다.

셀 7-3   mod_wsgi-express 명령으로 아파치 웹 서버에 mod_wsgi 모듈 탑재하기

```
# mod_wsgi-express install-module --modules-directory /usr/lib/apache2/modules/
```

셀 7-3의 명령을 입력하면 터미널에서 결과 7-1과 유사한 출력 결과를 볼 수 있습니다. 셀 7-3의 명령을 실행하기 전에 우리가 설치한 아파치 웹 서버의 DSO 모듈이 어떤 디렉터리에 들어가는지 알고 있어야 합니다.

☑ 결과 7-1   셀 7-3의 수행 결과

```
LoadModule wsgi_module /usr/lib/apache2/modules/mod_wsgi-py34.cpython-34m.so
WSGIPythonHome /root/.virtualenvs/sample_edition
```

앞에서 mod_wsgi 모듈을 아파치 모듈 디렉터리에 탑재했기 때문에 아파치 웹 서버가 인식하도록 설정해주어야 합니다. 이때 결과 7-1의 첫 행을 아파치 웹 서버가 불러들일 수 있도록 아파치 설정 파일의 모듈 설정 부분에 추가해주어야 합니다.

셀 7-4   아파치 웹 서버가 WSGI 모듈을 불러들일 수 있도록 아파치 모듈 추가 후 활성화

```
# echo LoadModule wsgi_module /usr/lib/apache2/modules/mod_wsgi-py34.cpython-34m.so >
/etc/apache2/mods-available/mod_wsgi.load
# a2enmod mod_wsgi
```

이로써 아파치가 WSGI 모듈을 기동하도록 하는 절차가 완료되었습니다.

마지막으로 아파치 웹 서버의 메인 가상 호스트에 파이썬 WSGI 애플리케이션을 탑재할 것입니다. WSGI 애플리케이션은 코드 7-1을 사용할 것이며, 웹 프로그램은 파이썬 패키지 구조를 따라 /var/www/html에 sample 이름으로 설치되어 있다고 가정합니다.

첫 번째로 해야 할 일은 WSGI 애플리케이션의 wsgi 파일을 만들어야 합니다. 이때 WSGI 애플리케이션의 개발 및 배포 환경은 시스템 전역 환경이 아닌 가상 환경을 사용하는 것이 좋습니다. 이후부터는 가상 환경에서 WSGI 프로그램을 사용할 것입니다.

코드 7-2 **wsgi 파일 구성, /var/www/html/sample/hello_world.wsgi**

```
01: import sys
02: sys.path.insert(0, '/var/www/html/sample')
03:
04: from hello_world import app as application
```

1~2행은 Flask 인스턴스 객체를 가져오기 위해 WSGI 애플리케이션 디렉터리를 파이썬 모듈 경로에 추가하기 위해 사용합니다.

코드 7-2와 같이 wsgi 파일을 구성했으면 아파치 웹 서버의 가상 호스트 환경(여기에서는 메인 가상 호스트[52])에 WSGI 애플리케이션이 구동되도록 설정합니다.

코드 7-3 **아파치 가상 호스트에 WSGI 애플리케이션을 설정하기 위한 설정 코드 조각**

```
01: WSGIDaemonProcess hello_world user=www-data group=www-data threads=5 python-home=
/var/www/sample_edition
02: WSGIScriptAlias /sample /var/www/html/sample/hello_world.wsgi
03:
04: <Directory /var/www/html/sample>
05:     WSGIProcessGroup hello_world
06:     WSGIApplicationGroup %{GLOBAL}
07:     Order deny,allow
08:     Allow from all
09: </Directory>
```

---

52 아파치 웹 서버가 서비스하려는 웹 프로그램이 한 개 이상이라면 메인 호스트(아파치가 메인 웹사이트로 설정하는 호스트)도 가상 호스트로 취급합니다.

코드 7-3에 관한 상세한 내용은 mod_wsgi 매뉴얼[53]과 아파치 웹 서버 홈페이지에서 찾아볼 수 있습니다.

코드 7-3을 /etc/apache2/sites-available/000-default.conf 파일의 VirtualHost 디렉티브 영역 안에 추가했는지 확인해보세요.

이제 아파치 웹 서버를 재시작하고 http://localhost/sample에 접근했을 때 Hello World!가 나오는지 확인해보세요. 웹 브라우저로 결과를 보았을 때 여러분의 생각대로 출력되었다면 프로그램은 실행 오류가 발생되지 않았을 것입니다.

셸 7-5 아파치 웹 서버 재시작

```
# service apache2 restart
```

이 절을 끝내기 전에 마지막으로 코드 7-3에 사용된 지시자와 코드 7-2와의 관계를 설명하겠습니다. 아파치 웹 서버에서 mod_wsgi를 사용해 애플리케이션을 가동하려면 먼저 WSGI 데몬이 동작할 수 있도록 설정해야 합니다.

코드 7-3의 1행은 WSGI 데몬 프로세스를 켜기 위한 지시자인 WSGIDaemonProcess입니다. 이 지시자의 인자는 공백을 구분 기호로 여러 개를 나열할 수 있으며, 첫 번째 인자를 제외하고 모두 옵션 인자입니다. 첫 번째 인자는 프로세스의 이름을 지정하는데, 보통 WSGI 애플리케이션의 이름을(공백 없이) 지정합니다. 이 책에서는 옵션 인자로 데몬 프로세스가 어떤 사용자/그룹으로 운영되고 몇 개의 프로세스나 스레드를 구동시킬 것인지와 wsgi 프로그램이 동작할 파이썬 가상 환경 설정 등의 WSGI 데몬 설정을 추가했습니다.

user와 group 속성은 운영체제 시스템에 존재하는 사용자/그룹 계정의 이름이나 이에 해당하는 id 속성값(사용자는 uid, 그룹은 gid로 부릅니다)을 부여할 수 있습니다. 이 책에서 설명하지 않은 그 외의 자세한 설명은 mod_wsgi 위키 문서를 살펴보기 바랍니다.

2행은 WSGI 애플리케이션의 파일에 대해 웹 서버 기준의 경로에 별칭을 부여하고 있습니다. 아파치 웹 서버에서는 DocumentRoot 지시자를 사용하여 / 가상 경로를 매핑하는데, WSGIScriptAlias 지시자를 사용하면 아파지 웹 서버는 DocumentRoot 지시자의 값보다 WSGIScriptAlias 지시자에 사용된 값을 우선시합니다.

---

[53] https://modwsgi.readthedocs.org/en/develop/configuration.html

WSGIScriptAlias 지시자는 두 개의 인자를 받는데, 첫 번째 인자는 웹 서버 기준의 가상 경로, 두 번째 인자는 WSGI 파일의 물리 경로를 지정합니다.

5행은 WSGI 프로세스의 그룹 이름을 지정하는 데 사용합니다. WSGIProcessGroup 지시자 값은 사용할 수 있는 몇 가지 값과 시스템 관리자가 임의의 값을 지정할 수 있는데, 일반적으로 WSGIProcessGroup 지시자의 첫 번째 인자에 제공한 이름을 재활용하여 사용하는 것이 설정값을 이해하기 쉽습니다.

6행은 WSGIApplicationGroup 지시자로 WSGI 애플리케이션이 속할 그룹을 지정합니다. 기본값은 %{RESOURCE}이며, 이 값은 웹 서버 환경 변수 그룹인 %{SERVER}의 SCRIPT_NAME 속성의 값을 기본 설정값으로 가집니다(다시 말해, WSGI 요청 경로가 변할 때마다 값이 달라집니다). 예제에서는 %{GLOBAL}을 지정했는데, 이 속성값은 비어 있는 문자열을 할당합니다.

4~9행의 내용 중 5~6행은 Directory 컨텍스트 안에 포함되었지만, 아파치 웹 서버 설정 파일[54]의 Server Config나 Virtual Host 컨텍스트 안에 직접 나타날 수도 있습니다. WSGI 애플리케이션 환경에서 Directory Context가 지정하는 디렉터리는 WSGI 애플리케이션이 속하는 디렉터리에 한정해서 표기합니다.

마지막으로 코드 7-2의 마지막 행에서 WSGI 애플리케이션의 app 객체를 application 객체로 참조할 수 있도록 별칭을 나타냈습니다. 이렇게 하는 이유는 mod_wsgi 환경의 지시자인 WSGICallableObject를 설정하지 않았기 때문입니다. WSGICallableObject 지시자의 기본값은 application이므로 웹 서버의 Server Config, Virtual Host, Directory, .htaccess[55] 컨텍스트에서 지정하지 않으면 wsgi 파일에서는 항상 애플리케이션의 메인 호출 객체의 값을 application으로 별칭을 부여해서 불러와야 합니다.

만약 WSGICallableObject 지시자의 값을 app으로 설정했다면, 코드 7-2의 마지막 행에서 as 이후로 적지 않아도 됩니다. 하지만 Flask 애플리케이션의 변수 이름 관례상 WSGI 메인 호출 객체는 항상 app으로 지정합니다. 따라서 웹 서버에서 WSGICallableObject의 인자 값으로 app을 지정하는 것이 이후 작업을 비교적 편하게 할 수 있을 것입니다.

---

54 자세한 설명은 http://httpd.apache.org/docs/2.4/mod/directive-dict.html#Context 문서를 참고하기 바랍니다.

55 웹 서버가 서비스하는 사용자 디렉터리가 있다면, 개별 사용자의 아파치 웹 서버 설정을 덮어쓰는 파일로 웹 서버 설정에서 파일 이름을 덮어쓰거나 이 기능을 제공하지 않기도 합니다.

mod_wsgi 연동 중 분명히 퍼미션(Permission) 문제를 겪는 분이 있을 텐데, 퍼미션 문제가 발생할 때는 WSGIDaemonProcess 지시자의 user, group 옵션에 지정했던 시스템 사용자와 그룹으로 WSGI 애플리케이션의 파일들과 WSGI 애플리케이션이 사용하고 있는 가상 환경의 파일들의 소유자와 그룹을 변경[56]하면 됩니다.

지금까지 파이썬 Flask 애플리케이션을 아파치 웹 서버에 mod_wsgi를 사용하여 올리는 방법을 알아봤습니다. 이 과정에서 어려움을 겪는 독자도 분명 있겠지만, 미리 겁을 먹지 않아도 됩니다. 혹시 어려움을 겪는 독자가 있다면 이 책의 공식 웹사이트를 통해 문의해주세요.

이제 nginx와 uwsgi를 이용해 파이썬 WSGI 애플리케이션을 사용자가 이용할 수 있도록 설정하겠습니다.

7.1.2 nginx와 uwsgi 연동

웹 서버는 앞 절에서 설명한 아파치 웹 서버 외에도 여러 가지가 있지만, 이 절에서는 아파치와 함께 웹 서버 구축에 많이 쓰이고 있는 nginx와 파이썬 커뮤니티에서 인기 있는 WSGI 서버인 uwsgi를 사용해 웹 애플리케이션 서버를 구축해볼 것입니다.

nginx 웹 서버에서 WSGI 애플리케이션을 구동시키기 위해서 fastcgi, uwsgi, passenger 등의 컨테이너를 이용할 수 있지만, 이 책에서는 인기 있는 uwsgi를 사용해서 구축하겠습니다.

먼저, nginx 서버를 설치하겠습니다. nginx 서버 설치는 데비안 리눅스 계열 배포본을 사용하고 있다는 가정하에 진행하겠습니다.

◈ 셸 7-6 **nginx 웹 서버 설치**

```
# apt-get install nginx
```

nginx 서버 설치가 완료되면 이어서 uwsgi를 설치하겠습니다. uwsgi 서버 설치도 pip 명령으로 쉽게 설치할 수 있습니다.

◈ 셸 7-7 **uwsgi 설치**

```
# pip install uwsgi
```

---

56 리눅스 환경에서는 chown 명령으로 한 번에 수행할 수 있습니다.

uwsgi가 정상적으로 설치되면 uwsgi 데몬으로 WSGI 애플리케이션을 쉽게 실행할 수 있도록
ini 파일을 작성합니다. uwsgi는 ini 형식의 파일 외에도 XML, JSON, YAML 형식의 파일도
인식할 수 있지만, 우리는 ini 형식의 파일을 만들기로 합니다.[57]

코드 7-4 샘플 애플리케이션을 위한 uwsgi ini 파일(예제에서는 /var/www/uwsgi.ini로 작성)

```
01: [uwsgi]
02: touch-reload=/tmp/flask_sample.app
03: socket = /tmp/uwsgi_flask_sample.sock
04: workers = 2
05: chdir = /var/www/html/sample
06: callable = app
07: module = hello_world
08: uid = 33
09: gid = 33
10: venv = /var/www/sample_edition
```

코드 7-4는 uwsgi 명령으로 WSGI 애플리케이션을 쉽게 기동시키기 위해 작성한 파일입니다.
ini 파일은 섹션과 섹션에 포함되는 영역으로 나누어 기술합니다. 하나의 ini 파일에는 다수의
WSGI 애플리케이션이 동작할 수 있도록 기술할 수 있습니다.

먼저, 여기에 쓰인 옵션 항목에 대해 설명하고 nginx 서버에 uwsgi 설정을 추가하겠습니다. ini
파일은 작성할 때 반드시 섹션을 먼저 만들고 섹션별 옵션을 추가해야 합니다.

ini 파일에서 섹션은 '['와 ']'로 구분된 것을 말합니다. 이 ini 파일을 자세히 살펴보겠습니다.

01: 이 행은 내용 섹션의 시작을 알립니다. ini 해석 라이브러리는 ini 파일에 다른 섹션의 내
용을 기술하기 전에 나오는 모든 옵션 항목은 바로 전의 섹션 영역에 포함하는 것으로 해석
합니다.

02: touch-reload 옵션 항목에는 파일 경로를 지정하는데, 여기에 지정하는 파일을 touch 명령
어로 최종 접근 시간을 변경해주면 WSGI 애플리케이션이 메모리에 다시 불려집니다.

03: socket 옵션 항목은 uwsgi 애플리케이션과 웹 서버가 통신할 소켓 경로 또는 uwsgi 서버가
동작하는 서버의 IP와 포트 번호를 명시합니다.

04: workers 옵션 항목은 uwsgi 데몬의 워커 수를 지정합니다. 사용자가 웹 서버에 접속이 집
중될 경우 워커 수를 적절히 조절합니다.

05: chdir 옵션 항목은 wsgi 프로그램을 실행하는 작업 디렉터리(working directory)를 변경하기 위해 사용하며, 일반적으로 wsgi 프로그램 시작 파일(예: main.py)이 있는 디렉터리로 변경합니다. ini 파일이 wsgi 애플리케이션과 같은 디렉터리에 있으면 이 옵션을 사용하지 않아도 됩니다.

06: callable 옵션 항목은 Flask 애플리케이션의 객체 변수명을 지정합니다. module 옵션 항목과 같이 사용합니다.

07: module 옵션 항목은 Flask 애플리케이션 객체가 있는 파이썬 파일의 이름을 확장자를 제외하고 지정합니다. 예제에서는 sample 디렉터리에 있는 hello_world.py 파일에 Flask 인스턴스 객체가 선언되어 있어 hello_world를 지정했습니다.

08~09: uid, gid 옵션 항목은 uwsgi 데몬이 어떤 사용자/그룹 계정으로 동작할 것인지를 지정하기 위해 사용합니다. uwsgi 데몬이 root 계정으로 동작할 경우 반드시 지정해야 합니다. uid, gid는 id 명령 또는 /etc/passwd와 /etc/group 파일을 열어서 확인할 수 있습니다. mod_wsgi를 설정할 때와 같이 uid, gid 값으로 WSGI 애플리케이션과 가상 환경의 파일의 소유권[58]이 설정되어 있어야 합니다.

10: venv 옵션 항목은 WSGI 애플리케이션이 실행될 가상 환경을 지정합니다. 파이썬 WSGI 애플리케이션이 전역 파이썬 환경에서 운영될 경우 이 항목은 지정하지 않아도 되지만, 애플리케이션 배포 환경에서는 파이썬 전역 환경보다 파이썬 애플리케이션별로 다른 라이브러리를 사용할 수 있는 환경을 구성할 수 있는 가상 환경을 권장합니다.

uwsgi에 사용할 수 있는 전체 옵션은 http://uwsgi-docs.readthedocs.org/en/latest/Options.html 에서 볼 수 있습니다.

이제 nginx의 설정 파일을 수정하겠습니다. nginx 설정 파일은 uwsgi가 실행되었을 때의 특정 옵션 항목(socket)과 밀접한 관련이 있으므로 ini 파일을 만들어 사용하는 것이 좋습니다.

우리는 nginx의 설정 파일로 /etc/nginx/sites-enabled/default 파일을 수정하였습니다. WSGI 애플리케이션을 웹 가상 경로의 루트(/) 경로에 매치하는지, 루트 경로(/) 아래의 이름을 포함한 경로인지에 따라 설정 내용이 미묘하게 달라집니다.

첫 번째로, 루트(/) 가상 경로로 WSGI 애플리케이션에 접근하게 할 때는 server { … } 블록 안에 다음과 같이 선언해야 합니다.

---

58 사용자와 그룹 소유권

```
01: server {
02:     ... 중략 ...
03:     location / {
04:         try_files $uri @flask_application;
05:     }
06:
07:     ... 중략 ...
08:
09:     location @flask_application {
10:         include uwsgi_params;
11:         uwsgi_pass unix:/tmp/uwsgi_flask_sample.sock;
12:     }
13: }
```

루트 경로에 웹 애플리케이션을 매핑하는 설정은 코드 7-5의 내용으로 nginx와 uwsgi 설정을
완료할 수 있습니다. 코드 7-5에서 눈여겨봐야 할 부분은 4, 9, 11행입니다.

4행은 nginx로 들어오는 모든 요청을 Flask 애플리케이션으로 보내라는 의미로 사용한 것입니
다. 이때 Flask 애플리케이션의 이름은 관리자가 임의 값을 지정할 수 있습니다. 여기에 설정할
수 있는 이름은 @ 문자로 시작해야 합니다.

9행은 4행에서 지정한 Flask 애플리케이션의 이름을 location 블록의 값으로 사용합니다. 11
행은 코드 7-4의 3행에 지정한 소켓 주소를 지정한 것입니다. 소켓 주소를 파일로 지정했다면
'unix:소켓 파일 경로'와 같은 형식으로 기술해야 합니다. 만약 코드 7-4에서 3행에 소켓 파일
주소가 아닌 127.0.0.1:3030과 같이 소켓 주소를 URL로 지정했다면, uwsgi_pass 127.0.0.1:3030
과 같이 해야 합니다.

이제 uwsgi와 nginx를 실행해서 웹 브라우저에서 Flask 애플리케이션이 여러분이 기대한 대로
실행되는지 확인해보세요. 확인 주소는 http://<서버의 IP 주소>입니다.

셸 7-8　uwsgi 데몬 실행과 nginx 데몬 재시작

```
# uwsgi --ini uwsgi.ini &
# service nginx restart
```

앞에서 nginx의 uwsgi 주소 매핑에서 우리는 루트(/) 경로에 대해서만 매핑했습니다. 두 번째로
살펴볼 주소 매핑 방법은 루트(/) 경로 이하의 특정 경로로 접근했을 때입니다.

```
01: server {
02:     ... 중략 ...
03:     location = /sample { rewrite ^ /sample/; }
04:     location /sample {
05:         try_files $uri @flask_application
06:     }
07:
08:     ... 중략 ...
09:
10:     location @flask_application {
11:         include uwsgi_params;
12:         uwsgi_param SCRIPT_NAME /sample;
13:         uwsgi_modifier1 30;
14:         uwsgi_pass unix:/tmp/uwsgi_flask_sample.sock;
15:     }
16: }
```

특정 경로에 uwsgi를 매핑하려면 먼저 location 지시자를 이용해 nginx 서버에 요청한 주소가 특정 경로와 같으면 URL을 재작성하도록 해야 합니다. 코드 7-6에서는 nginx에 요청한 주소가 /sample과 같을 때 /sample/로 URL을 재작성하도록 요청한 것입니다.

12행에서는 uwsgi_param 지시자를 사용하여 wsgi의 SERVER 환경 변수의 SCRIPT_NAME 속성값을 /sample로 지정합니다. /sample은 4~5행에 지정했던 웹의 가상 경로 값을 지정합니다.

13행에서는 uwsgi 패킷 헤더에 특정 값을 추가하기 위해서 사용합니다. 30이란 값은 WSGI 블록 변수의 크기를 보내겠다는 의미로 사용한 것인데, http://uwsgi-docs.readthedocs.org/en/latest/Protocol.html#uwsgi-packet-header에서 사용할 수 있는 헤더 값 전체를 볼 수 있습니다.

앞의 설정으로 특정 경로에 WSGI 애플리케이션을 매핑을 완료했습니다. 남은 작업은 nginx 데몬을 재시작하고 웹 프로그램의 동작을 웹 브라우저로 확인하는 것입니다.

셸 7-9 nginx 데몬 재시작

```
# service nginx restart
```

웹 브라우저에서의 확인은 http://server_ip/sample로 하면 됩니다.

7.2 WSGI 컨테이너 이용하기(Tornado, Gunicorn)

7.1절 '웹 서버와의 연동'을 통해서 WSGI 애플리케이션을 웹에 서비스하기 위한 방법을 살펴봤
습니다. 하지만 웹 서버와 연동하지 않고 독립적으로 WSGI 서버로만 웹 애플리케이션을 서비
스하기도 하는데, 여기에 사용하는 컨테이너를 독립 WSGI 컨테이너라 부릅니다.

자바 웹 애플리케이션을 자바 웹 컨테이너에 올려본 독자라면 톰캣이 서블릿/JSP의 해석만이
아니라 웹 서버 역할까지 하는 것을 알 수 있을 겁니다. 이런 역할을 동시에 하는 컨테이너가
'독립 컨테이너'의 예입니다. 영어로는 'Standalone Container'라 부릅니다.

인기 있는 독립 WGSI 컨테이너인 Tornado, Gunicorn, Gevent 이외에도 다른 컨테이너들이 있
지만, 지면상 여기에서는 Tornado, Gunicorn 이 2개의 독립 컨테이너만 소개하도록 하겠습니다.

첫 번째로 소개할 독립 WSGI 컨테이너는 Tornado입니다. Tornado는 페이스북이 인수한
FriendFeed가 만들어낸 마이크로 웹 서버입니다. 순수 파이썬만으로 작성된 WSGI 컨테이너이
며, Tornado는 Non-Blocking[59] 기반의 컨테이너로서 epoll 방식(한 대의 서버에서 아주 많은 동시
접속자를 처리하기 위한 수단)으로 설계되어 있습니다. 사실, 컨테이너로의 역할보다 웹 프레임워
크 역할로서 더 충실하지만, Django, Flask 등과 같이 이미 존재하는 WSGI 프레임워크를 올
려 사용하는 것도 쉽습니다.

Tornado의 설치는 pip 명령으로 쉽게 설치할 수 있습니다. 그리고 이 책에서는 파이썬 가상 환
경을 사용하므로 이 절에서도 여러분이 파이썬 가상 환경을 사용한다는 가정하에 설명하겠습니
다.

---

59 논블록킹. 통신이 완료될 때까지 기다리지 않고 다른 통신을 처리할 수 있으며, 경우에 따라 효율이나 반응성이 더 뛰어나지만
설계가 좀 복잡해진다는 단점이 있습니다.

```
$ pip install tornado
```

tornado 웹 서버 설치가 완료되면 wsgi 애플리케이션이 있는 곳에서 코드 7-7과 같은 파일을 작성합니다. 여기에서 wsgi 애플리케이션은 단일 파일로 작성되어 있습니다.

코드 7-7 **tornado 시작 파일**   /var/www/html/sample/hello_world_tornado.py

```
01: from tornado.wsgi import WSGIContainer
02: from tornado.httpserver import HTTPServer
03: from tornado.ioloop import IOLoop
04: from hello_world import app
05:
06: http_server = HTTPServer(WSGIContainer(app))
07: http_server.listen(5000)
08: IOLoop.instance().start()
```

이제 WSGI 애플리케이션을 토네이도 웹 서버에 올릴 수 있도록 설정을 완료했으며, hello_world_tornado.py 파일을 실행하고 http://server_ip:5000에 접속하면 여러분이 생각하는 결과가 나올 것입니다.

셸 7-11 **tornado 웹 서버 실행**

```
$ python hello_world_tornado.py &
```

코드 7-7의 토네이도 웹 서버 실행 코드에서는 웹 서비스 포트를 5000으로 지정했지만, 대부분의 웹 브라우저는 80포트를 주요 웹 서비스 포트로 사용하므로 80포트에서 서비스가 될 수 있도록 해야 합니다. 80포트에서 토네이도 웹 서버가 응답할 수 있도록 구성하기 위해서는 코드 7-7의 7행에 있는 5000을 80으로 변경하고 시스템의 root 권한[60]으로 코드 7-7을 실행하면 됩니다.

두 번째로 소개할 독립 WSGI 컨테이너는 Gunicorn입니다. Gunicorn은 루비 언어의 Unicorn 프로젝트(pre-worker 방식)를 유닉스에서 파이썬 WSGI HTTP Server로 포팅한 것입니다. MIT 라이선스로서 추가 비용에 대한 걱정 없이 사용할 수 있습니다. Gunicorn은 파이썬으로 작성되어 있으며, 나음과 같은 환경에서 사용할 수 있습니다.

---

60 리눅스/OSX 등에 있는 운영체제의 최상위 사용자를 의미합니다.

- 피어썬 2 기준에서는 파이썬 2.6 이상, 파이썬 3 기준에서는 파이썬 3.2 이상

gunicorn의 설치는 pip 명령으로 쉽게 설치할 수 있습니다.

◈ 셸 7-12　pip 명령으로 gunicorn 설치

```
$ pip install gunicorn
```

gunicorn 설치 후 WSGI 애플리케이션을 실행합니다. 애플리케이션의 실행은 gunicorn 명령을 사용합니다.

◈ 셸 7-13　gunicorn 명령으로 WSGI 애플리케이션 시작하기. 명령 시작 위치는 /var/www/html/sample

```
$ gunicorn hello_world:app
```

gunicorn을 실행할 때 반드시 필요한 인자는 WSGI 애플리케이션이 동작하는 모듈의 이름과 callable 객체 이름입니다. 별도의 옵션 없이 실행되면 http://127.0.0.1:8000로 들어오는 요청만 처리합니다.

gunicorn 명령에 사용할 수 있는 옵션은 --help 옵션을 주어 모두 확인할 수 있습니다.

◈ 셸 7-14　gunicorn 명령에 사용할 수 있는 모든 옵션 보기

```
$ gunicorn --help
```

gunicorn 명령에 사용할 수 있는 옵션으로는 다음과 같은 것들이 있습니다.

▦ 표 7-1　gunicorn 명령에 사용 가능한 명령행 옵션

gunicorn 명령 옵션	설명
--access-logfile	이 옵션은 웹 브라우저의 접근 기록을 남기기 위해 사용합니다. 지정하지 않으면 접근 기록은 남지 않습니다. • 예: --access-logfile wsgi_application_access.log
--b, --bind	이 옵션은 gunicorn이 사용자의 요청을 받기 위해 기다리는 주소를 지정합니다. 지정하지 않으면 127.0.0.1 호스트의 8000포트에서 기다리게 됩니다. gunicorn이 80포트에서 기다리게 하려면 시스템의 root 권한이 필요합니다. • 예: -b 10.211.55.11:4000 • 예: --bind 10.211.55.11:4000

표 7-1 gunicorn 명령에 사용 가능한 명령행 옵션(계속)

gunicorn 명령 옵션	설명
--error-logfile, --log-file	이 옵션은 웹 서비스 접근 기록 중에 정상적인 응답을 하지 않는 응답 기록을 남깁니다. 지정하지 않으면 오류 기록은 남지 않습니다. • 예: --error-logfile wsgi_application_error.log • 예: --log-file wsgi_application_error.log
--threads	이 옵션은 개별 워커에서 몇 개의 스레드를 동작시켜 사용자의 응답 처리 여부를 지정합니다. 지정하지 않으면 워커당 한 개의 스레드가 동작합니다. • 예: --threads 2
--chdir	이 옵션은 gunicorn 명령의 실행 위치와 WGSI 애플리케이션이 다른 곳에 있고 gunicorn을 실행할 때 WSGI 애플리케이션이 위치한 디렉터로로 이동시키기 위해 사용합니다. uwsgi의 chdir 옵션과 동일합니다. 지정하지 않으면 gunicorn을 실행하는 디렉터리가 WSGI 애플리케이션이 있는 곳으로 간주합니다. • 예: --chdir /var/www/html/sample
-D, --daemon	이 옵션은 gunicorn을 데몬(Daemon) 모드로 실행하기 위해서 사용합니다. 지정하지 않으면 포그라운드 모드[61]로 실행합니다. • 예: -D • 예: -daemon
-u, --user	이 옵션은 gunicorn이 실행할 때 가지는 시스템 유저의 uid 값을 지정합니다. 지정하지 않으면 gunicorn을 실행하는 계정을 사용합니다. • 예: -u 33 • 예: --user 33
-w, --workers	이 옵션은 gunicorn이 실행할 때 가지는 워커 수를 지정합니다. 지정하지 않으면 한 개의 워커만 생성됩니다. • 예: -w 2 • 예: --workers 2
-g, --group	이 옵션은 gunicorn이 실행할 때 가지는 시스템 그룹의 gid 값을 지정합니다. 지정하지 않으면 gunicorn을 실행하는 계정의 그룹을 사용합니다. • 예: -g 33 • 예: --group 33
--reload	이 옵션은 wsgi 애플리케이션 내에 있는 파일의 변화를 감지했을 때 gunicorn을 자동으로 다시 시작하기 위해서 사용합니다. 지정하지 않으면 자동 재시작은 하지 않습니다. • 예: --reload

gunicorn은 명령으로만 WSGI 애플리케이션을 시작할 수 있으므로 실행할 때마다 모든 옵션을 적어서 실행하는 것이 다소 불편할 수 있습니다. 이런 불편함을 해결하기 위한 여러 시작

---

[61] 포그라운드는 백그라운드의 반대말로, 명령을 실행하고 나면 명령이 끝날 때까지 다른 명령을 실행할 수 없는 상태를 말합니다.

방법을 제공합니다. 이러한 gunicorn 시작 방법 중에는 리눅스/유닉스 시스템의 시스템 시작 데몬의 일부와 통합이 가능합니다.

여기에서는 gunicorn을 리눅스 운영체제의 서비스 모드로 쉽게 사용할 수 있는 라이브러리만 소개하며, 자세한 사용 방법은 온라인 문서(http://docs.gunicorn.org/en/latest/deploy.html)를 보기 바랍니다.

- gaffer
- Runit(Debian, RedHat, CentOS 등 호환)
- Supervisor(Debian, RedHat, CentOS 등 호환)
- Upstart(Debian, RedHat, CentOS 등 호환)
- Systemd(Debian, RedHat, CentOS 등 호환)

> **三 마치며**
>
> 이 절에서는 독립 WSGI 컨테이너를 사용해 WSGI 애플리케이션을 서비스하기 위한 방법을 살펴봤습니다. 종종 이들 WSGI 컨테이너는 정적 파일의 서비스를 주로 하는 인기 있는 웹 서버(Apache, nginx 등)와 연결하기도 하는데, 이때 웹 서버와 독립 WSGI 컨테이너를 연결하기 위해 웹 서버의 프록시(Proxy) 설정 기능을 사용하는 것이 일반적입니다.
>
> 독립 WSGI 컨테이너의 사용은 WSGI 애플리케이션 배포 환경에 따라 웹 서버와의 연동에 큰 어려움 없이 쉽게 처리할 수 있어서 웹 서버와의 연결 시 복잡한 설정을 하기 어려울 때 많이 사용됩니다.
>
> 여기서 소개한 독립 WSGI 컨테이너는 각각의 컨테이너 정보를 확인하여 파이썬 3에서 사용 가능한 것들만 소개했습니다. 여러분의 개발 환경이 파이썬 2인 경우는 다른 컨테이너를 추가적으로 사용할 수 있습니다.

7.3 통합 테스트를 위한 테스트 스위트 구성

이 절에서는 개발/서비스 단계에 있는 Flask 애플리케이션을 테스트하기 위한 추가적인 방법을 소개합니다. 웹 애플리케이션은 HTTP 규격 기준으로 동기화 방식을 기본 처리 방식으로 사용합니다. 물론, 요즘에 와서는 비동기 방식의 애플리케이션(대표적으로 싱글 페이지 애플리케이션)도 많이 쓰이고 있어서 이들의 테스트 코드를 작성하는 것도 중요합니다.

6장에서 Flask 애플리케이션의 테스트 케이스를 모듈 또는 기능별로 만들어 테스트 요청 객체로 URL의 응답 결과를 테스트하는 것을 살펴봤습니다. 이렇게 작성한 테스팅 모듈의 실행은 개별적으로 이루어집니다. 효율적인 테스팅을 위해 테스터가 한 번에 모든 테스트를 실행할 수 있도록 해주는 것이 좋습니다.

파이썬의 유닛 테스트 모듈은 이를 위해 테스트 스위트(test suite)라는 것을 제공합니다. 테스트 스위트를 작성하면 모든 모듈이나 기능의 개발이 이뤄지고 나서 새로운 테스트를 추가할 때마다 새로운 URL이나 기능에 문제가 있음을 쉽게 확인할 수 있습니다. 이와 같은 방식을 일컬어 회귀 테스트(regression test)라고 부릅니다.

우리는 이 절에서 사용할 수 있는 간단한 Flask 애플리케이션과 테스트 케이스를 작성하고 나서 테스트 스위트를 작성할 것입니다.

▨▨ 디렉터리 구조 7-1　테스트 스위트를 구성하기 위한 샘플 Flask 애플리케이션의 디렉터리 구조

/var/www/html/libme

```
libme
└ tests
    └ __init__.py
└ __init__.py
```

디렉터리를 구성했으면 처음으로 해야 할 일은 tests 디렉터리에 테스트 케이스를 작성해야 합니다. 여기서 작성해야 하는 테스트 케이스는 / URL 요청에 대해 'Hello World!'가 응답으로 오는지 확인하는 것입니다.

▨ 코드 7-8　/ URL에 대한 테스트 케이스 구성　　　　/var/www/html/libme/tests/root_path.py

```
01: import os
02: import libme
03: import unittest
04:
05: class LibmeTestCase(unittest.TestCase):
06:
07:     def setUp(self):
08:         self.app = libme.app.test_client()
09:
10:     def testRootpath(self):
11:         read_page = self.app.get("/")
12:
13:         self.assertIn("Hello World!", read_page.get_data(), '예상한 응답이 아닙니다!')
14:
15 : if __name__ == '__main__':
16:     unittest.main()
```

코드 7-8을 tests 디렉터리에서 실행해보면 오류가 발생할 것입니다.

💎 셀 7-15 **tests 디렉터리에서 root_path.py 실행**

```
$ python root_path.py
Traceback (most recent call last):
  File "root_path.py", line 2, in <module>
    import libme
ImportError: No module named 'libme'
```

첫 번째 테스트 결과는 당연히 실패합니다. 왜 실패할까요? 왜 실패했는지 그 이유를 셀 7-15에서 찾을 수 있습니다. 바로 테스트하고자 하는 라이브러리를 찾지 못했기 때문이라고 친절하게 알려줍니다.

이제 셀 7-15에서 출력된 문제를 해결하기 위해 코드 7-8에서 site 모듈을 임포트하고 addsitedir 메서드를 사용해 libme 디렉터리가 있는 상위 디렉터리를 파이썬이 인식할 수 있는 경로에 추가합니다. 이 경로는 자바의 클래스 패스와 비슷한 역할을 합니다. 코드 7-9는 root_path.py 파일에서 ImportError 예외가 발생하지 않도록 수정한 것입니다.

📟 코드 7-9 **코드 7-8에서 ImportError 예외가 발생하지 않도록 수정한 root_path.py**

```
01: import unittest
02: import site
03: site.addsitedir("../..")
04: import libme
05:
06: class LibmeTestCase(unittest.TestCase):
07:
08:     def setUp(self):
09:         self.app = libme.app.test_client()
10:
11:     def testArticleRead(self):
12:         read_page = self.app.get("/")
13:
14:         self.assertIn(b"Hello World!", read_page.get_data(), '예상한 응답이 아닙니다!')
15:
16: if __name__ == '__main__':
17:     unittest.main()
```

코드 7-9를 실행하면 이번엔 유닛 테스트에 실패했다는 메시지를 출력합니다.

```
$ python root_path.py
E
======================================================================
ERROR: testRootpath (__main__.LibmeTestCase)
----------------------------------------------------------------------
Traceback (most recent call last):
  File "root_path.py", line 10, in setUp
    self.app = libme.app.test_client()
AttributeError: 'module' object has no attribute 'app'


----------------------------------------------------------------------
Ran 1 test in 0.000s

FAILED (errors=1)
```

테스트가 왜 실패했는지 추정이 가능한가요? 예외 메시지만 보아서는 libme 모듈에서 app이라
는 속성을 찾을 수 없다고 표시됩니다. 실제로는 아직 애플리케이션을 작성하지 않았기 때문
에 발생하는 에러입니다. 이제 셀 7-16에 보이는 예외 메시지를 더 이상 보이지 않게 하기 위해
테스트 조건을 만족시키겠습니다.

코드 7-10 샘플 애플리케이션 작성하기   libme/__init__.py

```
01: from flask import Flask
02:
03: app = Flask(__name__)
04:
05: if __name__ == "__main__":
06:     app.run()
```

이제 테스트를 다시 실행하면 app 속성은 임포트했는데 여전히 테스트가 실패합니다.

셀 7-17 tests 디렉터리에서 root_path.py 실행

```
$ python root_path.py
F
======================================================================
FAIL: testRootpath (__main__.LibmeTestCase)
----------------------------------------------------------------------
Traceback (most recent call last):
  File "root_path.py", line 15, in testRootpath
    self.assertIn(b"Hello World!", read_page.get_data(), '예상한 응답이 아닙니다!')
AssertionError: b'Hello World!' not found in b'<!DOCTYPE HTML PUBLIC "-//W3C//
DTD HTML 3.2 Final//EN">\n<title>404 Not Found</title>\n<h1>Not Found</h1>\n<p>The
```

```
requested URL was not found on the server. If you entered the URL manually please
check your spelling and try again.</p>\n' : 예상한 응답이 아닙니다!

------------------------------------------------------------------
Ran 1 test in 0.028s

FAILED (failures=1)
```

유닛 테스트의 예외 메시지를 읽어보니 우리가 테스트를 요청한 URL을 찾을 수 없다고 합니다. 그럼, 이 과정에서 테스트 케이스에 어떤 어설션 메서드를 추가해볼 수 있을까요? 정답은 여러분 스스로 찾아보세요.

이제 테스트 케이스를 완전하게 동작하게 할 차례입니다. libme/__init__.py 파일을 코드 7-11과 같이 고칩니다.

📟 **코드 7-11 모든 에러를 완전히 수정한 Flask 애플리케이션** libme/__init__.py

```python
01: from flask import Flask
02:
03: app = Flask(__name__)
04:
05: @app.route("/")
06: def homepage():
07:     return "Hello World!"
08:
09: if __name__ == "__main__":
10:     app.run()
```

이제 tests 디렉터리에서 root_path.py를 실행하면 예외가 나오지 않을 것입니다.

🔷 **셀 7-18 tests 디렉터리에서 root_path.py 실행**

```
$ python root_path.py
.
------------------------------------------------------------------
Ran 1 test in 0.012s

OK
```

테스트가 완벽하게 성공한 것을 볼 수 있습니다. 다음으로 할 일은 애플리케이션에 기능을 추가할 때마다 테스트 케이스를 만들고 기능을 구현하는 일입니다. 하지만 앞에서 언급한 것처럼 일일이 모든 테스트 파일을 실행할 수는 없으니 테스트 스위트를 작성해야 합니다.

테스트 스위트는 파이썬의 unittest 모듈에서 기본으로 제공합니다. 테스트 스위트를 작성하기 전에 먼저 tests/root_path.py 파일에서 site 모듈을 임포트하고 모듈 경로를 추가하는 부분을 제거합니다. 이렇게 하는 이유는 all_tests.py 파일에서 site 모듈을 다시 임포트하기 때문입니다.

코드 7-12는 수정된 root_path.py 파일을 나타냅니다.

코드 7-12 site 모듈을 임포트하고 사용한 부분이 제거된 root_path.py

```
01: import unittest
02: import libme
03:
04: class LibmeTestCase(unittest.TestCase):
05:
06:     def setUp(self):
07:         self.app = libme.app.test_client()
08:
09:     def testRootpath(self):
10:         read_page = self.app.get("/")
11:
12:         self.assertIn(b"Hello World!", read_page.get_data(), '예상한 응답이 아닙니다!')
13:
14: if __name__ == '__main__':
15:     unittest.main()
```

이제 libme/all_test.py 파일과 libme/tests/__init__.py 파일을 작성합니다. all_test.py 파일은 테스트 케이스를 모아 작성한 테스트 스위트입니다.

코드 7-13 새로 작성한 테스트 스위트 파일   libme/all_test.py

```
01: import unittest
02: import site
03: site.addsitedir("..")
04: from tests.root_path import LibmeTestCase
05:
06: def suite():
07:     suite_set = unittest.TestSuite()
08:     suite_set.addTest(LibmeTestCase("testRootpath"))
09:     return suite_set
10:
11: if __name__ == "__main__":
12:     tests = suite()
13:     runner=unittest.TextTestRunner()
14:     runner.run(tests)
```

테스트 스위트를 작성했으니 실행해봐야겠죠?

```
$ touch tests/__init__.py
$ python all_test.py
.
-----------------------------------------------------------------------
Ran 1 test in 0.012s

OK
```

셀 7-19에서 보이는 것처럼 테스트 스위트가 잘 작성되는 것을 볼 수 있습니다.

테스트 스위트는 코드 7-13의 7행에서 나타낸 것처럼 unittest.TestSuite 클래스를 인스턴스화해서 만들 수 있습니다. 이렇게 만들어진 테스트 스위트는 단순히 테스트 대상을 쌓아두는 것이라서 테스트 케이스 혹은 또 다른 테스트 스위트를 추가해줘야 합니다. 테스트의 규모가 커지고 구조화해야 할 때 테스트 스위트를 추가할 수 있다는 것은 큰 장점입니다.

우리는 코드 7-13의 테스트 스위트에 앞에서 만들었던 LibmeTestCase 클래스를 추가할 것입니다. 그러려면 코드 7-13의 4행에서 보는 것처럼 먼저 테스트 케이스를 임포트해야 합니다. 테스트 케이스가 많아지면 테스트 모듈을 관리하기 위해 테스트 케이스를 모아서 테스트 스위트를 만들고 테스트 스위트를 추가하는 것이 더 나은 방법입니다.

테스트 스위트에 테스트를 추가하기 위해서는 addTest와 addTests 메서드를 사용할 수 있는데, addTest는 개별 테스트 케이스 객체 한 개를 받고 addTests는 개별 테스트 케이스 객체를 요소로 가지는 리스트나 튜플 형태의 인자를 받는다는 것이 다릅니다.

테스트 스위트에 테스트를 추가할 때 단순히 테스트 케이스의 객체를 제공하면 unittest 모듈은 테스트 케이스에서 runTest 메서드를 기본으로 찾습니다. 따라서 runTest 메서드가 개별 테스트 케이스에 존재하지 않는다면, 코드 7-13의 8행처럼 테스트 케이스를 인스턴스화할 때 테스트 메서드의 이름을 함께 제공해야 합니다.

runTest 메서드를 개별 테스트 케이스에서 찾는 이유는 하나의 테스트 케이스는 적어도 하나의 테스트 메서드를 가지고 있어야 한다는 내부 규칙을 가지고 있기 때문입니다.

테스트 스위트를 작성했으면 마지막으로 해야 할 일은 테스트 스위트를 실행하는 일입니다. 테스트 스위트를 실행하기 위해서는 unittest 모듈의 TextTestRunner 클래스를 사용해야 합니다. 파이썬은 TestRunner 중 TextTestRunner만을 제공하므로 향후 다른 형태의 TestRunner가 필요할 때는 개발자가 직접 개발해야 합니다.

TextTestRunner 클래스의 인스턴스를 작성했으면 마지막으로 TestRunner의 run 메서드에 테스트 스위트 객체를 인자로 전달해서 테스트를 수행하게 합니다. 테스트의 실행은 코드 7-13의 12~14행에서 하는 것으로 정의되어 있습니다.

테스트 스위트를 작성하면 테스트 케이스 내에서 테스트 메서드의 실행 순서를 조정할 수 없는 것과 달리, 개별 테스트의 순서를 조정할 수 있으므로 의존성을 가지는 테스트를 쉽게 테스트할 수 있습니다.

☑ 마치며 이것으로 간단한 테스트 스위트를 작성해봤습니다. 테스트 영역은 프로그램 개발자들 사이에 흔히 품질 테스트와 혼동하는 측면이 있는데, 이는 분명히 다릅니다. 테스트는 개발 전반에서, 특히 애플리케이션 배포 단계에서 반드시 수행되어야 하는 품질 관리 활동입니다. 이런 이유로 테스트 스위트 구성을 6장 'Flask 애플리케이션 테스트'가 아닌 이 절에서에서 다뤘습니다.

이 책에서는 테스트에 대해 깊이 다루지 않습니다. 관련 서적[62]과 언어별 테스팅 라이브러리 문서[63]를 추가적으로 살펴보기 바랍니다.

---

62 《클린 코드를 위한 테스트 주도 개발》(해리 J. W. 퍼시벌 지음 / 김완섭 옮김 / 비제이퍼블릭)

63 파이썬은 https://docs.python.org/3/library/unittest.html 참고

CHAPTER 8

지속 가능한 개발 환경 구성

요즘의 컴퓨터 프로그램은 과거와는 달리 프로그램의 복잡도가 증가하고 있으며, 프로그램의 구동 환경의 변화는 물론이고 고객이 요구하는 소프트웨어의 개발 시간과 소프트웨어 품질 만족도 역시 점점 증가하고 있습니다. 한편, 1980년대에 이르러 생명주기(life cycle) 모델이 소프트웨어 개발 업계에 등장하였습니다.

모든 소프트웨어는 한 주기로 탄생-제작-종료 시점을 가진다는 것이 소프트웨어 생명주기 모델의 주된 이론입니다. 실물 제품의 입장에서 보면 이와 같은 생명주기 모델은 매우 효율적이며 제작 단가를 아낄 수 있었습니다. 이런 이유로 새로운 제품을 만들어내는 데도 효과적인 모델이기도 했습니다.

1980년대에 접어들면서 소프트웨어에 고객의 요구사항이 급속도로 증가하기 시작하고, 1990년대에는 적게는 수십에서 많게는 수천 명에 이르는 사용자를 가지는 대규모 소프트웨어 개발이 이루어지면서 소프트웨어 개발 방법론과 개발 언어는 한 차례의 변화를 맞이합니다. 이 시기에 이루어진 가장 큰 변화는 프로그램 코드 재사용과 소프트웨어 정합성을 위한 반복과 통합 프로세스가 도입되었다는 것입니다.

그러나 컴퓨터 소프트웨어 생명주기가 기존의 생명주기 모델로 온전히 설명될 수 없다는 사실을 알게 되기까지는 반세기도 걸리지 않았는데, 이런 변화 앞에는 인터넷[64]이 있었습니다. 인터

---

64 인터넷은 미 국방성(펜타곤)이 군사 목적을 이유로 ARPA에서 개발하던 네트워크 프로젝트로, 한국은 1980년대 초 서울대학교에서 통신에 성공하고 1990년대 중반부터 급성장하기 시작했습니다.

넷이 소프트웨어에 미치는 환경은 개발 환경뿐만 아니라 소프트웨어 생명주기 모델까지 흔들어놓을 정도로 강력했는데, 그 이유는 다음과 같습니다.

- 웹 기반 소프트웨어는 고객이 사용 중일 때도 진화한다.
- 웹 기반 소프트웨어의 개발 환경과 배포 환경이 비슷하다.
- 웹 기반 소프트웨어는 종료 시점이 없을 수도 있다.

소프트웨어의 진화는 생물학에서의 진화[65]와 달리 개발자가 소프트웨어를 수정하면서 발생하는데, 웹 기반의 소프트웨어는 프로그램 개발사가 패치를 고객에게 제공하지 않습니다. 기존 소프트웨어와 다른 건 고객이 소프트웨어를 직접 패치하지 않는다는 점입니다. 웹 기반의 소프트웨어가 가져온 가장 큰 변화는 여기에 있지 않을까 싶기도 합니다. 게다가 소프트웨어가 개인이 가진 운영체제 환경에 구애받지 않으므로 고객별로 다른 소프트웨어 설치 및 패치 환경에 신경 쓰지 않아도 됩니다.

그러나 소프트웨어의 운영 등 기반 환경에 상관없이 소프트웨어의 크기가 커질수록 기존 기능과 새로운 기능이 잘 동작하는지 확인도 해야 하고, 운영 중인 웹 애플리케이션을 패치하는 일은 말처럼 그리 쉬운 일이라고 볼 수 없습니다.

이런 상황을 가장 효과적으로 해결하기 위해 제안된 개념은 지속적인 통합(Continuous Integration)입니다. 지속적인 통합은 소프트웨어를 나중에 통합해서 빅뱅[66]을 만들지 말고 처음부터 통합해서 빅뱅이 가져오는 혼란을 최소화하자는 개념에서 출발했습니다.

필자가 정의하는 지속 가능한 개발 환경 구성은 소프트웨어를 개발하고 배포에 이르기까지의 전 단계를 지속적으로 수행하기 위한 환경을 말합니다. 잘 갖추어진 지속 가능한 개발 환경 구성은 프로그래머의 개발 환경(IDE 등)부터 VCS, CI, 배포에 이르기까지의 환경을 의미하지만, 이 장에서는 프로그래머의 개발 환경을 제외하고 VCS와 CI 도구에 한정해 지속적인 개발 환경 구성을 소개하고자 합니다.

이 장에서는 다음과 같은 내용을 다룰 것입니다.

- VCS

---

65 생물학에서 진화는 생물이 처한 환경이 따라 짧게는 수십 년에서 길게는 수천 년에 이르기까지 살아남기 위해 생물 자신이 변화를 시도하는 것을 말합니다.

66 천문학에서 빅뱅은 우주의 탄생과 관련한 단어이지만, 소프트웨어 개발에서는 블랙홀과 같은 의미로 사용됩니다.

- VCS 호스팅 서비스(GitHub, Bitbucket)의 사용
- 내부 VCS 서비스로 GitLab의 사용
- CI 도구인 Jenkins를 사용한 회귀 테스트 및 배포 환경 구성

이 장을 통해 여러분은 웹 기반 소프트웨어뿐만 아니라 다양한 소프트웨어에 대해서도 지속 가능한 개발 환경을 구성할 수 있기를 바랍니다.

8.1 버전 관리 시스템 선택

소프트웨어 개발에서 버전 관리 시스템은 소프트웨어의 지속적인 출시뿐만 아니라 요구사항 관리와도 관련된 매우 중요한 시스템입니다. 약어로 VCS라 부르며, 전체 용어는 Version Control System입니다. 다른 약어로는 SCM(Source Code Management)도 있으며, SCM과 VCS를 혼용해서 사용하는 것이 일반적입니다.

VCS는 소스 코드를 관리할 때 개발자가 변경된 소스의 내용을 VCS 내부에 기록해두고 개발자가 필요할 때 다시 꺼내어 쓸 수 있습니다. 일반적으로 다음과 같은 상황에서 이전에 변경된 소스가 필요합니다.

- 최근의 소스 코드가 잘못되어 이전의 소스 코드로 돌아가려 할 때
- 최근의 소스 코드와 기존의 소스 코드를 비교하려 할 때

VCS는 저장소 형태에 따라 중앙 집중형, 분산형 시스템이 존재하며, 중앙 집중형에서 시작해 최근에는 분산형 VCS가 널리 사용되고 있습니다.

중앙 집중형 VCS는 데이터 저장소가 중앙에 위치하며, 개발자의 컴퓨터에서 중앙에 변경된 소스 코드를 반영하지 않으면 개인이 작성한 소스 코드에 문제가 생겼을 때 복구할 수 없습니다. 그러나 중앙 집중형 VCS는 항상 완전한 데이터를 보장받을 수 있고, 소스 코드가 제한적으로 관리되어야 하는 환경에서 유용합니다. 중앙 집중형 VCS으로는 GNU RCS[67], CVS[68], 서

---

67 http://www.gnu.org/software/rcs/

68 http://www.nongnu.org/cvs

브버전[69], Perforce[70]이 있는데, 유료인 Perforce를 제외하면 모두 자유롭게 사용할 수 있습니다.

중앙 집중형 VCS 중 서브버전은 CVS의 후속작으로 개발되었으며, 다음과 같은 특성을 가지고 있습니다.

- 원자적 쓰기 지원(중앙 저장소에 소스 코드 반영 중 오류가 발생하면 반영 중이던 모든 소스 세트는 반영이 취소되므로 데이터 저장소 내에 불일치를 피할 수 있습니다)
- 한 개의 파일이 수정되어도 전체 리비전 번호를 새로 매김(시스템 내부적으로는 번호를 따로 유지)
- 이진 파일이 저장될 경우 변경사항이 들어오면 차이점만 저장
- 저장소의 크기에 상관없이 브랜치, 태깅 가능
- 디렉터리도 버전 관리 대상으로 지정
- UTF-8 인코딩 지원
- 외부 인증 시스템 연동 가능

서브 버전은 여기에 열거된 특징 외에도 기업 환경에서 사용 가능한 여러 장점이 있고, 중앙 집중형 VCS 중에서 많이 사용하고 있기에 기본 사용 방법을 알아두는 편이 좋습니다.

분산형 VCS는 모든 개발자가 중앙 저장소를 복제하고 모든 개발자가 각자의 저장소를 사용하는 방식으로, 중앙 저장소에 최종 변경사항을 병합(merge)하는 방식입니다. 분산형 VCS는 모든 개발자가 각자의 저장소를 사용하므로 개발자가 이전의 변경사항으로 돌아가기 위해서 중앙 저장소를 변경하지 않아도 되며, 개발자 고유의 작업 기록이 반영되기에 개발자 개인의 버전 관리를 하기가 매우 좋습니다. 또한, 중앙 저장소의 데이터가 삭제되어도 개발자가 소유하고 있는 복제본을 중앙 저장소로 병합해서 복구하는 것이 가능해서 리스크 관리[71] 측면에서 효율적인 선택이 될 수 있습니다.

그러나 중앙 저장소에 개발자의 최종 변경사항(커밋된 변경사항)을 반영할 때 다수의 개발자가 같은 파일을 수정하면 중앙 저장소에서 충돌을 피하기 어렵습니다. 이런 때는 병합 관리자가 있어야 하며, 모든 코드가 테스트되어야 충돌 문제를 쉽게 해결할 수 있습니다.

---

69 http://subversion.apache.org/

70 http://www.perforce.com

71 위험성 관리로 풀어 설명할 수 있으며, 혹시나 있을 위험한 요소를 관리하기 위한 정책 또는 행동을 말합니다.

분산형 VCS로 가장 널리 사용되고 있는 시스템으로는 Git[72], Mercurial[73], BitKeeper[74] 등이 있습니다. BitKeeper는 Git이 개발되기 이전에 리눅스 커널의 소스 코드를 관리하는 데 사용되었습니다.

2016년 5월 현재 가장 널리 사용되고 있는 분산형 VCS는 Git이며, Mercurial이나 BitKeeper는 Git에 비하면 사용률이 적긴 하지만 꾸준히 사용되고 있습니다.

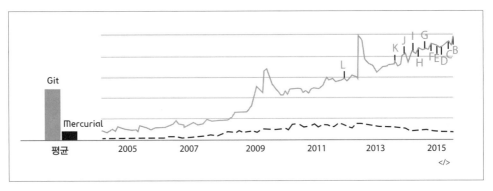

📷 그림 8-1   Git과 Mercurial 검색률

그림 8-1의 VCS 사용률 추이를 보면 현재 Git이 가장 많이 사용되고 있음을 확연하게 알아볼 수 있습니다.

모든 VCS는 개별적인 특성이 있으므로 현재 프로젝트의 특성에 가장 적합한 VCS를 선택하면 됩니다. 필자는 중앙 집중형 VCS로는 서브버전, 분산형 VCS로는 Git을 추천합니다. 두 VCS에는 TortoiseSVN, TortoiseGit이라는 뛰어난 윈도우 클라이언트 프로그램이 있으며, SourceTree와 같은 관리 도구를 사용하는 것도 가능합니다.

그중 Git은 다음과 같은 목표를 가지고 탄생했으며, 이들 목표가 Git의 특징이기도 합니다.

- 단순한 구조
- 빠른 속도
- 비선형적 개발 지원(수십 개에서 수천 개의 이르는 동시다발적 브랜치)

---

72 http://git-vcs.com

73 http://mercurial.selenic.com

74 http://www.bitkeeper.com

- 완벽한 분산

- 대형 프로젝트에 대응

프로젝트나 제품 개발에서 버전 관리 시스템을 선택할 때는 다음과 같은 환경을 다수 만족한 다면 분산형 VCS를 선택하고, 그렇지 않다면 중앙집중형 VCS를 선택하는 것이 좋습니다.

- 소스 코드의 관리가 다수의 시스템에서 이루어져야 하는가?

- 소스 코드 개발이 여러 장소에서 동시다발적으로 이루어지는가?

- 전사적인 소스 코드 관리가 필요한가?

- 버전 관리 시스템 담당자가 필요한가?

- 네트워크 대역폭을 아껴야 하는가?

마치며

이 절에서는 소프트웨어 개발에 사용할 수 있는 버전 관리 시스템의 종류와 대표적인 특징을 알아봤습니다. 현대 소프트웨어 개발에서 VCS는 반드시 필요한 것으로 인식되고 있으며, 소프트웨어 개발 프로세스에서 다양한 소프트웨어 개발 지원 도구와 협업 기능을 이루는 요소로 동작하고 있어서 손에 익은 개발 도구가 필요합니다. 필자는 VCS 도구로 분산 버전 관리 시스템인 Git을 추천합니다.

다음 절에서는 여기서 살펴봤던 VCS 중에서 Git을 지원하는 두 개의 무료/유료 VCS 호스트 서비스를 살펴보고, 이들 서비스를 사용하는 방법을 알아볼 것입니다.

8.2 원격 저장소 사용하기

원격 저장소의 대표격으로는 오픈소스를 많은 사람이 쉽게 개발할 수 있도록 1999년 미국 VA Software가 공개한 플랫폼인 소스포지(SourceForge)가 있습니다. 소스포지는 2000년 전후에 많은 자유 소프트웨어를 만들어내는 데 지대한 공헌을 합니다. 소스포지는 개발자들에게 원격 저장소를 제공했으며, 시스템 초기 CVS이었고, 이후 SVN을 포함해 함께 제공했습니다.

소스포지와 함께 GNU에서도 사반나(savannah)[75] 프로젝트에서도 자유 소프트웨어 개발을 목적으로 개발자들을 지원했지만, 사반나 프로젝트는 소스포지와 달리 개발자들에게 유명한 서

---

75 http://savannah.gnu.org

비스는 아닙니다. 소스포지와 사반나를 선두로 개발자들이 자유 소프트웨어 개발을 쉽게 할 수 있도록 다양한 원격 저장소 호스트 서비스가 2005년 이후 나타났습니다.

2005년 리누스 토발즈(Linus Torvalds)가 개발한 Git이 점차 입소문과 사용성을 무기 삼아 급성장하기 시작했습니다. 이후 소스포지에 필적하는 온라인 호스팅 시스템이 개발됐는데, 이 시스템이 바로 GitHub입니다.

GitHub을 제외한 원격 저장소 서비스로는 Google Code(2007년), BitBucket(2008년) 등이 대표적인데, 이 중 Google Code는 2016년 1월 15일을 마지막으로 서비스를 종료했고 GitHub이나 BitBucket으로 프로젝트를 옮길 것을 권장하고 있습니다.

GitHub과 BitBucket은 자유 소프트웨어 개발뿐만 아니라 영리적 목적으로 사용할 Private 저장소도 제공합니다. 따라서 소프트웨어 개발에 안전한 접근이 필요하다면 이들 호스트의 유료 서비스를 사용하는 것도 하나의 좋은 선택으로 권장합니다.

BitBucket은 시스템 개발 직후 Mercurial VCS만 지원했지만, 2010년 Atlassian에 의해 인수되면서 이후 JIRA[76] 등과의 연계성도 좋아지고 Git도 지원하기 시작했습니다. BitBucket은 개인이나 소규모(5인 미만) 프로젝트에 대해서는 무료/무제한으로 Private 저장소를 제공합니다. 그래서 영리적 목적의 Private 저장소를 생성하고자 한다면, GitHub보다 비용 부담이 다소 적은 편에 속합니다. 필자도 이와 같은 이유로 GitHub보다 BitBucket을 프로젝트 개발에 더 많이 사용하고 있습니다.

원격 저장소를 제공하는 대부분의 호스트 서비스 시스템은 대동소이한 기능을 제공하므로 반드시 특정 호스트 서비스만을 고집할 필요는 없습니다. 또한, 무료로 제공된다는 점에서 언제든 시스템을 중단할 수 있기 때문에 백업이 필수적입니다.

뒤에서 살펴보겠지만, 8.2.1절과 8.2.2절, 8.3절의 내용은 Pull Request(또는 Merge Request)에 한해 중복되는 내용이 있습니다. 이렇게 중복된 내용을 넣은 것은 도구(GitHub, BitBucket, GitLab)의 세부 화면이 다르기도 하거니와 어느 절을 보더라도 앞 부분을 찾아보지 않아도 되도록 했습니다. 이런 부분을 감안하여 책을 봐주시길 부탁드립니다.

---

76 Atlassian에 의해 만들어진 이슈 관리 시스템으로, 많은 대형 소프트웨어 개발사에서 기업용으로 구매하여 사용하고 있다.

8.2.1 GitHub

GitHub[77]은 Git을 제공하는 호스팅 서비스입니다. GitHub은 깃헙, 깃허브라고 부릅니다. 2014년 12월 30일 조사[78]를 기준으로 네 번째로 선호도가 높은 오픈소스 코드 저장소이기도 했습니다.

루비 온 레일즈(Ruby On Rails)[79]로 작성되어 있으며, 영리적인 목적과 오픈소스 개발을 위한 저장소를 운영합니다. 2018년 6월부터 마이크로소프트가 인수하여 서비스하고 있으며, VCS 외에 이슈 관리, 위키, 협업 기능, Pull 요청, GitHub에서 프로젝트 홈페이지를 운영할 수 있도록 페이지 기능을 제공합니다.

GitHub를 사용하기 위해서 GitHub에 가입해야 합니다. GitHub의 가입은 GitHub 홈페이지 (https://github.com/)에서 사용자 이름, 이메일, 비밀번호를 입력하는 것으로 쉽게 가입할 수 있습니다.

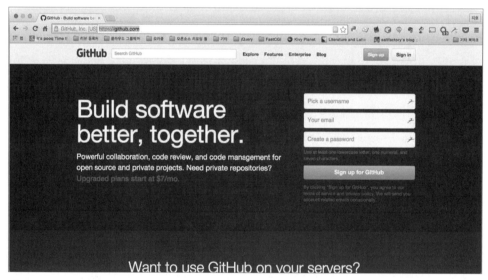

📷 그림 8-2 GitHub 홈페이지

이런 사이트에 가입할 때 종종 스팸을 우려해 이메일 입력란에 본인이 사용하는 메일 주소가

---

77 제이펍 출판사의 《GitHub 실천 입문》(오오츠카 히로키 지음 / 윤인성 옮김), 《분산 버전 관리 Git 사용설명서》(존 롤리거, 매튜 맥컬러프 지음 / 윤순백 옮김)에서 보다 자세한 내용을 확인할 수 있습니다.

78 https://blog.profitbricks.com/top-source-code-repository-hosts

79 루비 언어 기반의 웹 프레임워크

아닌 다른 메일 주소를 입력하는 분이 있는데, GitHub가 회원 가입 여부를 확인하기 위해서 인증 요청 메일을 보내므로 반드시 본인이 사용하는 메일 주소를 입력하기 바랍니다.

GitHub 가입이 끝나면 'Sign In' 버튼을 눌러 GitHub에 로그인합니다. 로그인이 끝나면 소스 코드 관리를 위해서 프로젝트를 먼저 생성합니다. 프로젝트의 생성은 로그인 이후 나타나는 화면에서 오른쪽 상단의 '+' 버튼을 클릭하고 'New repository' 메뉴를 클릭합니다.

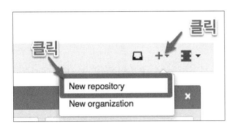

📷 그림 8-3   GitHub 로그인 후 프로젝트 생성하기

그러면 그림 8-4와 같은 프로젝트 기본 정보 입력 화면을 볼 수 있습니다.

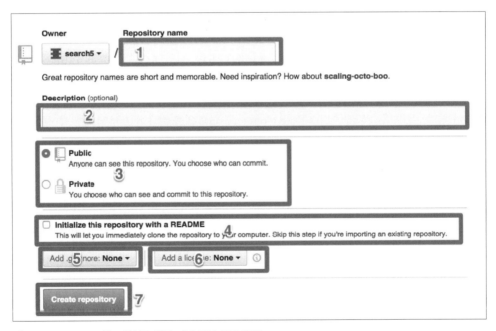

📷 그림 8-4   프로젝트 생성을 위한 기본 정보 입력 화면

프로젝트 생성을 위해서 GitHub에서는 프로젝트 저장소 이름을 입력해야 합니다. 저장소의

이름은 영어 소문자와 숫자로 구성할 수 있으며, 프로젝트의 성격을 잘 대변할 수 있는 이름을 지정하는 것이 좋습니다. 참고로, 공백은 사용할 수 없습니다.

두 번째로 프로젝트 설명을 추가할 수 있는데, 옵션 정보이므로 설정하지 않을 수 있습니다. 입력할 수 있다면 프로젝트에 대해 자세히 설명하기 바랍니다.

세 번째는 프로젝트의 성격을 지정합니다. Public으로 지정하면 모든 GitHub 사용자가 열람할 수 있게 됩니다. 프로젝트 공동 작업자가 3인 이상인 Private 저장소인 경우 GitHub에 비용을 지불해야 합니다.

네 번째는 README 파일을 미리 만들어둘 것인지를 지정하는데, README 파일은 GitHub 프로젝트 페이지에 접근했을 때 처음 보이게 되므로 내 프로젝트가 다른 개발자의 협력을 얻기 바란다거나 많은 사용자에게 널리 알려지길 바란다면 잘 작성해두는 것이 좋으며, 여기서는 미리 생성하지 않아도 됩니다. 이 파일은 Markdown[80] 파일 형식을 따라 작성해야 합니다.

다섯 번째는 Git이 무시할 파일 형식을 지정하는데, 프로젝트를 생성할 때 지정하지 않아도 됩니다.

여섯 번째는 프로젝트의 라이선스가 무엇인지를 지정합니다. 프로젝트 라이선스는 프로젝트 성격에 따라 결정해야 하지만, 가져다 쓰는 라이브러리들 간의 관계를 잘 살펴 지정해야 합니다. 나중에 라이선스 내용을 담은 LICENSE.md 파일을 수정함으로써 변경할 수 있습니다.

이런저런 정보를 모두 지정했으면 'Create repository' 버튼을 클릭하여 프로젝트를 생성합니다. 애연가와 커피 매니아에게는 미안하지만, GitHub에서 프로젝트를 생성하는 시간은 매우 짧기 때문에 여유를 드릴 수 없겠네요.

프로젝트 생성이 완료되면 바로 프로젝트 페이지로 이동합니다. 필자는 예제로 사용하기 위해 flask_edition이라는 이름의 프로젝트를 생성했습니다. 필자의 경우는 다음과 같은 URL로 이동합니다.

```
https://github.com/search5/flask_edition
```

GitHub 프로젝트 생성 계정과 이름에 따라 도메인 이후의 문자열은 모든 사용자가 다릅니다. 따라서 이 책에서 설명된 것과 다르다고 잘못된 것이 아닙니다.

---

80 http://daringfireball.net/projects/markdown/

GitHub는 프로젝트 저장소에 초기 소스 트리 구축을 위한 세 가지 방법을 제공합니다.

1. 개발을 시작하거나 Git을 사용하고 있지 않은 프로젝트에 git 저장소를 사용하겠다는 표식을 남기고, 로컬 커밋 후 GitHub origin 저장소로 푸시(Push)
2. 이미 Git을 사용해 개발 중인 프로젝트를 GitHub origin 저장소로 푸시(Push)
3. 서브버전, Mercurial 등의 저장소로부터 소스 코드 임포트

여기에서 사용할 프로젝트는 7.3절에서 다룬 애플리케이션입니다. 그러기 위해 7.3절에 있는 libme 프로젝트를 가지고 옵니다.

먼저, 개발이 진행 중인 프로젝트를 Git 저장소로 사용하고 GitHub에 올리는 방법을 알아보겠습니다. libme 디렉터리로 이동한 다음에 셸 8-1의 명령을 실행합니다.

◈ 셸 8-1 **GitHub 저장소에 프로젝트 업로드하기**

```
$ git init
$ git add *
$ git commit -m "first commit"
$ git remote add origin git@github.com:search5/flask_edition.git
$ git push -u origin master
```

셸 8-1의 결과는 결과 8-1과 유사해야 합니다.

☑ 결과 8-1 **GitHub에 푸시 결과**

```
Counting objects: 6, done.
Delta compression using up to 4 threads.
Compressing objects: 100% (5/5), done.
Writing objects: 100% (6/6), 888 bytes | 0 bytes/s, done.
Total 6 (delta 0), reused 0 (delta 0)
To git@github.com:search5/flask_edition.git
 * [new branch]      master -> master
Branch master set up to track remote branch master from origin.
```

GitHub에 정상적으로 푸시되었다면 결과 8-1과 유사한 결과를 볼 수 있을 것입니다.

GitHub에 프로젝트 파일 푸시가 안 되나요?

GitHub에서 공개되어 있는 대부분의 프로젝트는 손님 사용자(anonymous)로 프로젝트를 클론(복제)할 수 있지만, GitHub 프로젝트에 소스 변경사항을 반영하는 일은 SSH 키를 등록하거나 HTTPS를 사용해 소스 변경사항을 업로드해야 합니다. 만일 SSH 주소를 사용하면서 SSH 키가 GitHub 프로젝트의 설정 페이지에 등록되어 있지 않으면 다음과 유사한 결과를 보이면서 업로드가 안 될 것입니다.

☑ 결과 8-2 **GitHub 푸시 오류**

```
The authenticity of host 'github.com (192.30.252.128)' can't be established.
RSA key fingerprint is 16:27:ac:a5:76:28:2d:36:63:1b:56:4d:eb:df:a6:48.
Are you sure you want to continue connecting (yes/no)? yes
Warning: Permanently added 'github.com,192.30.252.128' (RSA) to the list of
known hosts.
Permission denied (publickey).
fatal: Could not read from remote repository.

Please make sure you have the correct access rights
and the repository exists.
```

리눅스나 맥 사용자는 ~/.ssh/id_rsa.pub 파일의 내용을 복사해서 GitHub 프로젝트 페이지의 Setting ➡ Deploy keys에 등록하면 되지만, 윈도우 사용자는 부록 G의 내용을 참고하시기 바랍니다.

이제 GitHub 프로젝트 페이지를 보면 그림 8-5와 같이 바뀌어져 있는 것을 볼 수 있습니다.

GitHub에 파일을 업로드했으면 프로젝트 파일의 수정/삭제와 다른 사람이 우리의 소스 코드에 수정해 달라고 제출한 요청을 처리하는 일을 해볼 차례입니다.

여러분이 통합 개발 환경 도구를 사용하지 않는다면, GitHub 등의 원격 저장소에 있는 소스를 내려받아 변경을 가하고 중앙 저장소에 변경사항을 반영하는 일은 꽤 귀찮고 힘든 일이 될 수도 있습니다. 우리는 이 책에서 git 명령의 모든 옵션을 자세하게 살펴보지는 않겠지만, 파일을 수정/삭제하고 중앙 저장소에 데이터를 병합하고 병합된 데이터를 가져오는 부분까지 살펴보고자 합니다.

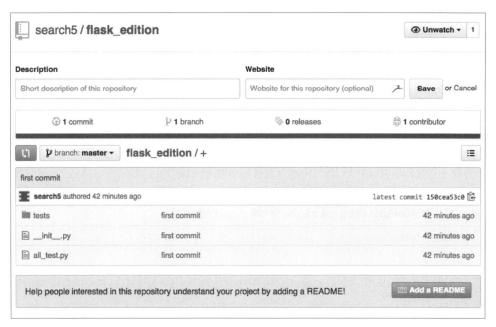

그림 8-5 GitHub 프로젝트에 libme 프로젝트의 파일이 올라가 있는 모습

■ 파일 추가/편집

프로젝트에 새로운 파일 추가와 기존 파일을 편집하고 로컬 Git 저장소에 저장할 때는 3단계를 거칩니다.

파일의 저장 ➡ git staging 영역에 staged 상태로 변경 ➡ 커밋

프로젝트를 성장시켜 나가면 자연스럽게 소스 파일도 많아지고 소스 파일의 크기도 커지게 마련입니다. 생물도 성장하면 할수록 구성하는 요소가 커지니 말입니다.

파일의 편집은 여러분이 사용하기 쉬운 에디터로 하면 되는데, 윈도우를 사용하고 있다면 에디트플러스, Notepad++ 등이 괜찮습니다. 리눅스나 맥 OS X에서는 vi, sublime[81] 등을 선택하셔서 진행하셔도 됩니다. 최근은 윈도우를 포함한 여러 운영체제에서 Visual Studio Code 사용을 권장합니다.

이제 libme 디렉터리에서 README.md 파일을 생성해볼까요?

---

[81] 여기에 나열된 에디터 외에 통합 개발 환경을 사용해도 무방하며, Emacs 등을 사용해도 괜찮습니다.

```
$ vi README.md
```

README.md 파일의 내용은 'Hello My LibMe Project'라는 내용을 담고 있도록 저장합니다. 파일 수정도 파일 추가와 비슷한 방법으로 편집하면 됩니다. 수정하는 파일이 이진 형식의 파일(이미지나 음성 파일 등)이면 이진 형식 파일을 편집할 수 있는 프로그램을 사용해야 합니다.

파일을 편집했으면 파일이 편집되었음을 Git에 알려야 합니다.

셸 8-3 README.md 파일을 git staging 영역에 staged 상태로 변경

```
$ git add README.md
```

셸 8-3에서 Git 저장소에 파일을 staged 상태로 변경하는 명령을 실행했습니다. 다수의 파일이나 디렉터리를 동시에 추가하고자 할 때는 파일/디렉터리 이름을 공백으로 구분해서 나열합니다. 셸 8-3를 실행하고 나서 새로운 셸 명령어를 입력받을 수 있는 $ 프롬프트가 나오면 정상적으로 실행된 것입니다.

셸 8-3과 같은 git add 명령을 여러 번 실행했든지 한 번 실행했든지 Git 로컬 저장소에 커밋할 준비가 되었다면 셸 8-4의 명령을 실행합니다.

셸 8-4 로컬 Git 저장소에 그동안의 표식 추가

```
$ git commit -m "README.md"
[master 8d661b1] README.md
 1 file changed, 1 insertion(+)
 create mode 100644 README.md
```

셸 8-4에서 실행하는 명령을 커밋(commit)이라고 하며, 커밋할 때 -m 옵션과 커밋 메시지를 지정하지 않으면 커밋 메시지 입력을 요구받습니다. 이때 시스템의 EDITOR 환경 변수를 찾아 환경 변수에 설정된 에디터를 실행합니다. 여러분이 git 명령어를 사용하는 것이 아니라, TortoiseGit이나 SourceTree와 같은 Git 클라이언트를 별도로 사용하고 있다면 커밋 메시지를 클라이언트 프로그램에서 강제로 입력을 요청하니 걱정할 필요는 없습니다. 그러나 로컬 git 저장소에 커밋할 때 커밋 메시지는 공백을 보낼 수 없으므로 주의하기 바랍니다.

셸 8-4를 실행했으면 로컬 Git 저장소에는 소스 트리의 변경사항이 반영된 것입니다. 그럼, 중앙 저장소에 데이터를 반영할 차례입니다. 이를 Git에서는 push 작업이라고 하며, 반대로 중앙 저장소에서 최신 데이터를 로컬 Git 저장소에 내려받는 것을 pull 작업이라고 합니다. push 작업은 다음과 같이 수행합니다.

◈ 셀 8-5 **중앙 저장소에 push 작업하기**

```
$ git push origin
Warning: Permanently added the RSA host key for IP address '192.30.252.130' to the
list of known hosts.
Counting objects: 3, done.
Delta compression using up to 4 threads.
Compressing objects: 100% (2/2), done.
Writing objects: 100% (3/3), 376 bytes | 0 bytes/s, done.
Total 3 (delta 0), reused 0 (delta 0)
To git@github.com:search5/flask_edition.git
   150cea5..8d661b1  master -> master
```

명령의 수행 결과가 셀 8-5와 유사하다면 정상적으로 끝났을 것입니다. 그런데 셀 8-5를 실행하기 전에 모든 개발자는 셀 8-6의 명령 실행을 통해 pull 작업을 미리 해두는 편이 좋습니다. pull 작업이 선행되지 않으면 중앙 저장소에 원활하게 push 작업이 이루어지지 않기 때문입니다.

◈ 셀 8-6 **중앙 저장소에서 최신 데이터를 받아와 로컬 Git 저장소에 반영하기**

```
$ git pull origin
```

셀 8-6의 명령을 실행하는 가장 큰 이유는 Git의 잠금 모델(낙관적인 잠금)에 따른 것인데, 누군가 같은 파일을 수정하면 충돌이 발생할 수 있어서 이 작업을 선행함으로써 다수의 파일에 대해 Git이 영리하게 병합을 진행해주기 때문입니다.

이제 새로운 파일이 추가되었는지 확인하기 위해서 GitHub의 프로젝트 페이지를 보면 수정을 가한 파일이 반영되어 있는 것을 볼 수 있습니다.

■ **파일 삭제**

Git에 저장되어 있는 파일의 삭제는 추가할 때와 같이 3단계를 거칩니다. 만일의 경우에도 삭제된 파일은 Git의 히스토리 내역에서 복원할 수 있으니 실수로 삭제했다고 해서 걱정하지 않아도 됩니다.

파일의 삭제 -> git staging 영역에 staged 상태로 변경 -> 커밋 우리는 이 작업을 위해 앞에서 추가했던 README.md 파일도 삭제할 것입니다. 파일 삭제는 git rm 명령어를 이용해야 합니다.

❖ 셸 8-7 로컬 Git 저장소에 파일 삭제을 하겠다고 표식을 남김

```
$ git rm README.md
rm 'README.md'
```

셸 8-7의 작업이 완료되면 Git 저장소에 파일의 변경사항을 반영합니다.

❖ 셸 8-8 로컬 Git 저장소에 파일 삭제 내역을 커밋하기

```
$ git commit -m "README.md File Delete"
[master c1db774] README.md File Delete
 1 file changed, 1 deletion(-)
 delete mode 100644 README.md
$ git push origin
```

이처럼 로컬 Git 저장소에 데이터 반영이 완료되면 로컬 저장소에서도 삭제 표식을 남긴 파일이 삭제되었을 것입니다. 이제 중앙 저장소에 로컬 저장소의 푸시 작업을 수행합니다.

❖ 셸 8-9 중앙 Git 저장소에 최종 사항 반영

```
$ git push origin
Counting objects: 2, done.
Delta compression using up to 4 threads.
Compressing objects: 100% (2/2), done.
Writing objects: 100% (2/2), 241 bytes | 0 bytes/s, done.
Total 2 (delta 1), reused 0 (delta 0)
To git@github.com:search5/flask_edition.git
   8d661b1..c1db774  master -> master
```

이 책에서는 Git 저장소의 사용 방법을 알려주기 위해 파일의 변경(파일의 추가/수정/삭제) 작업이 생길 때마다 로컬 Git 저장소에 커밋을 수행하고, 중앙 저장소에 대해 pull 작업과 push 작업을 수행했습니다. 그러나 중앙 저장소에 대해 수행하는 작업은 반드시 한 개의 커밋 단위로 할 필요는 없으므로 커밋 작업을 일괄적으로 모아서 하는 것도 한 방법입니다.

중앙 저장소에 push할 때 커밋 단위는 개수 제한이 없으므로 작업 진행 상황에 따라 자율적으로 하면 됩니다.

이제 GitHub를 사용하는 가장 큰 목적인 프로젝트의 외부 기여자가 제출한 코드를 우리의 코드에 반영할 차례입니다.

■ 프로젝트 외부 기여자의 코드 제출

자유 소프트웨어나 공개 소프트웨어의 개발은 보통 핵심 팀이나 개발자가 있고 이들에 의해 주도적으로 개발되는 형태입니다. 그러나 리눅스 커널이 성장한 것처럼 다수의 개발자가 패치 코드를 보내온다면 프로젝트의 코드는 본래 생각했던 것보다 더 놀라운 성장을 이루어낼 것입니다. 여기에서 다수의 개발자는 보통 프로젝트 외부 기여자로 부를 수 있습니다. 외부 기여자가 특정 프로젝트에 기여하기 위해서는 먼저 본래의 프로젝트에서 Fork(포크)를 해야 합니다. Fork를 하기 위해서는 기여하고자 하는 프로젝트 홈페이지에 가서 'Fork' 버튼을 누르는 것입니다.

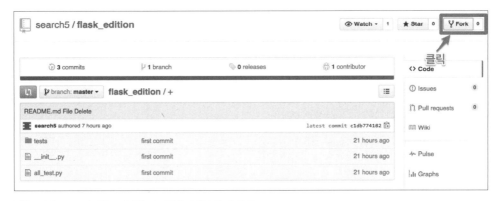

📷 그림 8-6　기여하고자 하는 프로젝트에서 Fork하기

그러면 기여하고자 하는 프로젝트가 개발자 개인 계정으로 Fork되고 그곳으로 이동한 것을 볼 수 있습니다.

외부 기여자가 Fork된 모습을 보려면 첫 번째 영역과 두 번째 영역을 보면 되는데, 첫 번째 영역(그림에서 1번)에서는 이 프로젝트가 어디에서 Fork되었는지 알 수 있으며, 두 번째 영역(그림에서 2번)에서는 몇 개의 Fork 프로젝트를 가지고 있는지 확인할 수 있습니다.

이렇게 Fork된 프로젝트에 대해 작업을 하려면 먼저 Fork된 프로젝트를 git 명령으로 개발자 컴퓨터로 복제해와야 합니다.

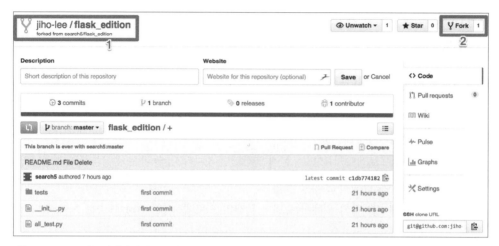

📷 그림 8-7 외부 기여자에게 Fork된 프로젝트

🔰 셀 8-10 Fork된 프로젝트 복제하기

```
$ git clone git@github.com:jiho-lee/flask_edition.git
Cloning into 'flask_edition'...
remote: Counting objects: 10, done.
remote: Compressing objects: 100% (6/6), done.
remote: Total 10 (delta 2), reused 10 (delta 2), pack-reused 0
Receiving objects: 100% (10/10), done.
Resolving deltas: 100% (2/2), done.
Checking connectivity... done.
```

Fork된 프로젝트를 로컬로 복제해왔으면 Fork된 디렉터리로 이동해서 원본 프로젝트의 변경사
항을 언제든지 받아볼 수 있도록 트래킹(tracking) 작업을 해주는 편이 좋습니다. 이를 위해 셀
8-11과 같이 실행합니다.

🔰 셀 8-11 Fork된 프로젝트가 원본 프로젝트의 변경사항을 받아볼 수 있도록 하기

```
$ cd flask_edition
$ git remote add --track master upstream git://github.com/search5/flask_edition.git
```

셀 8-11이 실행되면 Fork된 프로젝트는 원본 프로젝트의 master 브랜치의 데이터를 upstream
이란 이름으로 참조할 수 있게 됩니다. 만약 원본 프로젝트에 변경사항이 있으면 셀 8-12와 git
fetch 명령 실행 후 git merge를 이어 실행하면 됩니다.

셀 8-12 원본 프로젝트 저장소로부터 최신 데이터를 가져와 새로운 사항 변경하기

```
$ git fetch upstream
From git://github.com/search5/flask_edition
 * [new branch]      master      -> upstream/master
$ git merge upstream/master
Already up-to-date.
```

흔히 git fetch와 git merge는 git pull로 대체할 수 있다고 알려져 있지만, Fork된 원본 프로젝트
의 변경사항을 가져올 때는 적용할 수 없는 명령입니다.

여기까지 따라오셨으면 원본 프로젝트에 기능을 덧붙이거나 수정하기 위해서 브랜치를 생성
합니다. 여기에서 브랜치를 생성하는 이유는 Pull Request가 브랜치 단위[82]로 받기 때문입니다.
만약 수정하거나 추가하는 기능이 많다면 브랜치를 기능 개수만큼 만들어서 작업하는 편이
좋습니다.

Fork된 프로젝트에 생성한 브랜치는 언제 추가하고 삭제해야 하나요?

브랜치의 추가는 하나의 Pull Request를 보내고 나서 하는 게 좋습니다. 브랜치의 삭제는 원본 프로젝
트에 Pull Request를 보내 반영된 후에 삭제하면 됩니다. 다수의 브랜치가 존재하면 자칫 브랜치의 관
리가 어려워질 수 있으니 적절한 시점에서 브랜치를 추가하거나 삭제하는 것이 좋습니다.

이제 Fork 프로젝트에서 브랜치를 만들어보겠습니다. 브랜치를 만들기 위해서는 셀 8-13과 같
이 입력합니다.

셀 8-13 브랜치 생성

```
$ git branch issue1
```

브랜치를 생성하면 브랜치에서 작업하겠다고 Git에게 알려야 합니다. 셀 8-14와 같이 합니다.

셀 8-14 브랜치에서 작업하겠다고 git에게 알림

```
$ git checkout issue1
Switched to branch 'issue1'
```

---

82 Git 저장소는 모든 소스 트리를 브랜치 단위로 관리하며, 기본 브랜치는 master입니다.

브랜치로의 작업 공간이 전환되면 이제부터 해야 할 일은 기능을 추가하거나 개선하는 것, 그리고 테스트하는 일입니다.

브랜치를 기반으로 코드를 수정할 때는 '내가 수정하는 코드는 기능에 문제가 없음을 증명한다.'는 생각으로 해야 합니다. 여러분의 코드는 개선 작업을 마치고 나서 원본 프로젝트에 개선사항을 제출하게 되는데, 여러분의 코드에 오류가 가득하면 제출하고 나서도 찜찜할 것은 물론이고 원본 프로젝트의 작업자는 우리의 Pull Request를 반영하지 않을 것입니다.

그리고 코드를 개선하고 나서 커밋 로그를 적을 때는 속칭 거지(동작함, 아 짜증나 등)같이 적으면 개발자 자신의 이력을 깎아먹는 지름길이 됩니다. 사실, 필자도 개인 저장소에서는 이런 식으로 하지만 분명히 개선해야 될 점입니다.

지면상 어떤 코드를 개선하는지 상세히 기술하지 않지만, 여러분이 코드의 수정 작업 후 테스트를 언제든지 할 수 있도록 테스트 코드를 첨부하기를 바랍니다.

기능 수정이 완료되면 원본 프로젝트에 Pull Request를 보내야 합니다. Pull Request는 한 번에 하나를 보내는 것이 일반적이므로 커밋 로그를 병합하는 것이 좋습니다. 커밋 로그를 병합하는 방법[83]은 여러분이 직접 해보기 바랍니다.

이제 원본 프로젝트에 Pull Request를 보내야 할 텐데, 뭔가 잊은 것 같은 기분이 들지 않나요? 프로젝트 저장소에 브랜치를 반영해야 하는 작업이 남아있습니다. 물론, 우리가 작업한 브랜치를 GitHub에 보내지 않고 비공개로 작업할 수도 있지만, 원본 프로젝트에 Pull Request를 보내기 위해서 셀 8-15와 같이 입력해서 Fork 저장소에 브랜치를 반영해야 합니다.

◈ 셀 8-15 Fork된 저장소에 브랜치 보내기

```
$ git push origin issue1
Total 0 (delta 0), reused 0 (delta 0)
To https://github.com/jiho-lee/flask_edition.git
 * [new branch]      issue1 -> issue1
```

여기까지 했으면 웹 브라우저로 Fork된 프로젝트 페이지로 접속한 다음, issue 브랜치로 이동합니다. 예제에서는 https://github.com/jiho-lee/flask_edition/tree/issue1입니다. 웹 브라우저에서는 그림 8-8과 유사할 것입니다.

---

83 https://dogfeet.github.io/articles/2012/how-to-github.html

Your recently pushed branches:

| ⑂ **issue1** (1 minute ago) | ⟲ **Compare & pull request** |

| ⟲ | ⑂ branch: issue1 ▾ | **flask_edition** / + | ☰ |

| This branch is 1 commit ahead of search5:master | ⟲ Pull Request | ⎘ Compare |

login feature apply

🔳 **search5** authored 3 minutes ago — latest commit 783a6289c8 📋

📁 tests	first commit	2 days ago
📄 __init__.py	login feature apply	3 minutes ago
📄 all_test.py	first commit	2 days ago

📷 그림 8-8　issue1 브랜치 페이지

이제 Pull Request를 원본 프로젝트에 보낼 때입니다. 그림 8-8에서 'Compare & pull request' 버튼을 클릭하세요. 그리고서 Pull Request를 원본 프로젝트에 보내기 위해 내가 어떤 이슈나 기능을 처리했다고 기록해야 합니다. Pull Request에 대한 설명이 없으면 원본 프로젝트 개발 자도 외부 기여자가 보낸 코드를 적용할 수 없을 것입니다.

Open a pull request

Create a new pull request by comparing changes across two branches. If you need to, you can also compare across forks.

| ⟲ | base fork: **search5/flask_edition** ▾ | base: **master** ▾ | ... | head fork: **jiho-lee/flask_edition** ▾ | compare: **issue1** ▾ |

✓ Able to merge. These branches can be automatically merged.

login feature apply

Write　Preview　　　　　　　　　　　　　　　🔳 Markdown supported　🔲 Edit in fullscreen

Leave a comment

Attach images by dragging & dropping, selecting them, or pasting from the clipboard.

📷 그림 8-9　Pull Request를 보낼 내용에 대해 코멘트를 추가할 수 있는 화면

Pull Request의 내용을 기술할 때는 정확하고 명확하게 해야 합니다. 내용 기술이 끝나면 화면 을 아래로 스크롤해서 'Create pull request' 버튼을 클릭합니다.

Pull Request를 보내면 원본 프로젝트의 개발자는 외부 기여자로부터 Pull Request를 받았다는 메시지를 받게 됩니다. 그러니 외부 기여자가 '혹시 내가 보낸 Pull Request가 안 보내진 건 아니겠지?' 하는 고민은 않아도 됩니다.

■ 외부 기여자가 보낸 Pull Reqeust 처리

외부 기여자가 보낸 코드는 일반적으로 프로젝트 개발자가 최종 검증을 해서 master 브랜치에 반영하거나 외부 기여자에게 추가 개선 요청을 할 수도 있습니다. 물론, 원본 프로젝트 개발자가 Pull Request를 닫아버리거나 반영을 안 해줄 수도 있습니다.

이제는 원본 프로젝트에 들어온 Pull Request를 확인할 차례입니다. 프로젝트 페이지로 이동하면 Pull Request가 도착해 있는 것을 볼 수 있습니다.

📷 그림 8-10   Pull Request가 도착해 있음을 알려주는 프로젝트 좌측 메뉴

Pull Request를 누르면 Pull Request 목록으로 이동합니다.

그림 8-11   Pull Request 목록

지금은 한 개의 Pull Request만 있기 때문에 Pull Request의 제목을 클릭해서 상세한 Reqeust 화면으로 이동합니다.

📷 그림 8-12　'login feature apply' Pull Request에 대한 상세 화면

개별 Pull Request 상세 화면에서는 외부 기여자가 보낸 Request를 Merge하거나 Decline할 수 있습니다. Pull Request를 닫으면 외부 기여자의 코드는 반영하지 않겠다는 것입니다. 만약 개선 요청을 하고 싶다면 화면 하단에서 코멘트를 작성해서 프로젝트 외부 기여자에게 추가 내용을 요청하면 됩니다.

이제 'Merge pull request' 버튼을 클릭합니다.

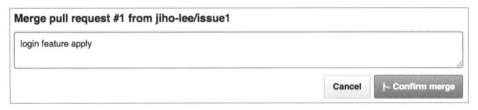

📷 그림 8-13　Pull Request를 정말 반영할 것인지를 최종 확인

그럼, 그림 8-13과 같이 변경됩니다. 이제 'Confirm merge' 버튼을 클릭하면 master 브랜치에 외부 기여자가 보낸 코드가 Merge됩니다.

■

■ **조금 더 나은 오픈소스가 되기 위해서…**

이 절에서는 GitHub를 사용해 프로젝트를 생성하고 프로젝트 외부 기여자가 Pull Request를 생성하는 방법과 원본 프로젝트에 Pull Request의 코드를 Merge하는 방법을 살펴봤습니다. 이와 같이 Pull Request를 활용하는 것은 오픈소스 프로젝트에서 매우 인기 있는 협업 방식이기도 하며, 원본 프로젝트 개발자가 자신의 소스 코드를 보호하며 외부의 코드를 병합하는 좋은 방법입니다.

이 책에서는 Pull Request를 처리하는 방법만 제시했지만, Pull Request를 보내기 전에 반드시 원본 프로젝트에서 개선할 점이 있는지 확인하고 원본 프로젝트에서 이슈를 생성하는 것이 좋습니다. 이 과정은 본인 외에 다른 외부 기여자가 있을 수 있으므로 선행 작업으로 하기를 권장합니다.

8.2.2 BitBucket

BitBucket은 Mercurial과 Git을 저장소로 제공하는 호스팅 시스템입니다. 사람들에 따라 빗버켓, 비트버킷, 비트버켓 등 다양한 이름으로 부릅니다. 2010년에 Atlassian에 인수되기 전에는 저장소 시스템으로 Mercurial만 제공했습니다.

GitHub와 마찬가지로 개발자들이 오픈소스 개발에 많이 사용하고 있으며, 비영리, 영리 목적의 저장소를 자유롭게 생성할 수 있습니다. GitHub와 같이 저장소, 이슈 관리, 위키, Pull Request 등의 기능을 제공합니다.

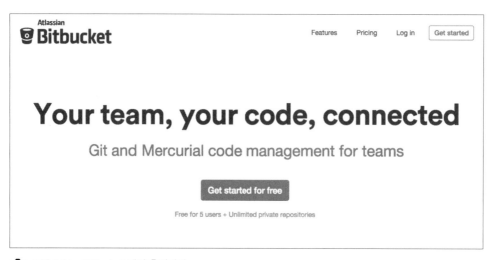

📷 그림 8-14 **BitBucket 메인 홈페이지**

BitBucket에 회원 가입을 위해서 홈페이지 상단에 있는 'Get Started' 버튼을 클릭해서 회원 가입 페이지로 이동합니다.

📷 **그림 8-15**   **BitBucket 회원 가입 페이지**

그림 8-15는 BitBucket 회원 가입 페이지 화면입니다. 사용자 식별 이름(Username), 이메일, 비밀번호를 입력하고, Plan을 선택하는 것으로 간단하게 가입할 수 있습니다. BitBucket에 가입할 때 이메일은 반드시 현재 사용 중인 것으로 입력해야 하는데, 종종 개인정보 유출을 이유로 허위 이메일을 제공하면 BitBucket 가입이 취소될 수 있습니다.

회원 가입 필드 중에서 Plan은 가입자의 형태를 나타내는데, 기본 선택 값은 무료로 제공되는 개인 계정을 의미합니다. 회원 가입 정보를 입력했으면 '로봇이 아닙니다'를 클릭해서 화면에 나오는 질문하는 내용에 응답하고 'Sign up' 버튼을 클릭합니다.

BitBucket에 가입하고 나면 로그인이 자동으로 이루어지고 첫 번째 저장소를 만들도록 유도합니다만, 회원 가입 직후 저장소를 만들지 않아도 괜찮습니다. BitBucket의 첫 번째 페이지로 이동하기 위해 왼쪽 상단이 BitBucket 로고를 클릭합니다.

이제 소스 코드를 관리하기 위해 저장소를 생성할 차례입니다.

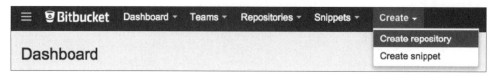

📷 그림 8-16 새로운 저장소 생성하기

저장소를 생성하려면 화면의 최상단에 있는 'Create' 버튼을 클릭한 후에 'Create repository' 버튼을 클릭합니다.

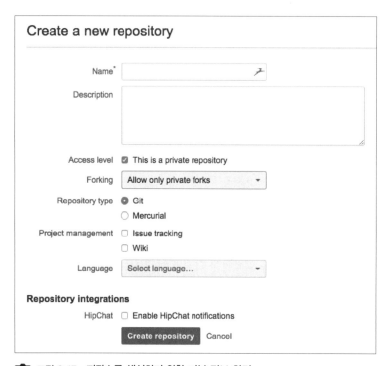

📷 그림 8-17 저장소를 생성하기 위한 기본 정보 화면

저장소를 생성할 때는 저장소 이름만 필수로 입력하고 'Create repository' 버튼을 클릭하면 되지만, 우리는 저장소를 신규 생성하기 전에 몇 가지를 추가적으로 변경할 것입니다.

첫 번째로 Access level입니다. 이 필드는 해당 저장소가 Private인지 Public인지를 지정하는데, 오픈소스 저장소이면 체크박스를 해제합니다. 우리는 저장소를 생성할 때 체크를 해제하겠습니다. 두 번째로 Forking입니다. 이 필드는 Access level 필드가 체크 해제되어 있으면 나타나지 않지만, Private 저장소라면 프로젝트 외부로부터의 Fork를 어떤 방법으로 허용할 것인지를 지정합니다. 세 번째로 Repository type입니다. 이 필드는 저장소의 프로그램을 지정하는데, 기본값은 Git입니다. 네 번째로 Project management입니다. BitBucket은 저장소에 대해 이슈 관리 시스템과 Wiki를 제공합니다. 오픈소스 저장소라면 두 개 다 선택하는 것이 좋습니다. 우리는 테스트를 위해 두 개의 필드를 모두 체크합니다. 마지막으로 Language입니다. 해당 저장소에 저장하는 소스 코드가 대표적으로 어떤 프로그래밍 언어를 사용해 작성되어 있는지를 지정합니다. 우리는 파이썬 코드를 저장할 것이니 Python을 선택하면 됩니다.

이제 'Create repository' 버튼을 클릭합니다. 그럼, 잠시 뒤에 새 저장소가 생성되고 새 저장소의 메인 페이지로 이동합니다. 이제 저장소를 생성했으니 우리가 작성한 코드를 BitBucket에 올려야 할 때입니다. 여기서 사용할 코드는 7.3에서 작성한 libme 프로젝트입니다.

BitBucket은 프로젝트 저장소에 초기 프로젝트 파일을 올릴 수 있는 두 가지 방법을 제공합니다.

1. 개발을 시작하거나 git을 사용하고 있지 않은 프로젝트에 git 저장소를 사용하겠다는 표식을 남기고, 커밋 후 BitBucket을 origin 저장소로 지정하고 나서 푸시(Push)
2. 이미 git을 사용해 개발 중인 프로젝트를 BitBucket origin 저장소로 푸시(Push)

우리는 프로젝트 파일이 존재하므로 첫 번째 방법을 사용해 BitBucket에 올리겠습니다.

◈ 셀 8-16 **BitBucket에 프로젝트 파일 업로드하기**

```
$ git init
Initialized empty Git repository in ~/libme_improve/.git/
$ git remote add origin https://jiho-lee@bitbucket.org/jiho-lee/libme.git
$ git add *
$ git commit -m "Initial Project Upload"
[master (root-commit) adde4dc] Initial Project Upload
 3 files changed, 39 insertions(+)
 create mode 100644 __init__.py
 create mode 100644 all_test.py
 create mode 100644 tests/root_path.py
$ git push -u origin master
Password for 'https://jiho-lee@bitbucket.org':
Counting objects: 6, done.
Delta compression using up to 4 threads.
Compressing objects: 100% (5/5), done.
Writing objects: 100% (6/6), 901 bytes | 0 bytes/s, done.
Total 6 (delta 0), reused 0 (delta 0)
To https://jiho-lee@bitbucket.org/jiho-lee/libme.git
 * [new branch]      master -> master
Branch master set up to track remote branch master from origin.
```

프로젝트에 Git 저장소를 추가할 때 프로토콜을 https로 할지 SSH로 할지에 따라 추후 비밀번호를 입력받을 수도 있고 아니기도 합니다. 필자는 SSH 프로토콜을 선택하여 로컬 저장소의 데이터를 중앙 저장소에 반영할 때 비밀번호를 다시 입력받지 않도록 하고 있습니다.

Q&A BitBucket에 SSH 방식을 사용해서 저장소를 동기화하려면 어떻게 해야 하나요?

BitBucket의 저장소 동기화 방식에 SSH를 사용하려면 첫 번째로 개발자가 SSH 키를 가지고 있어야 합니다. SSH 키가 없으면 SSH 키를 생성해야 합니다. 리눅스나 맥은 ssh-keygen 명령으로 생성할 수 있습니다.

리눅스나 맥 사용자는 ~/.ssh/id_rsa.pub 파일의 내용을 복사해서 깃허브 프로젝트 페이지의 Setting ➡ Deploy keys에 등록하면 되지만, 윈도우 사용자는 부록 G의 내용을 참고하시기 바랍니다.

공개키가 준비되었으면 BitBucket 저장소 페이지에서 좌측 메뉴의 'Settings'를 클릭하고, 우측에 Settings 화면이 나오면 'Deployment keys' 메뉴를 클릭합니다. 다시 우측 화면이 바뀌면 'Add Key' 버튼을 클릭하고 공개키 내용을 복사하면 됩니다.

이제 우리가 업로드한 프로젝트의 파일이 업로드되었는지 확인해볼 차례입니다. BitBucket의 저장소에서 좌측 메뉴에서 'Source'를 클릭하면 프로젝트 파일이 업로드되어 있을 것입니다.

Source				
⑂ master ▾ ⬇▾ libme /				+ New file
📁 tests				
📄 __init__.py	148 B	22 minutes ago	Initial Project Upload	
📄 all_test.py	324 B	22 minutes ago	Initial Project Upload	

📷 그림 8-18 **BitBucket에 업로드된 프로젝트 파일**

BitBucket에 프로젝트 파일을 업로드했으면 저장소에 업로드된 파일을 수정/삭제하는 일과 함께 다른 사람이 제출한 요청을 처리하는 일을 해볼 차례입니다. 여러분이 통합 개발 환경 도구를 사용하지 않는다면, BitBucket 등의 원격 저장소에 있는 소스를 내려받아 변경하고 중앙 저장소에 변경사항을 반영하는 일은 꽤 귀찮고 힘든 일이 될 수도 있습니다.

이 절에서는 git 명령의 모든 옵션을 자세하게 살펴보지 않습니다. 기본적인 Git의 사용 방법은 8.2.1절 'GitHub'의 '파일 추가/편집', '파일 삭제' 단원을 참고하세요.

이제 BitBucket 등의 공개 저장소를 사용하는 가장 큰 목적인, 프로젝트의 외부 기여자가 제출한 코드를 우리의 코드에 반영해볼 것입니다.

■ 프로젝트 외부 기여자의 코드 제출

8.2.1절에서 언급한 것처럼 자유 소프트웨어나 공개 소프트웨어는 핵심 개발자/그룹에 의해 주도됩니다. 그러나 아무리 훌륭한 소프트웨어라도 프로젝트 외부에 있는 개발자도 참여할 수 있다면 기여하는 개발자와 프로젝트는 한층 더 크게 발전할 수 있을 것입니다.

외부 기여자가 특정 저장소에 기여하기 위해서는 먼저 본래의 저장소에서 Fork를 해야 합니다. 프로젝트의 Fork는 기여하고자 하는 BitBucket 저장소 홈페이지에 가서 좌측의 'Fork' 메뉴를 누르는 것입니다.

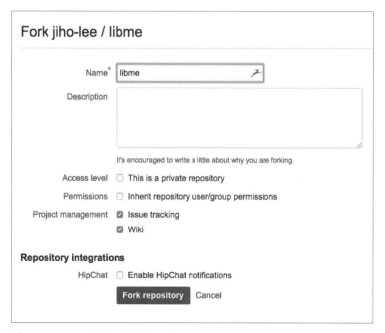

📷 그림 8-19 기여하고자 하는 저장소에서 Fork하기

'Fork' 메뉴를 누르면 Fork 저장소의 이름과 저장소 설명, Access Level, Permissions, Project Management 등의 필드를 선택할 수 있습니다. 이 값은 대부분 기본값으로 두고 'Fork repository' 버튼을 클릭하면 외부 기여자가 원본 저장소를 Fork하게 됩니다. 그러면 기여하고자 하는 저장소가 개발자 개인 계정으로 Fork되고 그곳으로 이동한 것을 볼 수 있습니다.

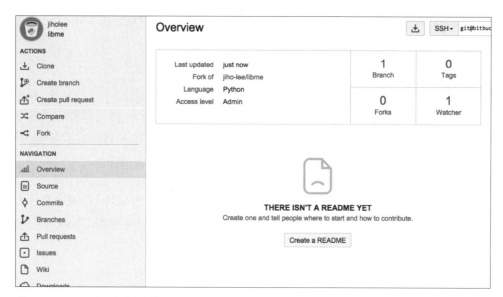

그림 8-20 외부 기여자에게 Fork된 저장소

(이후의 내용은 8.2.1절 'GitHub'에서의 설명과 유사한 부분이 많습니다만, GitHub 절을 보지 않은 분들을
위해 다시 설명하고 있습니다.)

이렇게 Fork된 저장소에 대해 작업을 하려면 먼저 Fork된 저장소를 git 명령으로 개발자 컴퓨
터로 복제해와야 합니다.

셸 8-17   Fork된 저장소 복제하기

```
$ git clone https://jiholee@bitbucket.org/jiholee/libme.git
Cloning into 'libme'...
remote: Counting objects: 6, done.
remote: Compressing objects: 100% (5/5), done.
remote: Total 6 (delta 0), reused 0 (delta 0)
Unpacking objects: 100% (6/6), done.
Checking connectivity... done.
```

Fork된 저장소를 로컬로 복제해왔으면, Fork된 디렉터리로 이동해서 원본 저장소의 변경사항
을 언제든지 받아볼 수 있도록 트래킹(tracking) 작업을 해주는 편이 좋습니다. 이를 위해 셸
8-18과 같이 수행합니다.

```
$ cd libme
$ git remote add --track master upstream https://jiholee@bitbucket.org/jiho-lee/
libme.git
```

셸 8-18이 수행되면 Fork된 저장소는 원본 저장소의 master 브랜치의 데이터를 upstream이란 이름으로 참조할 수 있게 됩니다. 만약 원본 저장소에 변경사항이 있으면, 셸 8-19에서와 같이 git fetch 실행 후 git merge를 이어 실행하면 됩니다.

셸 8-19 원본 저장소로부터 최신 데이터를 가져와 새로운 사항 변경하기

```
$ git fetch upstream
From https://bitbucket.org/jiho-lee/libme
 * [new branch]      master     -> upstream/master
$ git merge upstream/master
Already up-to-date.
```

흔히 git fetch와 git merge는 git pull로 대체할 수 있다고 알려져 있지만, Fork된 원본 프로젝트의 변경사항을 가져올 때는 적용할 수 없는 명령입니다.

여기까지 따라오셨으면 원본 프로젝트에 기능을 덧붙이거나 수정하기 위해서 브랜치를 생성합니다. 여기에서 브랜치를 생성하는 이유는 Pull Request가 브랜치 단위[84]로 받기 때문입니다. 만약 수정하거나 추가하는 기능이 많다면 브랜치를 기능 개수만큼 만들어서 작업하는 편이 좋습니다.

Fork된 프로젝트에 생성한 브랜치는 언제 추가하고 삭제해야 하나요?

브랜치의 추가는 하나의 Pull Request를 보내고 나서 하는 게 좋습니다. 브랜치의 삭제는 원본 프로젝트에 Pull Request를 보내 반영된 후에 삭제하면 됩니다. 다수의 브랜치가 존재하면 자칫 브랜치의 관리가 어려워질 수 있으니 적절한 시점에서 브랜치를 추가하거나 삭제하는 것이 좋습니다. BitBucket은 브렌치를 자동으로 닫아주는 기능이 있습니다.

---

84 Git 저장소는 모든 소스 트리를 브랜치 단위로 관리하며 기본 브랜치는 master입니다.

이제 우리의 Fork 저장소에서 브랜치를 만들어보겠습니다. 브랜치를 만들기 위해서는 셀 8-20과 같이 입력합니다.

◆ 셀 8-20 브랜치 생성

```
$ git branch issue50
```

브랜치를 생성하면 브랜치에서 작업하겠다고 Git에게 알려야 합니다. 셀 8-21과 같이 합니다.

◆ 셀 8-21 브랜치에서 작업하겠다고 git에게 알림

```
$ git checkout issue50
Switched to branch 'issue50'
```

브랜치로의 작업 공간이 전환되면 이제부터 해야 할 일은 기능을 추가하거나 개선하는 것, 그리고 테스트하는 일입니다.

브랜치를 기반으로 코드를 수정할 때는 '내가 수정하는 코드는 기능에 문제가 없음을 증명한다.'는 생각으로 해야 합니다. 여러분의 코드는 개선 작업을 마치고 나서 원본 프로젝트에 개선 사항을 제출하게 되는데, 여러분의 코드에 오류가 가득하면 제출하고 나서도 찜찜할 것은 물론이고 원본 프로젝트의 작업자는 우리의 Pull Request를 반영하지 않을 것입니다.

그리고 코드를 개선하고 나서 커밋 로그를 적을 때는 속칭 거지(동작함, 아 짜증나 등)같이 적으면 개발자 자신의 이력을 깎아먹는 지름길이 됩니다. 사실, 필자도 개인 저장소에서는 이런 식으로 하지만 분명히 개선해야 될 점입니다.

지면상 어떤 코드를 개선하는지 상세히 기술하지 않지만, 여러분이 코드의 수정 작업 후 테스트를 언제든지 할 수 있도록 테스트 코드를 첨부하기를 바랍니다.

기능 수정이 완료되면 원본 프로젝트에 Pull Request를 보내야 합니다. Pull Request는 한 번에 하나를 보내는 것이 일반적이므로 커밋 로그를 병합하는 것이 좋습니다. 커밋 로그를 병합하는 방법[85]은 여러분이 직접 해보기 바랍니다.

이제 원본 프로젝트에 Pull Request를 보내야 할 텐데, 뭔가 잊은 것 같은 기분이 들지 않나요?

---

85 https://dogfeet.github.io/articles/2012/how-to-github.html

프로젝트 저장소에 브랜치를 반영해야 하는 작업이 남아있습니다. 물론, 우리가 작업한 브랜치를 BitBucket에 보내지 않고 비공개로 작업할 수도 있지만, 원본 프로젝트에 Pull Request를 보내기 위해서 셸 8-22와 같이 입력해서 Fork 저장소에 브랜치를 반영해야 합니다.

이제 원본 저장소에 Pull Request를 보낼 차례입니다. 우리가 작업한 브랜치를 단순히 중앙 저장소에 보내면 BitBucket이 원본 저장소에 Pull Request를 쉽게 보낼 수 있도록 URL을 하나 알려줍니다.

◆ 셸 8-22 **Fork된 저장소에 브랜치 보내기**

```
$ git push origin issue50
Counting objects: 3, done.
Delta compression using up to 4 threads.
Compressing objects: 100% (3/3), done.
Writing objects: 100% (3/3), 464 bytes | 0 bytes/s, done.
Total 3 (delta 0), reused 0 (delta 0)
remote:
remote: Create pull request for issue50:
remote:    https://bitbucket.org/jiholee/libme/pull-request/new?source=issue50&t=1
remote:
To https://jiholee@bitbucket.org/jiholee/libme.git
   adde4dc..6d2d5a0  issue50 -> issue50
```

셸 8-22에서 표시된 URL인 https://bitbucket.org/jiholee/libme/pull-request/new?source=issue50&t=1을 복사해서 웹 브라우저에 입력하고 이동하면 그림 8-21과 같은 화면을 보게 됩니다.

BitBucket은 개발자가 원본 저장소에 Pull Request를 보낼 때 몇 가지 옵션을 지정할 수 있습니다. 어떤 브랜치를 원본 저장소로 보낼 것인지를 지정하고, 원본 저장소의 어떤 브랜치에 Pull Request를 요청할 것인지를 지정할 수 있습니다. 특별한 일이 없으면 원본 저장소의 master 브랜치에 개발자가 보낸 Pull Request가 적용됩니다.

Pull Request를 보내기 전에 원본 저장소의 어떤 이슈나 문제 등을 처리했는지를 Title과 Description에 가능한 명확하게 기술하는 게 좋습니다. 이전 절에서 설명했지만, 원본 저장소 개발사가 어떤 내용의 Pull Request인지를 알 수 있도록 하는 게 매우 중요합니다. 또, 개발자가 Pull Request를 보내기 전에 누군가가 개발자가 보낸 코드를 리뷰해주어야 한다면 Reviewers를 입력해주면 됩니다. 이때 Reviewer는 BitBucket에 가입된 사용자만 입력할 수 있습니다.

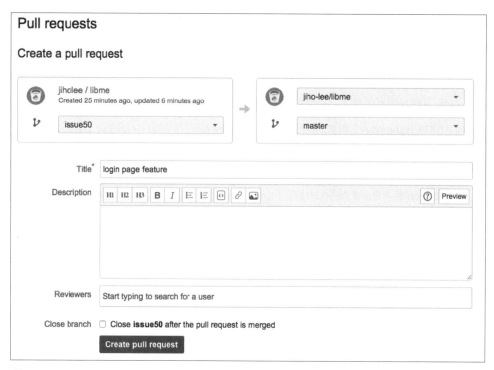

📷 그림 8-21 issue50 브랜치 페이지

GitHub와 달리 BitBucket은 Pull Request를 서버로 보낼 때 Close branch 필드에 체크하면, 포킹(forking)을 했던 저장소에 Pull Request가 반영되었을 때 Pull Request를 보낸 외부 개발자의 Git 브랜치를 자동으로 닫아줍니다. 일반적으로 이 필드는 체크를 해주는 편이 좋습니다.

그림 8-21에서 개발자가 어떤 커밋들을 보내는지, 어떤 파일들을 어떻게 수정했는지 등의 내용을 볼 수 있으므로 미리 점검해보는 것도 좋습니다.

자, 이제 Pull Request를 원본 저장소에 보낼 때입니다. 그림 8-21에서 'Create pull request' 버튼을 클릭하세요. 그럼, 원본 저장소의 Pull Request 상세 화면으로 바로 이동하는데, 외부 기여자가 이미 보낸 Pull Request에 대해 별도로 언급하거나 감시할 일이 없으면 개발자 본인의 다른 저장소를 작업하거나 BitBucket에서 로그아웃하면 됩니다.

Pull Request를 보내면 원본 저장소의 개발자는 저장소 홈페이지에서 Pull Request가 있음을 확인할 수 있습니다.

∎

■ **외부 기여자가 보낸 Pull Reqeust 처리**

외부 기여자가 보낸 코드는 일반적으로 프로젝트 개발자가 최종 검증을 해서 master 브랜치에 반영하거나 외부 기여자에게 추가 개선 요청을 할 수도 있습니다. 물론, 원본 프로젝트 개발자가 Pull Request를 닫아버리거나 반영을 안 해줄 수도 있습니다.

이제는 원본 프로젝트에 들어온 Pull Request를 확인할 차례입니다. 프로젝트 페이지로 이동하면 Pull Request가 도착해 있는 것을 볼 수 있습니다.

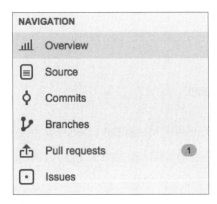

📷 그림 8-22 **Pull Request가 도착해 있음을 알려주는 저장소 좌측 메뉴**

Pull Requests를 누르면 Pull Request 목록으로 이동합니다.

📷 그림 8-23 **Pull Request 목록**

지금은 한 개의 Pull Request만 있기 때문에 Pull Request의 Title을 클릭해서 상세한 Reqeust 화면으로 이동합니다.

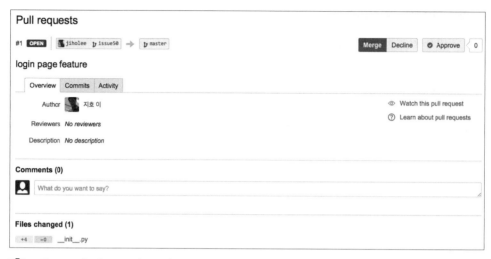

📷 그림 8-24 'login page feature' Pull Request에 대한 상세 화면

개별 Pull Request 상세 화면에서는 외부 기여자가 보낸 Request를 Merge하거나 Decline할 수 있습니다. Pull Request를 Decline하면 외부 기여자의 코드는 반영하지 않겠다는 것입니다. 만약 개선 요청을 하고 싶다면 코멘트를 작성해서 외부 기여자에게 추가 내용을 요청하면 됩니다.

이제 'Merge' 버튼을 클릭합니다.

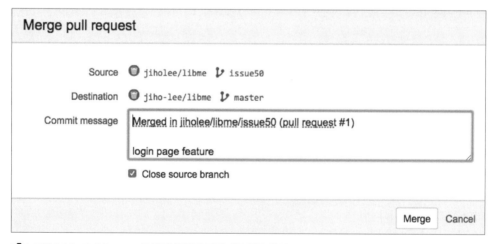

📷 그림 8-25 Pull Request를 정말 반영할 것인지를 최종 확인

그럼, 그림 8-25와 같이 커밋 메시지의 입력을 요청받게 됩니다. 기본 커밋 메시지가 자동으로 입력되지만, 필요하면 수정하고 'Merge' 버튼을 클릭하면 Destination 레이블에 표시되어 있는

브랜치에 외부 기여자가 보낸 코드가 Merge됩니다. Merge에 걸리는 시간은 반영할 내용의 양에 따라 다를 수 있습니다.

Merge를 하기 전에 Close source branch 필드는 기본값으로 두는 것이 일반적이지만, 필요하면 체크하기 바랍니다.

■ 조금 더 나은 오픈소스가 되기 위해서…

이 절에서는 BitBucket을 사용해 저장소를 생성하고 외부 기여자가 Pull Request를 생성하는 방법과 원본 저장소에 Merge하는 방법을 살펴봤습니다. 이와 같이 Pull Request를 활용하는 것은 오픈소스 프로젝트에서 매우 인기 있는 협업 방식이기도 하며, 원본 저장소 개발자가 자신의 소스 코드를 보호하며 외부의 코드를 Merge하는 좋은 방법입니다.

> **마치며**
> 이 절에서는 GitHub와 BitBucket을 사용해 프로그래머가 작성한 소프트웨어를 관리하는 방법을 알아봤습니다. GitHub와 BitBucket 외에도 프로그래머가 사용할 수 있는 다양한 소스 코드 호스팅 서비스가 있으므로 GitHub와 BitBucket이 불편하거나 특정 소스 코드 호스팅 서비스를 사용할 때 소프트웨어 개발이 쉬워지는 경우 이들 서비스를 사용해보는 것도 좋습니다. 다음 절에서는 사용자(프로그래머나 시스템 관리자)가 설치해서 사용할 수 있는 GitLab을 이용해 소스 코드를 관리하는 방법을 살펴보겠습니다.

8.3 GitLab을 사용한 프로젝트 관리

앞에서 원격 저장소 중 GitHub와 BitBucket에 대해 간략히 알아보고 사용하는 방법을 살펴봤습니다. 여러분이 오픈소스를 개발하고 참여하는 입장이라면 GitHub와 BitBucket을 사용하는 것이 좋습니다. 그러나 기업이 자사의 코드를 보호하기 위해서라면 어떻게 하는 것이 좋을까요?

이때는 두 가지의 선택지가 있습니다. GitHub나 BitBucket의 유료 서비스를 사용해 Private 저장소를 사용하는 것과 기업 내부에 분산형 VCS를 설치하는 방법이 있습니다. GitHub나 BitBucket[86]은 기업 사용자를 위해 GitHub Enterprise, 2016년 5월 현재 BitBucket과 같은 분산형 VCS 도구를 포함한 웹 관리 도구를 판매합니다. 하지만 이들 솔루션은 최대한 낮은 단가

---

86 BitBucket은 Atlassian이라는 회사에서 서비스하고 있는 클라우드 제품과 상용으로 판매하고 있는 제품명이기도 합니다.

에 높은 효율을 추구하는 기업에서 구매하기에는 상당히 고가입니다. 이를 위해 다수의 뜻 있는 오픈소스 개발자가 만든 분산형 프로젝트 도구를 배포했는데, 이들 중 하나가 GitLab입니다. GitLab도 Enterprise 버전을 판매하지만, Community Edition을 받아서 사용하는 것도 상당히 괜찮습니다. Community Edition은 최대 25,000명의 사용자를 지원하므로 중소규모 단위 기업에서 무리 없이 사용할 수 있습니다.

GitLab은 리눅스용 버전만 제공하며, 2016년 5월 현재 CentOS, Debian, Ubuntu 리눅스용 설치 파일을 제공합니다. GitLab 설치에 대해서는 부록 F 'GitLab 설치'를 참고하세요.

GitLab 설치가 끝났으면 웹 브라우저로 GitLab에 접속합니다. 이 책에서 예시로 사용한 GitLab의 서버 주소는 다음과 같습니다.

http://104.155.239.182

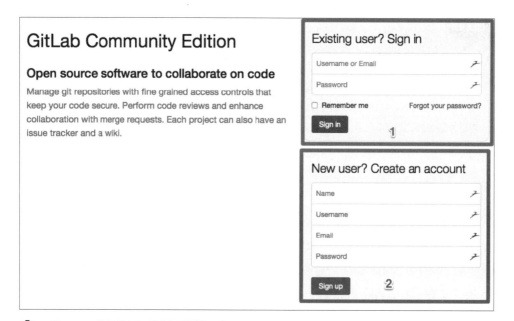

📷 **그림 8-26 내부 GitLab 서버에 접근한 모습**

GitLab 서버에 접속하면 첫 화면에서 로그인을 하거나 회원 가입을 할 수 있습니다. 첫 번째 영역(그림의 1번)은 GitLab 서버에 계정이 있을 때 로그인하는 화면이며, 두 번째 영역(그림의 2번)은 GitLab 서버에 계정을 생성하기 위한 정보를 입력합니다.

먼저, GitLab 서버에 계정을 생성해야 합니다. 계정을 생성하기 위해서 사용자의 Full Name(전체 이름)과 ID(Username 필드), Email, Password 필드의 내용을 채우고, 'Sign up' 버튼을 클릭하면 됩니다. 그럼, 입력한 이메일 주소로 GitLab이 회원 가입 확인 메일을 보내는데, 그 메일에 있는 링크 또는 버튼을 클릭해 GitLab에 가입한 사람이 본인임을 인증해야 합니다.

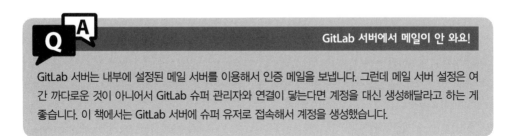

GitLab 서버에서 메일이 안 와요!

GitLab 서버는 내부에 설정된 메일 서버를 이용해서 인증 메일을 보냅니다. 그런데 메일 서버 설정은 여간 까다로운 것이 아니어서 GitLab 슈퍼 관리자와 연결이 닿는다면 계정을 대신 생성해달라고 하는 게 좋습니다. 이 책에서는 GitLab 서버에 슈퍼 유저로 접속해서 계정을 생성했습니다.

GitLab 서버에 로그인했으면 처음 할 일은 새로운 프로젝트를 생성하는 일입니다. 물론, 본인이 프로젝트 관리자가 아니라 Fork만 한다거나 단순 참여자(이슈 보고 등)라면 프로젝트를 생성하지 않아도 됩니다.

📷 그림 8-27 **GitLab에서 로그인한 화면**

그림 8-27에서 '+' 버튼을 클릭하면 그림 8-28과 같이 새로운 프로젝트 생성에 필요한 정보를 입력받습니다.

📷 그림 8-28 GitLab에서 새로운 프로젝트 생성을 위한 정보 입력

그림 8-28과 같은 화면이 보이면 Project Path와 Visibility Level을 지정하고 'Create project' 버튼을 클릭하면 됩니다. GitLab은 로그인한 사용자가 새로운 프로젝트를 생성할 때 GitHub, BitBucket, gitlab.com 등의 사이트에 이미 등록되어 있는 정보를 가져올 수 있으므로 그동안 외부 공개 저장소의 코드를 내부에서 직접 관리하고자 할 때 유용하게 사용할 수 있습니다.

프로젝트를 생성할 때 Visibility Level 필드는 Private, Internal, Public으로 지정할 수 있는데, 각각은 다음과 같은 의미를 지닙니다.

▦ 표 8-1 Visibility Level 값

Visibility Level 필드 값	설명
Private	프로젝트에 관련된 협업자만 프로젝트를 볼 수 있습니다.
Internal	GitLab 서버에 로그인한 사용자만 프로젝트를 볼 수 있습니다.
Public	GitLab 서버 로그인과 상관없이 외부에서 프로젝트를 볼 수 있습니다.

여기서는 프로젝트의 이름을 libme로 지정하고, Visibility Level은 Internal로 지정합니다. 이 절에서 우리는 7.3절에서 만들었던 libme 프로젝트를 재사용할 것이므로 미리 프로젝트를 준비해두시기 바랍니다. 프로젝트가 생성되면 그림 8-29와 비슷한 화면을 볼 수 있습니다.

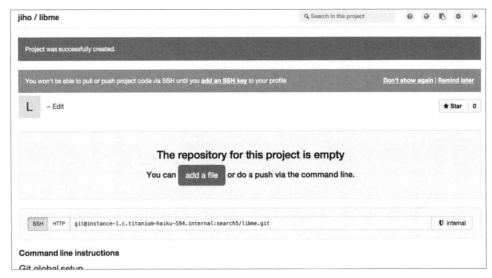

📷 그림 8-29　GitLab에 프로젝트가 생성된 화면

그림 8-29와 같이 나오면 다음으로 할 일은 우리의 프로젝트 코드를 GitLab 서버에 업로드하는 것입니다.

💎 셸 8-23　GitLab 서버에 우리의 프로젝트 파일 업로드하기

```
$ git remote add origin http://104.155.239.182/search5/libme.git
$ git add *
$ git commit -m "first release"
[master (root-commit) 7792e20] first release
 3 files changed, 39 insertions(+)
 create mode 100644 __init__.py
 create mode 100644 all_test.py
 create mode 100644 tests/root_path.py
$ git push -u origin master
Username for 'http://104.155.239.182': <id>
Password for 'http://search5@104.155.239.182': <password>
Counting objects: 6, done.
Delta compression using up to 4 threads.
Compressing objects: 100% (5/5), done.
Writing objects: 100% (6/6), 890 bytes | 0 bytes/s, done.
Total 6 (delta 0), reused 0 (delta 0)
To http://104.155.239.182/search5/libme.git
 * [new branch]      master -> master
Branch master set up to track remote branch master from origin.
```

셀 8-23과 유사한 결과가 나오면 GitLab 서버에 우리의 프로젝트 파일이 정상적으로 업로드된 것입니다. 프로젝트에 git 저장소를 추가할 때 프로토콜을 https로 할지 SSH로 할지에 따라 추후 비밀번호를 입력받을 수도 있고 아니기도 합니다. 필자는 SSH 프로토콜을 선택하여 로컬 저장소의 데이터를 중앙 저장소에 반영할 때 비밀번호를 다시 입력받지 않도록 하고 있습니다.

GitLab에 SSH 방식을 사용해서 저장소를 동기화하려면 어떻게 해야 하나요?

GitLab의 저장소 동기화 방식에 SSH를 사용하려면 개발자가 SSH 키를 가지고 있어야 합니다. SSH 키가 없으면 SSH 키를 생성해야 합니다. 리눅스나 맥 사용자는 ssh-keygen 명령으로 만들 수 있고, 윈도우 사용자는 부록 G를 참고하시기 바랍니다.

공개키가 준비되었으면 GitLab에 로그인한 후 좌측 메뉴의 'Settings'를 클릭하고, 화면이 바뀌면 'Deploy Keys' 메뉴를 클릭합니다. 그런 다음, 화면에서 '+ New Deploy Key' 버튼을 클릭합니다. 이제 Key 필드 공개키 내용을 복사하면 됩니다.

이제 우리가 업로드한 프로젝트의 파일이 업로드되었는지 확인해볼 차례입니다. GitLab의 프로젝트의 좌측 메뉴에서 'Files'를 클릭하면 프로젝트 파일이 업로드되어 있을 것입니다.

jiho / libme		Search in this project	
master ▾	libme / +		⬇ Download zip ▾
Name	Last Update	Last Commit > 7792e204 – first release	History
📁 tests	12 minutes ago	🐛 jiho first release	
📄 __init__.py	12 minutes ago	🐛 jiho first release	
📄 all_test.py	12 minutes ago	🐛 jiho first release	

📷 **그림 8-30** **GitLab에 업로드된 프로젝트 파일**

GitLab에 프로젝트 파일을 업로드했으면 저장소에 업로드된 파일을 수정하거나 삭제하는 일과 함께 다른 사람이 제출한 요청을 처리하는 일을 해볼 차례입니다.

여러분이 통합 개발 환경 도구를 사용하지 않는다면 BitBucket 등의 원격 저장소에 있는 소스를 내려받아 변경을 가하고 중앙 저장소에 변경사항을 반영하는 일은 꽤 귀찮고 힘든 일이 될 수도 있습니다.

이 절에서는 git 명령의 모든 옵션을 자세하게 살펴보지 않습니다. 기본적인 Git의 사용 방법은 8.2.1절 'GitHub'의 '파일 추가/편집', '파일 삭제' 단원을 참고하세요.

이제 사내에서 GitLab 서버에 내부의 다른 프로젝트에 해당 프로젝트에 관여하지 않은 내부 개발자가 개선사항을 제출해서 해당 개선 내용을 반영해볼 것입니다. GitLab에서는 이런 요청을 'Merge Request'라고 부릅니다.

■ 프로젝트 외부 기여자의 코드 제출

8.2절 '원격 저장소 사용하기'에서는 대표적인 자유/공개 소프트웨어 프로젝트가 많은 GitHub 과 BitBucket을 알아봤습니다. 오픈소스 프로젝트는 외부 기여자의 활동이 활발한 것이 인기 있거나 성장하고 있는 프로젝트로 볼 수 있습니다. 그럼, 내부의 Git 서버도 그럴까요? 대답을 미리 공개하자면, 그렇습니다. 기업 내부도 얼마든지 프로젝트의 외부 기여자가 있을 수 있습니다. 외부 기여자가 특정 저장소에 기여하기 위해서는 먼저 본래의 프로젝트 페이지에 접근해야 합니다.

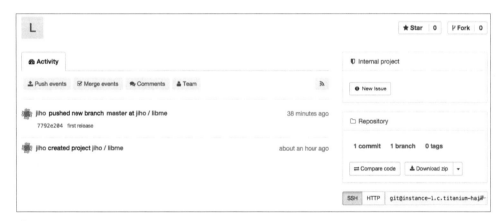

📷 그림 8-31 **기여하고자 하는 프로젝트의 요약 화면**

이제 Fork를 하기 위해서 우측의 'Fork' 버튼을 클릭합니다. 그럼, 8-32와 같이 Fork할 프로젝트를 선택하게 되는데, 하나밖에 없으므로 해당 프로젝트를 클릭하면 자동으로 원본 프로젝트가 Fork됩니다. 그러면 기여하고자 하는 프로젝트가 개발자 개인 계정으로 Fork되고, 브라우저의 현재 페이지가 Fork 프로젝트로 이동한 것을 볼 수 있습니다.

📷 그림 8-32 외부 기여자에게 Fork된 프로젝트

(이후의 내용은 8.2.1절 'GitHub'와 8.2.2절 'BitBucket'에서의 설명과 유사한 부분이 많습니다만, 앞의 두 절을 보지 않은 분들을 위해 다시 설명하고 있습니다.)

이렇게 Fork된 프로젝트에 대해 작업하려면 먼저 Fork된 프로젝트를 git 명령으로 개발자 컴퓨터로 복제해와야 합니다.

◈ 셸 8-24 Fork된 프로젝트 복제하기

```
$ git clone git@104.155.239.182:ks56/libme.git
Cloning into 'libme'...
remote: Counting objects: 6, done.
remote: Compressing objects: 100% (5/5), done.
remote: Total 6 (delta 0), reused 0 (delta 0)
Unpacking objects: 100% (6/6), done.
Checking connectivity... done.
```

Fork된 프로젝트를 로컬로 복제해왔으면 Fork된 디렉터리로 이동해서 원본 프로젝트의 변경사항을 언제든지 받아볼 수 있도록 트래킹(tracking) 작업을 해주는 편이 좋습니다. 이를 위해 셸 8-25와 같이 수행합니다.

◈ 셸 8-25 Fork된 프로젝트가 원본 프로젝트의 변경사항을 받아볼 수 있도록 하기

```
$ cd libme
$ git remote add --track master upstream http://104.155.239.182/search5/libme.git
```

셀 8-25가 수행되면 Fork된 프로젝트는 원본 프로젝트의 master 브랜치의 데이터를 upstream 이란 이름으로 참조할 수 있게 됩니다. 만약 원본 프로젝트에 변경사항이 있으면 셀 8-26에서 와 같이 git fetch 실행 후 git merge를 이어 실행하면 됩니다.

 셀 8-26 원본 프로젝트 저장소로부터 최신 데이터를 가져와 새로운 사항 변경하기

```
$ git fetch upstream
From http://104.155.239.182/search5/libme
 * [new branch]      master      -> upstream/master
$ git merge upstream/master
Already up-to-date.
```

흔히 git fetch와 git merge는 git pull로 대체할 수 있다고 알려져 있지만, Fork된 원본 프로젝트 의 변경사항을 가져올 때는 적용할 수 없는 명령입니다.

여기까지 따라오셨으면 원본 프로젝트에 기능을 덧붙이거나 수정하기 위해서 브랜치를 생성합 니다. 여기에서 브랜치를 생성하는 이유는 Merge Request가 브랜치 단위[87]로 요청을 받기 때문 입니다. 만약 수정하거나 추가하는 기능이 많다면 브랜치를 기능 개수만큼 만들어서 작업하는 편이 좋습니다.

Q A Fork된 프로젝트에 생성한 브랜치는 언제 추가하고 삭제해야 하나요?

브랜치의 추가는 하나의 Pull Request를 보내고 나서 하는 게 좋습니다. 브랜치의 삭제는 원본 프로젝 트에 Merge Request를 보낸 후 반영되면 삭제하면 됩니다. 다수의 브랜치가 존재하면 자칫 브랜치의 관리가 어려워질 수 있으니 적절한 시점에서 브랜치를 추가하거나 삭제하는 것이 좋습니다.

이제 우리의 Fork 프로젝트에서 브랜치를 만들어보겠습니다. 브랜치를 만들기 위해서는 셀 8-27과 같이 입력합니다.

 셀 8-28 브랜치 생성

```
$ git branch issue?
```

---

87 Git 저장소는 모든 소스 트리를 브랜치 단위로 관리하며, 기본 브랜치는 master입니다.

브랜치를 생성하면 브랜치에서 작업하겠다고 Git에게 알려야 합니다. 셸 8-28과 같이 합니다.

🔶 **셸 8-28 브랜치에서 작업하겠다고 git에게 알림**

```
$ git checkout issue2
Switched to branch 'issue2'
```

브랜치로의 작업 공간이 전환되면 이제부터 해야 할 일은 기능을 추가하거나 개선하는 것, 그리고 테스트하는 일입니다.

브랜치를 기반으로 코드를 수정할 때는 '내가 수정하는 코드는 기능에 문제가 없음을 증명한다.'는 생각으로 해야 합니다. 여러분의 코드는 개선 작업을 마치고 나서 원본 프로젝트에 개선 사항을 제출하게 되는데, 여러분의 코드에 오류가 가득하면 제출하고 나서도 찜찜할 것은 물론이고 원본 프로젝트의 작업자는 우리의 Merge Request를 반영하지 않을 것입니다.

그리고 코드를 개선하고 나서 커밋 로그를 적을 때는 속칭 거지(동작함, 아 짜증나 등)같이 적으면 개발자 자신의 이력을 깎아먹는 지름길이 됩니다. 사실, 필자도 개인 저장소에서는 이런 식으로 하지만 분명히 개선해야 될 점입니다.

지면상 어떤 코드를 개선하는지 상세히 기술하지 않지만, 여러분이 코드의 수정 작업 후 테스트를 언제든지 할 수 있도록 테스트 코드를 첨부하기를 바랍니다.

기능 수정이 완료되면 원본 프로젝트에 Merge Request를 보내야 합니다. Merge Request는 한 번에 하나를 보내는 것이 일반적이므로 커밋 로그를 병합하는 것이 좋습니다. 커밋 로그를 병합하는 방법[88]은 여러분이 직접 해보기 바랍니다.

이제 원본 프로젝트에 Merge Request를 보낼 차례입니다. 우리가 작업한 브랜치를 단순히 중앙 저장소에 보내면 Merge Request를 보낼 준비를 첫 번째로 마친 것입니다.

🔶 **셸 8-29 Fork된 저장소에 브랜치 보내기**

```
$ git push origin issue2
Counting objects: 3, done.
Delta compression using up to 4 threads.
Compressing objects: 100% (3/3), done.
Writing objects: 100% (3/3), 463 bytes | 0 bytes/s, done.
```

---

88 https://dogfeet.github.io/articles/2012/how-to-github.html

```
Total 3 (delta 0), reused 0 (delta 0)
To git@104.155.239.182:ks56/libme.git
 * [new branch]       issue2 -> issue2
```

이제 Fork된 프로젝트 홈페이지로 이동하면 'Create Merge Request' 버튼을 볼 수 있을 것입니다.

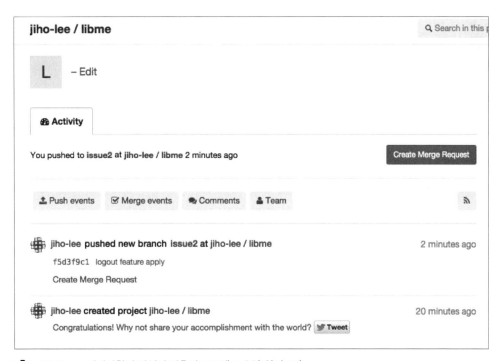

📷 그림 8-33   변경사항이 반영된 이후의 프로젝트 요약 화면 모습

여러분이 Merge Request를 원본 프로젝트에 보내기 위해 첫 번째 할 일은 'Create Merge Request' 버튼을 클릭하는 것입니다. 그럼, 8-34와 유사한 화면을 볼 수 있습니다.

Merge Request를 생성할 때는 Request의 Title, Description 정보를 반드시 입력해야 합니다. GitLab은 추가적으로 Merge Request를 누구에게 할당할지 지정하는 것과 원본 프로젝트의 어떤 브랜치에 Merge Request를 보낼 것인지를 지정할 수 있습니다.

그림 8-34의 화면 하단에서는 개발자가 어떤 커밋을 보내는지, 어떤 파일늘을 어떻게 수정했는지 등의 내용을 볼 수 있으므로 미리 점검해보는 것도 좋습니다.

📷 그림 8-34   issue2 브랜치에 대해 Merge Request를 생성하기 위한 화면

일반적으로 브랜치 반영 정보는 기본값으로 둡니다. 단, 앞에서도 언급했듯이 Merge Request를 보내기 전에 원본 프로젝트의 어떤 이슈나 문제 등을 처리했는지를 Title과 Description에 가능한 명확하게 기술하는 게 좋습니다. 이전 절에서 설명했지만, 원본 프로젝트 개발자가 어떤 내용을 가지고 있는 Merge Request인지 알 수 있도록 하는 것이 매우 중요합니다.

자, 이제 Merge Request를 원본 프로젝트에 보낼 때입니다. 그림 8-34에서 'Submit new merge request' 버튼을 클릭하세요. 그럼, 원본 프로젝트의 Merge Request 상세 화면으로 바로 이동하는데, 외부 기여자가 이미 보낸 Merge Request에 대해 별도로 언급하거나 감시할 일이 없으면 개발자 본인의 다른 프로젝트를 작업하거나 GitLab에서 로그아웃하면 됩니다.

📷 그림 8-35   Merge Request가 생성된 모습

Merge Request를 보내면 원본 프로젝트의 개발자는 프로젝트 홈페이지에서 Merge Request가 있음을 확인할 수 있습니다.

■ 외부 기여자가 보낸 Merge Reqeust의 처리

외부 기여자가 보낸 코드는 일반적으로 프로젝트 개발자가 최종 검증을 해서 master 브랜치나 외부 기여자가 요청한 브랜치에 반영하거나 외부 기여자에게 추가 개선 요청을 할 수도 있습니다. 물론, 원본 프로젝트 개발자가 Merge Request를 닫아버리거나 반영을 안 해줄 수도 있습니다.

그럼, 이제 원본 프로젝트에 들어온 Merge Request를 확인할 차례입니다. 프로젝트 페이지로 이동하면 외부 기여자가 보낸 Merge Request가 도착해 있는 것을 볼 수 있습니다.

📷 그림 8-36 Merge Request가 도착해 있음을 알려주는 프로젝트 좌측 메뉴

Merge Requests를 누르면 Merge Request 복록으로 이동합니다.

📷 그림 8-37 Merge Request 목록

지금은 한 개의 Merge Request만 있기 때문에 Merge Request의 Title을 클릭해서 상세한 Reqeust 화면으로 이동합니다.

📷 그림 8-38 'logout feature apply' Merge Request에 대한 상세 화면

개별 Merge Request 상세 화면에서는 외부 기여자가 보낸 Request를 Merge하거나 Close할 수 있습니다. Merge Request를 Close하면 외부 기여자의 코드는 반영하지 않겠다는 것입니다. 만약 개선 요청을 하고 싶다면 화면 하단에서 코멘트를 작성해서 프로젝트 외부 기여자에게 추가 내용을 요청하면 됩니다.

이제 'Accept Merge Request' 버튼을 클릭하면 원본 프로젝트에 외부 기여자가 보낸 Merge Request의 코드가 적용됩니다. Merge Request를 반영하기 전에 기본으로 지정되어 있는 커밋 메시지를 수정할 수 있습니다. Merge에 걸리는 시간은 반영할 내용의 양에 따라 다를 수 있습니다.

■ 조금 더 나은 오픈소스가 되기 위해서…

이 절에서 GitLab을 사용해 저장소를 생성하고 외부 기여자가 Merge Request를 생성하는 방법과 원본 프로젝트에 Merge하는 방법을 살펴봤습니다. 이와 같이 Merge Request를 활용하는 것은 사내에서 외부 프로젝트에 간헐적인 도움을 주기 위해 매우 유용한 협업 방식이기도 하며, 원본 프로젝트 관리자가 팀의 소스 코드를 보호하며 외부의 코드를 Merge하는 좋은 방법입니다.

8.4 Jenkins를 사용한 회귀 테스트 구성

컴퓨터 애플리케이션은 보통 프로젝트 단위에서 개발되는 게 일반적입니다. 한편, 프로젝트는 적어도 한 사람에서 많게는 수십에서 수천, 수만 명에 이르기까지의 개발자나 관련자로 구성되기도 합니다. 하지만 개발자 개개인의 능력이 모여 애플리케이션이 완성되는 만큼 개발 도중에 소스 코드가 제대로 동작하지 않는 상황에서 저장소에 커밋되면, 기업은 불안정한 소프트웨어를 고객에게 배포할 가능성이 큽니다.

소프트웨어가 안정적인 상태로 배포되게 하려면 무엇보다 기능이 사용자가 입력한 값에 대해 올바른 처리 결과를 생성하는지 확인하면서 개발을 진행하고 테스트해야 합니다. 이처럼 소프트웨어 개발 시에 위험성을 제거하고 관리하는 분야를 소프트웨어 공학에서는 'Risk Management(위험성 관리)[89]'로 부릅니다.

프로그램 코드가 테스트되는 시점은 프로그램 코드의 개발 및 수정 후인데, 개발자가 매일 이런 일을 수행하는 것은 어렵습니다. 때문에 자동화된 테스트가 필요합니다. 이를 시스템 차원에서 하는 방법 중 하나는 테스트 스크립트를 운영체제 스케줄러[90]에 등록하는 일입니다.

테스트가 완료되면 프로그램 코드를 QA팀에 전달해 고객에게 배포할 수 있도록 품질 테스트를 요청합니다. QA팀이 없으면 개발팀 내부의 담당자나 영업 담당자가 품질 관리를 하기도 합니다.

이런 절차를 쉽게 할 수 있도록 고안된 것이 지속적인 통합 도구(Continuous Integration)로, 많은 CI 도구가 있지만 설치형과 서비스형이 대표적입니다. 설치형으로는 자바 기반의 Jenkins, TeamCity, BuildBot 등이 있고, 서비스형으로 Travis CI가 있습니다. 이 책에서는 Jenkins를 사용해 CI 도구 사용 방법을 알아보겠습니다.

---

89 소프트웨어에 있을지도 모르는 위험성을 사전에 인지하여 문제가 발생하지 않도록 조정하거나 문제가 소프트웨어에 끼치는 영향을 줄이는 일 등을 말합니다.

90 리눅스는 cron이라는 시스템 스케줄러가 있습니다.

▪ Jenkins의 한 줄 역사

Jenkins는 Hudson이라고 하는 오픈소스 프로젝트에서 분리되었으며, 요즘은 CI 도구로서 원래의 Hudson보다 유명한 도구가 되었습니다.

▪ Jenkins 다운로드와 구동

Jenkins는 운영체제별 독립 패키지와 자바만 설치되어 있으면 바로 구동할 수 있는 War 패키지를 함께 제공합니다. CI 서버를 따로 갖출 수 있는 환경이면 운영체제별로 있는 독립 패키지로 구성하는 것이 더 좋은 선택입니다. 이 책에서는 War 패키지를 받아 구동하는 방법만을 설명합니다.

사용 가능한 Jenkins의 마지막 버전은 웹 브라우저에서 다음 URL을 직접 입력하거나 https://jenkins-ci.org에 접속해서 'Latest and greatest(버전)' 링크를 클릭해도 됩니다.

> Jenkins 최종 버전 URL: http://mirrors.jenkins-ci.org/war/latest/jenkins.war

◈ 셀 8-30   Jenkins 구동

```
$ java -jar jenkins.war
```

Jenkins가 구동되면 구동되는 컴퓨터의 8080포트로 접속할 수 있습니다. 이 책에서는 http://104.155.239.182:8080으로 접속했습니다.

▪ Jenkins를 사용해 Git 및 파이썬 애플리케이션을 테스트하기 위한 사전 환경 구성

Jenkins 홈페이지에서 배포하는 최종 버전은 기본적으로 Git과 파이썬 프로그램 테스트를 지원하지 않으므로 관련 플러그인을 설치해야 합니다. 플러그인 설치는 Jenkins 관리 ➡ 플러그인 관리로 이동하고, 설치 가능 탭에서 다음의 패키지를 찾아서 선택 후 설치합니다.

- Git Plugin
- ShiningPanda Plugin
- Cobertura Plugin

플러그인 설치가 완료되면 Jenkins를 재시작 후 Jenkins가 파이썬 3.5를 지원하도록 해야 합니다. Jenkins 관리 ➡ 시스템 설정으로 이동합니다. 그리고 Python 섹션에 있는 'Python Installations…' 버튼을 클릭한 후 Python 3.5가 등록되어 있는지 확인합니다.

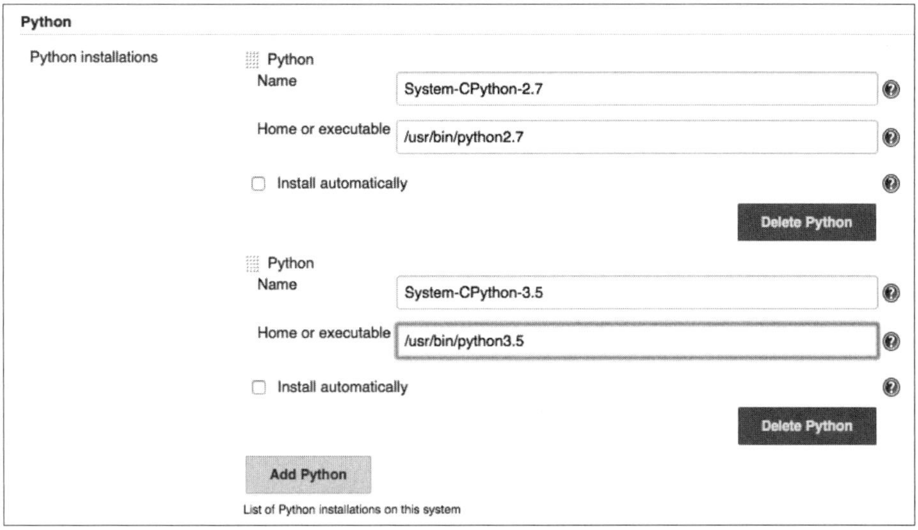

그림 8-39 파이썬 3.5를 사용할 수 있도록 추가하기

만약 파이썬 3.5가 보이지 않으면 'Add Python' 버튼을 클릭하고 파이썬의 버전 이름과 파이썬 실행 파일의 경로를 입력하고 화면 하단에 있는 '설정' 버튼을 클릭합니다.

마지막으로, git 명령을 사용할 수 있도록 git 패키지가 설치되어 있는지 확인해보고, 없으면 셀 8-31의 명령을 실행해서 git 패키지를 설치합니다.

셀 8-31 git 패키지 설치

```
$ sudo apt-get install git
```

셀 8-31의 실행이 완료되면 파이썬 애플리케이션을 테스트하기 위한 Jenkins 사전 설정을 완료한 것입니다.

■ **Jenkins로 프로그램 테스트하기**

Jenkins를 사용해 프로그램을 테스트하려면 Task를 생성해야 합니다. Task의 생성은 Jenkins 관리자의 좌측에 있는 '새로운 Item' 메뉴를 클릭하는 것으로 시작합니다.

그림 8-40은 새 Task를 추가하기 위해 필요한 정보를 입력받습니다. 우리는 Item 이름에는 Libme를 입력하고, Item의 타입은 'Freestyle project'를 선택하고 'OK' 버튼을 클릭합니다. 그러면 새로운 Item이 생성되고 나서 추가적인 정보를 입력하도록 요청받는 화면이 나타납니다.

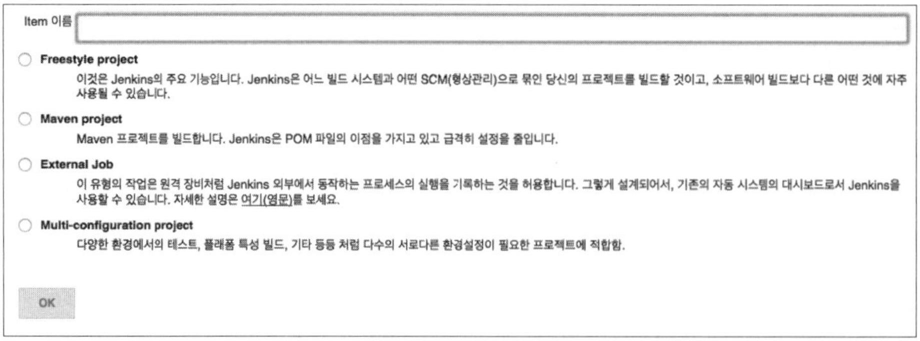

그림 8-40 Jenkins에서 새로운 Item 생성하기

그림 8-41 새로 추가한 Item에 대한 추가 정보 입력 화면

그림 8-41에서 소스 코드 관리 영역에서 Git이 보이면 선택하고 추가적인 정보를 채워넣어야 합니다. 여기에서는 예시를 보이기 위해 8.2.2절 'BitBucket'에 보였던 BitBucket 저장소의 프로젝트를 사용합니다.

첫 번째로 할 일은 '소스 코드 관리' 섹션에서 저장소 정보를 추가해야 합니다. 필자는 다음과 같은 정보를 사용했습니다.

Repository URL: https://jiho-lee@bitbucket.org/jiho-lee/libme.git
Credentials: jiho-lee/****

Credentials 셀렉트 박스에 –none–만 있으면 Credentials 정보를 추가하기 위해 'Add' 버튼을 클릭합니다. 여기에서는 HTTP 인증을 사용할 것이므로 다음과 같은 정보를 사용하였습니다.

Kind: Username with password

Scope: Global(Jenkins, nodes, items, all child items, etc)

Username: jiho-lee

Password: <사용자_password>

인증 정보는 사용자마다 다를 것이므로 적절히 수정하여 입력하고 'Add' 버튼을 클릭합니다. 그러면 Credentials 추가 다이얼로그가 닫히고 셀렉트 박스에서 방금 추가한 Credential을 선택할 수 있습니다.

두 번째로 할 일은 Git의 어떤 브랜치를 Jenkins로 빌드할 것인지를 지정합니다. 기본값은 master 브랜치를 빌드 대상으로 합니다.

세 번째로는 소스 코드를 받아와서 빌드 시간을 지정해야 합니다. 그래서 '빌드 유발' 섹션의 Build periodically 필드를 체크하면 시간을 지정할 수 있는 텍스트 상자가 표시됩니다. 텍스트 상자에 입력하는 시간은 특정 서식을 따라 입력하도록 되어 있는데, 예를 들어 다음과 같이 입력하면 매 시간 정각에 Task가 수행되게 됩니다.

H 0-23 * * *

네 번째로 Build 섹션에서 'Add build step' 버튼을 클릭하고 'Virtualenv Builder'를 선택하면 파이썬 가상 환경에서 Task를 수행하기 위해 추가 정보 입력 필드가 표시됩니다.

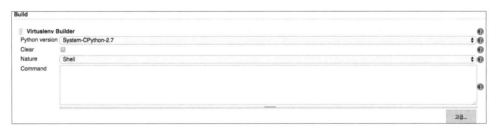

📷 그림 8-42 파이썬 가상 환경 정보 입력

그림 8-42의 정보 입력 화면에서는 다음과 같이 정보를 입력 및 선택하였습니다.

Python version: System-CPython-3.5

Clear: 체크

Nature: Shell

Command:

pip install --requirement requirements.txt

nosetests --with-xunit --with-xcoverage --cover-package=libme

다섯 번째로 할 일은 소프트웨어 빌드 후 Jenkins가 할 일을 지정해야 합니다. '빌드 후 조치' 섹션에서 '빌드 후 조치 추가' 버튼을 클릭해서 다음 두 개의 항목을 클릭합니다.

- Publish JUnit test result report
- Publish Cobertura Coverage Report

그러면 화면 하단에서 그림 8-43과 같은 정보 입력 화면을 볼 수 있습니다.

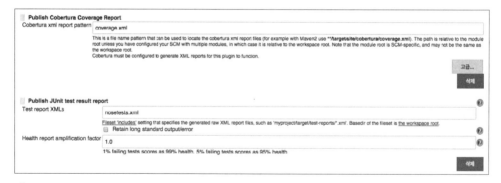

📷 그림 8-43　빌드 후 조치에 대한 정보 입력 화면

그림 8-43에서 우리가 입력할 정보는 'Publish JUnit test result report' 서브 섹션의 필드 값 하나만 수정하면 됩니다.

- Test report XMLs: nosetests.xml
- Cobertura xml report pattern: coverage.xml

그리고 화면 하단의 '저장' 버튼을 클릭해 지금까지 입력한 빌드 정보를 Jenkins에 저장합니다.

여기까지가 Jenkins의 설정 부분입니다. 바로 Jenkins를 사용해 우리의 패키지를 실험해보고 싶겠지만, Jenkins의 테스트를 통과하도록 먼저 우리의 프로젝트의 구조를 약간 변경해야 합니다. 현재 libme 프로젝트 디렉터리의 구조는 다음과 같을 것입니다.

▨ 디렉터리 구조 8-1 libme 프로젝트 디렉터리 및 파일 구조

```
libme
└── tests
    └── __init__.py
    └── root_path.py
└── all_test.py
└── __init__.py
```

Jenkins에서 우리의 프로젝트를 테스트하기 위해 디렉터리 구조 8-2의 형태로 구성하는 것이 좋습니다.

▨ 디렉터리 구조 8-2 Jenkins에서 테스트하기 위한 디렉터리 및 파일 구조

```
libme
└── libme
    └── __init__.py
└── tests
    └── __init__.py
    └── root_path.py
└── all_test.py
```

디렉터리 구조 8-1에서 디렉터리 구조 8-2처럼 변경하기 위해 git 명령을 사용합니다. 셸 8-32의 내용은 디렉터리 구조 8-1에서 디렉터리 구조 8-2로 변경하는 명령입니다.

◈ 셸 8-32 디렉터리 구조 8-1에서 디렉터리 구조 8-2로 변경(libme 디렉터리에서 실행)

```
$ mkdir libme
$ git mv __init__.py libme
```

다음으로 해야 할 일은 Jenkins 서버에서 파이썬 가상 환경 안에서 애플리케이션을 테스트하기 위한 환경을 조성해야 합니다. 이를 위해 애플리케이션이 필요로 하는 패키지 이름을 목록으로 정리한 파일을 작성해야 합니다. Jenkins가 애플리케이션을 테스트하기 위해 가상 환경을 생성한 직후 이 파일을 자동으로 내려받아 관련 패키지가 설치됩니다. 이 파일의 이름은 requirements.txt입니다.

```
flask
nose⁹¹
nosexcover⁹²
```

마지막으로, Git 중앙 저장소에 앞의 변경사항을 반영해야 합니다.

💎 셀 8-33 **Git 중앙 저장소에 파일 변경사항 반영(libme 디렉터리에서 실행)**

```
$ git add requirements.txt
$ git commit -m "requirements.txt 파일 생성과 libme 패키지 생성"
$ git push origin master
```

이제 Jenkins에서 애플리케이션을 빌드할 차례입니다.

📷 그림 8-44   Jenkins Task 빌드하기

그림 8-44는 Jenkins 프로젝트 페이지의 좌측 메뉴입니다. 소프트웨어를 빌드하려면 'Build Now'를 클릭하여 소프트웨어 빌드⁹³를 시작합니다. 소프트웨어 빌드에 소요되는 시간은 프로그램 코드 양과 테스트 케이스 양에 따라 다르지만, 우리의 코드는 수 분 또는 수 초 안에 실행될 것입니다.

---

91 unittest를 확장한 패키지, https://pypi.python.org/pypi/nose/1.3.7

92 Covertura-style XML 리포트를 추가한 nose plugin 확장, Extends nose.plugins.cover to add Cobertura-style XML reports, https://pypi.python.org/pypi/nosexcover

93 프로그램 코드 컴파일과 테스트를 포함하는 개념

Jenkins에서 소프트웨어 빌드가 끝나면 Jenkins 프로젝트 요약 페이지에서 그림 8-45와 같은 그래프를 볼 수 있습니다.

그림 8-45와 유사한 결과를 볼 수 있다면 Jenkins를 통해 애플리케이션의 테스트가 정상적으로 진행되었을 것입니다. 이제 여러분의 프로그램을 지속적으로 성장시켜 나가시면 됩니다.

■ 이 절의 Jenkins에서 다루지 않은 내용

이 절에서 Jenkins의 사용 방법을 간략히 보여주기 위해 대표적인 설정 방법만 간략히 다뤘습니다. 이 절에서 다루지 않은 것은 Jenkins에서 GitHub과 BitBucket의 연동, VCS에 대한 수동 및 자동 폴링[94] 설정, 배포 서버에 소스 코드를 자동으로 배포하는 것 등이며, 이 책의 독자 지원 웹사이트에서 관련 내용을 소개하겠습니다.

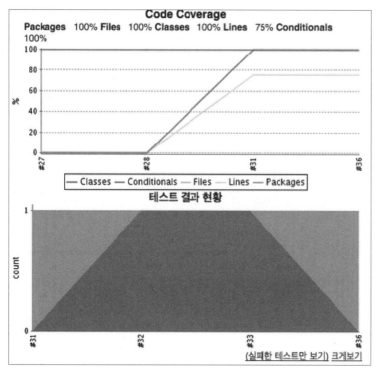

📷 그림 8-45 소프트웨어 빌드 결과(Code Coverage와 테스트 실행 횟수에 따른 성공/실패 그래프)

---

94 일정 시간마다 특정 서버에 특정 요청을 보내 응답을 받는 것을 말합니다.

▪ 다른 CI 도구 이야기

파이썬 애플리케이션을 테스트하기 위한 CI 도구는 비교적 다양한 제품이 존재하며, 오픈 소스부터 상용 소프트웨어까지 많은 제품이 있습니다. 또한, 이 절에서 소개한 Jenkins 외에 Jetbrains의 TeamCity, MuleSoft의 Mule 등의 상용 CI 도구와 파이썬 기반의 오픈소스로 BuildBot, TOX 등과 gocd(GO Continuous Delivery)가 있습니다.

BuildBot은 2016년 5월 현재 파이썬 3 버전에서 지원이 되지 않고 있으며, 파이썬 2.7 버전에서만 지원됩니다. TOX는 웹 기반의 UI를 제공하지 않고 있지만, 프로그래머가 정교한 빌드 스크립트를 작성하기에 좋습니다.

설치형 이외에 인터넷에서 바로 사용 가능한 CI 도구도 다수 있으며, 대표적으로는 Travis CI가 있습니다. Travis CI는 GitHub에 계정을 가지고 있을 때만 사용할 수 있으므로 여러분이 오픈소스 프로젝트를 GitHub에서 개발한다면 Travis CI를 사용하는 것도 좋습니다. Travis CI는 파이썬 2와 파이썬 3 버전을 모두 지원합니다.

마치며 이 절에서 우리는 Jenkins를 사용해 Flask 애플리케이션을 테스트했습니다. 이 책에서 Jenkins의 플러그인 일부를 소개했지만, Jenkins에 사용할 수 있는 많은 플러그인이 있으니 필요하다면 Jenkins의 기능을 확장해볼 수 있을 것입니다. 소프트웨어의 자동화된 테스트 및 배포는 앞에서 언급한 것과 같이 소프트웨어 생명 주기에서 매우 중요한 요소라서 프로그램의 회귀 테스트가 반드시 필요합니다.

Jenkins에서는 아직 소프트웨어 배포와 관련하여 유명 서비스나 라이브러리가 없지만, 자바 언어에 한해 Deploy(디플로이, 배포) 플러그인만 제공하고 있습니다. 이 책에서 소프트웨어 빌드 결과를 배포하는 내용은 기술하지 않았습니다. 아무쪼록 이 책에서 다룬 내용으로 여러분의 소프트웨어 개발이 조금 더 편리해지길 바랍니다.

Google App Engine에 Flask 애플리케이션 배포하기

Google App Engine(GAE)은 구글이 서비스하는 PaaS 플랫폼[95]으로, Google Cloud Computing 서비스의 하나입니다. 2008년 4월 7일에 서비스를 시작했으며, 처음에는 파이썬 웹 애플리케이션만 구동시킬 수 있었습니다. 그 뒤 자바(JVM 기반의 Groovy, Jruby, Scala, Clojure 언어를 포함), Go, PHP 기반의 애플리케이션을 구동시킬 수 있도록 기능이 강화되었습니다.

구글 앱 엔진을 사용하면 웹 기반의 서비스를 빨리 배포하고 시스템 확장에 신경을 쓰지 않아도 됩니다. 따라서 초기 웹 서비스에서 비용 절감뿐만 아니라 웹 기반 서비스를 안정적으로 운용할 수가 있습니다. 또한, 일일 제한을 넘어서는 트래픽, 클라우드 스토리지 용량에만 비용이 월 단위로 부과되기에 스타트업 회사나 대규모 시스템 대응이 필요한 회사에서 적극적으로 도입하고 있습니다.

2015년 12월 기준으로 앱 엔진을 사용하는 대표적인 사이트 일부는 다음과 같습니다.

- BESTBUY(http://www.bestbuy.com)
- Feedly(http://www.feedly.com)
- Sonymusic(http://www.sonymusic.com)

---

95 하드웨어나 네트워크 같은 인프라를 서비스 형태로 이용하는 IaaS(Infrastructure as a Service) 위에서 미리 정의된 다양한 인터페이스를 사용할 수 있는 서비스 플랫폼을 말합니다.

- Ubisoft(http://www.ubisoft.com)
- Udacity(http://www.udacity.com)
- Wix(http://www.wix.com)

이외에도 다수의 사이트가 앱 엔진을 사용해 서비스를 운영하고 있습니다. 구글 앱 엔진을 사용하는 대표적인 회사의 목록은 https://cloud.google.com/customers 사이트에서 볼 수 있습니다.

이 장을 시작하기 전에 알아야 할 것은 이 책의 파이썬은 3.5 버전을 기준으로 설명하는데, 구글 앱 엔진에서 지원하는 파이썬 버전은 2.7과 3.7(beta) 버전만 지원한다는 것[96]입니다. 물론, Flask 프레임워크는 파이썬 2.7과 파이썬 3.5 버전을 모두 지원하므로 구글 앱 엔진에 여러분의 애플리케이션을 업로드하는 데는 별다른 지장이 없습니다. 또한, 문제가 발생하더라도 애플리케이션에 사용된 코드가 파이썬 3.x에서만 지원하는 문법인지, 그리고 파이썬 2.7과 파이썬 3.x에서도 같은 행동을 취하거나 같은 타입으로 반환받는지를 확인하면 애플리케이션에 발생한 문제를 어렵지 않게 찾을 수 있을 것입니다.

여러분이 파이썬 3.6 등을 사용해 구글 앱 엔진 서비스를 사용하고자 한다면 Managed VM을 사용할 수 있습니다. 여기에 대한 자세한 정보는 다음 URL을 참고하기 바랍니다.

Appengine용 Python 3 Engine: https://github.com/alangpierce/appengine-python3

그리고 앞서 언급한 것처럼 사용한 것만큼 비용을 부과하는데, 비용 부과는 일별로 특정 항목이 일정 사용량을 넘었을 경우에만 비용을 부과합니다. 사용량에 대한 제한은 참고 URL[97]을 확인하기 바랍니다.

이 책에서는 구글 앱 엔진에서 우리의 Flask 웹 애플리케이션이 잘 동작할 수 있도록 구조 및 코드를 일부 변경할 것임을 참고로 알려드립니다. 이 장에서는 주로 다음과 같은 내용을 다룹니다.

- Google Cloud SDK 설치
- Google App Engine의 Flask 애플리케이션 스켈레톤 프로젝트 구성

---

96 2019년 1월 기준 Standard 환경에서는 Python 2.7만을 공식 지원하고 있고 Python 3.7을 베타 버전으로 지원하고 있습니다. 이 책에서는 Python 2.7 버전만 다루고 있습니다.

97 https://cloud.google.com/appengine/#pricing

- Google Cloud Storage 사용
- Google App Engine에 프로젝트 업로드

이제 고객에게 양질의 서비스를 빠르게 개발해서 안정적인 서비스를 할 준비가 되었나요? 그럼, 여러분은 구글을 서비스 배후에 두고 나아갈 준비가 된 것입니다.

"Veni, Vidi, Vici(왔노라, 보았노라, 이겼노라)"[98]

9.1 GAE 환경 구성 및 마이그레이션

성경에 '새 포도주는 새 부대에 담아야 한다'(마태복음 9:17)란 구절이 있습니다. 구글 클라우드가 제공하는 앱 엔진 서비스는 그동안 여러분이 접해온 하드웨어 환경을 모두 잊어야 할 정도로 신선한 포도주에 비교할 수 있습니다.

구글 앱 엔진에서는 파이썬 웹 애플리케이션이 WSGI 표준(PEP 3333)을 지원하기만 하면 어떤 웹 프로그램이든 올릴 수 있으며, 구글 클라우드 SDK에서 존재하는 Django, Flask, Spring, webapp2를 사용할 수도 있습니다. 더군다나 Google Compute Engine을 사용하면 Node.js, C++, Scala, Hadoop, MongoDB, Redis 외에 다양한 제품도 같이 사용할 수 있습니다.

하지만 구글 앱 엔진이 어떤 기능을 가지고 있는지, 어떤 것이 좋은지에 대해 이야기를 계속해도 직접 경험해보지 않으면 이해하기 어렵습니다. 그럼, 우리가 첫 번째로 할 일이 무엇인지 아시겠죠?

■ Google Cloud SDK 설치

구글은 앱 엔진 서비스를 클라우드 서비스 안에 포함하면서 Google Cloud SDK(이하 클라우드 SDK) 안에 앱 엔진의 SDK를 함께 포함했습니다. 구글은 클라우드 SDK를 리눅스, 맥 OS X, 윈도우 기반으로 제공하고 있으며, 추가로 윈도우에서 동작하는 Cygwin용과 Docker 이미지 등도 제공하고 있습니다.

이 책에서는 리눅스/맥 OS X 기반에서 클라우드 SDK 설치와 사용 방법을 알아볼 것입니다.

---

[98] 이 말은 유명한 라틴어 경구로, 로마 공화정 말기의 유명한 정치인이자 장군인 율리우스 카이사르가 기원전 47년에 폰토스의 파르나케스 2세와의 전쟁에서 승리한 직후 로마시민과 원로원에 보낸 승전보에 쓴 말입니다. 주로 확신에 찬 결의를 나타낼 때 사용합니다. 유사 버전이 꽤 있는데, 그중 하나는 '왔노라, 보았노라, 질렀노라'입니다.

먼저, 터미널을 실행합니다. 리눅스 사용자는 메뉴에서 Gnome Terminal을 찾아 실행하거나 xTerm 등을 실행하면 되고, 맥 OS X 사용자는 Control + Space 키[99]를 눌러 터미널을 입력 후 실행할 수 있습니다.

터미널에서 클라우드 SDK를 설치하기 위한 쉬운 방법은 셀 9-1과 같이 실행하면 됩니다. 이때 주의할 점은 파이썬 2.7이 운영체제에 설치되어 있어야 한다는 것입니다. 참고로, 맥 OS X이나 Compute Engine에서 제공하는 리눅스 배포본은 파이썬 2.7이 시스템에 기본으로 설치되어 있습니다.

🔻 **셀 9-1 클라우드 SDK 설치**

```
$ python --version
Python 2.7.6
$ curl https://sdk.cloud.google.com | bash
  % Total    % Received % Xferd  Average Speed   Time    Time     Time  Current
                                 Dload  Upload   Total   Spent    Left  Speed
100   425    0   425    0     0   1647      0 --:--:-- --:--:-- --:--:--  1653
Downloading Google Cloud SDK install script: https://dl.google.com/dl/cloudsdk/
release/install_google_cloud_sdk.bash
################################################################### 100.0%
Running install script from: /var/folders/0h/wgmxr9mn0jv5jv5xfxqzdvym0000gn/T/tmp.
XXXXXXXXXX.W0JahWUF/install_google_cloud_sdk.bash
curl -# -f https://dl.google.com/dl/cloudsdk/release/google-cloud-sdk.tar.gz
################################################################### 100.0%


Directory to extract under (this will create a directory google-cloud-sdk) (/Users/
jiho):
...중략...
Enter path to an rc file to update, or leave blank to use
[/Users/jiho/.bash_profile]:
Backing up [/Users/jiho/.bash_profile] to [/Users/jiho/.bash_profile.backup].
[/Users/jiho/.bash_profile] has been updated.
Start a new shell for the changes to take effect.


For more information on how to get started, please visit:
  https://developers.google.com/cloud/sdk/gettingstarted
```

클라우드 SDK가 설치되면 클라우드 SDK를 사용하기 위해 셀을 다시 시작해야 합니다. 이를 위해 셀 9-2를 실행합니다.

---

99 필자는 Option + Space 키로 매핑해서 쓰기도 했습니다.

```
$ exec -l $SHELL
```

여기까지 완료했으면 클라우드 SDK를 사용해 앱 엔진 프로그램을 개발할 준비는 되었습니다. 그러나 구글 클라우드 서비스에도 우리가 앱 엔진을 사용해 애플리케이션을 개발하겠다고 알려야 합니다.

■ 구글 클라우드 콘솔에서 새로운 프로젝트 생성

구글 앱 엔진을 사용하기 위해서 구글 클라우드 콘솔에 접속해서 프로젝트를 생성해야 합니다. http://console.developers.google.com에 접속합니다. 구글 클라우드를 사용한 적이 없으면 그림 9-1과 같은 화면이 나타날 것입니다.

그림 9-1   구글 클라우드 콘솔 사이트 접속

구글 클라우드 콘솔에 접속한 후에 새로운 프로젝트를 생성하기 위해 "빈 프로젝트 생성" 타이틀을 가진 상자를 클릭합니다. 그러고 나서 그림 9-2와 유사한 화면에 표시되면 프로젝트를 생성하는 데 필요한 정보를 입력합니다.

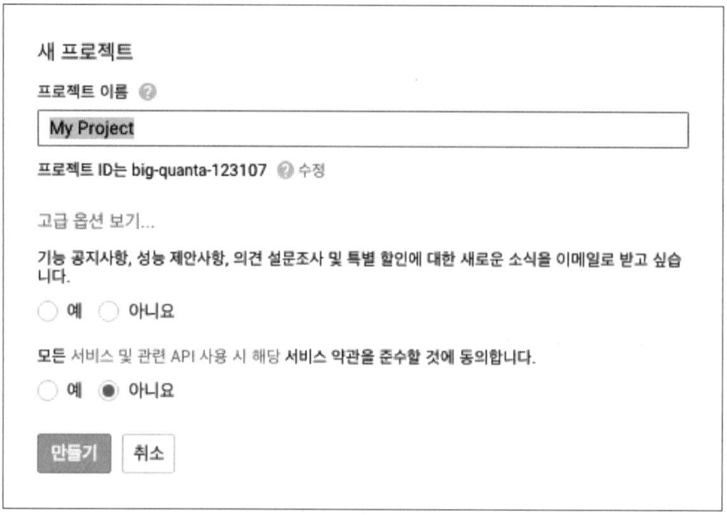

그림 9-2 구글 클라우드에 새로운 프로젝트 생성

그림 9-2에서 여러분은 프로젝트 이름을 입력하고 '만들기' 버튼을 클릭하면 됩니다. 프로젝트 이름은 한글을 포함해 자유롭게 입력할 수 있지만, 영어와 숫자를 조합한 이름을 입력하는 것이 좋습니다. 또한, 프로젝트를 잘 설명할 수 있는 이름이면 더 좋겠죠.

구글 앱 엔진은 서비스 중에 발생할 수 있는 모든 장애에 대한 처리 지원과 구글이 제시한 약관에 동의하지 않으면 서비스를 사용할 수 없습니다. 따라서 반드시 '모든 서비스 및 관련 API 사용 시 해당 서비스 약관을 준수할 것에 동의합니다' 체크박스를 체크해야 합니다.

우리는 프로젝트 이름을 'shuffle quiz answer extractor'로 지정하기로 합니다. 프로젝트 생성이 완료되면 프로젝트 요약 페이지로 자동으로 이동됩니다.

■ 앱 엔진 애플리케이션 등록 과정 보기

구글 클라우드 프로젝트를 생성했다면 앱 엔진 애플리케이션을 등록하기 위해 등록 가이드를 한번 훑어보는 것이 좋습니다. 구글 클라우드 콘솔 프로젝트 관리 화면에서 왼쪽 상단에 있는 ☰ 이미지를 클릭하면 화면의 왼쪽 사이드바에 그림 9-3과 같은 화면이 나올 것입니다.

그림 9-3 **App Engine 애플리케이션 등록 가이드의 확인을 위한 App Engine 메뉴 클릭**

여기에서 'App Engine'을 클릭합니다. 그럼, 우측 화면에 앱 엔진을 바로 사용해볼 것인지를 물어보는 다이얼로그가 그림 9-4처럼 표시됩니다.

그림 9-4 **앱 엔진을 사용하기 위해 필요한 내용이 제공되는 'App Engine 사용해 보기' 버튼이 있는** 다이얼로그

이제 'App Engine 사용해 보기' 버튼을 클릭합니다. 그럼, 구글이 친절하게 언어별로 예제 코드 및 애플리케이션 배포 방법까지 알려주는 화면(그림 9-5)으로 전환합니다.

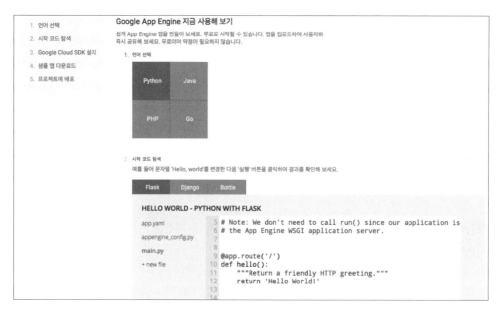

그림 9-5 앱 엔진 애플리케이션 개발을 위한 기본 가이드 문서 제공 화면

가이드 화면은 크게 다음과 같은 다섯 가지 섹션으로 나뉘어 있으며, 화면을 스크롤할 때마다 섹션이 자동으로 선택됩니다.

1. 언어 선택
2. 시작 코드 탐색
3. Google Cloud SDK 설치
4. 샘플 앱 다운로드
5. 프로젝트에 배포

첫 번째는 프로그래밍 언어를 선택합니다. 앱 엔진은 앞에서 언급한 것처럼 Python, Java, Go, PHP를 지원하는데, Python이 기본으로 선택되어 있습니다.

두 번째는 프로그래밍 언어 선택에 따른 프레임워크별 예제 코드를 확인할 수 있는데, 파이썬 은 Flask, Django, Bottle 프레임워크의 예제 코드를 제공합니다. 예제 코드를 직접 다운로드할 수 있는데, '2. 시작 코드 탐색' 하단에 있는 'Download your code' 버튼을 클릭하면 됩니다.

세 번째는 클라우드 SDK 설치 방법을 알려줍니다. 여기에 보이는 내용은 앞의 'Google Cloud SDK 설치' 섹션에서 자세히 다뤘습니다. SDK를 설치하고 난 다음에는 클라우드 SDK에서 앱 엔진 로그인 계정 및 파이썬용 App Engine 패키지를 설치해야 합니다. 이 과정은 뒤에서 다시 설명하겠습니다.

네 번째는 샘플 앱을 다운로드할 수 있도록 링크를 제공하는데, '2. 시작 코드 탐색'에서 'Download your code' 버튼을 클릭하지 않았다면 여기에서 다운로드할 수 있습니다. 파이썬 언어와 웹 프레임워크로 Flask 환경을 선택할 때 다운로드하는 샘플 프로젝트 파일 이름은 appengine-try-python-flask.zip입니다.

마지막 다섯 번째는 구글 앱 엔진에 애플리케이션을 배포하는 명령을 화면에 보여줍니다.

여기까지 완료했으면 앱 엔진에 애플리케이션을 등록하기 위한 모든 준비 과정을 마치게 됩니다.

■ 앱 엔진 샘플 애플리케이션의 스켈레톤 구성

많은 프로그래밍 책에서 소스 코드를 작성하고 테스트할 때 프로젝트가 아닌 단일 파일 단위로 이루어져 왔던 것이 사실입니다. 이 책도 여기에서 예외일 수 없겠지만, 가능하다면 여러분은 프로젝트 단위(하나의 프로젝트는 하나의 디렉터리[100]를 작업 디렉터리로 지정)로 작업하는 것이 추후 유지보수를 위해서도 좋은 선택입니다.

앱 엔진 애플리케이션 프로젝트의 베이스 디렉터리로 사용하기 위해 $HOME/shuffle-quiz-answer-extractor 디렉터리를 생성합니다.

◆ 셸 9-3 앱 엡진 애플리케이션 디렉터리 생성하기

```
$ mkdir $HOME/shuffle-quiz-answer-extractor
```

셸 9-3이 실행되었으면 프로젝트 디렉터리로 이동합니다. 그리고 앱 엔진을 사용할 구글 계정 정보로 로그인과 관련 패키지의 설치 및 '앱 엔진 애플리케이션 등록 과정 보기' 섹션에서 다운로드한 appengine-try-python-flask.zip 파일을 디렉터리로 이동시키고 압축을 해제합니다.

◆ 셸 9-4 앱 엔진 프로젝트의 스켈레톤 구성을 위해 구글 클라우드 플랫폼 로그인

```
$ cd $HOME/shuffle-quiz-answer-extractor
$ gcloud auth login
our browser has been opened to visit:
```

---

100 윈도우 시스템에서는 폴더로 부르지만, 이 책에서는 디렉터리로 표기했습니다.

```
https://accounts.google.com/o/oauth2/auth?redirect_uri=http%3A%2F%2Flocalhos
t%3A8085%2F&prompt=select_account&response_type=code&client_id=32555940559.apps.
googleusercontent.com&scope=https%3A%2F%2Fwww.googleapis.com%2Fauth%2Fuserinfo.
email+https%3A%2F%2Fwww.googleapis.com%2Fauth%2Fcloud-platform+https%3A%2F%2Fwww.
googleapis.com%2Fauth%2Fappengine.admin+https%3A%2F%2Fwww.googleapis.
com%2Fauth%2Fcompute&access_type=offline
```

셸 9-4에서 gcloud auth login 명령을 실행하면 운영체제에서 기본으로 사용하는 웹 브라우저
가 실행되고 구글에 로그인을 요청합니다. 구글 클라우드 플랫폼을 사용하기 위해 반드시 필
요한 절차이므로 구글 아이디와 비밀번호를 입력합니다. 그러면 그림 9-6에서 보이는 것처럼
로그인한 계정에서 클라우드 SDK의 권한 요청을 허가할 것인지에 대해 묻습니다.

📷 그림 9-6 구글 로그인 계정에 클라우드 SDK 권한 요청 확인

구글 클라우드를 사용하기 위해서 반드시 '동의' 버튼을 클릭합니다. 그러면 잠시 뒤 그림 9-7 의 화면으로 이동하고, 클라우드 SDK가 구글 계정에 권한을 얻었고 몇 가지 자료를 읽어보라 는 화면이 나타납니다.

You are now authenticated with the Google Cloud SDK!

The authentication flow has completed successfully. You may close this window, or check out the resources below.

Information about command-line tools and client libraries

To learn more about gcloud command-line commands, see the gcloud Tool Guide.

For further information about the command-line tools for Google App Engine, Compute Engine, Cloud Storage, BigQuery, Cloud SQL and Cloud DNS (which are all bundled with Cloud SDK), see Accessing Services with gcloud.

If you are a client application developer and want to find out more about accessing Google Cloud Platform services with a programming language or framework, see Google APIs Client Libraries.

Tutorials

Here are some links to help you get started with Google Cloud Platform services.

📷 **그림 9-7** 구글 계정에 클라우드 SDK 권한 수락 후의 화면

이제 셸로 돌아오면 결과 9-1을 볼 수 있습니다.

☑ **결과 9-1** 구글 클라우드 SDK 권한 수락 후의 셸 결과

```
Saved Application Default Credentials.

You are now logged in as [search.lee@gmail.com].
You can change this setting by running:
  $ gcloud config set project PROJECT_ID
```

클라우드 SDK의 권한 수락이 끝나면 파이썬용 App Engine 패키지를 설치합니다.

◆ **셸 9-5** 파이썬용 App Engine 패키지 설치

```
$ gcloud components update gae-python
```

셸 9-5 명령 실행이 끝나면 앞에서 다운로드했던 파일을 프로젝트 디렉터리로 복사하고 압축 을 해제합니다.

```
$ cp ~/Downloads/appengine-try-python-flask.zip
$ unzip appengine-try-python-flask.zip
```

셀 9-6이 실행되면 앱 엔진 프로젝트 디렉터리에는 appengine-try-python-flask 디렉터리와 appengine-try-python-flask.zip 파일이 보일 것입니다. 앱 엔진 스켈레톤 프로젝트 최종 구성을 마치기 위해서 appengine-try-python-flask 디렉터리의 이름을 변경하고 appengine-try-python-flask.zip 파일은 삭제합니다.

◈ 셀 9-7 **구글로부터 내려받은 스켈레톤 디렉터리의 이름 변경하기**

```
$ mv appengine-try-python-flask appengine_app
$ rm -rf appengine-try-python-flask.zip
```

셀 9-7을 수행하고 나면 스켈레톤 프로젝트를 바탕으로 여러분의 웹 애플리케이션을 개발할 준비가 된 것입니다.

■ 스켈레톤 프로젝트의 동작 확인

앞에서 구글에서 다운로드한 스켈레톤 프로젝트를 여러분이 사용할 수 있도록 구성했다면, 우리가 스켈레톤 프로젝트를 잘 구성했는지 확인하고 싶을지도 모르겠습니다. 앱 엔진은 구글 앱 엔진에 애플리케이션 소스 코드를 업로드하지 않아도 개발자의 컴퓨터에서 앱 엔진 애플리케이션이 잘 동작하는지를 확인할 수 있습니다. 셀 9-8은 우리가 구성한 스켈레톤 프로젝트를 웹 브라우저에서 확인할 수 있도록 하는 명령을 보여줍니다.

◈ 셀 9-8 **스켈레톤 프로젝트 구동 확인 명령**

```
$ dev_appserver.py appengine_app
INFO      2015-06-25 10:03:20,447 devappserver2.py:745] Skipping SDK update check.
INFO      2015-06-25 10:03:20,869 api_server.py:190] Starting API server at: http://
localhost:60506
INFO      2015-06-25 10:03:20,873 dispatcher.py:192] Starting module "default" running
at: http://localhost:8080
INFO      2015-06-25 10:03:20,877 admin_server.py:118] Starting admin server at:
http://localhost:8000
```

여러분의 화면에도 셀 9-8과 같은 유사한 결과가 보일 것입니다. 이렇게 보이지 않으면 앱 엔진 스켈레톤 프로젝트 구성을 잘 따라했는지 다시 확인해보기 바랍니다. 셀 9-8과 유사한 결과가 터미널에 출력되면, 웹 브라우저를 열고 http://localhost:8080에 접속하여 스켈레톤 프로젝트의 실행 결과를 볼 수 있습니다.

다음은 기존의 Flask 웹 애플리케이션이 구글 앱 엔진에서 동작할 수 있도록 스켈레톤 프로젝트를 변경해 마이그레이션하는 일을 하면 됩니다.

■ Flask 웹 애플리케이션을 구글 앱 엔진으로 마이그레이션

기존에 잘 동작하고 있는 Flask 애플리케이션을 구글 앱 엔진에서 동작할 수 있도록 마이그레이션하는 일은, 사실 여기에서 설명하는 것만큼 간단한 일은 아닙니다. 데이터베이스 접근 코드 및 파이썬 3.5 버전에서 Flask 애플리케이션을 개발해왔다면, 파이썬 2.7에서도 동작할 수 있도록 코드를 개선하는 일은 애플리케이션에 따라 난이도가 높은 일에 속합니다.

이 책에서는 데이터베이스 기능을 사용하지 않는 Flask 애플리케이션 중 하나를 예로 들어 앱 엔진용으로 재구성할 것입니다. 여기에 보인 최종 코드는 다음의 BitBucket 저장소에서 확인할 수 있습니다.

> https://bitbucket.org/jiholee/jpub_prize_winning

앱 엔진에서 동작하도록 만들 Flask 샘플 애플리케이션은 다음과 같은 디렉터리 구조를 가지고 있습니다.

디렉터리 구조 9-1 앱 엔진으로 동작시키기 위한 기존의 Flask 애플리케이션 디렉터리 구조

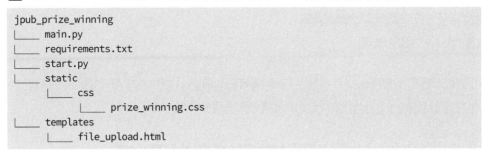

```
jpub_prize_winning
│      main.py
│      requirements.txt
│      start.py
│      static
│      │      css
│      │      │      prize_winning.css
│      templates
│      │      file_upload.html
```

디렉터리 구조 9-1의 프로그램은 응모자 정보와 상품 정보를 기록한 엑셀 파일을 받아 당첨자를 엑셀 파일에 다시 기록에 다운로드하게 하는 간단한 프로그램입니다. 이 프로그램의 엑셀 파일은 Excel 2007 이상에서 작성된 파일이어야 하며, 웹 브라우저에서 파일 선택 후 '경품 추첨하기' 버튼을 클릭하는 것으로 수행할 수 있습니다. 또한, 이 프로그램에서 xlsx 파일은 반드시 다음과 같은 규칙을 가지고 있어야 합니다.

- 응모자 시트 – Sheet1
- 경품 시트 – Sheet2
- 결과 시트 – Sheet3

응모자 시트는 응모자 이름, 응모자 이메일 순으로 첫 번째 레코드부터 기록해야 하며, 경품 시트는 경품 순위, 경품명, 당첨자 수를 지정해야 하며 첫 번째 행부터 입력합니다. 결과 시트는 어떤 내용도 기술하지 않아도 됩니다.

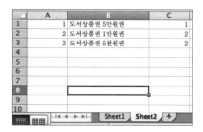

	A	B
1	홍길동	gdhong@korea.kr
2	홍길동	gdhong@korea.kr
3	이창명	cmlee@naver.com
4	현지환	lemonism@alphagirl.com
5	현지환	lemonism@alphagirl.com
6	이지호	search5@gmail.com
7	현지환	lemonism@alphagirl.com
8	임세미	smlim@kbs.net
9		
10		

📷 그림 9-8 응모자 시트 예

	A	B	C
1	1	도서상품권 5만원권	1
2	2	도서상품권 1만원권	2
3	3	도서상품권 5천원권	2

📷 그림 9-9 경품 시트 예

이 프로그램을 실행해보기 위해서는 Flask 외에도 openpyxl 패키지가 필요합니다. 파이썬 가상 환경에서 셀 9-9를 실행하고 예제 프로젝트를 실행합니다.

💎 셀 9-9 **jpub_prize_winning 프로젝트 실행하기(파이썬 가상 환경 내에서 실행)**

```
$ pip install -r requirements.txt
$ python start.py
* Running on http://127.0.0.1:5000/
```

웹 브라우저로 http://127.0.0.1:5000에 접속하면 그림 9-10과 같은 화면을 볼 수 있습니다.

JPUB 경품 추첨 프로그램

응모자 및 경품목록 파일

파일 선택 | 선택된 파일 없음

엑셀 파일을 선택하셔야 합니다.

경품 추첨하기

📷 **그림 9-10** jpub_prize_winning 사이트 접속 화면

이제 이 프로그램을 앱 엔진에서 동작할 수 있도록 하기 위해 jpub_prize_winning 디렉터리 안의 main.py, static, templates를 $HOME/shuffle-quiz-answer-extractor/appengine_app 안에 복사합니다. 복사가 끝나면 이 프로그램을 배포했을 때 프로그램의 의존 라이브러리를 쉽게 설치할 수 있도록 $HOME/shuffle-quiz-answer-extractor/appengine_app/requirements.txt 파일의 끝에 코드 9-1의 내용을 추가합니다.

📟 **코드 9-1** $HOME/shuffle-quiz-answer-extractor/appengine_app/requirements.txt 파일에 추가할 내용

```
openpyxl
```

이제 우리의 앱 엔진 프로젝트가 앞에서 작성한 Flask 애플리케이션을 인식하도록 해야 합니다. 이를 위해 $HOME/shuffle-quiz-answer-extractor/appengine_app/app.yaml 파일을 에디터로 열어 코드 9-2와 같이 수정하고 저장합니다.

📟 **코드 9-2** $HOME/shuffle-quiz-answer-extractor/appengine_app/app.yaml 최종 편집

```
application: shuffle-quiz-answer-extractor
version: 1
runtime: python27
api_version: 1
threadsafe: yes

handlers:
- url: .*
  script: main.app

libraries:
- name: jinja2
  version: "2.6"
- name: markupsafe
  version: "0.15"
```

app.yaml 파일을 수정할 때 handlers 섹션에 있는 모든 URL에 대한 처리 스크립트를 main.app으로 지정했는데, 이 문자열은 main.app이라는 파일을 찾는 게 아니라 main.py에 있는 flask 인스턴스 객체가 app 변수임을 나타냅니다.

그 외에 libraries 섹션에서 우리의 앱 엔진 애플리케이션이 사용할 라이브러리 이름과 버전을 묶어서 표시해주는데, 이렇게 지정할 수 있는 라이브러리는 $HOME/google-cloud-sdk/lib에 이미 존재하는 라이브러리에 한합니다. 그리고 application의 값은 구글 클라우드 프로젝트 상단에 있는 값을 기록하면 됩니다. 필자가 생성한 프로젝트의 아이디는 shuffle-quiz-answer-extractor입니다.

우리의 앱 엔진 애플리케이션은 openpyxl 패키지를 사용하므로 먼저 설치해야 합니다. 셀 9-10에서 보이는 것처럼 패키지를 설치합니다.

셀 9-10 앱 엔진 애플리케이션이 필요로 하는 파이썬 라이브러리 설치(가상 환경 내에서)

```
$ pip install -r requirements.txt -t lib/
```

이것으로 기존의 Flask 애플리케이션을 앱 엔진에서 동작시킬 수 있도록 수정을 완료했습니다. 셀 9-11을 실행하고 http://localhost:8080에 접속하여 화면이 잘 보이는지 확인합니다.

셀 9-11 shuffle-quiz-answer-extractor 앱 엔진 프로젝트를 로컬에서 확인

```
$ dev_appserver.py appengine_app
INFO      2015-06-25 14:58:47,243 devappserver2.py:745] Skipping SDK update check.
INFO      2015-06-25 14:58:47,503 api_server.py:190] Starting API server at: http://
localhost:59080
INFO      2015-06-25 14:58:47,510 dispatcher.py:192] Starting module "default" running
at: http://localhost:8080
INFO      2015-06-25 14:58:47,512 admin_server.py:118] Starting admin server at:
http://localhost:8000
```

이제 http://localhost:8080에 접속해서 그림 9-10과 같은 결과가 나오는지 확인해보세요. 이상이 없다면 구글 앱 엔진으로 우리의 애플리케이션에 대한 1차 마이그레이션 작업은 성공적입니다.

9.2 데이터베이스 환경 구성

구글 앱 엔진 기반에서 동작하는 애플리케이션은 대부분 구글에서 제공하는 API나 서비스를 자유롭게 가져다 사용할 수 있습니다. 그중 데이터를 저장하는 데이터베이스 시스템도 있는데, 구글은 관계형 데이터베이스로 Cloud SQL[101]과 비 관계형 데이터베이스로 데이터스토어를 제공하고 있습니다.

구글은 대용량의 데이터를 안정적으로 다루기 위해 자체적으로 분산 파일 시스템인 GFS를 개발했습니다. 이후 GFS를 기반으로 분산 데이터베이스인 BigTable[102]을 개발했는데, 앱 엔진 초기부터 지금까지 서비스되고 있는 데이터스토어와 현재 서비스되고 있는 클라우드 스토어는 BigTable을 기반으로 개발된 데이터베이스입니다. 그런데 물리적인 네이터를 가시고 있는 BigTable에 장애가 발생하거나 트래픽이 집중되어 수평적 확장이 이루어지면 이에 대

---

101 Cloud SQL은 유료로 제공되며, Maria DB 기반입니다.

102 구글의 BigTable 파일 시스템에 대한 논문을 바탕으로 오픈소스로 개발된 것으로는 아파치 하둡(Hadoop)이 있습니다.

한 대응이 필요합니다. 이런 이유로 BigTable은 관계형 데이터베이스가 특징으로 내세우는 ACID(Atomicity, Consistency, Isolation and Durability) 특성을 부분적으로 지원하며, 데이터가 여러 대의 물리적 서버 및 내부 스키마에 중복 저장될 수 있는 특징을 가지고 있습니다.

그리고 구글 앱 엔진의 데이터스토어는 관계형 데이터베이스와 다른 저장 구조와 검색 방법을 가지는데, 데이터베이스 분류 방식에 따라 이런 종류의 데이터베이스를 NoSQL 데이터베이스라고 부릅니다. NoSQL 데이터베이스의 대표적인 특징은 다음과 같습니다.

- 스키마리스(schemaless)
- 덜 제한적인 일관성 적용
- 데이터 모델 간 조인 연산 불가
- 데이터 질의어로 SQL을 사용하지 않음

이 책에서 NoSQL 데이터베이스에 대해서는 개괄적으로만 언급하겠습니다. 더 자세한 내용은 관련 서적이나 참고 문헌을 찾아보기 바랍니다.

구글 앱 엔진의 데이터스토어는 키-값 형태로 데이터를 저장하고 조상[103]을 소유할 수 있어서 계층적 데이터 형성이 가능하다는 장점이 있습니다. 데이터스토어는 NoSQL 데이터베이스임에도 SQL과 유사한 GQL 언어를 제공하여 새로운 데이터 질의 방법에 익숙하지 않은 개발자도 앱 엔진 데이터베이스를 쉽게 사용할 수 있습니다.

구글 앱 엔진에서 데이터스토어를 이용하기 위해서 DB Datastore API와 NDB Datastore API를 제공하고 있으며, 이 책에서는 NDB Datastore API(이하 NDB)를 사용합니다. NDB를 사용하기 전에 데이터를 저장하기 위해 사용되는 기본 저장 단위와 관련 개념을 먼저 설명하겠습니다.

앱 엔진 데이터스토어는 애플리케이션이 보낸 데이터를 저장하기 위해 Entities(엔티티)와 Keys(키)를 사용합니다. 엔티티는 NDB에서 Model 클래스를 상속받은 자식 클래스를 인스턴스화하면 만들 수 있습니다. 생성된 엔티티를 데이터스토어에서 구분하기 위해 사용하는데, 여기에 사용하는 값을 유일키(Unique Key) 또는 키(Key)라고 합니다.

한편, 관계형 데이터베이스는 데이터 간의 관계를 중요하게 생각해 모델링하며, 1:1, 1:N, N:M과 같은 관계 카디널리티를 사용합니다. 그러나 빅테이블 등의 비 관계형 데이터베이스는 데이

---

103 데이터스토어의 키가 속하는 또 다른 데이터스토어 키를 말합니다.

터들의 관계보다 부모-자녀 관계를 가지고 데이터를 모델링합니다. 얼핏 들으면, 관계형 데이터 베이스의 카디널리티나 비 관계형 데이터베이스의 조상이나 다를 바가 없는 것 같은데, 실은 조금 다릅니다.

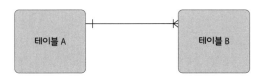

📷 그림 9-11 관계형 데이터베이스가 데이터의 관계를 결정짓는 방법

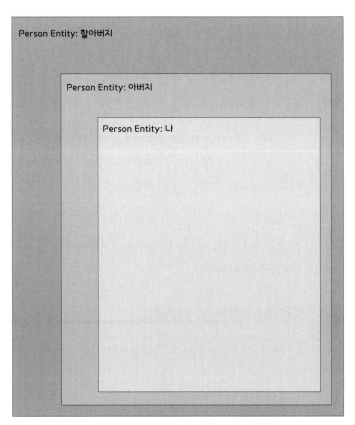

📷 그림 9-12 비 관계형 데이터베이스인 BigTable이 가지는 조상

그림 9-11과 9-12는 관계형 데이터베이스의 비 관계형 데이터베이스가 데이터를 저장하는 방식을 개략적으로 표현한 것입니다. 모든 비 관계형 데이터베이스가 그림 9-12에서 표현한 형태를 지니지는 않습니다. 그러나 계층적 데이터 구조를 가지는 비 관계형 데이터베이스는 그림 9-12와 유사한 형태로 표현할 수 있을 것입니다.

그럼, 엔티티를 만드는 방법에 대해 알아보겠습니다. 엔티티를 만드는 것은 앞에서 언급한 것처럼 Model 클래스를 상속받은 자식 클래스를 생성하는 것으로 간단히 만들 수 있습니다.

코드 9-3 Model 클래스를 상속받은 자식 클래스

```
01: from google.appengine.ext import ndb
02:
03: class Account(ndb.Model):
04:     username = ndb.StringProperty()
05:     userid = ndb.IntegerProperty()
06:     email = ndb.StringProperty()
```

코드 9-3은 Account라는 Model을 생성한 것입니다. Model 클래스를 상속받은 자식 클래스는 여러 개의 속성을 가질 수 있으며, 시스템 내부적으로 정의된 속성도 여기에 포함됩니다. 시스템 내부 속성으로 엔티티를 식별할 수 있는 id 속성과 부모 엔티티가 누구인지 지정하기 위한 parent 속성, 엔티티를 가리키는 key 속성 등이 있습니다.

이렇게 보면 Account 클래스는 코드 9-3에 정의된 username, userid, email뿐 아니라 id, parent, key 속성까지 가지므로 총 6개의 속성을 사용할 수 있습니다. 코드 9-3에서 username 과 email이 문자열을 저장하는 속성이고, userid가 숫자를 저장하는 속성으로 사용하고 있습니다.

이제 Account 클래스로부터 객체를 만들고 이 객체를 데이터스토어에 저장해야 합니다. 코드 9-4는 userid가 1인 엔티티를 데이터스토어에 저장합니다.

코드 9-4 Account 클래스로부터 객체를 만들고 데이터스토어에 저장하기

```
01: lemonism = Account(username='Jihwan Lemonism Hyun', userid=1, email='delphi.jpub@
gmail.com')
02: lemonism.put()
```

코드 9-4가 수행되고 나면 lemonism 객체가 메모리에 생성되고, 애플리케이션이 객체 안의 속성값을 변경하는 일을 할 수 있도록 됩니다. lemonism 객체를 메모리에서 제거하려면 del 문을 사용하여 제거할 수 있습니다. 그러나 대개의 경우 메모리에서 Account 인스턴스 객체를 제거하지 않습니다.

NDB에서 이미 저장된 엔티티를 가지고 오는 방법은 키 정보(모델 클래스 이름과 id 속성값)를 알고 있을 때와 찾으려는 속성값만 알고 있을 때가 서로 다릅니다. 만약 키 정보를 알고 있다면 코드 9-5와 같이 ndb 모듈의 Key 클래스를 인스턴스화해서 객체를 만들고, 이 객체의 get 메서드를 호출해서 엔티티를 가지고 올 수 있습니다. 다만, 키 정보를 모르면 데이터를 질의해서 가지고 와야 합니다.

▣ 코드 9-5 키를 지정해 엔티티 가져오기

```
01: lemonism_key = ndb.Key("Account", 5629499534213120)
02: lemonism = lemonism_key.get()
```

▣ 코드 9-6 데이터를 질의해 엔티티 가져오기

```
01: lemonism_query = Account.query(Account.username == 'Jihwan Lemonism Hyun')
02: lemonism = lemonism_query.get()
```

코드 9-6과 같은 방법을 사용해서 엔티티를 가져올 때 주의해야 할 것이 있습니다. 바로 같은 조건을 가진 엔티티가 여러 개 있을 수 있습니다.

SQL를 사용한 질의에서도 코드 9-6에서 보인 것처럼 검색된 엔티티를 바로 가져오면 검색된 결과의 첫 번째 엔티티를 가져오게 됩니다. 이에 따라 질의 조건에 따라 정확한 한 건의 엔티티를 가져올 경우, 질의 데이터로 정확한 값을 사용하거나 한 건만 추출되도록 질의 조건을 추가하거나 변경하는 것이 무엇보다 중요합니다.

여러 건의 엔티티를 가지고 와서 처리해야 하는 일들이 있는데, 목록 출력이 그 대표적인 예입니다. 이런 일을 할 때는 코드 9-6의 1행과 유사한 코드를 사용해 쿼리 객체를 만들고, fetch 메서드(fetch로 시작하는 모든 메서드를 포함) 또는 반복자 메서드를 사용해서 데이터를 가져올 수 있습니다.

fetch 메서드는 query 객체에서 발견된 여러 건의 엔티티 중에서 몇 건의 엔티티만 가져오기 위해 사용합니다. 예를 들어, 다섯 건의 엔티티를 찾았다면 이 중 세 건의 엔티티를 가져오려면 코드 9-7과 같이 사용합니다.

▣ 코드 9-7 쿼리 객체의 fetch 메서드를 사용해 여러 엔티티 가져오기

```
01: lemonism_query = Account.query(Account.username=='Jihwan Lemonism Hyun')
02: lemonism_fetch = lemonism_query.fetch(3)
```

코드 9-7과 같은 방법으로 세 건의 엔티티를 가져오면 세 건의 Account 엔티티 타입이 리스트에 담겨 반환됩니다. 이제 반환된 리스트에서 개별 엔티티를 꺼내어 처리하면 됩니다. 그런데 이렇게 세 건의 엔티티만 가져와서 처리할 게 아니라 질의에서 검색된 모든 엔티티를 처리하기도 합니다. 코드 9-8은 질의에서 검색된 모든 엔티티를 반복자(iterator)를 사용하는 방식으로 처리하는 예제입니다.

코드 9-8 반복자(iterator)를 사용하여 쿼리 객체에서 찾은 모든 엔티티 처리

```
01: lemonism_query = Account.query(Account.username=='Jihwan Lemonism Hyun')
02: for entity in lemonism_query:
03:     # entity는 Account 엔티티 타입임
04:     processing entry
```

데이터스토어에서 찾은 엔티티 수가 적으면 코드 9-8처럼 사용하는 것은 큰 문제가 되지 않지만, 수백 건씩 된다면 코드 9-8과 같은 처리 방법은 현명하다고 할 수 없으므로 나눠서 처리하는 것이 현명합니다.

엔티티를 데이터스토어로부터 가지고 온 다음에는 엔티티의 값을 참조하거나 수정하고 데이터스토어에 저장해야 합니다. NDB는 이와 같은 일을 쉽게 할 수 있도록 put 메서드를 엔티티 추가와 수정에서도 사용할 수 있도록 해줍니다. 코드 9-9는 특정 엔티티를 가져와서 email 속성값을 수정하고 다시 엔티티에 저장하는 일을 수행합니다.

코드 9-9 엔티티의 값을 수정하고 데이터스토어에 다시 저장하기

```
01: lemonism_key = ndb.Key("Account", 5629499534213120)
02: lemonism = lemonism_key.get()
03: lemonism.username = "Linus Torvalds"
04: lemonism.userid = 4
05: lemonism.email = "linus@google.com"
06: lemonism.put()
```

코드 9-9는 키 정보를 기반으로 엔티티를 가지고 와서 속성값을 수정하고 데이터스토어에 엔티티를 다시 저장합니다. "아, 잠깐만요. 다시 저장한다고요? 수정하는 게 아니었나요?" 비 관계형 데이터베이스는 애플리케이션이 특정 속성값을 변경해서 데이터스토어에 보내면, 데이터스토어 어딘가에 저장된 엔티티 객체를 찾아 수정하지 않고 기존의 엔티티 객체를 찾지 못하도록 애플리케이션이 보내온 기존 엔티티와 같은 유일키 값을 사용해 새로운 정보로 덮어 씁니다.

코드 9-9에서 세 개의 속성을 모두 수정했는데, 엔티티 객체의 속성값을 바로 수정하지 않고 popuplate 메서드를 사용해 속성값을 변경하는 것도 가능합니다. populate 메서드의 사용은 코드 9-10과 같습니다.

📄 코드 9-10 populate 메서드를 사용해 엔티티 값 수정하기

```
01: lemonism_key = ndb.Key("Account", 5066549580791808)
02: lemonism = lemonism_key.get()
03: lemonism.populate(username="Jiho Search Lee",
04:                   userid=5,
05:                   email="search5@gmail.com")
06: lemonism.put()
```

코드 9-9와 9-10의 방법은 모두 엔티티의 속성값을 수정하는 데 사용할 수 있으므로 애플리케이션의 코드 흐름에 따라 사용하는 게 도움이 될 것입니다.

지금까지 엔티티를 수정하는 방법을 살펴봤습니다. 데이터베이스에 잘못된 데이터가 저장되어 있다거나 애플리케이션 사용자가 특정 엔티티의 삭제를 요청하면, 애플리케이션은 삭제 요청이 정당한지 확인 후 엔티티를 데이터스토어에서 삭제해야 합니다.

NDB에서 엔티티의 삭제는 엔티티 추가/수정과 달리 Key 단위로 이루어집니다. 코드 9-11은 엔티티를 삭제하는 방법입니다.

📄 코드 9-11 엔티티의 삭제

```
01: lemonism_key = ndb.Key("Account", 4785074604081152)
02: lemonism = lemonism_key.get()
03: lemonism.key.delete()
```

코드 9-11에서는 특정 키 정보로부터 엔티티를 가져와서 엔티티를 삭제하는 방법을 보였습니다. 애플리케이션이 삭제하고자 하는 엔티티의 Key의 ID 값을 이미 알고 있다면, 사실 9-11의 코드는 9-12처럼 간략화할 수 있습니다.

📄 코드 9-12 Key 정보를 알고 있을 때 엔티티를 쉽게 가져오는 방법

```
01: lemonism_key = ndb.Key("Account", 4785074604081152)
02: lemonism_key.delete()
```

하지만 코드 9-12와 같이 Key ID로 엔티티에 바로 접근하는 방법은 외부로부터의 공격에 취약할 수 있습니다. 따라서 사이트 관리 프로그램에 한정적으로 이용하거나 인젝션 공격에 안전하게 프로그래밍하는 게 좋습니다.

NDB로 엔티티를 가져오는 방식은 앞에서 보인 것처럼 Key 정보를 알고 있을 때와 모르고 있을 때로 나뉘는데, Key 정보를 모르는 상황에서 엔티티를 가져올 때는 Model 클래스의 query 메서드를 사용합니다. query 메서드는 인자로 속성값 비교문을 받으며, 0개 이상의 속성값 비교문을 인자로 받습니다.

query 문의 사용 형태는 코드 9-13과 같은 형태로 사용합니다.

용법 9-1 Model 클래스의 query 메서드 사용하기

```
Entity.query([Entity.속성 비교연산자 값])
```

데이터스토어에서 엔티티 내의 속성값 비교문에 쓰이는 비교 연산자는 db와 ndb 모두 다음의 연산자에 한정합니다.

- 속성 == 값
- 속성 < 값
- 속성 <= 값
- 속성 > 값
- 속성 >= 값
- 속성 != 값
- 속성.IN([값1, 값2 …])

query 메서드에 한 개의 비교문을 전달하여 엔티티를 찾는다면 데이터스토어는 매우 빠른 속도로 우리가 원하는 데이터를 찾을 것입니다. 비교문은 콤마로 구분해서 여러 개를 전달하면 비교문 연산 조건을 AND로 인식합니다. 하지만 다수의 비교문을 나열하고 첫 번째 조건을 만족하지 못하면 두 번째 조건을 만족하는 엔티티를 찾을 때는 OR 연산을 사용해야 합니다. ndb는 비교문의 AND, OR 연산을 하기 위해 ndb.AND, ndb.OR 연산자 클래스를 사용하여 질의를 생성할 수 있습니다. OR 연산은 기본적으로 왼쪽에서 오른쪽으로 비교 문장을 검사합니다.

ndb.AND, ndb.OR 연산자 클래스는 생성자 인자로 한 개 이상의 속성 비교문 또는 연산자 클래스의 인스턴스를 받습니다.

코드 9-13 **ndb.AND, ndb.OR 연산자 클래스 사용 예제**

```
01: qry = Account.query(ndb.AND(Account.username == 'Jihwan Lemonism Hyun',
02:                     ndb.OR(Account.email == 'delphi.jpub@gmail.com',
03:                            Account.userid == 1)))
```

코드 9-13은 엔티티의 username 속성값이 'Jihwan Lemonism Hyun'이면서 userid 속성값이 1 이거나 email 속성값이 'delphi.jpub@gmail.com'인 모든 엔티티를 찾는 예제입니다.

ndb.AND, ndb.OR 연산자 클래스는 다수의 비교 조건을 받을 수 있으므로 복잡한 질의 구성이 가능하지만, 질의 조건을 구성할 때는 프로그램이 의도한 대로 잘 동작하는지 반드시 확인해야 합니다. 그리고 한 줄에 모든 질의 조건을 연이어 작성하기보다는 질의 조건을 가능한 한 나누어 작성하는 것이 유지보수할 때 알아보기가 쉽습니다. 코드 9-13의 경우는 코드 9-14와 같이 바꿔쓰는 게 알아보기 쉽습니다.

코드 9-14 **코드 9-13을 알아보기 쉽게 바꿔쓴 코드**

```
01: email_or_userid = ndb.OR(Account.email == 'delphi.jpub@gmail.com', Account.userid == 1)
02: username_and_email = ndb.AND(Account.username == 'Jihwan Lemonism Hyun', email_or_userid)
03: qry = Account.query(username_and_email)
```

코드 9-14는 애플리케이션의 유지보수나 코드를 파악하기에 쉬우니 이런 프로그래밍 방식을 익히는 게 좋습니다.

AND 질의 조건만으로 데이터스토어에서 엔티티를 검색할 때는 ndb.AND 연산자 클래스를 사용하거나 연속 나열하는 방법도 있지만, 쿼리 객체의 filter 메서드를 연이어 호출하는 방법도 존재합니다.

코드 9-15 **filter 메서드를 여러 번 호출해서 AND 조건 흉내내기**

```
01: qry = Account.query()
02: qry = qry.filter(Account.username == 'Jihwan Lemonism Hyun')
03: qry = qry.filter(Account.email == 'delphi.jpub@gmail.com')
```

다수의 비교 조건을 만족하는 여러 개의 엔티티가 검색되고 엔티티를 특정 순서로 가져와야 할 때 NDB의 쿼리 객체의 order 메서드를 사용할 수 있습니다. order 메서드는 인자로 한 개 이상의 엔티티 속성을 인자로 받습니다.

```
qry = Account.query().order(Account.username, Account.email)
```

코드 9-16에서 보인 order 메서드의 사용은 username 속성으로 정렬된 상태에서 email 속성으로 정렬하여 엔티티를 가져오는 코드입니다. 이때 order 메서드에 전달된 엔티티 속성의 정렬 순서는 오름차순 정렬입니다.

특정 엔티티 속성을 내림차순으로 정렬해서 가져오려면 코드 9-17과 같이 엔티티 속성 앞에 −(하이픈) 표기를 붙이면 내림차순으로 엔티티를 정렬할 수 있습니다.

코드 9-17 username 속성값을 내림차순으로 정렬하기

```
qry = Account.query().order(-Account.username)
```

order 메서드는 정렬할 엔티티 속성을 한 개 이상 받는다고 언급했지만, 코드 9-16은 filter 메서드를 사용할 때처럼 코드 9-18처럼 바꿔쓸 수 있습니다.

코드 9-18 두 개 이상의 정렬 조건을 가진 쿼리 객체 바꿔쓰기(코드 9-16을 바꿔씀)

```
qry = Account.query().order(Account.username).order(Account.email)
```

우리는 코드 9-4에서 Account 엔티티를 하나 생성했습니다. 엔티티를 생성할 때 parent 속성에 값을 주지 않았는데, parent 속성에 다른 엔티티의 키를 인자로 전달하지 않으면 이 엔티티는 데이터스토어 내에서 최상위 엔티티가 됩니다. 엔티티는 최상위 엔티티이거나 부모 또는 자식을 가지는 엔티티로 나누어 구분할 수 있습니다. 이때 자식 엔티티는 부모 엔티티를 알 수 있지만, 부모 엔티티는 자식 엔티티를 알 수 없습니다.

그림 9-12에서 살펴본 것처럼 엔티티가 부모 엔티티를 가진다면 코드 9-19처럼 작성합니다.

코드 9-19 엔티티를 생성할 때 조상을 가지도록 하기

```
01: lemonism = Account(username='Jihwan Lemonism Hyun', userid=6, email='delphi.jpub@
gmail.com')
02: lemonism.put()
03: gdhyun = Account(parent=lemonism.key, username='Gildong Hyun', userid=8,
email='gdhyun@lemonism.kr')
04: gdhyun.put()
```

코드 9-20에서 보듯이 부모가 있는 엔티티를 생성할 때 parent 속성에 부모가 되는 엔티티를 지정해주면 되는데, 이때 주의할 것은 부모 엔티티 객체가 아니라 부모 엔티티의 key 속성을 전달해야 한다는 것입니다.

조상을 가지는 엔티티를 검색하려 할 때는 코드 9-20과 같이 작성합니다.

📟 코드 9-20 특정 조상을 가지는 엔티티 찾기

```
01: lemonism = Account.query(Account.email == 'delphi.jpub@gmail.com').get()
02: gdhyun = Account.query(ancestor=lemonism.key).fetch()
```

코드 9-20과 같이 특정 부모를 가지는 엔티티를 찾게 되면 NDB는 최상위 부모로부터 시작해 자식을 갖는 엔티티 리스트를 반환합니다.

☑ 결과 9-2 코드 9-20을 수행하여 얻은 결과

```
[Account(key=Key('Account', 6473924464345088), email=u'delphi.jpub@gmail.com',
userid=6, username=u'Jihwan Lemonism Hyun'),
Account(key=Key('Account', 6473924464345088, 'Account', 4644337115725824),
email=u'gdhyun@lemonism.kr', userid=8, username=u'Gildong Hyun')]
```

특정 엔티티를 부모로 가지는 엔티티를 검색할 경우, 부모 키를 이미 알고 있다면 코드 9-21처럼 사용할 수도 있습니다.

📟 코드 9-21 부모 키를 알고 있을 때 사용하는 코드

```
gdhyun = Account.query(ancestor=ndb.Key("Account", 6473924464345088)).fetch()
```

코드 9-21은 부모가 한 개인 엔티티를 찾는 방법을 기술했지만, 엔티티의 부모가 여러 단계에 걸친 엔티티를 찾아야 할 수도 있습니다. 이때는 코드 9-22와 같이 다소 복잡해 보이는 방법을 사용해야 합니다.

📟 코드 9-22 여러 단계에 걸친 부모 엔티티를 가지는 엔티티를 찾을 때 사용하는 코드

```
01: lemonism = Account.query(Account.userid == 6).get()
02: search5 = Account.query(Account.userid == 7).get()
03: gdhyun = Account.query(ancestor = ndb.Key(lemonism.key.kind(), lemonism.key.id(),
search5.key.kind(), search5.key.id())).fetch()
```

코드 9-22는 여러 단계에 걸친 부모 엔티티를 가진 엔티티를 찾을 때 사용하는 코드로, 이 코드에서 중요하게 봐야 할 것은 것은 3행에 쓰인 ndb.Key 클래스의 사용입니다. 이 클래스는 생성자 인자로 kind, id를 하나의 튜플로 엮은 값을 하나 또는 여러 개를 받을 수 있으며, 왼쪽에서 오른쪽 방향으로 적용해가면서 자식 엔티티를 찾습니다. 코드 9-22를 예로 들면, 먼저 조상이 lemonism이고 부모가 search5인 gdhyun인 엔티티를 찾게 됩니다.

ndb.Key 클래스가 받는 생성자 인자는 코드 9-23과 같은 형태로 바꿔 사용할 수도 있는데, 보통은 코드 9-23과 같이 특정 키의 kind와 id를 연이어 써줍니다. ndb Key API[104]에는 이런 기술 방식을 Flat 방식으로 부릅니다.

📄 코드 9-23 pair 방식으로 ndb.Key 인스턴스를 작성해서 사용하기

```
01: lemonism = Account.query(Account.userid == 6).get()
02: search5 = Account.query(Account.userid == 7).get()
03: gdhyun = Account.query(ancestor = ndb.Key(pairs=[
04:     (lemonism.key.kind(), lemonism.key.id()),
05:     (search5.key.kind(), search5.key.id())
06: ]).fetch()
```

다소 주제에 벗어난 이야기이지만, ndb 전에 있는 db API에 있는 Key 클래스는 from_path라는 클래스 메서드를 제공합니다. 이 메서드를 사용하면 코드 9-24보다 조금 더 짧은 코드 구성이 가능하지만, 이 책에서는 지면상 db API에 대해 설명하지 않으므로 앱 엔진의 db API 문서[105]를 확인해보기 바랍니다.

NDB에서는 키 정보를 다루는 것이 조금 복잡한데, 이를 자세하게 이해할 필요가 있습니다. 모든 엔티티는 Key 정보를 가지며 Key 정보는 몇 가지 사용 가능한 정보를 제공하는데, 그 중 눈여겨봐야 할 것은 kind와 id 메서드입니다. kind 메서드는 엔티티를 생성할 때 사용했던 Model 클래스의 이름을 돌려주고, id 메서드는 데이터스토어 내에 저장된 엔티티 객체의 id 속성값을 반환합니다.

코드 9-4와 같이 엔티티를 생성할 때 우리는 Model 클래스에 선언한 속성과 parent 속성을 주기는 했지만, id 속성을 전달하지 않았습니다. 데이터스토어에서 id 속성의 값은 엔티티를 생성할 때 할당할 수도 있지만, 할당하지 않으면 id 속성의 값은 데이터스토어가 결정해서 자동으

---

104 https://cloud.google.com/appengine/docs/python/ndb/keyclass

105 https://cloud.google.com/appengine/docs/python/datastore/

로 설정합니다.

지금까지 ndb 클래스에서 생성한 엔티티를 데이터스토어에 추가/수정/삭제/검색하는 방법을 간단히 살펴봤습니다. 지금부터 살펴볼 것은 엔티티를 구성하는 Model 클래스입니다. 엔티티는 다수의 속성을 포함하며, 속성마다 저장 가능한 데이터를 제한할 수 있습니다.

Model 클래스에서 선언 가능한 속성 타입은 API 문서[106]에 모두 명시되어 있으며, 여기에서는 자주 사용되는 몇 가지의 속성 타입만 살펴볼 것입니다.

- IntegerProperty
- FloatProperty
- BooleanProperty
- StringProperty
- TextProperty
- DateProperty
- DateTimeProperty
- KeyProperty
- UserProperty

엔티티에 저장 가능한 속성 타입은 크게 숫자, 문자열, 날짜/시간, 특수 속성 타입 등이 있습니다.

■ 숫자 관련 속성 타입

NDB는 Model 클래스 안에서 크게 정수와 실수를 저장하는 속성 타입을 제공하며, 관계형 데이터베이스와 달리 자릿수를 지정하지 않아도 됩니다. IntegerProperty는 기호있는 64bit 정수형을 지원하며, FloatProperty는 배정밀도 부동소수점을 지원합니다. 이들 속성 타입에 숫자가 아닌 기호를 저장하면 오류가 발생합니다. 코드 9-24와 같이 숫자 관련 속성 타입을 사용합니다.

코드 9-24　Model 클래스에 숫자 관련 속성 타입 지정

```
01: from google.appengine.ext import ndb
02:
03: class Product(ndb.Model):
```

---

106 https://cloud.google.com/appengine/docs/python/ndb/properties

```
04:        product_id = ndb.IntegerProperty()
05:        product_view_cnt = ndb.FloatProperty()
```

■ 문자열 관련 속성 타입

NDB가 제공하는 문자열 관련 속성 타입에는 크게 두 가지가 있는데, 짧은 문자열을 저장하기 위해 사용되는 속성 타입과 제한이 없는 문자열을 저장하기 위해 사용되는 속성 타입이 있습니다. 이들 속성은 유니코드 문자열 타입만을 저장할 수 있으며, StringProperty는 인덱스가 가능하며, 최대 1,500bytes의 문자열 저장이 가능합니다. TextProperty는 인덱스를 허용하지 않지만, 제한이 없는 문자열을 저장하는 데 사용합니다.

코드 9-25 **Model 클래스에 문자열 관련 속성 타입 지정**

```
01: from google.appengine.ext import ndb
02:
03: class Product(ndb.Model):
04:        product_name = ndb.StringProperty()
05:        product_description = ndb.TextProperty()
```

■ 날짜/시간 관련 속성 타입

NDB는 날짜와 시간을 저장하기 위해 DateProperty와 DateTimeProperty 등을 제공합니다. 이 속성 타입에 저장할 수 있는 데이터 타입은 파이썬 datetime 타입이며, 앱 엔진이 협정세계표준시(UTC[107])를 사용하므로 애플리케이션에서 시간을 표시할 때 특정 TimeZone[108]으로 다시 포맷해서 표시해주어야 합니다.

날짜/시간 관련 속성 타입은 뒤에서 설명하는 표준 속성 타입 옵션 외에 추가 속성 옵션으로 auto_now_add와 auto_now 옵션이 제공됩니다. 이들 옵션은 Boolean 값을 받습니다. auto_now_add 옵션은 엔티티가 추가될 때의 시간을 자동으로 할당하며, auto_now 옵션은 엔티티의 추가/수정이 이루어질 때의 시간을 자동으로 할당할 때 사용합니다.

---

107 UTC는 1972년 1월 1일부터 시행된 국제 표준시로, 국제원자시와 윤초 보정을 기반으로 표준화되어 있습니다. GMT와 혼용해서 사용하기도 하는데, 이는 GMT는 그리니치 천문대에서 관측된 시간을 의미합니다. UTC 이전에 세계 표준시로 사용했으며, 기술적인 표기는 UTC가 더 많이 사용됩니다.

108 전 세계의 모든 국가는 협정세계표준시(UTC) 또는 그리니치천문대시간(GMT)로부터 특정 시간을 빼거나 더하거나 하는 방식으로 특정 지역 시간대를 지정합니다. 이를 타임존이라고 합니다. 한국은 Asia/Seoul 이며, UTC + 9시간을 사용합니다. 다시 말해, 우리나라 시간에서 9시간을 빼면 UTC 시간입니다.

코드 9-26 Model 클래스에 날짜/시간 관련 속성 타입 지정

```
01: from google.appengine.ext import ndb
02:
03: class Product(ndb.Model):
04:     product_warehouse_date = ndb.DateProperty()
05:     product_created = ndb.DateTimeProperty(auto_now_add=True)
06:     product_updated = ndb.DateTimeProperty(auto_now=True)
```

■ 특수 속성 타입

NDB는 특수한 목적으로 사용하기 위해 다양한 속성 타입을 제공합니다. 여기에서는 모든 특수 속성 타입을 다루지는 않지만 유용하게 사용될 수 있는 몇 가지 타입을 소개합니다. 첫 번째는 BooleanProperty입니다. BoolenProperty는 True 또는 False 값을 가지는 데이터 타입입니다. KeyProperty는 다른 엔티티 객체를 참조할 수 있기 위해서 사용하는 Property입니다. 부모-자식 관계로 표현하지 않고 1:N과 같이 부모-자식 관계로 표현하기 어려울 때 사용할 수 있습니다. UserProperty는 구글 앱 엔진의 users 모듈에서 가져오는 구글 사용자 정보[109]를 저장하기 위해 사용할 수 있는 특수 속성 타입입니다.

코드 9-27 Model 클래스에 특수 속성 타입 지정

```
01: from google.appengine.ext import ndb
02:
03: class Product(ndb.Model):
04:     product_soldout = ndb.BooleanProperty()
05:     product_images = ndb.KeyProperty()
06:     register = ndb.UserProperty()
07:
8: class ProductImages(ndb.Model):
9:     image_path = ndb.StringProperty()
```

코드 9-27에 정의한 Product 엔티티 클래스를 사용하려면 코드 9-28에 기술한 것과 같이 사용합니다.

코드 9-28 코드 9-27을 사용하는 방법

```
01: from google.appengine.api import users
02:
03: product_image = ProductImages(image_path="/path/to/image")
04: product_image.put()
```

---

[109] https://cloud.google.com/appengine/docs/python/users/

```
05: product_apple = Product(product_soldout=False, product_images=product_image.key,
register=users.get_current_user())
06: product_apple.put()
```

코드 9-28의 5행을 통해 KeyProperty에 데이터를 저장하는 방법을 간략히 살펴봤습니다. KeyProperty는 kind 옵션을 받을 수 있습니다. kind 옵션을 제공하면 코드 9-28의 Product 엔티티의 product_images 속성 타입은 특정 Model 클래스 인스턴스만을 받도록 제한할 수 있지만, 제공하지 않으면 Model 클래스를 상속받은 자식 클래스의 인스턴스를 저장할 수 있습니다.

대부분의 속성 타입은 속성 타입 표준 옵션을 사용해 속성에 여러 제한 조건을 지정할 수 있습니다. 그러나 속성 타입 표준 옵션이라고 하지만, 사실 모든 속성에 이들 표준 옵션 적용이 되는 것은 아닙니다.

⊞ 표 9-1 속성 타입 표준 옵션 일부

옵션명	기본값	인자 타입	설명
indexed	True	bool	데이터 인덱스를 사용하기 위해 지정합니다. 인덱스가 적용되지 않는 속성 타입은 무시됩니다.
repeated	False	bool	DB API에서 ListProperty로 사용되었던 것으로, 속성의 값을 계속 추가할 수 있다는 의미로 사용하는 옵션입니다.
required	False	bool	관계형 데이터베이스에서 NOT NULL과 같이 생각해볼 수 있으며, 엔티티를 생성할 때 반드시 값을 지정해야 한다는 의미입니다.
default	None	속성 타입에 따라 결정	엔티티 생성 시 속성에 값을 지정하지 않으면 기본으로 저장되는 데이터를 지정하기 위해서 사용합니다.
choices	None	리스트 타입	속성에 들어오는 데이터 값을 제한할 목적으로 사용합니다. 리스트로 지정합니다.
validator	None	함수	속성명과 속성값(prop과 value)을 인자로 받는 함수의 객체를 전달하면 됩니다. 함수에서 value의 유효성을 검증하고 유효성 결과가 적절하지 않으면 예외를 발생시키면 됩니다. 값을 변경시키고 반환하거나 값의 변경이 필요없으면 None을 반환하면 됩니다.

여기에서 설명된 속성 타입 외에 추가로 필요한 것이 있으면 기존 속성 타입을 확장해서 사용하는 것도 가능합니다. 관련 문서[110]를 참고하세요.

---

110 https://cloud.google.com/appengine/docs/python/ndb/subclassprop

지금까지 앱 엔진의 NDB를 이용해 데이터스토어를 사용하기 전에 알아야 하는 구성 단위와 사용 방법을 알아봤습니다. NDB와 같이 객체를 사용한 데이터 질의 접근 방법을 일컬어 ORM 접근 방식이라고 하며, 앱 엔진은 ORM 접근 방식 외에 GQL이라고 SQL과 유사한 접근 방식도 있습니다. 자세한 정보는 구글 API 문서[111]를 찾아보기 바랍니다. 그리고 앱 엔진의 NDB와 DB에 대해 자세한 정보를 얻기 위해서는 관련 URL[112]도 참고하세요.

이후부터는 9.1절에서 다룬 shuffle-quiz-answer-extractor 프로젝트에 앱 엔진의 NDB API를 사용해 경품 추첨 내역을 저장하고 언제든지 관련 기록을 찾아볼 수 있게 수정할 것입니다.

■ 데이터 모델 및 클래스 선언

여기에서 사용할 데이터 모델은 경품 추첨 내역을 저장하고 보여주기 위해 다음과 같은 정보를 저장할 것입니다.

- 경품 추첨일(DateProperty 사용)
- 경품 순위(IntegerProperty 사용)
- 경품 응모자명(StringProperty 사용)
- 경품 응모자 이메일(StringProperty 사용)
- 경품명(StringProperty 사용)

위의 정보를 저장하는 Model 클래스를 코드 9-29와 같이 작성합니다.

코드 9-29 **경품 추천 내역 저장하기**

```
01: from google.appengine.ext import ndb
02:
03: class WinningEntity(ndb.Model):
04:     winning_date = ndb.DateProperty(auto_add_now=True)
05:     winning_rank = ndb.IntegerProperty()
06:     winning_name = ndb.StringProperty()
07:     winning_email = ndb.StringProperty()
08:     winning_product = ndb.StringProperty()
```

이제 경품 추첨 내역을 저장하기 위해 Model 클래스를 생성했으니 우리의 프로그램을 수정할 차례입니다. 이 프로그램은 모든 라우팅 URL을 main.py에서만 처리하므로 코드 9-29의 내용

---

111 https://cloud.google.com/appengine/docs/python/datastore/gqlreference

112 https://cloud.google.com/appengine/docs/python/storage

을 포함해서 main.py 파일을 다음과 같이 수정합니다.

📟 코드 9-30 **main.py에 WinningEntity 클래스 선언을 추가한 모습**

```
05: from random import randrange
06: from google.appengine.ext import ndb
07:
08: class WinningEntity(ndb.Model):
09:     winning_date = ndb.DateProperty(auto_now_add=True)
10:     winning_rank = ndb.IntegerProperty()
11:     winning_name = ndb.StringProperty()
12:     winning_email = ndb.StringProperty()
13:     winning_product = ndb.StringProperty()
14:
15: app = Flask(__name__)
```

다음으로 해야 할 일은 경품 추첨이 이루어질 때마다 WinningEntity 클래스를 인스턴스화한 엔티티를 데이터스토어에 저장하는 일입니다.

📟 코드 9-31 **경품 추첨 내역을 데이터스토어에 저장하기**

```
100: congratulation_prize_sheet.cell("D{0}".format(excel_row_num)).\
101:     value = unicode(prize_rank_dict[rank_num]["name"])
102:
103: # 당첨자 정보를 데이터스토어에 저장하기
104: winning_member = WinningEntity(winning_rank=rank_num,
105:     winning_name = unicode(temp_winning_person[0]),
106:     winning_email = unicode(temp_winning_person[1]),
107:     winning_product = unicode(prize_rank_dict[rank_num]["name"]))
108: winning_member.put()
109:
110: # excel row number 증가시키기
111: excel_row_num += 1
```

코드 9-31까지 작성했으면 경품 추첨 내역을 화면에 보여주기 위한 작업을 해야 합니다. 우리의 프로그램에서는 /winning_list URL을 호출해 경품 추첨 내역을 화면에 보여주도록 할 것입니다. main.py 파일의 끝을 코드 9-32와 같이 작성합니다.

📟 코드 9-32 **/winning_list URL을 처리하도록 라우팅 함수 작성하기**

```
120: return send_file(resultIO, mimetype="application/zip", as_attachment=True,
121:                 attachment_filename=u"result.xlsx")
122:
123: @app.route("/winning_list")
```

```
124: def winning_list():
125:     winning_query = WinningEntity.query().order(WinningEntity.winning_rank).
fetch()
126:
127:     return render_template("winning_list.html", winning_query = winning_query)
128:
129: @app.template_filter('date_format')
130: def datetime_convert(dt):
131:     format_string = "%Y-%m-%d"
132:
133:     return dt.strftime(format_string)
```

코드 9-32는 templates 디렉터리에서 winning_list.html 파일을 찾아 해석한 후에 웹 브라우저에 보내줍니다. 이 과정에서 date를 우리나라에서 쓰는 표현대로 변경하기 위해 템플릿 필터를 작성했습니다. templates/winning_list.html은 코드 9-33과 같이 작성합니다.

코드 9-33 templates/winning_list.html(파일명은 code9-33.html입니다)

```
01: <!DOCTYPE html>
02: <html>
03: <head>
04:     <meta charset="utf-8">
05:     <meta http-equiv="X-UA-Compatible" content="IE=edge">
06:     <meta name="viewport" content="width=device-width, initial-scale=1">
07:     <title>JPUB 경품 추첨 프로그램 - 당첨자 리스트 -</title>
08:     <!-- Latest compiled and minified CSS -->
09:     <link rel="stylesheet" href="https://maxcdn.bootstrapcdn.com/bootstrap/3.3.0/
css/bootstrap.min.css">
10:     <!-- Optional theme -->
11:     <link rel="stylesheet" href="https://maxcdn.bootstrapcdn.com/bootstrap/3.3.0/
css/bootstrap-theme.min.css">
12:     <link rel="stylesheet" href="/static/css/prize_winning.css">
13:     <script type="text/javascript" src="https://code.jquery.com/jquery-2.1.1.min.
js"></script>
14: </head>
15: <body>
16:     <!-- Begin page content -->
17:     <div class="container">
18:         <div class="page-header">
19:             <h1>JPUB 경품 추첨 프로그램</h1>
20:         </div>
21:         <div class="page-body">
22:             <table border="1">
23:                 <tr>
24:                     <th>경품추첨일</th>
25:                     <th>경품순위</th>
26:                     <th>응모자명</th>
```

```
27:                         <th>응모자이메일</th>
28:                         <th>경품명</th>
29:                     </tr>
30:                     {% for winning_item in winning_query %}
31:                     <tr>
32:                         <td>{{winning_item.winning_date|date_format}}</td>
33:                         <td>{{winning_item.winning_rank}}</td>
34:                         <td>{{winning_item.winning_name}}</td>
35:                         <td>{{winning_item.winning_email}}</td>
36:                         <td>{{winning_item.winning_product}}</td>
37:                     </tr>
38:                     {% endfor %}
39:                 </table>
40:             </div>
41:         </div>
42:         <div class="footer">
43:             <div class="container">
44:                 <p class="text-muted">Copyright 2014 Lee Ji-Ho(search5@gmail.com)</p>
45:             </div>
46:         </div>
47:         <!-- Latest compiled and minified JavaScript -->
48:         <script src="https://maxcdn.bootstrapcdn.com/bootstrap/3.3.0/js/bootstrap.
min.js"></script>
49: </body>
50: </html>
```

여기까지 잘 따라오셨으면 실제 실험해볼 차례입니다. 9.1절 'GAE 환경 구성 및 마이그레이션'에서 설명된 엑셀 파일을 임의로 하나 만듭니다. 그리고 로컬 서버를 실행하고 경품 추첨을 한 다음, /winning_list URL에 접속해봅니다.

JPUB 경품 추첨 프로그램

경품추첨일	경품순위	응모자명	응모자이메일	경품명
2015-06-28	1	홍길동	gdhong@korea.kr	도서상품권 5만원권
2015-06-28	2	이창명	cmlee@naver.com	도서상품권 1만원권
2015-06-28	2	임세미	smlim@kbs.net	도서상품권 1만원권
2015-06-28	3	현지환	lemonism@alphagirl.com	도서상품권 5천원권
2015-06-28	3	이지호	search5@gmail.com	도서상품권 5천원권

📷 그림 9-13 당첨자 리스트 보기

그림 9-13과 유사한 화면을 여러분의 화면에서 볼 수 있다면 우리의 프로그램에 데이터스토어에 데이터를 저장하고 조회하는 기능을 정상적으로 추가한 것입니다.

> **요마치며** 이 절에서는 앱 엔진의 NDB API를 사용해 애플리케이션에 데이터스토어에 데이터를 저장하고 불러들이는 기능을 추가했습니다. 앞에서 언급했지만, 데이터스토어는 NoSQL이므로 관계형 데이터베이스에 최적화되어 있는 애플리케이션의 데이터 저장 및 관리 기능을 앱 엔진의 데이터스토어 기반하에서 동작하게 하는 것은 어려운 일에 속합니다.
>
> 구글은 앱 엔진에서 관계형 데이터베이스에 익숙한 사용자들을 위해 데이터스토어 외에 CloudSQL[113]을 제공하는데, 이를 사용하면 기존의 관계형 데이터베이스 애플리케이션을 그대로 구글 클라우드 컴퓨팅으로 옮길 수 있습니다.
>
> CloudSQL은 현재 유료로 제공되고 있습니다. 그리고 앱 엔진은 데이터스토어 사용에 있어서 내부 조작 단위까지 나눠 일정 단계까지는 무료로 서비스하고 있지만, 이 한계가 상황에 따라 매우 빨리 소진될 수 있습니다. 2016년 5월 현재 구글은 앱 엔진을 유료로 사용하면 데이터스토어 저장 용량에 대해서만 비용을 받고 그 이외는 제한을 풀어줍니다. 앱 엔진 기반에서 서비스를 개발할 때 앱 엔진을 유료로 사용하는 한편, 앱 엔진이 제공하는 Memcache Cache를 적절히 이용한다면 서비스 비용 최소화에 도움이 될 것입니다.

9.3 GAE 로컬 확인 및 업로드하기

GAE 기반에서 열심히 애플리케이션을 만들고 수정했다면, 이제는 로컬 개발 서버를 띄워서 정상적인 동작을 하는지를 확인하고 구글 앱 엔진에 애플리케이션을 등록하는 일을 하겠습니다.

GAE 기반으로 개발된 애플리케이션은 9.1절 'GAE 환경 구성 및 마이그레이션'에서 살펴본 것처럼 구글이 로컬에서 애플리케이션이 잘 동작하는지 확인할 수 있도록 관리 프로그램을 제공합니다.

다음은 구글 앱 엔진 개발 서버를 띄우는 방법입니다.

셸 9-12 로컬 개발 서버 띄우기

```
$ dev_appserver.py appengine_app
INFO     2015-06-28 12:31:55,222 devappserver2.py:745] Skipping SDK update check.
INFO     2015-06-28 12:31:55,412 api_server.py:190] Starting API server at: http://
```

---

113 구글 CloudSQL은 MariaDB(MySQL 호환 DB)로 서비스되고 있습니다.

```
localhost:64314
INFO     2015-06-28 12:31:55,417 dispatcher.py:192] Starting module "default" running
at: http://localhost:8080
INFO     2015-06-28 12:31:55,420 admin_server.py:118] Starting admin server at:
http://localhost:8000
```

로컬 개발 서버를 띄우는 데는 dev_appserver.py를 사용하며, 이 파일은 클라우드 SDK에서 제공합니다. 앞에서 언급한 것처럼 구글 클라우드 SDK는 파이썬 2.7에서만 사용이 가능합니다.

로컬 개발 서버를 가동하면 다음과 같은 세 개의 서비스 포트가 열립니다.

1. API 서버(포트 번호 64314)
2. 애플리케이션 웹 서버(포트 번호 8080)
3. 애플리케이션 관리자 서버(포트 번호 8000)

이들 서버 중에 우리가 눈여겨봐야 할 서버는 애플리케이션 웹 서버와 애플리케이션 관리자 서버입니다. 애플리케이션 서버는 우리가 만들거나 마이그레이션한 애플리케이션의 웹 프로그램을 확인하기 위해서 사용하며, 8080포트로 접속합니다.

애플리케이션 관리자 서버는 구글 클라우드 콘솔에서 앱 엔진 애플리케이션에 대한 여러 기반 작업을 수행할 수 있습니다. 지금은 앱 엔진 관리자 서버에서 데이터스토어의 자료도 볼 수 있지만, 몇 년 전엔 데이터스토어의 자료만 볼 수 있는 서버에 따로 접근했어야 했습니다.

애플리케이션 관리자 서버에서는 데이터스토어, Memcached, BlobStore에 올라온 데이터의 조회, 삭제, 스케줄링 작업, XMPP, Inbound Mail, Full Text Search에 대한 내용을 등록하거나 관리할 수 있도록 되어 있습니다.

여기서 등록한 데이터는 구글 앱 엔진에 애플리케이션을 등록할 때 같이 등록할 수 있지만, 같이 등록되지 않은 데이터도 있습니다. 그러나 애초 개발 서버를 실행하는 목적이 우리가 개발한 애플리케이션의 정상 동작 여부를 확인하기 위해서이므로 앱 엔진은 개발 서버에서의 동작이 곧 운영 서버에서의 동작을 보장합니다.

개발이 완료된 애플리케이션이 개발 서버에서 완전히 동작하면 남은 것은 구글 앱 엔진에 앱 엔진 애플리케이션을 보내는 일입니다. 이 절차를 일컬어 디플로이(deploy) 또는 배포라고 부릅니다.

셀 9-13 구글 클라우드 앱 엔진 프로젝트에 앱 엔진 애플리케이션 등록 및 전송

```
$ appcfg.py -A shuffle-quiz-answer-extractor update appengine_app

Note: the --oauth2 flag is now the default and can be omitted.

09:59 PM Application: shuffle-quiz-answer-extractor; version: 1
09:59 PM Host: appengine.google.com
09:59 PM
Starting update of app: shuffle-quiz-answer-extractor, version: 1
09:59 PM Getting current resource limits.
09:59 PM Scanning files on local disk.
09:59 PM Cloning 346 application files.
09:59 PM Uploading 1 files and blobs.
09:59 PM Uploaded 1 files and blobs.
09:59 PM Compilation starting.
09:59 PM Compilation completed.
09:59 PM Starting deployment.
09:59 PM Checking if deployment succeeded.
09:59 PM Deployment successful.
09:59 PM Checking if updated app version is serving.
09:59 PM Completed update of app: shuffle-quiz-answer-extractor, version: 1
```

셀 9-13에서 앱 엔진 애플리케이션이 등록될 프로젝트의 ID는 9.1절 'GAE 환경 구성 및 마이그레이션'에서 생성한 클라우드 프로젝트입니다. 앱 엔진 애플리케이션의 등록은 appcfg.py 명령에 클라우드 프로젝트의 ID와 update 문자열과 전송할 애플리케이션이 있는 디렉터리를 지정해주는 것으로 쉽게 완료할 수 있습니다.

셀 9-13에서는 구글 클라우드 프로젝트의 ID를 -A 옵션에 강제로 지정했지만, appengine_app/app.yaml 파일의 첫 행에 있는 application에 프로젝트 ID를 정확하게 지정하면 셀 9-13의 명령은 셀 9-14처럼 명령을 축약해서 사용할 수 있습니다.

셀 9-14 app.yaml 파일에 application에 프로젝트 ID를 지정해서 앱 엔진에 배포하기

```
$ appcfg.py update appengine_app
```

앱 엔진 애플리케이션이 구글 앱 엔진에 업로드되는 시간은 앱 엔진 애플리케이션의 파일 크기에 따라 다르겠지만, 대규모 애플리케이션이 아니라면 대략 5분 내외의 시간이 소요될 것입니다.

새로 만든 애플리케이션 주소: http://shuffle-quiz-answer-extractor.appspot.com/

이 장에서는 구글 앱 엔진을 사용하여 WSGI 프로그램을 구현하는 방법을 알아봤습니다. 앱 엔진 애플리케이션이 정상적으로 업로드되면, 이제 여러분에게는 공들여 작성한 프로그램을 많은 사람이 사용할 수 있도록 홍보하는 일만이 남습니다.

구글 앱 엔진을 사용한 프로그램은 아직 제약사항이 많습니다. 그래서 프로그램의 개발 요구 조건을 모두 만족시키지 못할 수도 있지만, 필요하다면 외부의 서비스와 연계할 수도 있습니다. 필자는 여러분이 구글 앱 엔진을 사용해 간단한 구조를 가진 프로그램부터 다양한 요구 조건을 가진 프로그램도 작성할 수 있을 것이라 믿습니다. 이 책을 덮고 나서 여러분이 개발한 프로그램이 구글 앱 엔진에서 동작하는 모습을 기대해도 될까요?

Apache Solr 연동

웹의 태동기를 지나 요즘은 웹에 너무 많은 정보가 저장되어 있고, 특히 블로그와 같은 1인 미디어에서의 정보 재생산이 적게는 수 건에서 많게는 수십, 수백만 건에 이르고 있습니다. 웹에 저장한 데이터가 증가하기 시작하면서 사람들은 필요한 정보를 찾는 것이 어려워졌고, 이를 위해 검색 엔진이 개발되었습니다.

과거에는 AOL, Yahoo!, Microsoft, Lycos, Altavista 등의 대표적인 해외 검색 엔진이 있었고, 우리나라는 야후 코리아!, 네이버, 엠파스, 한미르, 파란, 다음, 정보탐정, 네이트, 라이코스 코리아, 코시크, 까치네, 심마니 등이 있었습니다. 미스다찾나라는 메타 검색 엔진도 있었습니다.

이들 검색 엔진은 웹에 있는 수많은 정보를 한 번의 검색으로 찾아주거나 결과를 그룹화시켜 주었습니다. 그래서 1990년대 후반까지만 하더라도 검색 엔진의 사용 방법을 안다는 건 곧 인터넷의 자료를 활용할 수 있는 능력을 갖추고 있다는 것을 의미하기도 했습니다.

2000년대 중반에 접어들면서 신흥 기업 중 하나인 구글이 검색 엔진 시장에 진입하면서 검색 엔진 시장의 무게추가 급격히 한쪽으로 기울어졌습니다. 구글이 검색 엔진 시장에서 큰 성장을 거둘 수 있었던 이유는 구글의 페이지랭크 알고리즘으로 검색 엔진 사용자들이 원하는 정보를 빨리 찾을 수 있다는 점이었습니다.

검색 엔진 중 아무런 접근 제한 없이 사용할 수 있는 검색 엔진을 퍼블릭 검색 엔진(Public Search Engine)이라고 부릅니다. 퍼블릭 검색 엔진은 웹사이트가 공개한 자료를 검색할 수 있어서 편리합니다. 그런데 외부로부터의 접근이 엄격히 차단된 웹사이트에서 정보를 찾을 때는 어떨까요? 외부 접근이 제한된 웹사이트에서 정보를 검색할 방법이 없다면, 사용자는 그 웹사이트를 외면할 겁니다. 또는 원하는 정보를 찾기 위해 웹사이트 이곳저곳을 들어가 보거나 웹 브라우저 화면을 스크롤해보는 등 정보 검색에 애를 먹을 것입니다. 그래서 이 문제를 해결하기 위해 제시된 개념이 프라이빗 검색 엔진(Private Search Engine)입니다. 프라이빗 검색 엔진은 사이트 내에서 운영되므로 사이트에서 업데이트되는 내용을 빠르게 수집하고 갱신하여 서비스할 수 있습니다.

퍼블릭 검색 엔진인 구글, 네이버 등은 사이트 도구, 웹 마스터 도구 등으로 사이트 운영자가 검색 엔진에 최신의 정보를 반영할 수 있도록 지원하고 있지만, 불과 몇 년 전까지만 해도 퍼블릭 검색 엔진에는 이런 서비스가 없었습니다.

프라이빗 검색 엔진은 상용으로 제공되는 것부터 무료로 제공되는 것까지 다양하게 있으며, 이 책에서는 아파치 루씬(Apache Lucene) 검색 엔진을 기반으로 하는 아파치 솔라(Solr)를 Flask 애플리케이션과 연동해볼 것입니다.

이 장에서는 솔라의 다음과 같은 부분에 대해 다룹니다.

- 아파치 솔라의 다운로드와 설치
- 솔라 데이터 인덱스 구성 방법
- 검색 엔진 핸들러를 통한 인덱스 사용
- 솔라 서버의 가동
- pysolr 모듈을 통해 파이썬에서 솔라 사용하기

10.1 Apache Solr 설치

아파치 솔라는 자바로 작성되어 있어서 자바 런타임(JRE)이 설치되어 있어야 합니다. 솔라는 현재 자바 7과 자바 8 버전의 사용을 권고하고 있습니다. 따라서 자바 런타임이 웹사이트에 설치되어 있지 않으면 자바 런타임부터 설치해야 합니다.

아파치 솔라의 설치와 운영은 내장 컨테이너와 외부 컨테이너를 사용하는 방법이 있습니다. 솔라 배포본은 내장 컨테이너 서버로 Jetty를 사용하며, 외부 컨테이너 서버로는 Java EE 표준을 준수하는 모든 컨테이너 서버를 사용할 수 있습니다.

자유롭게 사용 가능한 컨테이너 서버로는 Jetty와 Tomcat 등이 있으며, JBOSS, WebSphere, JEUS, WebLogic 등의 상용 컨테이너도 사용할 수 있습니다. 이 책에서는 내장 컨테이너 서버를 사용해 솔라를 설치하는 방법을 다룰 것입니다.

검색 엔진으로 사용할 서버에 자바 런타임이 준비되었으면 아파치 솔라 설치를 시작해도 좋습니다. 아파치 솔라를 다운로드하기 위해 공식 홈페이지(http://lucene.apache.org/solr)에 접속합니다.

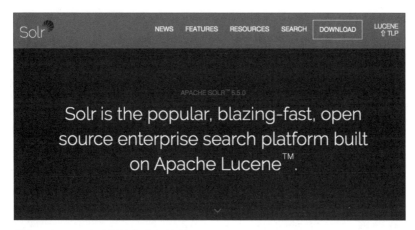

📷 그림 10-1   솔라 공식 홈페이지 접속

공식 홈페이지에 접속했으면 상단의 'DOWNLOAD' 메뉴를 클릭합니다.

📷 그림 10-2   아파치 솔라 다운로드 안내 페이지

아파치 솔라를 다운로드할 수 있는 미러 사이트 리스트를 보여주는 곳으로 웹 페이지가 이동하면, 미러 주소 중 하나를 클릭합니다. 미러 사이트의 목록 화면으로 이동할 때 그림 10-2의 화면과 잠시 다른 화면을 볼 수 있지만, 3초 정도 기다리면 그림 10-2의 화면이 보여집니다.

아파치 솔라 다운로드 미러 페이지에서는 HTTP 사이트, BACKUP 사이트 등을 안내하고 있으며, 화면에 표출되는 사이트 링크는 솔라 다운로드 페이지에 접속한 IP를 기준으로 가까운 미러 사이트[114]를 안내합니다.

2016년 5월 현재 가비아에서 운영 중인 tt.co.kr 사이트만을 안내하고 있습니다. tt.co.kr을 클릭해 솔라를 다운로드합니다.

Index of /lucene/solr/5.5.0

Name	Last modified	Size	Description
Parent Directory		-	
changes/	20-Feb-2016 19:02	-	
solr-5.5.0-src.tgz	17-Feb-2016 05:33	38M	
solr-5.5.0.tgz	17-Feb-2016 05:33	130M	
solr-5.5.0.zip	17-Feb-2016 05:33	138M	

Apache Server at apache.tt.co.kr Port 80

그림 10-3 미러 사이트 접속

2016년 5월 현재 기준으로 아파치 솔라는 5.5.0 버전이 나와 있습니다.[115] 필자는 리눅스 환경에 설치를 권장하므로 solr-5.5.0.tgz 파일을 다운로드하기 바랍니다. 이 압축 파일의 형식은 tar로 파일을 묶고 나서 GZip으로 압축한 것입니다. 확장자는 tar.gz로 하는 게 일반적이지만, 구도스(DOS)의 확장자 제한과 관련해서 확장자명을 세 자리로 한정할 경우에는 tgz로 쓰기도 합니다. 파일을 다운로드했으면 압축 파일을 풀고 실행해볼 차례입니다.

---

114 아파치 솔라 다운로드 페이지에서 안내하지 않지만, http://ftp.daumkakao.com/apache/lucene/solr에 접속해서 다운로드할 수도 있습니다.

115 아파치 솔라 7.x 이하 버전은 보안 버그가 있으니 이 책에서 안내하는 5.5.0 버전이 아닌 최신 버전을 사용하시기를 바랍니다.

```
$ tar xzf solr-5.5.0.tgz
$ cd solr-5.5.0
$ bin/solr start
```

솔라를 시작하면 터미널에 결과 10-1과 같은 메시지가 출력됩니다.

☑ 결과 10-1 **아파치 솔라 시작**

```
Waiting to see Solr listening on port 8983 [|]
Started Solr server on port 8983 (pid=55531). Happy searching!
```

아파치 솔라의 시작 시간은 수 분에서 길게는 수십 분에 이를 수 있지만, 솔라 설치 후 검색 가능한 인덱스 데이터가 없으니 수 분 정도만 기다리면 서버가 시작됩니다. 솔라 서버가 시작되면 솔라 관리자 페이지에 접속해보겠습니다. 솔라 관리자 웹 접근 주소는 http://localhost:8983입니다. 그림 10-4와 같은 화면이 나오면 솔라 서버가 정상적으로 기동한 것입니다.

📷 그림 10-4 **솔라 서버 관리자 화면**

솔라 서버 설치 직후의 관리자 사이트는 아무런 접근 제한도 걸려 있지 않기 때문에 외부에서 악의적인 목적을 가진 사용자가 관리자 사이드에 접속해 문제가 될 수 있는 행동을 취하지 못하도록 할 필요가 있습니다. 이를 위해 접속을 허용하는 클라이언트 IP를 선별해서 오영체제에서 지원하는 접속 제한 방법이나 방화벽 프로그램[116]을 사용해 접속을 제한하는 게 좋습니다.

여러분이 솔라 배포본 내에 있는 내장 컨테이너를 사용하지 않고 외부 컨테이너를 사용할 생각이라면 http://wiki.apache.org/solr에 접속하셔서 관련 문서를 찾아보기 바랍니다. 여러분이 Tomcat 컨테이너를 사용할 계획이라면 https://wiki.apache.org/solr/SolrTomcat을 통해 솔라를 Tomcat 컨테이너에 설치할 수 있습니다.

솔라 홈페이지에서 레퍼런스 가이드(Reference Guide) 문서를 다운로드할 수 있는데, 이 문서에서 솔라 서버의 간단한 설치부터 실제 운영 단계에 이르기까지의 내용을 볼 수 있습니다.

축하합니다! 이것으로 아파치 솔라 서버 설치가 완료되었습니다.

10.2 Solr 코어 구성

검색 엔진 사용자가 솔라에 검색어를 질의했을 때 솔라는 데이터 인덱스에서 데이터를 찾아서 검색 결과를 반환합니다. 데이터 인덱스를 구성하기 전에 솔라 구조에 대해 개괄적으로나마 알아두는 것이 좋습니다.

솔라는 코어 단위[117]로 동작하며, 하나의 솔라 서버는 여러 개의 코어를 가질 수 있습니다. 코어와 데이터 인덱스는 1:1 관계를 가지며, 데이터 인덱스에 적재된 인덱스 문서가 검색 결과로 제공됩니다. 코어는 애플리케이션이 검색을 요청하거나 인덱스 문서를 적재하는 등의 목적으로 사용하는 ReqeustHandler 다수를 기본으로 제공합니다.

솔라 코어를 생성해보겠습니다. 솔라 코어를 생성하는 방법은 솔라 관리자 웹 페이지와 터미널 명령어를 이용할 수 있지만, 이 책에서는 터미널 명령어를 사용하여 솔라 코어를 생성하고 구축할 것입니다.

🐚 셸 10-2 **신규 솔라 코어 생성**

```
$ bin/solr create -c jpub_kr
```

---

116 리눅스에서는 iptables가 기본 방화벽 프로그램으로 제공됩니다. 이 프로그램은 간단한 설정에서 복잡한 설정에 이르기까지 다양하게 지정할 수 있으므로 관련 문서를 참고하는 게 좋습니다.

117 솔라는 코어라는 단위 외에 컬렉션이라는 이름을 대신 사용하기도 합니다. 이 책에서는 코어로 설명합니다.

셀 10-2는 솔라 코어를 생성하기 위한 명령어입니다. -c 옵션 뒤에는 생성할 코어 이름을 쓰면 되는데, 우리는 jpub_kr이라는 코어를 생성했습니다. 코어의 이름은 자유롭게 구성할 수 있지만, 필자는 검색 엔진을 사용하는 최종 애플리케이션의 이름과 검색 서비스를 제공할 부분의 이름 쓰기를 권장합니다(예: jpub_product).

셀 10-2를 수행하고 나면 결과 10-2와 유사한 결과를 볼 수 있습니다.

☑ **결과 10-2 솔라 코어 생성 후의 결과**

```
Setup new core instance directory:
/Users/jiho/Downloads/solr-5.3.1/server/solr/jpub_kr

Creating new core 'jpub_kr' using command:
http://localhost:8983/solr/admin/cores?action=CREATE&name=jpub_kr&instanceDir=jpub_kr

{
  "responseHeader":{
    "status":0,
    "QTime":6300},
  "core":"jpub_kr"}
```

솔라 코어의 생성이 완료되면 코어가 생성되었음을 알려주는데, 이때 관리자 사이트의 URL을 통해서 코어 생성을 했음을 알려주고 해당 URL과 URL로 호출했을 때의 결과를 출력합니다.

솔라 관리자 페이지에 접속해서 좌측에서 jpub_kr 코어를 선택하면 그림 10-5와 같은 화면을 볼 수 있습니다.

📷 **그림 10-5 jpub_kr 코어 관리 화면**

솔라에서 데이터 인덱스 구성은 자동으로 이루어지기 때문에 관리자가 크게 신경 쓰지 않아도 됩니다. 솔라 5.4.0 버전은 스키마 관리를 REST API를 통해 구성하므로 직접 관리한다면 참고 문서[118]를 보기 바랍니다.

이것으로 솔라에서 코어 구성을 완료했습니다. 솔라는 엔터프라이즈 환경에서 사용할 수 있도록 다양한 설정을 제공하므로 관련 서적이나 문헌을 찾아보기 바랍니다.

10.3 Solr 데이터 인덱싱

Solr 코어를 생성했으면 애플리케이션이 솔라에 질의를 요청할 때 검색 결과로 반환할 인덱스 문서 생성이 필요합니다. 이 작업을 데이터 인덱싱(data indexing) 작업이라고 부릅니다.

Solr의 데이터 인덱싱의 기본 수집 설정은 이미 존재하는 파일 시스템상의 물리적 파일에 한정해 동작합니다. 10.2절 'Solr 코어 구성'에서 구성한 코어에 파일로 존재하는 데이터를 적재하는 방법을 살펴보겠습니다.

솔라는 'Rich' 파일로 구분되는 HTML, PDF, Microsoft Office Formats, Plain Text 파일 등을 바로 적재하는 방법과 XML, JSON, CSV 파일을 인덱싱하는 방법을 제공합니다. 솔라의 데이터 인덱싱에서 Rich 파일을 제외한 XML, JSON, CSV는 특정 형식을 갖추고 있어야 데이터 인덱싱이 가능합니다.

솔라 코어에 적재할 인덱스 문서를 만들 때 uniqueKey는 솔라 내에서 id로 강제 고정[119]되어 있으니 데이터 인덱스 구성 시에 주의해야 합니다.

📄 코드 10-1 XML 파일 형식

```
01: <add>
02:   <doc>
03:     <field name="id">1</field>
04:     <field name="product_name">재해 복구 전략</field>
05:     <field name="product_seller">PH PTR</field>
06:     <field name="delivery_cp">HYUNDAE</field>
07:     <field name="product_soldout">false</field>
08:     <field name="product_quantity">1</field>
```

---

118 https://cwiki.apache.org/confluence/display/solr/Schema+API#SchemaAPI-ModifytheSchema

119 솔라 4 버전에서는 schema.xml 파일에서 쉽게 제어가 가능했지만, 5 버전부터 관리 API를 사용해야 합니다.

```
09:        <field name="product_eng_description">Disaster recovery strategy describes
the default desktop that is equipped IT systems for all the failures that can occur
in modern IT society.</field>
10:        <field name="regdate">2015-06-30T03:03:00</field>
11:    </doc>
12: </add>
```

코드 10-1은 XML 파일 형식으로 인덱스 문서를 나타낸 것입니다. XML 파일은 add 태그를 최상위 태그로 사용하며, doc 태그를 자식으로 가집니다. doc 태그[120]는 add 태그의 자식으로 여러 번 나올 수 있습니다. 하나의 doc 요소[121]는 솔라에서 하나의 인덱스 문서로 취급합니다. doc 요소에서 인덱스할 내용은 field 태그를 사용하여 정의합니다.

field 태그는 doc 태그의 자식 태그로서 doc 태그 아래에서 인덱스할 field 개수만큼 정의되어야 합니다. field 태그의 속성으로는 name을 반드시 포함합니다. name 속성에는 솔라에서 검색 필드명을 정확하게 적어주어야 합니다. 정리하자면, 솔라에서 인덱스 문서로 사용할 XML 파일의 구조는 다음과 같습니다.

add 요소(최상위 태그)

└── doc 요소(하나의 인덱스 문서로 add 요소)

　　└── field 요소(인덱스 field 개수만큼 정의)

📟 코드 10-2 **JSON 파일 형식**

```
01: [
02:    {
03:        "id" : 2,
04:        "product_name" : "CGI & 전자상거래 구축",
05:        "product_seller" : "HancomPress",
06:        "delivery_cp" : "HANJIN",
07:        "product_soldout" : true,
08:        "product_quantity" : 21,
09:        "product_eng_description" : "It is described how to create a site
shopping mall with pure CGI technology.",
10:        "regdate" : "2015-06-30T03:29:00"
11:    }
12: ]
```

---

120 XML 문서상에서 기술되는 문자열을 태그라고 부릅니다.

121 XML 문서가 처리될 때 하나의 태그는 자식 태그와 문자열 등을 포함하여 요소라고 부릅니다.

JSON 파일 형식은 XML 파일 형식과 다르게 직관적으로 알아볼 수 있으며, JSON 배열 안에 인덱스 문서를 JSON 사전 타입으로 구성합니다. 사전의 키 값은 솔라에서 검색 필드 값을 의미합니다.

📋 코드 10-3 **CSV 파일 형식**

```
01: id,product_name,product_seller,delivery_cp,product_soldout,product_
quantity,product_eng_description,reg_date
02: 3,"임백준의 소프트웨어 산책","Hanbit","Door2Door",true,0,"Find fun with this software
via the software development seems to walk the walk distance.","2015-06-30T03:38:00"
```

CSV 형식의 파일 구성은 솔라가 인덱싱할 검색 필드명을 첫 행에 기록하고, 두 번째 행부터는 인덱싱할 데이터를 기록합니다. 첫 행은 솔라가 인덱싱할 field의 name 속성을 나열하고, 두 번째 행부터는 첫 행에 기술한 field 순서대로 인덱싱할 데이터를 기록합니다. 솔라는 두 번째 행부터 인덱스 문서로 인식합니다.

CSV 파일에서 문자열을 기록할 때는 반드시 더블 쿼테이션 문자(", 큰따옴표)로 감싸야 합니다. 숫자는 문자열 기호[122]로 감싸지 않아도 됩니다.

이제 앞에서 생성한 인덱스 문서 파일을 솔라에 적재하겠습니다.

🔶 셸 10-3 **XML, JSON, CSV로 생성한 파일 인덱싱**

```
$ bin/post -c jpub_kr product.xml
$ bin/post -c jpub_kr product.json
$ bin/post -c jpub_kr product.csv
```

셸 10-3을 수행하고 나면 결과 10-3과 유사한 모습을 볼 수 있습니다.

☑ 결과 10-3 **데이터 인덱싱 결과**

```
java -classpath /Users/jiho/Downloads/solr-5.3.1/dist/solr-core-5.3.1.jar -Dauto=yes
-Dc=jpub_kr -Ddata=files org.apache.solr.util.SimplePostTool code10-8.csv
SimplePostTool version 5.0.0
Posting files to [base] url http://localhost:8983/solr/jpub_kr/update...
Entering auto mode. File endings considered are xml,json,csv,pdf,doc,docx,ppt,pptx,
xl]s,xlsx,odt,odp,ods,ott,otp,ots,rtf,htm,html,txt,log
```

---

122 문자열 기호란, 문자열을 특정 기호로 감싼 것을 말합니다. 보통은 더블 쿼테이션(")과 싱글 쿼테이션(') 모두 사용되지만, 프로그래밍 언어에 따라 한정되기도 합니다.

```
POSTing file code10-8.csv (text/csv) to [base]
1 files indexed.
COMMITting Solr index changes to http://localhost:8983/solr/jpub_kr/update...
Time spent: 0:00:00.241
```

솔라의 post 명령을 사용하여 터미널 프로그램에서 수동으로 인덱스 문서를 적재하게 할 때가 있습니다. 이때 명령의 인자로 주어지는 파일의 타입은 자동으로 결정되므로 어떤 파일을 인자로 주더라도 솔라는 해당 파일을 자동으로 인식해 데이터 인덱싱을 진행합니다.

post 명령은 -c 옵션과 인덱스 문서 파일명을 인자로 받는데, -c 옵션은 인덱스 문서를 적재할 코어 이름을 셸 10-3과 같이 지정합니다. 하지만 인덱스 파일을 직접 작성하여 데이터 인덱싱을 할 때는 검색 엔진이 정적인 파일을 서비스하는 경우에만 유용할 뿐 현대의 많은 웹사이트는 필연적으로 데이터베이스에 저장된 데이터를 제공합니다. 일반적으로 사용자는 검색 엔진이 웹사이트와 연결된 데이터베이스에서 저장된 데이터를 검색한다고 생각하며, 실제로도 데이터베이스에 저장된 데이터를 인덱싱하여 서비스하는 경우가 많습니다.

아파치 솔라도 정적인 문서를 포함해 다양한 데이터 소스를 생각해서 DataImportHandler(이하, DIH)라는 것을 제공합니다. DataImportHandler는 다양한 데이터 소스로부터 데이터를 수집하여 데이터 인덱싱을 하도록 도와줍니다. 또한, 관계형 데이터베이스, XML/HTTP, 이메일, Tika[123] 등에서 인덱싱할 데이터를 수집할 수 있도록 제공하고 있으며, 솔라에서 설정만 하면 사용할 수 있습니다.

이 책에서는 관계형 데이터베이스를 데이터 소스로 하여 데이터를 인덱싱하는 방법만을 살펴보겠습니다. 관계형 데이터베이스를 데이터 소스로 사용하려면 다음과 같은 사항을 먼저 확인해야 합니다.

- 솔라가 관계형 데이터베이스 시스템에 접속할 수 있는 권한과 접근 제한 설정
- 관계형 데이터베이스가 JDBC 드라이버를 지원하는지 여부

솔라가 자바 언어로 작성되어서 JDBC를 사용하는데, 대부분의 데이터베이스 시스템에서 JDBC 드라이버가 제공되므로 JDBC 드라이버를 찾을 수 없을 때는 데이터베이스 제조사에 확인하면 도움을 받을 수 있습니다.

---

123 다양한 문서에서 메타 정보와 콘텐츠를 추출하기 위해 사용할 수 있는 아파치 라이브러리입니다.

이 책에서 DIH로 관계형 데이터베이스인 PostgreSQL에 연결해 데이터를 수집하고 인덱싱할 수 있도록 설정할 것입니다. DIH 설정을 위해서 jpub_kr 코어의 solrconfig.xml 파일과 db-data-config.xml 파일이 필요합니다. 설정 파일이 있는 위치는 $SOLR_HOME/server/solr/jpub_kr/conf입니다. DIH 사용을 위한 RequestHandler와 라이브러리를 추가하기 위해 solrconfig.xml 파일을 수정합니다.

코드 10-4 DIH 사용을 위한 클래스와 데이터베이스 JDBC 파일 경로 추가

```
84: <lib dir="${solr.install.dir:../../../..}/contrib/velocity/lib" regex=".*\.jar" />
85: <lib dir="${solr.install.dir:../../../..}/dist/" regex="solr-velocity-\d.*\.jar" />
86:
87: <lib dir="../../../dist/" regex="solr-dataimporthandler-5.2.1.jar" />
88: <lib dir="../../../dist/" regex="postgresql-9.4-1201.jdbc4.jar" />
89:
90: <!-- an exact 'path' can be used instead of a 'dir' to specify a
91:    specific jar file. This will cause a serious error to be logged
92:    if it can't be loaded.
93: -->
```

코드 10-4에서 JDBC 파일은 postgresql로 시작하는 jar 파일을 추가하도록 하는데, PostgreSQL의 경우는 http://jdbc.postgresql.org에서 다운로드할 수 있습니다. 파일을 다운로드할 때는 JDBC4 Postgresql Driver, Version 9.4-1206 링크를 클릭해서 다운로드하고, $SOLR_HOME/dist 디렉터리에 복사하면 됩니다.

코드 10-5 DIH 데이터베이스 RequestHandler 추가를 위한 solrconfig.xml 파일

```
1588:  <!-- Legacy config for the admin interface -->
1589:  <admin>
1590:    <defaultQuery>*:*</defaultQuery>
1591:  </admin>
1592:
1593:  <!-- Dataimport Handler Define -->
1594:  <requestHandler name="/dataimport" class="org.apache.solr.handler.dataimport.
DataImportHandler">
1595:    <lst name="defaults">
1596:      <str name="config">./db-data-config.xml</str>
1597:    </lst>
1598:  </requestHandler>
1599:
1600: </config>
```

코드 10-5에서 중요하게 봐야 할 부분은 1594~1598행의 내용입니다. RequestHandler의 URL

을 /dataimport로 지정하고, 1596행에서 데이터베이스 접속과 인덱싱할 필드 설정이 되어 있는 XML 파일의 위치를 지정합니다. 코드 10-5와 같이 지정하면 코어 설정 파일이 있는 디렉터리에서 db-data-config.xml 파일을 찾습니다.

solrconfig.xml 파일은 DataImportHandler 사용을 위한 설정이 끝나면 편집을 완료한 것이므로 파일을 저장하고 닫습니다. 이제 db-data-config.xml 파일을 작성합니다.

코드 10-6 **DIH RequestHandler에서 사용하기 위한 데이터베이스 설정 파일**

```
01: <?xml version="1.0" encoding="utf-8"?>
02:
03: <dataConfig>
04:     <dataSource driver="org.postgresql.Driver" url="jdbc:postgresql://
localhost:5432/jpub_kr" user="jpub" password="jpub!!@#!#" />
05:     <document>
06:         <entity name="product" query="select * from product">
07:             <field column="product_id" name="id" />
08:             <field column="product_name" name="product_name" />
09:             <field column="product_seller" name="product_seller" />
10:             <field column="delivery_cp" name="delivery_cp" />
11:             <field column="product_soldout" name="product_soldout" />
12:             <field column="product_quantity" name="product_quantity" />
13:             <field column="product_eng_description" name="product_eng_
description" />
14:             <field column="regdate" name="regdate" />
15:         </entity>
16:     </document>
17: </dataConfig>
```

db-data-config.xml은 다음과 같은 구조를 가지고 있도록 작성해야 합니다.

dataConfig 요소(최상위 요소)

|___ dataSource 요소(dataConfig 요소의 자식 요소)

|___ document 요소(dataConfig 요소의 자식 요소)

   |___ entity 요소(document 요소의 자식 요소)

     |___ field 요소(entity 요소의 자식 요소)

- dataSource 요소는 driver, url, user, password 속성을 받으며, JDBC 드라이버의 클래스 경로와 접속 URL, 데이터베이스 사용자의 ID와 비밀번호를 여기에 기록합니다.
- document 요소는 인덱싱되는 문서를 정의하기 위해 사용하며, 이 요소는 한 개의 entity 요소를 받아야 합니다.

- entity 요소는 name 속성과 query 속성을 받습니다. name 속성은 데이터를 수집할 테이블 이름을 이름을 적는 게 관례이고, query는 인덱싱할 데이터를 얻어오기 위해 사용할 쿼리를 기술합니다. 자식 요소로 entity 요소와 field를 포함하는데, field 요소는 entity 요소의 자식 요소로만 나올 수 있습니다.
- field 요소는 반드시 entity 요소의 자식 요소로 포함되어야 하며, column 속성과 name 속성을 받습니다. column 속성은 select 쿼리에서 가져오는 테이블의 필드명을 기록하고, name 속성은 인덱스되는 필드 이름을 적어주면 됩니다.

db-data-config.xml 파일에서 dataSource 요소와 field 요소는 닫는 태그를 지정하지 않습니다. 따라서 요소 선언 시 요소 선언 끝에 반드시 / 문자를 넣어 내용이 없는[124] 빈 요소임을 알려야 합니다. XML 문서는 XML 해석기에 의해 해석되므로 빈 요소에 / 문자가 없으면 해석 오류가 발생합니다.

이것으로 DIH에서 관계형 데이터베이스에서 데이터를 가져오기 위한 설정을 모두 마쳤습니다. 이제 우리가 설정한 DIH가 잘 동작하는지 확인하기 위해 솔라를 정지하고 다시 시작합니다.

◈ 셀 10-4 솔라 정지 후 시작($SOLR_HOME에서 실행)

```
$ bin/solr stop
$ bin/solr start
```

셀 10-4의 명령이 수행되면 솔라가 재시작됩니다. 셀 10-4의 명령은 셀 10-5처럼 줄여 사용하기도 합니다.

◈ 셀 10-5 솔라 재시작 전용 명령어 사용($SOLR_HOME에서 실행)

```
$ bin/solr restart
```

이제 DataImportHandler를 시작해볼 차례입니다.[125] 웹 브라우저에서 다음의 URL을 호출합니다.

http://localhost:8983/solr/jpub_kr/dataimport?command=full-import

---

124 XML 요소에서 내용이 없다는 것은 요소가 하위 요소(태그, 문자열, 공백 등)를 가지지 않는다는 것을 의미합니다.

125 DataImportHandler를 호출하기에 앞서 반드시 XML 또는 JSON 문서로 문서 양식(코드 10-1, 10-2 참고)을 만들어서 수동으로 Solr에 인식시켜줘야 합니다. 그렇지 않으면 정상적으로 실행되지 않을 수 있습니다.

그러면 수 초도 안 되어 데이터베이스에서 데이터를 수집하고 솔라 코어에 데이터 인덱싱이 완료될 것입니다.

 구글 앱 엔진의 데이터스토어에 저장되어 있는 데이터도 인덱싱할 수 있나요?

앱 엔진 데이터스토어는 관계형 데이터베이스도 아니고 구글의 데이터스토어 접근 제한으로 솔라가 데이터스토어에 JDBC로 연결해서 데이터를 수집해서 인덱싱할 수 없지만, 앱 엔진 애플리케이션에서 데이터스토어의 내용을 솔라에 인덱스할 수 있도록 XML, JSON, CSV 등의 문서로 출력하는 라우팅 함수를 만들고 URLDataSource 또는 HttpDataSource를 설정하면, 구글 앱 엔진의 데이터도 검색 엔진에서 서비스할 수 있습니다. 데이터 소스 설정은 참고 URL[125]을 확인해주세요.

단, 구글 앱 엔진에서 데이터스토어의 사용 비용이 높아지므로 앱 엔진을 유료로 사용하며, 구글 클라우드에 솔라 서버가 있을 때 사용하기에 좋습니다.

 데이터 인덱싱이 맞는 말인가요?

솔라에 검색될 데이터를 밀어넣는 과정을 '데이터 인덱싱(data indexing)'이라고 표현했지만, 검색 엔진에서는 보통 이 과정을 '크롤링(crawling)'이라고 표현합니다. 이 책에서는 인덱싱이란 용어를 사용하지만, 크롤링으로 사용해도 문맥 이해에 어려움은 없습니다.

10.4 pysolr로 Solr 사용하기

솔라를 설치하고 DataImportHandler를 설정해 데이터베이스로부터 데이터를 수집하고 인덱스하는 등의 기본 작업을 끝냈다면, 이제는 애플리케이션에서 솔라에 검색 결과를 요청해 반환받도록 해보겠습니다.

파이썬에서 솔라에 검색어(또는 질의어)를 보내고 그 결과를 전송받는 데 가장 쉬운 방법은 파이썬 기본 URL 라이브러리를 사용하는 것이며, 솔라는 다양한 데이터 타입으로 검색 결과를 반환할 수 있습니다. 지원하는 데이터 타입으로는 XML, JSON, Python, Ruby, PHP, CSV가 있습니다.

---

126 https://wiki.apache.org/solr/DataImportHandler#HttpDataSource_Example

범용 프로그래밍 언어를 사용한다면 XML, JSON, CSV로 데이터 반환 타입을 지정해 검색 결과를 반환받는 것이 좋습니다. 그러나 우리는 pysolr라고 하는 파이썬 라이브러리로 솔라를 사용하며, 검색 결과 반환 타입으로 Python을 이용하게 됩니다.

pysolr를 사용해 솔라에 질의하기 전에 솔라 코어의 기본 URL 형태를 살펴보도록 하겠습니다.

솔라 코어의 기본 URL 형태: http://localhost:8983/solr/jpub_kr

솔라 개별 코어는 여러 개의 ReqeustHandler를 가지며, RequestHandler는 URL로 사용할 수 있습니다. 이 중 /dataimport RequestHandler URL은 솔라의 DIH 사용을 위해 우리가 나중에 추가한 것입니다. 다음은 자주 사용되는 RequestHandler URL입니다.

- /select
- /query
- /browse
- /update_extract
- /dataimport

위의 RequestHandler는 사용 방법이 조금씩 다르며, 이 책에서의 설명 범위를 벗어나기 때문에 pysolr를 통해 RequestHandler를 사용하는 방법과 /dataimport RequestHandler를 따로 사용하는 방법을 다룰 것입니다. pysolr의 설치는 pip 명령을 사용해 쉽게 할 수 있습니다. pysolr는 파이썬 2.7부터 파이썬 3.3까지 사용 가능하다고 소개되어 있지만, 필자가 테스트를 해보니 파이썬 3.5에서도 사용할 수 있었습니다.

◈ 셸 10-6 **pysolr 설치**

```
$ pip install pysolr
```

■ pysolr로 Solr에 질의하기

pysolr를 사용하기 위해서는 pysolr 모듈을 먼저 임포트하고, Solr 코어 URL을 인자로 주어 Solr 객체를 생성해야 합니다. 코드 10-7은 pysolr를 사용하기 위한 기본 준비 코드입니다.

```
01: import pysolr
02:
03: solr = pysolr.Solr("http://localhost:8983/solr/jpub_kr", timeout=30)
```

Solr 객체가 생성되면 이 객체로 솔라에 검색 질의, 인덱스의 추가와 수정, 삭제를 할 수 있습니다.

Solr 객체를 만들었으니 솔라에 데이터를 질의해보겠습니다. 솔라에 데이터를 질의할 때는 search 메서드를 사용합니다. search 메서드는 찾을 문자열을 첫 번째 인자로 받고, 나머지 인자는 키워드 방식의 인자를 받습니다. search 메서드에 사용 가능한 키워드 인자는 참고 URL[127]을 확인하세요. 키워드 인자 중에 start 인자와 rows 인자를 사용하면 검색 엔진 결과를 페이징 형식[128]과 유사하게 구현할 수 있습니다.

```
01: import pysolr
02:
03: solr = pysolr.Solr("http://localhost:8983/solr/jpub_kr", timeout=30)
04: search_obj = solr.search("CGI")
05: for record in search_obj:
06:     # record에 대한 처리
```

search 메서드를 사용해 데이터를 질의하면 Results 객체가 반환됩니다. Results 객체는 질의 결과 객체로서 docs, hits 등의 객체 속성을 제공합니다. docs 객체 속성은 결과 인덱스 문서를 요솟값으로 하는 리스트가 저장되어 있으며, hits 속성은 솔라에서 검색어로 찾은 모든 결과 인덱스 문서 개수입니다.

Results 객체는 객체 내부에 반복자(iterator)와 결과 인덱스 문서 개수를 반환하기 위한 스페셜 메서드를 제공하며, 반복자와 스페셜 메서드는 객체 내에서 docs 속성에 대해서만 동작합니다.

hits 속성을 사용하면 애플리케이션에 검색 결과를 표시하기 전에 검색 엔진이 반환한 결과가 없으면 특정 메시지를 출력하고, 반환한 결과가 있으면 Results 객체인 search_obj의 길이를 검사하여 처리하는 방식으로 사용할 수 있습니다.

---

127 https://wiki.apache.org/solr/CommonQueryParameters

128 인터넷 게시판 알고리즘에서 페이징은 단골 기능이므로 페이징이 무엇인지 알아두면 좋습니다.

📟 코드 10-9 검색 엔진 질의 결과로 반환받은 Results 객체의 길이 검사

```
01: import pysolr
02:
03: solr = pysolr.Solr("http://localhost:8983/solr/jpub_kr", timeout=30)
04: search_obj = solr.search("CGI")
05: if search_obj:
06:     for record in search_obj:
07:         # record에 대한 처리
08: else:
09:     print("검색 엔진이 반환한 결과가 비어 있습니다.")
```

코드 10-9의 5행은 파이썬 내부 함수인 len을 사용하지 않아도 여러분이 기대하는 대로 동작합니다. 일반적으로는 이와 같이 작성하는 것을 권장하지만, 이와 같은 코드를 작성할 때는 PEP 8[129]에 나와 있는 대로 구현할 때 주의해야 합니다. 코드 10-9를 예로 들자면, search_obj 객체가 부울 판별을 지원하지 않는다면 코드 10-9는 우리가 기대하는 대로 동작하지 않을 수 있습니다.

☑ 결과 10-4 리스트 안에 담긴 결과 인덱스 문서

```
{'_version_': 1505405895113179136,
 'delivery_cp': ['HANJIN'],
 'id': '2',
 'product_eng_description': ['It is described how to create a site shopping '
                            'mall with pure CGI technology.'],
 'product_name': ['Hello'],
 'product_quantity': [21],
 'product_seller': ['HancomPress'],
 'product_soldout': [True],
 'regdate': ['2015-06-30T03:29:00Z']}
```

인덱스 문서에서 값은 결과 10-4에서 보이는 것과 같이 숫자를 제외하고 모두 리스트 타입으로 감싸서 반환됩니다. 따라서 product_name에 있는 'Hello'라는 문자열을 애플리케이션에서 출력하고 싶다면, product_name 키에 접근한 후에 값의 0번째 요소에 접근해야 합니다.

---

129 https://www.python.org/dev/peps/pep-0008/#programming-recommendations의 For sequences 부분

regdate 필드 값의 타입이 가지고 있는 날짜의 표현 형식은 무엇인가요?

솔라는 날짜와 시간을 함께 가진 데이터를 저장하기 위해 내부적으로 date 타입을 사용하며, 이 데이터 타입에 저장된 날짜/시간 데이터는 결과 인덱스 문서에서 ISO DATE 형식으로 반환됩니다. 따라서 파이썬에서 사용하려면 isodate와 같은 모듈을 사용하거나 날짜 문자열을 직접 파이썬 datetime 형식으로 변환해야 합니다.

■ **pysolr로 데이터 인덱싱하기**

애플리케이션에 새로운 데이터를 추가하거나 저장되어 있는 데이터를 변경하면 검색 엔진의 인덱스 문서에도 변경된 데이터를 반영해야 합니다. 변경된 인덱스 문서를 솔라에 보내기 위해서는 add 메서드를 사용합니다.

코드 10-10 **Solr 객체의 add 메서드 사용하기**

```
01: import pysolr
02: import datetime
03:
04: solr = pysolr.Solr("http://localhost:8983/solr/jpub_kr", timeout=30)
05:
06: document_ready = {'delivery_cp': 'KGB',
07:   'id': 10,
08:   'product_eng_description': 'This book will show you the New World.',
09:   'product_name': 'Flask Web Programming',
10:   'product_quantity': 1000,
11:   'product_seller': 'JPUB',
12:   'product_soldout': False,
13:   'regdate': datetime.datetime.now()}
14: solr.add([document_ready])
```

add 메서드는 인자로 인덱스 문서(파이썬 사전 형식) 한 개가 아니라 인덱싱을 하고자 하는 인덱스 문서를 담은 리스트를 전달해야 합니다. 코드 10-10의 14행은 한 개의 인덱스 문서를 솔라에 인덱싱해달라고 보내는 것입니다.

솔라에 추가할 인덱스 문서의 파이썬 사전의 값(인덱스 field)은 결과 10-4에서 보이는 것과 달리 리스트로 감싸지 않아도 됩니다.

데이터 인덱스의 수정도 add 메서드를 사용하는데, 솔라의 인덱스 문서를 수정할 때는 다음과 같은 사항에 주의해야 합니다.

- id 값은 솔라 데이터 인덱스 내에서 유일한 값이라서 수정하면 안 된다.
- 인덱스 문서의 다른 field 값을 수정하지 않더라도 변경된 field 값과 함께 보내야 한다.

위 두 가지가 인덱스 문서 저장 시에 지켜지지 않으면 전혀 다른 인덱스 문서의 값이 수정되거나 수정한 인덱스 field 데이터만 솔라에 남게 되어 원하지 않는 검색 결과를 발생시킬 수도 있습니다. 코드 10-11은 솔라에서 인덱스 문서를 가져와서 값을 수정한 후 솔라로 다시 보내는 예제입니다.

코드 10-11 인덱스 문서를 가져와서 특정 값을 수정하고 솔라 서버로 돌려보내는 예제

```
01: import pysolr
02:
03: solr = pysolr.Solr("http://localhost:8983/solr/jpub_kr", timeout=30)
04: search_obj = solr.search("CGI")
05: first_index_document = search_obj[0]
06:
07: first_index_document["product_name"] = "Short Coding"
08: solr.add([first_index_document])
```

코드 10-11에서 볼 수 있는 것처럼 인덱스 문서를 가져와 변경된 field의 값만 보내려면 앞의 두 가지 사항을 반드시 지켜야만 합니다. 그러면 변경된 인덱스 문서가 솔라에 즉시 반영됩니다.

■ pysolr로 솔라에 인덱싱된 인덱스 데이터 삭제

애플리케이션에서 게시판의 게시물이 삭제되거나 더 이상 검색되면 안 되는 데이터가 발생하면 검색 엔진에서도 인덱스 문서를 삭제해야 합니다.

솔라의 인덱스 문서 삭제에 사용하는 메서드는 delete 메서드입니다. 코드 10-10에서 추가했던 id가 10인 인덱스 문서를 삭제하기 위해서는 코드 10-12와 같이 사용합니다.

코드 10-12 id가 10인 인덱스 문서 삭제

```
01: import pysolr
02:
03: solr = pysolr.Solr("http://localhost:8983/solr/jpub_kr", timeout=30)
04: solr.delete(10)
```

delete 메서드는 인덱스 문서를 검색 엔진에서 삭제하기 위해 인자로 id, q를 지정하며, 코드 10-12와 같이 사용하면 id 인자에 10이 전달되어 id가 10인 인덱스 문서가 검색 엔진 데이터 인덱스에서 삭제됩니다.

솔라에서 삭제할 인덱스 문서를 일정한 조건에 의해 선택해서 지우려면 q 인자에 질의 조건을 따로 전달하면 됩니다. q 인자를 사용한 방법은 코드 10-13과 같습니다.

코드 10-13 q 인자를 사용하여 id가 10인 인덱스 문서 삭제

```
01: import pysolr
02:
03: solr = pysolr.Solr("http://localhost:8983/solr/jpub_kr", timeout=30)
04: solr.delete(q="id:10")
```

마치며 앞에서 구축한 솔라를 사용하기 위해 파이썬 라이브러리인 pysolr를 사용하는 방법을 간략히 살펴봤습니다. 파이썬에서 솔라를 사용하기 위한 라이브러리는 비교적 다양하지만, 상당수의 라이브러리가 업데이트를 중단했거나 파이썬 2에서만 동작하기에 이 책에서는 파이썬 3.5에서 동작하는 pysolr 라이브러리만을 소개했습니다.

이제 앞에서 설명된 내용을 응용해서 여러분의 애플리케이션에 적용하기 바랍니다. 더불어 솔라에 대한 자세한 검색 방법은 다루지 않았으니 자세한 내용은 책[129]을 참고하면 솔라의 세부 구성 방법 등에서 도움을 받을 수 있을 것입니다.

Celery 기반 백그라운드 작업 구성

컴퓨터의 출현 계기는 사람이 손으로 하던 수학 계산을 빠르게 처리하기 위함이었으며, 세계2차대전 당시 영국 수학자였던 앨런 튜링(Alan Mathison Turing)이 만들어낸 암호 해독기는 기계가 수학 계산을 더 빨리 할 수 있음을 증명했습니다. 그리고 에니악(ENIAC) 출현 이후로 빠르게 컴퓨터의 소형화가 이루어지면서 수학 계산 외에도 다양한 일을 할 수 있도록 발전했습니다. 이 당시의 컴퓨터들은 일반적으로 일을 시키면 일이 끝날 때까지 진행합니다. 그리고 일의 결과를 화면에 표시하기만 하면 됐습니다. 이런 작업을 배치(batch) 작업이라고 합니다.

CERN[130]으로부터 시작된 웹은 웹 브라우저의 요청을 처리해 응답 결과를 반환했고, 곧이어 수많은 사람이 웹 문서를 만들어내기 시작했습니다. 2000년대 초, 닷컴 버블이 꺼지는 시점에 웹 기반의 애플리케이션이 폭넓게 개발되고 사용되기 시작했습니다. 이전까지는 개인용 PC에서만 동작했던 프로그램 일부(사무용 오피스 프로그램, 온라인 파일 저장 공간 등)가 웹 기반에서 동작할 수 있도록 변화하기 시작했습니다. 그러면서 다음의 두 가지 큰 이슈가 발생했습니다.

- 응답 속도
- 웹 애플리케이션의 UI와 사용성을 PC 애플리케이션과 비슷하게 구성

일반적으로 컴퓨터 사용자가 프로그램을 실행한 결과를 받는 데 몇 시간이 소요된다면, 컴퓨터 사용자는 이미 실행한 프로그램의 실행 결과를 만들기 위해 동분서주하고 있는 PC를 사용

---

130 유럽입자물리연구소

하지 않을 것입니다. 그리고 으레 이런 일이 당연하다고 생각합니다. 이런 동작 방식을 동기적 작업이라고 하는데, 작업 1이 끝나야 작업 2를 시작하는 방식입니다. 과거에 쉽게 찾아볼 수 있었던 사례 중에는 공 디스크(CD, DVD)에 데이터를 기록하는 일이 동기적 작업의 대표적 특성이었습니다.

그런데 요즘의 웹 애플리케이션은 사용자가 특정 작업(다른 웹 문서의 요청, 장바구니에 넣는 작업 등)을 요청하면, 대부분은 수 분 내에 처리되어 사용자의 대기 시간이 짧아졌습니다. 그런데 웹 애플리케이션에서 처리가 지연되어 결과가 웹 브라우저에 늦게 전달되면, 웹 애플리케이션이 일시적으로 중단된 것처럼 보이기도 합니다. 이런 상황을 블로킹(blocking)[131]되었다고 이야기하기도 합니다.

일반적으로 게시판의 게시물을 읽는다거나 장바구니에 상품을 넣는 일은 컴퓨터가 매우 빨리 처리하지만, 많은 행을 가진 엑셀 파일을 웹 애플리케이션에서 생성하게 되면 웹 애플리케이션이 중단된 것처럼 보입니다. 그리고 HTTP는 프로토콜 특성상 타임아웃에 걸려 웹 브라우저는 응답도 받지 못했는데 웹 서버는 사용자가 요청한 일을 계속 수행하는 일이 발생합니다.

웹 애플리케이션에 존재할 수 있는 이런 문제를 해결하기 위해 시간이 오래 걸리는 일을 대신 처리해달라고 부탁할 수 있는 별도의 프로그램을 사용할 수 있습니다. 이와 같은 동작 방식을 비동기 작업이라고 부릅니다. 시간이 오래 걸리는 일은 별도의 프로그램이 백그라운드 작업으로 처리하게 하고, 사용자에게 다른 작업을 진행하도록 1차 처리 결과를 응답합니다. 사용자는 결과 생성에 시간이 얼마나 소요되는지 알 필요도 없고 그사이 다른 일을 할 수도 있습니다.

이때 비동기 작업 수행을 위해 Celery라는 프레임워크를 사용할 수 있습니다. Celery 프레임워크는 파이썬으로 작성되었으며, 비동기 작업의 수행을 위해 큐/잡(Queue/Job) 기반으로 동작합니다. 내부 메시지 전송은 표준 AMQP(Advanced Message Queueing Protocol)를 따르는 모든 메시지 큐 프로그램을 사용할 수 있습니다. Celery는 그림 11-1과 같은 동작 구조를 가지고 있습니다.

---

131 GUI 프로그램에서 블로킹 현상은 GUI에서 특정 버튼을 클릭한다거나 하는 일로, 다른 GUI 요소를 사용할 수 없는 상태를 말합니다.

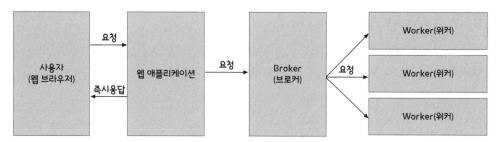

Celery에서 비동기적 작업을 수행하기 위해서는 웹 애플리케이션으로부터 작업 요청을 받는데, 작업 요청을 받는 형태는 URL을 이용한 방식과 Celery API를 이용해 작업을 요청하는 두가지 방식이 있습니다. 이 책에서는 파이썬 WSGI 웹 애플리케이션에서 Celery API를 사용해작업을 요청하는 방식만을 설명할 것입니다.

Celery는 애플리케이션이 보낸 작업을 관리하기 위해 Task라는 단위를 사용합니다. Task는Celery 내에서 수행되는 컨텍스트 정보를 가지고 있고 사용자가 요청한 작업의 상황을 관리합니다.

이 장에서는 다음과 같은 내용을 다룹니다.

- Celery와 Redis 설치
- Celery에 작업 요청하기
- Flask가 Celery를 사용하도록 설정하기
- Celery Task 관리

시간이 오래 소요되는 비동기적 작업의 수행을 위해서 Celery를 사용한다면 여러분의 웹 애플리케이션은 사용하기에 쾌적하다는 평가를 받을 것입니다. 이제 우리의 Flask 웹 애플리케이션에 Celery를 추가할 차례입니다.

11.1 Celery 설치

Celery는 3.1.19 버전까지 나와 있습니다. Celery의 설치는 파이썬 가상 환경에서 하는 것이 좋습니다. Celery 3.0 버전부터 다음과 같은 파이썬 버전을 지원합니다.

- 파이썬(2.6, 2.7, 3.3, 3.4, 3.5)
- PyPy(1.8, 1.9)
- Jython(2.5, 2.7)

Celery는 pip 명령으로 쉽게 설치할 수 있지만, Celery를 사용하기 위해서는 메시징 큐로 사용할 프로그램도 함께 설치해야 합니다. 이 책에서는 Redis와 SQLAlchemy를 사용해 관계형 데이터베이스를 메시징 큐로 사용하는 예제를 모두 제시할 것입니다.

■ Celery 설치

Celery의 설치는 앞에서 언급한 것처럼 pip 명령을 이용하여 설치합니다.

◈ 셸 11-1 **Celery 설치**

```
$ pip install celery[redis]
```

Celery를 pip 명령으로 설치하면 Celery뿐 아니라 Celery가 의존하는 몇 개의 라이브러리가 같이 설치됩니다. Celery 설치가 끝나면 메시징 큐로 사용할 Redis를 설치합니다.

참고로, 우분투 리눅스에서 이 명령을 실행했을 때 CompressionError: bz2 module is not available 에러가 발생한다면 다음과 같이 libbz2-dev 패키지를 설치해주세요.

```
$ sudo apt-get install libbz2-dev
```

레드햇 리눅스 기반의 배포본에서는 루트 권한으로 다음 명령을 실행하시면 됩니다.

```
# yum install bzip2-devel
```

■ Redis 설치

Redis는 Redis 공식 홈페이지(http://redis.io)에서 소스 코드를 다운로드해서 설치하거나, 데비안 리눅스 배포본을 사용하고 있으면 apt-get 명령으로 쉽게 설치할 수 있습니다. 이 책에서는 데

비안 리눅스 배포본을 사용하고 있다는 가정을 하고 Redis를 설치합니다.[132]

🐚 셸 11-2 **Redis 설치**

```
$ sudo apt-get install redis-server
```

Redis 설치가 끝나면 시스템 시작/중지 스크립트를 사용할 수 있습니다.

🔻 셸 11-3 **Redis 시스템 시작/중지 스크립트 사용(시작)**

```
$ sudo /etc/init.d/redis-server start
```

🔻 셸 11-4 **Redis 시스템 시작/중지 스크립트 사용(중지)**

```
$ sudo /etc/init.d/redis-server stop
```

셸 11-3과 셸 11-4의 명령은 셸 11-5처럼 한 번에 수행할 수도 있습니다.

🔻 셸 11-5 **Redis 시스템 시작/중지 스크립트 사용(재시작)**

```
$ sudo /etc/init.d/redis-server restart
```

마치며 이것으로 Celery 설치는 모두 끝났습니다. 메시지 큐로 SQLAlchemy를 사용한 예제는 11.2절
'Flask에 Celery 설정 구성'에서 보여드릴 것이며, 4.1.1절 'SQLAlchemy'에서 SQLAlchemy의
설치 방법 및 구성 방법을 확인하세요.

11.2 Flask에 Celery 설정 구성

Celery를 설치했으면 Celery를 애플리케이션에서 사용할 수 있도록 설정해야 합니다. 이 책에
서는 Flask 애플리케이션에서 Celery를 사용하는 방법을 다룰 것입니다.

Celery의 접속 구성은 별도의 설정 파일이 필요 없으며, 연동 애플리케이션에서 같이 구성하는
방식이 즐겨 사용됩니다. 먼저 살펴볼 코드는 Celery 객체를 만들어 반환하는 함수입니다.

---

132 맥 OS X을 사용하고 있다면 brew install redis 명령을 사용합니다

```
01: from celery import Celery
02:
03: def make_celery(app):
04:     celery = Celery('hannae_celery', broker=app.config['CELERY_BROKER_URL'])
05:     celery.conf.update(app.config)
06:     TaskBase = celery.Task
07:     class ContextTask(TaskBase):
08:         abstract = True
09:         def __call__(self, *args, **kwargs):
10:             with app.app_context():
11:                 return TaskBase.__call__(self, *args, **kwargs)
12:     celery.Task = ContextTask
13:     return celery
```

코드 11-1은 Celery 객체를 만들고 반환하는 함수입니다. 이 함수는 Flask 인스턴스 객체를 인자로 받는데, Flask 인스턴스 객체는 이 함수 내에서 Celery 초기화 설정을 전달하고 Celery가 Flask 인스턴스와 관계없이 독립적으로 실행됨을 보장받기 위해 사용됩니다. Celery 객체 생성에 사용 가능한 모든 설정 항목은 공식 홈페이지[133]에서 확인할 수 있습니다.

코드 11-1의 6~12행은 make_celery 함수 내부에서 celery.Task 클래스를 참조한 TaskBase 클래스를 상속해 Task 클래스를 상속해서 만들도록 합니다. 재상속한 클래스는 Celery가 작업(Task)을 수행하기 위해 사용하는 기본 클래스입니다.

8행의 abstract = True는 ContextTask 클래스가 추상화 클래스로서 Celery가 수행해야 할 작업으로 인식하지 않게 하기 위해서 사용합니다.

12행에서는 ContextTask 클래스를 Celery 객체의 Task가 참조하도록 설정합니다. 이제 Celery 객체를 사용하는 Flask 애플리케이션이 어떤 모습을 갖추고 있는지 살펴보겠습니다.

jpub_kr.py

```
01: from flask import Flask
02: from celery import Celery
03:
04: def make_celery(app):
05:     celery = Celery('jpub_kr', broker=app.config['CELERY_BROKER_URL'])
06:     celery.conf.update(app.config)
07:     TaskBase = celery.Task
```

---

133 http://docs.celeryproject.org/en/latest/configuration.html

```
08:    class ContextTask(TaskBase):
09:        abstract = True
10:        def __call__(self, *args, **kwargs):
11:            with app.app_context():
12:                return TaskBase.__call__(self, *args, **kwargs)
13:    celery.Task = ContextTask
14:    return celery
15:
16: app = Flask(__name__)
17: app.config.update(
18:    CELERY_BROKER_URL='redis://localhost:6379',
19:    CELERY_RESULT_BACKEND='redis://localhost:6379'
20: )
21: celery = make_celery(app)
22:
23:
24: @celery.task()
25: def add_together(a, b):
26:    return a + b
```

코드 11-2는 Flask 애플리케이션에서 Celery 객체를 생성하고 add_together라는 Celery Task 메서드를 생성했습니다. 18~19행에 설정한 Config 속성에는 Celery가 브로커로 사용할 Backend의 Broker URL과 Task 수행 결과를 저장할 Backend URL을 지정합니다. 대규모로 Celery를 사용하는 애플리케이션을 구축할 때는 Broker URL과 Backend URL은 서로 다를 수 있습니다만, 같은 URL을 지정하여 사용하는 것이 일반적입니다.

Celery를 사용하도록 한 프로그램은 Celery 워커(Worker)를 실행해야 합니다. Celery Worker의 실행은 셸 11-1과 같이 합니다.

◆ 셸 11-1 **Celery Worker 실행**

```
$ celery -A jpub_kr.celery worker
```

셸 11-1에서 눈여겨볼 것은 -A 인자에 전달하는 인잣값입니다. jpub_kr.celery는 jpub_kr.py 파일에 있는 Celery 인스턴스 변수 이름(코드 11-2의 21행)을 지정합니다. 그리고 코드 11-2의 5행에 있는 Celery 클래스를 초기화하는 코드의 첫 번째 인잣값으로 편집 중인 파일의 이름(예: jpub_kr)을 기술해야 합니다. 이 과정이 생략되면 Celery 작업(Task)이 제대로 실행되지 않을 수 있습니다.

코드 11-2의 24~26행은 Celery로 실행할 작업 함수를 선언합니다. 작업 함수는 Celery 객체의

task 함수를 데코레이터로 사용하여 선언합니다.

이렇게 선언된 Celery 작업 함수를 사용하려면 코드 11-3과 같은 코드를 사용합니다.

📄 코드 11-3 **celery task 사용**

```
01: @app.route("/tenplusfifty_five")
02: def tenplusfifty_five():
03:     task = add_together.delay(10, 55)
04:     task_result = task.wait()
05:     return str(task_result)
```

코드 11-3은 전달받은 값을 더하는 Celery 작업 함수를 호출하는 예제입니다. 물론, 이 계산 결과는 65인데, 암산으로 해도 금방 답이 떠오르지만 여기에서는 비동기 예제로 설명하기 위해 사용했습니다.

Flask 애플리케이션을 실행하고 웹 브라우저로 /tenplusfifty_five를 호출하면 브라우저에 65가 출력될 것입니다. 정상적으로 출력되면 Celery 설정 구성을 완료한 것입니다.

■ Celery의 Broker, ResultBackend의 변경

Celery 실행은 Worker와 Broker로 나누어지다는 것을 그림 11-1에서 살펴봤었는데 기억하나요? Celery는 애플리케이션이 전달한 Task 수행 요청을 처리하기 위해 보통은 분산 메시지 큐 애플리케이션을 별도로 사용합니다. 그런데 하나의 메시지 큐를 여러 개의 Celery 인스턴스가 Broker와 Backend로 사용하게 하면, 각 Celery 인스턴스는 자기가 보낸 Task의 결과가 아닌 다른 Celery 인스턴스가 보낸 Task의 결과를 받게 되기도 합니다. 다시 말해, Broker가 Celery Worker에게 전달하는 Task 실행 메시지는 Celery 인스턴스에 대한 정보를 가지고 있지 않습니다. 이런 상황을 해결하기 위한 방법은 Celery 인스턴스가 서로 다른 Broker와 Backend 정보를 가지는 것입니다.

여러분이 Redis나 RabbitMQ, ActiveMQ 같은 메시지 큐를 사용하고 있다면, 쉽게 생각할 수 있는 해결책으로 메시지 큐 역할을 하는 프로그램을 여러 번 띄우는 것을 생각해볼 수 있습니다. 그렇지만 메시지 큐는 시스템에서 생각보다 높은 자원 사용률을 보이므로 메시지 큐를 여러 개 실행하는 방법은 권장하지 않습니다.

Celery는 Redis 외에도 다양한 메시지 큐 드라이버를 사용할 수 있는데, 그중 SQLAlchemy 를 지원합니다. 필자는 이와 같은 상황에 봉착했을 때 이를 해결하기 위해서 Broker와

ResultBackend를 SQLAlchemy를 통해 관리하도록 구성하였습니다. SQLAlchemy를 Broker와 ResultBackend로 사용하려면 코드 11-4와 같이 지정합니다.

▣ 코드 11-4 **SQLAlchemy를 Celery Broker와 ResultBackend로 사용하기**

```
app.config.update(
    CELERY_BROKER_URL='sqla+postgresql+ pypostgresql://user:pass@localhost/dbname',
    CELERY_RESULT_BACKEND='db+postgresql+pypostgresql://user:pass@localhost/dbname',
    CELERY_RESULT_ENGINE_OPTIONS={'echo': True}
)
```

코드 11-4에서 CELERY_BROKER_URL과 CELERY_RESULT_BACKEND의 시작 부분이 조금 다른 모습을 볼 수 있는데, BROKER URL과 Backend URL을 지정할 때는 다음과 같은 형식을 반드시 지켜야 합니다.

> CELERY_BROKER_URL: sqla + 데이터베이스명 + 데이터베이스 드라이버명
>
> CELERY_RESULT_BACKEND: db + 데이터베이스명 + 데이터베이스 드라이버명

데이터베이스명과 데이터베이스 드라이버명은 SQLAlchemy의 Connection String을 준수하여 작성하면 됩니다. 여기에서는 PostgreSQL 데이터베이스를 사용하고, 데이터베이스 드라이버로는 pypostgresql을 사용합니다.

Result Backend는 Broker와 앞의 prefix 문자가 조금 다릅니다. 형식은 다음과 같습니다.

> db + 데이터베이스명 + 데이터베이스 드라이버명

SQLAlchemy를 Broker와 Backend로 사용할 때는 위의 사항을 혼동하지 말고 꼭 지키시기를 바랍니다.

코드 11-4에서 CELERY_RESULT_ENGINE_OPTIONS 설정값을 볼 수 있는데, 이 설정값에서 제공한 echo 키의 값인 True는 Celery가 Result Engine이 실행하는 모든 명령을 Celery 인스턴스를 실행한 터미널에 출력하라는 의미입니다.

11.3 Celery Task 생성과 실행

Flask 애플리케이션과 Celery를 함께 사용할 때는 일반적으로 Celery 작업 함수에 task 데코레이터[134]를 선언해 웹 애플리케이션 코드 안에 포함해서 작성하지만, Celery 작업(Task)은 함수형 외에도 클래스형으로 구성하는 방법도 있습니다.

Celery에서 모든 작업(Task)은 celery.app.task.Task 클래스(이하 Task 클래스)의 인스턴스입니다. Task 클래스의 인스턴스는 비동기 작업을 수행한 후에 celery.result.AsyncResult 클래스(이하 AsyncResult 클래스)의 인스턴스가 반환됩니다.

■ Celery 작업(Task)을 함수형으로 작성

Flask 애플리케이션에서 함수형으로 작성하는 Celery 작업(Task)은 task 데코레이터가 함수를 인자로 받아 Task 클래스의 인스턴스 타입으로 변환해서 관리합니다.

📟 **코드 11-5 Flask 애플리케이션 내에 Celery 작업 함수 작성 예제**

```
01: @celery.task()
02: def add_together(a, b):
03:     return a + b
```

코드 11-5는 a, b 인자를 받아 a와 b를 더한 후 반환하는 Celery 작업(Task)을 선언한 예제입니다. celery.task 데코레이터는 함수형 작업(Task)을 선언할 때 사용하는 데코레이터로, add_together 함수를 Task 클래스의 인스턴스로 반환합니다.

---

134 Celery 객체에 있는 함수형의 데코레이터

Celery 작업(Task)을 만들었으면 실행 후 결과를 반환받아야 합니다. 코드 11-6은 앞에서 작성한 add_together 작업 인스턴스를 실행합니다.

⌨ 코드 11-6 add_together Task 인스턴스의 실행

```
task = add_together.delay(10, 55)
```

Celery 작업(Task)의 실행은 Task 객체의 실행 메서드를 사용합니다. Task 객체는 사용자가 보낸 요청을 처리하기 위한 메서드를 사용할 수 있는데, 예제에서는 delay 메서드를 사용하여 실행합니다. Celery 내부적으로 코드 11-5에 있는 함수 바디를 실행합니다.

코드 11-6의 예제처럼 delay 메서드를 사용해 작업(Task)을 실행하면 결과 객체로 AsyncResult 클래스 인스턴스를 반환합니다. 이 상태의 AsyncResult 객체는 보통 결괏값을 가지고 있지만, 결괏값이 없는 경우도 있습니다.

Celery Task 함수의 실행 결과로 반환한 비동기 수행 결과를 가져오기 위해서는 AsyncResult 객체에서 get, wait 등과 같은 메서드를 사용할 수 있습니다.

⌨ 코드 11-7 wait 메서드를 사용하여 비동기 함수의 수행 결과 가져오기

```
task_result = task.wait()
```

코드 11-7은 AsyncResult 객체의 wait 메서드를 사용하여 비동기 함수 실행 결과를 가져오는데, wait 메서드는 비동기 작업이 Celery Worker 내에서 작업(Task)의 실행이 준비되고 실행이 끝날 때까지 기다렸다가 결과를 반환합니다.

■ Celery 작업(Task)을 클래스형으로 작성

Celery 작업(Task)을 클래스형으로 작성하는 것은 함수형으로 작성하기 어려운 복잡한 작업을 수행할 때 사용합니다. 클래스형의 Task 클래스를 정의하려면 코드 11-8과 같이 작성합니다.

⌨ 코드 11-8 클래스형으로 Celery Task 작성

```
01. class _AddTask(celery.Task):
02:     def run(self, x, y):
03:         return x + y
04:
05: add = celery.tasks[_AddTask.name]
```

코드 11-8은 함수형 Celery 작업(Task)을 표현한 코드 11-5를 클래스 형태로 재작성한 것입니다. 클래스형으로 celery.Task 클래스를 상속받아 정의하면, 자동으로 Celery 객체의 tasks 속성의 사전에 인스턴스화되어 키 이름을 _AddTask.name으로 해서 인스턴스가 추가됩니다.

클래스형으로 Celery 작업(Task)을 작성하려면 Task가 하는 일을 run 메서드를 재정의하여 작성합니다. 이렇게 작성한 클래스형 Task는 애플리케이션 내에서 사용할 수 있도록 참조 변수에 넣어줘야 하는데, 5행이 그 역할을 합니다. 5행은 _AddTask 클래스의 인스턴스화한 객체를 add라는 이름으로 참조하도록 한 것입니다. Celery 작업(Task)을 클래스형으로 선언한 것의 사용 방법은 앞의 'Celery 작업(Task)을 함수형으로 작성' 절에서 설명한 방법과 같습니다.

클래스형으로 Celery 작업(Task)을 선언할 때 주의할 것은 생성자 메서드는 어떤 인자도 받으면 안 됩니다. 생성하고자 하는 Task 클래스가 생성자 인자를 받으면, Celery 객체는 Task 클래스에 전달할 인자를 가지고 있지 않으므로 우리가 만든 클래스형 작업(Task)을 초기화하지 못해 사용할 수 없게 됩니다.

■ 함수형 Celery 작업(Task)에 기반이 되는 클래스를 전달하여 작성

함수형으로 작성한 Celery 작업(Task)은 기본적으로 인자를 전달하여 작업(Task)을 실행하지만, 작업(Task)의 성공 또는 실패 등의 상황을 인지하거나 이와 같은 상황으로 인해 작업(Task)의 재시도 등을 시도하려는 경우가 있습니다. 이때 작업(Task)을 실행 요청한 곳에서는 실행 중인 작업(Task)을 제어하기 어렵습니다. 이를 위해 Celery는 task 데코레이터에 base 인자를 제공하여 기반이 되는 클래스를 전달할 수 있습니다. 이 클래스는 베이스 클래스(base class)라 불리기도 합니다.

base 인자는 Celery 객체의 Task 클래스를 상속받은 추상화 클래스(abstract 객체 속성값이 True)의 이름을 전달하면 됩니다.

📄 **코드 11-9 Task의 기반 클래스를 작성해서 Celery 작업(Task) 생성하기**

```
01: from celery import Task
02:
03: class DebugTask(Task):
04:     abstract = True
05:
06:     def after_return(self, *args, **kwargs):
07:         print('Task returned: {0!r}'.format(self.request))
08:
09:
10: @app.task(base=DebugTask)
```

```
11: def add(x, y):
12:     return x + y
```

코드 11-9는 작업의 실행 결과를 반환한 다음에 Celery가 실행된 콘솔[135] 영역에 작업 결과가 반환되었음을 알리는 메시지를 출력하는 예제입니다.

베이스 클래스에서 재정의 가능한 메서드는 다음에 한정합니다.

- after_return(self, status, retval, task_id, *args, **kwargs, einfo)
- on_failure(self, exc, task_id, *args, **kwargs, einfo)
- on_retry(self, exc, task_id, *args, **kwargs, einfo)
- on_success(self, retval, task_id, *args, **kwargs)

다음은 위의 재정의 가능한 메서드가 받는 인자에 대한 설명입니다.

■ **after_return(self, status, retval, task_id, *args, **kwargs, einfo)**

after_return은 작업 실행을 요청한 곳에 결괏값을 반환하고 나서 작업 객체가 할 일을 지정하기 위해 사용합니다. Celery 실행 컨텍스트 안에서 실행되므로 Flask 애플리케이션의 컨텍스트에 존재하는 객체를 사용할 수 없습니다. 다시 말해, Celery 실행 결과를 클라이언트 애플리케이션으로 자동으로 다운로드하게 한다거나 Flask 컨텍스트 안에서 동작하는 Flask 확장 라이브러리(예: Flask-SQLAlchemy) 등의 확장 라이브러리를 사용하면, 데이터베이스에 접근하는 것은 안 됩니다. 이 메서드에서 반환하는 값은 Celery에서 무시되므로 어떤 값이든지 반환해도 됩니다. 이 메서드는 다음과 같은 인자를 받습니다.

⊞ 표 11-1 **after_return 메서드가 받는 인자**

인자명	설명
status	현재 작업 상태
retval	작업이 반환한 값 또는 발생한 예외
task_id	Celery Task를 식별하기 위한 키
args	작업을 실행할 때 받았던 가변 인자들
kwargs	작업을 실행할 때 받았던 키워드 인자들
einfo	예외가 발생한 경우 예외 정보와 Traceback 정보

---

135 일반적으로 윈도우의 명령 프롬프트와 같은 텍스트 기반 터미널 프로그램을 말하지만, 유닉스 시스템에서는 명령을 실행할 수 있는 모든 위치(터미널 프로그램 및 시스템 로그인 화면)를 터미널로 지칭합니다.

- **on_failure(self, exc, task_id, *args, **kwargs, einfo)**

on_failure는 작업(Task)이 실패할 때 호출됩니다. Celery 실행 컨텍스트 안에서 실행되며, 이 메서드에서 반환하는 값은 Celery에서 무시되므로 어떤 값이든지 반환해도 됩니다. 이 메서드는 다음과 같은 인자를 받습니다.

표 11-2   on_failure 메서드가 받는 인자

인자명	설명
exc	작업이 발생시킨 예외 객체
task_id	Celery Task를 식별하기 위한 키
args	작업을 실행할 때 받았던 가변 인자들
kwargs	작업을 실행할 때 받았던 키워드 인자들
einfo	예외가 발생한 경우 예외 정보와 Traceback 정보

- **on_retry(self, exc, task_id, *args, **kwargs, einfo)**

on_retry는 작업(Task)을 재실행할 때 호출됩니다. Celery 실행 컨텍스트 안에서 실행되며, 이 메서드에서 반환하는 값은 Celery에서 무시되므로 어떤 값이든지 반환해도 됩니다. 이 메서드는 다음과 같은 인자를 받습니다.

표 11-3   on_retry 메서드가 받는 인자

인자명	설명
exc	Task의 retry() 메서드가 보낸 예외 객체
task_id	Celery Task를 식별하기 위한 키
args	작업을 실행할 때 받았던 가변 인자들
kwargs	작업을 실행할 때 받았던 키워드 인자들
einfo	예외가 발생한 경우 예외 정보와 Traceback 정보

- **on_success(self, retval, task_id, *args, **kwargs)**

on_success는 작업(Task)이 에러나 실패 없이 실행될 때 호출됩니다. Celery 실행 컨텍스트 안에서 실행되며, 이 메서드에서 반환하는 값은 Celery에서 무시되므로 어떤 값이든지 반환해도 됩니다. 이 메서드는 다음과 같은 인자를 받습니다.

표 11-4 on_success 메서드가 받는 인자

인자명	설명
retval	작업이 반환할 값
task_id	Celery Task를 식별하는 키
args	작업을 실행할 때 받았던 가변 인자들
kwargs	작업을 실행할 때 받았던 키워드 인자들
einfo	예외가 발생한 경우 예외 정보와 Traceback 정보

▪ Task가 실패했을 때 재시도하기

Celery가 수행 중인 작업이 어떤 이유로든 실패하면 작업을 재수행하거나 중단할 수 있습니다. 만약 비동기 작업 중에 특정 예외가 발생해서 재시작해야 한다면 코드 11-10처럼 사용합니다.

코드 11-10 Task 수행 중 예외가 발생했을 때 Task 재실행하기

```
01: from imaginary_twitter_lib import Twitter
02:
03: @celery.task(bind=True)
04: def tweet(self, auth, message):
05:     twitter = Twitter(oauth=auth)
06:     try:
07:         twitter.post_status_update(message)
08:     except twitter.FailWhale as exc:
09:         # Retry in 5 minutes.
10:         raise self.retry(countdown=60 * 5, exc=exc)
```

코드 11-10은 트위터에 메시지를 비동기로 보내는 예제[136]입니다. 이 예제에서는 twitter 객체의 FailWhale 예외가 발생했을 때 실패한 작업(Task)을 5분 뒤에 다시 시작합니다. 이를 위해 Task 객체의 retry 메서드를 사용합니다. retry 메서드에 다수의 인자를 전달할 수 있는데, 그중 많이 사용하는 인자는 다음과 같습니다.

---

136 코드 11-9에서 사용된 imaginary_twitter_lib는 가상의 모듈입니다.

⊞ 표 11-5 retry 메서드에 자주 사용하는 인자

인자명	설명
args	재시도할 때 전달할 가변 인자
kwargs	재시도할 때 전달할 키워드 인자
exc	최대 재시도 제한을 초과할 때 사용자 정의 예외를 발생시키기 위해 사용합니다. 예외가 발생하는 동안 exc에 전달된 인자로 예외를 다시 발생시킵니다.
countdown	작업이 언제 시작될지를 초 단위로 지정합니다.
eta	작업이 언제 시작될지를 datetime으로 제공합니다. countdown 인자가 있으면 무시됩니다.
max_retries	최대 몇 번을 재시작할지를 양수로 지정합니다.

이들 인자는 상황에 따라 유연하게 전달할 수 있으며, 아예 전달하지 않아도 됩니다.

■ 작업(Task)의 지연 실행

비동기로 수행하는 작업 중에는 특정 시간을 지정해서 해당 시간에 실행되도록 해야 하는 경우가 있습니다. 예를 들면, 대량으로 보내는 뉴스레터 이메일 전송은 새벽에 해야 서버의 부담을 덜 수 있습니다.

Celery Task는 지연 실행을 위해 Task 실행을 요청할 때 eta 또는 countdown 인자를 전달할 수 있습니다. countdown은 초 단위로 지정하며, 지정된 시간이 지나면 작업(Task)을 실행하도록 하는 데 사용합니다. 예를 들어, 코드 11-11은 5분 뒤에 작업(Task)을 실행하는 예제입니다.

📟 코드 11-11 countdown 인자로 Task 지연 실행

```
task = add_together.delay(10, 55, countdown=60 * 5)
```

코드 11-11은 add_together 작업(Task)을 5분 뒤에 실행시키기 위해 countdown 인자를 사용해 Celery 큐에 추가한 것입니다. 단, 여기에서 countdown 인자는 실행하고자 하는 작업의 인자로 전달하지 않아야 합니다.

작업의 지연 실행은 countdown 인자 외에도 eta 인자를 사용할 수 있는데, eta 인자는 파이썬 datetime 인자를 받습니다. 코드 11-12는 eta 인자를 사용한 작업 실행 예제입니다.

📟 코드 11-12 eta 인자로 Task 지연 실행

```
task = add_together.delay(10, 55, eta=datetime.datetime(2015,7,3,13,0,0))
```

코드 11-12는 특정 작업이 2015년 7월 3일 오후 1시 정각에 실행되도록 지정한 예입니다.

eta와 countdown은 서로 배타적인 인자로 하나만 지정해서 사용해야 합니다.

Task는 만료 시간이 지나면 실행되지 않게 할 수도 있는데, 만료 시간 지정은 expires 인자를 통해 제공합니다. 만료 시간의 지정은 초 단위의 정수 또는 datetime 형태를 전달받습니다.

코드 11-13 Task의 만료 시간 지정

```
task = add_together.delay(10, 55, expires=datetime.datetime(2015,7,3,13,0,0))
```

■ 작업(Task)의 실행 방법

Celery 작업(Task)을 만들고 나면 작업(Task)을 실행해달라고 Celery Worker에게 메시지를 보내야 합니다. Celery는 메시지를 보낼 수 있도록 두 개의 메서드를 제공합니다.

- delay(*args, **kwargs)
- apply_async(args=None, kwargs=None, task_id=None, producer=None, link=None, link_error=None, **options)

앞에서 우리는 delay 메서드를 통해 메시지를 전송해왔는데, 사실 delay 메서드는 apply_async 메서드의 축약 버전으로서 apply_async 메서드를 실행하는 것이 다소 길고 복잡하기에 delay 메서드를 사용하는 것입니다. 그래도 delay 메서드에 전달하는 인자는 apply_async 메서드에 정의되어 있는 것을 전달하므로 apply_sync의 구성 방식과 인자에 대해 알고 있는 편이 좋습니다.

코드 11-14 apply_async 메서드를 사용해 작업 실행 메시지 전송

```
task = add_together.apply_async((10, 10))
```

코드 11-14는 apply_async 메서드를 사용해 작업 실행 메시지를 보낸 예제입니다. apply_async 메서드를 사용해서 작업(Task)을 실행할 때는 작업에 전달하는 인자의 전달 방법에 유의해야 합니다. 예를 들어, add_together 작업이 a와 b 인자를 받도록 선언되어 있다면 apply_async 메서드로 전달할 때 코드 11-14와 같이 사용합니다. 다만, 이를 명확하게 하기 위해 코드 11-15와 같이 사용하기도 합니다.

코드 11-15 가변 인자 전달 방법으로 작업 호출하기

```
task = add_together.apply_async(args=(10, 10))
```

가변 인자 전달 방법으로 작업(Task)을 실행할 때는 args 인자에 전달할 인잣값을 튜플로 넘기는데, 이 코드를 코드 11-14와 같이 사용할 수 있는 이유는 apply_async 메서드가 인자 이름을 지정하지 않으면 전달되어 오는 인자를 args 인자에 전달하기 때문입니다.

코드 11-16 키워드 인자 전달 방법으로 작업 호출하기

```
task = add_together.apply_async(kwargs={"a":10, "b":"10})
```

코드 11-16은 키워드 인자 전달 방법으로 작업(Task)을 호출한 예제입니다. 키워드 인자 전달 방법을 사용해 작업에 인자를 전달하려면, kwargs 인자 이름을 명시하고 실행하고자 하는 작업이 받는 인자 이름을 사전의 키로 구성해 전달하면 됩니다.

apply_async 메서드로 작업에 가변 인자와 키워드 인자를 전달하려 할 때는 args, kwargs 인자 이름을 명시해 순서 없이 전달하면 Task는 바르게 실행됩니다. 하지만 인자 이름 없이 키워드 인자를 전달하고 다음에 가변 인자를 전달하면 Task는 실행되지 않습니다.

apply_async 메서드는 작업의 실행을 위해 args, kwargs 인자 외에도 다양한 인자를 받습니다. 그중 대표적으로 많이 사용되는 몇 개 인자만 설명하겠습니다.

표 11-6 apply_async 메서드가 받는 인자(자주 사용되는 인자)

인자명	설명
args	작업에 전달할 가변 인자(튜플 또는 리스트)
kwargs	작업에 전달할 키워드 인자(사전)
countdown	작업의 지연 실행을 위해 초 단위 시간 지정. 지정하지 않으면 즉시 실행
eta	작업이 언제 실행될지를 datetime 형식으로 지정. countdown 인자가 제공되면 무시됩니다.
expires	작업이 언제 만료될지를 초 단위 시간 또는 datetime 형식으로 지정. 만료 시간이 지나면 Task는 실행되지 않습니다.
max_retries	최대 재시도 횟수를 지정합니다.

async_apply에는 여기에서 설명한 인자 외에도 작업의 우선순위, 재시도 정책, 직렬화 방법 등을 선택할 수 있지만, 일상적으로 사용되는 범위에서는 기본값으로 저장되어 있는 것을 사용해도 괜찮습니다.

11.4 Celery Task 실행 결과와 활용

작업(Task)을 실행하기 위해 Celery는 작업(Task)의 실행 결과로 AsyncResult 객체를 반환합니다. AsyncResult 객체는 작업의 실행 결과를 수집하기 위한 다양한 메서드와 작업이 현재 어떤 상태에 있는지 등을 알 수 있는 메서드나 속성을 제공합니다.

■ 작업 실행 후 결과 가져오기

앞에서 작업의 실행 결과를 가져오기 위해서 코드 11-17처럼 사용한 것을 기억하고 계신가요?

⟨/⟩ 코드 11-17 Celery 작업 실행 결과 가져오기

```
task_result = task.wait()
```

AsyncResult 객체는 wait 외에도 같은 역할을 하는 get 메서드도 제공하는데, 이 두 개의 메서드는 모두 같은 인자를 가지며 같은 일을 합니다.

wait(), get() 메서드는 작업을 Broker로 보내고, Broker가 요청 받은 작업(Task)의 실행을 완료하고 결과를 반환할 때까지 대기합니다. 작업(Task)의 실행 결과를 반환할 때까지 대기하고 있다가 작업(Task)이 끝나면 작업(Task) 실행 결과를 반환합니다. 일반적으로 작업(Task)이 빨리 끝나는 경우를 제외하고는 사실 코드 11-17에서 예시를 보인 것처럼 wait(), get() 메서드를 사용해 작업(Task) 결과를 기다리도록 하기 않고 다음 작업(Task)을 이어가는 경우가 더 많습니다. 그리고 wait()와 get() 메서드는 작업 내에서 다른 작업이 끝날 때까지 대기하면서 하위 작업

(Task)[137]을 실행하면 교착상태가 발생할 수 있습니다. 따라서 작업(Task) 안에서는 다른 Celery 작업(Task)을 실행하지 않는 편이 좋습니다.

AsyncResult 객체의 get()과 wait() 메서드는 다음의 인자와 기본값을 가집니다.

⊞ 표 11-7 AsyncResult 객체의 get, wait 메서드가 받는 인자

인자명	설명
timeout	None
propagate	True
interval	0.5
no_ack	True
follow_parents	True
EXCEPTION_STATES	frozenset(['FAILURE', 'RETRY', 'REVOKED'])
PROPAGATE_STATES	frozenset(['FAILURE', 'REVOKED'])

timeout 인자는 작업이 반환할 때까지 얼마나 오래 대기할 것인지를 초 단위로 지정합니다. 이 시간이 지나면 celery.exceptions.TimeoutError 예외가 발생합니다.

propagate 인자는 작업이 실패하면 예외를 발생시킬 것인지를 지정하며, PROPAGATE_STATES 인자와 관련이 있습니다.

interval 인자는 Celery로부터 결과를 가져오기 이전에 작업을 재실행하기 위해 Celery가 대기하는 시간을 초 단위로 지정합니다. 폴링(polling)을 사용하는 구조일 때만 interval 인자가 적용됩니다. AMQP가 ResultBackend이면 영향을 미치지 않습니다.

no_ack 인자는 AMQP를 Broker로 사용하면 AMQP가 자동으로 메시지를 확인하게 합니다. False로 지정하면 메시지는 AMQP에서 자동으로 확인되지 않습니다.

follow_parents 인자는 부모 작업에 예외가 발생할 때 해당 예외를 다시 발생시킵니다.

작업의 실행 결과를 가져오기 위해서는 info, result 객체 속성을 사용할 수도 있습니다. info와 result 객체 속성은 작업 실행이 완료될 때 반환할 값을 포함하고 있으며, 작업이 예외를 발생시키면 예외 인스턴스를 가집니다.

---

137 Task 실행이 종료되고 난 다음에 실행되는 다음의 Task를 서브 Task라고 합니다.

■ 작업(Task) 실행 결과들을 수집하기

Celery를 사용해 규모가 큰 작업을 여러 개의 작업으로 나누어 실행하고 여러 작업의 실행 결과를 수집해야 할 때, Celery는 작업을 그룹으로 묶고 작업 실행 결과를 수집할 수 있는 기능을 제공합니다. 이 기능과 관련되어 있는 메서드가 collect와 group 메서드입니다.

collect 메서드는 get 메서드와 유사하지만, get 메서드가 작업 하나의 결과를 가져오는 데 비해 collect 메서드는 반복자(iterator)가 구현되어 있어서 이를 사용해 여러 작업 결과를 가져옵니다. collect의 동작을 이해하기 위한 예를 들어 보자면, 어떤 수의 제곱을 구하는 pow2라는 작업이 있고 제곱을 구하고자 하는 수가 how_many라면 이 코드는 코드 11-18과 비슷할 것입니다.

📄 **코드 11-18 how_many만큼 반복하며 수의 제곱을 구하는 Task**

```
01: from celery import group
02: from main import celery
03:
04: @celery.task(trail=True)
05: def A(how_many):
06:     return group(B.s(i) for i in range(how_many))()
07:
08: @celery.task(trail=True)
09: def B(i):
10:     return pow2.delay(i)
11:
12: @celery.task(trail=True)
13: def pow2(i):
14:     return i ** 2
```

코드 11-18은 앞의 설명을 Celery 작업들을 그룹으로 묶어 실행하는 코드입니다. 이 코드에서 주의할 부분은 task 데코레이터 trail 인자에 True를 전달한 것입니다. task 데코레이터에 trail 인자 값으로 True를 전달하면, 작업의 결괏값이 작업 실행 컨텍스트인 self.request.children에 저장되도록 추적합니다. trail 옵션의 기본값은 True인데, 예제에서는 명시적으로 지정했습니다.

이제 작업을 실행해 결과를 수집해보겠습니다.

📄 **코드 11-19 AsyncResult 객체의 collect 메서드를 사용해 작업 실행 결과를 수집하기**

```
1: from celery.result import ResultBase
2: from tasks import A
3:
4: result = A.delay(10)
5: results = [v for v in result.collect() if not isinstance(v, (ResultBase, tuple))]
```

코드 11-19에서 눈여겨봐야 하는 행은 5행입니다. 5행은 리스트 내포 기능을 이용하여 작성되어 있는데, 먼저 AsyncResult 객체가 반복할 때마다 돌려주는 v 변숫값은 두 개의 요소인 celery.result.ResultBase, Task 반환값으로 구성된 튜플이며, v 변숫값이 isinstance(v, (ResultBase, tuple)) 테스트를 해서 실패한 경우에만 리스트에 작업의 반환값이 저장됩니다.

collect 메서드는 다음 인자와 기본값을 받습니다.

표 11-8 collect 메서드가 받는 인자와 기본값

인자명	설명
intermediate	False
**kwargs	collect 메서드에 전달할 키워드 인자

intermediate 인자는 작업의 중간 수행 값을 수집할 것인지를 지정하는데, 기본값은 False입니다.

**kwargs 인자는 Celery Task 그룹에 있는 작업들의 값을 가져오기 위해 일괄적으로 제공할 인자를 지정하는데, 여기에 제공하는 인자는 get 메서드의 인자와 동일합니다.

■ 작업(Task)의 현재 상태 알아보기

Celery 작업을 실행하면 작업은 Pending ➡ Started ➡ Success 순으로 이루어지는데, 작업 실행 중에 에러가 발생하면 RETRY나 FAILURE가 발생하기도 합니다.

AsyncResult 객체는 현재 실행되고 있는 작업의 상태를 알기 위해 state, status 객체 속성을 제공합니다. 이 두 개는 서로 같은 정보를 제공하며 반환되는 값은 다음과 같습니다.

표 11-9 state와 status 객체 속성이 반환하는 작업 상태

반환값	설명
PENDING	작업이 실행을 준비하고 있을 때를 나타냅니다.
STARTED	작업 실행이 되었음을 나타냅니다.
RETRY	작업 실행이 중간에 실패되어 재시도하고 있음을 나타냅니다.
FAILURE	작업 실행이 실패되었거나 재시도 제한을 벗어났을 경우를 나타내며, result 속성은 작업이 발생시킨 예외를 포함하고 있음을 알립니다.
SUCCESS	작업 실행이 완료되었음을 나타내며, result 속성은 Task가 반환한 값을 포함하고 있음을 알립니다.

작업의 상태를 알기 위해서 state, status 속성을 사용하는 것 외에도 메서드 형태로 사용할 수 있는 것이 있습니다.

⊞ 표 11-10 Celery 작업의 현재 상태를 알기 위해 사용할 수 있는 메서드

메서드	설명
AsyncResult.ready()	작업이 실행되었으면 True를 반환합니다. 작업이 여전히 실행 중이면 pending 또는 False를 반환하고 재시도를 기다립니다.
AsyncResult.failed()	작업이 실패했으면 True를 반환합니다.
AsyncResult.successful()	작업이 성공적으로 실행되었으면 True를 반환합니다.

Celery 작업이 정상적으로 잘 종료되면 좋겠지만, 에러가 발생한다면 어떤 에러가 어떤 시점에서 발생한 것인지를 확인하기 위해 작업 객체에 trackback 속성이 제공됩니다. 이 속성은 실패한 작업에 대해 예외 추적 정보를 담고 있습니다.

- AsyncResult.traceback – 실패한 작업에 대한 예외 추적 정보를 담고 있습니다.

■ Task 식별하기

모든 Celery 작업(Task)은 Broker와 Worker 내에서 작업 객체 자신이 누구인지 알 수 있는 속성을 가지고 있는데, 이런 역할을 하는 속성을 일컬어 식별자라고 부릅니다. Celery 작업(Task)에서 식별자는 두 개의 속성으로 참조 가능합니다.

⊞ 표 11-11 Celery 작업에서 자신을 설명할 수 있는 객체 속성

객체 속성	설명
AsyncResult.id	Task를 식별할 수 있는 키
AsyncResult.task_id	AsyncResult.id의 다른 별칭

■ 작업(Task)을 식별해서 가져오는 것과 작업(Task) 내에서 실행 Context에 접근하기

Celery가 실행하는 작업은 실행 컨텍스트 바깥에서 작업 ID로 AsyncResult 객체를 얻어올 수 있습니다. 이런 목적으로 Celery는 AsyncResult 클래스를 제공합니다.

AsyncResult 클래스로 동작 중이거나 완료된 작업 정보를 가져오기 위해 AsyncResult 클래스 생성자에게 작업의 ID를 건네주면 됩니다.

```
01: @app.route("/test")
02: def hello_world(x=16, y=16):
03:     x = int(request.args.get("x", x))
04:     y = int(request.args.get("y", y))
05:     res = add_together.delay(x, y)
06:     return jsonify(task_id=res.task_id)
07:
08: @app.route("/test/result/<task_id>")
09: def show_result(task_id):
10:     retval = add.AsyncResult(task_id).get(timeout=1.0)
11:     return repr(retval)
```

코드 11-20은 Celery Task 실행은 /test 라우팅에서 처리하고, Task의 반환값을 가져오는 것은 /test/result/<task_id>와 같은 형식을 처리하는 라우팅 함수에서 확인하도록 한 예제입니다.

이 예제는 다음과 같이 동작합니다.

1. 웹 브라우저가 /test?x=10&y=20을 요청합니다.
2. 웹 애플리케이션은 작업을 실행하고 AsyncResult 객체에서 작업 ID를 가지고 있는 task_id 속성을 JSON 사전으로 구성해 웹 애플리케이션으로 보냅니다.
3. 웹 애플리케이션으로 {task_id: 'e3084214-21bf-11e5-9504-b8e8560938c4'} JSON 사전이 도착합니다.
4. 웹 브라우저가 3에서 받은 JSON 사전을 해석해 /task/result/e3084214-21bf-11e5-9504-b8e8560938c4를 요청합니다.
5. 웹 애플리케이션은 AsyncResult 클래스 생성자에 ID 값을 e3084214-21bf-11e5-9504-b8e8560938c4로 주어 결괏값을 가져와서 결괏값을 웹 브라우저에 보냅니다.

코드 11-20에서 AsyncResult 객체는 두 번 존재하는데, 서로 다른 URL 라우팅 함수에서 만들어내는 것이기 때문에 웹 애플리케이션이 이전에 실행한 어떤 Task의 AsyncResult 객체를 가져오려면, 코드 11-20과 같은 방법을 사용하거나 데이터베이스에 Celery 작업의 id 정보를 기록하는 등의 방법으로 알고 있어야 합니다.

AsyncResult 클래스의 생성자의 인자는 다음과 같습니다.

- id
- backend=None

- task_name=None
- app=None
- parent=None

AsyncResult 클래스 생성자는 일반적으로 id 속성만 사용하여 수집합니다.

Celery 작업에 대한 정보 수집은 지금까지 살펴봤던 작업(Task) 외부 영역 외에 작업(Task) 내부에서도 작업(Task)의 실행 컨텍스트 정보를 참조해야 하는 경우가 있는데, 이를 위해서는 task 데코레이터의 bind 인자에 True 값을 전달해야 합니다.

📟 코드 11-21 **task 데코레이터를 사용해 작업 선언 시 bind 인자에 True 값 전달**

```
1: @celery.task(bind=True)
2: def add_python_flask(self):
3:     return sum(range(11))
```

코드 11-21은 1부터 10까지 더한 값을 반환하는 간단한 작업(Task) 클래스 인스턴스이며, task 데코레이터에 bind 인자 값을 True로 전달한 것입니다. 작업(Task)의 실행 컨텍스트에 대한 속성은 작업(Task) 인스턴스인 self.request를 통해 접근할 수 있습니다.

self.request를 통해서는 작업(Task)의 실행 컨텍스트에 대한 모든 정보를 얻을 수 있는데, 대표적으로 다음과 같은 정보를 얻을 수 있습니다.

▦ 표 11-12 **self.request를 통해 알 수 있는 작업(Task) 객체의 정보**

객체 속성	설명
id	Celery Task를 식별하는 고유키
group	그룹을 구별하는 식별키로, 작업을 멤버로 가지고 있을 때만 사용 가능합니다.
args	작업(Task)에 전달된 가변 인자를 참조하기 위해 사용합니다.
kwargs	작업(Task)에 전달된 키워드 인자를 참조하기 위해 사용합니다.
retries	재시도된 횟수로, 0부터 시작합니다.
is_eager	작업(Task)이 로컬에서 시작되었으면 True를, Worker에서 실행되었으면 False를 반환합니다.
eta	원본 작업(Task)의 시작 시각을 기저옵니다. CELERY_ENABLE_UTC 설정에 따라 UTC 시간으로 관리하는데, Celery 버전 3.0부터는 UTC가 기본 설정입니다.
expires	원본 작업(Task)의 만료 예상 시각을 기저옵니다. CELERY_ENABLE_UTC 설정에 따라 UTC 시간으로 관리하는데, Celery 버전 3.0부터는 UTC가 기본 설정입니다.

표 11-12 **표 11-12 self.request를 통해 알 수 있는 작업(Task) 객체의 정보(계속)**

객체 속성	설명
logfile	Worker가 기록하는 로그 파일을 가지고 옵니다.
loglevel	로그 파일에 기록되는 현재 로깅 레벨을 가지고 옵니다.
hostname	실행 중인 작업(Task)이 동작하고 있는 Worker의 호스트명을 가지고 옵니다.
callbacks	작업(Task)이 성공했을 때 수행될 모든 서브 작업(Task)의 목록
errback	작업(Task)이 실패했을 때 수행될 모든 서브 작업(Task)의 목록

■ 작업(Task)을 중단시키거나 잊어버리게 하기

작업(Task)을 만들고 호출해서 실행하다 보면 작업(Task) 실행이 너무 오래 걸리거나 작업(Task) 실행을 취소해야 할 때가 있습니다. 예를 들어, 어떤 결과를 만들어내는 Celery 작업(Task)의 실행 시간이 평균 30분 정도 소요된다고 가정하고 이후 작업(Task) 실행 결과에 영향을 미칠 수 있는 요소를 수정하면 작업(Task)을 다시 실행해야 합니다. 그런데 이 과정에서 이전에 수행했던 작업(Task) 실행을 취소하지 못하면 새로운 작업(Task)의 실행은 30분 동안 미루어졌다가 실행되어야 합니다.

Celery는 작업(Task) 취소에 사용할 수 있는 두 개의 메서드를 제공합니다.

- AsyncResult.forget
- AsyncResult.revoke

AsyncResult.forget 메서드는 인자 없이 호출하며, 작업(Task)의 실행 결과를 포함한 작업(Task)을 Celery에서 잊어버릴 목적[138]으로 사용합니다.

AsyncResult.revoke 메서드는 작업(Task)에게 실행을 취소해달라는 신호를 Worker에게 보내기 위해 사용합니다. Worker는 취소 신호를 받았을 때 무시하거나 수락할 수 있고, 새로운 작업(Task)을 예약하기 위해 사용하기도 합니다. 다음의 인자를 받는데, 모든 인자가 기본값을 가지고 있어서 인자 전달 없이 호출해도 됩니다.

---

[138] 작업의 취소가 아니라 Celery 관리 영역에서 작업을 추적하지 않겠다는 의미입니다.

표 11-13 **AsyncResult.revoke 메서드가 받는 인자와 기본값**

인자명	기본값
connection	None
terminate	False
signal	None
wait	False
timeout	None

terminate 인자에 True 값을 전달하면 작업(Task)이 동작하고 있는 현재 프로세스를 종료하게 합니다.

signal 인자는 프로세스를 종료시키기 위해 전달할 시그널 이름을 전달합니다. 기본값은 TERM입니다.

- wait — True를 전달하면 Worker의 작업 종료 여부에 대한 응답을 기다립니다. 기본적으로 1초간 기다리지만, timeout 인자에 시간을 전달해 기다리는 시간을 지정할 수 있습니다.
- timeout — wait에 True 값을 전달해 활성화했을 때 사용되며, 초 단위의 시간을 지정합니다.

> **마치며** 이것으로 Celery의 사용 방법에 대해 간략히 알아봤습니다. 파이썬 커뮤니티에서는 비동기 작업을 수행하기 위해 Celery 프레임워크를 많이 사용하고 있으며, 여러분도 Celery를 통해 웹 서비스 개발 전략을 한층 더 확장하기 바랍니다. 지면상 다루지 못한 부분은 온라인 문서와 관련 도서도 꼭 찾아보기 바랍니다.

11.5 마치며

책을 출판사 기획자와 한번 써보자고 모의한 게 엊그제 같습니다. 필자가 파이썬으로 웹 프로그램을 작성해서 실제 서비스에 동작시킨 것이 얼마 되지 않았을 때였죠. 처음 파이썬 웹 프로그래밍을 생각했을 때 필자의 머릿속엔 장고(Django)뿐만 아니라 web2py, pylons, turbogears, spyce와 같은 여러 프레임워크를 생각했었습니다. 그런데도 Flask를 선택해 집필하게 된 선 쉽게 접근할 수 있고 눈으로 보이는 결과를 빨리 만들어낼 수 있기 때문이었습니다.

Flask는 요즘 해외에서도 Django에 이어 꽤 인기 있는 파이썬 웹 프레임워크로 자리 잡은 듯합니다. 특히, 웹 애플리케이션은 업무 분야를 막론하고 적용될 수 있는 분야다 보니 웹을 기반으로 하는 전문 분야(도메인) 프로그램이 많아질 것입니다.

필자는 여러분이 멋진 웹 애플리케이션을 만들기 위해서 이 책이 가이드가 되어주길 희망합니다. 아울러 이 책이 끝이 아니고 여러분만의 테크닉을 늘리고 오픈소스 참여를 통해 더 깊고 폭 넓은 지식을 가질 수 있기를 희망합니다.

그동안 수고하셨습니다. 조금 더 넓은 세계로 비상할 준비가 되셨다면 여러분만의 날개짓을 시작할 때입니다. :)

APPENDIX

A

Python 설치

우리나라 속담 중에 '꿩 대신 닭'이라는 게 있습니다. 꿩을 먹지 못할 상황이라면 닭이라도 대신 먹어야 한다는 의미로 쓰입니다. 즉, 가장 좋은 것을 얻지 못할 바에야 차선의 것이라도 취해야 한다는 말입니다. 그러나 이 책에서 소개하는 Flask를 배우려면 파이썬에 대한 기본 지식은 알고 있어야 하며, 최소한 파이썬의 설치 방법은 알고 있어야 합니다. 속담에 비유하자면, 속된 말로 우리는 무조건 꿩을 잡아야 합니다.

별을 보고 님과 하룻밤을 지새는 게 아니라, 님과 함께 별을 보고 하룻밤을 지새우려면 님에 해당하는 파이썬부터 설치하는 게 우선입니다. 파이썬은 윈도우, 맥용으로 (설치만 하면 즉시 쓸 수 있는) 바이너리 버전을 제공하고 있으며, 리눅스나 다른 운영체제에서는 컴파일이 가능한 소스 코드를 제공합니다.

부록 A에서는 운영체제별로 파이썬 설치 방법을 다루도록 하겠습니다.

A.1 윈도우에서의 설치

윈도우에 파이썬을 설치하기 위해서는 먼저 파이썬 홈페이지(https://www.python.org/)에 접속합니다.

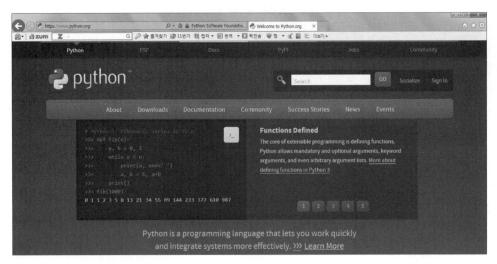

📷 그림 A-1 　파이썬 홈페이지

파이썬 홈페이지에 접속했으면 'Downloads' 메뉴를 클릭합니다.

📷 그림 A-2 　파이썬 설치 파일 다운로드하기

그림 A-2와 같은 다운로드 화면이 나타나면 'Download Python 3.5.1' 버튼을 클릭합니다. 그림, 파이썬 서버에서 python-3.5.1.msi 파일을 다운로드할 것인지를 물어봅니다.

python.org의 **python-3.5.1.exe**(27.4MB)를(를) 실행하거나 저장하시겠습니까?	실행(R)	저장(S)	▼	취소(C)	×

📷 그림 A-3 　파이썬 설치 파일 다운로드

여기에서 '실행(R)' 버튼을 클릭하면 설치 파일을 다운로드하고 이어서 파이썬 설치가 시작됩니다.

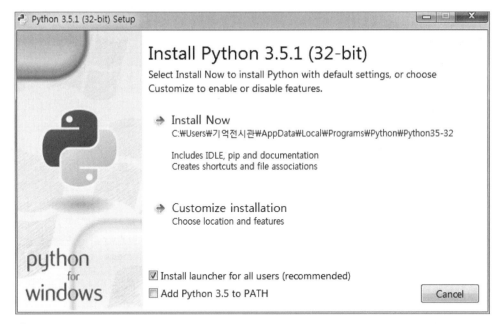

📷 그림 A-4 파이썬 설치

파이썬을 처음 설치하면 지금 바로 설치할 것인지, 사용자 모드로 설치할 것인지를 지정합니다. 창 하단에 있는 'Install launcher for all users(recommended)'와 'Add Python 3.5 to PATH' 체크박스가 있는데, 첫 번째 체크박스는 모든 윈도우 사용자가 파이썬을 실행 가능하도록 런처를 설치하겠는지에 대한 선택을 나타냅니다. 선택하지 않으면 현재 로그인한 사용자만 파이썬 런처를 실행하게 됩니다. 두 번째 체크박스는 반드시 체크할 것을 권장하는데, 이 체크박스를 선택해야만 cmd 창을 열고 어떤 폴더에서든 파이썬을 실행할 수 있기 때문입니다.

이제 'Customize installation'을 클릭합니다.

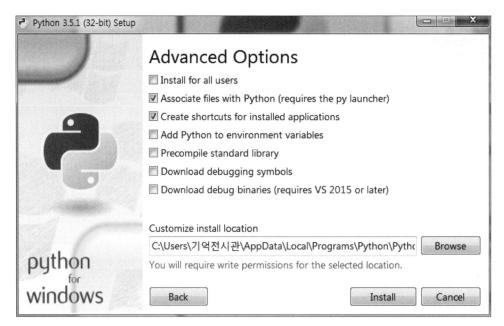

파이썬을 설치할 때 어떤 패키지를 추가로 설치할지를 지정합니다. 보통은 기본값으로 두고
'Next>' 버튼을 클릭합니다.

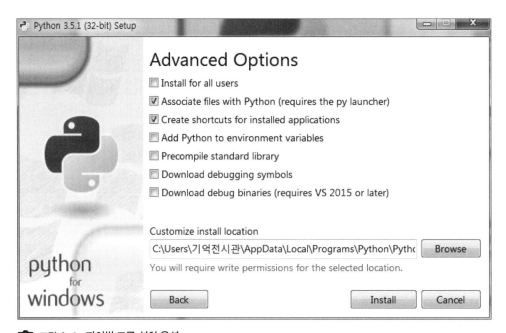

📷 그림 A-6   파이썬 고급 설치 옵션

파이썬을 설치할 때 좀 더 고급 옵션을 지정합니다. 특별한 일이 없다면 기본으로 선택된 체크박스와 'Add Python to environment variables', 'Precompile standard library'는 추가로 선택하는 것이 좋습니다. 마지막으로 파이썬 설치 경로를 지정하는데, 'Install for all user' 옵션 선택 여부에 따라 설치 경로가 변경됩니다. 파이썬 프로그램을 만들어 시스템이 계속 실행하도록 하는 경우라면 'Install for all users' 옵션을 선택하는 것이 좋지만, 'C:\Program Files' 경로에 뭔가 설치하는 게 꺼림칙하다면 선택하지 않아도 괜찮습니다. 기본값으로 선택된 상태로 두어도 괜찮습니다. 그리고 'Next>' 버튼을 클릭합니다.

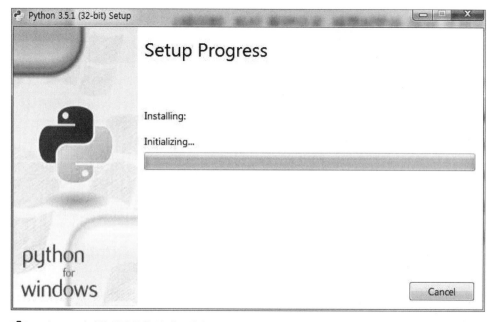

📷 그림 A-7 파이썬 설치 중을 알리는 화면

파이썬 설치 컴포넌트 선택이 끝나면 그림 A-7과 같은 화면이 나오면서 파이썬 설치가 시작됩니다.

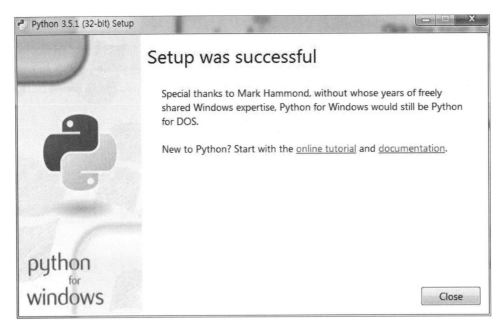

📷 그림 A-8 **파이썬 설치 완료 화면**

그림 A-8과 같은 화면이 나오면 파이썬 설치가 완료된 것입니다.

시작 메뉴에서 idle을 입력하고 IDLE (Python 3.5 – 32 bit)가 표시되는지 확인하세요. 이것이 보이면 파이썬 설치는 완료된 것입니다.

A.2 리눅스에서의 설치

리눅스에서의 파이썬 설치는 두 가지 방법이 존재합니다. 첫 번째 방법은 리눅스 배포본에 포함된 파이썬을 설치하거나 사용하는 것이고, 두 번째 방법은 파이썬 홈페이지에서 소스 코드를 다운로드하여 컴파일하는 것입니다.

■ RPM 기반 배포본에서의 파이썬 설치

RedHat/Fedora/CentOS 등에서 사용하는 RPM 패키지를 사용하는 배포본을 사용할 때는 yum 명령어를 사용해 쉽게 설치할 수 있습니다.

🔷 셸 A-1 **파이썬 설치**

```
# yum install python3
```

만약 yum 명령어가 제공되지 않으면 리눅스 배포본 홈페이지의 RPM만 모아놓은 곳으로 가서 다운로드하거나, http://rpmfind.net에 접근해서 python3로 검색하면 리눅스 배포본별 파이썬 설치 파일을 다운로드할 수 있습니다.

리눅스 배포본 사이트에서 제공되는 파이썬은 시스템 라이브러리 버전과 밀접한 관계가 있으므로 사용 중인 리눅스 배포본 버전과 일치하는 rpm을 다운로드해야 합니다. 다운로드한 rpm 파일은 셸 A-2의 명령으로 실행할 수 있습니다(다운로드 파일 이름이 python3-3.4.3-5.fc23.x86_64.rpm인 경우). 참고로, 리눅스 운영체제에서 파이썬 3.5를 사용하려면 소스 컴파일을 해야 하며, RPM으로 설치할 경우는 파이썬 3.4를 사용할 수 있습니다. 이 때문에 리눅스에서 파이썬 3.4를 사용하려면 8장의 jenkins 등에서 파이썬 버전을 3.4로 지정하여 사용하면 됩니다.

◈ 셸 A-2 RPM 설치

```
# rpm -Uvh python3-3.4.3-5.fc23.x86_64.rpm
```

■ DEB 기반 배포본(데비안, 우분투, 민트 등)에서의 파이썬 설치

여러분이 사용하고 있는 리눅스 배포본이 deb 파일 기반의 데비안 계열 배포본일 때의 파이썬 설치는 apt-get이나 aptitude 명령으로 설치하거나 소프트웨어 관리자를 통해 설치할 수 있습니다.

◈ 셸 A-3 apt-get 명령으로 파이썬 설치하기

```
# apt-get install python3
```

데비안 리눅스의 경우 Debian 7은 셸 A-3을 실행하면 3.2.3 버전이 설치되고, 현재 안정버전인 Debian 8은 3.4.2 버전이 설치됩니다. Debian 7에서 파이썬 3.4.3 버전을 설치하려면 sid 버전의 패키지를 가져다 쓰거나 Debian 8에 있는 파이썬 버전을 가져와 설치해야 합니다. 우분투 배포본은 14.04 버전에서 3.2.3 버전이 제공되고, 14.10은 3.4.2 버전이 패키지로 제공됩니다.

■ 파이썬 소스를 내려받아 직접 설치

파이썬 홈페이지에서 소스 코드를 내려받아 컴파일해서 설치하는 것은 특정 버전의 파이썬 버전이 꼭 필요할 때나 배포본에 패키지가 제공되지 않을 때 사용합니다.

```
# cd /usr/local/src
# wget https://www.python.org/ftp/python/3.4.3/Python-3.4.3.tgz --no-check-
certificate
# tar xzf Python-3.4.3.tgz
# cd Python-3.4.3
# ./configure --prefix=/usr/local/python3.4
# make
# make install
```

소스 코드를 컴파일해서 파이썬을 설치하려면 리눅스 시스템에 반드시 gcc와 make 등의 컴파일 프로그램과 개발 라이브러리가 설치되어 있어야 합니다. 개발 라이브러리의 설치는 다른 웹 문서와 문헌을 참고하기 바랍니다. 파이썬 컴파일 및 설치가 완료되면 셀 A-5처럼 실행해서 파이썬 3.5.1이 실행되는지 확인하면 됩니다.

```
# /usr/local/python3.5/bin/python3
Python 3.5.1 (default, Dec  12 2015, 07:07:24)
[GCC 4.9.2] on linux
Type "help", "copyright", "credits" or "license" for more information.
>>>
```

A.3 맥 OS X에서의 설치

맥 OS X에서의 파이썬 설치는 파이썬 공식 홈페이지에 접속해 'Downloads' 메뉴를 클릭합니다. 그리고 그림 A-9와 같은 다운로드 화면이 나타나면 'Download Python 3.5.1' 버튼을 클릭합니다.

📷 그림 A-9 맥 OS X용 파이썬 패키지 다운로드

그러면 Downloads 디렉터리에 python-3.5.1-macosx10.6.pkg 파일을 다운로드합니다. 이 파일을 클릭하면 그림 A-10과 같이 나옵니다.

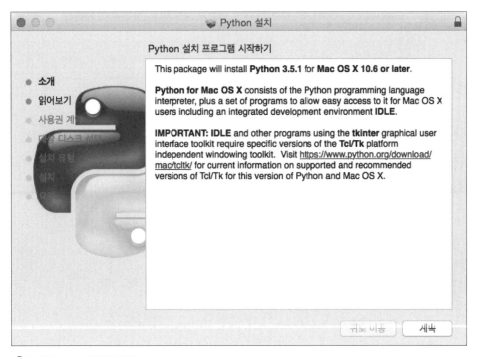

📷 그림 A-10 파이썬 설치

그림 A-10은 파이썬 3.5.1을 OS X에 설치하겠다고 안내하는 화면으로, '계속' 버튼을 클릭합니

다. 참고로, '읽어보기'에는 파이썬을 설치하는 데 중요한 정보이니 읽어보라는 글이 있습니다. 특별히 문제될 것이 없으면 '계속' 버튼을 클릭합니다.

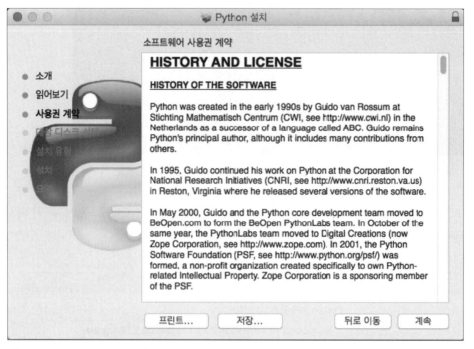

📷 그림 A-11 소프트웨어 사용권 계약

파이썬의 소프트웨어 사용권(라이선스)에 동의하는지 물어봅니다. 사용권의 내용은 '파이썬의 역사와 파이썬은 자유소프트웨어다'라는 내용을 담고 있고, '계속' 버튼을 눌러 설치를 진행합니다.

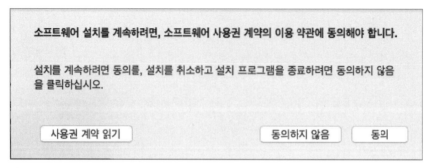

📷 그림 A-12 소프트웨어 사용권 계약의 이용 약관에 동의

소프트웨어 사용 여부에 동의하는지를 물어보는데, '동의' 버튼을 클릭합니다.

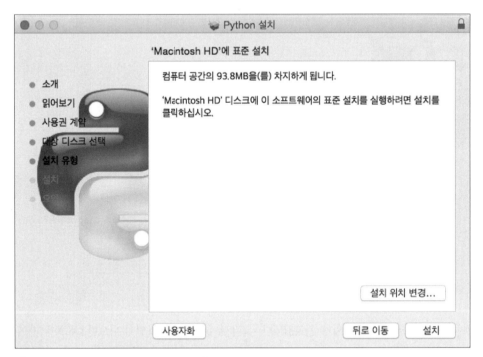

📷 그림 A-13 파이썬을 설치하는 데 사용할 디스크 선택

여러분의 맥 컴퓨터에 디스크가 여러 개가 있는 경우가 아니면 'Macintosh HD'를 선택하고 '계속' 버튼을 클릭합니다.

📷 그림 A-14 시스템 루트 사용자 비밀번호 입력

파이썬이 OS X 시스템에 직접 설치되는 것이므로 시스템 사용자의 비밀번호가 필요합니다. 비밀번호를 입력하고 '소프트웨어 설치' 버튼을 클릭합니다.

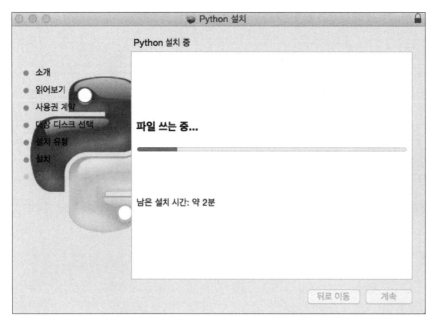

그림 A-15   파이썬 설치 화면

파이썬 설치는 5분 이내면 설치가 완료됩니다. 그림 A-16과 같은 화면이 나오면 OS X에 파이썬 설치가 완료된 것입니다.

그림 A-16   파이썬 설치 완료 화면

파이썬 통합 개발 환경 구성

파이썬으로 웹사이트나 프로그램을 개발할 때는 여러분이 자주 사용하던 에디터를 사용할 수도 있지만, 보다 체계적으로 구성된 통합 개발 환경을 사용하면 여러모로 많은 도움이 됩니다. 이 책에서는 파이썬 통합 개발 환경으로 JetBrains의 PyCharm Community Edition의 사용을 권장합니다. PyCharm을 다운로드하려면 http://www.jetbrains.com/pycharm/download에 웹 브라우저로 접속합니다.

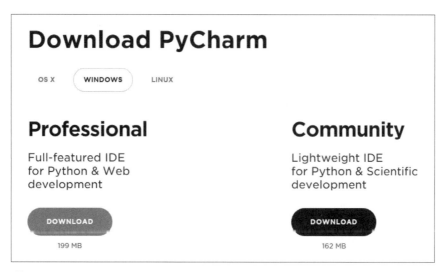

📷 그림 B-1   PyCharm 다운로드 화면

그림 B-1과 유사한 화면이 보이면 'Dowload Community' 버튼을 클릭하여 다운로드하고 설치하면 됩니다. 운영체제별로 설치 화면은 따로 설명하지는 않겠습니다만, 운영체제별 파이썬 설치와 크게 다르지 않으므로 어렵지 않게 설치할 수 있을 것입니다.

가상 환경 구성

어떤 언어로든 프로그래밍을 하다 보면 개발 라이브러리의 참조가 잘못되어 프로그램이 잘못된 동작을 하거나 라이브러리 버전 업데이트로 프로그램 동작이 안 될 때가 있습니다. 파이썬은 가상 환경 구성을 통해 이 문제를 우회할 수 있으며, 파이썬 3부터 가상 환경 생성 프로그램이 포함되어 있습니다.

셸 C-1의 명령으로 파이썬 가상 환경을 만들 수 있습니다.

셸 C-1 파이썬 가상 환경 생성

```
$ pyvenv 가상 환경이름
```

파이썬 가상 환경을 만들면 가상 환경 안에서 작업할 수 있도록 경로를 변경해줍니다.

셸 C-2 파이썬 가상 환경 안으로 진입하기

```
$ source 가상 환경이름/bin/activate
```

셸 C-2가 실행되면 파이썬 가상 환경 안으로 진입한 것입니다. 파이썬 가상 환경으로 진입한 다음에서 실행하는 모든 파이썬 패키지 설치는 가상 환경 안에서 설치되며, 가상 환경을 벗어나면 사용할 수 없게 됩니다.

◈ 셀 C-3   파이썬 가상 환경 벗어나기

```
$ deactivate
```

파이썬 가상 환경을 벗어나려면 deactivate 명령을 내리는 것으로 손쉽게 해결할 수 있습니다. pyvenv는 파이썬 가상 환경을 만드는 데 매우 큰 도움이 되지만, 셀 B-2처럼 진입해서 사용하는 것은 불편하므로 virtualenvwrapper와 같은 유틸리티 라이브러리를 설치해서 사용하는 것이 좋습니다. 하지만 virtualenvwrapper는 아직 pyvenv를 지원하지 않으며, virtualenv와 virtualenvwrapper를 따로 설치해서 사용하면 손쉽게 가상 환경을 변경할 수 있습니다.

여러분의 프로그램이 특정 파이썬 가상 환경 안에서 실행되어야 한다면, 메인으로 실행하는 파일 상단에 다음과 같은 두 줄을 추가합니다.

</> 코드 C-1   가상 환경 안에서 실행하고자 하는 파일 상단에 추가할 내용

```
#!/path/to/enu/bin/python
```

가상 환경 안에서 설치된 사용자 패키지 목록을 동결해서 뽑아내려면 셀 C-4와 같이 실행합니다.

◈ 셀 C-4   가상 환경 안에 사용된 파이썬 패키지 목록 동결하기

```
$ pip freeze > requirements.txt
```

셀 C-4에서 만든 파일은 다음과 같이 지정하여 재설치할 수 있습니다.

◈ 셀 C-5   freeze된 파일로 파이썬 패키지 재설치

```
$ pip install -r requirements.txt
```

pip 명령어를 사용하기 위해선 프로그램을 별도로 설치해야 하나요?

윈도우를 사용하고 있다면 파이썬을 설치할 때 자연스럽게 설치되므로 python 실행 환경이 PATH에 추가되어 있으면 바로 사용할 수 있습니다. 맥 OS X을 사용하고 있어도 추가 설치 없이 자유롭게 사용할 수 있지만, 데비안 등의 리눅스를 사용하고 있다면 $ sudo apt-get install python3-pip 등의 명령을 실행해서 설치하거나, https://bootstrap.pypa.io/get-pip.py 파일을 다운로드하여 다음과 같이 실행하면 pip 명령을 사용할 수 있게 됩니다.

```
$ sudo python3 get-pip.py
```

D

Flask 설치

Flask의 설치는 pip 명령이 있으면 다음과 같이 쉽게 설치할 수 있습니다.

셀 D-1 Flask의 설치

```
$ pip install flask
```

Flask 외에 slqalchemy 등의 설치가 필요하면 패키지 이름을 공백으로 구분하여 설치합니다. 이 책에서는 Flask 등의 패키지를 설치할 때 파이썬 가상 환경을 사용하는 것을 전제로 하고 있으므로 Flask 패키지를 설치할 때도 반드시 가상 환경으로 진입 후에 사용하기 바랍니다. 특정 버전의 Flask 패키지 설치가 필요할 때는 패키지 이름 뒤에 셀 D-2와 같이 패키지 버전을 명시합니다.

셀 D-2 특정 버전의 Flask 패키지 설치

```
$ pip install flask==1.0
```

pip 명령을 사용해 파이썬 패키지를 설치할 때 패키지의 특정 버전과 일치하거나 이하/이상 버전을 명시하여 설치할 수 있습니다.

APPENDIX

E

PostgreSQL 9.4 설치

PostgreSQL은 오픈소스 관계형 데이터베이스 중의 하나입니다. 이 책에서는 데비안 리눅스 배포본 8 버전을 사용하고 있다고 가정하고 설치를 진행합니다.

먼저, /etc/apt/sources.list.d/pgdg.list 파일에 다음 내용을 추가합니다.

셸 E-1 PostgreSQL 패키지 서버 추가

```
# echo deb http://apt.postgresql.org/pub/repos/apt/ jessie-pgdg main > /etc/apt/
sources.list.d/pgdg.list
```

그런 다음, 패키지 서버의 인증키를 시스템에 추가 후 패키지 목록을 업데이트합니다.

셸 E-2 패키지 서버의 인증키를 시스템에 추가

```
# wget --quiet -O - https://www.postgresql.org/media/keys/ACCC4CF8.asc | apt-key add -
# apt-get update
```

셸 E-3 PostgreSQL 설치

```
# apt-get install postgresql-9.4
```

PostgreSQL 9.4의 설치가 완료되면 /etc/postgresql/9.4/main/pg_hba.conf 파일을 열어 로컬에서 접속할 때 인증 과정을 거치지 않도록 조정합니다.

❖ 셸 E-4 pg_hba.conf 파일 수정으로 로컬 컴퓨터에 postgresql 접속 시 인증 과정 생략하기

```
# vi /etc/postgresql/9.4/main/pg_hba.conf
```

코드 E-1을 코드 E-2로 변경하고 파일을 저장합니다.

▣ 코드 E-1 pg_hba.conf 변경 이전

```
85: local   all                 postgres                        peer
86:
87: # TYPE  DATABASE      USER           ADDRESS           METHOD
88:
89: # "local" is for Unix domain socket connections only
90: local   all             all                             peer
91: # IPv4 local connections:
92: host    all             all           127.0.0.1/32      md5
```

▣ 코드 E-2 pg_hba.conf 변경 후

```
85: local   all                 postgres                        trust
86:
87: # TYPE  DATABASE      USER           ADDRESS           METHOD
88:
89: # "local" is for Unix domain socket connections only
90: local   all             all                             trust
91: # IPv4 local connections:
92: host    all             all           127.0.0.1/32      trust
```

이제 파일을 저장하고 postgresql 서버를 재시작합니다.

❖ 셸 E-5 PostgreSQL 데몬 재시작

```
# /etc/init.d/postgresql restart
[ ok ] Restarting postgresql (via systemctl): postgresql.service.
```

마지막으로, postgresql에 psql로 접속이 되는지 확인합니다.

❖ 셸 E-6 psql로 PostgreSQL에 접속되는지 확인

```
$ psql -U postgres template1
psql (9.4.4)
Type "help" for help.

template1=#
```

■ PostgreSQL에 데이터베이스와 사용자 생성

Flask 애플리케이션이 데이터를 데이터베이스에 저장하려면 데이터베이스와 사용자를 생성해야 합니다. DDL을 이용해 이 일을 수행할 수 있으며, 셀 E-6에 나와 있는 것처럼 postgres 명령으로 template1 데이터베이스에 접속합니다.

◈ 셀 E-7 사용자와 데이터베이스 생성

```
template1=# create user jiho with password 'flask_jiho';
CREATE ROLE
template1=# create database jiho_db with encoding='utf8' owner=jiho;
CREATE DATABASE
```

셀 E-7에서 첫 번째 행은 DB 사용자 이름이 jiho이고 비밀번호가 flask_jiho인 사용자를 만듭니다. 두 번째 행은 jiho_db라는 데이터베이스를 만드는데, encoding을 utf-8로 하고 소유자가 jiho임을 알립니다.

이제 psql에서 Ctrl + D 키를 눌러 빠져나온 다음, 셀 E-8과 같이 수행합니다.

◈ 셀 E-8 새로 생성한 사용자와 데이터베이스로 접근

```
$ psql -U jiho jiho_db
psql (9.4.4)
Type "help" for help.

jiho_db=>
```

셀 E-8처럼 나오면 모든 작업이 성공적으로 이루어진 것입니다. 수고 많으셨습니다.

원격지에서의 PostgreSQL 접속 허용은 어떻게 해야 하나요?

PostgreSQL을 시스템에 처음 설치하게 되면 PostgreSQL은 localhost로 들어오는 접속 요청만 처리하도록 되어 있습니다. 이를 수정하려면 /etc/postgresql/9.4/main/postgresql.conf 파일을 편집기로 열어 listen 지시자의 설정값을 localhost에서 *로 변경하여 모든 호스트로부터의 접속 요청을 처리하거나, 접속을 허용하는 ip를 콤마로 명시해 저장한 후에 PostgreSQL 데몬을 재시작하면 됩니다. listen 지시자의 사용은 주석 처리(#)되어 있다면 localhost에서의 접속만 허용하며, 설정을 변경하려면 주석을 제외하고 값을 설정하면 됩니다. listen 지시자는 다음과 같은 모양을 가지고 있습니다.

```
listen = 'localhost'
```

F

GitLab 설치

GitLab은 설치형 GitHub 개념으로 출발했으며, Git을 포함한 웹 관리 도구입니다. 2016년 5월 기준으로 CentOS 6, 7(또는 RedHat/Oracle/Scientific Linux)과 Debian 7, 8, Ubuntu 12.04, 14.04 버전용 설치 패키지를 제공하고 있습니다.

GitLab의 설치에 앞서 반드시 리눅스가 설치되어 있는 컴퓨터가 있어야 하며, 리눅스 사용에 대한 기본적인 지식을 어느 정도 갖추고 있어야 합니다. 이 책에서는 GitLab 설치를 위해 Debian 7을 사용하며, 리눅스 명령어 일부를 사용합니다. 이들 명령어의 자세한 내용은 맨페이지 혹은 관련 도서(《유닉스 리눅스 명령어 사전》(우종경/박종오 지음, 한빛미디어))를 참고하기 바랍니다.

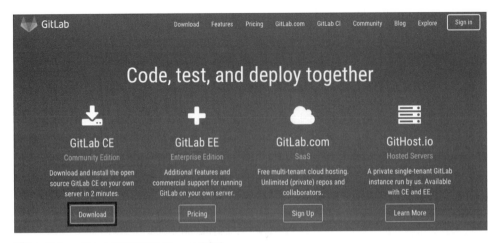

📷 그림 F-1 GitLab 홈페이지의 About 페이지

GitLab 홈페이지에서 GitLab CE 버전을 다운로드하기 위해서는 http://about.gitlab.com에 접속한 다음, 그림 F-1에 보이는 'Download' 버튼을 클릭합니다.

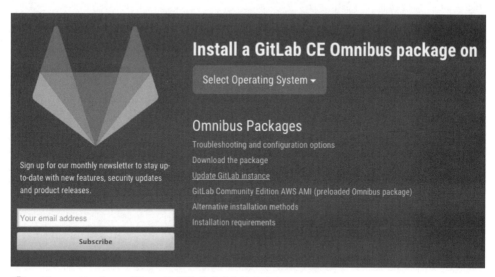

📷 그림 F-2 **GitLab CE 다운로드를 위한 운영체제 선택 화면**

그림 F-2와 같은 화면이 표시되면 GitLab을 설치할 운영체제를 선택해야 합니다. 기본값이 정해져 있지 않으므로 여러분이 직접 선택해야 하는데, 앞에서 언급한 것처럼 리눅스 종류 중에서 하나를 선택할 수밖에 없습니다. 여기에서는 Debian 7을 사용할 것이므로 'Select Operating System' 선택 박스를 클릭한 다음, Debian 7을 선택합니다.

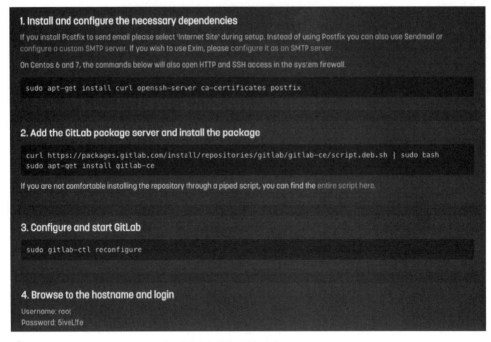

📷 그림 F-3 　Debian 7에 GitLab을 설치하기 위한 방법 안내

그러면 패키지를 다운로드하는 대신에 Debian에서 바로 GitLab을 설치할 수 있는 일련의 명령어를 보여줍니다. 선택하는 배포본마다 다를 수 있지만, 이 책에서는 지면상 생략합니다.

Debian에서 GitLab을 설치하려면 몇 가지 패키지를 먼저 설치하라는 안내가 나옵니다.

🔰 셸 F-1　curl, openssh-server, ca-certificates, postfix 패키지 설치

```
$ sudo apt-get install curl openssh-server ca-certificates postfix
```

셸 F-1의 실행이 완료되면 GitLab 패키지를 다운로드하여 설치할 차례입니다.

🔰 셸 F-2　GitLab 패키지 설치

```
$ curl https://packages.gitlab.com/install/repositories/gitlab/gitlab-ce/script.deb.
sh | sudo bash
$ sudo apt-get install gitlab-ce
...중략...
gitlab: Thank you for installing GitLab!
gitlab: Configure and start GitLab by running the following command:
gitlab:
gitlab: sudo gitlab-ctl reconfigure
gitlab:
```

```
gitlab: GitLab should be reachable at http://instance-1.c.titanium-haiku-594.internal
gitlab: Otherwise configure GitLab for your system by editing /etc/gitlab/gitlab.rb
file
gitlab: And running reconfigure again.
gitlab:
gitlab: For a comprehensive list of configuration options please see the Omnibus
GitLab readme
gitlab: https://gitlab.com/gitlab-org/omnibus-gitlab/blob/master/README.md
gitlab:
It looks like GitLab has not been installed yet; skipping the upgrade script.
```

셸 F-2의 스크립트가 순서대로 실행되고 나면 GitLab이 정상적으로 시스템에 설치된 것을 확인할 수 있습니다. GitLab의 패키지 용량은 360MB 정도여서 다운로드와 설치에 다소 시간이 걸릴 수 있습니다. 그 사이에 따뜻한 아메리카노 한잔 어떠세요?

GitLab 패키지 설치가 완료되면 GitLab을 구동시키기 위한 기본 설정을 해야 합니다. GitLab은 여러분의 머리를 조금이라도 덜 아프게 하기 위해 원터치 설정 명령을 제공합니다. 물론, 이후 몇 가지의 설정을 추가로 하기 위해서는 온라인 문서를 조금이라도 뒤적거려야 하는 수고가 따르긴 합니다.

🔷 셸 F-3 GitLab 구동 설정하기

```
$ sudo gitlab-ctl reconfigure
```

셸 F-3을 수행하고 나면 자동으로 GitLab 서버가 구동되서 사용자가 접근할 수 있습니다. 설치가 완료되면 GitLab에 접속해야 하는데, GitLab은 기본 80번 포트를 사용해 구동됩니다. 따라서 웹 브라우저에 GitLab이 설치된 서버의 IP 주소를 입력하면 웹 브라우저로 GitLab 웹 콘솔에 접속할 수 있습니다. 이제 GitLab 서버 주소를 사내 또는 관련자 모두에게 공지합니다.

여기에서 GitLab의 웹 접근 주소는 다음과 같습니다.

  http://104.155.239.182

서버가 구동되면 GitLab의 슈퍼유저의 기본 접속 ID와 비밀번호를 알려줍니다.

GitLab 슈퍼유저 ID와 비밀번호

```
Username: root
Password: 5iveL!fe
```

GitLab 설치가 완료되었습니다. 이제 GitLab에 신규 저장소를 생성하거나 시스템 개발에 참여한 사람을 가입시키면 됩니다.

GitLab에 한 번은 로그인을 해야 하나요?

GitLab 설치 후에 한 번은 GitLab 서버에 접근하셔서 root의 비밀번호를 변경해야 하는데, 이것은 GitLab의 보안 정책에 따른 것입니다. 여기서는 임의의 키 조합을 사용하여 다음과 같이 root 비밀번호를 변경했습니다.

```
GiQf9aw*
```

윈도우에서 SSH 접속 환경 구성

윈도우에서 GitHub와 BitBucket과 같은 소스 저장소의 사용자 인증을 SSH로 사용하려면 Putty 사이트에서 제공하는 추가 유틸리티 2종을 사용해야 합니다. 여기서 설명하는 내용은 굳이 소스 저장소 외에도 SSH 키 인증을 하려는 모든 경우에 사용할 수 있습니다.

먼저, putty 사이트에서 puttygen.exe와 pageant.exe를 Putty 홈페이지에서 내려받습니다.

■ 공개키와 비밀키 생성

ssh 키를 생성하기 위해 puttygen.exe를 실행합니다. puttygen.exe를 실행하면 그림 G-1과 같은 화면을 볼 수 있습니다.

📷 그림 G-1 puttygen.exe 실행 화면

이제 키를 생성하기 위해 'Generate' 버튼을 클릭 후 'Key' 프레임의 빈 공간을 마우스로 휘저어 줍니다. 휘젓는 행동이 모두 끝나면 임의로 생성된 키 정보를 볼 수 있습니다.

키 생성이 완료되면 그림 G-2와 같은 화면을 볼 수 있습니다.

그림 G-2 'Generate' 버튼을 클릭해서 공개키/비밀키가 생성된 이후 모습

■ 공개키와 비밀키 저장

공개키와 비밀키가 생성되면 생성된 키를 계속 사용할 수 있도록 저장해야 합니다. 이를 위해 'Save public key', 'Save private key' 버튼을 클릭해 공개키와 비밀키를 저장합니다.

여러분이 그림 G-2에서 보이는 'Key passphrase'와 'Confirm passphrase' 칸을 비워두었다면(키 생성 직후 이 칸의 내용은 비어있습니다), 비밀키를 저장할 때 그림 G-3와 같이 비밀번호를 지정하지 않았는데 비밀키를 저장해도 되겠는지에 대한 질문을 받게 됩니다.

그림 G-3 Key의 비밀번호가 지정되어 있지 않고 'Save private key' 버튼을 클릭한 경우

■ **비밀키 등록**

이제 앞에서 생성한 키를 SSH 응용 프로그램이 사용할 수 있도록 해야 합니다. pageant.exe를 실행하면 윈도우 작업 표시줄에 테두리가 검은색인 파란 컴퓨터 아이콘이 뜨는 것을 볼 수 있습니다. 이 컴퓨터 아이콘 위에 마우스 포인터를 위치시키고 마우스 오른쪽 버튼을 클릭하면 그림 G-4와 같은 화면을 볼 수 있습니다.

📷 그림 G-4 **pageant를 실행해서 키 목록 보기**

그림 G-4와 같은 컨텍스트 메뉴가 화면에 보이면 'View Keys' 메뉴를 클릭합니다. 그러면 그림 G-5와 유사한 화면을 보게 될 것입니다.

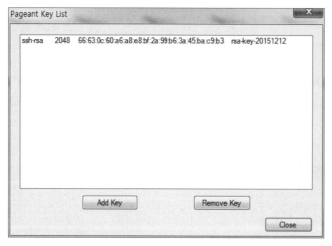

📷 그림 G-5 **등록된 키 목록**

이 화면에서 'Add Key' 버튼을 클릭하고 우리가 앞에서 생성한 비밀키 파일을 찾아 등록해줍니다.

📷 그림 G-6 'Add Key' 버튼을 눌러 비밀키를 선택하는 화면

이것으로 비밀키 등록 작업은 끝났습니다.

■ 공개키 정보를 접속할 SSH 서버에 등록하기

비밀키 등록 작업이 끝나면 앞에서 저장한 공개키를 SSH 서버에 등록해야 합니다. 이 책에서
는 대표적으로 GitHub와 BitBucket, GitLab을 말합니다. 각 사이트에서 키를 등록하는 방법은
서로 다르므로 먼저 해당 사이트 매뉴얼을 참고하세요.

putty를 사용해 저장한 공개키를 서버에 등록할 때는 주의할 점이 있는데, putty를 통해 저장
한 공개키는 다음과 같은 형태입니다.

☑ 결과 G-1 putty가 생성한 공개키 형태

```
---- BEGIN SSH2 PUBLIC KEY ----
Comment: "rsa-key-20150621"
AAAAB3NzaC1yc2EAAAABJQAAAQEAsfiRl149FiPswCbBg3HyPYgXmJeMFPbX3R9q
/NNfzJEhCKuh4AokYLHYZKCU/3wY5YbobuzRe98D/MtRemoMjauDLKPNKN97B8XX
LjNTsrHMSRww18czf99zkg++ds2CbkSVp65V+lto/YqzJ+hs/1dig9/uw9KI1ScQN8rB
NF16p2cxj41WVYGUBMUKMEUXlZ6iQBd8UHxCC6++8JlWfs5mO/iygryIwngollWZ
G5dvExWBy8m1NTRpdugy92jkdFAgjBGTaD9zhHcll50I5SHhCFyelZJRii4iwmsk
E8jtnU/Kxbc5zwIGFaZlVdMH+JObrLosna+2+DSNRzF8cjap9Q==
---- END SSH2 PUBLIC KEY ----
```

이 파일의 내용을 그대로 가져다 붙이면 안 되고, GitHub 프로젝트에 SSH 키를 등록할 때 다음과 같은 형태로 만들어서 입력해줍니다.

☑ 결과 G-2 GitHub에 등록하기 위해 putty 공개키 결과를 편집한 내용

```
ssh-rsa AAAAB3NzaC1yc2EAAAABJQAAAQEAsfiRl149FiPswCbBg3HyPYgXmJeMFPbX3R9q/NNfzJEhCKu
h4AokYLHYZKCU/3wY5YbobuzRe98D/MtRemoMjauDLKPNKN97B8XXLjNTsrHMSRww18czf99zkg++ds2Cbk
SVp65V+lto/YqzJ+hs/1dig9/uw9KI1ScQN8rBNFI6p2cxj41Wv9GUBhUKmE0Xlz6iQbd8dnXCc6++8jlwf
s3mV7Yyg7ylwng0ltWZG5dvExWBy8m1NTRpdugy92jkdFAgjBGTaD9zhHcll50I5SHhCFyelZJRii4iwmsk
E8jtnU/Kxbc5zwIGFaZlVdMH+JObrLosna+2+DSNRzF8cjap9Q== 사용자이름@localhost
```

앞의 형태에서 사용자이름은 공백 없이 영소문자로 시작해서 숫자를 포함하는 식별자를 만들어서 입력하면 됩니다. 다소 어렵게 느껴지나요? 하지만 이런 방법은 여러 곳에서 사용되니 반드시 숙지하는 것이 좋습니다.